선문염송 염송설화 회본 3

禪門拈頌拈頌說話會本

동국대학교 불교기록문화유산아카이브사업단(ABC)
본서는 문화체육관광부 지원으로 동국대학교 불교학술원에서 간행하였습니다.

한글본 한국불교전서 고려 14
선문염송 염송설화 회본 3

2022년 2월 18일 초판 1쇄 인쇄
2022년 2월 28일 초판 1쇄 발행

지은이 혜심·각운
옮긴이 김영욱
발행인 박기련
발행처 학교법인 동국대학교 출판문화원

출판등록 제2020-000110호(2020.7.9)
주소 04626 서울시 중구 퇴계로36길2 신관1층 105호
전화 02-2264-4714
팩스 02-2268-7851
Homepage http://dgpress.dongguk.edu
E-mail abook@jeongjincorp.com

편집디자인 다름
인쇄처 네오프린텍(주)

© 2022, 동국대학교(불교학술원)

ISBN 979-11-91670-28-8 93220

값 33,000원

이 책의 무단 전재나 복제 행위는 저작권법 제98조에 따라 처벌받게 됩니다.

한글본 한국불교전서 고려 14

선문염송 염송설화 회본 3
禪門拈頌拈頌說話會本

혜심慧諶 · 각운覺雲
김영욱 옮김

동국대학교 불교학술원

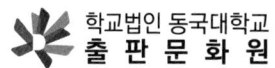
학교법인 동국대학교
출판문화원

차례

127칙 영가시비永嘉是非 ……… 9
128칙 영가요요永嘉了了 ……… 15
129칙 혜충타심慧忠他心 ……… 19
130칙 혜충삼환慧忠三喚 ……… 32
131칙 혜충본신慧忠本身 ……… 58
132칙 혜충십신慧忠十身 ……… 72
133칙 혜충유식慧忠唯識 ……… 77
134칙 혜충불용慧忠不用 ……… 81
135칙 혜충극칙慧忠極則 ……… 88
136칙 혜충성남慧忠城南 ……… 93
137칙 혜충일념慧忠一念 ……… 97
138칙 혜충종서慧忠從西 ……… 101
139칙 혜충필경慧忠畢竟 ……… 103
140칙 혜충백애慧忠白崖 ……… 106
141칙 혜충간희慧忠看戲 ……… 110
142칙 혜충남방慧忠南方 ……… 115
143칙 혜충고불慧忠古佛 ……… 120
144칙 혜충무정慧忠無情 ……… 122
145칙 혜충대의慧忠大意 ……… 127
146칙 혜충무봉慧忠無縫 ……… 130
간기刊記 ……… 162

선문염송 염송설화 회본 권5 禪門拈頌拈頌說話會本 卷五

147칙 청원소무淸源所務 ……… 169
148칙 청원여릉淸源廬陵 ……… 183
149칙 청원돌부淸源鈯斧 ……… 194

150칙 청원소식淸源消息 211
151칙 하택진신荷澤振身 216
152칙 하택향신荷澤鄕信 223
153칙 파조영묘破竈靈廟 226
154칙 파조차수破竈叉手 234
155칙 숭산수행崇山修行 246
156칙 마조염장馬祖鹽醬 251
157칙 마조완월馬祖翫月 262
158칙 마조심지馬祖心地 277
159칙 마조즉심馬祖卽心 281
160칙 마조전수馬祖展手 299
161칙 마조일구馬祖一口 304
162칙 마조본래馬祖本來 322
163칙 마조피부馬祖皮膚 336
164칙 마조사구馬祖四句 342
165칙 마조원상馬祖圓相 366
166칙 마조현산馬祖峴山 371
167칙 마조열반馬祖涅槃 375
168칙 마조난시馬祖攔腮 378
169칙 마조일면馬祖日面 383
170칙 광징공좌廣澄共坐 414
171칙 석두조계石頭曹溪 417
172칙 석두언어石頭言語 421
173칙 석두노주石頭露柱 426
174칙 석두불자石頭拂子 428
175칙 탐원날목眈源捏目 432
176칙 유정합리惟政蛤蜊 435
177칙 백장야압百丈野鴨 438
178칙 백장권석百丈捲席 445
179칙 백장곡소百丈哭笑 465
180칙 백장봉착百丈逢著 469

선문염송 염송설화 회본 권6 禪門拈頌拈頌說話會本 卷六

181칙 백장재참百丈再參 ……… 476
182칙 백장기특百丈奇特 ……… 512
183칙 백장장옹百丈醬瓮 ……… 527
184칙 백장야호百丈野狐 ……… 530
185칙 백장병각百丈倂却 ……… 574
186칙 백장초연百丈悄然 ……… 587
187칙 백장영광百丈靈光 ……… 590
188칙 노조면벽魯祖面壁 ……… 595
189칙 노조불언魯祖不言 ……… 620
190칙 복우삼점伏牛三點 ……… 627
191칙 복우탈쇄伏牛脫灑 ……… 633
192칙 삼각차사三角此事 ……… 637
193칙 삼각삼보三角三寶 ……… 645
194칙 마곡지석麻谷持錫 ……… 648
195칙 마곡청천麻谷靑天 ……… 663
196칙 마곡어어麻谷魚魚 ……… 666
197칙 마곡삼승麻谷三乘 ……… 669
198칙 마곡풍성麻谷風性 ……… 672
199칙 염관서우鹽官犀牛 ……… 677

찾아보기 / 687

일러두기

1 '한글본 한국불교전서'는 문화체육관광부의 지원을 받아 동국대학교 불교학술원에서 수행하고 있는 '불교기록문화유산아카이브(ABC)사업'의 결과물을 출간한 것이다.
2 이 책의 역주는 『한국불교전서』(동국대학교출판부 간행) 제5책 『禪門拈頌拈頌說話會本』을 저본으로 하였다.
3 각기 독립된 책인 『禪門拈頌』과 『拈頌說話』를 하나로 회편한 『한국불교전서』에서 각 칙별로 묶어서 『禪門拈頌』을 싣고 그 칙 말미에 해당 『拈頌說話』를 일괄 붙인 것과는 편제編制를 달리하여 본칙과 개개의 송頌이나 염拈 등에 대한 설화를 해당 부분에 바로 이어 붙여 구성하였다.
4 각 칙의 제목은 본칙의 주요 대상과 『拈頌說話』에 제시된 어구를 조합하여 역주자가 붙인 것이다.
5 원문이 상당 부분 길 때에는 읽는 이의 편의를 위해 역주자가 단락을 나누기도 하였다.
6 『禪門拈頌』 원문에서 어디까지의 인용인지를 밝히고 있는 '至'는 〈 〉로 묶어 알아보기 쉽도록 하였고, 설화 번역에서 본문의 구절을 생략하여 인용한 부분은 '~'로 표시하거나 이해를 돕기 위해 생략 표시를 하지 않고 전체 문구를 인용하기도 하였다.
7 가능한 한 긴요하게 언급되고 있는 칙에서 주석을 가하고자 하였고 간혹 간명하지만 중복되는 주석은 가독성을 높이기 위한 선택이다. 교학적인 개념은 그 비중을 고려하여 주석의 양과 질을 결정했고, 선禪의 맥락에서 가볍게 용원된 경우는 간명하게 처리했다. 주석에서 인용한 원문에 오자가 있을 때에는 오자 옆에 [ ]로 묶고 그 안에 바른 글자를 넣었다.
8 인명은 원문 그대로 따르되 법명이 분명한 경우에는 함께 밝혀 적었다. 가령 동일 인물이지만 대혜 종고大慧宗杲와 운문 종고雲門宗杲로, 원오 극근圜悟克勤과 불과 극근佛果克勤 또는 장산 극근蔣山克勤 등으로 되어 있는 경우에 원문을 그대로 따랐다. 이 책이 완간된 후에 인물 정보를 모아 따로 펴낼 수 있기를 기대한다.
9 이 책에 앞서 역주자는 『정선 공안집』(김영욱·조영미·한재상 역주, 대한불교조계종 한국전통사상서 간행위원회, 2010)에서 총 100개 칙의 공안을 역주하였고, 현재 완역을 진행하면서 해당 100개 칙은 그 성과물을 다시 검토하고 주석을 보완하여 실었음을 밝힌다.
10 『한국불교전서』의 교감 내용은 ㉿으로, 역주자의 교감 내용은 ㊂으로 구분하여 밝혔다.
11 『高麗大藏經』은 '高', 『韓國佛敎全書』는 '韓', 『大正新修大藏經』은 '大', 『新纂大日本續藏經』은 '卍', 『嘉興藏經』은 '嘉', 『永樂藏經』은 '永', 『乾隆藏經』은 '乾', 『卍正藏經』은 '卍正' 등으로 표시하였다.
12 산스크리트어는 ⓢ, 팔리어는 ⓟ, 티베트어는 ⓣ로 표시하였다.

127칙 영가시비 永嘉是非

본칙 영가 현각永嘉玄覺[1]이 말하였다. "그름도 그름이 아니고 옳음도 옳음이 아니니, 여기서 터럭만큼이라도 어긋나면 천만리로 멀어지고 말리라. 옳음으로 치우친다면 용녀龍女가 돈오하여 성불한 예와 같고,[2] 그름으로 치우친다면 선성善星이 산 채로 지옥에 떨어진 경우와 같다.[3]"

永嘉云, "非不非是不是, 差之毫氂失千里. 是則龍女頓成佛, 非則善星生陷墜."

---

[1] 영가 현각永嘉玄覺(665~713) : 지금의 절강성인 온주溫州 영가永嘉 출신. 속성은 대戴. 자는 명도明道. 호는 진각대사眞覺大師. 시호諡號는 무상無相. 여덟 살에 출가한 이후 천태지관天台止觀을 연구하고, 이를 토대로 홀로 암자에서 머물며 선관禪觀을 닦았다. 『禪宗永嘉集』의 기본 구성은 지관止觀의 교설과 당시 선종의 선법禪法이 결합한 성과물이다. 6조 혜능慧能을 친견하고 6조에게 인가를 받으며 일숙각一宿覺이라 불렸던 일화는 본서 122칙 본칙 설화에 수록되어 있다. 입적 연대에 대해서는 이설이 있다. 『宋高僧傳』 권8(大50, 758a29)에는 선천先天 2년(713) 10월 17일, 『佛祖統紀』 권10(大49, 202b15)에는 선천 원년(712), 『佛祖歷代通載』 권13(大49, 589a16)에는 개원開元 2년(714) 10월 17일 등으로 되어 있다. 〈證道歌〉와 『禪宗悟修圓旨』 1권 등을 남겼다. 제자로는 혜조惠操·혜특惠特·등자等慈·현적玄寂 등이 있다

[2] 『法華經』 권4 「提婆達多品」(大9, 35c12)에 『法華經』을 수지한 공덕으로 용녀가 돈오하여 성불한 일화가 전한다. 용녀가 삼천대천세계만큼의 가치를 가진 보배를 부처님께 봉헌히고 변성남자變成男子하여 성불하였다는 이야기이다. "그때 용녀가 보주 하나를 가지고 있었는데……당시 중회의 대중은 모두 용녀가 문득 한순간에 남자로 변하여 보살행을 갖추자마자 남방의 무구세계無垢世界로 가서 보배 연꽃에 앉고 나서 등정각等正覺을 성취한 다음 삼십이상과 팔십종호를 구비한 몸으로 두루 시방의 모든 중생에게 미묘한 법을 연설하는 광경을 보았다.(爾時龍女有一寶珠,……當時衆會, 皆見龍女, 忽然之間, 變成男子, 具菩薩行, 卽往南方無垢世界, 坐寶蓮華, 成等正覺, 三十二相·八十種好, 普爲十方一切衆生, 演說妙法.)"

[3] 선성善星은 수나가다須那呵多·수나찰다라須那利多羅(S) Sunakṣatra)라고 음사한다. 부처님이 태자일 때 낳은 아들 또는 사촌 동생의 아들이라고 한다. 『大般涅槃經』 권33(大12, 561c20)에 선성이 아비지옥에 떨어진 인연이 전한다. 선성은 십이부경十二部經을 통달하였으나 부처님을 업신여기고 삿된 법을 설파하여 산 채로 아비지옥에 떨어졌다.

> 설화

● 범천 언기梵天彦琪의 『증도가주證道歌註』에서 다음과 같이 말하였다.[4] "'그르다(非)와 그른 것이 아니다(不非) 그리고 옳다(是)와 옳은 것이 아니다(不是)'라는 대목에서는 그름과 옳음의 상相이 분명하게 차별되므로 뒤섞어서는 안 된다는 취지를 밝혔다. '그름이 어찌 그름이 아니고 다른 것이랴!'라고 한다면, 그 그름은 참으로 불변의 그름 그 자체요, '옳음이 어찌 옳음이 아니고 다른 것이랴!'라고 한다면, 그 옳음은 참으로 불변의 옳음 그 자체이다. 비록 옳음과 그름 각각에 독립된 실체가 없다고는 하지만, 이들을 하나로 섞어서 불성을 모호하게 하고 진여를 흐리멍덩하게 만들어서도[5] 안 된다. '여기서 터럭(毫釐)만큼이라

---

[4] 이 본칙 설화에 제시된 인용 구절은 『證道歌註』(卍111, 389b8~389b12)에 보이며 글자상 출입이 많기는 하지만 본의와 어긋나는 부분은 없다.

[5] 불성을 모호하게~흐리멍덩하게 만들어서도(顢頇佛性儱侗眞如) : 여기서 불성과 진여는 교학의 개념에 한정되지 않고 넓은 의미의 '진실'을 포괄하는 말이다. '만안顢頇'과 '농동儱侗' 모두 뚜렷이 구분되는 대상을 하나로 섞어 흐리멍덩하게 만든다는 뜻이다. 주로 동일하다고 여기는 측면의 분별을 비판하는 말로 쓰인다. 『證道歌註』(卍114, 900a9), "옳음과 그름이 뚜렷이 갈라지거늘 어찌 불성을 모호하게 하고 진여를 흐리멍덩하게 만들 것인가!(是非昭然, 豈可顢頇佛性, 儱侗眞如也!)"; 『愚菴智及語錄』 권6(卍124, 340a1), "또 어떤 학인이 물었다. '진여와 불성이란 무엇입니까?' '나, 경산徑山의 문하에는 이런 종류의 쓸모없는 살림 도구는 없다.' '염관鹽官은 모든 중생에게 불성이 있다고 하였고, 위산潙山은 도리어 모든 중생에게는 불성이 없다고 하였습니다. 있다거나 없다는 말 가운데 어느 편이 옳고 어느 편이 그른지요?' '옳다면 다 옳고, 그르다면 다 그르다.' '화상은 대선지식으로서 어떻게 진여를 흐리멍덩하게 만들고 불성을 모호하게 할 수 있습니까?' '노승이 주지가 되어 맡은 일이 번거로운 탓이겠지.'(又有僧問, '如何是眞如佛性?' 師云, '徑山門下, 無這般閒家具.' 進云, '鹽官道, 一切衆生有佛性 ; 潙山又道, 一切衆生無佛性. 未審有之與無, 孰是孰非?' 師云, '是則總是, 非則總非.' 進云, '和尙大善知識, 何得儱侗眞如, 顢頇佛性?' 師云, '老僧入院事煩.')"; 『碧巖錄』 21則 「本則 評唱」(大48, 161c23), "말해 보라. 이 연꽃이 물 위로 나왔을 때와 나오지 않았을 때, 이 둘이 같은가, 다른가? 만약 이 문제의 핵심을 이해할 수 있다면 그대에게 깨달은 구석이 있다고 인정해 주리라. 그러나 이것에 대해 같다고 말한다면 불성을 모호하게 하고 진여를 흐리멍덩하게 만드는 꼴이며, 다르다고 말한다면 마음과 대상을 경계 지어 집착하고 잊지 못하는 것이다.(且道, 這蓮花出水, 與未出水, 是一是二? 若恁麼見得, 許爾有箇入處. 雖然如是, 若道是一, 顢頇佛性, 儱侗眞如, 若道是二, 心境未忘.)"

도 어긋나면 천만리로 멀어지고 말리라.'라고 한 구절에서 호리毫釐란 털(毛) 가운데 긴 것을 호毫라 하는데 10리釐가 1호이다. 설령 터럭만큼의 차이일지라도 천만리로 멀어지고 만다는 뜻이다. 용녀와 선성의 예는 옳음과 그름의 상을 분명히 차별 지어 드러낸 것이다. 옛날에 영산회상에서 한 용녀가 부처님께 보주寶珠를 바쳤는데, 부처님께서는 그것을 받으시고 설법을 해 주셨다. 용녀는 무생법인無生法忍을 깨달아 곧바로 남쪽의 무구세계無垢世界에 왕생하여 등정각을 이루고 화선여래花鮮如來라는 명호의 부처가 되었다. '그름으로 치우쳐 선성은 산 채로 지옥에 떨어졌다.'라는 고사는 이렇다. 옛날에 선성이라는 어떤 비구가 있었는데, 열여덟 마리의 향상香象에나 실을 수 있는 수많은 경전을 모두 외웠지만 산 채로 무간지옥에 떨어졌다. 곧 불성을 보지 못한 처지에서 법을 설하여 도리어 불법을 비방한 결과가 되었기 때문이다."

[是非] 琪注云, "非不非是不是者, 乃明是非之相分明, 不可錯亂也. 非豈不非!¹⁾ 非乃眞非 ; 是豈不是! 是乃眞是也. 雖明²⁾是非無主, 不可顧頂佛性, 儱侗眞如. 差之毫釐云云者, 毛中, 長者曰毫, 十釐爲一毫. 若差之毫釐, 則失之千里萬里也. 是則龍女云云者, 明現是非之相.³⁾ 昔靈山會上, 有一龍女, 獻佛寶珠, 佛受之, 而爲說法. 女悟無生忍, 卽往南方無垢世界, 成等正覺, 號曰花鮮如來也. 非則善星云云者, 昔有一比丘, 名曰善星. 念得十八香象馱經, 生身陷無間. 謂不見佛性, 說法, 返成誹謗故."

---

1) ㉠ '不非'가 『證道歌註』(卍111, 389b9)에는 '不是'로 되어 있다. 2) ㉠ '雖明'이 『證道歌註』(卍111, 389b10)에는 '雖則'으로 되어 있다. 3) ㉠ '是則龍女云云者, 明現是非之相.'은 『證道歌註』(卍111, 389b15)의 "龍女善星者, 明顯是非之相也."라는 구절에 따라 번역하였다.

● 그름이란 유有도 그르고 무無도 그르다는 말이고, 옳음이란 유도 옳고

무도 옳다는 말이니, '그름도 그름이 아니고, 옳음도 옳음이 아니다.'라는 말은 옳음과 그름을 모두 확정적으로 세우지 않는다는 뜻이다. 이런 경계에서 터럭만큼의 차이라도 둔다면 하늘과 땅만큼 현격한 차이를 낳게 된다. 그러므로 '터럭만큼이라도 어긋나면 천만리로 멀어지고 만다.'라고 한 것이다.

- 옳음으로 치우친다면 용녀龍女가~지옥에 떨어진 경우와 같다 : 옳음과 그름을 분명하게 구분하여 정한 것인가? 아니다. 다만 옳음과 그름, 두 가지 뜻을 드러낸 것일 뿐이다.

非者, 非有非無, 是者, 是有是無, 非不非是不是者, 是非俱不立也. 到這裏, 毫釐有差, 天地懸隔. 故云, 差之云云. 是則龍女至陷墜者, 是非安着耶? 但見是非二義也.

운문 종고雲門宗杲의 거

"영가가 6조를 친견하였다고 하지만, 문제는 시비분별의 경계 속에 빠져 있었다는 점이다. 나, 운문이라면 그렇게 말하지 않았을 것이다. 그름도 그름이 아니고 옳음도 옳음이 아니니, 얼굴 들어 하늘 보고, 고개 숙여 땅 보는 격이다. 깨어 있을 때는 그대로 또렷또렷하고 잠잘 때는 마냥 잠만 잔다. 헤아려야 할 불법도 없고 피해야 할 번뇌도 없다. 잠이 들어야 놀라 깰 때가 있기 마련이고, 본래 고양이란 놈은 쥐를 잡는 것이 본분이다."[6]

---

[6] 대혜 종고大慧宗杲의 말을 모두 제기하고 다음과 같이 상량한 법어도 보인다. 『二隱謐語錄』 권7(嘉28, 494b10), "나, 법상法祥의 이곳에서는 결코 그렇게 하지 않으리라. 그름은 그름이 아니고 옳음은 옳음이 아니니, 가까운 곳에서 근원을 만나고 종횡 어디서나 진실에 들어맞는다. 손을 펼쳐 코를 문지르고 발을 뻗어 실지實地를 밟는다. 때로는 또렷또렷하게 깨어 있고, 때로는 잠을 자니, 한맛으로 맡겨 두고 떠돌아다닐 뿐 업을 지으며 쌓은 빚을 어찌 피할 수 있으랴? 한 번 물 마실 때마다 한 번 목이 메니, 물이 찬지 뜨

雲門呆擧此話云, "永嘉親見六祖來, 要且只在是非裏. 雲門卽不然. 非不非是不是, 仰面看天, 低頭覰地. 惺惺時, 直是惺惺 ; 瞌睡時, 一向瞌睡. 也無佛法可商量 ; 亦無塵勞可迴避. 有時睡裏驚覺來, 元是猫兒捉老鼠."

> 설화

○ 영가가 6조를 친견하였다고 하지만, 문제는 시비분별의 경계 속에 빠져 있었다 : 영가는 '그름 그 자체도 그르지 않고 옳음 그 자체도 옳지 않은 경계야말로 시비분별에 떨어지지 않은 경계'라고 여겼겠지만, 이런 생각이 오히려 시비분별의 경계 속에 떨어져 있는 것이니, 어찌 6조를 친견했다고 말할 수 있겠는가!
○ 얼굴 들어 하늘 보고, 고개 숙여 땅 보는 격이다 : 옳음에도 철저하고 그름에도 철저한 것이니, 헤아려야 할 불법도 없고 피해야 할 번뇌도 없다.
○ 잠이 들어야 놀라 깰 때가 있기 마련이고, 본래 고양이란 놈은 쥐를 잡는 것이 본분이다 : 비록 시비분별에 떨어지지 않는다고 말하지만, 시비분별의 경계를 벗어나지 않는 것이야말로 바로 시비분별에 딱 들어맞는 행위라는 말이다.[7]

雲門 : 永嘉至是非裏者, 永嘉道非不非是不是不落, 反是在是非裏, 何名

거운지 이전부터 스스로 알 뿐이라.(法祥這裏, 又且不然. 非不非, 是不是, 左右逢源, 縱橫的實. 伸手摸著鼻孔, 放腳踏著實地. 時惺惺, 時瞌睡, 一味任運優游, 業債那可迴避? 一回飮水一回噎, 冷煖從來只自知.)"

[7] 수면의 경계를 무분별, 각성의 경계를 시비분별로 해석한 설화로서 무분별의 지향이야말로 시비분별에 빠져 있다는 관점을 취한 것이나 대혜의 본래 취지는 달리 볼 수 있는 여지가 있다. 곧 수면이 각성으로 각성이 수면으로 눈 깜짝할 사이에 전환되듯 무분별과 시비분별이 서로를 장애하지 않고 철저하게 이루어진다는 의미로도 볼 수 있다. 그러므로 고양이는 고양이대로 쥐는 쥐대로 자신의 본분에 충실할 수 있다.

親見六祖來! 仰面看天云云者, 是到底, 非到底, 則無佛法可商量, 無塵勞可迴避也. 有時睡裏云云者, 雖曰是非不落, 不出是非也, 則是非恰好也.

128칙 영가요요永嘉了了

본칙 영가가 말하였다.[1] "또렷또렷하게 보는 견지에서는 하나의 그 무엇도 없으니,[2] 사람도 없고 부처도 없다네. 삼천대천의 무수한 세계는 바닷물 거품과 같고, 모든 성현들도 번개처럼 잠깐 사이에 사라지노라."

永嘉云, "了了見無一物, 亦無人亦無佛. 大千沙界海中漚, 一切聖賢如電拂."

설화

● 범천 언기의 주석은 다음과 같다.[3] "진여의 세계 안에는 중생과 부처라는 임시 설정의 이름(假名)이 없고, 평등한 본성에는 자신과 타자라는 차별된 형상이 없기에 부처도 없고 사람도 없고 중생도 없다. 그러므로 '또렷또렷하게 보는 견지에서는 하나의 그 무엇도 없으니, 사람도 없고 부처도 없다네.'라고 한 것이다. 삼천대천세계 전체가 모두 깨달은 본성(覺性)에 들어 있는 것이 마치 물에 떠다니는 하나의 거품과 같다. 마치 경전에서 '미망으로 허공이 생겨나고, 허공에 의지해 세계를 세웠다네. 망상이 응결하여 국토가 되고, 지각이 결국 중생이 되노라.[4] 허공이

---

1 『證道歌』(大48, 396c23).
2 '무일물無一物'이라는 말은 6조 혜능의 본래무일물本來無一物에 근거한다. 어디에도 속박되지 않고 초탈하여 어떤 규정도 지니지 않는 본분을 가리키는 말로 쓰인다. 본서 108칙 본칙 설화 주석, 111칙 본칙, 119칙 본칙 주석 등 참조.
3 『證道歌註』(卍111, 395b8). 이를 인용하였지만 생략된 부분이 많다.
4 『首楞嚴義疏注經』권6(大39, 908a26), "망상이 응결하여 밖의 국토가 되고, 망심에서 일어나는 지각은 안의 중생이 된다. 이렇게 의보依報와 정보正報가 이미 드러났으니 총괄하여 세계라 한다.(妄想凝結, 成外國土;妄心知覺, 成內衆生. 依正旣彰, 總名世界.)";『楞嚴經箋』권6(卍89, 163a16), "징은 응결의 결이다.(澄結也.)" 이를 소재로 한 선문답도 보인다. 『建中靖國續燈錄』권27 「廬山開先善暹禪師二則」(卍136, 369a7), "개선 선섬開先善暹이 진進 산주山主와 징원澄源의 다음 문답을 제기하였다. 진 산주가 '산하와 대지는 무엇에서 생겨났습니까?'라고 묻자 징원은 '생각에서 생겨났다.'라 하였고 다시 '제

대각大覺에서 일어나나, 바닷물에 이는 일개 거품 한 방울과 같도다.'⁵ 라고 한 말과 같다. 그러므로 '삼천대천의 무수한 세계는~잠깐 사이에 사라지노라.'라고 한다. 마치 번개나 부싯돌에서 번득이는 불빛처럼 잠깐 사이에 명멸하며 아무 자취도 남기지 않아 찾을 수 없기 때문에 '모든 성현들도 번개처럼 잠깐 사이에 사라진다.'라고 한 것이다."

- 또렷또렷하게 보는 견지에서는 하나의 그 무엇도 없으니 : 뛰어난 형상⁶이건 열등한 외모이건 모두 허깨비와 같은 색이요, 성인의 명호나 범부의 이름이나 모두 허망한 소리에 불과하다.⁷
- 사람은 중생, 부처는 모든 부처님을 말한다. 삼천대천세계는 의보依報, 모든 성현은 정보正報를 나타낸다. 범부와 성현 그리고 의보와 정보는 분명하게 모두 공空이기에 볼 수 있는 것은 하나도 없다.⁸

가 한 자루 쇠창을 생각하면 얻을 수 있습니까?'라 물었는데 징원은 아무 대답도 없었다. 개선 선섬의 염拈이다. '징원 노한은 생각이 응결되어 국토가 된다고 여겼지만, 질문한 사람은 벌레가 나무를 갉아 먹는 모양과 같았고, 대답한 사람은 그렇게 하여 우연히 생긴 글자와 같았다는 사실을 전혀 모르고 한 소리이다. 산승이라면 그렇게 대응하지 않겠다. 상대가「제가 한 자루 쇠창을 생각하면 얻을 수 있습니까?」라고 묻는다면 30방을 매섭게 때려 주기만 하겠다. 어째서 이와 같이 하는가? 금을 팔겠다고 해야 금을 사겠다는 사람과 만나는 법이기 때문이다.'(擧, 進山主問澄源云, '山河大地, 從何而有?' 源云, '從想有.' 進云, '學人擬想一鎚金, 還得也無?' 源無語. 師拈云, '澄源老漢, 將謂想澄成國土, 殊不知, 問者如蟲禦木, 答者偶爾成文. 山僧卽不然. 待他道,「學人擬想一鎚金, 得也無?」但痛與三十棒. 何故如此? 賣金遇與買金.')」

5 『楞嚴經箋』권6(卍89, 163b4), "바닷물에 이는 일개 거품 한 방울과 같다 : 진여라는 성품은 바다처럼 넓고 깊으며, (지각이 없는) 허공(頑空)은 물거품과 같다. 진실한 본체에서 억지로 깨달음을 일으켜 비추고 이 동분同分을 세우니 허공에 의지하는 일체는 바닷물에서 하나의 거품이 일어나는 양상과 같다. 그러나 허공도 진여에서 벗어나지 않고 물거품도 물을 떠나지 않는다.(如海一漚發 : 箋云, '眞如性海, 頑空如漚. 爲向眞體上, 强生覺照, 起得此同分, 所依空來, 如海上一漚發. 然頑空亦不離眞如, 漚亦不離水.')"『楞嚴經』권6(大19, 130a19).
6 삼십이상三十二相·팔십종호八十種好 따위를 말한다.
7 덕산 선감德山宣鑑의 말. 『景德傳燈錄』권15(大51, 317c13).
8 신수神秀가 지상智常에게 해 준 말을 활용하였다. 宗寶本『壇經』(大48, 356c2), "그대의 본성은 허공과 같다. 볼 수 있는 것이 하나도 없다는 진실을 깨치면 그것을 정견正見

[了了] 琪注云, "眞如界內, 無生佛之假名 ; 平等性中, 無自他之形相, 卽無佛無人無物. 故云, '了了見云云無佛.' 三千大千世界, 盡在覺性之中, 猶如水上一漚也. 如經云, '迷妄有虛空, 依空立世界. 想澄成國土, 知覺[1]乃衆生. 空生大覺中, 如海一漚發.' 故云, '大千沙云云一切云云'者, 猶如電光石火. 瞥爾無蹤, 卒難模搩故, 一切聖賢云云." 了了見無一物者, 殊相劣形, 皆爲幻色 ; 聖名凡號, 盡是虛聲也. 人者, 衆生也. 佛者, 諸佛也. 大千, 依報也. 一切聖賢, 正報也. 凡聖依正, 是了了皆空, 無一物可見.

1) ㉠ '覺'이 『證道歌註』에는 '見'으로 되어 있다.

운문 종고雲門宗杲의 거

이 공안과 더불어 어떤 노숙이 '하나의 그 무엇도 없다고 하면서 또렷또렷하게 본다고 한 그것은 또 무엇이란 말인가?'라고 한 염拈을 제기하고 말하였다. "말해 보라! 그 노숙이 이렇게 한 말에 안목을 갖추고 있었는가?"

雲門杲擧此話, 連擧老宿拈云, '旣無一物, 了了見底, 是箇甚麼?' 師云, "且道! 這老宿伊麼道, 還具眼也無?"

설화

○ 하나의 그 무엇도 없다고 하면서~무엇이란 말인가 : (무엇도 없다고 해도) 또렷또렷하게 보는 견지는 여전히 남아 있다는 뜻이다.
○ 안목을 갖추고 있었는가 : 안목을 갖추고 그렇게 말했는가? 아니면 안목을 갖추지도 못했으면서 그렇게 말했는가? 한 수 더욱 높이 착수해

이라 하고, 알 수 있는 하나의 그 무엇도 없다는 이치를 깨치면 그것을 진여眞如라 한다.(汝之本性, 猶如虛空. 了無一物可見, 是名正見 ; 無一物可知, 是名眞知.)

보면, 안목을 갖춘 말인 듯이 보여도 머리에 쓸모없이 머리를 또 얹어 놓은 격이어서 안목을 갖추지 못한 것이다.

雲門 : 旣無一物云云者, 猶有了了見地在也. 還具眼也無者, 具眼伊麽道, 不具眼伊麽道? 更高一着, 似具眼, 頭上安頭, 是不具眼.

129칙 혜충타심慧忠他心

본칙 서경의 남양 혜충南陽慧忠[1] 국사의 인연이다. 인도의 대이삼장大耳三藏[2]이 서경에 도착하여 "나는 타심통他心通[3]을 얻었다."라고 말하자 숙종 황제肅宗皇帝[4]가 국사에게 그를 시험해 보도록 부탁하였다. 국사가 대이삼장에게 물었다. "당신은 타심통을 얻었소?" "그렇습니다."[5] "한번 맞혀 보시오. 노승은 지금 어디에 있습니까?" "한 나라의 국사이신 화상께서 어찌 서천西川에 가서 경도선競渡船[6] 행사를 보고 계십니까?" 국사가 잠깐 침묵하다가 다시 물었다. "한번 맞혀 보시오. 노승이 지금은 어디에

---

1 남양 혜충南陽慧忠(?~775) : 절강성 제기諸暨 출신. 속성은 염冉. 유년기에 출가하여 불교 전반을 공부하였고, 6조 혜능 문하에서 인가를 받았다. 그 뒤 곳곳을 돌아다니며 수행하다가 결국 남양南陽 백애산白崖山 당자곡黨子谷(白草谷)에 머물며 40여 년 동안 무수한 학인을 이끌었다. 당나라 현종·숙종·대종 등의 귀의를 받았다. 당자곡에서 입적할 당시 세수 80세 이상이었으리라고 추정한다. 행사行思·회양懷讓·신회神會·현각玄覺 등과 아울러 6조 문하의 오대종장五大宗匠으로 불렸다. 신회와 함께 북방에서 6조의 선풍禪風을 떨치면서 당시 마조馬祖를 중심으로 남방 곧 강서江西 일대에 퍼져 있던 평상심시도平常心是道의 선법과 경전을 무시하는 풍조를 통렬하게 비판하였다. 이는 본서 142칙의 소재이기도 하다. 이런 이유로 평소에 경률론經律論 삼학三學과 교학을 익히도록 거듭 권장하였다.
2 대이삼장大耳三藏 : 생몰 연대는 미상. 당나라 때 숙종이 재위할 무렵 중국에 왔다고 전한다. 인도 또는 중앙아시아에서 온 소승불교 학자로 추정된다. 큰 귀를 가지고 있어서 대이로 불렸다. 장이삼장長耳三藏이라고도 한다.
3 타심통他心通 : 육신통六神通의 하나. 다른 사람의 마음을 꿰뚫어 보는 신통력.
4 숙종 황제肅宗皇帝 : 혜충 국사를 스승의 예로 받들었고, 두 사람 사이에 나눈 문답은 몇 가지 공안으로 남아 있다. 『碧巖錄』 99則 「本則 評唱」(大48, 222b8), "숙종 황제는 동궁에 거처하던 태자 시절에 이미 혜충 국사에게 법을 물었다. 그 뒤 즉위하고는 공경하는 마음이 더욱 돈독해져 국사가 출입할 때마다 맞아들이고 보내면서 손수 수레를 끌었다.(肅宗皇帝, 在東宮時, 已參忠國師. 後來卽位, 敬之愈篤, 出入迎送, 躬自捧車輦.)"
5 불감不敢 : 겸손하게 긍정하는 말.
6 경도선競渡船 : 배를 저어 앞서 나가기를 다투는 놀이. 그 유래에 대해서는 이하 설화 참조. 오로지 이익만을 다투는 사람을 이에 비유하기도 한다. 소옹邵雍의 아들인 소백온邵伯溫이 지은 『邵氏聞見錄』 참조.

있습니까?" "한 나라의 국사이신 화상께서 어찌 천진교天津橋[7] 위에서 원숭이[8] 재주 부리기를 보고 계십니까?" 국사가 똑같은 질문을 세 번째 했을 때 삼장은 국사의 마음이 가 있는 곳을 알아맞히지 못했다. 국사가 "이 여우귀신아! 타심통은 어디에 있느냐?"라고 질책하자 삼장은 아무 대답도 하지 못했다.

西京慧忠國師, 因西天大耳三藏, 到京云, "得他心通." 肅宗帝, 請國師試驗. 師問, "汝得他心通耶?" 曰, "不敢." 師云, "汝道. 老僧卽今在甚麼處?" 曰, "和尙是一國之師, 何得却去西川, 看競渡船?" 師良久, 又問, "汝道. 老僧卽今在甚麼處?" 曰, "和尙是一國之師, 何得向天津橋上, 看弄獼猴?" 師第三問, 三藏罔知去處, 師叱云, "者野狐精! 他心通, 在什麼處?" 三藏無對.

> 설화

● 이 화두의 뜻은 다음과 같다. 앞의 두 차례 질문은 구체적인 경계에 들어가 있는 마음이기 때문에 각각 어디로 가 있는지 알아맞혔고, 마지막에는 자수용삼매自受用三昧에 들어갔기 때문에 대답하지 못한 것이다.[9]
● 경도선 : 『형초세시기荊楚歲時記』에 "굴원屈原은 5월 5일에 멱라汨羅[10]에

---

7 천진교天津橋 : 옛날의 다리. '은하수 다리'를 뜻하는 천한진량天漢津梁에서 두 글자를 따와 붙인 명칭이다. 그 터가 지금의 하남성 낙양시洛陽市 서남쪽에 남아 있다. 수나라 양제煬帝가 대업大業 원년(605)에 천도하였는데 수도를 관통하는 낙수洛水에 은하수 다리와 같은 기상이 있다고 하여 이 다리를 세우고 '천진'이라는 이름을 붙였다.
8 원숭이는 재주가 많은 동물로 여겨지지만 잽싸고 요란한 모습에서 부귀를 얻기 위해 날뛰는 사람을 비유하기도 한다.
9 이하에 나오는 '앙산 혜적의 평'을 인용한 말. 『祖庭事苑』 권7(卍113, 197b4), "만약 여래께서 자수용삼매에 들어가면 모든 단계의 삼매(等持)를 넘어서기에 성문들이 헤아려 알 수 있는 경지가 아니다.(若如來入自受用三昧, 超諸等持, 非諸聲聞可能測知.)"
10 멱라汨羅 : 상강湘江의 지류가 되는 강. 호남성 동북부에 있다. 전국시대 초나라 굴원

몸을 던져 죽었다. 후대 사람들이 배를 타고 그의 혼을 건지는 추모 행사를 하였다."라고 한다. 이로 인하여 경도선 놀이가 생기게 되었다.[11] 소동파蘇東坡가 굴원의 탑塔에 붙인 〈굴원탑〉이라는 시에 "남긴 기풍은 경도선 놀이 풍속 이루고, 슬피 탄식하는 소리는 초산楚山을 가르네."라고 하였다.

[他心] 此話義, 前兩度, 是涉境心故, 各知去處, 後入自受用三昧故, 無對. 競渡舡者, 荊楚歲時記云, "屈原, 五月五日, 投汨羅而死. 後人以舟楫求之." 因此有競渡舡戱. 東坡題屈原塔云, "遺風聲[1]競渡, 哀呼楚山裂."
1) 옌 '聲'은 '成'의 오자이다.

대각 회련大覺懷璉의 송 大覺璉頌

인도에서 온 삼장이 타심통 있다고 말했으나	西天三藏有他心
혜충에게 그 소리의 정체 감파당하고 말았네	却被南陽辨正音
촉국과 천진교에 있는 모습은 모두 보았지만	蜀國天津俱得見
물렁한 진흙 더미에 숨은 그것 찾지 못했네[12]	爛泥堆裏罕追尋

장산 법천蔣山法泉의 송[13] 蔣山泉頌

천진교 위와 촉강 가에서 노닐던 그 맘	天津橋上蜀江傍

을 가리키는 말로도 쓰인다. 『史記』「屈原賈生列傳」, "굴원은 여기서 돌을 끌어안고 마침내 스스로 멱라에 몸을 던져 죽었다.(屈原, 於是懷石, 遂自投汨羅以死.)"

11 경도선과 관련한 전설은 이 밖에도 여러 가지가 있다. 월나라 왕 구천勾踐이 오자서伍子胥를 기념하기 위해 시행하였다는 이야기도 유명하다.

12 물렁한 진흙~찾지 못했네 : 보통 '물렁한 진흙 속에 가시가 숨어 있다.(爛泥裏有刺.)'라는 구절을 상용한다. 혜충이 그의 타심통을 시험하는 외양 속에 본분을 꿰뚫어 보는 장치를 가시처럼 숨겨 두었다는 의미이다.

13 제1구와 제2구는 대이삼장이 혜충 국사의 자취를 알아맞힌 것을, 제3구와 제4구는 세 번째 질문에서는 자취를 찾지 못하고 대답하지 못한 것을 읊었다.

그림자 밟고 자취 찾으니 숨기지 못하네[14]   躡影尋蹤不隱藏
눈앞 작은 길에서 어긋나 놓쳐 버렸으니   差却目前些子路
머리 들고 찾지만 어디에도 국사 없구나[15]   擧頭無處覓南陽

앙산 혜적仰山慧寂의 평

"앞의 두 차례는 구체적인 경계에 들어가 있는 마음이었고, 마지막에는 자수용삼매[16]에 들어간 것이었기 때문에 볼 수 없었다."

---

14 천진교 위와~숨기지 못하네 : 국사가 그의 타심통을 시험하기 위해 일부러 두 곳에 있는 상상을 하였지만 그것이 남긴 자취 때문에 정체를 숨기지 못했다는 말.

15 눈앞 작은~국사 없구나 : 종적을 전혀 남기지 않는 삼매에 들었기 때문이며, 바로 눈 앞에 있는 그 모습을 두고 두리번거리며 달리 찾았기 때문이다. 어디나 있지만 그 자취를 포착할 수 없는 진실한 삼매의 특징을 보이는 예를 하나 든다. 이는 아래 나오는 자수용삼매自受用三昧의 경지와 다르지 않다. 『五燈會元』 권16 「永泰智航章」(卍138, 633b5), "용이 은하수에 올라 부리는 변화는 (무수하여) 정해져 있지 않듯이, 봉황이 푸른 하늘에 날아오르면 그 누가 자취를 알겠는가? 갈 만하면 가지만 백천의 삼매를 벗어나지 않고, 머물 만하면 머물지만 어찌 삼라만상을 잊겠는가? 그런 까닭에 '취하지도 못하고 버리지도 못하니 얻을 수 없는 그곳에서 이렇게 얻는다.'라고 한다.(龍騰碧漢, 變化無方 ; 鳳翥青霄, 誰知蹤跡? 可行則行, 不出百千三昧 ; 可止則止, 寧忘萬象森羅? 所以道, '取不得, 舍不得, 不可得中祇麼得.')"

16 자수용삼매自受用三昧 : 자수용自受用은 자신의 체험 속에서 마음껏 써먹으며 누리는 삼매이기 때문에 어떤 방편도 허용하지 않으며 스스로만 알 수 있다. 반면 타수용他受用은 타자와 교섭하는 통로를 자유자재로 설정하며, 모든 현상을 활용하여 그 경지를 전하는 삼매이다. 『建中靖國續燈錄』 권5 「天衣義懷章」(卍136, 90b3), "종사가 조사의 도를 제기하여 이야기하는 방식에는 자수용삼매와 타수용삼매가 있다. 자수용삼매를 말하면 삼세의 모든 부처님도 그 위풍 아래 놓일 것이니, 문수가 신발을 들고 달아나고 보현이 지팡이를 쥐고 떠날지라도 여전히 자신의 역량을 벗어난 경계가 아니다. 이와는 달리 한 길로 뻗은 방편의 길을 허용하여 타수용삼매를 설하면, 하나의 티끌에 하나의 불국토가 있고 하나의 잎에 한 분의 석가가 있으며 겹겹의 누각에 무수한 선재동자가 있고 잠든 것은 잠든 미륵이요 서 있는 것은 서 있는 석가일 것이다. 그래서 병의 종류에 한없는 차별이 있기 때문에 한없는 종류의 약을 만들어 내는 것이다.(夫宗師提談祖道, 有自受用三昧, 他受用三昧. 若論自受用三昧, 三世諸佛, 立在下風, 文殊提鞋, 普賢挈杖, 未爲分外. 放一線道, 說他受用三昧, 一塵一佛土, 一葉一釋迦, 重重樓閣, 無盡善財, 眠底是眠底彌勒, 立底是立底釋迦. 所以病有千差, 藥輿萬種.)"

仰山云, "前兩度, 是涉境心, 後入自受用三昧, 所以不見."

현사 사비玄沙師備의 문답

조주가 "삼장의 콧구멍 속에 있었다."[17]라고 한 말을 들어 어떤 학인이 현사에게 물었다. "콧구멍 속에 있었다면 어째서 보지 못했을까요?" "바로 그렇게 너무 가까이 있었기 때문이다."[18]

趙州云, "在三藏鼻孔上." 僧問玄沙, "旣在鼻孔上, 爲甚不見?" 沙云, "只爲大[1)]近."

1) ㉠ '大'는 '太'의 오기이다.

설화

○ 조주가 "삼장의 콧구멍 속에 있었다."라고 한 말에 숨은 뜻을 현사가 모두 말하였다.

趙州云在三藏鼻孔上者, 玄沙道了也.

---

17 세 번째 질문을 할 때 혜충 국사는 대이삼장의 콧구멍 속에 있었다는 말. 겉으로 드러난 말은 그렇지만 이것도 조주가 제기한 화두일 뿐이다. 콧구멍 속에 있다는 말 자체가 사실과는 상관없는 시험 장치로서의 관문이다.

18 눈앞에 드러나 있는 그것을 알아차려야 하지만 바로 어디에나 드러나 있다는 그 이유 때문에 오히려 알아차리는 것이 느리다는 말이다. '콧구멍 속에 있었다'는 말에 상응하여 던진 말이지만, 조주의 화두에 맞서는 또 하나의 화두이다. 이처럼 이중 삼중으로 건네는 방식에 선문답의 묘미가 있다. 『請益錄』 83則 「本則」(卍117, 885b5), "한 학인이 석상石霜에게 물었다. '지척 간에 계신데 어찌하여 스님의 얼굴을 볼 수 없습니까?'【너무 가까이 있기 때문이다.】 '나는 세상 그 어디에도 감추어진 적이 없다고 생각한다.'【부처의 손으로도 가리지 못한다.】(僧問石霜, '咫尺之間, 爲什麼不覩師顔?'【秖爲太近.】霜云, '我道遍界不曾藏.'【佛手遮不得.】)"

현사 사비의 징

"말해 보라! 앞에서 두 차례 한 질문에서는 자취를 보았는가?" 이에 대하여 설두는 "속았다, 속았어!"라고 평가하였다.

又徵, "汝道! 前兩度還見麼?" 雪竇云, "敗也, 敗也!"

[설화]

○ 앞에서 두 차례 한 질문에서는 자취를 보았는가 : 앞의 두 가지 질문에서 국사의 자취를 보지 못했다는 말이다.
○ 설두가 '속았다, 속았어!'라고 한 평가는 자취를 보지 못했다는 바로 그 말에 '잘못이 적지 않다.'[19]는 뜻이다.

又徵, 前兩度還見麼者, 前兩度亦不見也. 雪竇云敗也敗也者, 不見處, 敗闕不少.

천동 정각天童正覺의 염

"삼장이 국사가 어디 있는지 알아맞히지 못한 것은 접어 두자. 말해 보

---

19 패궐불소敗闕不少 : '패궐'은 패결敗缺과 같은 말로서 패배나 실패 또는 착각 그 자체가 아니라 그 말에 설정된 하나의 관문 또는 효와誵訛를 나타낸다. 드러난 그대로 받아들이면 그 본의를 빗나가 잘못으로 이끄는 결과가 되는 말이라는 뜻이다. 따라서 패궐이라는 말에는 참구하고 뚫어야 할 하나의 장애가 놓여 있다. 『碧巖錄』 37則「本則評唱」(大48, 175a26), "말해 보라! 그의 본의는 무엇이었을까? 빠른 물살을 가르는 칼날처럼, 번개가 치거나 유성이 나는 것처럼 재빨라야 한다. 만일 머뭇거리며 생각으로 궁리하면 무수한 부처님이 세상에 나타나도 그의 본의는 찾을 수 없다. 만일 이렇게 심오한 경지에 깊숙이 들어가 골수에 사무치고 바닥까지 철저하게 꿰뚫어 보면, 반산盤山의 말이 하나의 관문(敗缺)이었다는 사실을 알 것이다.(且道! 他意作麼生? 直得奔流度刃, 電轉星飛. 若擬議尋思, 千佛出世, 也摸索他不著. 若是深入閫奧, 徹骨徹髓, 見得透底, 盤山一場敗缺.)"

라. 국사 자신은 귀착점을 알았을까? 만일 스스로는 알았다고 생각한다면 온갖 새들이 꽃을 물어와 바치고 모든 천신이 공양하기를[20] 쉴 날이 없었을 것이다. 말해 보라! 바로 이러할 때 궁극적으로 귀착되는 곳은 어디인가?"

天童覺拈, "三藏不見國師, 卽且置. 你道, 國師自知落處麽? 若謂自知, 則百鳥銜花, 諸天供養, 未有休日. 且道! 正當伊麽時, 落在什麽處?"

설화

○ 국사 자신은 귀착점을 알았을까 : 만일 알았다면 아는 주체(能)와 그 대상(所)으로 이분되어 '온갖 새들이 꽃을 물어와 바치고'라 운운한 경우와 같은 잘못을 벗어나지 못할 것이라는 뜻이다.

天童 : 國師自知落處者, 若也知有, 是有能所, 未免百鳥含花云云也.

해회 수단海會守端의 염

"국사가 만일 삼장의 콧구멍 속에 있었다면 어째서 보기 어려웠겠는가? 이것도 국사가 삼장의 눈동자 속에 있었다는 사실을 모르고 하는 소리이다.[21]"

---

[20] 온갖 새들이~천신이 공양하기를 : 깨달음을 성취한 이에게 감동한 결과로 묘사되는 이러한 일은 비판의 대상으로 설정된다. 새들과 천신에게 그 자취가 드러나 집착의 단서를 주었기 때문이다. 새들이 꽃을 바칠 길이 사라져야 온전한 깨달음으로 간주한다. 우두 법융牛頭法融의 기연에 잘 나타난다. 본서 223칙, 488칙 본칙 및 본칙 주석 참조.

[21] 콧구멍에 있었건 눈동자에 있었건 모두 생각으로 더듬은 흔적이 없는 말(화두)일 뿐이고, 달리 말하면 패궐敗闕이다. 애초에 국사가 천진교에 있다는 '생각'을 알아맞힌 것이 삼장의 타심통이었다. 그렇다면 콧구멍에 있다거나 눈동자에 있다는 '생각'을 예외적으로 알아맞히지 못했다는 것은 자연스럽지 못하다. 주 17·18·19 참조. 서암 요혜西巖了慧는 두 선사의 화두를 모두 제기하고 다음과 같이 평가하였다.『西巖了慧語

海會端拈, "國師若在三藏鼻孔上, 有什麽難見? 殊不知, 國師在三藏眼睛裏."

> 설화

○ 조주와 현사의 말을 아울러 제기하였다.
○ 국사는 삼장의 눈동자 속에 있었다 : 콧구멍 속이 가장 가까운 곳이라고 단정할 수 없기 때문이다.[22]

海會 : 此幷擧趙州玄沙語. 國師在三藏眼睛裏者, 在鼻孔上, 未爲大近故也.

황룡 사심黃龍死心의 거

이 공안을 제기하고 어떤 학인에게 물었다. "그대가 조계 문하의 선객[23]인 이상 틀림없이 본분사(此事)가 있음을 알 것이다. 말해 보라. 노승

錄』권상(卍122, 348a15), "조주와 백운(海會守端), 두 노장 가운데 한 사람은 콧구멍을 얻었으나 눈동자를 잃었고 다른 사람은 눈동자를 얻었으나 콧구멍을 잃었다. 그들이 국사의 속뜻을 알았다고 말하지 말 일이니 대이삼장大耳三藏의 속을 알려고 해도 아직 멀었다.(趙州白雲二大老, 一人摑得鼻孔, 失却眼睛;一人摑得眼睛, 失却鼻孔. 莫道見國師, 要見大耳三藏, 亦未可在.)"

22 보는 기능이 눈이라고 할 때 콧구멍보다 눈동자에 있는 것이 대상으로 더 가깝다. 이러한 논리에 따라 눈동자라 한 것이지만, 이러한 말의 맥락을 유지한 채 멀건 가깝건 어떤 분별의 틀로도 접근할 수 없는 화두로서 제시한 것이다. '눈동자가 콧구멍보다 더 가깝다'라고 생각하면 패궐敗闕이 된다.

23 조계 문하의 선객 : 6조 혜능의 정통을 이어받은 선수행자. 또는 종지를 꿰뚫은 참된 선수행자.『圜悟語錄』권10(大47, 759b16), "만약 조계 문하의 선객이라면 곧바로 해탈의 경계에 도달하지 결코 그 경계에서 두 번째 세 번째 단계의 방편에 떨어지지 않을 것이다. 들려준 말을 알아차리기 이전의 경계도 이미 두 번째 세 번째 단계의 방편에 떨어진 것인데 하물며 말을 들어 보인 뒤에 알아차리는 경우이랴! 그 모두가 잘못을 쏟아 내는 짓이다.(若是箇曹溪門下客, 直到解脫處, 更不落二落三. 未擧覺已前, 早是落二落三了也, 何況擧覺言詮! 總納敗闕.)";『環溪惟一語錄』권하(卍122, 143a17), "학인이 늑담 상홍泐潭常興 선사에게 물었다. '조계 문하의 선객이란 무엇인지요?' '남쪽에

은 지금 어디에 있는가?" 학인이 어쩔 줄 몰라 하자 황룡이 말하였다. "자신의 주관이라곤 전혀 없군." "삼장이 세 번째에는 어째서 국사의 마음이 어디에 있는지 알아맞히지 못했습니까?" "그대는 첫 번째도 모르면서 어찌 또 세 번째를 묻는가? 만일 첫 번째를 안다면 세 번째도 밝힐 수 있을 것이다." "본분사는 반드시 수행을 쌓아야 알 수 있지 않습니까?" "그대가 수행이라 말했는데 어떻게 수행하는 것인가? 한번 말해 보라. 설령 닦더라도 결국은 무너지게 되니 닦거나 닦지 않거나 점점 더 관계가 없어질 것이다." "만일 닦지 않더라도 지금 세상에는 분명 본분사를 아는 선지식이 있을 것입니다." "그대가 지금 나에게 던진 질문은 근거가 없다. 그대는 여기서 떠나 곳곳을 돌며 참구하다가 다만 '화상께서는 진실한 선지식이시니 반드시 남들의 마음을 꿰뚫어 보는 지혜의 눈을 갖추고 계실 것입니다. 말씀해 보십시오. 제 마음이 지금 어디에 있습니까?'라고 질문하기만 하면 된다. 알아맞히는지 그렇지 못한지에 대하여 그가 어떤 말을 건네는지 살펴보면, 그 경지에 도달했는지 그렇지 않은지 또는 남을 속이는지 스스로 속았는지도 알아서 한순간에 몸소 보게 될 것인데 어찌 다른 사람의 말에 따라 판단하겠는가!"

黃龍心擧此話, 問僧, "汝既稱曹溪門下客, 必知有此事. 汝道. 老僧即今在什麼處?" 僧罔措, 師曰, "全無主宰." 僧曰, "三藏第三度爲什麼不見國師?"

서 날아온 제비이다.' '저는 무슨 소리인지 모르겠습니다.' '깃털을 길러 가을바람 타고 떠날 준비를 한다.' (환계 유일環溪惟一의 평) 조계 문하에 남쪽에서 날아온 제비가 하루 내내 조잘조잘 지저귀며 조사(祖翁)가 전한 이야기를 하는구나. 모조리 떠나는 열반(離)과 세세히 관조하는 반야(微)를 남김없이 전했건만 아무도 이해하지 못하니, 깃털을 길러 가을바람 타고 떠날 준비를 하느니만 못하리라.(僧問泐潭興禪師, '如何是曹溪門下客?' 師云, '南來燕.' 僧云, '學人不會.' 師云, '養羽候秋風.' 曹溪門下南來燕, 終日呢喃話祖翁, 話盡離微人不會, 不如養羽候秋風.) 이미 離微에 대해서는 본서 209칙 '천동 정각의 송' 주석 참조.

師曰, "汝今一尙不見, 何更問三? 若見其一, 卽三可明矣." 僧曰, "此事, 莫要進修, 方可見得?" 師曰, "汝言進修, 如何進修? 試說看. 縱饒修得, 終成敗壞, 修與不修, 轉無交涉."[1] 僧曰, "若不修得, 如今天下有善知識, 必知此事." 師曰, "汝今問我, 亦無憑據. 汝但此去徧叅, 只消致問. '和尙已是眞善知識, 必具他心慧眼. 且道. 學人卽今在什麽處?' 看他見與不見, 如何撥遣, 便知到與不到, 謾人自謾, 一時親見, 豈在別人言說!"

---
1) ㉮ '交涉'이 갑본에는 '涉交'로 되어 있다.

【설화】

○ 말해 보라. 노승은 지금 어디에 있는가 : 지금은 그 학인과 만나고 있는 순간이지만, 있는 곳을 굳이 찾으려 하면 찾을 수 없다는 말이다.[24]
○ 그대는 첫 번째도 모르면서 어찌 또 세 번째를 묻는가 : 첫 번째 질문을 모른다는 것은 위 설화에서 '지금 만나고 있는 순간'이라 한 것을 말한다. 만일 첫 번째를 안다면 닦았을 때뿐 아니라 닦지 않았을 때도 관계가 없다는 말이다.
○ 알아맞히는지 그렇지 못한지에 대하여 그가 어떤 말을 건네는지 살펴보면 : 그 선지식이 어떤 말을 건네는지 살펴보아야 한다는 뜻이다.
○ 그 경지에 도달했는지 그렇지 않은지 또는 남을 속이는지 스스로 속았는지 : 입을 열면 속이 다 드러난다[25]는 뜻이다.

---

24 애써 분별하며 찾아 나서지 않아도 눈앞에 마주하고 있는 그 사람이라는 뜻. 넓게는 늘 가까운 그 자리에서 마주하고 있는 일체를 가리킨다. 『雪竇語錄』 권2(大47, 682b18), "문수당에 안치된 만 보살을 곳곳에서 찾아다녔으나 찾을 수 없더니 원래 모두 이 안에 있었다. 영리한 사람이라면 한 번에 알아보고는 주장자를 꺾고 이곳에 머물기를 권하리라.(文殊堂裏萬菩薩, 到處覓不得, 元來總在者裏. 靈利漢一見, 便請拗折拄杖.)" ; 『景德傳燈錄』 권23 「歸宗懷惲傳」(大51, 394c23), "한 덩이로 뒤섞여 찾을 수 없을 때는 어떻게 합니까?' '바로 이것은 무엇인가?'(問, '混然覓不得時如何?' 師曰, '是什麽?')"
25 말을 하면 그 사람의 속이 숨김없이 드러난다는 뜻이다. 직역하면 '입을 열면 간담이 보인다.(開口見膽.)'이며, 개구견심開口見心과 다르지 않다. 『大慧語錄』 권22(大47,

黃龍：汝道老僧至處者, 見今與這僧相見時, 覓在處不得也. 汝今一尙不見云云者, 第一度不見, 謂上卽今相見時也. 若見其一, 卽非但修與不修時, 沒交涉云云也. 看他見與至撥遣者, 看他善知識, 如何撥遣也. 到與至自謾者, 開口見膽也.

죽암 사규竹庵士珪의 거

이 공안과 더불어 조주가 '삼장의 콧구멍 속에 있었다.'라고 한 말을 제기하고 평가하였다. "조주는 삼장이 어디 있는지 알았을까?"

竹庵珪擧此話, 連擧趙州云, '在三藏鼻孔裏.' 師云, "趙州還見三藏麼?"

[설화]

○ 조주도 삼장이 어디에 있는지 몰랐으니, 만일 알았다면 어디에서 그를 보았겠느냐는 뜻이다.

竹庵：趙州, 亦不見三藏, 若是見, 向什麼處見?

903c28), "묘희(대혜)는 이전부터 남에게 전해 줄 알찬 법(實法)은 전혀 없었고 다만 상대의 말에 따라 판결해 주듯이 하면서 평소에 깨달은 내용을 입을 열어 숨김없이 드러내고 분명히 남들에게 설해 주었을 뿐이다.(妙喜從來無實法與人, 直是據款結案, 將平生悟得底, 開口見膽, 明白直說與人.)"；『無門關』7則「評唱」(大48, 294a1), "조주는 입을 열어 속을 보이고 심장과 간을 드러내었다.(趙州開口見膽, 露出心肝.)"；『續傳燈錄』권8「天章元善傳」(大51, 514c3), "'지극히 큰 것은 밖이 없고, 지극히 작은 것은 안이 없다고 합니다. 이렇게 안팎이 없다면 필경은 어떤 것입니까?' (그 말로) 입을 열어 속을 모두 보였구나.' '저는 모르겠습니다.' '안타깝고도 안타깝구나.' '대중을 위해 있는 힘을 다 쏟으셨지만 화禍는 사사롭게 베푸는 문에서 나오는 법이죠.' 천장天章이 때리며 말하였다. '그만두라고 해도 그만두려 하지 않으니 머리에 빗방울이 치듯이 무수한 매를 맞아야겠지.'(僧曰, '大無外, 小無內. 旣無內外, 畢竟是甚麼物?' 師曰, '開口見膽.' 曰, '學人未曉.' 師曰, '苦中苦.' 曰, '爲衆竭力, 禍出私門.' 師打曰, '敎休不肯休, 須待雨淋頭.')"

심문 담분心聞曇賁의 거

이 공안과 더불어 앙산·현사·조주의 말을 제기하고 말하였다. "국사는 단지 삼장을 감파할 줄만 알았지 자기 자신의 잘못은 깨닫지 못하였고, 세 존숙이 이 공안에 대하여 그렇게 해설한 것은 마치 사마귀가 매미를 잡으려는 것²⁶과 매우 흡사하다. 지금 국사의 진실을 알고자 하는가? 그의 콧구멍을 꿰라!"

心聞賁擧此話, 連擧仰山玄沙趙州語, 師云, "國師只知勘破三藏, 不覺自家漏逗, 三尊宿伊麼指注, 大似螳蜋捕蟬. 而今要見國師麼? 穿却鼻孔!"

[설화]

○ 국사는 단지~자기 자신의 잘못은 깨닫지 못하였고 : 그 또한 몰랐던 점이 있었고, 이것이 바로 잘못이라는 뜻이다.
○ 세 존숙이~마치 사마귀가 매미를 잡으려는 것과 매우 흡사하다 : 스스로 삿된 생각에 떨어져 있으면서 사악함을 몰아내려는 것과 같다.²⁷
○ 그의 콧구멍을 꿰라 : 국사의 콧구멍을 꿰라는 말이다.²⁸

---

26 사마귀가 매미를 잡으려는 것 : 사마귀는 매미를 잡는 데 몰두하여 뒤에서 자신을 노리는 참새의 존재를 의식하지 못한다. 국사의 말에 대한 비평을 하고 있지만 자신들에게도 똑같은 비평이 뒤따르고 있다는 사실을 모르고 있다는 말이다. '옆에서 지켜보는 사람이 웃는다.(傍觀者哂.)'는 취지와 같은 평가이다. 본서 2칙 '법진 수일의 거' 주석 참조. 『天隱語錄』 권8(嘉25, 553b25)에도 조주·현사·수단·천동의 말을 모두 제기하고 '옆에서 지켜보는 사람'의 평을 전한다. "이 한 떼거리 늙은이들은 마치 맹인이 코끼리를 더듬듯이 헤아렸으니 누구도 국사의 마음이 귀착한 곳을 알지 못하였다. 여러분은 국사의 마음이 귀착한 곳을 아는가? 만약 국사의 마음이 귀착한 곳을 안다면 그 사람에게 타심통이 있다고 인정하겠다.(這一隊老漢, 恰如盲人摸象, 總未知國師下落處在. 諸人還知國師下落處麼? 若知得國師下落處, 許你他心通.)"
27 『雪竇語錄』 권3(大47, 690b29) 등에 나오는 말을 인용하였다.
28 콧구멍은 본분의 핵심. 구체적으로는 이 장면에서 국사의 속뜻을 짚어 내야 그것을 뚫을 수 있다. 상대에게 속을 감파당하여 꼼짝 못 한다는 맥락으로도 쓰지만 대체는 동일하다. 『大慧語錄』 권2(大47, 816b29), "상상에 얽매여 움직여도 불자에 콧구멍을 꿰일

心聞: 國師只知至漏逗者, 又有不見處在, 是漏逗也. 三尊宿至捕蟬者, 如隨邪逐惡也. 穿却鼻孔者, 穿却國師鼻孔也.

것이고, 상에 얽매여 움직이지 않더라도 불자에 콧구멍을 꿰일 것이다. 부처를 만났더라도 불자에 콧구멍을 꿰일 것이고, 부처를 만나지 못했더라도 불자에 콧구멍을 꿰일 것이다.(隨相轉, 也被拂子穿却鼻孔 ; 不隨相轉, 也被拂子穿却鼻孔. 見佛, 也被拂子穿却鼻孔 ; 不見佛, 也被拂子穿却鼻孔.)"; 『虛堂語錄』권8(大47, 1047b20), "모두들 그 학인이 마 대사 부자에게 콧구멍을 꿰였다고 여기지만, 마 대사 부자의 콧구멍이 그 학인에게 꿰였다는 사실을 전혀 모르고 하는 소리에 불과하다.(盡謂者僧, 被馬大師父子, 穿却鼻孔, 殊不知, 馬大師父子鼻孔, 被者僧穿却.)"

130칙 혜충삼환慧忠三喚[1]

본칙 혜충 국사가 하루는 시자를 부르자 시자가 '예!' 하고 응답하였다. 이처럼 세 번을 불렀고 시자는 세 번 모두 '예!' 하고 응답하였다. 국사가 말하였다. "내가 너를 저버렸다고 생각했었는데, 도리어 네가 나를 저버리는구나."

忠國師, 一日喚侍者, 侍者應喏. 如是三喚, 侍者三應. 師曰, "將謂吾辜負汝, 却是汝辜負吾."

설화

● 세 번 불렀고 세 번 모두 응답하였다 : 시자가 요사에 있으면서 응답만 하고는 오지 않아서 세 차례나 불렀다는 말이 아니다. 국사가 시자를 부르면 시자는 나와서 문 앞에 섰지만 국사가 고개를 떨구고 돌아보지 않자 시자는 물러간 것이다. 국사가 또 시자를 부르자 시자는 왔고 국사는 다시 고개를 떨구었다. 이와 같이 하기를 세 번 반복했다는 것이다. 한 번 부르고 한 번 응답한 것으로 충분했을 터인데 세 번 부르고 세 번 응답한 것은 어째서인가? 그것은 마치 어떤 사람이 깜깜한 밤에 글자를 쓸 때 온전한 글자의 형태는 제대로 이루어지지 않지만 (어떤 글자인지) 그 모양새는 드러나는 것처럼[2] 바로 평상시와 같이 눈앞

---

1 남양 혜충 국사가 세 번 시자를 부르고 시자가 세 번 응답한 고사에서 유래한 공안이다. 시자를 가리켜 삼응三應이라 부르게 된 것도 여기에서 유래한다.『景德傳燈錄』권5「南陽慧忠傳」(大51, 244a24)에 "一日喚侍者, 侍者應諾. 如是三召, 皆應諾. 師曰, '將謂吾孤負汝, 却是汝孤負吾.'";『無門關』17則「本則」(大48, 295a23)에 "國師三喚侍者, 侍者三應. 國師云, '將謂吾辜負汝, 元來却是汝辜負吾.'" 등과 같이 실려 있는데 약간의 글자 출입과 차이는 있으나 대동소이하다.
2 그것은 마치~드러나는 것처럼 : 조주 종심趙州從諗이 한 말이다.『景德傳燈錄』권5

에 실현되어 있는 공안이다. 또 옛사람은 이렇게 말하였다. "첫 번째 부름과 응답은 신훈新熏의 경계에 이르기를 기다렸기 때문이고, 두 번째 부름과 응답은 본유本有를 취하지 않았기 때문이며, 세 번째 부름과 응답은 결국에는 집으로 돌아가 평온히 앉아 있는 경계를 보인 것이다."³

● 내가 너를 저버렸다고 생각했었는데, 도리어 네가 나를 저버리는구나 : '나는 너를 저버렸다고 생각했었는데 네가 도리어 나를 저버렸다.'는 말이다. 그렇다면 미혹된 시자였기 때문에 거듭해서 지시해 주었다는 것인가? 아니다. '너는 내가 너를 저버렸다고 생각했겠지만 네가 도리어 나를 저버렸다.'는 말이다. 네가 혹시라도 이 노승이 세 번 부른 것이 진흙을 묻히고 물을 뒤집어쓰듯 친절하게 가르침을 준 것이라고 생각한다면 이는 노승의 뜻을 전혀 이해하지 못한 것이니, '네가 도리어 노승을 저버렸다.'고 말한 것이다.

[三喚] 三喚三應者, 非侍者在寮中應而不來也. 國師喚侍者, 侍者來當門立, 師低頭, 侍者下去. 師又喚侍者, 侍者來, 師又低頭. 如是者三也. 一喚一應足矣, 三喚三應者, 何也? 如人夜中書字, 字雖不成, 文彩已彰, 卽日用現成公案. 又古人云, "第一喚應, 須到新熏故 ; 第二喚應, 莫將來本有故 ; 第三喚應, 畢竟歸家穩坐之處." 將謂吾辜負云云者, 吾將謂辜負於汝, 汝却是辜負於吾也. 則迷地侍者故, 重重指示耶? 非也. 汝將謂吾辜負於汝, 汝却是辜負於吾也. 言汝倘以老僧三喚, 爲拖泥帶水, 是不會老僧意, 汝却是辜負老僧矣.

● 국사의 뜻이 무엇이었겠는가? 세 번 부른 것 하나하나가 모두 구멍 없

「慧忠國師傳」(大51, 244b1), 『聯燈會要』 권3(卍136, 482b11) 등 참조. 이 칙 말미에 실려 있는 '대혜 종고의 보설' 중에도 인용되고 있다.
3 누구의 말을 인용했는지 알 수 없다.

는 쇠망치⁴였다.
● 무의자無衣子의 송⁵

　　대울타리 띳집 개울 따라 비껴 늘어섰는데
　　봄은 산마을에 깃들어 곳곳이 꽃이로구나⁶
　　형상 없이 태평한 곳⁷에 형상이 찾아드니
　　한 줄기 연기 피어오르는 저곳 인가이런가

또한 "내가 너를 저버렸다고 생각했었는데, 도리어 네가 나를 저버리는구나."라는 구절에 대하여 '여여송如如頌'이라는 제목으로 읊었다.⁸

　　세 번 부르고 세 번 응답했으니
　　전연 뜬금없는 일은 아니었으나
　　속마음 알아주는 사람 아니라면
　　헛되이 귀만 기울이는 꼴이라네

　國師意者, 三喚一一是無孔鐵鎚. 無衣子頌云,
　竹籬茅屋趁溪斜, 春入山村處處花.
　無像太平還有像, 孤烟起處是人家!

---

4 구멍 없는 쇠망치(無孔鐵鎚) : 분별할 수단이 없는 본분사를 지시하는 화두였다는 말이다. 본서 32칙 '오운 지봉의 염' 설화 주석, 417칙 본칙 설화 주석 참조.
5 『眞覺國師語錄』「補遺」(韓6, 49a33)에 실려 있다.
6 봄은 산마을에~곳곳이 꽃이로구나 : 꽃 한 송이마다 봄소식을 전하듯이 부르고 대답하는 소리마다 모두 본분의 소식을 전한다는 상징.
7 형상 없이 태평한 곳 : 봄이 오기 이전에 어떤 조짐도 없었던 겨울의 풍경을 가지고 부름과 응답이 있기 이전의 경계를 나타내었다. 그 상태 그대로 남김없이 소식을 전하고 있기 때문에 무상無像으로 태평 시절을 비유한 것이다.
8 이 송의 전거는 찾지 못하였다.

將謂吾辜負汝, 却是汝辜負吾 ; 將謂吾辜負汝, 却是汝辜負吾.[1] 如如頌
云,

三喚三應, 全無瞥地.

不是知音, 徒勞側耳.

---

1) ㉠ '將謂吾辜負汝, 却是汝辜負吾'는 연문衍文인 듯하다.

투자 의청投子義靑**의 송** 投子靑頌

국사가 시자를 부를 때마다[9]	國師喚侍者
거듭 답하니 말더듬이만도 못했네[10]	重言不當吃
시자는 귀먹은 것은 아니지만[11]	他耳又不聾
스스로 설욕할 도리도 없었다네[12]	自又無處雪

{ 설화 }

○ 제1구와 제2구 : 거듭해서 답한 것으로 보아 말더듬이는 아니라는 뜻이다. 그렇다면 (계속 부른 데에는) 그렇게 한 의도가 있는 것이다.[13]

○ 제3구와 제4구 : 이렇게 세 번 불러서 상대를 몹시도 수치스럽게 만들었다는 말이다.

投子 : 上二句, 重言非吃也, 則有其意也. 下二句, 伊麽三喚, 慚惶殺人也.

---

9 『空谷集』86則 「著語」(卍117, 623a2), "귀머거리라는 병 때문이 아니다.(不是患聾.)"
10 위의 책, "벙어리라는 병 때문이 아니다.(非是患啞.)"
11 위의 책, "부를 때마다 응답하는군.(隨喚隨應.)"
12 위의 책, "요체는 말하지 않은 가운데 있는 것을.(盡在不言中)"
13 위의 책, 「本則 著語」(卍117, 622a17)에 "소옥의 이름 자주 부른 특별한 까닭은 원래 없고, 다만 담장 밖의 낭군이 그 목소리 알아듣길 바랐을 뿐이다.(頻呼小玉元無事, 只要檀郞認得聲.)"라고 한 맥락과 통하는 풀이이다.

장산 법천蔣山法泉**의 송** 蔣山泉頌

국사는 세 번 불렀고	國師三度喚
시자는 세 번 답했네	侍者三迴應
집안이 부유하면 자식은 교만하고	家富小兒嬌
병 많으면 약 효능 줄줄이 꿰는 법[14]	病多諳藥性
내가 너를 저버렸다 하는가	吾負汝
농서의 앵무새가 말을 잘도 하누나[15]	隴西鸚鵡能言語
네가 나를 저버렸다 하는가	汝負吾
서쪽에서 온 푸른 눈의 달마 몹시도 웃기네	笑殺西來碧眼胡
남양의 단적인 뜻을 알고자 하는가	欲會南陽端的意
누구나 나이 들면 불안해지는 법이로다[16]	大都年老覺心孤

---

14 집안이 부유하면~꿰는 법 : 가부소아교家富小兒嬌는 나라가 평화로우면 인재가 드물어진다는 국청재자귀國淸才子貴와, 병다암약성病多諳藥性은 효험을 얻고는 그 처방을 남에게 전한다는 득효감전방得效敢傳方 또는 경효감전방經效敢傳方과 일반적으로 짝을 이루어 쓰인다. 장산 법천은 이 각각에서 한 구절씩을 취해 새롭게 짝을 만들어 게송을 지었다.

15 농서의 앵무새가~잘도 하누나 : 농서隴西는 감숙성의 옛 이름으로 농산隴山 서쪽에 위치하였다 해서 농서라 불렸다. 농산은 앵무새의 서식지로 유명한데, 이 때문에 앵무새를 가리켜 농객隴客이라고도 한다.『禽經』, "앵무새는 등을 어루만지면 말을 못 한다 : 앵무새는 농서에서 많이 서식하는데 말을 할 줄 아는 새이다. 사람이 손으로 그 등을 어루만지면 벙어리가 된다.(鸚鵡摩背而瘖 : 鸚鵡出隴西, 能言鳥也. 人以手撫拭其背, 則瘖瘂矣.)"『景德傳燈錄』권12「虎谿菴主傳」(大51, 296a10), "어떤 학인이 호계虎谿 암주에게 물었다. '화상은 어디 출신이십니까?' '농서 사람이다.' '듣기로 농서에는 앵무새가 많이 서식한다는데 실제로 그렇습니까?' '그렇다.' '화상께서 그 앵무새가 아니신지요?' 호계가 앵무새 소리를 흉내 내자 학인이 말하였다. '참으로 앵무새로군요.' 호계가 곧장 때렸다.(有僧問, '和尙何處人事?' 師云, '隴西人.' 僧云, '承聞隴西有鸚鵡還實也無?' 師云, '是.' 僧云, '和尙莫不是也無?' 師便作鸚鵡聲. 僧云, '好箇鸚鵡.' 師便棒之.)"

16 누구나 나이~불안해지는 법이로다 :『無門關』17則「評唱」(大48, 295a26), "혜충 국사는 세 번 시자를 부르면서 혀가 땅에 떨어질 지경이었고, 시자는 세 번 응답하면서 자신을 누그러뜨리고 속마음을 토해 냈다. 국사는 나이가 들며 노파심에 마음이 불안해지자 소의 머리를 억지로 눌러 숙여 풀을 뜯어 먹게 하듯 하였으나 시자는 이것을 수긍하지 않았으니 아무리 맛있는 음식도 배부른 사람에게는 맞지 않았던 것이다. 말해

보녕수의 송 保寧秀頌

국사는 세 번 부르고	國師三喚
시자는 세 번 답했네	侍者三應
이 둘 모두 구멍 없는 쇠망치이니[17]	兩箇無孔鐵鎚
곁에서 보기만 해도 숨이 막히리라	傍觀也須氣悶
양쪽 모두 자유로운 구석 없었음을	彼此無便宜
예나 지금이나 그 누가 믿으리오	今古誰相信
【돌! 사람을 몹시도 어리석게 취급하는구나.】	【咄! 鈍置殺人.】

황룡 혜남 黃龍慧南의 송 1[18] 黃龍南頌

국사가 시자를 세 번 불렀으니	國師三喚侍者
풀을 쳐 뱀을 놀라게 하려는 그 뜻일 뿐	打草只要虵驚
누가 알았으리오! 계곡에 뿌리 내린 청송	誰知澗底青松
그 아래 천 년 묵은 복령[19]이 있음을	下有千年茯苓

보라, 그 시자는 어디서 국사의 은혜를 저버린 것일까? 나라가 평화로우면 인재가 드물어지고, 집안이 부유하면 자식들이 교만하기 마련이다.(無門曰, 國師三喚, 舌頭墮地; 侍者三應, 和光吐出. 國師年老心孤, 按牛頭喫草, 侍者未肯承當, 美食不中飽人湌. 且道, 那裏是他辜負處? 國淸才子貴, 家富小兒嬌.)

17 이 둘~없는 쇠망치이니 : 진실(公案)이 이들 세 번의 부름과 응답에 고스란히 실현되어 있다(現成)는 뜻이다. 주 4 참조.『楚石梵琦語錄』권5(卍124, 108b10), "눈앞에 실현된 진실을 그대로 취하면 되니 무슨 수단으로도 가지런히 정리할 필요가 없다. 구멍 없는 쇠망치가 무슨 한계에 갇힐 여지가 있겠는가?(現成公案, 不用安排. 無孔鐵鎚, 有什麼限?)"

18 황룡 혜남의 게송 두 수는 〈國師三喚侍者〉라는 제목으로『黃龍慧南語錄』(大47, 635a8~11)에 실려 있다.

19 복령 茯苓 : 소나무 뿌리에 기생하는 버섯 같은 균류菌類 식물. 송괴松塊라고도 하며, 약용으로도 쓰인다. 소나무나 잣나무 등의 송진(樹脂)이 땅속에 묻혀 천 년이 지나면 복령이 되고 또 천 년이 지나 화석化石이 되면 귀한 호박琥珀으로 변한다고 한다.『飜譯名義集』권3(大54, 1105c12) 참조. 선 문헌에서는 주로 본분의 진실을 나타내는 상징으로 쓴다.『建中靖國續燈錄』권10(卍136, 164a17), "납승이라면 반드시 확탕·노탄 지옥에서 등정각을 성취하고, 도산·검수 지옥에서 법을 설하여 중생을 제도해야만 비로소 조금이라도 본분과 일치하리라. 잠깐 침묵하다가 말하였다. 복령은 다름 아닌 소

황룡 혜남의 송 2[20] 又頌

국사는 전할 말을 숨김없이 건네주었건만	國師有語不虛施
시자는 세 번의 부름에도 소식이 없었다네	侍者三喚無消息
평소에 품었던 마음을 다 기울여 주었건만	平生心膽向人傾
알고 지낸 사이가 모르는 사이만도 못했네	相識不如不相識

해인 초신海印超信의 송 海印信頌

늙어 꼬부라진 남양의 대고추[21]시여	老倒南陽大古錐
강가에 배 띄워 한가히 낚싯대 드리우고 있네	等閑垂釣泛江湄
밤 고요하고 물 차니 고기는 미끼 물지 않고	夜靜水寒魚不食
빈 배 가득 달빛만 싣고 돌아오누나[22]	滿船空載月明歸

동림 상총東林常總의 송 東林摠頌

국사가 세 번 부른 뜻 예나 지금이나 분명하건만	國師三喚古今明
무슨 까닭에 괴로움[23]에 빠져서 어쩌지 못하는가	何事勞生自不能

나무 뿌리 아래 있을 뿐이니 생각을 짜내어 파 뒤질수록 실정에서 더욱 멀어지게 된다.(衲僧家, 須向鑊湯爐炭上, 成等正覺, 刀山劍樹上, 說法度人, 方有少分相應. 良久云, 茯苓秖在松根下, 用意追尋事轉遙.)"

20 국사의 부름을 시자가 알아듣지 못했다는 견지에서 읊은 송이다. 시자의 응답도 그에 호응하여 뛰어났지만 제삼자들이 이들의 간절한 마음을 알아채지 못했다는 취지의 송도 전한다. 『天寧法舟濟剩語』(嘉40, 479c4), "국사의 세 번 부름은 천둥처럼 울렸고, 이어진 시자의 음성도 크지 않았던가! 불쌍한 두견은 공연히 피 토하듯 울며 봄소식 알리지만, 한 줄기 봄볕은 불러도 돌아보지 않는구나.(國師三喚響如雷, 侍者連聲亦俊哉! 却憐杜宇空啼血, 一片春光喚不回.)"

21 대고추大古錐 : 남양 혜충의 날카로운 선기禪機를 오랫동안 변함없이 날카로운 송곳에 비유하여 표현한 말.

22 밤 고요하고~싣고 돌아오누나 : 선자 덕성船子德誠의 시구이다. 그의 게송은 다음과 같다. "千尺絲綸直下垂, 一波纔動萬波隨. 夜靜水寒魚不食, 滿船空載月明." 본서 533칙 본칙 참조.

23 노생勞生은 속세의 괴로움으로 점철된 삶. 『莊子』「大宗師」, "조물주(大塊)는 몸으로써

| 진실로 남들과의 오래된 친분이 없었기 때문이니 | 信是與人無舊分 |
| 남들이 내게 매정하게 대하는 것은 상관 않노라 | 非干人與我無情 |

법진 수일法眞守一의 송 法眞一頌

봉황이 새끼 부르자 새끼도 따라 응하니	丹鳳喚雛雛復應
맑은 그 소리 또렷하여 절로 어우러졌네	淸音歷歷自和鳴
저버린 그곳 어디인지 알지 못하겠다면	不知何處成辜負
평지에서 물결을 일으켜 보아야 하리라[24]	平地須教波浪生

곤산 찬원崑山贊元의 송 崑山元頌

언행은 군자가 갖춰야 할 요체[25]라고 했으니	言行君子樞機
옛사람이 어찌 실없이 내뱉은 소리이겠는가	古人焉肯虛發
반드시 알아야 하리니, 좁은 길에서 만난다면	須知狹路相逢
그에게 호되게 밀침을 당하지 않을 수 없으리	不免遭他一拶
되새겨 보니 악독한 말로 남에게 상처 주었고	翻思惡語傷人
멋대로 한 행동으로 칼로 도려내듯 괴롭혔네	任運痛如刀割

나를 무겁게 만들고, 삶(生)으로써 나를 괴롭히며(勞), 늙음으로써 나를 편안하게 하고, 죽음으로써 나를 쉬게 한다.(夫大塊載我以形, 勞我以生, 佚我以老, 息我以死.)"

24 평지의 파도는 태평한 곳에서 방편으로 일을 지어내어 본질을 깨닫도록 유도하려는 임시 설성의 상처를 말한다. 『永覺元賢廣錄』권8(卍125, 493b10), "학인이 물었다. '급한 여울에는 물결도 급한데 누가 이곳을 건너 근심 없는 자리를 잡을까요?' '평지에서도 파도가 일어남을 누가 알겠는가?'(僧問, '急水灘頭波浪急, 誰人過此得無虞?' 師云, '誰知平地裏, 也更有波濤?')"; 『運菴普巖語錄』(卍121, 654b11), "파초주장(본서 1192칙 참조) : 장 씻어 내고 뼈를 바꾸는 노련한 파초여! 주장자 집어 오더니 값을 점점 높이는구나. 사는 사람에게 팔아넘기려는데 아무도 사지 않자, 도리어 평지에서 파도가 일어나도록 했다네.(芭蕉拄杖 : 洗腸換骨老芭蕉! 拄杖拈來價轉高. 賣與買人人不買, 翻令平地起波濤.)"

25 『周易』「繫辭」上, "언행은 군자에게 요체가 되니, 그 드러낸 요체가 영욕을 주관한다.(言行, 君子之樞機, 樞機之發, 榮辱之主也.)"

불인 지청佛印智淸의 송 佛印淸頌

국사는 세 번 시자 부르고	國師三喚侍者
시자는 세 번 따라 답했네	侍者三迴應喏
다시 너를 저버렸네, 나를 저버렸네 하니	更言負汝負吾
참으로 예를 안다 할 수 있겠구나[26]	眞箇可知禮也

상방 일익上方日益의 송 上方益頌

남양이 세 번 부르고 시자는 세 번 응답했으니	南陽三喚侍者三酬
노나라인 듯도 하고 양주와도 비슷하구나[27]	依俙魯國髣髴楊州
고개 돌려 보니 맑은 강엔 푸른 허공 넘실거리고	迴首寒江空漾碧
석양은 서편으로 넘어가고 물은 동으로 흐르네[28]	夕陽西去水東流

승천회의 송 承天懷頌

국사의 세 번 부름에 그 이유 있으련만	國師三喚有來由
시자는 부르는 소리마다 일일이 답했네	侍者聲聲一一酬

---

[26] 가지예可知禮 : 글자를 처음 배우는 아이들에게 베껴 쓰고 외우게 했던 구절 중 마지막에 해당한다. 배움의 가장 기초를 나타내는 이 구절로써 간명하게 드러난 진실을 상징한다. "상대인上大人 구丘 자신이 3천의 제자를 가르쳐 70인이 육예六藝에 통달하였으니, 너희 어린이들이 8~9세에 불과해도 어질게 될 수 있고, 예를 알 수 있느니라.(上大人, 丘乙己, 化三千七十士, 爾小生八九子, 可知仁, 可知禮.)" 상대인과 구는 모두 공자孔子를 가리킨다. 을乙은 공자의 자인 중니仲尼에서 둘째라는 중仲에 대응하는 글자이고, 기근는 공자가 태어난 해를 기유년己酉年으로 보고 가져온 글자이다. 『續傳燈錄』 권20 「淨空居士傳」(大51, 605a13), 『虛堂錄』 권9(大47, 1052b10). 본서 14칙 '대홍보은의 염' 주석 참조.

[27] 보통은 노국魯國의 자리에 월국越國이 오며, 초국楚國을 쓴 경우도 보인다. 노나라는 산동성에, 양주는 강소성에 속하며 지리적으로 가깝다. 이로써 남양 혜충과 시자가 서로 부르고 답한 대응이 방불하게 맞아떨어졌음을 표현한 것으로 보인다.

[28] 고개 돌려~동으로 흐르네 : 강물과 하늘빛이 한가지로 푸르고, 해는 서쪽으로 지며, 중국의 지형상 물은 서쪽에서 동쪽으로 흐르듯 세 번 부르고 세 번 답한 대응이 자연스러웠다고 본 것이다.

| 여기 들어 있는 단적인 뜻 못 가려내면 | 未辨箇中端的旨 |
| 도리어 등지고 한평생 속절없이 마치리 | 却成辜負一生休 |

불안 청원佛眼淸遠의 송 佛眼遠頌

강가의 꼬부라진 저 늙은이	老倒江湖上
낚시질 솜씨 참 재미있구나	竿頭事可哈
한 번 찌가 움직일 때마다	一迴浮子動
또 낚싯바늘에 걸려든다네[29]	又是上鉤來

장령 수탁長靈守卓의 송 長靈卓頌

부른 뜻 분명하고 답한 뜻도 맞아떨어졌는데	喚處分明應處親
은혜를 저버린 사람이 누군지 알지 못하겠네	不知誰是負恩人
동쪽 집에서 서쪽 집안의 일 누설한 격이니	東家漏洩西家事
지켜보던 이들의 웃음 더욱 새롭게 만들었네	却使傍觀笑轉新

숭승공의 송 崇勝珙頌

국사는 세 번 부르고	國師三喚
시자는 세 번 답했네	侍者三應
물고기는 용 되지 못하고[30]	魚不化龍
약은 도리어 병 되었구나	藥翻成病

---

[29] 물고기가 미끼를 물어 낚싯바늘에 걸린다는 뜻에서 '속아 넘어가다', '기만당하다'라는 뜻으로도 쓰인다. "미끼도 달지 않은 강태공의 곧은 낚싯바늘에는 원하는 놈이 기꺼이 걸려든다.(太公釣魚, 願者上鉤.)"라는 성구도 이런 뜻에서 나온 말이다.

[30] 잉어가 용으로 변하는 등용문登龍門의 설화에 따른다. 본서 615칙 '천동 정각의 송' 네 번째 구절 및 주석 참조. 용으로 변하지 못한 잉어는 부르는 속을 알아채지 못하는 사람을 비유하며, 아래 구절도 마찬가지로 약이 되는 부름에 응하지 못하여 도리어 독이 된다는 뜻이다.

빚은 상당하는 돈으로 돌려 갚고	欠債還錢
살인하면 목숨으로 갚아야 하는 법[31]	殺人償命
바다 잔잔하고 황하 맑아졌으니	海晏河淸
바람도 자고 파도도 고요하다네	風恬浪靜
아, 두 선사여	吁嗟二師兮
한바탕 허물 드러내고 말았구나	敗闕一場
너를 등졌다 나를 등졌다 하지만	負汝負吾兮
세 명의 계사와 일곱의 증사로다[32]	三師七證

대혜 종고 大慧宗杲**의 송** 大慧杲頌

벙어리가 꿈꾸었지만 누구에게 들려주리오[33]	噁[1]子得夢與誰說
게다가 일어나 마주한 상대는 눈이 멀었네	起來相對眼麻彌[2]

---

31 빚은 상당하는~하는 법 : 부름과 응답이 등치等値의 평등한 거래라는 취지.
32 너를 등졌다~일곱의 증사로다 : 서로 등졌다고 하지만 삼사칠증三師七證처럼 하나도 빠져서는 안 되는 필연적 의존관계라는 뜻이다. 계를 받을 때 반드시 전계화상傳戒和尙·갈마사羯磨師·교수사教授師 등 삼사三師와 그것을 증명해 주는 칠증사七證師가 있어야 한다. 이들 십사十師 중 전계화상은 우두머리로서 계단戒壇에서 수계를 한다.
33 벙어리가 꿈꾸었지만 누구에게 들려주리오 : 주고받으며 호응한 그 단순한 일상어에 전할 말이 다 녹아 들어가 있지만, 표현할 수단으로서 적절한 말이 없는 궁지를 나타낸다. 마음·부처·진여 따위의 저울추처럼 확고한 개념어로는 그 체증體證을 보이지 못하기에 벙어리라 한다.『楊岐語錄』(大47, 642a7), "저울추를 밟아 보면 무쇠처럼 단단하여 들어갈 틈이 없으니, 벙어리가 꿈꾸었지만 누구에게 전할 수 있는가? 수미산 꼭대기엔 물결이 하늘까지 넘실대고, 거대한 바다 밑바닥에서 활활 타는 불을 만난다.(踏著秤鎚硬似鐵, 啞子得夢向誰說? 須彌頂上浪滔天, 大洋海底遭火爇.)"『月江正印語錄』(卍123, 245a5)에 따르면, 이 송의 취지를 질문받고 월강 정인月江正印은 "마치 나귀가 우물을 들여다보는 듯하고, 우물이 나귀를 쳐다보는 듯하다.(如驢覷井, 如井覷驢.)"라고 대답했는데 주 39에 제시된 무심無心의 맥락과 통한다.『補續高僧傳』권13 「埃扎傳」(卍134, 243b4), "울긋불긋 무수히 핀 온갖 꽃이 모조리 봄소식이거늘, 무엇 때문에 수다스럽게 굳이 동군에게 묻는가? 벙어리가 꿈꾸었지만 누구에게 전할 수 없어, 빈주먹 들고 흰 구름 가리킨다.(萬紫千紅總是春, 何須饒舌問東君? 啞人得夢向誰說, 竪起空拳指白雲.)"

| 이미 남들 앞에 마음속 사정 쏟아부었으니 | 已向人前輸肺腑 |
| 그들 스스로 자유로운 길 찾도록 맡기리라³⁴ | 從教他自覓便宜 |

1) ㉮ '噁'는 '啞'의 오자이다. 2) ㉮ '彌'는 '迷'의 오자이다. 여기서 '迷'는 '眯', '眛' 등의 뜻이다.

죽암 사규竹庵士珪의 송 竹庵珪頌

세상살이 풍파 속에 그대 만나지 못하다가	世路風波不見君
한 번 마주칠 때마다 한 번 마음 상한다네	一回見面一傷神
흐르는 물에 떨어진 꽃 어디로 흘러가는가	水流花落知何處
동구의 도원³⁵은 별천지의 영원한 봄일세³⁶	洞口挑¹⁾源別是春

1) ㉤ '挑'는 '桃'이다. ㉱ '桃'로 번역하였다.

개암붕의 송 介庵朋頌

방생지 물가를 날 저물어 지나가노라니	放生池畔晚來過
십 리 늘어선 부용꽃 사이로 푸른 연잎	十里芙渠間綠荷
꽃 아래에 배 있다 하나 보이지 않고	花底有船看不見
누군가 부르는 채련가³⁷ 소리 들릴 뿐	只聞人唱採蓮歌

【설화】

○ 국사가 세 번 부른 뜻은 이리저리 더듬어서는 찾을 수 없다는 뜻이다.

---

34 이미 남들~찾도록 맡기리라 : 혜충은 시자를 부른 그 자체로 자신의 속을 남김없이 드러내 보였으니, 나머지는 그것을 들은 사람들에게 맡겨 둔다는 말.
35 도원桃源 : 무릉도원 또는 도화원桃花源이라고도 한다. 본서 159칙 주 21 참조.
36 흐르는 물에~영원한 봄일세 : 흐르는 물과 떨어진 꽃이 어울려 별천지의 절경을 이루듯이 국사와 시자의 호응도 그 이상이 없는 최상의 선문답이라는 말이다. 동일한 물과 꽃을 소재로 읊은 이하 '열재거사의 송' 및 주석 참조.
37 채련가採蓮歌 : 연꽃을 딸 때 부르는 노래.

个庵 : 國師三喚, 摸揉不着也.

지비자의 송 知非子頌

왕의 선타바[38] 그것을	王仙陁婆
예나 지금이나 법도로 삼아	古今取則
진흙탕에 물속에 들어가며	入泥入水
남양은 있는 힘 다하였구나	南陽盡力
세 번 부름에 세 번 답했지만	三喚三應
시자는 헤아리지 못했으니	侍者罔測
뼈가 가루 되고 몸 부순들	粉骨碎身
어떻게 그 은덕 갚으리오	何以報德

열재거사의 송 悅齋居士頌

세 번 불렀으나 그 뜻 알아차린 이 없어	三喚無人會得渠
천 년이 지난 지금까지 속임을 당했구나	至今千載被塗糊
떨어진 꽃 흘려보내는 물처럼 내가 그대 저버렸고[39]	落花流水吾辜汝

---

38 선타바仙陀婆 : 소금·그릇·물·말(馬) 등 네 가지 다른 사물을 '선타바'라는 똑같은 말로 가리켜도 상황에 따라 무엇을 지시한 것인지 분명하듯이 혜충이 시자를 세 차례 걸쳐 똑같이 불렀던 소리를 가리킨다. 본서 6칙 '지문 광조의 송' 주석, 411칙 '대각 회련의 송' 주석 참조.

39 떨어진 꽃~그대 저버렸고 : 떨어진 꽃은 뜻이 있어 흐르는 물을 따르지만 물은 그 꽃을 흘려보낼 마음이 처음부터 없었다. 앞은 유심有心이고 뒤는 무심無心처럼 보이지만, 앞도 무심을 역설적으로 드러낸 표현이며, 모두 '저버렸다'는 말과 관련된다. 『請益錄』 32則 「本則」 (卍117, 842a13), "국사가 세 번 시자를 부르니, 【늙어도 마음은 쉬지 못하는구나.】 시자가 세 번 응답하였다. 【젊다고 노력을 하지 않는구나.】 국사가 말하였다. '내가 너를 저버리고 있다고 생각했었는데, 【떨어진 꽃은 애틋한 뜻이 있어 흐르는 물을 따라가지만,】 네가 나를 저버린 줄 누가 알겠는가!【흐르는 물은 떨어진 꽃을 실어 보낼 마음이 없다.】"(擧, 國師三喚侍者,【老不歇心.】侍者三應.【少不努力.】國師云, '將爲吾辜負汝,【落花有意隨流水,】誰知汝辜負吾!【流水無心送落花.】')"

밝은 달과 맑은 바람처럼 그대가 나를   明月淸風汝負吾
저버렸구나[40]

지문 광조智門光祚의 상당

어떤 학인이 물었다. "국사가 세 번 시자를 부른 뜻은 무엇입니까?"
"자식을 가엾이 여기다가 자신이 추하게 되는 것은 모른 꼴이다."[41] "국사가 시자를 저버렸다는 것은 무슨 뜻입니까?" "아무리 맛난 음식도 배부른 사람에게는 먹을거리로 적당치 않다." "시자가 국사를 저버렸다는 것은 무슨 뜻입니까?" "뼈를 가루로 만들고 몸을 부순다 할지라도 은혜를 갚기에 충분치 못하다."

智門祚上堂, 僧問, "國師三喚侍者, 意旨如何?" 師曰, "憐兒不覺醜." 云, "國師辜負侍者, 意旨如何?" 師曰, "美食不中飽人湌." 云, "侍者辜負國師, 意旨如何?" 師曰, "粉骨碎身未足酬."

[설화]

○ 자식을 가엾이 여기다가 자신이 추하게 되는 것은 모른 꼴이다 : 노파심이 간절하였다는 뜻이다.[42]

---

40 밝은 달과~나를 저버렸구나 : 명월이나 청풍은 서로 '저버리고' 분별하지 않고 무심하게 어울리는 관계이다. 『湛堂準和尚語』 續古尊宿語要 1(卍118, 874a8), "주장자를 세우고 말하였다. '손님이 오면 맞이하고 도둑이 오면 때린다. 또한 어느 집 문밖엔들 밝은 달과 맑은 바람이 없겠는가! 그래서 원래 가리고 고를 필요가 없다고 말하는 것이다. 가리고 고르자마자 지견에 떨어지게 된다.'(卓拄杖云, '客來須看, 賊來須打. 又誰家門外, 無明月淸風! 元來道不必揀擇, 纔有揀擇, 便落知見.')"
41 연아불각추憐兒不覺醜 : 본서 883칙 '장산 극근의 염' 주석 참조. 이 간단한 부름으로 속뜻을 모두 쏟아부었기에 친절이 넘친다는 뜻.
42 손주가 혹시라도 모를까 염려하여 꼬치꼬치 일러 주는 할머니의 마음처럼 한 번 불러서 속을 다 쏟아부었음에도 국사는 세 번 거듭 불렀다는 말. 부름 그 자체로 모조리 보

○ 아무리 맛난 음식도 배부른 사람에게는 먹을거리로 적당치 않다 : 시자의 처지에 입각해서 볼 때, '본디 배불러 있는 상태인데 국사가 세 번 부른 것은 맛도 없는 음식을 가져다 나에게 주며 먹으라고 강요'한 격이니, 이것이 바로 저버렸다는 말의 뜻이다.
○ 뼈를 가루로 만들고 몸을 부순다 할지라도 은혜를 갚기에 충분치 못하다 : 국사가 세 번 시자를 부른 그 은혜는 대단히 커서 갚기 어렵건만 한결같이 그 음식을 받지 않았으니, 이것이 바로 저버렸다는 말의 뜻이다.

智門 : 憐兒不覺醜者, 老婆心切也. 美食云云者, 侍者分上, 本飽駒駒地, 國師三喚, 是將惡食, 强要與我, 是辜負也. 粉骨云云者, 國師三喚, 恩大難酬. 一向不受他食, 是辜負也.

금산 요원金山了元의 상당

어떤 학인이 물었다. "국사가 세 번 시자를 부른 뜻은 무엇입니까?" "노승이 귀가 어두워 들리지 않는다." "무슨 말씀인지 모르겠습니다." "그대가 이해하지 못하겠다니 내가 그대에게 게송 한 수 읊어 주마. '국사는 세 번 부르고, 시자는 세 번 응답하였다네. 손님으로 오면 맞이하고, 도적으로 오면 때려 쫓는다.'"

金山元上堂, 僧問, "國師三喚侍者, 意旨如何?" 師云, "老僧耳重." 進云, "學人不會." 師云, "你若不會, 山僧爲你頌出, '國師三喚, 侍者三喏. 客來須看, 賊來須打.'"

였고 더 전할 소식이 없다는 의미이다.

[설화]

○ 노승이 귀가 어두워 들리지 않는다 : 귀먹은 척한 것이다. 세 번 불렀다는 그 말에 학인이 한결같이 경도되어 있었기 때문에 그런 것이다.
○ 손님으로 오면 맞이하고, 도적으로 오면 때려 쫓는다 : 시자의 응답이 손님 같기도 하고 도적 같기도 하니 국사의 부름 또한 맞이하기도 해야 하고 때려 쫓기도 해야 한다는 말이다.[43]

金山 : 老僧耳重者, 佯聾也. 這僧一向三喚處, 著倒故也. 客來須看云云者, 侍者應, 或客或賊, 則國師喚, 亦須看, 亦須打也.

천복 본일薦福本逸의 염

"시자가 속으로는 상대를 등지지 않았고, 국사는 얼굴에 부끄러운 기색이 없었다."

薦福逸拈, "侍者心不負人, 國師面無慚色."

[설화]

○ 시자가 속으로는 상대를 등지지 않았다 : 시자가 응답만 하고서 오지는 않았다[44]는 뜻이니, 그가 국사를 등지지 않았다는 말이다.
○ 국사는 얼굴에 부끄러운 기색이 없었다 : 국사가 이처럼 지나치게 장꾀를 써 희롱하고도 부끄러움을 몰랐다는 뜻이다.

---

43 『碧巖錄』84則「頌」(大48, 210a5), "칠불의 조사(문수보살)께서 오셨다.【손님으로 오면 맞이하고, 도적으로 오면 때려 쫓는다. 떼거리를 이루고 무리를 지어 온다면 (맞서는 이는) 반드시 작가라야 한다.】(七佛祖師來.【客來須看, 賊來須打. 成群作隊, 也須是作家始得.】)"
44 본칙 설화에서는 '응답만 하고는 오지 않은 게 아니다'라고 하였지만, 천복의 염에 따르면 몸으로는 오지 않았지만 속으로는 국사의 부름에 그대로 응했다는 말이다.

薦福 : 侍者心不負人者, 待者應而不來, 是不負國師. 國師面無慚色者, 國師伊麼弄巧, 不識羞恥也.

해인 초신海印超信의 염
"대단한 국사여, 시자에게 감파당하고 말았구나."

海印信拈, "大小國師, 被侍者勘破."

[설화]
○ 해인 초신의 염 또한 천복 본일의 염과 같은 뜻이다.

海印拈, 亦此意也.

천동 정각天童正覺의 염
"인의의 도리로나 스승과 제자의 본분상으로나 거듭 부른다면 거듭 응답하고, 진심을 주고받아야지 거짓을 주고받아서는 안 된다. 말해 보라! 저버렸는가, 저버리지 않았는가? 흠 하나 없는 백옥에 무늬를 새겨 넣으려다 본바탕을 잃어버리리라."[45]

---

[45] 『請益錄』32則「本則」(卍117, 842a15), "천동 정각이 이 공안의 핵심을 짚어 말하였다. '인의의 도리로나【부르지 않을 수 없었다.】 제자의 본분상으로나【응답하지 않을 수 없었다.】 거듭 부른다면 거듭 응답하고【외손뼉만으로는 소리가 나지 않는다.】 진심을 주고받아야지 거짓을 주고받아서는 안 된다.【내가 불렀으니 그대는 응답해야만 했다.】 말해 보라, 저버렸는가, 저버리지 않았는가?【훌륭한 이야기를 퍼뜨리며 돌아다녀라.】 백옥처럼 깨끗하여 흠 하나 없는 옥에 무늬를 새겨 넣으려다 본바탕을 잃어버리리라.【낯가죽을 찢어 버려라.】'(天童拈云, '仁義道中,【不得不呼.】得資分上,【不得不應.】再呼能再應,【獨掌不浪鳴.】論實不論虛.【我喚君須應.】且道, 有辜負無辜負?【行說好話.】皓玉無瑕, 雕文喪德.【劈破面皮.】')"

天童覺拈, "仁義道中, 師資分上, 再呼能再應, 論實不論虛. 且道! 有辜負, 無辜負? 皓玉無瑕, 雕文喪德."

[설화]

○ 저버리지 않음과 저버림을 대응시킨 것이 무늬를 새겨 넣으려다가 본 바탕을 훼손한 것과 같다는 말이다.

天童 : 無辜負對有辜負, 是雕文喪德也.

대혜 종고 大慧宗杲의 보설

"가령 국사가 시자를 세 번 부른 공안은 노파선老婆禪[46]을 설한 끝에 진흙을 묻히고 물을 뒤집어썼다[47]고 할 수 있는가? 하루는 시자를 불렀더니 시자가 '예' 하고 응답하였다. 이와 같이 세 번 불렀는데 시자가 세 번 모두 응답하였다." 대혜가 평가한다. "국사가 시자를 세 번 불렀는데 그중에 저버린 적이 있었던가? 시자가 세 번 응답하는 중에 어느 때 저버렸다는 것인가?" 국사가 '내가 너를 저버렸다고 생각했었는데, 네가 나를 저버린 줄을 누가 알았겠는가.'라고 한 말에 대해서는[48] "평지에 해골 무덤을 높이 쌓은 꼴이로다."[49]라 하고, 다시 말하였다.

---

46 노파선老婆禪 : 노파가 손주에게 자세히 일러 수늦이 친절하게 가르치는 선. 선의 도리에 대하여 지나치게 많은 설명을 해 준다는 비판이 들어 있다. 본서 24칙 '설두 중현의 거' 주석, 513칙 본칙 및 설화 참조.

47 진흙을 묻히고 물을 뒤집어썼다 : 노파선에 대한 부대적 설명이다. 더럽혀지는 자신의 몸을 돌보지 않고 상대를 가르친다는 뜻이다.

48 이 문장은 대혜가 평하기 위하여 인용한 말인데, 이 보설의 기록자가 인용과 대혜의 평을 구분하여 "師云"이라 하였다. 이하 대혜의 평 앞에 제시된 말은 모두 마찬가지 형식이다.

49 평지 그대로 아무 일 없이 좋은데 쓸데없는 일을 더하였다는 말. 불필요한 분별이라는 뜻. 『圜悟語錄』 권7(大47, 746b12), "성중에 나가 머물며 주지에서 물러났다가 돌아와

"총림에서는 이를 「국사삼환시자國師三喚侍者 화두」라고 부르며 이로부터 꼬리에 꼬리를 물고 일련의 말[50]들을 이어 가게 되었다. 오직 설두雪竇만이 옛사람의 골수를 꿰뚫어 보고서 '국사가 시자를 세 번 부른 것은 점을 찍은 것이니 이르지 않았기[51] 때문이다.'라 하였다." 이를 두고 대혜는 "분명하다!"라고 평가하였다. (설두가) '시자가 세 번 응답한 것은 이른 것이므로 점을 찍지 않았다.'라고 한 말을 두고 대혜는 "그렇지 않다."라고

법좌에 올라앉아 말하였다. '대중이여! 본래 아주 자잘하게 할 일도 없는 법인데 어렵사리 평지에 해골 무덤을 높이 쌓으며 시간을 낭비해 버렸소. 다만 이렇게 걸어서 흐르는 물 따라 갔다가 다시 돌아왔을 뿐이오.'(出城中退院回, 上堂, '大衆! 幸自無一星兒事, 剛然平地起骨堆, 費盡工夫. 只這是步, 隨流水却歸來.)" ; 『空谷集』100則 「本則」(卍117, 638b10), "어떤 학인이 부산浮山에게 물었다. '달마가 서쪽에서 온 뜻은 무엇입니까?'【구름이 피어오르면 비가 되어 내리고, 이슬이 맺히면 서리가 된다.】'평지에 해골 무덤을 높이 쌓은 격이다.'【높이를 분간할 필요도 없는데, 부질없이 길이를 따지는구나.】(擧, 僧問浮山, '如何是祖師西來意?'【雲騰致雨, 露結爲霜.】山云, '平地起骨堆.'【不必分高下, 徒勞論短長.】)"

50 일련의 말 : '낙삭絡索'은 '낙삭落索'으로도 쓰며, 휘감기고 얽힌 끈이나 실을 가리킨다. 이로부터 쓸모없는 물건이나 구절을 뜻한다.

51 '점을 찍었다면 이르지 않은 것(點卽不到)'이라는 말은 이하에 연이어 나오는 것처럼 '이르렀다면 점을 찍지 않는다(到卽不點)'라는 말과 짝을 이루어 쓰인다. 조선 시대에 성균관 유생의 출결을 확인하기 위해 출석하였으면 도기到記(時到記)라는 일종의 출석부 내지 방명록에 점을 찍고, 출석하지 않았으면 점을 찍지 않는 것으로 표기하여 관리하였다는 기록이 있다. 이와 관련하여 중국의 사례는 어떠한지 찾지 못하였으나, 이와 같았을 것으로 추측된다. 이러한 관습과 반대로 표현함으로써 출결과 점의 여부가 갖는 의미를 뒤집어 양단이 각자의 자리에 확정하여 있지 않고 상대편으로 함께 열어 두고 자유롭게 오감으로써 선미禪味를 드러내려 하였다. 상호 간의 진실한 만남은 왔거나(到) 오지 않았거나(不到) 하는 차이에 있지 않다. 자신이 고수하고 있는 일정한 지점에 고착되어 있다면 그것은 또한 궁극의 경계에 도달하거나(到) 도달하지 못했거나(不到) 등과도 상관이 없는 문제임을 말하고자 한 것이다. 『天聖廣燈錄』 권12 「興化存獎章」(卍135, 708b2), "흥화興化가 어느 날 학인을 부르자 학인이 '예!' 하고 응답하였고, 흥화는 '이르렀을 경우는 점을 찍지 않는다.'라고 하였다. 다시 다른 학인을 부름에 그가 '무엇 하십니까?'라고 되묻자 흥화는 '점을 찍을 경우는 이르지 않은 것이다.'라고 말하였다.(師一日喚僧, 僧應喏, 師云, '到時不點.' 又召一僧, 僧云, '作什麼?' 師云, '點時不到.')" ; 『建中靖國續燈錄』 권8 「顯忠祖印章」(卍136, 140a9), "법좌에 올라앉아 말하였다. '점을 찍을 경우는 이르지 않은 것이니 흑과 백이 나뉘기 이전이고, 이를 경우는 점을 찍지 않으니 진흙과 물을 온몸에 묻힌 격이다.'(上堂云, '點時不到, 皂白未分 ; 到時不點, 和泥合水.')"

평가하였다. 또한 설두가 '내가 너를 저버렸다고 생각했었는데, 네가 나를 저버린 줄을 누가 알았겠는가! 설두를 속이지는 못한다.'라고 한 말에 대해서는 "누가 (이렇게) 말하는가?"라고 하였다.

> 大慧杲普說云, "如國師三喚侍者話, 喚作說老婆禪, 拖泥帶水得麼? 一日喚侍者, 侍者應諾. 如是三喚, 侍者三應." 師云, "國師三喚侍者, 何曾有辜負? 侍者三應, 甚麼處是辜負處?" 國師云, '將謂吾辜負汝, 誰知汝辜負吾.' 師云, "平地起骨堆." 復云, "叢林中, 喚作國師三喚侍者話, 自此便有一絡索. 唯雪竇見透古人骨髓古, '國師三喚侍者, 點卽不到.'" 師云, "灼然!" '侍者三應, 到卽不點.' 師云, '却不伊麼.' '將謂吾辜負汝, 誰知汝辜負吾! 謾雪竇不得.' 師云, "誰道?"

다시 대중에게 말하였다. "참으로 설두를 속이지 못하였구나. 비록 그렇다고는 하나 설두 역시 나, 묘희妙喜를 속이지 못할 것이며, 나도 여러분을 속이지 못할 것이요, 여러분도 노주露柱를 속이지 못할 것이다. 현사玄沙가 '시자가 도리어 알아챘다.'고 한 말에 대하여 설두는 '죄인을 가두어 놓으니 꾀만 자랐다.'[52]고 하였다." 이에 대하여 대혜는 "한 판의 승부에 이기는 패가 두 개로다."[53]라고 평가하였다. 운문雲門이 '국사가 시자를 저버린 곳은 어디인가? 알아차린다고 해도 확증할 실마리가 없다.'고 자문자답한 말에 대하여 설두는 '원래 알아차리지 못한다.'고 하였는데, 이 말을 두고 대혜는 "설봉雪峯이 했던 말이다."라고 하였다. 운문이 또 '시자가 국사를 저버린 곳은 어디인가? 뼈를 가루로 만들고 몸을 부순다고 하

---

[52] 정수장지停囚長智는 글자 그대로 더 좋지 않은 꾀만 늘리게 된다는 뜻으로 쓰이고, 궁지에 몰렸을 때 이를 해결할 방법도 있다는 뜻으로도 쓰인다.
[53] 시자와 혜충 국사 사이에 승패가 분명하게 나누어지지 않는다는 말. 이겼다면 둘 다 이겼고, 졌다면 둘 다 모두 졌다는 뜻이 들어 있다.

더라도 깊을 길이 없다.'고 자문자답한 말에 대하여 설두는 '단서가 없다, 단서가 없어.'라고 하였는데, 이에 대하여 대혜는 "살받이터를 만들고 남이 쏘는 과녁을 지켜보는 꼴이다."[54]라고 평가하였다. 법안法眼이 '일단 갔다가 다른 때에 오라.'고 한 말에 대하여 설두는 '나를 속이지 못한다.'고 하였는데, 이 말에 대하여 대혜는 "법안의 이해가 더 옳다고 생각한다." 라고 하였다. 흥화興化가 '맹인 하나가 여러 맹인들을 이끈다.'고 한 말에 대하여 설두는 '분명히 눈이 멀었다.'라고 하였는데, 이에 대해서는 "간절한 말은 상대를 간절히 생각하는 그 사람 입에서 나오는 법이다."라고 대혜는 평가하였다. 현각玄覺이 따지며(徵) 한 학인에게 '어느 부분이 시자가 알아차린 곳이란 말인가?'라 물었는데 '알아차리지 못하였다면 어떻게 응답할 줄 알았겠습니까?'라고 답함에 '너는 조금도 모르는구나.'라 하고 다시 '만약 이 자리에서 알아차린다면 곧바로 현사를 알 수 있으리라.'라고 하였다. 이에 대하여 대혜는 "참으로 사람을 부끄럽게 만드는 말이다." 라고 평가하였다. 취암 수지翠巖守芝가 '국사와 시자 모두 알지 못했다.'고 한 말에 대하여는 "그나마 조금 낫다."라고 대혜는 평가하였다. 투자投子가 '사람을 몰아붙여서 무엇 하겠는가?'라고 한 말에 대하여 설두는 '흙더미에 빠진 놈이로다.'라고 하였는데, 이 말에 대하여 대혜는 "이치가 뛰어나면 따라야 하는 법이다."라고 하였다.

復召大衆云, "好箇謾雪竇不得. 雖然如是, 雪竇亦謾妙喜不得, 妙喜亦謾諸人不得, 諸人亦謾露柱不得. 玄沙云, '侍者却會.' 雪竇云, '停囚長智.'" 師云, "兩彩一賽." 雲門道, '作麽生是國師辜負侍者處? 會得也是無端.' 雪竇云, '元來不會.' 師云, "雪峯道底." 雲門又云, '作麽生是侍者辜負國師

---

54 화살은 살받이터(垛)에 날아가 떨어지기 마련이다. 이처럼 이미 대답을 유도해 놓고 질문을 하게 만들었다는 의미이다.

處? 粉骨碎身未報得.' 雪竇云, '無端無端.' 師云, "埈生招箭." 法眼云, '且
去別時來.' 雪竇云, '謾我不得.' 師云, "却是法眼會." 興化云, '一盲引衆
盲.' 雪竇云, '端的瞎.' 師云, "親言出親口." 玄覺徵, 問僧云, '甚處是侍者
會處?' 僧云, '若不會, 爭解伊麼應?' 覺云, '汝少會在.' 又云, '若於此見得
去便識玄沙.' 師云, "慚惶殺人." 翠嵓芝云, '國師侍者, 摠欠會在.' 師云,
"猶較些子." 投子云, '抑逼人作麼?' 雪竇云, '搽¹⁾根漢.' 師云, "理長卽就."

1) ㉠ '搽'가 갑본에는 '楪'로 되어 있다.

다시 말하였다. "오직 말 많은 스님 조주趙州만이 몇 개 주석을 붙여 사
람들로 하여금 의심하게 만들었다. 어떤 학인이 '국사가 세 번 시자를 부
른 것은 무슨 뜻입니까?'라고 묻자 조주가 '그것은 마치 어떤 사람이 어
두운 곳에서 글자를 쓸 경우에 온전한 글자의 형태는 제대로 이루어지지
않지만 어떤 모양새이거나 드러나는 것과 같다.'⁵⁵고 한 말에 대하여 설
두는 곧장 할을 내질렀다." 이에 대하여 대혜는 이렇게 평가하였다. "말
해 보라! 그 한 번의 할은 국사와 시자에게 내지른 것인가, 조주에게 내
지른 것인가?" 뒤따라 한 번의 할을 내지르고 다시 말하였다. "만약 목숨
이 끊어진 사람이 아니라면 어떻게 그 속을 꿰뚫을 수 있겠는가?" 설두가
'누군가가 나에게 묻는다면 내 곧장 때려서 제방의 점검을 바라겠노라.'라
고 한 말에 대하여는 "도둑질한 사람의 마음이 불안한 법이다."라고 대혜
는 평가하였다. 설두가 다시 게송 한 수를 지었는데 이러하다.⁵⁶ '스승과
제자가 만난 그 뜻 가볍지 않으니.'라는 구절에는 "이 말에는 잘못된 데가

---

55 반듯한 글자가 되었거나 알아볼 수 없게 엉망으로 쓰인 글자가 되었거나 글자라고 할
수 없는 모양이 되었거나 모두 평등하다. 조금도 숨김없이 어떤 모양에서나 붓질한 사
람이 다 드러나고 그 이상 보여 줄 여지가 없기 때문이다. 이는 국사가 시자를 부른 그
소리에 국사 자신의 본분이 모조리 실려 있어서 이 말 저 말로 굳이 의미를 붙이지 않
는 것과 같다.
56 이하는 설두의 게송 각 구절에 대혜가 착어를 다는 형식이다.

두 곳 있다."라고 착어하고, '특별한 일도 없이 번뇌의 풀숲으로 가고자 하네.'라는 구절에는 "보주 사람이 도둑을 쫓는 격이다."[57]라고 착어하였으며, '그대를 저버렸느니 나를 저버렸느니 묻지 마라.'라는 구절에는 "버려두고 기다리며 냉철하게 지켜보라."라고 착어하고, '천하 사람들 다투는 그대로 맡겨 두어라.'라는 구절에는 "지금 망상을 쉬려면 바로 쉴 일이며, 만일 마칠 때를 찾는다면 마칠 날은 오지 않을 것이다."라고 착어하였다. 다시 말하였다. "그대들이 만일 깊고 미묘한 이해를 구하고자 한다면 국사가 세 번 시자를 불렀다는 바로 그 말을 이해하려는 데에 관심을 두라. 어디가 국사가 시자를 저버린 곳이고 어디가 시자가 국사를 저버린 곳인지 하는 문제가 무슨 상관이 있겠는가! 거위는 물과 우유가 한 그릇에 섞여 있어도 우유만 골라 먹으니[58] 본바탕이 오리와는 다르기 때문이다. 이것은 바로 국사가 칼날 위에서 벌어지는 일[59]을 활용한 것이다."

復云, "唯有趙州多口阿師, 下得箇注脚, 令人疑着. 僧問, '國師三喚侍者, 意旨如何?' 州云, '如人暗中書字, 字雖不成, 文彩已彰.' 雪竇便喝." 師云, "且道! 者一喝, 在國師侍者分上, 在趙州分上?" 隨後喝一喝, 復云, "若不是命根五色索子斷, 如何透得者裏過?" 雪竇云, '若有人問雪竇, 雪竇便打, 也要諸方檢點.' 師云, "作賊人心虛." 雪竇復有一頌云, '師資會遇意非輕.'

---

57 보주인송적普州人送賊 : 자신도 도둑인 처지에 다른 도둑을 잡겠다고 쫓아간다는 말. 본서 207칙 '죽암 사규의 거' 주석 참조.
58 아왕택유鵝王擇乳 또는 아왕끽유鵝王喫乳라고도 한다. 거위는 우유만 골라 먹는다는 뜻으로 진眞과 위僞, 사邪와 정正 등을 분명하게 구분하고 분별할 수 있음을 말한다. 『宏智廣錄』 권8(大48, 100b9), "모든 시냇물은 바다로 흘러가고, 모든 산의 기세는 가장 높은 산으로 뻗어 있다. 마치 거위는 물과 우유가 한 그릇에 섞여 있어도 우유만 골라 먹고, 벌은 꽃과 향을 손상하지 않고 꿀만 채취하는 것과 같다.(百川赴海, 千峰向岳. 如鵝擇乳, 如蜂採花.)"
59 칼날 위에서 벌어지는 일(劒刃上事) : 살활殺活을 결정하는 일 이외에 다른 어떤 여지도 허용치 않는다. 본서 16칙 '불인 지청의 상당' 주석, 580칙 본칙, 621칙 본칙 등 참조.

師云, "此語有兩負門." '無事相將草裏行.' 師云, "普州人送賊." '負汝負吾人莫問.' 師云, "放待冷來看." '任從天下競頭爭.' 師云, "卽今休去便休去, 若覓了時無了時." 復云, "你若求玄妙解會, 只管理會國師三喚侍者話. 那裏是國師辜負侍者處, 那裏是侍者辜負國師處, 有什麽交涉! 鵝王擇乳, 素非鴨類, 者箇便是國師用劒刃上事."

【설화】

○ (표현된 그대로) 알 수 있다.

大慧, 可見.

대혜 종고의 실중문답室中問答

학인에게 "국사가 세 번 시자를 부른 뜻이 무엇인가?" 하고 묻자 학인이 답하였다. "물고기가 지나가니 물이 흐려진 꼴입니다."[60] "방귀 뀌는 소리 하지 마라."[61] 학인이 아무 대답을 하지 않자 대혜가 곧장 때렸다.

---

60 어행수탁魚行水濁 : 말과 분별의 자취가 분명하게 남았다는 말. 감추려고 하였으나 뚜렷한 흔적이 생겼다는 의미를 내포한다. 『圜悟語錄』권18(大47, 796c19), "나찬懶瓚 화상이 '내게 한마디 말이 있는데, 분별도 끊어지고 모든 인연도 잊어 아무리 뛰어난 말로도 표현할 수 없고 다만 마음으로 전할 수 있을 뿐이다.'라고 한 말을 제기하고 원오圜悟가 염拈을 붙였다. '이 노한께서는 물고기가 지나가면서 물이 흐려지게 한 꼴이니 잘못이 적지 않다. 비록 그렇지만 이곳에 모든 인연을 잊고 분별도 끊을 줄 아는 사람이 있다면 나와서 대답해 보라. 마음으로 전한다는 그 말은 무슨 뜻인가? 이해한다면 이미 전해 버린 것이고, 이해하지 못했다면 마음은 그만두고 결국은 무엇이「한마디 말」인가? 각자 자리로 돌아가 쉬어라.'(擧, 懶瓚和尙云, '吾有一言, 絕慮忘緣, 巧說不得, 只要心傳.' 師拈云, '這老漢, 魚行水濁, 漏逗不少. 雖然如是, 箇中或有解忘緣能絕慮者, 出來道. 作麽生是心傳? 若也會得, 已傳了也；若會不得, 心卽且置, 畢竟是那箇一言? 歸堂歇去.')"

61 비천하고 이치에 맞지 않는 쓸데없는 말. 국사는 부름 속에 자신의 속을 다 보여 주고 아무것도 감추지 않았다는 뜻.

又室中,問僧,"國師三喚侍者意旨?"僧云,"魚行水濁."師云,"莫屎沸."僧無語,師便打.

설화

○ 학인이 "물고기가 지나가니 물이 흐려진 꼴입니다."라고 한 말 : 세 번 부른 것이 멀쩡한 살을 도려내어 부스럼을 만든 것[62]과 같다는 말이다.
○ 방귀 뀌는 소리 하지 마라 : 국사의 의중을 이해하지 못했다는 말이다.
○ 곧장 때렸다 : 국사의 뜻을 있는 힘을 다해 들어 보였다.

又室中:僧云,魚行水濁者,三喚是好肉剜瘡之義. 莫屎沸者, 不會國師意也. 便打者, 國師意, 盡力提持也.

대혜 종고의 거

다시 이 공안을 제기하고 말하였다. "국사가 시자의 의중을 알아챈 것일까, 시자가 국사의 의중을 알아챈 것일까?"

又擧此話云, "國師還見侍者麼, 侍者還見國師麼?"

설화

○ 시자 편에서 보면 국사가 시자의 입각처를 보지 못한 것이고, 국사의 편에서 보면 시자가 국사의 입각처를 보지 못한 것이다. 실중문답에서는 국사의 뜻을 지지하여 드러내 보였다면 여기에서는 시자의 뜻을 지지하여 드러내 보였다. 이로써 보건대 앞서 보인 보설의 대의는 저버렸

---

[62] 호육완창好肉剜瘡은 일부러 살을 깎아 부스럼을 만든다는 뜻이다. 분별로 파고들어 본래 흠이 없는 상태에 도리어 상처를 내는 어리석음을 비유한다.

건 저버리지 않았건 전혀 관계가 없다는 것이다. 국사의 뜻으로 말하자면 딱히 무어라 규정지을 수 없는 것이다.

又擧:以待者邊看, 則國師不見侍者立處;以國師邊看, 則侍者不見國師立處也. 室中問, 扶現國師意, 此則扶現侍者意. 以此考之, 前普說大意, 有辜負無辜負, 了沒交涉. 若是國師意, 定當不得.

131칙 혜충본신慧忠本身

본칙 혜충 국사【어떤 본에는 염관 제안鹽官齊安이라 되어 있다.】[1]에게 어떤 학인이 "본신本身 노사나盧舍那[2]란 어떤 것입니까?"[3]라고 묻자 국사가 말하였다. "나에게 정병을 집어 오너라." 그 학인이 정병을 가져오자 국사가 "다시 그곳에 갖다 두어라."라고 하였다. 그 학인이 다시 물었다. "본신 노사나란 어떤 것입니까?" 국사가 말하였다. "고불古佛이 지나가신 지 이미 오래되었다."[4]【운문이 말하였다. "아무 흔적도 남기지 않았다."】[5]

忠國師,【一本云, 鹽官.】因僧問, "如何是本身盧舍那?" 師云, "與我過淨瓶來." 僧將淨瓶到, 師云, "却安舊處着." 僧復問, "如何是本身盧舍那?" 師云, "古佛過去久矣."【雲門云, "無朕迹."】

설화

● 본신本身 노사나盧舍那 : 『범망경』에 이렇게 전한다.[6] "나는 이제 노사나불로서 바야흐로 연화대蓮花臺에 앉아 있노라니, 주변을 둘러싼 천 개

---

1 『景德傳燈錄』권7「鹽官齊安傳」(大51, 254a9), 『頌古聯珠通集』권11(卍115, 130a13), 『續傳燈錄』권35「東禪觀傳」(大51, 707b6) 등 참조.
2 본신本身 노사나盧舍那 : 화신化身이 의지하는 근본신根本身을 말한다. 본체로서의 불신佛身 또는 법신法身으로서의 비로자나불을 가리킨다.
3 『從容錄』42則「本則 著語」(大48, 254b23), "그대는 어찌 이름을 바꾸는가?(汝豈是替名?)"
4 위의 책, "여기서 멀지 않다.(離此不遠.)"
5 『雲門廣錄』권하(大47, 558a29), 『續傳燈錄』권35「東禪觀傳」(大51, 707b9), "눈이 먼 사람은 무늬와 빛깔을 보지 못하고, 귀가 먹은 사람은 음성을 듣지 못한다. 저 학인은 이미 상대가 대응한 뜻을 이해하지 못했고, 국사는 단지 임시방편으로 대했을 뿐이다. 운문이 '아무 흔적도 남기지 않았다.'라고 하였지만 국사의 본의를 살려 주지는 못하였다.(盲者難以與乎文彩, 聾者難以與乎音聲. 者僧既不薦來機, 國師只成虛設. 雲門道, '無朕迹.' 扶國師不起.)" 첫 대목은 『莊子』「大宗師」구절의 활용이다.
6 『梵網經』권하(大24, 1003c29)의 인용이다.

의 연꽃 위에 다시 천 분의 석가모니불이 나타난다. 연꽃 하나마다 백억의 국토가 있고, 하나의 국토마다 하나의 석가모니불이, 각각 보리수 아래 앉아, 일시에 정각正覺을 이룬다.[7] (백천억 석가모니불이) 각각 미세한 티끌 수와 같이 무수한 중생을 이끌고, 내가 있는 곳으로 돌아온다." 이와 같이 백천억 화신은 노사나불을 본신으로 한다. 노사나[8]는 만정각자滿正覺者라 한역한다.[9]

---

[7] 이 다음에 "이와 같이 백천억 화신은 노사나불을 본신으로 한다. 백천억 석가모니불이…….(如是千百億, 盧舍那本身, 千百億釋迦…….)"라는 구절에서 '이와 같이 백천억 화신은 노사나불을 본신으로 한다.'라는 부분을 빼내어 인용문 다음에 붙임으로써 본신 노사나의 뜻을 결론지었다.

[8] 노사나盧舍那 : ⑤ Rocana. 비로자나毘盧遮那(⑤ Vairocana)와 같은 말이다. 본래 보리심菩提心을 구현한 석가모니불과 그 밖의 불보살들의 심지心地를 가리키는 말이었다. 이를 『梵網經』과 『華嚴經』 등의 초기 대승경전에서 '비로자나불'로 인격화하기 시작하였다. 80권본 『華嚴經』(大10, 370c23), "시방의 티끌 수와 같이 무수한 세계에서 모두 노사나불을 볼 수 있다네. 보리수 아래 앉아 도를 완성하고 미묘한 법을 설하고 있구나.(十方利塵內, 悉見盧舍那. 菩提樹下坐, 成道演妙法.)"

[9] 이러한 한역의 예는 없다. 보통은 태양처럼 모든 법을 비추어 관조한다는 뜻에서 광명변조光明遍照 또는 변조광명遍照光明이라 한역한다. '정만淨滿'이라는 한역어는 있다. 또는 허공처럼 드넓은 세계에서 청정하게 장엄된 공덕과 지혜를 펼친다는 뜻에서 광박엄정廣博嚴淨이라 하고, 모든 법과 중생에게 두루 있다는 뜻에서 변일체처遍一切處라고도 한다. '正'은 '淨'의 오기인 듯하다. 모든 측면에서 번뇌가 전혀 없다는 의미의 '만정滿淨'은 일부분에 한정된 청정(무번뇌)이라는 의미의 '분정分淨'에 상대하여 붙인 이름이다. 『梵網經合註』 권3(卍60, 671b12), "노사나盧舍那의 한역명은 정만淨滿이다. 악이 청정하게 되지 않음이 없고, 선이 가득 차지 않음이 없으니, 이것이 바로 구경의 계체이므로 '오직 부처님 한 사람만 청정한 계를 지킬 수 있고 그 나머지는 모두 파계자라 한다.'라고 한다.(盧舍那名淨滿. 惡無不淨, 善無不滿, 正是究竟戒體, 故曰惟佛一人持淨戒, 其餘皆名破戒者.)"; 『從容錄』 42則 「評唱」(大48, 254c13), "평소에 본신 노사나인 만정각자滿淨覺者께서 인간계에 그 모습을 드러내어 사람들이 질문을 제기하는 바로 그 순간에 문득 영상을 나타내지만 그 은혜를 잊고 바른 행실을 잃으며 친밀한 가르침을 등지고 소원한 무리를 향한다.(尋常本身盧舍那, 滿淨覺者, 現相人中, 纔起問時, 忽然影現, 忘恩失行, 背親向疎.)"; 『永嘉禪宗集註』 권상(卍111, 403b13), "범어 음사어 불타야佛陀耶는 각자覺者라 한역한다. 여기서 귀명歸命은 삼신三身을 다 갖추어 밝힌 말이다. 처음에 '원만하게 두루 아는 깨달음'이라는 말은 보신을 가리킨다. 범어 노사나는 광명변조光明遍照라 한역한다.……다음으로 '고요하고 평등하며 본래의 진실한 근원'이라는 말은 법신을 가리킨다. 범어 비로자나는 변일체처遍一切處라 한역한다. 본래 청정하므로 고요

● 나에게 정병을 집어 오너라~다시 그곳에 갖다 두어라 : 그 학인이 하는 말마다 곧이곧대로 가져왔다가 가져가기를 반복했으니, '만났어도 도를 전수하기에 적절한 사람이 아니라면 전하지 말고 자기 마음[10]에 숨겨 두라.'[11]는 뜻이리라! 그러니 어디에서 더듬어 찾을 것인가? 그런 까닭에 운문은 "아무 흔적도 남기지 않았다."라고 착어한 것이다.
● 『범망경』에 "술잔을 집어 남에게 준다."[12]라고 하였고, 그에 대한 주석에 "과過는 집는다는 뜻의 염拈이다."라고 하였다.

[本身] 本身盧舍那者, 梵網經云, "我今盧舍那, 方坐蓮花壹,[1] 周匝千花上, 復現千釋迦. 一花百億國, 一國一釋迦, 各坐菩提樹, 一時成正覺.[2] 各

하다(寂靜)고 하며, 중생과 부처의 차이가 없고 색色과 심心이 둘이 아니므로 '평등'이라 한다.……'상호를 장엄하지만 유와 무 어느 편도 아니다.'라고 한 말은 응신이다.(梵語佛陀耶, 此云覺者. 此中皈命, 具明三身. 初圓滿徧知覺者, 報身也. 梵語盧舍那, 此云光明徧照.……次寂靜平等本眞源者, 法身也. 梵語毗盧遮那, 此云徧一切處. 本來淸淨, 故云寂靜, 生佛無殊, 色心不二, 故云平等.……相好嚴特非有無者, 應身也.)"; 『法華經玄贊要集』 권1(卍53, 366b3), "만청정滿淸淨과 분청정分淸淨의 차이를 밝힌다. 보살은 비록 두 장애(智障·惑障)를 끊고 두 공(我空·法空)의 이치를 증득하였지만 깨달음이 원만하지 못하므로 분각分覺이라고만 한다. 그런 까닭에 여래를 원만한 청정이라는 뜻의 만정이라 하고, 보살은 분정이라 한다. 그러므로 만청정과 분청정이라 구분한다.(滿分淸淨者, 菩薩, 雖斷二障, 證二空理, 覺未滿故, 但名分覺. 所以如來, 卽名滿淨, 菩薩名分淨. 故云滿分淸淨也.)"; 『成唯識論俗詮』 권1(卍81, 23a4), "유식을 도리로 삼는 법은 승僧과 불佛이 본래 동일하지만, 증득에는 분分과 만滿이라는 차이가 있다. 그런 까닭에 불佛은 만정이라 하고, 승僧은 분정이라 한다.(以唯識之法, 僧佛本同而證有分滿. 所以佛爲滿淨, 僧爲分淨.)"
10 마음(靈府) : 영부靈府는 『莊子』 「德充符」에 나오는 말이며, 이에 대한 성현영成玄英의 소疏에 "영부란 정신이 머무는 집이니, 마음을 말한다.(靈府者, 精神之宅, 所謂心也.)"라 한다.
11 『達磨多羅禪經』 「序文」(大15, 301a3)의 구절로 『傳法正宗論』 권하(大51, 778a3) 등에 인용되어 있다.
12 『梵網經』 권하(大24, 1005b6)의 불음주계不飮酒戒에 대한 서술 부분의 인용인데, '집는다'는 '과過'의 용법에 대한 예를 보여 주기 위한 것이다. "만일 자신의 손으로 술잔을 집어 남에게 주고 술을 마시도록 하는 자라면 500세 동안 손이 없을 것이니, 하물며 스스로 먹음에랴?(若自身手過酒器與人飮酒者, 五百世無手, 何況自飮?)"

接微塵衆, 歸來到我所." 如是千百億, 盧舍那本身也. 盧舍那, 此云滿正覺者. 與我過淨瓶來, 又道却安舊處著云云者, 僧隨言過來過去故, 遇非其人, 藏之靈符耶! 向什麼處摸搋? 故雲門着語云, "無眹迹." 梵網經云, "過酒器與人." 注云, "過, 拈也."

1) ㉝ '壹'은 '臺'의 오자이다. 2) ㉝ '正覺'이 『梵網經』에는 '佛道'로 되어 있다.

대각 회련 大覺懷璉의 송 大覺璉頌

노사나 물어서 의심 풀려고 한 사람이	有咨盧舍決疑心
정병 지니고 오면서 소식 분간 못 하네[13]	缾子持來莫辨音
물리쳐 보내니 여전히 한 구절 또 구하지만	送了依前求一句
열반산 넘어간 뒤라 아득해 찾을 길 없다네[14]	涅槃山後杳難尋

천동 정각 天童正覺의 송 天童覺頌

새는 허공을 날고[15]	鳥之行空
고기는 물에 산다[16]	魚之在水
강물에서 서로의 존재 잊고[17]	江湖相忘
하늘에서 제 뜻대로 난다네[18]	雲天得志

---

13 노사나 물어서~못 하네 : 정병에 노사나의 소식이 들어 있음을 모르고 지나쳤다는 말. 정병이 곧 노사나불이라거나 그것을 들고 오가는 사람이 노사나불이라는 방식으로 헤아려도 맞지 않고, 그것과 무관하다고 여겨도 옳지 않은, 다만 그러한 소식일 뿐이다.
14 열반산 넘어간~길 없다네 : 생사를 바다나 강에 비유하는 것처럼 열반을 산에 비유해 열반산이라 하였다. 부처의 열반을 해가 산 너머 지는 것에 비유한다. 본칙에서 "고불古佛이 지나가신 지 이미 오래되었다."라고 한 말을 표현하였으며, 제2구와 호응한다.
15 『從容錄』42則「著語」(大48, 254c5), "빈틈없이 척척 들어맞는다.(築著磕著.)"
16 위의 책, "좌우 아무 데로나 헤엄친다.(左使右使.)"
17 『莊子』「大宗師」의 구절. "샘이 말라 물고기들이 뭍에 모여 서로 물기를 뿜어 주고 물거품으로 서로 적셔 주지만 강호에서 서로 잊고 지내느니만 못하다.(泉涸, 魚相與處於陸, 相呴以溼, 相濡以沫, 不如相忘於江湖.)"
18 『從容錄』42則「著語」, "된다느니 안 된다느니 하는 차별이 없다.(無可不可.)"

한 올 실만큼이라도 분별하면	擬心一絲
대면하고도 천 리로 멀어지리	對面千里
은혜 알고 은혜 갚아야 하니[19]	知恩報恩
인간 세상에 몇몇이 그렇던가	人間幾幾

[설화]

○ 처음 네 구절 : 눈앞에 보이는 풍경이며, '정병을 집어 오라.'고 한 뜻을 묘사한다.

○ 한 올 실만큼이라도 분별하면~인간 세상에 몇몇이 그렇던가 : 여기서 당장에 귀결처를 알아야 하니, "고불이 지나가신 지 이미 오래되었다."라고 말할 필요도 없다.

天童 : 上四句, 目前所見, 過淨瓶來之義也. 擬心云云者, 於此直下知歸, 何必古佛過去久矣.

법진 수일法眞守一의 송 法眞一頌

남양의 노작가가 미혹의 나루터[20] 가리키니	南陽老作示迷津
자취 전혀 없던 곳에 티끌 한 점 남겼네	眹迹全無一點塵
학인이 정병을 집어서 제자리에 두면서도	僧過淨瓶安舊處
원래 노사나 본신이라는 사실은 몰랐구나	不知元是舍那身

---

19 위의 책, "잊지 않고 항상 생각에 둔다.(念玆在玆.)" 『書經』 「虞書」에 나오는 구절.
20 미혹의 나루터 : 글자 그대로 '길을 잃어버리다'라는 뜻으로도 쓰인다. 나루터를 물었다는 공자의 '문진問津' 일화에서 나루터라 하면 올바른 도의 길, 배움의 길 등을 비유적으로 뜻한다. 출전은 『論語』 「微子」이다. 여기서는 해탈열반의 피안彼岸에 상대하여 생사윤회라는 미계迷界의 차안此岸을 이르는 말.

[설화]

○ 국사의 뜻은 정병을 집어 오라는 말에서 벗어나지 않는다.

法眞：國師意, 不出過淨瓶來也.

상방 일익上方日益**의 송** 上方益頌

두 손으로 분명하게 정병을 집었으면서	兩手分明過淨瓶
본신이 이미 황성[21]에 있음을 모른다네	不知身已在隍城
설령 금강처럼 확고한 눈 가졌을지라도	直饒便具金剛眼
위산과 비교하면 보름 정도 뒤처졌다네	也較潙山半月程

[설화]

○ 앞의 두 구절 : 정병을 집어 오라고 말한 부분을 나타낸다.
○ 설령~위산과 비교하면 보름 정도 뒤처졌다네 : 위산은 정병을 발로 차서 뒤집었다.[22] 학인이 국사의 궁극적인 뜻을 알았다고 하더라도 차서

---

21 황성隍城 : 성과 해자垓字를 아울러 부르는 말. '황隍'은 황湟과 같은 뜻으로 성을 둘러싸고 있는 방호용 못, 곧 성지城池·해자를 말한다. 특히 물이 없는 해자를 '황'이라 하며 비었다는 뜻에서 허虛와 상통한다. 『一切經音義』 권53(大54, 661b6), "성황{음은 황이다. 『이아』에 '황은 허이다.'라고 하였고, 『설문해자』에 '황은 성지城池이다.'라고 하였다. 물이 있으면 지池, 물이 없으면 황이라 한다.}(城隍{音皇. 爾疋云, '隍, 虛也.' 說文云, '隍, 城池也.' 有水曰池, 無水曰隍.})"; 『祖庭事苑』 권4(卍113, 102a10) "황싱 : 앞 글자는 호와 광을 반절한 음이고, 성은 땅이다. 물이 있는 경우에는 지라 하고 물이 없을 때는 황이라고 한다.(隍城 : 上湖光切, 城地也. 有水曰池, 無水曰隍.)" 여기서는 일상의 반경이라는 취지로 쓰였다.
22 백장百丈이 대위산大潙山의 주지를 선발하려고 문하의 제자들을 시험할 때 위산 영우潙山靈祐가 보인 선기를 말한다. 『景德傳燈錄』 권9 「潙山靈祐傳」(大51, 264c8), "(백장은 영우를 미리 위산의 주지로 점지해 놓았다.) 그때 화림 선각華林善覺이 그 소문을 듣고 '제가 상수 자리에 있는데 영우가 어떻게 주지가 됩니까?'라고 따졌다. 백장이 '만일 대중 앞에서 격을 벗어난 한마디를 할 수 있다면 주지 자리를 주겠다.'라고 말한 뒤 정병을 가리키며 물었다. '정병이라 부르면 안 된다. 그대는 무엇이라 부르겠는가?' '나

뒤집을 줄은 몰랐다는 말이다.

上方：上二句, 言過淨瓶來處也. 直饒云云者, 潙山踢倒淨瓶, 則雖然知得
國師落處, 不知踢倒也.

심문 담분心聞曇賁**의 송** 心聞賁頌

울타리에 서리 맞은 국화²³ 살짝 기대어 피었고	帶雪含霜半倚籬
매화²⁴ 그림자 맑고 빼어난 자태 드러내었다네	橫斜影裏露仙姿
앞마을에는 어젯밤에 봄이 왔건만	前村昨夜春來了
대나무 집에 사는 노승은 모른다네	竹屋老僧猶未知

【설화】

○ '나에게 정병을 집어 오라'고 한 경계를 읊었다.²⁵

心聞：與我過淨瓶來處也.

─────────

무토막이라 불러도 안 됩니다.' 백장이 그 말을 인정하지 않고 영우에게 묻자 영우가 정병을 차서 뒤집어 버리고 나갔다. 백장이 웃으며 '제일좌(수좌)는 산자山子(영우)에게 졌다.'라 말하고 영우를 위산으로 보냈다.(時華林聞之曰, '某甲忝居上首, 祐公何得住持?' 百丈云, '若能對衆下得一語出格, 當與住持.' 卽指淨瓶問云, '不得喚作淨瓶. 汝喚作什麽?' 華林云, '不可喚作木橛也.' 百丈不肯, 乃問師, 師蹋倒淨瓶. 百丈笑云, '第一坐輸却山子也.' 遂遣師往潙山.)

23 대설백帶雪白은 국화의 한 종류.
24 횡사橫斜는 매화를 가리킨다. 송나라 때 임포林逋의 시 〈山園小梅〉, "온갖 꽃들 바람에 떨어졌건만 홀로 어여삐 피어, 작은 정원의 풍치 온통 독차지하네. 맑고 얕은 물에 가로 비낀 그림자, 저물녘 달빛에 은은한 향기 불어오네.(衆芳搖落獨喧妍, 占盡風情向小園. 疎影橫斜水淸淺, 暗香浮動月黃昏.)"
25 봄이 되어 어김없이 첫 소식을 전해 오는 매화처럼 '정병을 집어 오라.'고 말한 그때에 남김없이 소식을 전해 주었다는 평가이다.

설두 중현雪竇重顯의 거

이 공안과 더불어 운문의 염[26]을 제기하고 말하였다. "곧장 한 손가락으로는 하늘을 가리키고 다른 한 손가락으로는 땅을 가리키는 경우[27]가 어찌 없으랴? 알겠는가? 구름은 산마루에 한가로이 떠돌며 흩어지지 않고, 계곡 아래로 흐르는 물은 매우 바쁘다.[28]"[29]

雪竇顯擧此話, 連擧雲門拈, 師云, "直得一手指天一手指地, 爭得無? 還會麼? 雲在嶺頭閑不徹, 水流澗下大忙生."

[설화]

○ 구름은 산마루에 한가로이 떠돌며 흩어지지 않고 : 운문의 뜻이다.
○ 계곡 아래로 흐르는 물은 매우 바쁘다 : 국사의 뜻이다.

---

26 본칙 말미에 부기된 "아무 흔적도 남기지 않았다."라고 한 운문의 말을 가리킨다.
27 부처님이 세상에 태어나서 보인 인연이다. 본서 2칙 참조.
28 『佛果擊節錄』 63則 「本則」(卍117, 488b6), "구름은 산마루에 한가로이 떠돌며 흩어지지 않고, 계곡 아래로 흐르는 물은 매우 바쁘다.【다행히도 말후구가 있었으니, 말후구가 없었다면 어디에서 설두를 찾아볼 수 있었겠는가.】(雲在嶺頭閑不徹, 水流澗下大忙生.【賴有末後句, 若無末後句, 何處有雪竇也.】)"
29 설두 중현은 운문을 가리켜 옛사람의 언행을 그대로 답습하지 않고 새롭게 전변하여 참신한 기틀과 말(新定機)로써 상대가 결박되어 있는 지점을 풀어 주었다고 평가한 바 있다. 『碧巖錄』 6則 「本則 評唱」(大48, 146a27), "설두가 말하였다. '나는 소양韶陽(운문)의 참신한 기틀과 말을 소중히 여기니, 평생토록 다른 사람의 눈에 박힌 못과 머리에 박힌 쐐기를 뽑아 주었다네.(雪竇道, '我愛韶陽新定機, 一生與人抽釘拔楔.')"; 『佛果擊節錄』 63則 「評唱」(卍117, 488b11), "설두는 혜충 국사가 숨긴 진실의 반을 드러냈으니, 곧장 한 손가락으로는 하늘을 가리키고 다른 한 손가락으로는 땅을 가리켰다.(雪竇扶忠國師一半, 直得一手指天, 一手指地.)" 운문의 평가를 한가로운 구름에, 본칙 혜충 국사의 말을 바삐 흐르는 물에 비유하여 한가함(閑)과 바쁨(忙)으로 갈라 다른 듯이 말했지만, 마치 한 손가락으로는 하늘을 가리키고 다른 한 손가락으로는 땅을 가리키는 행위처럼 두 사람 간에 우열의 차별은 없으며 서로가 서로의 뜻을 지지하고 세워 주었다는 평가이다. 이하 '법진 수일의 거'의 설화 평석도 이와 같은 맥락이다.

雪竇:雲在嶺頭云云者,雲門意也. 水流云云者, 國師意也.

법진 수일法眞守一의 거

이 공안과 더불어 운문과 설두의 염을 제기하고 말하였다. "설두는 그렇게 말했는데, 생각해 보라! 어느 편이 진실에 가깝고 어느 편이 먼가?[30] 한번 처리해 보라."

法眞一擧此話, 連擧雲門雪竇拈, 師云, "雪竇伊麽道, 且道! 那箇親那箇踈, 試定當看."

[설화]

○ 어느 편이 진실에 가깝고 어느 편이 먼가 : 설두가 한 말뜻을 보면 가깝거나 먼 차이가 있는 듯이 보이지만 가깝거나 먼 차이가 없다.

法眞:那箇親云云者, 雪竇意, 似有親踈, 而無親踈也.

대위 모철大潙慕喆의 염

"산승은 그렇게 말하지 않을 것이다. 만일 어떤 사람이 묻는다면 다만 '대중이여, 각자의 자리[31]로 돌아가시오.'라고만 할 것이다. 만일 누구이든 나의 문하에서 알아차린다면 옛날의 석가모니불이 앞서서 깨달았던 것도 아니고, 새롭게 나타날 미륵불이 미래에 성불하지도 않을 것이다.[32] 말해

---

30 남양 혜충 국사와 운문 문언, 두 사람 사이에 차별이 없다는 측면을 전제로 하여 의문으로 제기한 말이다. 그 두 사람 간에 차별이 있었다고 생각했던 사람에게는 법진의 이 물음이 화두로 기능하지만, 이 말을 정답으로 받아들이고 두 사람 간에 차별이 없었다고 결정짓는다면 이는 법진의 말을 저버리는 짓이다.
31 귀당歸堂에서 당은 승당僧堂이며, 승당에 정해진 각자의 자리를 말한다.
32 만일 누구이든~않을 것이다 : 바로 지금 알아차리면 전후의 시간을 넘어서 평등하다

보라! 얽매인 몸을 바꾸는 결정적인 한 구절은 무엇일까?" 잠깐 침묵하다가 말하였다. "내년에도 다시 새로운 가지가 돋아나겠지만 어지럽게 흔드는 봄바람은 단번에 그치지는 않을 것이다."[33]

大潙喆拈, "山僧不然. 忽有人問, 但云, '大衆, 歸堂去.' 若人向大潙門下薦得, 古釋迦不先, 新彌勒不後. 且道! 轉身一句, 作麼生?" 良久云, "明年更有新條在, 惱亂春風卒未休."

설화

○ 대중이여, 각자의 자리로 돌아가시오 : "고불이 지나가신 지 이미 오래 되었다."라는 구절에 해당한다.
○ 석가모니불이 앞서서 깨달았던 것도 아니고, 새롭게 나타날 미륵불이 미래에 성불하지도 않을 것이다 : 오늘날과 옛날의 차이가 없고 앞과 뒤의 구별이 없다. 비록 그러하다고는 하나, 내년에도 다시 새로운 가지가 돋아나겠지만 어지럽게 흔드는 봄바람은 단번에 그치지는 않을 것이다.

大潙 : 大衆歸堂去者, 古佛過去久矣處也. 釋迦不先云云者, 無今古無先

는 뜻이다.『禪林僧寶傳』권2/「白雲守端傳」(卍137, 554a12), "북소리가 나기 이전과 산승이 법좌에 오르기 이전의 경계가 바로 고불의 본보기이다. 만일 여기서 알아차린다면 '옛날의 석가모니불이 앞서서 깨달았던 것도 아니고, 현재의 미륵불이 미래에 성불하지도 않을 것이다.'라고 할 만하다. 다시 세 치 혀를 통하여 나오는 말을 듣는다면 벌써 들쑥날쑥 차이가 날 것이니, 그 차이를 볼 줄 아는 안목이 있어야 비로소 완전히 구제되리라.(鼓聲未擊已前, 山僧未登座之際, 好箇古佛樣子. 若人向此薦得, 可謂古釋迦不前, 今彌勒不後. 更聽三寸舌頭上, 帶出來底, 早已參差, 須有辯參差眼, 方救得完全.)"
33 아무리 결정적인 구절을 내어놓더라도 그 말 자체가 또다시 비판의 실마리가 될 것이라는 뜻. 나은羅隱의 시 〈柳〉에 나오는 구절. 본서 2칙 '법진 수일의 거' 주석, 65칙 '대홍 보은의 송' 주석 참조.

後. 雖然如是, 明年更有云云也.

불안 청원佛眼淸遠의 상당

이 공안을 제기하고 말하였다. "이 한 칙의 법문은 증득하여 들어가지 않는다면 그 근본의 도를 깨치지 못할 것이다. 만일 마음의 원숭이(心猿)[34]가 멋대로 놀도록 풀어 두면 결국 이해(解會)[35]로 그치게 될 뿐이다. 평소에 모두들 '노사나불이 없는 곳이 어디 있겠는가?[36] 이 도리를 제대로 알지 못하고서 재차 물으니, 이 어찌 「지나가신 지 오래되었다.」고 하지 않겠는가?'라고 말한다. 또 말하기를 '국사는 자수용삼매[37]에 들어 있는데 거듭하여 노사나불에 대하여 묻는다면 「고불이 지나가신 지 오래되었다.」고 대답할 뿐이다.'라고 한다. 또한 '본신 노사나란 무엇인가? 말없이 있는 그 순간에서 알아차리기 알맞다. 만일 자세히 알지 못한다면 마

---

34 마음의 원숭이(心猿) : 심원心猿은 마음을 비유하는 말 중 하나. 잠시도 가만히 있지 못하고 떠들고 움직이는 원숭이를 마음에 비유하였다. 『大乘本生心地觀經』권8(大3, 327b18), "마음은 원숭이와 같으니, 오욕의 나무에서 노닐며 잠시도 가만히 있지 않기 때문이다.(心如猿猴, 遊五欲樹, 不暫住故.)" ; 『維摩經』권하(大14, 553a12), "교화하기 어려운 사람은 마음이 원숭이와 같기 때문에 몇 가지의 법으로써 그 마음을 제어해야 순하게 복종시킬 수 있다.(以難化之人, 心如猿猴, 故以若干種法, 制御其心, 乃可調伏.)" 의意를 말(馬)에 비유하여 하나의 짝으로 써서 '심원의마心猿意馬'라고도 한다.
35 이해(解會) : 경전 등 갖가지 분별의 틀에 의지하여 수용하는 헛된 이해. 속박과 번뇌의 단서가 될 뿐인 앎을 말한다. 이것은 깨달음의 상황 그대로가 아니라 제2의 상념이라는 틀에 의하여 매개되고 굴절된 이해이다. 『大慧語錄』권20「示無相居士」(大47, 894b6), "무엇을 근심이라 하는가? 색·성·향·미·촉·법에 따라 좌우되면서 멀리 벗어나지 못하고, 경전의 교설이나 고덕의 언구에서 지견을 구하고 '이해'를 찾는 방식이 그것이다. 참으로 경전의 교설이나 고덕이 도를 깨달은 인연에서 제2의 상념을 일으키지 않고 그 자리에서 귀착되는 의미를 안다면 자신의 경계나 타인의 경계에서 생각대로 하지 못할 일이 없고 자유자재하게 활용하지 못할 경우가 없으리라.(何爲過患? 被色聲香味觸法所轉, 而不能遠離, 於經敎及古德言句上, 求知見覺解會者是. 苟能於經敎, 及古德入道因緣中, 不起第二念, 直下知歸, 則於自境界他境界, 無不如意, 無不自在者.)"
36 노사나가 지니는 변일체처遍一切處라는 뜻에 근거한 분별이다. 주 9 참조.
37 자수용삼매自受用三昧 : 본서 129칙 주 16 참조.

침내 몸소 번뇌의 세계로 내려가 그대에게 「나에게 정병을 집어 오라.」고 말하리라.'라고 한다. 이와 같이 이해하면 다만 마음의 원숭이가 멋대로 놀도록 풀어놓은 것일 뿐이다. 국사가 '마음에서 얻으면 악취 나는 이란伊蘭나무가 향기로운 전단栴檀나무가 되고, 뜻에서 잃으면 감로의 동산이 가시나무 숲이 된다.'[38]라고 한 말을 모르는가? 알고 싶은가? 태양 비치는 문 앞은 날마다 삼추三秋[39]요, 달 밝은 전당 앞은 때마다 구하九夏[40]로다.[41] 대중들이여, 노사나란 무엇인가? 방으로 돌아가 차나 마셔라."

佛眼遠上堂, 擧此話云, "此一則法門, 若非證入, 莫曉宗猷. 若縱心猿, 終成解會. 尋常盡道, '甚處不是盧舍那? 更不識了再問, 豈不是過去久矣?' 又道, '國師自受用三昧, 再三若問盧舍那, 自是古佛過去久矣.' 又云, '如

---

38 혜충 국사의 비명에 나오는 구절로 알려져 있다. 이를 안국 명진安國明眞이 화두로 활용하면서 널리 알려졌다. 본서 1138칙 참조.
39 삼추三秋: 가을. 또는 가을 석 달.
40 구하九夏: 여름. 또는 여름 90일 석 달.
41 어느 곳 어느 때의 풍경일지라도 노사나불의 구현과 같아서 어디서나 마주칠 수 있다는 취지이다. 마지막 대목에도 그 맥락이 보인다. 『嘉泰普燈錄』 권12 「蹣庵繼成章」(卍137, 191a16), "태양 비치는 문 앞은 날마다 삼추이니 이곳저곳으로 돌아다니며 상대를 동요시키고 달 밝은 전당 앞은 때마다 구하이니 사슴을 가리켜 말이라 한다. 알겠는가? 산호가지 하나마다 달이 걸렸다.(太陽門下, 日日三秋, 從東過西;明月堂前, 時時九夏, 指鹿爲馬. 會麽? 珊瑚枝枝撐著月.)" 동산 양개洞山良价의 말이다. 『洞山語錄』「玄中路」(人47, 515b25), "태양 비치는 문 앞은 날마다 삼추요, 달 밝은 전당 앞은 때마다 구하로다. 삼라만상이 모두 옛 부처의 가풍이요, 푸른 하늘은 도인의 살림 도구로다.(大陽門下, 日日三秋;明月堂前, 時時九夏. 森羅萬象, 古佛家風;碧落靑霄, 道人活計.)"; 『禪門諸祖師偈頌』 권상(卍116, 914b16)에서는 앞 구절에 대하여 "태양이란 정각을 이룬 측면을 나타내는 상징물이다. 그러므로 눈앞의 일에 떨어지지 않으므로 '나날이 삼추'라 한다.(太陽者, 成正覺邊事. 然不落今時, 故云, '日日三秋'.)"라고 착어하고, 뒤의 구절에 대해서는 "밝은 달이 비치는 전당 앞은 미묘함이 본체 앞에 있음을 말한다. 구하란 세속을 벗어난 측면의 현상을 나타내고, 또한 진귀한 옷을 벗고 허름한 옷을 입는다고 부른다.(明月堂前, 是妙在體前. 九夏者, 出世邊事, 亦號脫珍著弊.)"라고 착어하였다.

何是本身盧舍那? 良久處好會取. 若不委知, 遂落草向你道,「與我過淨瓶
來.」如斯解會, 但縱心猨. 不見國師云, '得之於心, 伊蘭作栴檀之樹; 失
之於旨, 甘露乃蒺藜之園.' 要知麽? 大陽門下日日三秋, 明月堂前時時九
夏. 大衆, 如何是盧舍那? 歸堂喫茶去."

설화

○ 대의는 다음과 같다. '나에게 정병을 집어 오라'고 한 그 말 이외에 결코
별다른 법이 없다고 보면 악취 나는 이란나무가 향기로운 전단나무가
될 것이고, 만일 마음의 원숭이가 멋대로 놀도록 풀어 두어 갖가지 지
적인 분별이 일어나면 감로의 동산이 가시나무 숲이 될 것이다.
○ 태양 비치는 문 앞은 날마다 삼추三秋요~방으로 돌아가 차나 마셔라
: 속속들이 갖추었으니 다만 그렇게 방으로 돌아가 차를 마시라는 뜻
이다.

佛眼: 大義, 與我過淨瓶來處外, 更無別法, 則伊蘭作栴檀之樹. 若縱心猿,
多般知解, 則甘露乃蒺梨之園. 大陽門下云云者, 徹底具足, 但伊麽歸堂喫
茶.

죽암 사규竹庵士珪의 거

"목에 피가 나도록 울어 보아도 소용없는 노릇이니, 차라리 입을 다물
고 남은 봄을 지내느니만 못할 것이다."[42]

竹庵珪擧此話云, "啼得血流無用處, 不如緘口過殘春."

---

[42] 두순학杜荀鶴의 시 〈聞子規〉에 나오는 구절. 본서 1칙 '취암 문열의 상당' 주석 참조.

설화

○ 국사는 그처럼 간절한 노파심으로 있는 힘을 다해 말해 주었다.

竹庵 : 國師伊麼老婆心切, 盡力道得也.

132칙 혜충십신慧忠十身

본칙 혜충 국사에게 숙종 황제가 물었다. "십신조어十身調御[1]란 어떤 것입니까?" "단월檀越이시여, 비로자나불의 정수리를 밟고 가십시오." "과인은 잘 모르겠습니다." "자기 자신의 청정한 법신이라고 오인하지 마십시오."

忠國師, 因肅宗帝問, "如何是十身調御?" 師云, "檀越, 踏毗盧頂上行." 帝云, "寡人不會." 師云, "莫認自己淸淨法身."

설화

- 십신十身 : 보리신菩提身·원화신願化身·역지신力持身·상호신相好身·장엄신莊嚴身·위세신威勢身·의생신意生身·복덕신福德身·지신智身·법신法身 등은 여래의 내십신內十身이다.[2] 중생신衆生身·국토신國土身·업보신業報身·성문신聲聞身·연각신緣覺身(辟支佛身)·보살신菩薩身·여래신如來身·지신智身·법신法身·허공신虛空身 등은 여래의 외십신外十身이다.[3]
- 조어調御 : 모든 번뇌를 다스리고(調) 중생을 이끌어(御) 거둔다는 뜻으로 부처님 십호十號 중 하나이다.
- 십신조어 : 내십신과 외십신을 모두 갖춘 조어장부調御丈夫라는 뜻이다.

---

1 십신조어十身調御 : 본서 31칙 '불인 지칭의 송' 주석 참조.
2 『華嚴經疏鈔』 권18(大36, 143b2), "보리신을 총괄하는 몸으로 삼으니 이것은 화신化身이기도 하다. 나머지 아홉 가지 몸 중에서 원화신願化身과 역지신力持身은 오로지 화신일 뿐이고, 의생신意生身과 위세신威勢身은 타수용신他受用身과 변화신變化身에 모두 통한다. 복덕신福德身·지신智身·상호신相好身은 의보신依報身·정보신正報身 및 변화신에 통한다. 법신은 법성法性에만 국한된다.(菩提爲總, 亦是化身. 餘九身中, 願化力持, 此唯化身. 意生威勢, 通他受用, 及與變化. 福智相好, 通於二報, 及變化身. 法局法性.)"
3 이상의 내십신과 외십신은 80권본『華嚴經』권38(大10, 200a20) 등에 제시되어 있다.

- 비로자나 : 광명이 고요히 비춘다는 뜻의 광명적조光明寂照라 한역한다.[4]
- 단월檀越 : '단'은 단바라밀檀波羅蜜,[5] '월'은 생사의 바다를 건넌다는 뜻이다. 숙종의 성은 이李요 이름은 희熹이다.
- 혜충 국사의 비에 이런 말이 전한다. "비로자나불을 넘어선다는 설은 부처에 집착하여 추구하지 못하도록 하고,[6] 법신을 넘어선다는 이야기는 물들지 않은 깨끗한 본성을 유지하도록 하는 것이다. 어찌 비로자나불을 넘어서고 법신을 넘어설 수 있겠는가!"
- 단월이시여, 비로자나불의 정수리를 밟고 가십시오 : 하루 어떤 시각에나 모든 성인의 정수리를 오가기 때문에 숙종 황제가 그것을 알아차리도록 한 말이다.
- 자기 자신의 청정한 법신이라고 오인하지 마십시오 : '예전 그대로라고 알아차리면 도리어 옳지 않다.'[7]라는 말이다. 대왕이 알건 모르건 가리지 않고 이렇게 말해야 한다.

---

4 본서 131칙 주 2, 8, 9 참조.
5 단바라밀檀波羅蜜 : ⓈⓈ dāna-pāramitā. 단나바라밀다檀那波羅蜜多의 줄인 음사어. '단나'는 보시布施라 한역한다. 육바라밀 또는 십바라밀 중 하나이다. '바라밀'은 '생사生死의 바다를 건너 열반涅槃의 피안에 이른다.'라는 뜻에서 도도·도피안到彼岸 등으로 한역한다.
6 부처에 집착하여~못하도록 하고(不着佛求) : 불착불구不着佛求에서 '착着'을 집착하지 않는다는 뜻으로도 새길 수 있고, '어於'와의 통용자로 보아 '부처에게서 구하지 않는다'로도 새길 수 있다. 여기시는 진자의 의미로 풀었다.
7 보지寶誌 화상의 말이다. 『景德傳燈錄』 권29(大51, 450a29). 본칙과 관련하여서는 『碧巖錄』에 아래와 같이 활용된 예가 있다. 『碧巖錄』 99則 「本則 評唱」(大48, 222c29), "다만 그에게 '자기 자신의 청정한 법신이라고 오인하지 말라.'라고 하였는데, 자기의 법신이라면 그대는 꿈에서조차 본 적이 없을 것이라는 말이다. 그렇다면 무슨 까닭에 '오인하지 말라'고까지 한 것인가? 교가에서는 청정법신을 궁극의 법도로 여기는데 어째서 도리어 사람들이 그렇게 알도록 하지 않는 것인가? '예전 그대로라고 알아차리면 도리어 옳지 않다.'라는 말을 들어 보지 못하였는가.(只如他道, '莫認自己淸淨法身.' 且如自己法身, 爾也未夢見在. 更說什麽莫認? 敎家以淸淨法身爲極則, 爲什麽却不敎人認? 不見道, '認著依前還不是.')"

[十身] 十身者, 菩提願化力持身, 相好莊嚴威勢身, 意生福德智法身, 是
則如來內十身也. 衆生國土業報身, 聲聞緣覺菩薩身, 如來智法虛空身,
是則如來外十身也. 調御者, 調諸煩惱, 御攝羣生, 即十號中一號也. 十身
調御者, 內外十身具足地調御也. 毘盧遮那, 此云, 光明寂照. 檀越者, 檀
者, 檀波羅密, 越者, 度生死也. 肅宗, 姓李名熹. 此師碑云, "有越毘盧之
說, 令其不着佛求, 有越法身之談, 俾夫無染淨性. 豈毘盧之可越法身之
可超!" 檀越蹋毘盧頂上者, 十二時中, 往還千聖頂顙頭故, 令肅宗帝會取
也. 莫認自己云云者, 認著依前還不是. 不揀大王會與不會, 須是伊麼道
始得.

설두 중현雪竇重顯**의 송** 1 雪竇顯頌

한 나라의 국사 또한 억지로 붙인 명칭일 뿐이나[8]	一國之師亦强名
남양만은 그 뛰어난 명성을 떨치도록 허용된다네	南陽獨許振嘉聲
당나라에선 진실한 천자 떠받들어 주어	大唐扶得眞天子
비로자나불 정수리 밟고 가게 하였다네[9]	曾踏毗盧頂上行

---

8 한 나라의~명칭일 뿐이나 : 『直註雪竇頌古』 권하 「著語」(卍117, 530a6), "법신도 인정
  하지 않거늘 국사인들 남겨 두겠는가?(法身不認, 何存國師?)"; 『碧巖錄』 99則 「著語」
  (大48, 223a18), "어찌 반드시 허공 꽃과 물에 비친 달만큼 헛것이기야 하겠는가! 바람이
  스치면 나뭇가지가 흔들린다.(何必空花水月! 風過樹頭搖.)"
9 당나라에선 진실한~가게 하였다네 : 『直註雪竇頌古』 권하 「著語」, "임금을 떠받들고,
  굳이 법신 비로자나불에 집착하지 않는다.(扶持聖主, 不執法身.)" 제3구에 대한 『碧巖
  錄』 99則 「著語」, "딱한 노릇이다. 이끌어 주는 것이 무슨 소용이랴. 눈먼 납승을 이끌
  어 줘 봤자 무슨 일에 도움이 되랴.(可憐生. 接得堪作何用. 接得瞎衲僧濟什麼事.)", 제
  4구에 대한 「著語」, "모든 사람이 어찌 이렇게 하지 못하랴? 곧바로 하늘 위건 하늘 아
  래건 무방하다. 상좌는 어떻게 밟겠는가?(一切人何不恁麼去? 直得天上天下. 上座作麼
  生踏?)"

설두 중현의 송 2 又頌

쇠망치로 황금 뼈[10]도 때려 부수면[11]　　　　鐵鎚擊碎黃金骨
천지 사이에 무엇이 남아 있으리오[12]　　　　天地之間更何物
밤 깊으면 삼천대천세계[13] 이윽고 밝아 오니　　三千刹海夜澄澄
누가 창룡굴[14]에 들어갈지 모르겠네[15]　　　　不知誰入蒼龍窟

설화

○ 첫 번째 송은 '단월이시여, 비로자나불의 정수리를 밟고 가십시오.'라는 구절을 읊었고, 두 번째 송은 '자기 자신의 청정한 법신이라고 오인하지 마십시오.'라는 구절을 읊었다.

雪竇 : 前頌, 檀越踏毘盧頂上 ; 後頌, 莫認自己淸淨法身也.

---

10 황금골黃金骨은 선골仙骨과 같은 말. 신선으로서의 자질 등을 나타내는 말이다. 신선들의 약(仙藥) 또는 이 약을 먹고 자라난 뼈라는 뜻도 된다. 『抱朴子』「仙藥」, "신선들이 먹는 약 가운데 최상은 단사丹砂, 그다음은 황금, 그다음은 백은, 그다음은 각종의 지초芝草이다.(仙藥之上者丹砂, 次則黃金, 次則白銀, 次則諸芝.)"
11 쇠망치로 황금~때려 부수면 : 『碧巖錄』 99則 「著語」(大48, 223a21), "즐겁게 탁 트인 나날의 삶일세. 그것은 벌써 말로 드러내기 이전의 경계에 있다.(暢快平生. 已在言前.)"
12 쇠망치로 황금~남아 있으리오 : 『直註雪竇頌古』 권하 「著語」(卍117, 530a8), "법신이 한 번 끊어지면, 무엇이 또 남아 있겠는가?(法身一絶, 更有什麼?)"
13 찰해刹海는 바다와 육지에 있는 모든 세계를 나타내는 찰토대해利土大海의 줄임말이다. '찰(⑤kṣetra)'의 온전한 음사어는 차달라差呾羅・찰다라刹多羅・차다라差多羅・찰마刹摩 등이고, 토土・국國・처處・국토國土・전토田土 등으로 한역하며, 범어와 한역어를 혼용하여 '찰토刹土'라고도 한다.
14 창룡굴蒼龍窟 : 여주驪珠를 지키는 여룡驪龍이 사는 굴. 본서 5칙 '고목 법성의 상당' 주석, 407칙 '송원 숭악의 상당' 주석 참조.
15 밤 깊으면~들어갈지 모르겠네 : 창룡이 지키고 있는 여의주를 빼앗아 올 사람을 말한다. 『直註雪竇頌古』 권하 「著語」(卍117, 530a9), "비록 티끌 한 점 없이 순수하게 맑지만, 누가 이 경계에 이를 수 있는지 모르노라.(須然絕點純淸, 不知誰能到此.)"

불감 혜근佛鑑慧懃**의 송** 佛鑑懃頌

한 걸음마다 비로자나불의 정수리를 밟더라도	步步踏着毗盧頂
자기 자신의 청정한 몸도 그것이 아니로다	亦非自己淸淨身
공空의 문에 묘하게 들어 공의 상相 터득해야[16]	妙入空門得空相
조사의 간담과 부처의 정신이리라	祖師肝膽佛精神

[설화]

○ 단월에게 비로자나불의 정수리를 밟으라고 한 뜻을 읊었다.

佛鑑：檀越踏毘盧頂上也.

---

[16] 공空의 문에~상相 터득해야 : 십신조어라든가, 비로자나불이라든가, 자기의 청정한 법신이라든가에 대한 집착과 관념을 버리고 공으로서 보아야 한다는 의미.

133칙 혜충유식 慧忠唯識

본칙 혜충 국사가 좌주座主[1]에게 물었다. "무슨 경을 강설하시는가?" "유식론唯識論을 강설합니다." "유식론을 어떻게 이해하시는가?" "삼계는 오직 마음일 뿐이고, 만법은 오직 식識일 뿐입니다." 국사가 주렴을 가리키며 "이것은 무슨 법인가?"라고 묻자 좌주가 대답하였다. "색법色法입니다."【장산 법천蔣山法泉이 좌주와 달리 말하였다. "화상께서는 굳게 믿으시는군요."】국사가 말하였다. "대사가 임금의 주렴 앞에서 자의紫衣[2]를 하사받고, 임금에게 경전을 이야기해 주면서도 어째서 오계五戒는 지키지 못할까?"【판본에 따라 약간의 차이가 있지만 대의는 같다.】

忠國師, 問座主, "講什麼經?" 主云, "唯識論." 師云, "怎生會唯識論?" 主云, "三界唯心, 萬法唯識." 師指簾云, "這箇是什麼法?" 主云, "色法."【蔣山泉別云, "和尙大相信."】師云, "大師簾前賜紫, 對御談經, 何得五戒不持?"【有本大同小異.】

---

1 좌주座主 : 교종에 속하여 경전을 강설하는 스님으로 선승禪僧과 대칭하여 쓰는 선종 용어. 또는 대중의 우두머리. 한 절의 주지. 『釋氏要覽』 권상 「稱謂」(大54, 261a26), "좌주 : 『척언撫言』에 '유사有司를 좌주라 한다.'라고 하였다. 불교에서는 학문적 이해가 풍부하고 빼어난 사람을 좌주라 하며, 일좌의 중심을 차지하는 인물을 말한다. 옛날의 고승은 강실하는 이를 고좌高座라 부르거나 고좌의 주인이라 히였다.(座主 : 撫言曰, '有司謂之座主.' 今釋氏取學解, 優贍穎拔者, 名座主. 謂一座之主. 古高僧, 呼講者爲高座, 或是高座之主.)"
2 자의紫衣 : 자가사紫袈裟라고도 한다. 중국에서 관례상 임금이 신하들에게 복장服章을 하사할 경우 주자朱紫를 가장 귀하게 여긴 것에서 유래한다. 당나라에 이르러 자색의 관복은 정3품 이상의 당상관이 입는 관복의 색이었는데, 이 제도를 그대로 따라 공덕이 있는 스님들에게 자가사를 내려 주게 되었다. 『大宋僧史略』 권하(大54, 248c7)에 법랑法朗 등이 『大雲經』을 중역重譯한 공덕을 인정하여 측천무후則天武后가 법랑·설회의薛懷義 등을 현공縣公으로 삼고 그들에게 모두 자가사를 하사했다고 전한다. 이것이 자의를 내린 최초의 사실이다.

> 설화

- 『석론』에 "다만(唯) 경계가 있다(有)는 생각을 차단하고, 식識에서 마음이 공空이라는 이치를 가려낸다."[3]라고 한다. 또한 오직 마음일 뿐이기 때문에 인식 주관(根)과 그 대상(境)은 마주하지 못하고, 오직 식일 뿐이기 때문에 만법이 무수하게 펼쳐진다.
- 『원각경』「서문」에 "만법은 허망하니 인연이 모이면 발생하지만, 발생한 법은 본디 없으니 일체가 오직 식일 뿐이다. 식은 꿈이나 허깨비와 같아서 다만 하나의 마음에 불과하니, 마음이 고요하면서도(寂) 아는 작용(知)을 지니면[4] 그것을 가리켜 원만한 깨달음(圓覺)이라 한

---

3 『唯識開蒙問答』 권상(卍98, 422b6)에서는 이 구절이 각각 유有와 공空에 대한 집착을 제거하고 중도에 이르도록 유도하는 논리로 제시한다. 『석론』이라는 전거는 미상이다. 『成唯識論述記』 권1(大43, 229b25), "마음으로 일체를 돌리고 상相을 없애는 도리를 총괄하여 유식이라 한다. 다만(唯) 경계가 있다는 생각을 차단할 뿐이니, 있다는 생각에 집착하면 그 진실을 잃어버리기 때문이다. 식識에서 마음이 공이라는 생각을 가려내니, 공이라는 생각에 얽매이면 그 진실을 어그러뜨리기 때문이다. 그런 까닭에 이 공과 유에 어두우면 그 양변에 오래도록 빠져 있게 되지만, 그 유와 공을 깨달으면 중도의 경계를 깊이 밟을 수 있다. 삼십본론에서 유식이라 하였고, 이것에 의지하여 저들 일체를 이룬다는 뜻에서 성유식成唯識이라 한 것이다.(歸心泯相, 總言唯識. 唯遮境有, 執有者, 喪其眞. 識簡心空, 滯空者, 乖其實. 所以, 晦斯空有, 長溺二邊, 悟彼有空, 高履中道. 三十本論, 名爲唯識. 藉此成彼, 名成唯識.);『唯識開蒙問答』 권상(卍98, 422b10), "'중도를 행하면 궁극의 법도인가?' '반드시 그렇지는 않다.' '왜 그런가?' '만약 원만한 법도에 집착하여 의지한다면 다시 변계소집遍計所執이 되기 때문이다.' '이 언덕에도 의지하지 않고 저 언덕에도 의지하지 않으며 중간의 흐름에도 머물지 않는 이 도리가 맞는가?' '그렇다.'(問, '行其中道, 爲極則否?' 答, '未必.' 問, '何以故?' 答, '若執依圓, 還同遍計.' 問, '不依此岸, 不著彼岸, 不住中流, 是此義否?' 答, '是.')
4 마음이 고요하면서도(寂)~작용(知)을 지니면 : 하택종荷澤宗에서는 적寂과 지知를 진심의 두 가지 요소로 본다. 하나는 본체로서 정定, 다른 하나는 작용으로서 혜慧에 각각 대응한다. 종밀宗密도 이 설을 하택종의 핵심으로 해설할 뿐만 아니라 자신의 관점에도 영향을 크게 받았다. 『神會和尙遺集』(p.239), "본체는 텅 비고 고요(空寂)하니 텅 비고 고요한 이 본체에서 지知를 일으켜 청·황·적·백 등 세간의 차별된 현상들을 잘 분별한다. 그것이 혜慧이고 분별을 따라 일어나지 않는 것은 정定이다.(本體空寂, 從空寂體上起知, 善分別世間靑黃赤白, 是慧, 不隨分別起, 是定.);『禪門師資承襲圖』(卍110, 873a12), "오직 공적空寂과 지知일 뿐이다. 만약 공적만 말하고 지를 드러내지 않으면 허공과 무엇이 다르겠는가?(唯空寂知也. 若但說空寂, 而不顯知, 卽何異虛空?)"

다."⁵라고 한다.

[惟識] 釋論云, "唯遮境有, 識揀心空." 又唯心故, 根境不相對 ; 唯識故, 萬法縱然. 圓覺經序云, "萬法虛僞, 緣會而生, 生法本無, 一切唯識. 識如 夢幻, 但是一心, 心寂而知, 目之圓覺也."

- 주렴을 가리키며 '이것은 무슨 법인가?'라고 던진 질문 : 점검하는 것 이니, 경전을 강설하는 안목에 대한 점검이다.
- 색법色法입니다 : 국사가 물은 뜻을 이해하지 못하고 표면적인 말에 따라 대답하였다.
- 오계五戒도 지키지 못한다 : 거짓말하지 말라는 계를 지키지 못한다는 뜻이다. '처음에 원만하게 완성된 현량現量 속에 있을 때는 허망한 티끌 (浮塵)이 일어나지 않다가도 뒤를 이어 명료하게 분별하는 의근意根에 떨어지면 만법이 무수하게 펼쳐진다.'⁶ 【'縱'의 음은 '창'이다.】

指簾云, 這箇是什麼法者, 點檢也, 講經眼目也. 色法者, 不會師意, 據實支 對也. 五戒也¹⁾不持者, 不持妄語戒也. '初居圓成現量之時, 浮塵不起 ; 後 落明了意根之時, 萬法縱然.'【音蒼.】

---

5 종밀宗密의 『圓覺經』「序文」(大39, 524a22).
6 영명 연수永明延壽의 말을 변용하였다. 『心賦注』권3(卍111, 95a10) 참조. '만법이 무수하게 펼쳐진다'는 구절은 "마음 밖의 형상이 은근히 드러난다.(外狀潛呈.)"로 되어 있다. 이 구절 전체에 대한 주석은 다음과 같다. "전5식과 제7 전식 그리고 제8식이 모두 현량現量에 들어 있다. 현량이란 법의 본질을 터득하지만 개념과 말에 얽매이지 않아 헤아리는 마음이 없는 인식이다. 이것은 원만하게 이루어진 말로서 외부의 대상을 조작하여 이해하지 않기에 비량比量이나 비량非量에 떨어지지 않는다. ……안식眼識이 동시에 명료한 제6 의식을 대상으로 삼을 때 분별심을 일으켜 외부의 경계를 조작하여 헤아리며 이해한다. 이것이 비량이 되면 마음 밖에서 법을 보게 된다.(前五轉識, 及第八識, 俱在現量. 現量者, 得法自性, 不帶名言, 無籌度心. 是圓成語, 不作外解, 不落比非之量. ……眼識 與同時明了意識緣時, 起分別心, 作外量解, 便成比量, 則心外見法.)"

1) ㉮ '也'가 위의 본칙에는 있지 않다.

천동 정각天童正覺의 거

"이 하나의 본분사를 뚜렷하고 분명하게 드러낸 공은 혜충 국사에게 돌려야 한다. 마음에 다른 마음이 없으니 법에도 다른 법이 없고, 법에 다른 법이 없으니 마음에도 다른 마음이 없다. 곳곳이 막힘없이 통하니 여섯 창문에 풍월이 찾아들고,[7] 일마다 장애를 벗어나니 더 이상 한 점의 티끌도 없다. 참![8]"

天童覺擧此話云, "此一段事, 的的明了, 還他忠國師始得. 心無異心, 而法無異法; 法無異法, 而心無異心. 處處虛通, 會有六窓風月; 頭頭出碍, 更無一點塵埃. 叅!"

[설화]

○ 곳곳이 막힘없이 통하니 여섯 창문에 풍월이 찾아들고 : 법에 다른 법이 없다는 구절에 상응한다.
○ 일마다 장애를 벗어나니 더 이상 한 점의 티끌도 없다 : 마음에 다른 마음이 없다는 구절에 상응한다.

天童 : 處處虛通云云者, 法無異法也. 頭頭出碍云云者, 心無二心也.

---

[7] 여섯 창문은 육근六根을 비유한다. 창에 바람이 불어들고 달빛이 비치듯이 육근이 어떤 경계를 마주하든 장애가 되지 않는 모습을 표현하였다.
[8] 참 : 『한국불교전서』에는 편집자가 덧붙인 말처럼 되어 있으나 『宏智廣錄』 권4(大48, 54b7)에는 천동 정각의 말로 되어 있다.

134칙 혜충불용慧忠不用

[본칙] 혜충 국사에게 단하 천연丹霞天然이 법을 물으러 와서 (절을 하려고) 좌구를 펼치자마자 국사가 "필요 없다, 필요 없어."[1]라고 하며 말렸다.[2] 단하가 뒤로 세 걸음 물러서자 국사는 "옳지, 옳지."[3]라고 수긍하였고, 단하가 앞으로 세 걸음 다가서자 국사는 "틀렸다, 틀렸어."[4]라고 부정하였다. 단하가 선상을 한 바퀴 돌다가 떠나자 국사가 말하였다. "성인께서 떠나신 지가 오래되어 사람들이 대부분 게을러졌다. 한 세대(30년)가 지나면 쓸 만한 놈 하나 찾기도 어려울 것이다."[5]

忠國師, 因丹霞來參, 纔展坐具, 師云, "不用, 不用." 霞退後三步, 師云, "如是, 如是." 霞進前三步, 師云, "不是, 不是." 霞遶禪牀一匝出去, 師云, "去聖時遙, 人多懈怠. 三十年後, 覓箇漢也難得."

[설화]

● 단하가 와서 좌구를 펼쳤다 : 국사와 만나 보겠다는 뜻이다.
● 필요 없다, 필요 없어 : 만나지 않겠다는 뜻이다.

---

1 『環溪惟一語錄』 권2 「著語」(卍122, 138b4), "손님과 주인이 뚜렷이 갈렸다.(賓主歷然.)"
2 좌구坐具를 별치고 설을 올릴 필요가 없다는 뜻이다.
3 위의 책, "손님은 시종일관 손님이고, 주인은 시종일관 주인이다.(賓則始終賓, 主則始終主.)"
4 위의 책, "손님 중에 주인이 있고, 주인 중에 손님이 있다.(賓中有主, 主中有賓.)"
5 위의 책, "손님 전체가 고스란히 주인이고, 주인 전체가 고스란히 손님이다.(全賓全主, 全主全賓.)" 이어서 "환계 유일環溪惟一이 다시 대중에게 말하였다. '두 노장의 속뜻을 알고자 하는가? 바둑은 맞수를 상대할 경우 자신의 행마를 속이기 어렵고, 시는 거듭 읊어야 비로소 그 세세한 맛을 알 수 있다.'(師復召大衆云, '要見二大老麽? 碁逢敵手難藏行, 詩到重吟始見工.')"라는 평을 붙여 본 공안을 자세히 살펴 그 선미禪味를 맛보도록 하였다.

- 뒤로 세 걸음 물러섰다 : "필요 없다, 필요 없어."라고 말하였기 때문에 뒤로 물러섰다.
- 옳지 : 뒤로 물러섰기 때문에 "옳지, 옳지."라고 말하였다.
- 앞으로 세 걸음 다가섰다 : "옳지, 옳지."라고 한 말에 따라 또한 만나 보겠다는 표시이다.
- 틀렸다, 틀렸어 : 앞으로 세 걸음 다가섰기 때문에 "틀렸다, 틀렸어."라고 말하였다. 만났다고 단정하지 않겠다는 뜻이기도 하다.
- 국사의 의중은 한마디 할 때마다 앞의 말과 단절시켜 그가 시종 어떻게 하는지 살피려는 것이었다.
- 선상을 한 바퀴 돌다가 떠나자 : 만났다거나 만나지 않았다거나 하는 분별을 한 번에 그어 모두 없앤다[6]는 표시이다.
- 성인께서 떠나신 지가~찾기도 어려울 것이다 : 상과 벌을 함께 주었다.

[不用] 丹霞來展坐具者, 與國師相見也. 不用不用者, 不相見也. 退後三步者, 不用不用故退後也. 如是者, 退後故云如是如是. 進前三步者, 因如是如是之言, 亦相見也. 不是不是者, 進前三步, 故云不是不是. 亦不立相見也. 國師意, 頭頭絶斷, 看他終始如何也. 繞禪云云者, 相見不相見, 一筆勾下也. 去聖時遙云云者, 賞罰俱行也.

---

6 문장이 나뉘는 단락이나 삭제할 부분에 한 붓으로 갈고리 모양의 표시를 찍어 삭제 또는 말소할 것을 나타내는 것. 이를 일필구一筆勾, 일필구소一筆勾消, 일필구소一筆勾銷, 일필구단一筆勾斷이라고 한다. 『禪宗決疑集』「懈怠勉勤門」(大48, 1010b25), "이전의 태어나면서부터 자연히 아는 이들, 배워서 아는 이들, 부처님 말씀이나 조사의 말이나 제자백가의 설을 기억하는 이들을 이렇게 한 번에 그어 모두 없애고 나면 곧바로 물한 방울 통하지 않고 성인과 범부를 가르는 분별도 다 사라지게 되리니, 이 경계에 이르러 하나의 화두를 참구하라.(將從前生而知之者, 學而知之者, 記得佛說者祖說者, 諸子百家所說者, 於此一筆勾下, 直得水泄不通, 聖凡情盡, 到此參簡話頭.)"

대각 회련大覺懷璉**의 송** 大覺璉頌

천연은 속세 떠나 용 잡는 법[7] 배우고	天然離俗効屠龍
진퇴하던 순간에 점차로 동서 분간했네	退進當時稍辨東
턱 아래 여의주[8] 쥐고 돌아서 떠났지만	捉得頷珠迴首去
이전대로 수정궁[9]에 가라앉아 있었다네	依前沉在水精宮

[설화]

○ 천연은 속세 떠나 : 본래 유학을 익혔던 그는 장안에 들어가 과거에 응시하러 가던 길에 마조를 친견하고 법을 얻었다.[10] 그러므로 '속세를 떠났다.'고 말하였다.
○ 용 잡는 법 : 용을 잡는 기술은 배우기 어렵지만 터득해도 쓸모가 없다는 뜻이다. 지금 국사와 만나기 쉽지 않지만 진퇴를 잘하여 점차로 동서의 방위를 분간할 수 있게 되었다. 이것을 가리켜 배우기 어려운 기술을 배웠지만 끝내 쓸모가 없다고 한다.
○ 턱 아래 여의주 쥐고 돌아서 떠났지만 : 마지막에 선상을 돌다가 떠난 장면을 가리킨다.
○ 이전대로 수정궁에 가라앉아 있었다네 : 비록 그렇다고 하지만 아직 국사가 설정한 관문을 뚫지 못하였다.

---

7 『莊子』「列御寇」에 나오는 이야기. 대단히 뛰어난 기술 또는 남다른 재주이기는 하지만 쓸모없는 기예를 비유한다. "주평만朱泙漫은 지리익支離益에게 용 잡는 방법을 배우면서 천금의 재산을 탕진하고 3년이 지나 기술을 터득했지만 그 기교를 써먹을 곳이 없었다.(朱泙漫, 學屠龍於支離益, 單千金之家, 三年技成, 而無所用其巧.)"
8 여의주 : 여룡驪龍 곧 흑룡黑龍의 턱 밑에 있는 구슬. 이 또한 위와 마찬가지로 『莊子』「列禦寇」에 나온다. 본서 5칙 '고목 법성의 상당' 주석 참조.
9 수정궁水精宮 : 용왕이 사는 궁전.
10 『景德傳燈錄』권14「丹霞天然傳」(大51, 310b20).

大覺：天然離俗者, 初習儒學, 將入長安應擧, 叅馬祖得法, 故云離俗也.
屠龍者, 屠龍之伎, 難學而無用也. 今日與國師相見不易, 而善能進退, 稍
辨東西, 是能學難學之伎, 而終無用處也. 捉得頷珠云云者, 末後遶禪床出
去也. 依前至宮者, 雖然如是, 未透得國師關也.

보복 종전保福從展의 평

"단하는 길을 가는 데 정신이 팔려 길이 위태로운 지경인 줄도 몰랐다."

保福云, "丹霞貪程, 不覺行困."

[설화]

○ 단하는 길을 가는 데~몰랐다 : 걸음마다 높이 올라갈 줄만 알았지 혜
충이 파 놓은 함정에 떨어져 있다는 사실은 몰랐다.[11]

保福 : 丹雲云云者, 只知步步登高, 不見落他圈䆋也.

대위 모철大潙慕喆의 염

"단하는 지극히 귀한 보배를 품고 있다가 지혜로운 자를 만나 그 빛
을 더욱 발하였다고 할 만하다. 국사는 홍문鴻門[12]을 활짝 열어 놓았으

---

11 고원한 목표를 지향하기에 몰두하여 바로 눈앞에서 혜충이 그를 시험하고자 설정한 틀
은 조금도 이해하지 못했다는 말. 종공방하從空放下가 제대로 되지 못했다는 취지이
다. 『平石如砥語錄』(卍122, 379b12), "법좌에 올라앉아 '납승들이여! 다만 걸음마다 높
이 올라갈 줄만 알았지 허공에서 몸을 던질(從空放下) 줄은 모르는구나. 말해 보라! 효
와는 어디에 있을까?'라고 한 다음 잠깐 침묵하다가 말하였다. '법좌에서 내려가 승당
을 돌다가 차나 마시자.'(上堂, '衲僧家! 只解步步登高, 不解從空放下. 且道! 誵訛在什麼
處?' 良久云, '下座巡堂喫茶.')"
12 홍문鴻門 : 유방이 장량의 도움으로 항우의 함정에서 탈출한 고사가 전하는 지역. 『史
記』「項羽本紀」. 본서 184칙 주 50 참조.

니,¹³ 들어오는 자는 반드시 뛰어난 사람이라야 한다.¹⁴ 지금 단하를 대신하여 그의 주인이 되어 줄 사람 있는가? 나와서 나와 만나 보자. 있는가? 용문龍門에 오를 만한 귀빈이 아니라면 결코 이마에 부딪혀 상처를 입는 일(點額)¹⁵은 피하라."

> 大潙喆拈, "丹霞, 可謂懷藏至寶, 遇智者乃增輝 ; 國師, 鴻門大啓, 陟者須是奇人. 如今還有爲丹霞作主者麼? 出來與大潙相見. 有麼? 不是龍門客, 切忌遭點額."

[설화]

○ 단하는 지극히 귀한 보배를 품고 있다가~발하였다고 할 만하다 : 국사의 처소에 와서 더욱 광채를 일으켰다.
○ 국사는 홍문鴻門을 활짝 열어 놓았으니~뛰어난 사람이라야 한다 : 국사의 관문을 뚫기는 어렵다.
○ 지금 단하를 대신하여~나와 만나 보자 : 국사의 숨은 뜻을 알아야만 한다는 말이다.
○ 용문龍門에 오를 만한 귀빈이 아니라면~상처를 입는 일(點額)은 피하라 : 국사의 숨은 뜻에는 한계가 없기에 비록 단하와 필적하는 사람이 있더라도 이마에 상처만 남기고 물러나지 않을 수 없다.¹⁶

---

13 홍문鴻門을 활짝 열어 놓았으니 : 여기서 홍문은 홍문연鴻門宴을 의미한다. 항우와 유방의 이 고사로부터 홍문연이라 하면 초청한 사람에게 위해를 가할 목적으로 마련한 연회를 뜻하게 되었다. 혜충 국사가 마치 항우처럼 그런 살기 어린 연회의 장을 펼쳐 놓았다는 뜻이다.
14 살해당할 위기에서 유방을 구출한 장량張良과 같이 지혜로운 자가 아니면 국사의 관문을 뚫고 벗어나지 못한다는 비유이다.
15 점액點額은 실패하고 남은 상흔. 본서 607칙 '삽계 일익의 송' 주석 참조.
16 어떤 방편도 허용하지 않고, 엄격하게 제일의第一義만 통용되는 관문을 나타내며, 누구도 통과할 수 없도록 설정된 등용문登龍門이다. 『永覺廣錄』 권3(卍125, 430a10),

大潙: 丹霞可謂云云者, 至國師處, 更生光彩也. 國師鴻門云云者, 透得國師關, 也難也. 如今還有, 至大潙相見者, 欲見國師意也. 不是龍門云云者, 國師意直得無限, 雖有如丹霞者, 未免點額而退也.

공수 종인空叟宗印의 상당

이 공안을 제기하고 말하였다. "'필요 없다, 필요 없어.'라고 하니, 어떤 성인도 이 경지 함께 못 한다. '옳지, 옳지.'라고 하니, 갖가지 뱀처럼 독하구나. '틀렸다, 틀렸어.'라고 하니, 그 말이 골수까지 파고든다. 앞으로 나가고 뒤로 물러서고, 또 선상을 돌기도 하였지만 이처럼 번개 치듯이 재빠른 기틀로도 두세 번째 단계로 떨어졌다."

空叟和尙上堂, 擧此話云, "不用不用, 千聖不共; 如是如是, 蝮蠍蛇虺; 不是不是, 徹骨徹髓. 進前退後遶禪床, 掣電之機落二三."

설화

○ 어떤 성인도 이 경지 함께 못 한다 : 수많은 성인이 머리 내밀고 나타나더라도 국사는 결코 그와 이야기를 나누지 않을 것이다.
○ 갖가지 뱀처럼 독하구나 : 마음에서 뿜어내는 가장 독한 기운이라는 말이다.
○ 골수까지 파고든다 : (혜충 국사의 그 말 외에는) 다른 쓸데없는 일이란 없다. 그러므로 단하가 앞으로 나아가거나 뒤로 물러서거나 하다가

"비록 미간에 칼을 걸어 놓고 팔꿈치 뒤에 부적을 매달았을지라도 이 문에 도달하면 이마에 상처를 남기지 않을 수 없다. 왜 그런가? 바다를 본 적이 있다면 강물이 크다고 자랑해서는 안 되고, 수미산을 제외하고는 산의 위용을 내놓을 수 없기 때문이다.(雖眉間掛劍, 肘後懸符, 若到此門, 未免點額. 何以故? 曾經大海休誇水, 除了須彌不是山.)"

선상을 돌고 떠나갔지만, 두 번째·세 번째 단계로 떨어지지 않을 수 없었다.

空叟: 千聖不共者, 千聖出頭來, 國師終不共語也. 蝮蝎虺虺者, 心下最毒也. 徹骨徹髓者, 更無餘事也. 然則丹霞或進或退, 遶禪床出去, 未免落二落三也.

135칙 혜충극칙 慧忠極則

【본칙】 혜충 국사에게 탐원이 작별 인사를 올리면서 "저는 남방으로 가려고 하는데, 만일 어떤 사람이 극칙사極則事[1]에 대하여 묻는다면 어떻게 대답할까요?"라고 묻자 국사가 말하였다. "참으로 불쌍하구나! 굳이 몸 보호하는 부적(護身符子)[2]을 찾으러 다녀서 무엇 하려느냐?"【오조 사계五祖師戒가 평가하였다. "화상께서는 결국 노파가 손주를 대하는 듯이 친절하게 일러 주셨다."】

國師, 因耽源辭曰, "某甲往南方, 忽有人問極則事, 如何秪對?" 師云, "幸自可憐生! 須要[1]箇護身符子作麼?"【五祖戒云, "和尙終是老婆心切."】

1) ㉾ '要' 다음에 『景德傳燈錄』 권13 「耽源傳」(大51, 305b6)에는 '覓'이 있다.

【설화】

● 탐원이 혜충 국사에게 작별 인사를 올리다 : 마치 문수보살이 부처님께 작별 인사를 올리고 남쪽으로 떠났던 일과 같다.[3] 자신의 본분사를

---

1 극칙사極則事 : 궁극적 법도를 실현하는 일. 본분사本分事와 같은 말이다. 여기서는 뒤에 나오는 '몸 보호하는 부적'과 상응한다.
2 몸 보호하는 부적(護身符子) : 의지할 근거가 되는 궁극적 진실을 비유하는 말. 『圜悟語錄』 권12(大47, 766b14), "(크고 원만한 깨달음을 나의 가람으로 삼는다고 하신) 부처님의 자비로운 말씀은 대단히 의심스러워 보이지만 그대들은 그것이 몸을 보호하는 하나의 부적을 그대들에게 준 것이라는 사실을 모르고 있다. 그러나 자세히 살펴보면 여전히 희미한 그림자를 두르고 있는 것과 같아서 분명한 말씀은 아니었다. 산승이라면 그렇게 말하지 않았을 것이다. 이곳 운거산에 이미 있는 가람에서 90일 안거하면서 드러낸 하나하나의 언행이 모두 딱 들어맞는 법령이었다.(釋迦老人, 慈悲大殺怕, 爾諸人, 不知與爾一箇護身符子. 雖然如是, 點檢將來, 猶帶影在. 若是山僧則不然, 卽雲居山, 見成伽藍, 九旬安居, 拍拍是令.)"
3 이 이야기는 80권본 『華嚴經』 권62 「入法界品」(大10, 331c28)에 나오지만, 원문이 일치하는 전거는 『佛祖統紀』 권3(大49, 152b9)이다. 이 책에서 「入法界品」을 설명하는 첫머리에 나오는 구절이다.

충족시킨 다음에는 가는 곳마다 일정한 곳에 머물며 교화의 문을 열고 찾아오는 사람들을 마주하고 가르칠 예정이기 때문에 필경의 극칙사에 대하여 물었다.

● 참으로 불쌍하구나! 굳이 몸 보호하는 부적(護身符子)을 찾으러 다녀서 무엇 하려느냐 : 극칙사 또한 남겨 두지 않는다는 뜻이다.[4]

● 몸 보호하는 부적(護身符子) : 위나라 무제武帝는 반딧불의 반짝이는 알을 팔꿈치 사이에 숨겨 두어 수없이 쏟아지는 화살이 백 보 안으로 들어오지 못하도록 하였다.[5]

● 오조 사계의 평가 : 비로소 국사의 간절한 노파심을 알았다는 뜻일까? 아니다. 오히려 국사는 그렇게 간절한 노파심에 의지하여 전하려다가 나자빠졌다는 말이다.[6]

---

4 궁극의 도리일지라도 별다르게 받들지 않는 방식. 결국은 대칭의 양자 어느 편에도 쏠리지 않고 무심無心하게 대응한다. 불이不二의 극치를 보여 준다.『圜悟心要』권하「示祖禪人」(卍120, 763a16), "이 무심을 보임해야 하니 결국은 부처도 남겨 두지 않거늘 무엇을 중생이라 부르겠는가? 또한 보리도 내세우지 않거늘 무엇을 번뇌라 부르겠는가? 훌훌 털고 영원히 벗어나 시절에 적절하게 복을 누리니 밥때가 되면 밥을 먹고 차 마실 때가 되면 차를 마실 뿐이다. 설령 시끌시끌한 곳에 있더라도 고요한 산림처럼 여기며 결코 두 가지로 갈라지는 견해를 지니지 않는다.(保任此無心, 究竟, 佛亦不存, 喚甚作衆生? 菩提亦不立, 喚甚作煩惱? 翛然永脫, 應時納祐, 遇飯喫飯, 遇茶喫茶. 縱處闤闠如山林, 初無二種見.)"

5 전거 미상. 후대에 백암 성총栢庵性聰이 이 문장을 그대로 가져다 몸 보호하는 부적 곧 '호신부지護身符子'에 대한 주식으로 끌어들였다.『緇門警訓註』「鐘山鐵牛印禪師示童行法晦」(韓8, 648c5) 참조.『圜悟語錄』권3(大47, 725c24), "대체로 종지를 떠받치고 가르침의 방편을 세우려면 반드시 정수리에 진리의 눈을 갖추고 팔꿈치 아래 부적을 지니고 있어야 한다. 저 두 노숙의 기틀을 살펴보면 종횡으로 걸림 없이 죽이기도 하고 살리기도 하며, 나타났다 사라지고 거두었다 펼쳤으니 얼마나 뛰어난 솜씨인가? 그러나 자세히 점검해 보면 여전히 가지 위에 쓸데없이 가지를 더 돋게 만들려는 허튼짓이었다.(大凡扶宗立教, 須是頂門上具眼, 肘臂下有符. 看他二老宿, 縱橫殺活, 出沒卷舒, 甚生奇特? 子細點檢將來, 猶是節外生枝.)"

6 고도靠倒는 기대려다가(靠) 그 버팀목이 쓰러져 함께 넘어진다(倒)는 말이다. 국사가 노파심으로 친절히 일러 주려다가 오히려 그 노파심 때문에 실패하고 말았다는 뜻이다.

[極則] 耽源辭國師者, 如文殊辭佛南行. 自己事充足然後, 隨處住方, 開
箇化門, 接待方來故, 問畢竟極則事也. 幸自可憐生云云者, 極則事, 亦不
存也. 護身符子者, 魏武帝, 藏螢火丸, 於肘臂之間, 流矢不入百步之內. 五
祖云云, 方知國師老婆心切耶? 非也. 老婆心切處靠倒也.

해인 초신海印超信**의 송** 海印信頌

자신의 심령 소중타 하지 않아도 옳지 않거늘	不重己靈猶未可
몸 보호하는 부적이 하물며 무슨 가치 있으랴	護身符子更那堪
그대에게 의미 벗어나 소식을 전해 줄 것이니[7]	爲君旨外通消息
구름 한 점 없이 밝은 가을 달 맑은 못에 잠겼네	秋月無雲落碧潭

〔설화〕

○ 제1구와 제2구 : 몸 보호하는 부적은 자신의 심령을 소중히 여긴다는
뜻이다. 자신의 심령을 소중하게 여기지 않더라도 오히려 옳지 않거늘
하물며 자신의 심령을 중시하여 몸 보호하는 부적을 필요로 하는 것이
야 어떻겠는가? 그러므로 "어떤 성인도 흠모하지 않고 자신의 심령도
소중히 여기지 않는다."[8]

---

7 지외旨外는 규정된 의미를 벗어난다는 뜻. 여기서는 극칙사가 그것이며 이것이 확고한
격格이기도 하므로 격외格外의 수단을 펼치도록 유도한다. 결국 어떤 의미의 격에도 얽
매이지 않고 본분의 소식을 전해 주겠다는 말이다. 마지막 구절에 그 소식을 담았다. 낙
포洛浦의 다음 말에 규정된 의미와 언어의 틀을 부정하고서 종지를 밝히라는 뜻이 나타
난다. 『人天眼目』 권중(大48, 310a12), "규정된 의미를 벗어나 종지를 밝혀야 하니, 언어
의 틀 안에서 법도를 취하려 들지 마라. 그런 까닭에 '돌사람의 심기는 그대와 비슷하니
그도 속된 유행가(巴歌)를 부를 줄 알고, 그대는 돌사람을 닮았으니 고상한 설곡雪曲으
로 화답할 줄도 안다.'라고 한다.(須於旨外明宗, 莫向言中取則. 所以道, '石人機似汝, 也
解唱巴歌 ; 汝若似石人, 雪曲也應和.')"
8 석두 희천石頭希遷의 말. 『景德傳燈錄』 권5 「淸源行思傳」(大51, 240b2), "희천이 회양懷
讓의 처소에 이르러 전할 편지를 바치기 전에 물었다. '어떤 성인도 사모하지 않고 자신
의 심령도 소중히 여기지 않는 경지는 어떤 것입니까?' '그대의 질문은 지나치게 고상하

◦ 그대에게 의미 벗어난 소식을 전해 줄 것이니 : '지신의 심령 소중타 하지 않아도 옳지 않거늘 몸 보호하는 부적이 하물며 무슨 가치 있으랴?' 라는 말이 '의미(旨)'이다.
◦ 구름 한 점 없이 밝은 가을 달 맑은 못에 잠겼네 : 물결마다 단번에 나타나는 그것은 '활용(用)'이다.⁹

海印 : 上二句, 護身符子, 是重己靈也. 不重己靈, 尙有不可, 況重己靈要護身符子乎? 然則不慕諸聖, 不重己靈也. 爲君旨外云云者, 不重己靈猶未可云云, 是旨也. 秋月云云者, 波波頓現, 卽用也.

지비자의 송 知非子頌

활발한 수단¹⁰ 지니고 험한 길 무릅쓰니	隨身竿木冒崎嶇
당당한 대장부 기상 매우 훌륭하구나	好箇堂堂大丈夫
극칙사의 깊은 기틀로 질문 펼쳤지만	極則玄機伸一問
굳이 호신부 찾는 꼴 매우 불쌍하도다	可憐須要護身符

구나. 좀 더 쉬운 질문을 하는 것이 어떠냐?' '차라리 영원히 고해에 빠져 있을지언정 어떤 성인의 해탈도 흠모하지 않겠습니다.' 회양이 더 이상 말하지 않았다.(遷至彼未呈書, 使問, '不慕諸聖, 不重己靈時, 如何?' 讓曰, '子問太高生, 何不向下問?' 遷曰, '寧可永劫沈淪, 不慕諸聖解脫.' 讓便休.)" 본서 149칙 본칙 참조.

9 마치 달이 말과 의미에 걸리지 않고 어떤 물에나 잠겨 단번에 나타나는 것과 같은 활발한 작용을 가리킨다.

10 활발한 수단(竿木) : 간목竿木은 꼭두각시 인형을 조정하는 막대기. 꼭두각시 몸 곳곳에 매달린 실과 연결된 막대기이다. 걸을 때 사용하는 지팡이나 혹은 주장자를 가리키기도 하며, 상대를 마음껏 다루는 수단으로서 활발한 기략을 의미하기도 한다. 『從容錄』 10則 「示衆」(大48, 233a29), "당기기도 하고 놓기도 하는 간목을 몸에 지니고, 죽이기도 하고 살리기도 하는 저울을 손에 쥐고 있다.(有收有放, 竿木隨身, 能殺能活, 權衡在手.)"

> 설화

○ 활발한 수단 지니고 : "간목을 몸에 지니고 있다가 무대를 만나면 마음껏 놀아 보리라."라고 한 등은봉鄧隱峯의 말을 활용하였다.[11]
○ 험한 길 무릅쓰니 : 석두石頭로 가는 길은 미끄럽기 때문에[12] '험한 길'이라 한다.
○ 당당한 대장부 기상~불쌍하도다 : 만나는 일에 아주 능하니 대장부이다. 하지만 굳이 몸 보호하는 부적을 찾으니 매우 불쌍한 꼴이다.

知非子:隨身竿木者, 竿木隨身, 逢場作戲, 用鄧隱峯語也. 冒崎嶇者, 石頭路滑, 故崎嶇也. 好箇云云者, 善能相見, 則丈夫也. 要他護身符子, 是可憐生也.

---

[11] 마조馬祖와 등은봉 사이의 인연. 본칙과 같이 스승을 떠나며 나눈 대화 장면이 비슷하다. 『景德傳燈錄』 권6 「馬祖道一傳」(大51, 246b8), "등은봉이 마조에게 작별 인사를 하자 마조가 물었다. '어디로 가는가?' '석두石頭에 갑니다.' '석두로 가는 길은 미끄럽다.' 이에 등은봉은 '간목을 몸에 지니고 있다가 무대를 만나면 마음껏 놀아 보겠습니다.'라고 한 뒤 떠났다.(鄧隱峯, 辭師, 師云, '什麼處去?' 對云, '石頭去.' 師云, '石頭路滑.' 對云, '竿木隨身, 逢場作戲.' 便去.)" 간목봉장竿木逢場은 처한 상황에 따라 시의적절하게 대응하는 것을 뜻한다.
[12] 석두로활石頭路滑 : 석두 희천石頭希遷을 만나러 가는 등은봉에게 마조 도일이 석두의 선기禪機가 유연하게 좌우로 회전하는 선법이라는 뜻으로 암시해 준 말. 『伽山佛敎大辭林』 '석두로활' 항목 참조.

136칙 혜충성남 慧忠城南

[본칙] 혜충 국사가 자린紫璘 공봉供奉[1]에게 물었다. "어디서 오는가?" "성 남쪽에서 옵니다." "성 남쪽의 풀은 어떤 색으로 자랐던가?" "누런색입니다." 국사가 이번에는 동자에게 물었다. "성 남쪽의 풀은 어떤 색으로 자랐던가?" "누런색입니다." "바로 이 동자도 임금의 주렴 앞에서 자의紫衣[2]를 하사받고, 임금에게 깊은 도를 말해 줄 자격이 있다."

忠國師, 問紫璘供奉, "甚處來?" 云, "城南來." 師云, "城南草作何色?" 云, "作黃色." 師乃問童子, "城南草作何色?" 子云, "作黃色." 師云, "秖這童子, 亦可簾前賜紫, 對御談玄."

[설화]

- 성 남쪽의 풀은 어떤 색으로 자랐던가 : 풀의 색에 대하여 물은 것이 아니며, 물은 뜻은 틀림없이 따로 있다.
- 누런색입니다 : 사실 그대로 대답한 것이다.
- 이번에는 동자에게 물었다~임금에게 깊은 도를 말해 줄 자격이 있다 : 좌주를 속인 것이다. 만일 누런색이 아니라고 말했다면 국사가 물은 뜻을 이해한 것일까? 그래도 국사에게 속지 않을 수 없다. 옛사람은 '색을 색이 아니라고 이해하고, 색이 아닌 것을 색이라고 이해하다.'[3]라고

---

1 자린紫璘 공봉供奉 : 당나라 숙종 때 내전공봉승內殿供奉僧. 자린子璘으로 실린 문헌도 있다.
2 자의紫衣 : 본서 133칙 주 2 참조.
3 법안 문익法眼文益의 말을 활용한 구절. 『禪林僧寶傳』 권5 「法眼文益傳」(卍137, 461a3) 참조. 『淸涼文益語錄』(大47, 589b20), "조금 전에 상좌에게 '시절인연에 맞게 하면 될 뿐.'이라고 말하였다. 만약 잠시라도 시기를 잃는다면 세월을 헛되이 보내며 색이 아닌 것에서 색이라는 이해를 일으키는 것이 된다. 상좌야, 색이 아닌 것에서 색이라는 이해

말하였다. 양단에 모두 어두운 무지는 마치 중풍에 걸린 몸으로 한쪽으로 기울어져 걷는 꼴과 같다.[4] 이전의 성인들은 연민을 일으켜 '조금도 동요하지 마라.'라고 하였다. 어떤 부류의 사람들은 이 말을 받아들여 진실이라 여기지만 어떤 말이 이 사람들의 질병을 제거해 주었는지는 알지 못한다. 옛사람이 호의에서 해 준 말을 거듭 떠올리느니, 입을 닫고 남은 봄을 보내느니만 못하다.[5]

[城南] 城南草作何色者, 非問草色, 其意有在也. 作黃色者, 據實支對也. 又問童子云云者, 謾座主也. 若道不作黃色, 便會他問意耶? 亦不免國師謾. 古人云, '色作非色解. 非色作色解.' 迷昧於兩頭, 猶如中風走. 先聖爲興哀, 謂言摠不動. 或有一般漢, 繼此以爲實, 不知何等語, 爲除斯人疾. 翻憶古人好言語, 不如緘口過殘春.

를 일으키는 것이 바로 잠시일지라도 시기를 잃어버리는 것이다. 말해 보라. 색을 색이 아니라고 이해한다면 타당한가, 타당하지 않은가? 상좌야, 이렇게 이해한다면 핵심에서 동떨어지고 마니, 그야말로 정신없이 양단으로 내달리는 꼴이어서 무슨 소용이 있겠느냐. 상좌야, 다만 본분을 지키면서 시절에 맞게 보내야 하리라. 진중.(適來向上座道, 但隨時及節便得. 若也移時失候, 卽是虛度光陰. 於非色中作色解. 上座, 於非色中作色解, 卽是移時失候. 且道. 色作非色解, 還當不當? 上座, 若恁麽會, 便是沒交涉, 正是癡狂兩頭走, 有甚麽用處. 上座, 但守分隨時過好. 珍重.)

4 색色과 비색非色 중 어느 편으로 기울어지는 이해를 반신불수의 중풍에 걸려 한편으로 기울어지는 걸음걸이에 비유하였다. 두보杜甫〈上水遣懷〉, "곤궁에 몰려 이전의 포부 꺾으니, 항상 중풍에 걸린 몸으로 걷는 듯하다.(窮迫挫羈懷, 常如中風走.)"

5 옛사람의 말을 끌어들여 아무리 애타게 말해 주어도 소용이 없다는 뜻. 본서 1칙 '취암 문열의 상당' 주석 참조. 앞의 구절은 선월 관휴禪月貫休의〈山居詩〉24수 가운데 15수 제7구에 나오는 구절을 변용하였고, 뒤의 구절은 두순학杜荀鶴의 시〈聞子規〉결구에 해당한다.『禪門諸祖師偈頌』권하(卍116, 949b13), "남전이 호의에서 해 준 말을 항상 기억하노라니, 이 사람처럼 드러내지 않고 때를 기다리는 사람은 드물다.[남전의 말 가운데, '도를 배우는 사람 중에 치둔한 자를 얻기 어렵다.'라는 말이 있다.](長憶南泉好言語, 如斯癡鈍者還稀.【南泉有語云, '學道之人, 癡鈍者難得.'】)" 치둔癡鈍은 여기서 어리석다는 뜻이라기보다 '재능을 감추고 드러내지 않다', '때를 기다리다'라는 뜻으로 쓰였다.

대위 모철大潙慕喆의 평

"국사는 그렇게 물었고 공봉과 동자는 그렇게 대답하였다. 말해 보라! 이익과 손해의 갈림이 있는가?[6] 만일 가려낸다면 그 사람은 국사의 뜻을 어김없이 알았다고 인정해 주겠지만, 만일 이해하지 못했더라도 성 남쪽의 풀은 예전 그대로 누런색으로 자라리라."

大潙喆云, "國師伊麼問, 供奉與童子伊麼答. 且道! 還有利害麼? 若也辨得, 許你親見國師 ; 若也未會, 城南草依前作黃色."

> 설화

○ 이익과 손해의 갈림이 있는가 : 이익이 있다면 국사와 공봉에게 모두 이로울 것이고, 손해가 있다면 국사와 공봉에게 모두 손해가 될 것이다.[7]
○ 만일 가려낸다면 그 사람은 국사의 뜻을 어김없이 알았다고 인정해 주겠지만 : 만일 가려낸다면 국사의 귀착점을 어김없이 알 수 있을 것이다.
○ 만일 이해하지 못했더라도 성 남쪽의 풀은 예전 그대로 누런색으로 자

---

6 문답에서 진실에 들어맞는 사람(이익)과 진실에서 벗어난 사람(손해)이 있느냐는 말. 이익과 손해의 갈림을 정해 놓으면 이 문답의 진실과 멀어진다.
7 누구나 가릴 것도 없이 이익이 되거나 손해가 되는 평등한 상황. 득·실과 승·부를 나누지 못하는 화두의 속성이 나타난다. 양편에 득실得失이 있는 듯이 갈라놓았을 뿐 국사의 의중에는 득실이 처음부터 없었다. 『永覺廣錄』 권6(卍125, 466b5), "이것은 마치 허공에서 부질없이 번갯불이 일어나는 현상과 같다. 번갯불이 그치면 허공의 바탕은 고요하여 비로소 이전에 잃은 것도 없고 지금 얻은 것도 없다는 사실을 알게 된다. 다만 일어났다거나 사라졌다거나 하는 망령된 견해로 인하여 득과 실이 있는 듯이 여길 뿐이다. 그런 까닭에 3조의 『신심명』에서 '진실을 구할 필요 없으니, 오직 견해를 그쳐야만 하리라.'라고 한다.(此如太空之中, 妄生閃電. 電光旣息, 則空體湛然, 始知前非有失, 今非有得. 特因妄見起滅, 似有得失. 所以三祖信心銘云, '不用求眞, 惟須息見.')"

라리라 : 설령 성 남쪽의 풀이 자라지 않았더라도 누런색은 예전 그대로 누런색이라는 뜻이다.

大潙 : 還有利害麼者, 有利則國師與供奉俱利也, 有害則國師與供奉俱害也. 辨得云云者, 若也辨得, 親見國師落處也. 若也未會云云者, 縱然城南草不作, 黃色依舊是黃色也.

137칙 혜충일념慧忠一念

본칙 혜충 국사에게 어떤 학인이 물었다. "일념의 지혜가 근원적 도리와 일치한다(一念相應)[1]는 뜻은 무엇입니까?" "헤아림과 지혜를 모두 잊으면 도와 일치한다." "헤아림과 지혜를 모두 잊으면 무엇으로 부처의 경지를 봅니까?" "잊으면 아무것도 없고, 없는 그 상태가 바로 부처이다." "없는 것이야 없다고 하지만 어떻게 그것을 부처라 하겠습니까?" "없음도 공空이고 부처도 공이다. 그러므로 '없는 그 상태가 바로 부처이고, 부처는 곧 없음이다.'라고 한다."

忠國師, 因僧問, "如何是一念相應?" 師曰, "憶智俱忘, 卽是相應." 僧曰, "憶智俱忘, 誰見諸佛?" 師曰, "忘卽無, 無卽佛." 僧曰, "無卽言無, 何得喚作佛?" 師曰, "無亦空, 佛亦空. 故曰, '無卽佛, 佛卽無.'"

설화

● 일념의 지혜가 근원적 도리와 일치한다 : 일념의 지혜가 근원적 도리

---

1 일념상응一念相應 : 교학의 맥락에서는 '번뇌가 끊어지는 바로 그 순간'을 가리키는 무간도無間道를 말하기도 한다. 『華嚴經隨疏演義鈔』 권72(大36, 574c8), "한 찰나에 일치한다는 말은 시각始覺과 본각本覺이 일치한다는 뜻이다. 『대승기신론』에 '보살지菩薩地가 남김없이 실현되고 방편을 완벽하게 갖추고 일념의 지혜가 도리와 일치하여 어떤 마음이라도 일어나는 그 순간 알아차려서 마음에 처음 일어났던 상相조차 없으면, 미세한 망념을 멀리 떠나기 때문에 마음의 본성을 보아서 마음이 상주하는 그 경지를 구경각究竟覺이라 한다.'라고 한다. 이것이 바로 시각과 본각이 둘로 갈라지는 차별이 없다는 의미이다.(言一念相應者, 卽始覺與本覺相應故. 彼論云, '如菩薩地盡, 滿足方便, 一念相應故, 覺心初起, 心無初相, 以遠離微細念故, 得見心性心卽常住, 名究竟覺.' 正是始本無二相也.)"; 『仁王經疏神寶記』 권2(大33, 291a24), "지혜에 의지하여 일념에 일치하고 공空의 도리와 빈틈없이 하나가 되어 번뇌를 끊음에는 앞과 뒤라는 순서상의 차이가 있으니, 근본번뇌(正使)가 먼저 남김없이 끊어진 다음 깨달음의 결과에 이르러 남은 번뇌의 습기까지 사라질 것이다.(今以智則, 一念相應, 與空無間, 而斷有前後, 則正使先已斷盡, 至果但盡餘殘習氣而已.)"

와 일치하면 일념의 부처이다.[2]
- 헤아림과 지혜를 모두 잊으면 도와 일치한다 : 헤아림은 범부의 분별이고, 지혜는 성인의 생각이다. 범부의 분별과 성인의 생각을 모두 잊으면 도와 일치할 것이다.
- 없음도 공空이고 부처도 공이다~부처는 곧 없음이다 : 또한 반드시 잊고서 이러한 경지에 도달하여 종횡으로 걸림 없이 하나의 기틀을 원활하게 움직이고 두 번째 찰나에 머물지 않는 바로 그 안에서 우리의 종문宗門에 문득 들어서게 된다.

[一念] 一念相應者, 一念相應, 一念佛也. 憶智俱忘云云者, 憶卽凡情, 智卽聖念. 凡情聖念俱忘, 則與他相應也. 無亦空佛亦空云云者, 亦須忘却, 到伊麽時, 縱橫十字, 圓轉一機, 不留止第二念, 就中撞入我宗門.

심문 담분心聞曇賁**의 송** 心聞賁頌

장대 꼭대기와 벼랑 끝에서 뿌리쳐 다 버리고	竿頭崖頭撒手去
낭주와 예주에서 돌아갈 길 찾네[3]	朗[1)]州澧州尋路歸

---

2 이통현李通玄의 말. 『新華嚴經論』 권2(大36, 733a12), "일념의 지혜가 근원적 도리와 일치하면 일념(한 찰나)의 부처요, 하루 일치하면 하루 부처가 되거늘, 어찌 괴로움과 죽음을 무릅쓰고 삼아승기겁(소승이 발심하여 깨닫는 시간) 동안 수행할 필요가 있겠는가? 다만 삼계의 업 자체가 업의 굴레를 텅 비울 수 있다는 이치를 깨닫고 마음 가는 대로 중생을 받아들여 교화한다면 그것이 바로 부처인 것이다.(一念相應, 一念佛 ; 一日相應, 一日佛, 何須苦死要三僧祇? 但自了三界業, 能空業處, 任運接生, 卽是佛也.)" ; 『大乘起信論裂網疏』 권3(大44, 437c26), "모든 망념에 상相이 없다고 관찰하여, 일념에 근원적 도리와 일치하면 일념의 부처요, 일념마다 일치하면 일념마다 모두 부처일 것이다. 이를 가리켜 게으르지 않다고 하고 깨달았다고 한다.(若觀一切妄念無相, 則一念相應, 一念佛 ; 念念相應, 念念佛, 卽名爲不放逸, 卽名爲覺.)"

3 장대 꼭대기와~길 찾네 : 백척간두에 머물지 않고 손을 뿌리쳐 아래로 몸을 던지는 경계를 나타낸다. 낭주朗州는 호남성 상덕현常德縣, 예주澧州는 호남성 예현澧縣에 있다. 두 곳 모두 동정호 가까이에 있으며 경관이 빼어난 것으로 알려져 있다. 특히 '낭주는 산으로 유명하고 예주는 물로 유명하다.'라는 장사 경잠長沙景岑의 말이 화두로 널리 알려

자잘한 것조차 다 벗어 온전한 기틀 드러내니 　　　廉纖脫盡全機路[2)]
팔각형 돌절구[4] 허공을 날아가는 듯[5] 　　　　　　八角磨[3)]盤空裏飛

져 있다. 산이나 물과 같은 차별된 현상과 맞닥뜨리며 본분을 실현한다는 의미를 나타낸다. 본서 488칙 본칙 설화에서 낭주의 산과 예주의 물은 차별된 만법을 가리킨다고 한 말이 그것이다. 『五燈會元』 권4 「長沙景岑章」(卍138, 134b4), "경잠景岑이 게송 한 수를 읊었다. '백척간두에서 움직이지 않는 사람, 비록 깨달았지만 완전한 경지 아니라네. 백척간두에서 한 걸음 내디뎌야, 시방세계가 온통 자기 자신이리라.' 이를 듣고 어떤 학인이 물었다. '백척간두에서 어떻게 한 발 나아갑니까?' '낭주는 산이 좋고, 예주는 물이 좋다.' '저는 모르겠습니다.' '사해四海와 오호五湖 전체가 왕의 통치 안에 있다.'(師示偈曰, '百尺竿頭不動人, 雖然得入未爲眞. 百尺竿頭須進步, 十方世界是全身.' 僧便問, '祇如百尺竿頭, 如何進步?' 師曰, '朗州山, 澧州水.' 曰, '不會.' 師曰, '四海五湖皇化裏.')"

4 팔각형 돌절구 : 팔각마반八角磨盤은 고대 인도 신화에 나오는 무기의 일종이라고도 한다. 모든 것을 깨뜨려 부수는 파괴력 또는 용기 등을 비유한다. 빙글빙글 돌며 일체를 산산이 무너뜨리는 그 작용이 공空과 같다.

5 걸리는 장애가 조금도 없는 양상을 돌절구가 원활하게 돌아가는 것에 비유하였다. 『嘉泰普燈錄』 권23 「文公楊億居士」(卍137, 314a11), "밤에 대화를 나누던 중에 광혜 원련廣慧元璉이 물었다. '비감祕監은 이전에 누구와 문답을 나누었소?' '제가 이전에 운암량雲巖諒 감사監寺에게 「두 마리 호랑이가 서로 물어뜯고 있을 때는 어떠합니까?」라고 물었더니 그가 「한 덩이입니다.」라고 하기에 저는 「나는 그저 지켜만 보겠소이다.」라고 하였는데 이렇게 답한 말이 제대로 응한 것인지요?' '나는 그렇게 말하지 않았을 것이다.' '화상께서 별도로 한마디 결정적인 말씀을 해 주십시오.' 원련은 손으로 코를 잡아끄는 태세를 취하며 말하였다. '이놈의 축생이 여전히 버둥대는구나.' 양억楊億이 이 말을 듣자마자 묵은 의문을 시원하게 벗어 던지고는 게를 지었다. '뾰족한 여덟 돌기 난 맷돌 허공을 날고, 금털 사자가 개로 모습 바꾸네. 북두성 속에 몸을 숨기려 한다면, 응당 남극성 뒤에서 합장해야 하리라.'(夜語次, 璉, '祕監曾與甚人道話來?' 公曰, '某曾問雲巖諒監寺,「兩箇大蟲相咬時如何?」諒曰,「一合相.」某曰,「我只管看.」 未審恁麼道, 還得麼?' 璉曰, '這裏卽不然.' 公曰, '請和尙別一轉語.' 璉以手作拽鼻勢曰, '這畜生, 更跨跳在.' 公於言下脫然無疑. 有偈曰, '八角磨盤空裏走, 金毛師子變作狗. 擬欲將身北斗藏, 應須合掌南辰後.')"; 『大愚芝語錄』 古尊宿語錄 25(卍118, 481b14), "소참 때 대중에게 말하였다. '승중에 기인奇人이 있지만 속사 가운데도 기인이 있다. 성조의 양억楊億 시랑이 지은 다음 송을 보라. 「뾰족한 여덟 돌기 난 맷돌 허공을 날고, 금털 사자가 개로 모습 바꾸네. 북두성 속에 몸을 숨기려 한다면, 응당 남극성 뒤에서 합장해야 하리라.」라고 하였다. 알겠는가? 이 한 수의 게가 제방에 퍼지면 납승들의 입을 틀어막게 될 것이다.' 법좌에서 내려왔다.(小參, 示衆云, '僧中有奇人, 俗士中亦有奇人. 聖朝楊億侍郎, 有頌云,「八角磨盤空裏走, 金毛師子變作狗. 擬欲藏身北斗中, 應須合掌南辰後.」' 師云, '要會麼? 一偈播諸方, 塞斷衲僧口.' 下座.)"; 『方山文寶語錄』(卍122, 458b6), "'반야의 체體란 어떤 것입니까?' '뾰족한 여덟 돌기 난 맷돌이다.' '반야의 용用이란 어떤 것입니까?' '뾰족한 여

1) ㉮ '朗'이 갑본에는 '郞'으로 되어 있다.   2) ㉯ '路'는 '露'와 통한다.   3) ㉮ '磨'가 갑본에는 '麽'로 되어 있다.

설화

○ 헤아림과 지혜를 모두 잊으면 아무것도 없고, 없는 그 상태가 부처이다. 이 경계가 바로 장대 꼭대기요 벼랑 끝이다.
○ '없음도 공空이고 부처도 공이다.'라고 운운한 말은 손을 뿌리치고 모조리 내려놓으면 예주와 낭주의 산수와 마주한다는 뜻이다. 그러므로 자잘한 것조차 다 벗어 버리고 어느 한구석에도 막히지 않기에 팔각형 돌절구가 걸림 없이 도는 것과 같다.

心聞 : 憶智俱忘則無, 無卽佛, 是竿頭崖頭也. 無亦空佛亦空云云, 是撒手放下, 澧朗山水也. 然則, 脫盡廉纖, 不滯一隅, 如八角磨盤也.

덟 돌기 난 맷돌이 허공을 난다.'(僧問, '如何是般若體?' 師曰, '八角磨盤.' 曰, '如何是般若用?' 師曰, '八角磨盤空裡走.')"

138칙 혜충종서 慧忠從西

본칙 서당 지장西堂地藏이 마조가 보낸 편지를 지니고 오자 혜충 국사가 물었다. "그대의 스승은 어떤 법을 말하는가?" 지장이 서쪽에서 동쪽으로 자리를 옮기고 서 있었다. 국사가 "이것뿐인가? 달리 또 무엇이 있느냐?"라고 묻자 지장이 이번에는 서쪽으로 자리를 옮겨 서 있었다. 국사가 물었다. "이것은 마조의 법이다. 그대의 법은 무엇인가?" "조금 전에 화상께 보여 드렸던 바로 그것입니다."

忠國師, 因西堂地藏, 與馬祖馳書至, 師問, "汝師說什麼法?" 藏從西過東立. 師云, "祇這箇? 別更有?" 藏却過西立. 師云, "這箇是馬師底, 仁者底作麼生?" 藏云, "早箇呈似和尙了也."

설화[1]

- 서쪽에서 동쪽으로 자리를 옮기고 서 있었다 : 마음이 부처임을 나타낸다.
- 이번에는 동쪽에서 서쪽으로 자리를 옮겨 서 있었다 : 마음도 아니고 부처도 아님을 나타낸다.
- 그대의 법은 무엇인가 : '마음이 부처'라는 말이나 '마음도 아니고 부처도 아니다'라는 말이나 그 어느 편에도 물들지 않은 경계를 제시하라고 따지며 물었다.
- 조금 전에 화상께 보여 드렸던 바로 그것입니다 : '마음이 부처'라는 말과 '마음도 아니고 부처도 아니다'라는 말을 벗어나 달리 자신의 법은

---

1 마조가 제시한 두 마디의 주제로 서당의 언행을 분석하여 해설했다. 마음이 부처이다(卽心卽佛), 마음도 아니고 부처도 아니다(非心非佛) 등을 말한다. 본서 159칙 참조.

없다는 뜻이다.

[從西] 從西過東立者, 卽心卽佛. 却從東過西立者, 非心非佛也. 仁者地作麽生者, 卽心卽佛, 非心非佛, 不干處, 推徵也. 早箇呈似云云者, 卽心卽佛, 非心非佛外, 別無仁者地也.

보복 종전保福從展**의 평**
"서당은 마조 대사의 본의를 적지 않게 매몰시켰다."[2]

保福展云, "西堂, 埋沒大師不少."

[설화]

○ 서쪽에서 동쪽으로 자리를 옮긴 동작이나 동쪽에서 서쪽으로 자리를 옮긴 동작은 모두 마조 대사의 법이며, 이것이 매몰의 뜻이다. 이것을 제외하고 달리 무엇을 말한 것이겠는가?[3]

保福 : 從西過東, 從東過西, 爲馬師地, 是埋沒也. 除此外, 別道箇什麽?

---

2 마조의 말이 서당의 동작 속에 묻혀서 그 정체가 흐려졌다는 뜻이다. 이는 서당이 마조의 본의를 왜곡했다는 평가가 아니라 새로운 형식으로 드러냈다는 역설적 표현이다. 설화의 해설과 같다.
3 서당이 그렇게 전한 마조의 뜻이 잘 전달되지 않았다는 관점에서 내린 평가도 있다. 『宗門拈古彙集』 권6(卍115, 587b2), "백암부白巖符가 말하였다. '지장의 대응에는 근거가 있었고 그가 보인 움직임은 볼만하였으니 참으로 마조 대사의 편지를 전달하는 소임(專使)으로서 부끄럽지 않았다. 그러나 형산에서 캐낸 옥간도 약간의 흠이 없지는 않을 것이니, 당시에 「이것은 마조의 법이다. 그대의 법은 무엇인가?」라는 소리를 듣고 곧바로 절을 올리고 「내일 다시 초왕에게 바쳐 보겠습니다.」라고 대답하고 떠났으면 좋았으리라. 그렇게 했더라면 어찌 더욱 순박하지 않았겠는가.'(白巖符云, '藏公酬對有據, 施設可觀, 眞不愧爲馬師專使. 雖然, 荊山渾璞, 不無小玼, 當時待道, 「是馬師底, 仁者底作麽生?」便好作禮云, 「明朝更獻楚王看.」便出. 豈不尤爲淳萃.')"

139칙 혜충필경 慧忠畢竟

본칙 혜충 국사에게 백법百法 좌주[1]가 "선종의 궁극적 경지는 무엇을 진실로 삼습니까?"[2]라고 묻자 국사가 말없이 있었다. 좌주가 다시 물었다. "선종의 궁극적 경지는 무엇을 진실로 삼습니까?" "대덕께서는 경론을 강설할 줄 알 뿐만 아니라 불법에 대한 안목도 아울러 지니고 계시는군요." 좌주가 절을 올리고 떠나자 국사가 "대덕이시여!" 하고 불렀다. 좌주가 고개를 돌렸을 때 국사가 말하였다. "저울의 첫 눈금처럼 확고한 기준으로 착각하지 마십시오."[3]

忠國師, 因百法座主問, "禪宗畢竟, 將何爲眞實?" 師良久. 主復云, "禪宗畢竟, 將何爲眞實?" 師云, "大德不唯會講經論, 兼有佛法眼目." 主禮拜出去, 師召云, "大德!" 主迴首, 師云, "莫錯認定盤星."

설화

- 선종의 궁극적 경지는 무엇을 진실로 삼습니까 : 선종의 궁극적 목적을 이해하고자 한다는 뜻이다.
- 말없이 있었다 : 세존께서 말없이 계셨던 상황[4]과 얼마나 차이가 있는가?

---

1 백법百法 좌주 : 백법은 유식종唯識宗에서 법을 백 종류로 분류한 오위백법五位百法의 줄임말. 이로써 유식을 강설하는 좌주임을 알 수 있다.
2 '좌주'는 경론을 강설하는 교종敎宗 소속이므로 선종의 진실에 대하여 질문을 던졌다.
3 저울에 올려진 물건에 따라 눈금은 천차만별로 달라진다. 따라서 아무것도 올려놓지 않아서 기준점인 첫 눈금(0)을 가리키고 있는 상태로 분별하지 말라는 뜻이다. 여기서는 선종의 궁극적 진실 또는 국사의 침묵 따위가 모두 확정된 기준으로서의 첫 눈금이다. 그것들이 실제로 있는 듯이 실물로 헤아리지 말라는 뜻이다. '대홍 보은의 염'에 나타난다. 본서 2칙 '석창 법공의 송' 주석, 14칙 본칙 설화 주석 참조.
4 세존께서 말없이 계셨던 상황 : 본서 16칙 본칙 참조.

- 좌주가 다시 '선종의 궁극적 경지'에 대하여 던진 질문 : 알아차릴 기회를 지나쳤다.
- 대덕께서는 경론을 강설할 줄 알 뿐만 아니라 불법에 대한 안목도 아울러 지니고 계시는군요 : 소 머리를 억지로 눌러 여물을 먹이는 듯이 친절한 말이다. 좌주를 시험하는 말인 듯하지만 사실은 한마디 한마디 말마다 진심이 들어 있다. 왜 그런가? 좌주가 다시 '선종의 궁극적 경지는 무엇을 진실로 삼습니까?'라고 물은 어감이 국사를 질책하는 듯하였으니, 국사가 말없이 있는 침묵을 선종의 궁극적 경지로 삼았기 때문이다. 하지만 이것이야말로 '비록 죽은 뱀일지라도 마음껏 다룰 줄만 안다면 다시 살아난다.'[5]는 그 수단을 보여 준 것이다.
- 좌주가 절을 올렸다 : 점점 더 지나쳐 버렸다.
- 국사가 "대덕이시여!" 하고 불렀다~저울의 첫 눈금처럼 확고한 기준으로 착각하지 마십시오 : 좌주가 잘못 이해했을까 염려하였기 때문이니, 말없이 있었던 양구가 선종의 궁극적 경지라 착각한 것이다. 국사가 만일 이 말을 하지 않았다면 그 좌주를 영영 잘못 인도할 뻔하였다.

---

5 좌주가 국사의 침묵이 아무런 활력도 없다고 여긴 착각을 꼬집어 내었다. 앞에서 '세존께서 말없이 계셨던 상황과 얼마나 차이가 있는가?'라고 제기한 이유도 여기에 있다. 좌주는 세존의 양구良久를 똑같이 따라 했을 뿐이라고 여겼던 것이다. 하지만 국사의 양구는 그와 달랐다는 것이 설화의 평석이다. 선사들이 흔히 쓰는 양구의 수단을 좌주는 부정하고 재차 따져 물었던 것이며 혜충은 그 반문을 인정한다는 듯이 답해 주었지만 처음 말없이 보여 준 양구가 좌주의 질문에 대한 진실한 답변이었다. 이렇듯 비록 사구死句라 하더라도 그것을 수용하기에 따라 활구活句로 변한다. 『拈八方珠玉集』 권하(卍119, 290a7), "불과 극근佛果克勤의 염 : 문文으로 나오면 문으로 대적하고, 무武로 다가오면 무로 대적한다. 그러나 그대가 이렇게 하면 나는 도리어 이렇게 하지 않고, 그대가 이렇게 하지 않으면 나는 도리어 이렇게 한다. 갖가지로 변화하고 무수하게 바꾸며 권權과 실實을 거두기도 하고 펼치기도 한다. 비록 죽은 뱀일지라도 마음껏 다룰 줄 알면 살아나는 법이다. 모두 알겠는가? 반드시 이 경지에 들어온 사람이라야 한다.(佛果拈云,'文來文對, 武來武對. 你恁麽, 我却不恁麽 ; 你不恁麽, 我却恁麽. 千變萬化, 權實卷舒. 雖是死蛇, 解弄也活. 還委悉麽? 須是个中人.)"

[畢竟] 禪宗畢竟, 將何爲眞實者, 禪宗畢竟事要會也. 良久者, 與世尊良久, 相去多少? 主復云, 禪宗畢竟云云者, 蹉過也. 大德不唯云云者, 按牛頭喫草語. 似驗他, 其實赤心片片. 何也? 主復云, '禪宗畢竟, 將何爲眞實?' 語勢似責他, 國師以良久默然, 爲禪宗畢竟事. 此所謂雖是死虵, 解弄却活也. 主禮拜者, 轉轉蹉過也. 召云大德云云星者, 恐他錯認, 良久爲禪宗畢竟事. 國師若無此語, 幾乎誤殺這座主也.

대홍 보은大洪報恩의 염

"그 좌주가 질문한 뜻을 국사는 알지 못하였고, 국사가 대답한 뜻을 좌주는 이해하지 못하였다. 선종의 궁극적 경지는 무엇을 진실로 삼을까? 저울 끝에 매달린 뜻을 알아차릴 일이지 저울의 첫 눈금처럼 확고한 기준으로 오인하지 마라."

大洪恩拈, "這僧問處, 國師不知; 國師答處, 這僧不會. 禪宗畢竟, 將何爲眞實? 領取鈎頭意, 莫認定盤星."

140칙 혜충백애 慧忠白崖

[본칙] 혜충 국사에게 어 군용魚軍容[1]이 "국사께서는 백애산白崖山[2]에 주석할 때 어떻게 수행하셨습니까?"라고 묻자 국사가 동자를 불러 놓고서 손으로 이마를 문지르며 말하였다. "또렷또렷하게 보이면 다만 또렷또렷하다 말하고, 분명하게 보이면 다만 분명하다고 말하면 그만이니,[3] 앞으로는 누구의 말에도 속지 마라." 군용은 아무 대꾸도 없었다.[4]

忠國師, 因魚軍容問, "師住白崖山, 如何修行?" 師喚童子, 以手摩頂云, "惺惺直然[1)]惺惺, 歷歷直然歷歷, 向後莫受人謾." 軍容無語.

1) 㤂 '然'이 『景德傳燈錄』과 본서를 제외한 여타의 선 문헌에는 '言'으로 되어 있고, 간혹 '是'로도 되어 있다. 이하 구절도 동일.

[설화]

● 국사께서는 백애산에 주석할 때 어떻게 수행하셨습니까 : 국사는 심인心印을 받은 뒤로 남양의 백애산 당자곡黨子谷에서 40여 년 동안 살면

---

1 어 군용魚軍容 : 어魚는 성씨, 군용軍容은 관군용사觀軍容使의 약칭이다. 출정出征하는 장수將帥를 감시하는 최고의 군직軍職이다.
2 백애산白崖山 : 하남성 남양현南陽縣에 있는 산.
3 임천林泉은 이 공안을 제기하고 서암瑞巖의 주인공 화두(본서 988칙)와 연결하여 '또렷하면서 속지 않는다'는 뜻을 다음과 같이 풀었다. 『虛堂集』 88則 「評唱」(卍124, 604b9), "임천이 말하였다. '도리어 그대가 나를 속이는구나. 서암은 평소에 항상 스스로 「주인공, 또렷또렷하게 깨어 있어라! 남들의 말에 속지 말거라.」라고 하였다. 그대 선수행자들이여! 다만 지금 이곳에서 지금 이곳의 일만 생각하길 바랄 뿐 색진色塵에 물들거나 명예와 이익에 미혹되어 득실의 관념에 침범당하고 생사에 가로막히지 말도록 하라!' (林泉道, '却是你謾我. 瑞巖居常自召云, 「主人公, 惺惺著! 莫受人謾.」 汝諸禪者! 但肯念玆在玆, 不被色塵所染, 聲利所惑, 得失所侵, 死生所沮!')."
4 군용의 무응답에 대한 허당 지우虛堂智愚의 다음과 같은 대어代語가 있다. 『虛堂錄』 권6 「代別百則」(大47, 1024c13), "군용을 대신하여 '제자는 지금 이후로 더 이상 부처님께 예배하지 않겠습니다.'라고 응답하였다.(代云, '弟子此去, 更不禮佛.')"

서 산문을 내려가지 않았다.[5] 이 때문에 그렇게 물었다.

● 동자[6]를 불러 놓고서 손으로 이마를 문지르며 말하였다 : 현재의 수행은 동자가 해야 할 일이라는 뜻인가? 십육행十六行 중에서 영아행嬰兒行이 가장 뛰어난 수행법이다.[7] 갓난아이처럼 옹알이[8]를 할 때 학인에

---

5 『景德傳燈錄』 권5 「慧忠國師傳」(大51, 244a8).
6 설화에는 '사미'로 되어 있으나 본칙에 따라 '동자'로 대체한다.
7 『大般涅槃經』에서 말하는 십육행을 가리킨다.
8 치치화화哆哆啝啝 : 『大般涅槃經』의 바바화화婆婆和和를 달리 표현한 말. 40권본 『大般涅槃經』 권20 「嬰兒行品」(大12, 485b20)에 다음과 같이 전한다. "부처님은 유위의 행이 없으므로 전혀 말씀하신 적이 없다. 또한 말씀이 없다는 것은 마치 갓난아이의 말은 불분명해서 어떤 말을 하더라도 실제로는 말을 하지 않은 것과 같다. 부처님 또한 그러하여 말씀을 모두 마치지 않으신 것이 바로 부처님의 비밀스러운 말씀이니 비록 말씀하신 내용이 있더라도 중생이 이해하지 못하므로 말씀하지 않았다고 하는 것이다. 또한 갓난아이는 하나의 물건에 대하여 부르는 이름이 하나에 한정되지 않으니 아직 바른말을 알지 못하기 때문이다. 비록 하나의 물건에 대하여 부르는 이름이 하나에 한정되지 않고 아직 바른말을 알지 못하지만 이 이름에 따라서 사물을 인식할 수 있다. 부처님도 그러하여 모든 중생의 종류가 각각 다르고 말하는 것도 같지 않지만 부처님은 방편을 써서 그들의 근기에 따라서 말씀하시니 모든 중생도 그 말씀으로 인하여 이해를 하게 된다. 또 갓난아이는 큰 글자를 말할 수 있다. 부처님 또한 그러하여 큰 글자를 말씀하시니 '바화婆啝'가 그것이다. '화'란 유위有爲이며, '바'란 무위無爲이니 이것을 갓난아이라 한다. '화'는 무상無常이라 하며, '바'는 유상有常이라 한다. 부처님께서 유상을 설하시면 중생은 그 소리를 듣고 유상의 법이라 생각하므로 무상에 대한 생각은 하지 않는다. 이것을 영아행이라 한다.(如來世尊, 非是有爲, 是故無說. 又無語者, 猶如嬰兒, 語言未了, 雖復有語, 實亦無語. 如來亦爾, 語未了者, 卽是諸佛祕密之言, 雖有所說, 衆生不解, 故名無語. 又嬰兒者, 名物不一, 未知正語. 雖名物不一, 未知正語, 非不因此, 而得識物. 如來亦爾, 一切衆生, 方類各異, 所言不同, 如來方便, 隨而說之, 亦令一切, 因而得解. 又嬰兒者, 能說人字, 如來亦爾, 說於人字, 所謂婆啝. 啝者有爲, 婆者無爲, 是名嬰兒. 啝者名爲無常, 婆者名爲有常. 如來說常, 衆生聞已爲常法, 故斷於無常, 是名嬰兒行.)"; 『妙法蓮華經玄義』 권4(大33, 724c1), "'대반열반경'에서 '큰 글자를 말씀하시니 바화가 그것이다.'라고 하였다. 이는 육바라밀六波羅蜜을 약간 실행하여 부처가 되는 길을 구하므로 큰 글자라 한다.(大經云, '能說大字, 所謂婆和.' 此卽六度小行, 而求佛, 故言大字.)"; 『大般涅槃經疏』 권19 「嬰兒行品」(大38, 152b20), "처음 비유 가운데 큰 글자라 한 말은 바화를 가리킨다. 화라는 글자를 바로 취하여 큰 글자로 삼으니 그것이 육바라밀을 실행하는 보살로서의 갓난아이이다.……부처님과 보살은 모두 갓난아이의 특징이 되는 갖가지 행을 빠짐없이 실행한다.(初譬中言大字者, 婆和是也. 正取和字而爲大字, 卽是六度菩薩嬰兒.……佛與菩薩, 皆能具行諸嬰兒行.)"; 『法華文句記』 권1 「釋序品」(大34, 157c17),

게 분별하고 취사하는 마음을 없애라고 깨우쳐 준다.[9] 그러므로 '또렷 또렷하게 보이면 다만 또렷또렷하다 말하고, 분명하게 보이면 다만 분명하다고 말하라.'라고 한 것이다.

● 앞으로는 누구의 말에도 속지 마라 : 옛날에는 유有에 앉아서 항상 유를 주장하는 사람에게 속았고, 지금은 무無에 앉아서 또다시 무를 주장하는 사람에게 속고 있으니,[10] 유나 무를 주장하는 사람의 말에 속는다는 뜻이다.

[白崖] 師住白崖山, 如何修行者, 自受心印, 居南陽白崖山倘[1]子谷, 四十餘年, 不下山門, 故伊麼問也. 喚沙彌[2]至頂者, 今日修行, 是沙彌邊事耶? 十六行中嬰兒行爲最, 哆[3]哆呵呵時, 嗡學人無[4]分別取捨心. 故云, '惺惺直然, 至歷歷'也. 向後莫受人謾者, 昔向有中坐, 常被有人欺 ; 今向無中坐, 又被無人欺, 則有無人謾也.

1) ㉮ '倘'은 '黨'의 오자이다. 2) ㉯ '沙彌'가 본칙에는 '童子'로 되어 있다. 3) ㉰ 갑본 권말 교정본(讎校) 부록에 "哆의 음은 這이다.(哆音這.)"라고 하였다. 4) ㉱ '無'가 『從容錄』에는 '離'로 되어 있다.

보복 종전保福從展의 평

"국사는 질문 하나를 받고 손발을 버둥대며 어쩔 줄 몰랐다."

"큰 글자란 장경藏經을 뜻하는 장藏이다.(大字者, 藏也.)"
9 『從容錄』 8則 「評唱」(大48, 232b20)에 석실 선도石室善道의 말로 인용되어 있다.
10 방거사龐居士의 시에서 가져왔다. 유와 무가 모두 헛된 분별의 소산으로서 벗어나야 할 속박이라 읊었다. 『龐居士詩』 권중(卍120, 63b15), "참으로 고요한 도리로 말하자면, 모두 함께 얻을 것이 없는 경계(無所得)로 돌아간다네. 그 옛날 유有에 머물던 시절, 항상 유를 주장하는 사람에게 속아, 상相 하나에서도 분별 일으키고, 보거나 듣거나 온통 시비가 되었다네. 이후 무를 깨쳤던 시절, 다시 무를 주장하는 사람에게 속아, 한결같이 마음만 살피며 앉아서, 어둑어둑한 그대로 모든 앎을 비웠다네.(若論眞寂理, 同歸無所得. 昔日在有時, 常被有人欺, 一相生分別, 見聞多是非 ; 已後入無時, 又被無人欺, 一向看心坐, 冥冥無所知.)"

保福展云, "國師着一問, 直得手忙脚亂."

> 설화

○ 또렷또렷하고 분명하게 깨어서 누구에게도 속지 말라고 한 것이 손발을 버둥대며 어쩔 줄 모르는 형국이다.

保福 : 惺惺歷歷, 莫受人謾, 是手忙脚亂也.

141칙 혜충간희慧忠看戲[1]

[본칙] 혜충 국사에게 숙종 황제가 연극을 보러 가자고 청하자 국사가 말하였다. "어떤 몸과 마음으로 연극을 봅니까?" 황제가 다시 청하자 국사가 말하였다. "본래 연극을 좋아합니다."

忠國師, 因肅宗帝請看戲, 師云, "有什麼身心看戲?" 帝再請, 師云, "幸自[1) 好戲."

1) ㉠ '幸自'는 '本自'와 같다.

[설화]

- 어떤 몸과 마음으로 연극을 봅니까 : 연극을 볼 몸과 마음은 없으니, 눈 안에 모래가 붙으면 안 되고 귀 안에 물이 차면 안 된다는 말과 같다.[2]

- 본래 연극을 좋아합니다 : 눈 안에는 수미산과 같은 풍경이 가득 붙어 있고, 귀 안에는 바닷물과 같이 무수한 소식이 들어찼으니,[3] 소리와 색 안에서 앉거나 눕고, 소리와 색 속에서 잠을 잔다.[4]

---

1 『祖庭事苑』에서는 혜충과 숙종의 이 문답은 근거가 없으며, 대가연나大迦演那와 맹광대왕猛光大王의 일화로 보았다. 『祖庭事苑』 권1 「國師看戲」(卍113, 17b2) 참조.
2 눈과 귀 등의 감각기관이 어떤 대상에도 오염되거나 장애를 받지 않는 상태. 어떤 것에도 지배되지 않는 자유로운 경계를 나타낸다. 백수 본인白水本仁이 했던 말(眼裏着沙不得, 耳裏着水不得.)과 통한다. 본서 912칙 본칙 참조.
3 설두 중현雪竇重顯이 고인의 말로 인용하고 있는데 본서 912칙에 따르면 본인本仁의 말이다. 『雪竇語錄』 권3(大47, 692a27) 참조.
4 위산 영우潙山靈祐의 말. 『潙山語錄』(大47, 580c24) 참조. 소리와 색 속에 있어도 그것에 물들지 않는 자유로운 경계. 위 설화의 방식이 소리와 색을 벗어나는 것이라면 이것은 갖가지 대상 속에 있으면서 그것을 성취한다는 점에서 대비된다.

[看戲] 有什麼身心看戲者, 無身心看戲. 眼裏不可着沙, 耳裏不可着水也. 幸自好戲者, 眼裏着得須彌山, 耳裏着得大海水, 聲色裏坐臥, 聲色裏睡眠.

운문 문언雲門文偃의 평

"용의 머리에 뱀 꼬리로구나."

雲門偃云, "龍頭蛇尾."

> 설화

○ 용의 머리에 뱀 꼬리로구나 : 국사가 말을 두 토막[5]으로 갈라놓은 방식에 대한 비판 조의 평가이다.[6]

雲門 : 龍頭蛇尾者, 嫌他話作兩橛也.

법운 법수法雲法秀의 염

"말해 보라! 국사는 어느 곳에서 거꾸러졌는가?"[7]

法雲秀拈, "且道! 國師向什麼處着到[1]?"

1) ㉑ '到'는 '倒'의 오자이다.

---

[5] '연극을 볼 몸과 마음이 없다.'라고 한 말과 '본래 연극을 좋아한다.'라고 한 말. 이렇게 의도적으로 두 토막을 내어 대칭시킴으로써 양자가 같은지 다른지 제시하는 그 문제가 해결해야 할 관문關門이다. 이하 '혜소 국사의 상당' 첫 대목이 그것이다.
[6] 시작은 좋았다가(용 머리) 결과는 형편없다(뱀 꼬리)는 뜻이지만, 국사가 설정한 화두의 본질을 제대로 간파한 말이다. 비판의 형식이지만 국사의 화두를 그대로 인정하고 수용한 견해이다. 이 공안의 특징은 앞뒤로 다르게 제시한 말에 있기 때문이다.
[7] '두 마디를 했는데 어떤 말에서 잘못되었는가?'라는 말과 같다. 운문의 평가와 다르지 않다.

> 설화

○ 어느 곳에서 거꾸러졌는가 : 거꾸러진 곳이 없다는 뜻이다.

法雲：向什麽處着倒者, 無着倒處也.

혜소 국사慧炤國師의 상당

이 공안을 제기하고 말하였다. "여러분에게 묻겠다. 국사가 앞에서 한 말과 뒤에서 한 말이 같은가, 다른가? 만일 다르다고 말한다면, 불법에는 차별이 없는 법인데 차별이 있다고 잘못 본 결과가 된다. 만일 같다고 말한다면, 앞에서는 '연극을 볼 몸과 마음이 없다.'라고 하였다가 뒤에서는 '본래 연극을 좋아한다.'라고 다르게 말한 것을 어찌하랴? 비록 무수한 갈림길에서 다른 노래를 부르지만 동일한 이치로 돌아와 모인다.[8] 그러므로 '같다고 하는 것도 오히려 전쟁에 대비하며 어둠의 세계를 벗어나지 못하는 것과 같은데, 하물며 유有와 공空을 나누어 말하거나 성性과 상相을 갈라서 말하는 것이야 언급할 필요 있겠는가!'라고 한다. 이처럼 저편과 이편을 분별하여 말하거나 향상과 향하가 다르다고 말하는 이러한 견해들은 모두 해골(髑髏)[9] 앞에 비추어 보이는 영상을 실상이라고 오인하여 미

---

8 『肇論』「物不遷論」(大45, 151c2), "그러므로 진제眞諦를 말할 경우에는 만법이 변천하지 않는다는 설명을 두고, 속제俗諦로 인도할 경우에는 일체가 유동한다는 설을 둔다. 비록 무수한 갈림길에서 다른 노래를 부르지만 동일한 이치로 돌아와 모이는 것이다.(故談眞有不遷之稱, 導俗有流動之說. 雖復千途異唱, 會歸同致矣.)"; 『注肇論疏』권2(卍96, 228a8), "천도千途라는 말에서 천은 그 수가 많다는 뜻이고, 도는 길을 나타낸다. 비록 집착에 따라 교설을 달리 설정함으로써 길이 많이 있지만, 돌아가는 이치를 어김없이 이해하면 반드시 움직임 속에서 고요함을 마주치고 고요한 자리에서는 움직이는 작용과 마주치게 된다. 그러므로 동일한 이치라 하니, 교설의 방편을 아는 동시에 그 마음이 진실하다.(千者, 言其多數, 途, 道也. 雖因執設教說有多途. 若契會所歸之理, 必須動中見靜, 靜處見動. 故曰同致, 則知教權而意實也.)"
9 해골(髑髏) : 분별하는 의식.

망으로부터 허깨비가 발생하는 것에 불과하다.[10] 반드시 조사와 부처의 화로에서 금강과 같이 단단한 눈동자를 속히 주조하여 어떤 대상경계에도 현혹되지 않고 생사에도 속박되어 휩쓸리지 않아야 한다. 그런 다음에 소리와 색의 경계에 앉거나 누우며 생사의 바다로 들어가 여유롭게 노닌다면 어찌 대장부가 아니겠는가! 옛사람이 '어진 이를 보면 그와 같아지리라 마음에 새겨라.'[11]라고 말하지 않았던가? 자신을 대신해 줄 사람은 없으니 각자 노력하라." 할을 한 번 내질렀다.

慧炤國師上堂, 擧此話云, "敢問諸人. 國師前言後語, 是同是別? 若言別, 不可佛法有異 ; 若言是同, 爭奈前云, '無身心看戱.' 後言, '幸自好戱.' 雖千途異唱, 會歸一致, 故云, '是同者, 猶待干戈, 未脫陰界, 況乎說有說空, 說性說相!' 或說這邊那邊, 或說向上向下, 此皆髑髏前認他鑒照, 從妄幻生. 直須祖佛爐中, 速鑄金剛眼睛, 不被諸境所眩, 不拘生死所流. 然後, 向聲色頭坐臥, 入生死海優遊, 豈不丈夫! 古人豈不云乎? 見賢思齊. 無人替

---

10 해골(髑髏) 앞에~것에 불과하다 : 현사 사비玄沙師備의 말이다.『景德傳燈錄』권18「玄沙師備傳」(大51, 344b3), "그대들은 근본적 깨달음을 아는가? 그대들이 해골 앞에 비추어 보이는 영상을 실상이라고 오인하면 옳지 않으니, 그대가 공이다 무다 분별하며 말하거나 이편이다 저편이다 분간하여 말하여 세간법도 있고 세간법이 아닌 하나의 법도 있다고 한다면 옳지 않다. 화상들이여, 허공은 마치 미망에서 헛것이 일어나는 것과 같다. 지금 만일 완전히 수긍한다면 어디서 이렇게 가리키며 말할 일이 있겠는가? 허공의 소식노 없거늘 어디에 삼계에서 받을 업의 순서가 있겠는가?(汝還識大悟麼? 不可是汝向髑髏前, 認他鑒照, 不可是汝說空說無, 說遮邊那邊, 有世間法, 有一箇不是世間法. 和尙子, 虛空猶從迷妄幻生. 如今, 若是大肯去, 何處有遮箇稱說? 尙無虛空消息, 何處有三界業次?)"

11 공자의 말.『論語』「里仁」, "어진 사람을 보면 자신도 그렇게 되리라 마음에 새기고, 어질지 못한 사람을 보면 안으로 스스로 반성한다.(見賢思齊, 見不賢而內自省也.)";『緇門警訓』「孤山圓法師示學徒」(大48, 1044a25), "어진 이를 보면 그와 같아지리라 마음에 새기고, 어진 일을 실천할 상황에 이르러서는 누구에게도 양보하지 말아야 하며(『論語』「衛靈公」), 설산에서 부처님이 법을 구하던 자세를 사모하고, 선재동자가 스승을 찾아 돌아다니던 뜻을 배워라.(宜乎見賢思齊, 當仁不讓, 慕雪山之求法, 學善財之尋師.)"

代, 各自努力." 喝一喝.

[설화]

○ 앞에서 한 말과 뒤에서 한 말이 같은가, 다른가~허깨비가 발생하는 것에 불과하다 : 같은 점과 다른 점이 있는 듯하지만 같은 점이나 다른 점이 없다. 만약 해골 앞에 비추어 보이는 영상을 실상이라고 오인한다면 같은 점이나 다른 점이 있다는 착각을 벗어나지 못한다.
○ 반드시 조사와 부처의 화로에서~여유롭게 노닌다면 : 금강과 같이 단단한 눈동자를 속히 주조하라는 뜻인가? 소리와 색의 현상 그리고 생과 사의 현실이 바로 몸과 마음을 편안히 의지하기에 알맞은 경계라는 뜻이다.
○ 어찌 대장부가 아니겠는가~할을 한 번 내질렀다 : 이 하나의 할을 알아야 이와 같이 된다.

慧炤 : 前言後語云云至幻生者, 似有同別而無同別. 若觸髏前認他鑑照, 未免同別也. 直須云云至優游者, 速鑄金剛眼睛耶? 聲色生死, 好箇安身立命處也. 豈不丈夫至喝一喝者, 須知有這一喝始得, 如此也.

142칙 혜충남방慧忠南方

본칙 혜충 국사가 어떤 학인에게 물었다. "근래에 어디서 떠났는가?" "남방입니다." "남방의 선지식들은 어떤 법으로 학인을 가르치는가?" "남방의 선지식들은 '하루아침에 몸의 요소[1]가 흩어진 다음에는 뱀이 허물을 벗는 것과 같고 용이 뼈를 바꾸는 것과 같아서 본래의 진실한 본성은 뚜렷하여 무너지지 않는다.'라고만 말할 뿐입니다." "안타깝다, 안타까워! 남방 선지식의 설법에 따르면, 전체 중 반은 생멸하고 반은 생멸하지 않는다[2]는 주장이다." "남방의 선지식들은 견해가 이렇다 하고, 화상의 이곳에서는 어떤 법을 설하십니까?" "나의 이곳에서는 몸과 마음이 하나로 같아 몸을 벗어나 다른 그 무엇도 없다고 주장한다." "화상께서는 어째서 물거품이나 허깨비와 같은 몸을 법체法體와 같다고 하십니까?" "그대는 어째서 잘못된 도에 빠져 있는가?" "어떤 점에서 제가 잘못된 도에 빠졌습니까?" "경전에서 '만일 색으로 나를 보거나 음성으로 나를 찾는다면 이 사람은 잘못된 도를 행하는 것이니 여래를 볼 수 없다.'[3]라고 한 말을 모르는가?"

---

1 몸의 요소 : 몸을 구성하는 지地·수水·화火·풍風의 네 가지 물질적 요소(四大) 가운데 풍과 화를 들어서 나타내었다. 지·수는 아래로 가라앉는 요소, 풍·화는 위로 흩어지는 요소이다. 『金光明經』권1(大16, 340b5)에 사대를 네 마리 뱀에 비유하면서, "지·수라는 두 뱀의 본성은 가라앉고 풍·화라는 두 뱀의 본성은 가벼워 위로 뜬다.(地水二蛇, 其性沈下 ; 風火二蛇, 性輕上升.)"라고 한다. 『金光明經文句』권4(大39, 68c16). 『景德傳燈錄』권10「長沙景岑傳」(大51, 2/5c6), "또 어떤 학인이 물었다. '지렁이를 두 토막 내었는데 두 개가 모두 움직이니 불성이 어느 쪽에 있는지 모르겠습니다.' '망상을 일으켜서 어찌자는 것이냐?' '움직이는 것을 어찌합니까?' '너는 사대가 흩어지지 않는다는 이치를 어찌 모르느냐!'(又有僧問, '蚯蚓斷爲兩段兩頭俱動, 未審佛性在阿那頭.' 師云, '妄想作麽?' 僧云, '其如動何?' 師云, '汝豈不知火風未散!')"
2 전체 중~생멸하지 않는다 : 불성佛性에 대한 언급으로 『祖堂集』권3 「慧忠章」(高45, 254a4)에 보인다. "어떤 사람은 '불성이 전적으로 생멸하지 않는다.'라고 하며, 어떤 사람은 '불성이 반은 생멸하고 반은 생멸하지 않는다.'라고 한다.(有人, 佛性, 全不生滅 ; 有人, 佛性, 半生滅, 半不生滅.)"
3 『金剛經』(大8, 752a17).

忠國師, 問僧, "近離什麽處?" 云, "南方." 師云, "南方知識, 以何法示人?" 云, "南方知識, 只道'一朝風火散後, 如虵退皮, 如龍換骨, 本爾眞性, 宛然不壞.'" 師云, "苦哉, 苦哉! 南方知識說法, 半生半滅,[1] 半不生滅." 僧云, "南方知識卽如是, 未審和尙此閒說何法?" 師云, "我此閒, 身心一如, 身外無餘." 云, "和尙何得將泡幻之身, 同於法體?" 師云, "你爲什麽, 入於邪道?" 云, "什麽處是某甲入於邪道處?" 師云, "不見敎中道, '若以色見我, 以音聲求我, 是人行邪道, 不能見如來.'"

1) ㉠ '半生半滅'이 『祖堂集』 권3 「慧忠章」(高45, 254a4)에는 '半生滅'로 되어 있다.

설화

- 남방의 선지식들은 '하루아침에 몸의 요소가 흩어진 다음에는~무너지지 않는다.'라고만 말할 뿐입니다 : 6조는 "진여의 자성이 상념을 일으키는 것이며, 눈·귀·코·혀 등은 상념을 일으키지 못한다."[4]라고 하였는데, 이와 같은 말을 듣고 종지를 잘못 인식한 것이다.
- 안타깝다, 안타까워! 남방 선지식의 설법에 따르면, 전체 중 반은 생멸하고 반은 생멸하지 않는다는 주장이다 : 산산이 흩어지는 모든 뼈마디와 무너지지 않는 진성眞性이 다르다고 각각 집착하기 때문이다.
- 나의 이곳에서는 몸과 마음이 하나로 같아 몸을 벗어나 다른 그 무엇도 없다고 주장한다 : 무너지는 것과 무너지지 않는 것이 서로 다른 두 가지가 아니다.[5]

---

4 宗寶本 『壇經』(大48, 353b2), "眞如自性起念, 非眼耳鼻舌能念."
5 이 공안을 궁구하는 요점은 일반적인 경우와 마찬가지로 그것 그대로(卽)이거나 그것에서 벗어나거나(離) 하는 양편 어디에도 기울어지지 않는 균형을 유지함에 있다. 『宗門統要正續集』 권2(永154, 537a9), "동선 지관東禪智觀이 말한다. '국사와 그 학인은 소리와 색 그대로 마주했을까? 소리와 색에서 벗어나 마주했을까? 만약 소리와 색에서 벗어나 마주했다면 반은 생멸하고 반은 생멸하지 않는다는 남방 선지식의 주장과 무엇이 다르겠는가? 반대로 소리와 색 그대로 마주하고 또한 색으로 보고 소리로 구한다고 한다

- 화상께서는 어째서 물거품이나 허깨비와 같은 몸을 법체法體와 같다고 하십니까 : 잘못된 것과 바른 것을 아직 구분하지 못하고서 하는 말이다. 그러므로 '그대는 어째서 잘못된 도에 빠져 있는가?'라고 반문하였다.
- 만일 색으로 나를 보거나~여래를 볼 수 없다 : 여기서 색이나 소리는 화신化身의 삼십이상을 가리키고, 여래는 무상無相의 법신을 가리킨다.[6] 또한 '만약 색과 소리로 나를 찾는다면'이라 운운한 말은 소리와 색으로 나타나는 화신 그대로 무상의 법신이라는 뜻이다. "만일 모든 상相을 상이 아닌 것으로 보면 여래를 볼 것이다."[7]라는 말이 그것이다.

[南方] 南方知識, 只道一朝風火散後, 至不毀[1]者, 六祖云, "眞如之性起念, 非眼耳鼻舌能念." 此等語下, 錯認宗旨也. 苦哉苦哉, 南方知識說法云云者, 壞散地百骸, 不壞地眞性, 各執故也. 我此間云云至無餘者, 壞不壞無二也. 和尙何得至體者, 邪正猶未分也. 故云, '你爲什麼入於邪道?' 若以色見我云云者, 此色聲, 指化身三十二相 ; 如來, 指無相法身. 又若以色聲求我云云者, 當聲色化身, 卽是無相法身. 所謂若見諸相非相, 卽見如來也.

1) ㉲ '毀'가 본칙에는 '壞'로 되어 있다.

면 이는 삿된 도를 행하는 것이다. 대중 가운데 국사의 주인이 되어 줄 사람 있는가? 있다면 내가 그에게 다음과 같이 물으려 한다. 몸과 마음이 하나로 같아 놈을 벗어나 다른 그 무엇도 없다고 한다면, 물거품이나 허깨비와 같은 몸이라고 하여 어째서 법체와 다르랴?'(東禪觀云, '國師與這僧, 卽色聲相見? 離色聲相見? 若離色聲相見, 何異南方知識, 半生半滅? 若卽色聲相見, 又道色見聲求, 是行邪道. 衆中莫有爲國師作主者麼? 我要問你. 旣是身心一如, 身外無餘, 泡幻之身, 爲什麼不同法體?')"

6 『金剛經解義』권하(卍38, 685a3), "여래란 무상의 법신이 그것이다. 육안으로 볼 수 있는 대상이 아니며 혜안이라야 볼 수 있다.(如來者, 卽無相法身, 是也. 非肉眼所見, 慧眼乃能見之.)"
7 『金剛經』(大8, 749a24). 소리와 색의 화신을 소리와 색이 아닌 것으로 본다면 소리와 색 그대로 무상의 법신을 보게 된다는 말과 연결된다.

운문 문언雲門文偃의 염

"몸과 마음이 하나로 같아 몸을 벗어나 다른 그 무엇도 없다면, 산하와 대지는 어느 곳에 있을까?"

雲門偃拈, "身心一如, 身外無餘, 山河大地, 何處有耶?"

[설화]

○ 산하와 대지는 어느 곳에 있을까 : '불쑥하고 무성하여 없다고 할 수 없는 것을 어쩌랴?'라는 뜻인가? 아니다. 몸과 마음이 하나로 같다면 산하와 대지도 별도로 있지 않다는 뜻이다.

雲門 : 山河大地云云者, 爭奈崢崢嶸嶸不可道無耶? 非也. 身心一如, 則山河大地, 亦無有也.

신정 홍인神鼎洪諲의 염

"그 학인이 그렇게 한 말로 보면 전승된 말도 이해하지 못한 견해이니, 그 피해가 선지식에게 미쳐서는 안 될 일이다. 국사가 그렇게 한 말 또한 용 머리에 뱀 꼬리와 같았다. 앞에서 '몸과 마음이 하나로 같다.'라고 했던 말은 어디로 갔는가? 한번 점검해 보라."

神鼎諲拈, "若據這僧恁麼道, 傳語也未解, 莫累及知識. 據國師恁麼道, 亦是龍頭蛇尾. 前來身心一如, 向什麼處去也? 試撿點看."

[설화]

○ 그 학인이~안 될 일이다 : 이는 그대의 견해일 뿐 남방 선지식들이 언제 이처럼 말하였는가?

○ 국사가~어디로 갔는가 : 앞에서 '몸과 마음이 하나로 같다.'라고 한 말이 용의 머리요, 뒤에서 '만일 색으로 나를 보면'이라 운운한 말에는 소리와 색을 떠나 별도로 취하라는 뜻이 보이니 뱀 꼬리가 되고 말았다.
○ 한번 점검해 보라 : 반드시 생멸 그대로 생멸하지 않는다고 여기고, 소리와 색 바로 그것에서 나를 보고 나를 찾아야 한다.[8]

神鼎: 若據至及知識者, 是汝見解, 南方知識, 何曾伊麼? 據國師伊麼道云云者, 前言身心一如, 是龍頭; 後言, 若以色見我云云, 似乎離聲色外別取故, 成虵尾也. 試檢點看者, 直須卽生滅而不生滅, 卽聲色而見我求我始得.

---

[8] 주어진 요구에 대한 설화 저자의 견해이다. 이와 다른 관점도 있다. 『金剛經注解』(卍40, 238a8), "만약 형색과 음성 사이에서 나를 보고 나를 찾는다면 이 사람은 한갓 외모만 볼 뿐이고 진성眞性을 알지 못한다. 곧 행하는 대상이 삿된 도인데 어떻게 상주하는 여래를 보겠으며, 그 위가 없는 미묘한 이치를 들을 수 있으랴!(若見我求我, 於形色音聲之間, 是人徒觀外貌, 而不識眞性. 則所行者邪道, 豈能見常住之如來, 聞無上之妙義哉!)"

143칙 혜충고불慧忠古佛

본칙 혜충 국사에게 어떤 학인이 "옛 부처의 마음은 어떤 것입니까?"라고 묻자 국사가 말하였다. "담장과 부서진 기와 조각이다."

忠國師, 因僧問, "如何是古佛心?" 師云, "牆壁瓦礫."

설화

- 옛 부처의 마음 : 대대로 이어져 온 옛 부처인가? 자기 본성에 있는 옛 부처인가? 자기 본성의 옛 부처가 바로 마음이라면 틀린 것이다. 대대로 이어져 온 옛 부처의 마음을 가리킨다.
- 담장과 부서진 기와 조각 : '마음이 담장과 같아야 도에 들어갈 수 있다.'[1]라는 뜻인가? 담장이나 부서진 기와 조각에 모두 불성이 있다는 뜻이다.[2]

---

1 달마 대사가 벽관壁觀을 실천하면서 2조 혜가에게 준 가르침. 『景德傳燈錄』 권3 「菩提達磨傳」(大51, 219c27), "『별기』에 다음과 같이 말한다. 달마 대사가 처음 소림사에서 9년간 면벽할 때 2조에게 설법하면서 오로지 '밖으로는 모든 대상에 대한 집착을 쉬고 안으로는 마음에 헐떡임이 없어져 마음이 마치 담장과 같아야 도에 들어갈 수 있다.'라고만 가르쳤다.(別記云, 師初居少林寺九年, 爲二祖說法祇敎曰, '外息諸緣, 內心無喘, 心如牆壁, 可以入道.')" 석계 심월石溪心月은 달마의 이 말을 결국은 부수어야 할 '본보기'로 수용한다. 『石溪心月雜錄』(卍123, 157a1), "'밖으로는 모든 대상에 대한 집착을 쉬고 안으로는 마음에 헐떡임이 없어져 마음이 마치 담장과 같아야 도에 들어갈 수 있다.' 이것은 소림의 초조가 그려 낸 수행의 본보기를 드러낸 말이 아닌가? '뚜렷하게 항상 알고 있지만 말로 표현할 수 없다.' 이것은 2조가 본보기 안에서 벗어난 경지를 드러낸 말이 아닌가? 지금 마음에는 가득 차 답답하고 입으로는 표현하지 못하여 애타는 상태로 아주 특출한 사람이 앞니를 쇠막대기로 삼아 이 본보기를 한 번 씹어서 산산조각 내 버린다면 가르침의 은혜를 알고 그 은혜에 보답하는 예가 아니겠는가? 산승은 이마에 손을 긋고서 그런 사람을 기다린다.('外息諸緣, 內心無喘, 心如牆壁, 可以入道.' 此非少林初祖畫出底模子耶? '了了常知, 言不可及.' 此非二祖從模子裡脫出底耶? 而今心憤憤口悱悱, 一箇半箇, 板齒爲鐵橛, 將者模子, 一嚼百雜碎, 非知恩報恩者耶? 山僧斫額以待.)"
2 『涅槃經』의 취지는 이와 반대이다. 40권본 『大般涅槃經』 권37(大12, 581a22), "불성에

[古佛] 古佛心者, 綿歷古佛耶? 自性古佛耶? 自性古佛卽心, 則非也. 綿歷古佛心也. 墻壁瓦礫者, 心如墻壁, 可以入道耶? 墻壁瓦礫, 皆有佛性也.

앙산 행위仰山行偉의 송 仰山偉頌

옛 부처의 마음이라	古佛心
지금 이 마음이라네	卽如今
부디 기억해야 하니	切記取
내년에도 봄 오리라	來年春

|설화|

○ 본칙에서 담장과 부서진 기와 조각이 공간에 따르는 판단이었다면, 이 송에서는 시간에 따랐다.

仰山 : 話中墻壁瓦礫, 約處, 此則約時也.

속하지 않는 존재는 어떤 것인가? 모든 담장과 돌조각 등 생명이 없는 존재를 말한다. 이와 같이 생명이 없는 존재를 떠난 경계를 불성이라 한다.(非佛性者, 所謂一切, 墻壁瓦石, 無情之物, 離如是等, 無情之物, 是名佛性.)" 혜충이 불성을 묻자 부서진 돌조각으로 대답했는데 이는 경전의 설과 충돌하는가? 돌조각을 불성과 일치시키거나 돌조각이 불성과 다르다거나 두 가지 견해를 모두 벗어난 견지에서 불성의 진실을 피력한 말이다. 앞 칙의 대의와 통한다.

144칙 혜충무정 慧忠無情

본칙 혜충 국사에게 어떤 학인이 물었다. "교학에는 오로지 유정有情이 부처가 된다는 말씀만 나타나고, 무정無情이 부처가 되리라는 기별을 받았다는 말씀은 볼 수 없습니다. 그렇다면 현겁賢劫의 천불千佛 중에서 무정불無情佛은 어느 부처님입니까?" "마치 황태자가 왕위를 받기 이전에는 오로지 혼자의 몸일 뿐이지만, 왕위를 받고 난 다음에는 국토 전체가 왕에게 속하는 것과 같다. 국토를 모두 가지고 있거늘 별도로 왕위를 받겠는가? 다만 유정이 기별을 받은 그대로 부처가 되는 때에는 시방의 국토가 모두 비로자나불의 몸이거늘, 어떻게 다시 무정이 기별을 받을 일이 있겠는가?"

忠國師, 因僧問, "敎中但見有情作佛, 不見無情受記. 且賢劫千佛, 孰是無情佛耶?" 師云, "如皇太子, 未受位時, 唯一身耳, 受位之後, 國土盡屬於王. 寧有國土, 別受位乎? 今但有情受記作佛之時, 十方國土, 悉是遮那佛身, 那得更有無情受記耶?"

설화
- 교학에는 오로지 유정有情이 부처가 된다는 말씀만 나타나고~무정불無情佛은 어느 부처님입니까 : 국사가 무정도 성불할 수 있다는 도리를 설하였기 때문에 어리석은 생각으로 의심을 일으켜 제기한 질문이다.
- 마치 황태자가 왕위를 받기 이전에는~어떻게 다시 무정이 기별을 받을 일이 있겠는가 : 청량清凉은 이렇게 말한다.[1] "하열한 교법[2]에서는

---

1 정확히 일치하는 전거는 찾을 수 없다.
2 소승인천교小乘人天敎를 가리킨다. 다음 주석에 나오는 설의 주체이다.

유정의 성性을 무정의 상相과 융합함으로써 유정이 무정과 함께 성불한다고 주장하지만, 어찌 저들 무정이 성불할 수 있겠는가?"[3] 만일 무정이 성불하여 유정이 무정과 통하고 무정이 유정과 통한다면 삿된 견해와 같다. 이 원교圓敎에서는 성불했다거나 성불하지 못했다거나 따지지 않으며, 성불했다거나 성불하지 못했다는 주장은 모두 하열한 교법에 속한다. 노사나불盧舍那佛의 과果를 성취한 지혜(舍那果智)는 중생의 세계를 포괄하여 법계 전체가 성불한다. 따라서 본래부터 정각을 성취한 것이라 유정과 무정의 차별이나 성불과 불성불을 구분하는 주장은 없다.[4]

- 이통현李通玄 장자의 『화엄론』에는 다음과 같이 전한다.[5] "화신化身의 권교權敎[6]에 따르면, 유정에게는 불성이 있고 무정에게는 불성이 없어

---

[3] 청량 징관淸凉澄觀은 성성과 상상을 융합하는 관점에서 제기되는 무정성불의 설에 대하여 비판한다. 설화와 동일한 취지에 해당하는 청량의 설은 다음과 같다. 『華嚴經疏鈔』권80(大36, 628a10), "어떤 사람은 '무정이 성불한다'고 한다. 이는 성과 상이 융합한다는 관점에 따르는 견해이다. 유정의 성을 무정의 상과 융합하고, 무정의 상으로 유정의 성을 따름으로써 유정의 성과 융합하여 하나가 된다. 이 때문에 무정에게도 성불하는 이치가 있다고 주장한다. 만일 무정이 성불하지 못한다는 이치로 유정의 상을 융합하더라도 모든 중생이 성불하지 못한다고 주장할 수 있다. (그러나 이러한 주장은 모두 타당하지 않다.) 성불과 불성불 그리고 유정과 무정 사이에 서로 다른 본질은 없기 때문이다.(有云, '無情成佛.' 是約性相相融. 以情之性, 融無情相, 以無情相隨性, 融同有情之性, 故說無情有成佛義. 若以無情不成佛義, 融情之相, 亦得說言諸衆生不成佛也. 以成與不成, 情與無情, 無二性故.)"

[4] '이 원교圓敎에서는'이라는 말부터 여기까지는 법장法藏의 『華嚴經探玄記』권16(大35, 405c20)에 동일한 사유법이 발견된다. "삼승三乘의 교법에서는 중생의 마음에 오로지 인因의 속성만 있고 과果의 작용이나 차별상은 없다. 하지만 이 원교에서는 노사나불의 과법이 중생의 세계를 포괄한다. 그러므로 중생의 몸에도 과의 차별상이 있다. 만일 그렇지 않다면 오로지 성일 뿐이고 일어나는 작용의 이치는 없을 것이다.(若三乘敎, 衆生心中, 但有因性, 無果用相. 此圓敎中, 盧舍那果法, 該衆生界. 是故, 衆生身中, 亦有果相. 若不爾者, 則但是性, 而無起義.)"

[5] 『新華嚴經論』권6(大36, 754c23~755a4)의 인용이다. 중간에 생략이 있다.

[6] 화신化身의 권교權敎 : 화신은 화불化佛과 통하고, 권교는 다양한 방편에 의존하는 교법이며 진실을 그대로 전하는 실교實敎의 상대어이다.

모든 초목(무정)은 불도를 이루거나 법륜法輪을 굴릴 수 없다. 『화엄경』은 유정이나 무정을 넘어선 실교實敎라서 그 설과 같지 않다. 왜 그런가?[7] 유정과 무정의 차별이 없기 때문이고, 하나의 진실한 지혜로 성립된 경계에서는 성불한 존재도 없고 성불하지 못한 존재도 없기 때문이다. 유정과 무정이라는 이 차별은 업業에 따르는 설이다. 청정한 법에 어찌 성불과 불성불의 차별이 있겠는가? 저것은 유정이고 이것은 무정이라는 구별은 모두 업이 다르기 때문이며 부처님 해탈의 경지와는 상관이 없다."

● 규봉圭峯은 "진여의 본성은 유정과 무정에 모두 통하지만, 깨달음을 여는 본성은 오로지 유정에 국한된다."[8]라고 하였다.

● 도신장道信章[9]에 이렇게 전한다. "눈으로 이성理性[10]을 마주하여 마음을 막힘없이 깨닫는다면 부처님의 성스러운 가르침을 완수頑修[11]하여 이루기 마련이니, 마음을 닦아 성불하는 방법은 가능하지만 완수하여 성불하는 방법은 가능하지 않다고 한다면, 이 어찌 나무를 보느라 눈이 찔리는 어리석은 자가 아니겠는가!"

---

7 이다음에 '두 가지로 가르는 차별된 견해가 없기 때문이다.(無二見故.)'라는 구절이 생략되었다.
8 규봉의 설이 아니라 법장法藏이 『華嚴經探玄記』 권16(大35, 405c26)에서 제시한 설이다. '깨달음을 여는 본성'이 '깨달음을 여는 불성'으로 되어 있다.
9 도신장道信章 : 미상의 전거.
10 이성理性 : 이치의 변함없는 속성. 이리와 성성은 상보적인 서술 관계이다. 불성佛性·실성實性 등과 통한다. 공空·무아無我 등의 갖가지 보편적 도리까지 포괄하는 개념이다. 『摩訶止觀』 권5 상(大46, 53a24), "성은 실성實性이고, 실성 그대로 이성이다. 지극히 진실하여 어떤 흠결도 없다는 뜻으로 불성을 달리 표현한 이름이다.(性是實性, 實性卽理性. 極實無過, 卽佛性異名耳.)"
11 완수頑修 : 이성에 대한 이해가 없는 수행을 말하며, 실제적인 수행(事行 또는 實行)이 없이 도리에 대한 이해에 치우치는 광혜狂慧와 대칭하여 쓴다. 『阿彌陀經要解便蒙鈔』 권하(卍91, 985b7), "완수는 실제적인 수행만 있을 뿐 도리를 꿰뚫어 보는 지혜가 없는 것이고, 광혜는 도리에 대한 이해만 있을 뿐 실제적인 수행이 없는 것이다.(頑修, 謂但有事行, 而無理觀者 ; 狂慧, 乃但有狂解, 而無實行者.)"

- 고덕이 말하였다.[12] "상相으로 성性을 이해하면 유정과 무정의 차별이 있고, 성으로 상을 융합하면 유정과 무정의 차별이 없다. '한 사람이 진심을 일으켜 근원으로 돌아가면 시방의 허공이 모두 사라질 것이다.'[13]"
- 천태의 교설에는 이렇게 말한다.[14] "부처님 한 분이 성불할 때 법계는 이 부처님의 의보依報와 정보正報가 아님이 없다."

[無情] 教中但見有情作佛云云, 國師說無情成佛義, 故迷情起疑也. 如皇太子未受云云者, 淸凉云, "下教中, 以有情之性, 融無情之相, 有情通無情成佛, 豈彼無情成佛耶?" 若無情成佛, 情通非情, 非情通情, 便同邪見. 此圓教中, 不論成佛不成佛, 成佛不成佛之說, 皆在下教. 舍那果智, 該衆生界, 法界成佛, 舊來正覺, 無情非情, 成不成之說也. 李長者論云, "化身權教中, 有情有佛性, 無情無佛性, 一切草木, 不能成道轉法輪. 華嚴卽是越情實教, 卽不如彼. 何以然者? 無有情無情故, 爲一眞智境界, 無成佛者, 無不成佛者故. 夫有情無情者, 此是依業說也. 淸淨法上, 焉有成佛不成佛耶? 彼有情此無情者, 皆是業故, 非佛解脫也." 圭峯云, "眞如之性, 通情非情 ; 開覺之性, 惟局有情." 道信章云, "目對理性, 通入於心, 頑成佛之聖教, 惟許心修成佛, 不許頑修成佛, 豈非見木刺眼者乎?" 古德云, "以相會性, 有情非情 ; 以性融相, 無情非情也. 一人發眞歸源, 十方虛空, 悉皆消殞." 台教云, '一佛成佛[1)]之時,[2)] 法界無非此佛之依止.[3)]

---

1) ㉠ '佛'이 『觀音玄義記』에는 '道'로 되어 있다. 2) ㉠ '之時'는 설화에서 첨가한 것이다. 3) ㉠ '止'는 '正'의 오자이다.

---

12 누구의 말인지 알 수 없다.
13 『楞嚴經』 권9(大19, 147b10).
14 천태종 사명 지례四明知禮의 『觀音玄義記』 권1(大34, 898b6)에 나오는 구절.

천동 정각天童正覺의 상당

이 공안을 제기하고 "국토 안의 부처는 곳곳에서 불신佛身을 나타내고, 부처 안의 국토도 헤아릴 수 없는 낱낱 국토마다 그대로 모두 그렇다. 자세히 알겠는가?"라고 말한 뒤 잠깐 침묵하다가 말하였다. "여섯 나라[15]가 스스로 소란스러운 사태를 가라앉히면, 한 사람[16]이 태평의 기반을 홀로 차지한다."

天童覺上堂, 擧此話云, "刹中之佛, 處處現身 ; 佛中之刹, 塵塵皆爾. 還體悉得麽?" 良久云, "六國自淸紛擾事, 一人獨擅[1]奉乎[2]基."

1) ㉠ '擅'이 『宏智廣錄』에는 '檀'으로 되어 있으나 '擅'이 맞다. 2) ㉯ '乎'가 갑본에는 '平'으로 되어 있다. ㉠ '奉乎'가 『宏智廣錄』 권1(大48, 6b17)에는 '太平'으로 되어 있다. '奉'은 '泰'의 오자이다.

[설화]

○ 국토 안의 부처는~낱낱 국토마다 그대로 모두 그렇다 : 한 사람이 성불할 때 법계도 성불하니, 법계의 크기도 없고, 특별히 성취할 일도 없다.

天童 : 刹中之佛云云者, 一人成佛時, 法界成佛, 亦無法界量, 亦無別成就地事也.

---

15 여섯 나라는 여섯 감각기관인 육근六根을 가리킨다.
16 여기서 한 사람이란 심왕心王을 상징한다.

145칙 혜충대의 慧忠大意

본칙 혜충 국사에게 어떤 학인이 물었다. "불법의 대의는 어떤 것입니까?" "문수당에 안치된 만 좌의 보살이다." "저는 모르겠습니다." "대비(관세음보살)가 지닌 천 개의 손과 천 개의 눈이다."

忠國師, 因僧問, "如何是佛法大意?" 師曰, "文殊堂裏萬菩薩." 僧云, "學人不會." 師曰, "大悲千手眼."

설화

- 불법의 대의 : '불佛'은 대상으로 취할 수 없는 부처, '법法'은 말로 표현할 수 없는 법이다.[1] 불법이 곧 대의란 말인가? '불법의 대의'라는 뜻이다.
- 문수당에~천 개의 눈이다 : 자비와 지혜를 함께 운용해야 불법의 대의를 이해할 수 있다는 말인가? (아니다.) 매일같이 활용하면서 눈앞에

---

1 『傳心法要』(大48, 381b19). 황벽黃檗은 이를 본원청정심本源淸淨心으로 규정하였다. 이 구절을 소재로 수용한 몇 가지 평가가 보인다. 『偃溪廣聞語錄』(卍121, 274a6), "참으로 이 구절을 궁극의 법도로 삼는다면 달마라는 한 종파는 이 땅에서 남김없이 쓸려 사라지리라.(果然以此爲極則, 達磨一宗, 掃地而盡.)"; 『松源崇嶽語錄』 권하(卍121, 607a3), "송원松源은 '말로 표현할 수 없고 대상으로 취할 수 없으니, 마음도 아니고 부처도 아니다.'라고 한 다음 선상을 한 번 치고 말하였다. '긴급하게 법령 그대로 시행하라!'(師云, '不可說, 不可取, 不是心, 不是佛.' 擊禪床一下云, '急急如律令!')"; 『恕中無慍語錄』 권2(卍123, 822a7), "황벽은 달마 대사의 막힌 콧구멍을 쥐고 숨통을 터 주었으면서 아무도 그것을 알아차리지 못하였으리라 여겼다. 산승은 황벽의 위광을 억누르려는 의도가 아니라 사람마다 평안한 심경을 지니게 하고자 거듭하여 송을 짓지 않을 수 없다. 본원의 청정한 마음이라니, 이 무슨 나귀 묶는 말뚝과 같은 속박이더냐! 전하려 해도 전할 수 없고, 말하려 해도 말로 표현할 수 없노라. 황벽의 혀는 길고, 달마의 앞니는 빠졌다네. 칼을 만들려면 빈주彬州의 철이어야 한다.(拈云, '黃檗將達磨大師鼻孔出氣, 將謂無人檢點. 山僧不是抑他威光, 祇要家平戶貼, 未免重爲頌出. 本原淸淨心, 是甚繫驢橛! 傳旣不可傳, 說亦不可說. 黃檗舌頭長, 達磨齒門闕. 打刀須是彬州鐵.')"

실현하는 진실(現成公案)을 말한다.[2] '밝음과 어둠이 뒤섞인 살활殺活의 기틀이여, 이 대인의 경계는 보현보살이라야 알리라.'[3]

[大意] 佛法大意者, 佛卽不可取之佛, 法卽不可說之法, 則佛法卽大意耶? 佛法之大意也. 文殊至千手眼者, 悲智雙運, 可以會得佛法大意耶? 日用現成公案也. '明暗相叅殺活機, 大人境界普賢知.'

육왕 개심育王介諶**의 송** 育王諶頌

문수당 안의 만 좌 보살 가운데	文殊堂裏萬菩薩
예배 올리며 '나무관세음보살!'이라 하네	稽首南無觀世音
향로 불 고르고 향 사르면서도 아는 이 없지만[4]	擇火拈香人不會
천수천안 대비보살은 이제껏 있어 왔다네	大悲千手到于今

[설화]

○ 향로 불 고르고 향 사르면서도~이제껏 있어 왔다네 : 종일토록 향을 사르고 향로의 불을 고르면서도 자신의 몸이 도량이라는 진실을 모른다[5]는 뜻이다. 대비보살 이래 지금에 이르기까지 모른다는 말인가? '국사가 살던 당시뿐만 아니라 오늘날 사람들의 일상에까지 이르렀음에도 이해하지 못하는 것을 어찌하랴?'라는 뜻이다.

---

2 문수당의 보살상과 관세음보살은 일상적으로 예불하며 마주하는 대상이다. 그 속에 '실현된 진실'이 있다는 말이다. 여기서 '공안公案'은 진실의 뜻이다.
3 적취 영암주積翠永庵主의 게송에 나오는 구절이다.『五燈全書』권37(卍140, 863b2) 참조.
4 매일같이 쓰면서도 그 속의 진실은 모르고 지나친다는 말. 불감 극근佛鑑克勤의 송도 이와 같은 취지이다.『從容錄』99則「評唱」(大48, 291b24), "올해 채소가 지천이니, 대지 가득 나복두蘿葍頭로세. 한 푼으로 몽땅 살 수 있으니, 얻은 자는 배부르리라.(佛鑑頌, '時年蔬菜賤, 滿地蘿葍頭. 一文買一箇, 得者飽駒駒.')"
5 본서 1427칙 본칙 참조.

育王 : 擇火拈香云云者, 終日拈香擇火, 不知身是道場也. 大悲下到于今而不知耶? 非但國師當時, 到于今人分上, 爭奈不會耶?

146칙 혜충무봉慧忠無縫

본칙 혜충 국사에게 숙종[1] 황제가 물었다. "돌아가신 다음[2]에는 어떤 물품이 필요하십니까?" "노승에게 무봉탑無縫塔[3] 하나만 지어 주십시오." "탑 모양을 말해 보십시오." 국사가 잠깐 침묵한 뒤 말하였다. "알겠습니까?" "모르겠습니다." "저의 법을 전해 받은 탐원耽源[4]이라는 제자가 있습니다. 그가 이 일을 알고 있을 것이니 조서를 내려 물어보시기 바랍니다." 국사가 입적한 뒤에 황제는 탐원에게 조서를 내려 "이 뜻은 무엇입니까?"라고 물었고, 탐원은 게송으로 대답하였다.

상주湘州의 남쪽, 담주潭州의 북쪽이라네[5]【설두의 착어[6] : 한 손바닥으로는 소리를 내지 못한다.】

그곳은 황금이 온 나라를 가득 채울 만큼이라네【설두의 착어 : 산에서 꺾

---

1 숙종肅宗이 아니라 실제로는 대종代宗이라 한다. 이하 설화에서도 설명이 나온다. 『碧巖錄』 18則 「本則 著語」(大48, 157c18)에 "본래 대종이며 숙종이라 한 말은 잘못이다.(本是代宗. 此誤.)"라고 한다. 『圜悟語錄』 권19(大47, 803a6), 『佛祖歷代通載』 권14(大49, 605a29) 등을 비롯하여 『頌古聯珠通集』 권8(卍115, 91a14) 등의 공안집에도 대종이 문답 상대로 등장한다. 숙종은 당 현종의 3남이고, 대종은 숙종의 장자長子이다.
2 백년百年은 사람의 한평생을 나타내는 단위이고, '백년 후'라 하면 한평생을 마친 뒤, 죽은 다음이라는 뜻이 된다.
3 무봉탑無縫塔 : 층이 없이 한 덩어리의 돌로 이루어진 탑. 조각하지 않고 자연석 그대로 쓰며 각개의 돌을 쌓아 층을 만들지 않는 방식이 특징이다. 묘비로 많이 쓰이며 달걀 모양의 난탑卵塔도 일종의 무봉탑이다. 돌을 서로 꿰어 맞춘 틈이 없다(無縫)는 점이 선어禪語로서의 상징을 지니고 있기 때문에 문답에 빈번하게 활용된다. 본서 1001칙, 1458칙에도 무봉탑에 관한 공안이 실려 있다.
4 탐원耽源 : 탐원 응진耽源應眞. 남양 혜충의 시자. 원상圓相의 참뜻을 참구하여 혜충의 법을 이었다.
5 상주湘州는 호남성 장사시長沙市 부근의 남쪽, 담주潭州는 그 북쪽이며 호남의 광대한 강변 일대이다. 여기서는 이들 지역을 가리킨다기보다 특정할 수 없는 모든 곳, 이르는 곳곳마다를 이렇게 표현한 것으로 보인다.
6 이 게송에 대한 설두의 착어는 『碧巖錄』 18則 「本則」(大48, 157c27)에 실려 있다.

은 그대로의 주장자로구나.]⁷

그림자 없는 나무 아래서 함께 배를 탔건만⁸[설두의 착어 : 바다의 파도는 잠잠하고 황하는 맑아졌다.]⁹

유리 궁전에는 아는 사람이 없도다¹⁰[설두의 착어 : 핵심을 집어내었다.]¹¹

忠國師, 因肅宗帝問, "百年後, 所須何物?" 師云, "與老僧作箇無縫塔." 帝曰, "請師塔樣." 師良久云, "會麼?" 帝曰, "不會." 師云, "吾有付法弟子耽源, 却諳此事, 請詔問之." 國師遷化後, 帝詔問耽源, "此意如何?" 源云, "相¹⁾之南, 譚²⁾之北.[雪竇云, "獨掌不浪鳴."] 中有黃金充一國.[雪竇云, "山形拄杖子."] 無影樹下合同船.[雪竇云, "海晏河淸."] 瑠璃殿上無知識.[雪竇云, "拈了也."]"

―――――――
1) ㉧ '相'이 갑본에는 '湘'으로 되어 있다. 1) ㉢ '譚'은 '潭'이 맞다.

―――――――
7 나무를 꺾어서 다듬지도 않고 장식도 하지 않은 그대로 사용하는 지팡이, 이것을 주장자로 쓰기 때문에 산형주장자山形拄杖子라 한다. 아무런 분별도 가해지지 않은 경계를 나타낸다. 자연석을 그대로 탑으로 활용하는 무봉탑과 같은 형식이기 때문에 착어로 썼다. 원오 극근圜悟克勤은 설두의 착어에 또 착어를 달았다. 『碧巖錄』 18則 「本則 著語」(大48, 158a1), "꺾어 버렸다. 그래도 본을 세워 놓고 그에 따라 그리는 격이다.(拗折了也. 也是起模畫樣.)"
8 합동선合同船은 일설에는 장의葬儀 수레로 밑이 없는 배라고도 하며, 또는 통나무로 엮어 민든 배라고도 하며 그 설이 분분하다. 원오가 이 구절에 "조사가 죽었군.(祖師喪了也.)"이라고 착어를 붙인 데에도 이런 의미가 깔려 있는 것으로 보인다. 그림자 없는 나무(無影樹)라고 하는 실체가 없는 경계에서 함께 배를 탔다는 것은 귀천貴賤을 비롯한 모든 차별을 넘어섰음을 나타낸다.
9 평화롭고 태평한 시절을 나타낸다. 본분사를 해결한 경계를 상징하는 말로 쓰인다. 위의 책, "큰 파도가 드넓고 아득하게 일고 흰 물결이 하늘 높이 넘실댄다. 여전히 조금 모자라다.(洪波浩渺. 白浪滔天. 猶較些子.)"
10 그림자 없는~사람이 없도다 : 본서 18칙 본칙 설화 참조.
11 위의 책, "도적이 지나간 다음에 활시위를 당기는구나. 그 말이 아직도 귓전에 남아 있다.(賊過後張弓. 言猶在耳.)"

> 설화

- 돌아가신 다음에는 어떤 물품이 필요하십니까 : 심인心印을 받은 뒤로 남양의 백애산 당자곡에 40여 년 동안 살면서 산문을 내려가지 않았다. 그러한 행적(道行)이 서울에까지 알려지자 당나라 숙종 상원 2년(761)에 중사中使[12] 손조진孫朝進에게 조서를 보내어 서울로 모셔 오고 스승의 예로써 대우하여 비로소 천복사千福寺 서선원西禪院에 거처하게 되었다. 대종代宗이 왕위에 오르자 다시 맞이하여 광택정람光宅精藍에 머물면서 16년 동안 그때마다의 사람과 상황에 따라 법을 설하였다. 대력大曆 10년(775) 12월 9일 오른쪽 옆구리를 바닥에 대고 영원히 세상을 떠났다. 시호는 대증선사大證禪師이다.[13] 이상의 내용으로 보면 아마도 숙종의 질문이 아닌 듯하다. 숙종이 국사를 존경하여 어떤 사람의 질문을 받아들였을 수는 있지만, 아래에서 '국사가 입적한 뒤 황제가 탐원에게 조서를 내려 물었다.'라고 한 것은 대종의 질문이며 분명히 숙종의 질문은 아니다.
- 무봉탑無縫塔 : 이리理·사事와 성性·상相이 한 덩어리로 어울려 서로 이은 틈새가 전혀 없다는 뜻이니,[14] 구멍 없는 피리(無孔笛), 줄 없는 거문고(沒絃琴), 밑 뚫린 그릇(穿心椀) 등과 같은 종류이다.
- 잠깐 침묵하였다(良久) : 이러한 침묵의 모양을 본뜬다는 뜻인가? 이러한 모양을 본뜨지 않는다는 뜻인가?[15] 『벽암록』에 "사람들이 흔히 잘못 이해하고서 '국사는 잠깐 침묵한 바로 그것으로써 탑 모양을 제기하였다.'라고 말한다. 만일 이렇다면 벙어리도 선禪을 이해할 수 있을 것이

---

12 중사中使 : 궁중에서 파견한 사자使者. 보통 환관宦官을 가리킨다.
13 『景德傳燈錄』 권5 『慧忠國師傳』(大51, 244a8~245a9).
14 『竺峰敏語錄』 권3 『慶忠老人圓塔』(嘉40, 235b22), "무봉탑이여, 구분 없이 섞여 둥글둥글 하나로구나.(無縫塔, 渾渾淪淪.)"라는 말이 그 특성을 압축한다. 혼륜渾淪은 천지가 갈라지기 이전의 혼돈混沌과 통한다.
15 법안 문익法眼文益의 말을 활용하였다. 본서 1458칙 '법안 문익의 평' 참조.

다."¹⁶라고 한다. 이는 만일 잠깐 보인 침묵으로 이해한다면 국사의 의중이 아니라는 뜻이다.
● 저의 법을 전해 받은 탐원耽源이라는 제자가 있습니다~조서를 내려 물어보시기 바랍니다 : '옛사람 기골 빼어난 이 많아, 어진 자손들이 빈틈없이 곳곳에 안배한다.'¹⁷라는 뜻이다.

[無縫] 百年後所須何物者, 自受心印, 居南陽白崖山倘¹⁾子谷, 四十餘年, 不下山門. 道行聞于帝里, 唐肅宗上元元²⁾年, 勅中使孫朝進, 賫³⁾詔徵赴京師, 待以師禮, 初居千福西禪院. 及代宗臨御, 復迎止光宅精藍, 十有六紀, 隨機說法. 大曆十年, 十二月九日, 右脇長往, 諡曰大澄禪師云云. 則恐非肅宗之問也. 肅宗敬重之, 至容或問之, 下云, '國師遷化後, 帝詔問耽源.' 則是代宗之問, 決非肅宗之問也. 無縫塔者, 理事性相團圞, 沒縫罅之義, 無孔笛·沒絃琴·穿心椀之類也. 良久者, 借伊搛耶? 不借伊搛耶? 碧巖云, "人多錯會道, '國師良久, 便是塔樣提持.' 若伊麼, 啞子也會禪." 則若以良久默然會取, 非國師意也. 吾有付法云云者, 古人骨多靈異, 賢子孫密安置也.

1) 옝 '倘'은 '黨'의 오자이다. 2) 옝 '元'은 '二'의 오자이다. 3) 옝 '賫'는 '齎'의 속자이다.

● 상주湘州의 남쪽, 담주潭州의 북쪽이라네 : 색상色相과 언담言談¹⁸의 남

---

16 취지는 같지만 문구는 일치하지 않는다. 『碧巖錄』 18則 「本則 評唱」(大48, 158a29), "많은 사람들이 '국사가 말하지 않은 경계가 바로 탑의 모양이다.'라고 한다. 만일 이렇게 이해한다면 달마를 비조로 하는 종파는 땅에서 깨끗이 쓸려 사라질 것이다. 만일 잠깐 침묵한 경계가 그것이라 생각한다면 벙어리도 선禪을 이해할 것이다.(多少人道, '國師不言處, 便是塔樣.' 若恁麼會, 達磨一宗, 掃地而盡. 若謂良久便是, 啞子也合會禪.)"
17 『景德傳燈錄』 권29 「香嚴襲燈大師智閑頌一十九首」 중 〈授指〉(大51, 452a7)에 나오는 첫 구절이다.
18 색상色相과 언담言談 : '湘'을 '相'으로 보고 형상形相으로, '潭'은 '談'으로 보고 담론

쪽이요 색상과 언담의 북쪽이라는 말인가? 상주의 남쪽이요, 담주의 북쪽이라는 뜻인가? 무슨 뜻인지 알지 못하겠으나, 뜻을 취한다면 옳지 못할 것도 없다. 그렇다면 '소 머리의 남쪽이요 말 머리의 북쪽이다.' 라고 해도 된다.[19] 그 뜻은 왼쪽에서 두드리고 오른쪽에서 친다는 것이다. 그러므로 설두는 "한 손바닥으로는 소리를 내지 못한다."라고 착어를 달았다.

● 그곳은 황금이 온 나라를 가득 채울 만큼이라네 : 황금색 신령한 사리[20]를 말한다. 나라 전체의 본이 되는 스승이므로 황금으로 나라 전체를 채운다고 한다. 이는 남북 양단을 부수고 그 중간을 꺼낸다는 뜻이

談論으로 해석한 입장이다. 이로써 색色과 성聲 두 가지를 말하고자 한 것이라 본 것이다.

19 부산 법원浮山法遠(991~1067)의 설이다. 법원은 이무吏務에 뛰어나 원록공遠錄公 또는 원공遠公이라 불렸다. 『禪林寶訓音義』(卍113, 254b1), "대중이 그가 이무에 밝았다는 이유로 원공이라 불렀다.(衆以曉吏事, 故稱遠公也.)" ; 『從容錄』 85則 「評唱」(大48, 282a20), "어떤 이는 '상주의 남쪽이요, 담주의 북쪽이다.'라고 하였고, 부산 원록공(부산 법원)은 '소 머리의 남쪽이요, 말 머리의 북쪽이다.'라고 하였다. 다만 뜻을 터득하고 그것을 가리키는 수단을 잊으면 옳지 않은 것이 없다. 설두가 '남쪽을 북쪽이라 착각한 잘못을 벗어나지 못했다.'라고 한 말은 바로 이 맥락을 가리킨다.(或云, 湘之南潭之北, 浮山遠錄公, 作牛頭南馬頭北. 但得旨忘筌, 無不可者. 雪竇道, '不免將南作北.' 正謂此也.)" ; 『祖庭事苑』 권2(卍113, 48a1), "상지남 : 상相은 거성으로 발음하며 색이 모양으로 나타난다는 말이다. 담譚은 도徒와 남南의 반절음이고, 담談이 맞는 글자이다. 담談은 도徒와 감甘의 반절음이고, 이야기한다는 말이다. 상주의 남쪽이고 담주의 북쪽이라고도 하는데, 그 설에는 결점이 있다. 언젠가 법원의 「부산구대」에서 '이전에 「상의 남쪽, 담의 북쪽」이라 하였지만 오류이다. 이는 소 머리의 남쪽이요, 말 머리의 북쪽이라 해야 한다.'라는 대목을 읽었다. 법원은 노장으로서 종지에 깊이 통달하였으니 후세의 학인들은 그 뜻을 자세히 생각해야 한다.(相之南 : 相, 去聲呼, 謂色相之. 譚, 徒南切, 當作談, 徒甘切, 謂言談也. 或作湘之南, 潭之北, 其說鑿矣. 嘗讀遠浮山九帶, 向云相之南, 談之北, 亦誤. 乃是牛頭南, 馬頭北. 然遠老匠也, 深達宗旨, 後世學者, 宜審思之.)"

20 황금색 신령한 사리(黃金靈骨) : 황금은 부처님을 나타내는 색, 영골靈骨은 사리舍利 ⑤ śarīra, ⑫ sarīra)를 가리킨다. 『翻譯名義集』 권5(大54, 1138b4), "사리 : 신역에서는 실리라室利羅 또는 설리라設利羅라고 음사하고, 한역어는 골신骨身 또는 영골이다. 곧 낱낱의 유골을 모두 가리켜 사리라 한다.(舍利 : 新云, 室利羅, 或設利羅. 此云, 骨身. 又云, 靈骨. 卽所遺骨分, 通名舍利.)"

다. 곧 자신의 깨달음(證)과 남에게 주는 교화(化)가 차별된 두 가지가 아니며, 새기거나 다듬어서 만든 문채라고는 없다. 이 때문에 설두는 "산에서 꺾은 그대로의 주장자로구나."라고 착어를 달았다.

- 그림자 없는 나무 아래서 함께 배를 탔건만 : 그림자 없는 나무(無影樹)[21]와 함께 탄 배(合同舡)는 똑같이 생멸生滅이 없는 상징물인가? 아니다. 나무란 모든 것을 덮어서 보호한다는 뜻이다. 함께 탄 배란 어떤 뜻일까? 『주역』「계사繫辭」에 "함께 배를 타고 건너거늘 호胡나라 사람과 월越나라 사람이 어찌 다른 마음 먹을까 걱정하리오?"라고 한다. 마땅히 배를 함께 타고 세상 모든 사람을 한꺼번에 골고루 맞아들여야 하니, 이것은 교화의 문이다. 그런 까닭에 '그림자 없는 나무'라고 말한 것이니, 제도할 만한 중생이 없기 때문에 "바다의 파도는 잠잠하고 황하는 맑아졌다."라고 착어를 달았다.

- 유리 궁전에는 아는 사람이 없도다 : 이 구절에 대해서는 여러 가지 견해가 있다. 만송 행수萬松行秀는 "어느 곳에나 미륵이 있고, 선재동자가 없는 문이 없거늘 어째서 '(유리 궁전에는) 아는 사람이 없다.'고 했을까?"[22]라고 한다. 이는 미륵 자신이 아는 사람이라는 뜻이다. 또한 "숙종 황제가 '모르겠습니다.'라고 하였으므로 '유리 궁전에는 아는 사람이 없다.'라고 하였다는 견해도 있고, 또 "지혜로 알 수 없고 식識으로 분별할 수 없다.[23] 그 때문에 '아는 사람이 없다.'고 한다."라는 견해[24]도

---

21 그림자 없는 나무(無影樹) : 무영수無影樹에 대한 비유는 부처님이 가섭에게 한 말씀에 보이며, 생멸이 없이 상주常住하는 성품을 나타낸다. 본서 81칙 '취암 수지의 평' 주석 참조.
22 『從容錄』 85則 「評唱」(大48, 282b1)의 인용이지만, 이는 만송의 말이 아니라 법진 수일 法眞守一의 질문으로 되어 있다. 미륵보살이 손가락을 퉁기는 한순간에 문이 열리자 선재동자가 그의 누각 안으로 들어갔던 이야기에 근거한다.
23 『維摩經』 권하(大14, 555a9).
24 이 견해는 무분별이라는 뜻에 근거한 원론적 해설이다.

있다.
- 유리 궁전 : 존귀한 왕위는 적적寂寂한데 주렴이 드리워져 얼굴이 드러나지 않는다.[25]
- 아는 사람이 없다 : 서로의 속뜻을 알아주는 벗이 없다. '궁전에 이끼가 피니[26] 신하가 설 자리는 없다'는 말이 그 증거이다.

---

[25] 만송 행수萬松行秀가 『從容錄』 85칙 본칙에 붙인 착어를 활용한 풀이이며, 이 착어는 단하 자순丹霞子淳의 송에 나오는 구절이다. 『從容錄』 85則(大48, 281c24), "그림자 없는 나무 아래서 함께 배를 탔건만,[빈틈없이 촘촘하여 황금 칼로 자르려 해도 쪼개지지 않는다.] 유리 궁전에는 아는 사람이 없도다.[적적한 그곳에 주렴이 드리워져 얼굴이 드러나지 않는다.](無影樹下合同舡,[密密金刀剪不開.] 瑠璃殿上無知識,[寂寂簾垂不露顔.])"; 『增輯丹霞子淳語錄』(卍124, 497b14), "우리의 종지를 담은 어구가 있으나, 황금 칼(최상의 방편)로도 쪼개어 드러낼 수 없네. 매우 깊고 현묘한 뜻이니, 옥녀가 밤중에 아이를 밴 것과 같다네.(我宗有語句, 金刀剪不開. 深深玄妙旨, 玉女夜懷胎.)"; 같은 책(卍124, 500b2), "난간 밖 흰 구름 하염없이 바라보며, 빈틈없이 촘촘한 구름 황금 칼로 자르려 해도 쪼개지지 않는다.(白雲檻外思悠哉, 密密金刀剪不開.)"; 같은 책(卍124, 508b16), "겹겹이 둘러싼 은밀한 궁전 날 밝아도 싸늘하고, 붉은 계단에 촉촉하게 낀 이끼는 가지런히 늘어서지 못했네. 향과 촛불의 연기 구름처럼 피어 뒤섞이고, 적적한 그곳에 주렴까지 드리워져 얼굴 드러나지 않는다.(祕殿重圍曉尙寒, 丹墀苔潤未排班. 寶香鳳燭煙雲合, 寂寂簾垂不露顔.)"

[26] 왕이 왕의 자리를 지키지 않아 궁전 곳곳에 이끼가 피어났다는 말. 왕의 자리인 정위正位를 고수하지 않고 갖가지 현상의 세계인 편위偏位에서 왕의 교화를 펼친다는 뜻이 들어 있다. 설화에서는 이 맥락에 따라 왕이 없는 궁전에 당연히 신하가 설 자리도 없다는 말로 확장하였다. 남전南泉의 말에서 유래한다. 『曹山語錄』(大47, 528a1), "어떤 학인이 다음의 문답을 제기하였다. 육긍 대부陸亘大夫가 남전에게 물었다. '속성은 어떻게 되시는지요?' '왕王씨입니다.' '왕에게도 권속이 있습니까?' '네 부류의 신하들이 어리석지 않습니다.' '왕은 어떤 자리에 거처합니까?' '궁전 곳곳에 이끼가 피었습니다.' 그 학인이 조산曹山에게 물었다. '궁전에 이끼가 피었다는 뜻은 어떤 것입니까?' '정위에 거처하지 않는다.' '팔방에서 왕을 배알하러 올 때는 어떻게 합니까?' '그는 인사를 받지 않는다.' '그렇다면 무엇 때문에 배알하러 옵니까?' '어기면 목을 베어 버린다.' '어기는 것은 신하의 본분에서 일어나는 일인데, 임금의 뜻은 어떤 것입니까?' '추밀樞密(육긍 대부)은 종지를 터득하지 못했다.' '그렇다면 정무를 처리한 공은 전적으로 신하에게 돌아가겠군요.' '그대는 임금의 마음을 아는가?' '통치권 밖의 일에 대해서는 따지지 않습니다.' '그렇다, 그렇다.(僧擧, 陸亘大夫問南泉. '姓甚麽?' 泉曰, '姓王.' 亘云, '王還有眷屬也無?' 泉曰, '四臣不昧.' 亘云, '王居何位?' 泉曰, '玉殿苔生.' 問師, '玉殿苔生, 意旨如何?' 師曰, '不居正位.' 僧云, '八方來朝時, 如何?' 師曰, '他不受禮.' 僧云, '何用來朝?' 師曰, '違則斬.' 僧云, '違是臣分上, 未審君意如何?' 師曰, '樞密不得旨.' 僧云, '恁麽

- 나무 : 그늘을 만들어(蔭) 모든 것을 햇볕으로부터 보호하고 비를 맞지 않도록 덮어 준다(覆)는 상징이다. 그림자가 없다는 말은 생멸이 없는 도리를 말한다.
- 함께 배를 탄다 : 장산 극근蔣山克勤(圜悟克勤)의 송에 "함께 탄 배는 밑 빠진 그릇과 같으니."라고 하였다. 곧 통나무로 만든 배는 그림자 없는 나무와 같은 부류라는 뜻이다.
- 배 : 갖가지 중생의 무리를 고해에서 건너게 해 주는 수단을 나타낸다. 또한 『주역』「계사」를 인용한 뜻은 마땅히 같은 배를 타고 건너야 한다는 데에 있다.
- 무의자無衣子의 송[27]

> 국사가 잠깐 사이에 보인 모양도
> 틈새 터져 여전히 온전치 않았거늘
> 하물며 탐원이 거듭 덧붙일 필요 있었으랴
> 무너지고 떨어져 차마 보지 못하겠노라

相之南云云者, 色相言談之南, 色相言談之北耶? 湘州之南, 潭州之北耶? 不知的是何意, 得意則無不可也. 然則, 牛頭南, 馬頭北, 亦可也. 義則左敲右擊也. 故雪竇着語云, "獨掌不浪鳴." 中有黃金云云者, 言黃金靈骨也. 一國之師故, 黃金充一國. 義則擊出中間也. 則證化不二, 無雕琢文彩. 故

則燮理之功, 全歸臣相也.' 師曰, '爾還知君意麼?' 僧云, '外方不敢論量.' 師曰, '如是, 如是.')"

[27] 『眞覺國師語錄』「補遺」(韓6, 49b4). 제1구와 제2구는 국사가 '잠깐 드러낸 침묵'도 무봉탑의 무봉無縫을 온전히 보이지 못하여 망상분별이 파고 들어갈 틈이 있다는 취지이다. 나머지 두 구절은 이 침묵과 대비되는 탐원의 게송은 더욱 그 무봉을 드러내지 못했다는 뜻을 읊었다. 말과 침묵이 모두 통하지 않아 물리침으로써 무봉의 경계를 드러낸 것이 이 송의 주안점이다.

雪竇著語云, "山形拄杖子." 無影云云者, 無影樹與合同舡, 一般無生耶? 非也. 樹者, 覆蔭一切也. 合同船者, 易繫辭云, "同船而濟, 胡越何患乎異心哉?" 則理合同船, 盡大地人, 一時普接, 卽化門也. 所以言無影樹, 則無衆生可度故, 著語云, "海晏河淸." 琉璃云云者, 此有多種商量. 萬松云, "是處是慈氏, 無門無善財, 爲什麽道無知識?" 則彌勒知識也. 又, "肅宗帝不會, 故云, 琉璃殿上無知識." 又, "不可以智知, 不可以識識, 故云, 無知識." 又琉璃殿者, 尊貴位寂寂, 簾垂不露顔. 無知識者, 無知音相識. 玉殿苔生臣不立, 卽證也. 又樹者, 蔭覆一切, 無影則無生也. 合同船者, 蔣山勤頌云, "合同船子開心椀." 則全木船無影樹一般也. 船者, 濟渡群品也. 又易繫辭云云, 則理合同船而濟也. 無衣子云,
國師示㨾片時間, 縫罅離披尙未完.
況待耽源重注破! 頽殘零落不堪看.

설두 중현雪竇重顯의 송 雪竇顯頌

무봉탑을 보기란 또한 어려운 일이니 　　無縫塔, 見還難
맑은 못엔 용이 살도록 허용되지 않네[28]　　澄潭不許蒼龍蟠
층층마다 우뚝하고 형상은 둥글둥글　　　層落落, 影團團

---

[28] 이하 '장산 극근의 송'에 나오는 '누운 용은 푸른 못의 맑은 물 늘 근심한다.(臥龍長怖碧潭淸.)'라는 구절과도 뜻이 통한다.『碧巖錄』18則「頌 評唱」(大48, 158c29), "오조 법연五祖法演 선사先師는 '설두 송고 한 책 가운데에서 나는「맑은 연못엔 창룡이 살 수 없다.」라고 한 구절이 가장 좋다.'라고 하였다.……'와룡은 고인 물에 자신을 비춰 보지 않는다. 와룡이 없는 곳에는 달 비추고 물결 잠잠하며, 와룡이 있는 곳엔 바람도 자나 물결이 일렁인다.'라는 말을 모르는가. 더우이 '와룡은 깊은 못의 맑음을 늘 꺼려 한다.'라고 하니, 이런 놈이라면 설령 큰 파도가 넘실거리고 물결이 하늘까지 닿는다고 해도 또한 그 안에도 머물지 않을 것이다.(五祖先師道, '雪竇頌古一冊, 我只愛他澄潭不許蒼龍蟠一句.'……不見道, '臥龍不鑒止水. 無處有月波澄, 有處無風浪起.' 又道, '臥龍長怖碧潭淸.' 若是這箇漢, 直饒洪波浩渺, 白浪滔天, 亦不在裏許蟠.)" 이하 '해회 법연의 상당 1' 참조.

| 천고만고 동안 사람들에게 보여 주네 | 千古萬古與人看 |

> [설화]
> ○ 무봉탑을 보기란 또한 어려운 일이니 : 엿볼 수 없다.
> ○ 맑은 못엔 용이 살도록 허용되지 않네 : 비단 용이 살 수 없을 뿐만 아니라 봉황도 머물 수 없다.
> ○ 층층마다 우뚝하고 형상은 둥글둥글 : 같은 부류라는 말인가? 교묘함과 졸렬함의 차별이 있고 층과 형상 사이에도 차이가 있는 듯이 보이지만 그렇지 않다는 뜻이다.[29]
> ○ 천고만고 동안 사람들에게 보여 주네 : 사람이면 누구나 볼 수 있다.

雪竇 : 無縫塔云云者, 窺覷不得也. 澄潭云云者, 非但龍蟠不得, 鳳宿亦不得也. 層落落云云者, 一般耶? 似有巧拙, 層與影有異也. 千古云云者, 人皆觀見也.

투자 의청 投子義靑**의 송** 投子靑頌

옛 탑 우뚝 솟아 있으나 성인도 모르고[30]	古塔踊聖迷
구름에 덮여 용과 봉황도 찾을 길 없네[31]	雲籠龍鳳失
향기로운 바람은 한밤에 짙게 펴졌는데[32]	香風半夜沉

---

29 무봉탑은 통짜로 한 덩어리이기 때문에 층은 성립되지 않으며, 여기서 층이란 탑 전체를 가리킨다. '층층마다 우뚝하다'는 말은 본래 그런 특징을 나타내기 위한 표현이다. 둥근 그 형상은 마찬가지 속성의 무봉탑에 대한 묘사이다. 본래 두 표현 사이에는 어떤 차이도 없는데 마치 차이가 있는 듯이 보일 뿐이다.
30 『空谷集』 17則 「著語」(卍117, 551b7), "천안과 용의 눈동자로도 엿볼 수 없다.(天眼龍睛不可窺.)"
31 위의 책, "사량 분별로 알아차릴 수 없는 경계를 몇 사람이나 알리오!(非思量處幾人知!)"
32 위의 책, "종적이 전혀 없고 소식도 끊겼다.(沒蹤跡, 斷消息.)"

보배 궁전에는 마음 통하는 벗이 없구나³³　　　　寶殿無知識

[설화]

○ 첫 구절 : 상세한 뜻은 알 수 없다. 보기가 또한 어렵다는 말이다.
○ 구름에 덮여 : 엿볼 수 없다.
○ 용과 봉황도 찾을 길 없네 : 편위偏位도 정위正位도 의지할 근거가 없다.
○ 향기로운 바람은 한밤에 짙게 펴졌는데 : '그림자 없는 나무 아래서 함께 배를 탄다.'라고 한 구절과 같은 말이다.
○ 보배 궁전에는 마음 통하는 벗이 없구나 : '유리 궁전에는 아는 사람이 없다.'라고 한 구절과 같은 말이다.

投子:上句,未詳意.謂亦見還難也.雲籠者,窺覰不得也.龍鳳失者,偏正無所依着也.香風云云者,無影樹下合同船也.寶殿云云者,瑠璃寶殿無知識也.

천동 정각天童正覺의 송 天童覺頌

우뚝하고 아득히 높으며 둥글둥글한데³⁴	孤逈逈圓陏陏
눈길 다한 곳까지 높이 치솟아 있구나	眼力盡處高峨峨
달 지고 텅 빈 못에는 밤도 짙어 가고	月落潭空夜色重
구름 걷혀 파리한 산엔 가을빛 깊다네	雲收山瘦秋容多
팔괘³⁵ 자리는 바르고	八卦位正

---

33 위의 책, "누가 성인의 위엄을 조금이라도 범하리오.(誰敢依稀犯聖顔.)"
34 『從容錄』85則「頌」(大48, 282b5)에 '우뚝하고 아득히 높으며'라는 구절에는 "어떤 법과도 비견할 짝이 되지 않는다.(不與萬法爲侶.)"라는 방거사龐居士의 말을 착어로 달았고, '둥글둥글하다'라는 구절에는 "모자람도 없고 남음도 없다.(無缺無餘.)"라고 착어를 달았다.
35 복희伏羲가 지었다는 건乾·곤坤·진震·손巽·감坎·리離·간艮·태兌 등 여덟 개의

오행의 기운 조화롭다	五行氣和
몸은 본디 그 경계에 있단 걸 아는가	身先在裏見來麼
남양 부자는 아는 듯해도 전혀 모르고	南陽父子兮却似知有
서천 부처와 조사도 어쩔 도리 없다네	西竺佛祖兮無如奈何

> 설화

○ 제1구와 제2구 : 높고 가파르게 솟아 아무리 쳐다보아도 눈길이 미치지 않는다.

○ 제3구 : 편위 그대로 정위라는 뜻이다.[36]

○ 제4구 : 정위 그대로 편위라는 뜻이다.[37]

○ 팔괘 자리는 바르고, 오행의 기운 조화롭다 : 편위와 정위가 뒤섞였다.[38] 팔괘는 대립으로 겹친 네 개의 짝이고,[39] 오행은 다섯 가지 지위[40]에 해당한다.

○ 몸은 본디 그 경계에 있단 걸 아는가 : 몸은 국사의 영골(사리)을 가리킨다.

○ 남양 부자는 아는 듯해도 전혀 모르고 : 무엇인가 아는 듯하지만 아무것도 알 수 없다.

괘. 『周易』에서는 이 팔괘를 각각 천天·지地·뇌雷·풍風·수水·화火·산山·택澤 등 여덟 가지 자연 현상의 상징이라 여기고 그렇게 짝을 맞추었다.

36 딜이 지면 허공의 모든 풍경이 어둠으로 침몰하여 모든 차별이 사라진다. 차별의 편위가 고스란히 무차별의 정위로 뒤바뀐 상황을 묘사한다.

37 구름 덮여 구분이 되지 않던 한 덩어리의 풍경(정위)이 파리한 가을 산이 펼치는 낱낱의 요소(편위)로 변환되었다. 위의 구절과 함께 편위와 정위가 자유자재로 자리를 바꾸는 선기禪機를 나타낸다.

38 팔괘의 자리는 정위, 오행은 차별 세계로 전개된 편위로 본 해설이다.

39 팔괘에서 건乾과 곤坤, 진震과 손巽, 감坎과 리離, 간艮과 태兌가 각각 서로 대립되는 네 가지 짝이다. 두 가지 대립이 겹친(復) 네 짝(四)이라는 뜻에서 '복사復四'라 한다.

40 편정오위偏正五位를 말한다. 제1위 정중편正中偏, 제2위 편중정偏中正, 제3위 정중래正中來, 제4위 편중지偏中至, 제5위 겸중도兼中到.

○ 서천 부처와 조사도 어쩔 도리 없다네 : 부처나 조사도 어떻게 할 도리가 없다.

天童 : 上二句, 高危峭峻, 瞻仰不及也. 三句, 卽偏而正也. 四句, 卽正而偏也. 八卦云云者, 偏正交參. 八卦復四, 五行五位也. 身先至來麼者, 身則國師靈骨也. 南陽至知有者, 似知有而不可知有也. 西竺至奈何者, 佛祖亦奈何不得也.

법진 수일法眞守一의 송 法眞一頌

남양의 무봉탑을 세우고자 하였건만	欲建南陽無縫塔
반수[41]도 손쓰기 실로 어려울 수밖에	般輸下手實應難
본래 실현되었거늘 지을 필요 있는가[42]	本來成現何須作
곳곳에 우뚝 서 있으니 눈 뜨고 보라[43]	到處巍然着眼看

---

41 반수般輸 : 배나 다리 또는 갖가지 기물을 축조하던 전설상의 탁월한 장인匠人. 물건을 깎아서 만들기 위해 도끼질하는 솜씨가 뛰어났다고 한다. 성은 공수公輸, 이름은 반班 또는 반般으로 쓴다. 춘추시대 노나라 사람이었으므로 노반魯般 또는 노반魯班이라고도 한다. 『孟子』 「離婁」 上에 "이루離婁의 밝은 눈과 공수자公輸子의 뛰어난 솜씨가 있다 해도 규구를 쓰지 않으면 모난 모양과 둥근 모형을 만들어 내지 못한다.(離婁之明, 公輸子之巧, 不以規矩, 不能成方圓.)"라 하였고, 조기趙岐는 "공수자는 노반이다. 노나라의 뛰어난 기술자이다.(公輸子, 魯班, 魯之巧人也.)"라고 주석을 달았다. 『文選』 「班固」, "봉몽逢蒙은 활쏘기에 절묘한 기교를 지녔고, 반수는 도끼질에 남다른 솜씨가 있었다.(逢蒙絶技於弧矢, 般輸推巧於斧斤.)" ; 『雲門廣錄』 古尊宿語錄 18(卍118, 385b13), "운문雲門이 어떤 학인에게 물었다. '어디서 오는가?' '침주에서 왔습니다.' '그대는 어찌하여 발을 헛디디는가?' 그 학인이 대답이 없자 운문이 대신 말하였다. '노반의 문하에서는 큰 도끼를 자유자재로 휘두릅니다.'(問僧, '甚處來?' 僧云, '郴州.' 師云, '你爲甚麼失脚?' 代云, '魯般門下弄大斧.')"

42 본래 실현되었거늘~필요 있는가 : 무봉탑의 특징을 말한다. 조각하여 다듬지 않은 자연 그대로의 돌을 쓰기 때문이다.

43 곳곳에 우뚝~뜨고 보라 : 손에 닿는 것마다 눈에 보이는 것마다 모두 무봉탑이다.

> [설화]

○ 이것이 완전무결한 부도[44]인가?

法眞 : 此是全浮屠耶?

장산 극근蔣山克勤**의 송** 蔣山勤頌

팔면이 모두 영롱하게 빛나고	八面自玲瓏
허공 차지한 기세 불쑥 솟았네	盤空勢发崿
겉과 속이 언제나 당당하거늘	表裏鎭巍然
어찌 여섯 구멍[45] 나누겠는가[46]	若爲分六鑿
이름에 집착하면 외양에 속고	執名匿相
영상 인정하면 본모습 모른다	認影迷形
누운 용은 푸른 못의 맑은 물 늘 근심한다	臥龍長怖碧潭淸
함께 탄 배는 밑 빠진 그릇[47]과 같으니	合同船子開心椀
나날이 쓰면서 실현하지 않을 수 있겠는가	日用如何不現成

---

44 부도浮屠 : ⓢstūpa. 사리를 안치한 탑. 불탑佛塔·솔도파窣堵婆 등을 가리킨다. 중국에서는 불교가 전래된 후한 때 이 용어가 사용되기 시작하였다.『飜譯名義集』권7(大54, 1168a6).

45 여섯 구멍(六鑿) : 육착六鑿은 귀와 눈과 코 등 여섯 개의 감각기관.『莊子』「外物」에 나오는 용어.

46 어찌 여섯 구멍 나누겠는가 : 천연 그대로 완성된 탑이라 구멍을 뚫어 인위적 형상을 만들어 낼 필요가 없다.『莊子』「應帝王」에 눈·코 등 일곱 가지 감각기관(七竅)이 없는 중앙의 제왕 혼돈渾沌에게 하루 하나씩 구멍을 뚫어 주었지만 일곱째 되던 날 혼돈이 죽었다는 우화와 비슷하다. 완벽하게 구현되어 있는 것에 쓸모없이 덧붙이는 행위를 비유한다.

47 『楊岐語錄』(大47, 644a8), "법좌에 올라앉아 말하였다. '밑 빠진 그릇에 음식을 담아 오고, 뚜껑 없는 쟁반을 덮어서 오라. 머뭇거리며 헤아려서야 어느 겁劫에 깨닫겠는가? 눈썹이 얼마나 남았는지 살펴보라. 가거라!'(上堂云, '開心椀子盛將來, 無縫合盤合取去. 擬思量何劫悟? 看取眉毛有幾許. 去!')"

> 설화

○ 제1구 : 팔면이 서로 갈마들며 뒤얽혀 있다.
○ 제2구 : 한편에 험하게 치솟은 기세를 누가 엿보겠느냐는 뜻이다.
○ 제3구 : 영롱한 팔면 그리고 한편에 험하게 치솟은 기세가 겉과 속이다.
○ 제4구 : 눈·귀·코·혀 등 인식기관과 보고 듣고 느끼고 아는 등의 기능으로 미칠 수 있는 대상이 아니다.
○ 이름에 집착하면 외양에 속고 : 만일 이름에 집착한다면 외양에 속는다는 말이다. 닉匿은 닉溺으로 추정한다.[48]
○ 영상 인정하면 본모습 모른다 : 만약 영상을 실재로 오인한다면 본모습을 모른다.
○ 누운 용은 푸른 못의 맑은 물 늘 근심한다 : '맑은 못엔 용이 살도록 허용되지 않네.'(설두 중현의 송 제2구)라는 구절과 같다.
○ '그림자 없는 나무 아래서 함께 배를 탄다.'라는 말은 나날이 쓰는 그 현장에서 본래면목을 실현한다는 뜻이다.

蔣山 : 上句, 八面自回互也. 二句, 峭峻一方, 誰敢窺也. 三句, 玲瓏八面, 峭峻一方, 是表裏也. 四句, 眼耳鼻舌, 見聞覺知, 所不及也. 執名匿相者, 若執名則匿相. 匿疑溺字. 認影迷形者, 若認影則迷形也. 臥龍云云者, 澄潭不許云云也. 無影樹下合同船, 是日用現成面目也.

설두 중현雪竇重顯의 염

"숙종이 '모르겠다'고 한 말은 일단 제쳐 두고 탐원은 이해했을까? 다만 '스님께서 탑 모양을 말씀해 보시기 바랍니다.'라고 묻기만 하면 될 일이니, 인도와 중국을 다 아울러 모든 지위의 조사들이 이 하나의 질문을 당

---

[48] '溺'으로 본다면, "이름에 집착하면 외양에 빠진다."라는 뜻이 된다.

하면 남쪽을 가리켜 북쪽이라 하는 잘못을 벗어나지 못하리라. 옆에서 지켜보면서 이 말을 수긍하지 않는 사람은 나오라! 내가 그 사람에게 묻겠다. 어떤 것이 무봉탑인가?"

雪竇顯拈, "肅宗不會且置, 耽源還會麼? 只消箇請師塔樣, 盡西天此土, 諸位祖師, 遭者一拶, 不免將南作北. 有傍不肯底出來! 我要問你. 那箇是無縫塔?"

> 설화

○ 숙종이 '모르겠다'고 한 말은 일단 제쳐 두고 탐원은 이해했을까 : 탐원은 그렇게 송으로 읊었지만 그 또한 무봉탑을 이해하지 못하였다.
○ 다만~남쪽을 가리켜 북쪽이라 하는 잘못을 벗어나지 못하리라 : 다만 '탑 모양을 말씀해 보시기 바랍니다.'라고 한 숙종의 질문을 던지기만 해도 모든 지위 조사들의 근본 견해가 드러난다.
○ 옆에서 지켜보면서~어떤 것이 무봉탑인가 : 무봉탑에 대한 질문이라면 정확히 집어내기 어렵다는 뜻이다.

雪竇 : 肅宗至會麼者, 耽源伊麼道, 亦不會無縫塔也. 只消至作北者, 只因帝問請塔樣, 諸位祖師立處現露也. 有傍不肯云云者, 若是無縫塔, 指出也難也.

신정 홍인神鼎洪諲의 염

"앞서서 국사가 이와 같은 마음의 작용을 드러냈으나 분명하게 알지 못했고, 다음으로 탐원에게 물었더니 그는 그렇게 송으로 읊었던 것이다. 말해 보라! 진실을 다 드러냈는가, 진실을 다 드러내지 못했는가? 비록 방편이었다고 하나 깊이 이해해야만 한다. 알겠는가? 내가 여러분에게 깨달음의 전기가 되는 네 마디 말(四轉語)을 전해 주겠다."[49] '상주의 남쪽, 담주의 북쪽이라네.'라는 구절에 대하여 "임금과 신하에게 각자 다른 길이 있다."라고 하였으며, '그곳은 황금이 온 나라를 가득 채울 만큼이라네.'라는 구절에 대하여 "청정하고 미묘한 본체는 변함이 없다."라고 하였고, '그림자 없는 나무 아래서 함께 배를 탔건만'이라는 구절에 대하여 "모든 성인이 같은 길을 밟으며 간다."라고 하였으며, '유리 궁전에는 아는 사람이 없도다.'라는 구절에 대하여 "범부의 길도 성인의 길도 끊어졌다."라고 하였다. "만일 이렇게 이해한다면 결코 속지 않을 것이다. 내가 이렇게 해설을 붙였지만 국사의 본의를 저버릴 뿐이다."

神鼎諲拈, "前來國師, 如此作用, 不能明了, 次問就源, 源恁麼頌. 且道! 盡善不盡善? 雖成方便, 須體解始得. 會麼? 神鼎爲你諸人, 下四轉語." '相之南譚之北' 師云, "君臣有路." '中有黃金充一國' 云, "淨妙體常." '無影樹下合同船' 云, "千聖同轍." '瑠璃殿上無知識' 云, "凡聖路絶." 師云, "若是恁麼會去, 必不相賺. 神鼎恁麼注解, 只是辜負國師."

[설화]

○ 앞서서 국사가 이와 같은 마음의 작용을 드러냈으나 분명하게 알지 못했고 : 국사가 잠깐 침묵한 경계와 부합한 점이 없었고 그 뜻을 분명하게 가려내지도 못했기 때문이다.
○ 탐원에게 물었더니~진실을 다 드러내지 못했는가 : 내리누르기도 하고 추켜세우기도 하였는데, 그 뜻은 아래 문구에 드러난다.[50] 깨달음의

---

49 이하에서는 탐원의 송 네 구절에 대한 신정의 착어가 제시된다. 그래서 이를 깨달음의 전기가 되는 네 마디 말(四轉語)이라 한 것이다.
50 '모든 성인이 같은 길을 밟으며 간다.'라고 한 말은 추켜세운 긍정이고, '범부의 길도 성인의 길도 끊어졌다.'라고 한 말은 내리누른 부정이다.

전기가 되는 네 마디 말은 자명하여 해석을 가할 점이 없다.
○ 만일 이렇게 이해한다면 결코 속지 않을 것이다 : 앞서 읊은 탐원의 송이 진실을 다 드러내었다면 신정의 말 또한 진실을 다 드러내었다는 뜻이다.
○ 내가 이렇게 해설을 붙였지만 국사의 본의를 저버릴 뿐이다 : 신정이 진실을 다 드러내지 않았다면, 탐원도 진실을 다 드러내지 못했다는 뜻이다.

神鼎:前來國師至明了者, 國師良久, 無折合, 無辨白故也. 耽源伊麽道至不盡善者, 或抑或揚, 意現下文. 下四轉語, 無消釋分. 若是伊麽至相賺者, 前云盡善, 神鼎云, 亦盡善也. 神鼎伊麽注解云云者, 神鼎不盡善, 耽源亦不盡善也.

상방 제악 上方齊岳의 염
"싹 움튼[51] 버들잎 보드랍고, 눈 속에서 매화는 꽃망울 터뜨리네."

上方岳拈, "柳開靑眼細, 梅綻雪中微."

설화
○ '그림자 없는 나무'와 '아는 사람이 없다'라는 두 구절에 대하여 밝혔다. 여기에 쓰인 미微 자에는 알맞은 뜻이 없으니 눈썹 미眉 자로 바꾸어

---

51 새로 피어나기 시작한 어린잎을 푸른 눈(靑眼)이라 한다. 그 잎이 가느다란 것을 잠에 취한 게슴츠레한 눈에 빗대어 유안柳眼이라 하고, 꽃술은 그 모양을 형용하여 '수鬚'를 붙여 부르는데 매수梅鬚라 하면 매화 꽃술을 가리킨다. 버드나무와 매화는 봄소식을 알려 주는 대표적인 나무로 아울러 일컬어진다. 새봄에 틔운 버드나무의 어린잎과 활짝 핀 매화꽃을 유안매시柳眼梅腮라고도 한다. 이런 예로써 보면 '微'를 '眉'로 바꾸어야 한다는 설화의 주장도 살펴볼 만하다.

야 한다.⁵² 이러면 앞 구절의 눈 안眼 자와 어울리는 짝이 되기 때문이다.⁵³

上方:明無影樹,至無知識二句. 微字無意作眉, 是眼對故.

설봉료雪峯了의 염

"국사 부자는 주군을 받들고 아끼는 마음으로 밑바닥까지 다해 일러주고자 그 자리에서 속마음을 남김없이 쏟아내었다. 무봉탑을 보았는가? 만일 보지 못했다면 거짓말로 왕을 속인 결과이니 저 멀리 애주崖州로 유배당할 일이다.⁵⁴"

雪峯了拈, "國師父子, 奉主愛君, 盡底將來, 覿面傾倒. 還見無縫塔麼? 若也覰不見, 訛言誑聖, 萬里崖州."

[설화]

○ 국사 부자는~속마음을 남김없이 쏟아내었다 : 노파심이 간절하여 한 마디 한마디가 거짓 없는 마음의 발로였다.
○ 만일 보지 못했다면 거짓말로 왕을 속인 결과이니 저 멀리 애주崖州로 유배당할 일이다 : 만일 국사 부자의 의중을 이해하지 못한다면 도리어 거짓말로 임금을 속인 결과가 된다는 말이다.

---

52 '미眉' 자로 바꾸면 '매화가 터뜨린 꽃망울은 눈 속의 빼어난 모습이구나.'라는 정도가 된다. '미眉' 자의 걸출하다는 뜻을 살려 눈 더미 속에서 빼어나게 피어난 꽃을 묘사하였다고 볼 수 있다.
53 눈(眼)과 눈썹(眉)으로 어울리는 짝이 된다고 보았다.
54 애주崖州는 땅끝 먼 곳을 상징적으로 가리킨다. 이로부터 섬이나 벽지僻地로 귀양 보내는 것을 의미하기도 한다.

雪峯:國師父子至傾倒者, 老婆心切, 赤心片片也. 若也覷不見云云者, 若不會國師父子意, 反是訛言詆聖也.

보녕 인용保寧仁勇의 상당

이 공안을 제기하고 말하였다. "'훌륭한 아버지가 아니었다면 그만큼 뛰어난 아들은 나오지 못하는 법이다.'[55]라고 한다. 비록 이와 같아서 숙종 한 사람을 속이는 것은 가능하겠지만 세상 납승들의 눈이야 어떻게 속이랴! 납승의 눈은 어떤 것인가?"

保寧勇上堂, 擧此話云, "所謂非父不生其子. 雖然如是, 謾肅宗一人卽得, 爭奈天下衲僧眼何! 那箇是衲僧眼?"

해회 법연海會法演의 상당 1

이 공안을 제기하고 말하였다. "대중은 모두들 '국사가 잠깐 침묵했다.'고 말하지만, 그가 북을 걸어 놓고 누군가 치기를 애타게 기다렸다[56]는 사

---

[55] 탁월한 스승 아래에서 그만 한 제자가 배출된다는 비유이다. 남양 혜충 부자를 가리킨다. 『拈八方珠玉集』권상(卍119, 233a8), "단하丹霞가 마조馬祖를 친견하러 가다가 길에서 어떤 노인과 동자 한 명을 만나서 물었다. '공은 어디 사십니까?' '위로는 하늘을 지붕으로 삼으며, 아래로는 땅을 베개로 삼고 삽니다.' '만일 하늘이 무너지고 땅이 꺼지게 되면 어떻게 하시겠습니까?' 이에 그 노인이 '아이고! 아이고!' 하며 곡소리를 내었고, 동자는 그게 한숨을 내쉬었다. 단하가 '훌륭한 아버지가 아니면 이처럼 뛰어난 아들이 나오지 못할 것입니다.'라 말하자 노인과 동자는 바로 산으로 들어갔다. 불감佛鑑이 이 공안의 핵심을 집어내어 말하였다. '대단한 단하의 콧구멍이 소 먹이는 동자에게 꿰였다.'(擧, 丹霞去看馬祖, 路逢一老人, 與一童子. 霞問, '公住何處?' 老人云, '上是天, 下是地.' 霞云, '忽遇天崩地陷, 又作麼生?' 老人云, '蒼天! 蒼天!' 童子噓一聲. 霞云, '非父不生其子.' 老人與童子, 便入山去. 佛鑑拈云, '大小丹霞鼻孔, 却被牧牛童子穿却也.')"
[56] 현고대추懸鼓待槌 : 현고대추懸鼓待椎라고도 쓰고 줄여서 현고懸鼓라고도 한다. 몹시 다급하여 한시도 참을 수 없다는 뜻이다. 북송 때의 인물 범중엄范仲淹과 그 아들 범순인范純仁의 일화에서 비롯한 말이다. 『驚奇集』, "송나라 때 문정공 범중엄이 하루는 아들 순인을 데리고 민가를 찾았다. 그 집에 북이 있었는데 그것을 요괴로들 여겼

실을 모르고 하는 소리이다. 당시에 숙종이 작가의 안목을 지닌 군왕이었다면 국사가 '조서를 내려 탐원에게 물어보십시오.'라고 한 말을 듣고 그에게 '국사시여, 국사시여! 어찌 그럴 필요 있겠습니까?'라고만 응답하였을 것이다. 숙종이 그 뒤에 탐원에게 조서를 내리자 탐원이 게송을 올렸다." 법연이 숙종을 대신하여 그 게송에 대하여 말하였다. "쓸데없는 말이로군요." 설두의 송에 대해서 이렇게 말하였다. "설두는 천고의 세월 동안 이름을 날릴 만하지만, 노승이 그가 '맑은 못엔 용이 살도록 허용되지 않네.'라고 한 그 말이 좋을 뿐이다. 그 구절은 머리부터 꼬리까지 한꺼번에 꿰었기 때문이다. 앞서 내가 던진 한 타래의 말은 집어서 한편에 던져버리고, 궁극적인 뜻은 어떤 것인지 말해 보라!" 이어서 말하였다. "아리따운 여인은 벌써 은하수로 돌아갔건만, 어리석은 낭군은 여전히 짝 잃은 방을 지키고 있구나."

海會演上堂, 擧此話云, "衆中盡道, '國師良久.' 殊不知, 懸鼓待槌. 當時, 肅宗若是作家君王, 待伊道, '教詔躭源.' 但向道, '國師, 國師! 何必?' 肅宗, 後詔躭源, 源呈頌〈云云〉." 師代肅宗云, "閑言語." 雪竇頌〈云云〉, 師云, "雪竇, 可使千古傳名, 老僧, 只愛他道, '澄潭不許蒼龍蟠.' 首尾一時貫串.

다. 앉은 지 얼마 되지 않아 북이 저절로 몰아쳐 정원에 이르러 빙빙 돌기를 그치지 않자 그 장면을 본 모두가 두려워 떨었다. 범중엄은 '생각건대 이 북은 오래도록 울리지 못하다가 귀한 손님이 온 것을 보고는 스스로 와서는 북채를 찾은 것일 뿐이다.'라 하고는 이내 순인에게 북채를 깎아 치게 하니 그 북은 바로 부수어졌다.(宋範文正公仲淹, 一日攜子純仁訪民家. 其舍有鼓爲妖. 坐未幾, 鼓自滾至庭, 盤旋不已, 見者皆股栗. 文正曰, '想此鼓久不擊, 見好客至, 故自來以尋槌耳.' 乃令純仁削槌擊之, 其鼓立破.)" 여기서는 침묵함으로써 누군가 그에 대하여 반응하도록 설정한 선기禪機라는 뜻으로 쓰였다. 『石溪心月語錄』권상(卍123, 48a5), "법좌에 올라앉아 말하였다. '9년 동안 소실에서 면벽한 달마 대사는 북을 걸어 놓고 누군가 치기를 애타게 기다린 격이었고, 하룻밤 조계에 묵었던 영가 현각永嘉玄覺은 아교가 옻에 섞이듯이 의기투합한 격이었다. 만일 이렇게 이해한다면 30년 후에는 얼굴 가득 부끄러움이 퍼지리라.' 할을 내질렀다.(上堂, '九年少室, 懸鼓待槌 ; 一宿曹溪, 如膠投漆. 若與麼會, 三十年後, 滿面慚惶.' 喝.)

只如前來一絡索, 拈放一邊. 且道! 畢竟如何?" 乃云, "姹女已歸霄漢去, 獃郎猶自守空房."

> [설화]
> ○ 대중은 모두들 '국사가 잠깐 침묵했다.'고 말하지만~그에게 '국사시여, 국사시여! 어찌 그럴 필요 있겠습니까?'라고만 응답하였을 것이다 : 어찌 반드시 이와 같이 하느냐는 뜻이다.
> ○ 쓸데없는 말이로군요 : 국사가 하는 그대로 놓아두지 않겠다는 말이다.
> ○ 머리부터 꼬리까지 한꺼번에 꿰었다 : '맑은 못엔 용이 살도록 허용되지 않는다.'라는 구절에 해당하니, 속속들이 모두 갖추었다는 말이다. '층층마다 우뚝하고 형상은 둥글둥글, 천고만고 동안 사람들에게 보여주네.'라고 한 설두의 말은 쓸모없이 남아도는 법이라는 뜻이다.
> ○ 앞서 내가 던진 한 타래의 말은 집어서 한편에 던져 버리고 : 설두가 했던 일단의 말을 던져 버려 두라는 뜻이다.
> ○ 아리따운 여인은~여전히 짝 잃은 방을 지키고 있구나 : 아무리 뒤져도 찾을 수 없으니, 어떤 한계도 없는 경지가 되었다는 뜻이다.

海會 : 衆中云云至何必者, 何必如此也. 閑言語者, 不放過也. 首尾一時貫串者, 澄潭不許蒼龍蟠, 徹底具足也. 層落落云云至人看者, 是剩法也. 前來云云至一邊者, 雪竇一絡索也. 姹女云云者, 直是尋討不得, 直得無限也.

해회 법연의 상당 2

이 공안을 제기하고 '조서를 내려 물어보시기 바랍니다.'라고 한 구절에 이르러 말하였다. "앞에는 진주와 마노馬瑙[57]가 깔렸고 뒤에는 마노와

---
57 마노馬瑙 : 칠보七寶 중 하나. "마노(알습마게바라 음사하고, 저장杵藏이라 한역한다. '알

진주가 깔렸다. 동쪽에는 관음보살과 세지보살이 있고 서쪽에는 보현보살과 문수보살이 있다. 그 중간에 한 폭의 깃발이 바람에 날리며 '호로, 호로!'[58] 하고 소리 내는구나."[59]

又上堂, 擧此話, 〈至〉請詔問之, 師云, "前面是眞珠瑪瑙, 後面是瑪瑙眞珠; 東邊是觀音勢至, 西邊是普賢文殊. 中間有一首幡, 被風吹着道, '胡盧, 胡盧.'"

> 설화

○ 무봉탑의 앞과 뒤, 동과 서 그리고 중간 등은 여러 종류의 면목을 나타낸 말로서, 허다하게 많은 일이 있음을 밝힌 것이다.
○ 호로, 호로 : 한마디의 진언[60]이다.
○ 앞의 상당에서는 허다하게 많은 일이 없음을 밝혔지만, 여기서는 그와 동일하지 않다.

又上, 無縫塔之前後, 東西及中間, 多般面目故, 明有許多事也. 胡盧胡盧者, 一道眞言也. 前上堂明得箇無許多事, 此則不同.

습마'는 저杵라는 뜻이고 '게바'는 장藏의 뜻이며 혹은 태胎라고도 하니 그것이 견실한 데서 취한 이름이다. 마노라고 한 까닭은 색깔이 말의 뇌와 같기 때문이다.】(馬瑙【遏濕摩揭婆, 此云杵藏. 遏濕摩, 杵義, 揭婆, 藏義, 或言胎, 取其堅實. 言馬瑙者, 色如馬腦故也.】)"
58 호로胡盧 : 웃는 모습. 은근히 웃거나 몰래 웃는 웃음이다. 여기서는 바람에 펄럭이는 무의미한 깃발 소리를 나타내는 의성어이다.
59 혜충 국사가 침묵으로 보여 준 경계를 이와 같이 다채로운 모습으로 표현하였다.
60 한마디의 진언(一道眞言) : 본서 16칙 '밀암 함걸의 거' 설화 주석, 250칙 '운문 문언의 거 1' 마지막 구절 및 그 설화 참조. 아무 맛도 의미도 없는 화두라는 뜻이다. 이것으로 '무봉탑'이 화두로서 가지는 본질을 나타낸다.

자수 회심慈受懷深**의 상당**

이 공안과 더불어 설두의 송을 제기하고 말하였다. "옛사람이 이렇게 한 이야기가 좋기는 매우 좋지만 후손들까지 연루시켜 한결같이 썩은 물 속에서 기량이나 부리고, 활로活路에서 살림살이하도록 하지 못한 잘못을 벗어나지 못하였다. 만일 어떤 사람이 나, 혜림慧林에게 '무봉탑이란 무엇입니까?'라고 묻는다면, 그에게 '봄바람 부는 텅 빈 뜨락에 찾아오는 이 없는데, 살구꽃과 복숭아꽃은 흐드러지게 피었구나.'[61]라고만 대답하리라."

慈[1])受上堂, 擧此話, 連擧雪竇頌, 師云, "古人伊麼說話, 好則甚好, 不免帶累兒孫, 一向在死水裏, 做伎倆, 不能活路上, 作生涯. 忽有人問慧林, '如何是無縫塔?' 只向他道, '春風院落無人到, 野杏山桃爛熳開.'"

1) ㉠ '慈'가 갑본에는 '妓'로 되어 있다.

설화

○ 국사의 침묵 그리고 탐원과 설두가 지은 두 수의 송이 썩은 물 속의 살림살이와 같으니, 이들 모두 무봉탑의 모양을 밝힌 것이지만 본보기를 꺼내 보이지는 못하였다. 그러므로 '썩은 물 속에서'라고 운운한 것이다.

○ 봄바람 부는 텅 빈 뜨락에 찾아오는 이 없는데, 살구꽃과 복숭아꽃은 흐드러지게 피었구나 : '사오백 유곽에 이삼천 곳곳이 피리와 거문고 소리 울리는 누각과 같네.'[62]라고 하는 말과 같다. 살구꽃과 복숭아꽃은 경계이고, 사람은 사람이다. 찾아오는 이 아무도 없으니 오로지 온갖

---

61 사람에 의한 인위적 분별에 물들지 않은 경계를 표현하였다.
62 본서 37칙 본칙 설화 주석, 1463칙 '밀암 함걸의 거' 설화 참조.

경계의 차별만 있다. 이 어찌 활로에서 살림살이하는 풍경이 아니겠느냐는 뜻이다.

慈受: 國師良久, 耽源雪竇二頌, 死水裏造活計, 皆是明無縫塔樣子, 未出規模. 故曰, '死水裏云云'也. 春風院落云云者, 如云, '四五百條花柳巷云云'也. 野杏山桃則境, 人則人也. 而無人到, 則只有萬境差別也. 豈非活路上作生涯也.

지해 지청智海智淸의 상당

이 공안을 제기하고 말하였다. "알았는가? 국사가 할 일을 마치지 못한 탓에 그 재앙이 탐원에게 미쳤고,[63] 숙종은 아무 일도 하지 않았기에 앉은 채로 천하를 안정시켰다. 여러 선덕들이여, 만일 들은 말 그대로 따라서 뜻을 확정한다면 둔한 말이 천리마와 빠르기를 다투는 꼴이고, 게다가 뜻을 가지고 종지를 밝힌다면 납으로 만든 칼로 막야검鏌鎁劒과 예리함을 겨루는 격이리라. 조사가 말하지 않았던가? '잎이 떨어져 뿌리로 돌아가는 격이니 언제 돌아올지는 말할 수 없다.'[64]"

智海淸上堂, 擧此話云, "還見得麼? 國師不了, 殃及耽源, 肅宗無爲, 坐安天下. 諸禪德, 若以卽言定旨, 駑駘與騏驥爭奔, 更乃就意明宗, 鈆刀共鏌鎁鬪刃. 祖不云乎? '葉落歸根, 來時無口.'"

---

[63] 국사가 분명하게 무봉탑의 모양을 단정해 주지 않아서 탐원이 게송으로 다시 그것을 전했지만 그 또한 분명한 의미로 마무리 짓지 못했다는 말. "조상이 할 일을 다 마치지 못하면, 그 재앙이 자손들에게 미친다.(祖禰不了, 殃及兒孫.)"라는 관용구를 활용하였다. 이들을 비판하는 말의 형식이지만, 무봉탑이라는 본분의 화두가 지니고 있는 본질이 이처럼 어떤 단정도 통하지 않음을 나타낸다.

[64] 6조 혜능慧能이 임종하기 전에 '스님께서 지금 떠나시면 언제 돌아오십니까?'라고 물은 제자의 말에 준 대답이다. 宗寶本『壇經』(大48, 361b17), 본서 115칙 본칙 참조.

> 설화

○ 국사가 할 일을 마치지 못한 탓에 그 재앙이 탐원에게 미쳤고 : 할 일이 없는 경계에서 일을 벌였기 때문이다.[65]
○ 숙종은 아무 일도 하지 않았기에 앉은 채로 천하를 안정시켰다 : 숙종은 내세울 견해가 없었기 때문이다.
○ 들은 말 그대로 따라서 뜻을 확정한다면~겨루는 격이리라 : 만일 국사 부자의 언구 그 자체에서 국사 부자의 본의를 찾는다면 도리어 온몸을 진흙물로 더럽히는 결과가 된다.
○ 잎이 떨어져 뿌리로 돌아가는 격이니 언제 돌아올지는 말할 수 없다 : 어찌 이렇게 말하는 것만 하겠는가? 말해 보라! 국사의 입장과 같은가, 다른가?[66]

智海 : 國師未了云云者, 無事中起事故也. 肅宗至天下者, 肅宗也無立處故也. 卽言定旨云云者, 若向國師父子言句裏, 尋討國師父子, 反是拖泥帶水也. 葉落歸根云云者, 爭如伊麽道? 且道! 與國師地, 是同是別?

영원 유청靈源惟淸**의 평**

회당 조심晦堂祖心 노인의 입탑入塔[67] 때에, '대종 황제가 혜충 국사에게 물었다~아는 사람이 없다'라는 공안을 제기하고 말하였다. "아버지는 죽었으나 아들이 남아 가풍이 추락하지 않았다. 산승이 옛날 시자 시절에 선사先師(회당 조심)께서 응진應眞(탐원)의 이 송을 제기하고 아울러 깨달음의 전기가 되는 네 마디 말로 붙이신 착어를 들었다. '상주의 남쪽, 담주

---

65 무봉탑의 정체를 밝히려고 어떤 시도를 해도 애초에 불가능했다. 무봉탑은 침묵으로도 어떤 말로도 통하지 않는 화두였기 때문이다.
66 국사가 보였던 침묵과 혜능이 '말할 수 없다'라고 한 말에 담긴 의중에 대하여 묻고 있다.
67 입탑入塔 : 다비를 마치고 수습한 사리를 탑에 안치하는 의식.

의 북쪽이라네.'라는 구절에는 '그대가 피리를 불었으니 나 또한 박수를 치다.'라고 착어하였고, '그곳은 황금이 온 나라를 가득 채울 만큼이라네.'라는 구절에는 '귀가 있어도 귀머거리와 같고 입이 있어도 벙어리와 같다.'라고 착어하였으며, '그림자 없는 나무 아래서 함께 배를 탔건만'이라는 구절에는 '그는 머무는 국토가 따로 없으니 곳곳에서 그를 만난다.'[68] 라고 착어하였고, '유리 궁전에는 아는 사람이 없도다.'라는 구절에는 '남에게 소 한 마리를 꾸었다가 그에게 말 한 마리로 갚아 준다.'[69]라고 착어하였다." 영원이 다시 "회당 선사의 종지를 이어 세상에 떨치고 있는 산승에게도 깨달음의 전기가 되는 네 마디 말이 있으니 대중에게 그것을 제기하여 보여 주겠다."라고 한 뒤 잠깐 침묵하다가 말하였다. "한마디마다 자세히 듣고 빈틈없이 기억하고 있으니, 만나는 이들마다 귀하다는 사실을 모두들 이미 알리라."[70]

---

68 앞의 구절은 석상 경저石霜慶諸(807~888)의 말이다. 『聯燈會要』 권21 「夾山善會章」 (卍136, 774b1), "그는 머무는 국토가 따로 없는데, 어디서 그를 만나려 하는가?(霜云, '渠無國土, 甚處逢渠?')" 본서 713칙 본칙 참조. 위의 구절과 완전히 일치하는 문구는 동림 상총東林常總의 법을 이은 동안 도기同安道基의 문답에 보인다. 상총은 회당 조심과 인연이 있다. 율원律院이던 동림사東林寺가 1080년에 왕명으로 선찰禪刹로 바뀌게 되었는데 수왕소守王韶가 이곳에 회당을 주석시키려 하였으나 회심은 상총을 대신 추천하여 머물게 했던 일화가 전한다. 『建中靖國續燈錄』 권19 「同安道基章」(卍136, 283b7), "'금일사를 밝히고자 한다면 본래인을 알아야 한다고 하는데, 어떤 사람이 본래인입니까?' '하늘과 땅도 거두어들이지 못하는데 세월인들 어찌 변하게 할 수 있으랴.' '이 사람은 지금 어디에 있습니까?' '그는 머무는 국토가 따로 없으니 곳곳에서 그를 만난다.'(問, '欲明今日事, 識取本來人, 如何是本來人?' 師云, '乾坤收不得, 歲月豈能遷.' 僧曰, '未審此人卽今在什麼處?' 師云, '渠無國土, 處處逢渠.')"
69 회당 조심은 다른 곳에서도 이 말을 썼다. 『晦堂祖心語錄』(卍120, 228a6), "하루는 어떤 학인에게 '기린은 상서롭지 않고, 봉황은 신령하지 않다. 온 세상이 평안하고 맑으니 누가 조정에 들어와 조공을 바치겠는가?'라고 묻고 스스로 대신하여 대답하였다. '남에게 소 한 마리를 꾸었다가 그에게 말 한 마리로 갚아 준다.'(一日問僧, '麒麟不是瑞, 鸞鳳不爲靈. 四海晏淸, 誰人入貢?' 代曰, '得人一牛, 還人一馬.')" 말의 값어치가 소보다 더 나가지만, 물건값의 고하에 걸리지 않는 등가等價의 거래로써 문답의 효용을 나타내는 말로 쓰인다.
70 영원 유청의 이 말을 비롯하여 이상의 평에 대해서는 전거를 찾을 수 없다.

靈源淸, 因晦堂老人入塔, 舉代宗帝問忠國師, 〈至〉無知識, 師云, "父沒子存, 家風不墜. 山僧昔爲侍者, 聞先師擧應眞此頌, 兼下四轉語. '相之南潭之北.' '汝旣能吹, 我亦能拍.' '中有黃金充一國.' '有耳如聾, 有口如啞.' '無影樹下合同船.' '渠無國土, 處處逢渠.' '瑠璃殿上無知識.' '得人一牛, 還人一馬.'" 師復云, "山僧紹振師宗, 亦有四轉語, 擧似大衆." 良久云, "一一諦聆親記取, 逢人貴要大家知."

설화

○ 깨달음의 전기가 되는 것으로 던진 (탐원의) 네 마디 말은 회당이 착어한 문구에 나타나 있어 해석할 필요가 없다. 산승은 영원이고 선사는 회당이다. 영원은 옛날에 회당의 시자였다.

○ 산승에게도 깨달음의 전기가 되는 네 마디 말이 있으니~잠깐 침묵하다가 : 이렇게 잠깐 보인 침묵은 국사의 침묵을 나타낸다.

○ 한마디마다 자세히 듣고 빈틈없이 기억하고 있으니, 만나는 이들마다 귀하다는 사실을 모두들 이미 알리라 : '상주의 남쪽, 담주의 북쪽이라네.'라는 구절도 양구요, '그곳은 황금이 온 나라를 가득 채울 만큼이라네.'라는 구절도 양구요, '그림자 없는 나무 아래서 함께 배를 탔건만'이라는 구절도 양구요, '유리 궁전에는 아는 사람이 없도다.'라는 구절도 양구이니 어찌 탐원의 뜻이 아니겠느냐고 생각한 것이다. 그러므로 국사의 본의도 탐원이나 회당의 본의에서 벗어나지 않는다.

靈源 : 下四轉語, 晦堂着語文見, 不用消釋. 山僧靈源, 先師晦堂. 靈源昔爲晦堂侍者也. 亦有四轉語云云者, 此良久, 國師良久也. 一一云云者, 意謂湘之南潭之北良久, 中有黃金充一國良久, 無影樹下云云良久, 瑠璃殿上云云良久, 豈非耽源意也. 然則國師意, 亦不離耽源晦堂意也.

삽계 일익雪溪日益의 거

이 공안과 더불어 설두의 송을 제기하고 말하였다. "숙종 한 사람을 속일 수는 있었지만, 세상 사람들이 혀를 놀리지 못하도록 쥐어틀지 못한 것을 어쩌랴! 그것은 그렇다 치고 '상주의 남쪽이요, 담주의 북쪽이다.'라고 하였는데, 말해 보라! 무봉탑은 그중 어느 곳에 있는가?[71] '층층마다 우뚝하고 형상은 둥글둥글'이라 한 말에서 그 무봉탑의 높이는 얼마나 된다는 뜻인가?[72] 산승은 오늘 두 줄기 눈썹을 아끼지 않고 저들 숙종과 혜충 국사에게 그들이 품은 소원을 풀어 주겠다." 이윽고 주장자를 똑바로 세우고 말하였다. "알겠는가? 만일 이 안에서 이해한다면 리离(火)는 남쪽이요 감坎(水)은 북쪽[73]으로 갈라져 하나하나가 분명하고, 호랑이가 웅크리고 있는 듯하고 용이 동그랗게 똬리를 튼 듯[74] 자리마다 두루 충족하며, 무수한 삼매에서 동일하게 원만한 광명이 비치고, 모든 부처님의 사리가 하나의 보배 창고를 공유할 것이다. 비록 이렇다고는 하지만 길이와 너비가 똑같다는 점은 집어서 한쪽에 던져두고 무봉탑은 결국 높이가 얼마나 되는지 말해 보라." 잠깐 침묵하다가 "바람과 구름이 만나는 곳에 천 길 높이로 우뚝 솟았고, 해와 달이 중천에 뜨면 팔면이 모두 밝다."[75]라고 한

---

71 그 두 장소 중 어디에 있는 것처럼 질문을 하였지만 하나의 함정일 뿐이다.
72 앞의 맥락과 마찬가지로 높이가 있는 듯이 질문을 설정하였다. 무봉탑은 일정한 장소에도 속하지 않고 높낮이 등 어떤 차별에도 속하지 않는다. 차별로 접근해서는 이해할 수 없는 대상이며, 무차별이라는 생각 자체도 이 화두를 처리하는 틀이 될 수 없다. 모든 인식 수단을 벗어나 있다.
73 리离(火)는 남쪽이요 감坎(水)은 북쪽 : 『周易』「說卦」, "坎爲水……離爲火."
74 호거용반虎踞龍蟠은 호거용반虎踞龍盤으로도 쓴다. 대단히 험준한 지세를 형용하는 말이다. 또는 설화의 해설과 같이 동쪽(호랑이)과 서쪽(용)의 방위를 가리키기도 한다.
75 당나라 말의 시인인 주박周朴의 칠언율시 〈福州神光寺塔〉 가운데 함련에 해당한다. "뛰어난 장인 재목 써서 탑 완성하니, 신광사 그 이름 더욱 높아졌네. 바람과 구름이 만나는 곳에 천 길 높이로 우뚝 솟았고, 해와 달이 중천에 뜨면 팔면이 모두 밝다네. 바닷물은 왜국倭國 들판을 휘돌아 흐르고, 천체는 복주성을 이고 있네. 상륜탑 정상에서 뜬구름 같은 세상을 바라보니, 속세의 사람 마음 언제 평온한 적 있었던가.(良匠用材爲塔了, 神光寺更得高名. 風雲會處千尋出【一作直】, 日月中時八面明. 海水旋流倭國野, 天

뒤 향대를 쳤다.

雪溪益擧此話, 連擧雪竇頌, 師云, "謾他肅宗一人卽得, 爭奈不能坐[1]斷天下人舌頭! 只如道湘之南潭之北, 且道! 無縫塔, 落在什麽處? 只如道層落落影團團, 無縫塔高多少? 山僧今日, 不惜兩莖眉毛, 爲他肅宗與忠國師, 了却這心願." 乃竪起拄杖云, "會麽? 若向這裏會得去, 离南坎北, 一一分明; 虎踞龍蟠, 位位周足; 百千三昧, 同一圓光; 諸佛舍利, 共一寶藏. 雖然如是, 縱廣正等, 拈放一邊, 且道! 無縫塔, 畢竟高多少?" 良久云, "風雲會處千尋直, 日月中時八面明." 擊香臺.

1) ㉠ '坐'는 '挫'와 통한다.

설화

○ 숙종 한 사람을 속일 수는 있었지만, 세상 사람들이 혀를 놀리지 못하도록 쥐어틀지 못한 것을 어쩌랴 : 위에서 이미 드러났다.
○ 주장자를 똑바로 세우고 말하였다~감坎(水)은 북쪽으로 갈라져 : 탑의 남쪽과 북쪽이다.
○ 호랑이가 웅크리고 있는 듯하고 용이 동그랗게 따리를 튼 듯 : 좌청룡 우백호이니 탑의 동쪽(좌)과 서쪽(우)을 말한다.
○ 무수한 삼매에서 동일하게 원만한 광명이 비치고, 모든 부처님의 사리가 하나의 보배 창고를 공유할 것이다 : 온전히 갖추지 못할 법이 없다.
○ '바람과 구름이 만나는 곳에 천 길 높이로 우뚝 솟았'라고 한 말은 삼구三句가 바로 일구一句라는 뜻이고, '해와 달이 중천에 뜨면 팔면이 모두 밝다'라고 한 말은 일구가 바로 삼구라는 뜻이다. 앞서 한 말들에 대하여 분명하게 결론을 내렸다.

文方戴【一作載】福州城, 相輪頂上望浮世, 塵裏人心應總【一作早晚】平.)"

雪溪 : 謾他肅宗至舌頭者, 上已現也. 堅起云云至坎北者, 塔之南北也. 虎踞云云者, 左靑龍右白虎, 塔之東西也. 百千云云者, 無法不具足也. 風雲云云者, 三句卽一句也. 日月云云者, 一卽三. 前道得地決折也.

심문 담분心聞曇賁의 상당

어떤 스님에게 다비탑[76]을 수리해 달라고 부탁한 일로 법좌에 올라앉아 이 공안을 제기하고 말하였다. "이것은 탐원이 말한 무봉탑의 모양이다. 나, 장로長蘆에게도 한 곳이 있는데 그의 것과 같은 종류이지만 장식에 다른 점이 있어 여기서 한번 짚어 내어 보겠다. 하늘의 남쪽이요 땅의 동쪽이라네. 그 중간의 광명이 찬란하게 붉도다. 그림자 없는 나무 부근에 배는 보이지 않고, 한가한 버드나무만 바람에 한들거리는구나."

心聞賁, 因請僧幹茶毗塔, 上堂, 擧此話云, "此是躭源無縫塔樣. 長蘆亦有一所, 與他底一般, 只是莊飾有異, 試向者裏指出看. 天之南地之東. 中有光明爛爛紅. 無影樹邊船不見, 空餘楊柳自搖風."

〔설화〕

○ 하늘의 남쪽이요 땅의 동쪽이라네 : 탐원은 남과 북을 대칭으로 삼았지만, 여기서는 동과 남을 대칭으로 삼았다. 남쪽은 차별이고 동쪽은 더욱 심한 차별이다.
○ 그 중간의 광명이 찬란하게 붉도다 : 차별의 의미이다.
○ 그림자 없는 나무 부근에 배는 보이지 않고 : 앞에서 자수 회심의 상당에서 '봄바람 부는 텅 빈 뜨락에 찾아오는 이 없는데'라고 한 뜻과 같다.

---

[76] 다비를 하고 수습한 유골(사리)을 안치한 탑. 여기서는 심문이 입적한 뒤 자신의 사리를 안치하기 위해 미리 마련한 탑이다.

○ 한가한 버드나무만 바람에 한들거리는구나 : 차별 중의 차별을 말한다.

心聞 : 天之南云云者, 耽源南北爲對, 此則東南爲對. 南是差別, 東尤爲差別也. 中有光明云云者, 差別意也. 無影云云者, 前慈受春風院落無人到之義. 空餘云云者, 差別中之差別也.

선문염송집 권제4

禪門拈頌集 卷第四¹⁾

1) ㉤ 이하 갑본에는 다음과 같은 글이 있다. '병오년과 정미년 두 해에 걸쳐 갑류,[77] 행문, 삼현, 도원, 도징, 학륭, 도민, 설견, 탄매, 도행, 인전, 도림, 사운, 수신, 쌍연, 은호, 쌍옥, 희현, 학헌, 준명, 학순, 원감, 염성립 서.(丙午 丁未 甲類, 幸文, 三玄, 道元, 道澄, 學隆, 道敏, 雪堅, 坦梅, 道行, 印全, 道林, 思運, 修信, 雙衍, 隱浩, 雙玉, 喜玄, 學軒, 俊明, 學淳, 元鑑, 廉成立 書.)'

선문염송설화 권제4

禪門拈頌說話 卷第四

---

[77] 갑류甲類 : 대표하는 무리. 중심이 되는 인물들. 본서의 판각을 위해 서사書寫에 참여한 인물을 대표하는 승중僧衆의 법명을 '갑류' 이하에 열거하였다.

경중 이화립이 쓰다.

京中, 李華立, 書.

이 공덕으로써 주상 전하의 성스러운 수명이 만세에 이르고, 나라는 태평하고 백성은 평안하며, 왕비 전하의 성스러운 수명도 함께하시어 속히 원자를 탄생하시길 엎드려 바라옵니다. 대왕·대비 전하시여! 수명이 만세에 이르고 덕은 와황媧皇[1]과 견주소서. 명성왕후 김씨[2] 선가仙駕[3]시여! 인因·과果 모두 원만히 갖추셨으니, 사해에 전쟁이 영원히 그치고 국토는 항상 만세토록 평안하도록 하시옵소서. 용이 즐거워하고 신이 기뻐하여 비가 절기에 맞게 내리고 바람은 때에 적절하게 불며, 법계의 모든 망혼이 부처님을 친견하고 법을 들어 시주와 인연을 맺음으로써 마음은 밝고 몸은 살지게 하시옵소서. 원수와 친속이 평등하게 은혜를 입고, 범부와 성인이 서로 도와 이익을 획득하니, 모두 깨달음의 언덕에 올라 함께

---

1 와황媧皇 : 여와女媧의 이명. 전설상 천지 만물의 생성 변화를 관장하는 신인神人. 『列子』「皇帝」, "천지도 만물에 속하며 낱낱의 만물에는 모자라는 점이 있는 법이다. 이런 연고로 과거에 여와씨는 오색의 돌을 다듬어 천지의 틈새를 메꾸었고, 자라의 다리를 잘라 사방을 세웠다.(天地亦物也, 物有不足. 故昔者女媧氏, 練五色石, 以補其闕 ; 斷鼇之足, 以立四極.)" ; 『一切經音義』 권97(大54, 910a22), "여와[와媧는 과寡와 화華를 반절한 음. 『고성』에 따르면, 고대 여성 황제의 칭호이다. 고야왕顧野王의 『옥편』에는 '여와는 뱀과 같은 형상의 몸이다.'라고 한다. 『설문해자』에 따르면, '고대의 신인으로서 성녀를 와라 한다. 만물의 변화를 다스리는 주재자이다.'라고 한다.](女媧[寡華反. 考聲, 古女帝号也. 顧野王云, '女媧蛇軀也.' 說文, 古之神人聖女, 曰媧. 變化萬物者也.])"
2 명성왕후 김씨(1642~1683) : 조선 18대 현종의 비.
3 선가仙駕 : 왕실 소속 망자亡者의 넋. 속가에서 영가靈駕라 하는 호칭과 구별하여 부르는 경칭敬稱. 왕이나 왕비 따위의 왕가 지위를 나타내는 위패位牌를 가리키기도 한다. 본래 선인仙人이 타는 가마를 나타내지만, 이를 빌려 황제의 가마를 가리키기도 하는데, 이를 확대 적용하여 죽은 뒤 타고 가는 가마를 말한다. 『護國司南抄』(藏外佛教文獻 7, 82a14), "선가를 타고 하늘로 돌아가다 : 『석사』에 '천자의 죽음(崩亡)을 선가라 올려 부른다.'라고 하였다. 곧 용을 타거나 학을 타고 오르는 한 무리 신선들이 승천하는 모습과 같다.(仙駕歸天 : 釋詞云, '天子崩亡, 褱之曰仙駕.' 謂若群仙承龍駕鶴者也.)"

불도를 이루어 바라건대 삼보로써 공덕을 증명하시옵소서.

以此功德, 伏願, 主上殿下, 聖壽萬歲, 國泰民安, 王妃殿下, 聖壽齊年, 速誕元嗣. 大王大妃殿下! 壽萬歲德等媧皇. 明聖王后金氏仙駕! 因圓果滿, 干戈永息於四海, 國土恒安於萬歲. 龍歡神悅, 雨順風調, 法界亡魂, 見佛聞法, 結緣施主, 心曠體胖. 冤親平等而蒙恩, 凡聖同資而獲益, 俱登覺岸, 共成佛道, 惟願三寶, 證明功德.

조연 대공덕주 상궁 김씨 계유생, 이태종, 함항일.

助緣大功德主, 尙宮金氏癸酉生, 李台宗, 咸恒一.

강희 23년(1684) 갑자년 6월 모일에 묘향산 선정암에서 판각을 시작하여 을축년에 안주 고묘불당에서 마치다.

康熙二十三年甲子六月日, 始刻于妙香山禪定菴, 乙丑終刊于安州古廟佛堂.

선문염송 염송설화 회본 권5
| 禪門拈頌拈頌說話會本 卷五 |

선문염송 혜심 집
禪門拈頌 慧諶 集

염송설화 각운 찬
拈頌說話 覺雲 撰

선문염송집 권제5
禪門拈頌集 卷第五

달마 제6세 혜능 대사 사법
達磨第六世慧能大師嗣法
길주 청원산 행사 선사 吉州清源山行思禪師
서경 하택사 신회 선사 西京荷澤寺神會禪師

달마 제6세 숭산 혜안 국사 사법
達磨第六世嵩山慧安國師嗣法
숭산 파조타 화상 嵩山破竈墮和尙

달마 제7세 숭산 파조타 화상 사법
達磨第七世嵩山破竈墮和尙嗣法
숭산 준극 화상 嵩山峻極和尙

달마 제7세 남악 회양 선사 사법
達磨第七世南嶽懷讓禪師嗣法
강서 도일 선사 江西道一禪師
예주 대동 광징 선사 澧州大同廣澄禪師

달마 제7세 길주 청원산 행사 선사 사법
達磨第七世吉州清源山行思禪師嗣法
남악 석두 희천 선사 南嶽石頭希遷禪師

달마 제7세 남양 혜충 국사 사법

達磨第七世南陽慧忠國師嗣法

길주 탐원산 진응 선사吉州耽源山眞應[1]禪師

1) ㉠ '眞應'은 '應眞'이라고도 한다.

달마 제7세 숭산 보적 선사 사법
達磨第七世嵩山普寂禪師嗣法

종남산 유정 선사終南山惟政禪師

달마 제8세 강서 도일 선사 사법
達磨第八世江西道一禪師嗣法

홍주 백장산 회해 선사洪州百丈山懷海禪師

선문염송설화 권제5
禪門拈頌說話 卷第五

147칙 청원소무 淸源所務

본칙 청원 행사淸源行思[1] 선사가 6조에게 물었다. "어떤 일에 힘써야 계급[2]에 떨어지지 않습니까?"[3] "그대는 어떤 수행을 해 왔는가?"[4] "성제聖諦도 행하지 않았습니다." "어떤 계급에 떨어졌는가?" "성제도 행하지 않았거늘 떨어질 계급이 어디 있겠습니까?" 6조가 그를 큰 그릇으로 여겼다.

淸源[1)]行思禪師, 問六祖, "當何所務, 卽不落階級?" 祖曰, "汝曾作什麽來?" 師曰, "聖諦亦不爲." 祖曰, "落何階級?" 師曰, "聖諦尙不爲, 何階級之

---

1 청원 행사淸源行思(?~740) : 길주吉州 안성安城 곧 강서성 안복安福 출신. 속성은 유劉. 남악 회양南嶽懷讓과 함께 6조 혜능의 법을 이은 양족존兩足尊으로 불리며, 그 법맥을 남악 계열의 남악하南嶽下와 상대하여 청원하靑原下라 부른다. 독립한 뒤로 길주 청원산 정거사靜居寺에 주석하였다. 그 법계에서 운문雲門·조동曹洞·법안法眼 등 세 종파가 나왔다. 입적한 뒤 희종이 홍제선사洪濟禪師 또는 홍제선사弘濟禪師라는 시호를 내렸다.
2 계급階級 : 수행하는 점차적 단계. 또는 고·하 등의 대립을 설정하여 분별하는 망상. 『空谷集』1則 「評唱」(卍117, 533a14), "수행의 점차적 단계는 예나 지금이나 모두 같으니, 영리한 근기와 둔한 근기의 차이가 있어 참으로 고르지 않다. 견도見道·수도修道·무학無學의 차이를 시작으로 난위暖位·정위頂位·인위忍位·세위世位 그리고 등각等覺·묘각妙覺에 이르기까지 모두 교화의 현묘한 문을 건립하는 방법에서 벗어나지 않는다. 다시 원만한 근기에 응하여 남김없이 속을 토로하여 말하면 '지혜의 몸을 성취하는 길은 다른 사람의 깨달음에 의지하지 않으니, 처음 발심하는 그 순간에 보리를 증득한다.'라고 하리라. 하지만 이것도 자세히 점검해 보면 반 정도의 진실만 드러낸 말에 불과하다. '여래께서 세상에 출현하지 않는다면 열반도 없으리라.'라고 한다면 비로소 열에 여덟 정도의 진실이다. 그렇다면 온전히 다 드러내는 한 구절은 어떻게 말해야 할까? 말 많은 납승은 들어 보일 수 없고, 무언동자無言童子라야 잘 펼쳐 놓을 것이다.(修行漸次, 今古皆然. 利鈍根機固難齊等. 始自見修無學, 至暖頂忍世, 等妙二覺, 皆不出建化玄門. 復應圓機, 盡情吐露道, '成就慧身, 不由他悟, 初發心時, 卽證菩提.' 子細撿將來, 也只道得一半. 至若如來不出世, 亦無有涅槃, 始是八成. 只如十成一句, 合作麽生道? 多口衲僧難擧似, 無言童子善敷揚.)"
3 위의 책, 같은 則 「著語」, "그때마다 적절한 일만 하면 되었지 어찌 앞으로 할 일을 굳이 물을까?(但能行好事, 何必問前程?)"
4 위의 책, "배를 갈라서 그 속을 다 도려내어 주는군.(劈腹剜心.)" 이 착어에 따르면, 질문에 그치지 않고 "그대가 지금까지 해 왔던 모든 일에 무슨 계급이 있었느냐?"라는 반문에 가깝다.

有?" 祖深器之.

1) ㉠ '淸源'은 '靑原'으로도 혼용한다.

> 설화

● 어떤 일에 힘써야 계급에 떨어지지 않습니까 : 『광등록』에 다음과 같이 전한다.[5] 청원이 처음 지위智威[6]에게 법을 물으러 가서 "본래면목에 어둡지 않은 경지를 스님께서 곧바로 지시해 주시기 바랍니다."라고 하자 지위가 말하였다. "어찌 문제[7]를 기억하지 못하는가!" 이 말을 듣자마자 청원은 길을 잃고 헤맸다는 것을 알아차리고 돌이켜 생각해 깨치고서는 2년 동안 시봉하다가 지위가 입적하고 나서 조계로 가서 물었던 것이다. 곧 작은 소득으로 만족하지 않고 뜻을 세워 서원誓願을 일으켰던 까닭은 결코 얕디얕은 지해知解를 얻으려는 생각에 있지 않았기 때문이니,[8] 이

---

5 전거 미상.
6 지위智威(646~722) : 우두종牛頭宗 스님. 강소성 금릉金陵 우두산에 주석하며 교화를 폈다. 후에 혜충慧忠에게 법을 전하였다.
7 청원 자신이 물었던 애초의 질문. 질문에 대답이 들어 있다는 말이다. 『禪林僧寶傳』권3 「風穴延沼傳」(卍137, 452b15), "선사先師께서 '빈틈없이 딱 들어맞게 하고자 한다면 질문을 가지고 와서 묻지 마라. 알겠는가? 질문은 대답에 있고, 대답은 질문 속에 이미 들어 있다.'라고 하셨다. 그러나 어떤 때는 질문이 대답 속에 없고, 대답이 질문한 내용 안에 없다. 그대가 만일 머뭇거리며 분별한다면 내가 그대의 발아래에 있을 것이다. 공부하는 안목이라면 모름지기 상황에 적절하게 임하여 남김 없는 작용을 눈앞에 실현해야 하며, 스스로 자잘한 구절에 속박되지 마라.(先師曰, '欲得親切, 莫將問來問. 會麼? 問在答處, 答在問處. 雖然如是, 有時, 問不在答處, 答不在問處. 汝若擬議, 老僧在汝脚跟底. 太凡參學眼目, 直須臨機, 大用現前, 勿自拘於小節.)"
8 『書狀』「曾侍郞問書」(大47, 916b20), "뜻을 세워 서원을 일으켰던 까닭은 참으로 얕디얕은 지견을 얻으려는 생각에 있지 않았습니다. 깨닫지 못하면 그뿐으로 여기겠지만 깨닫는다면 반드시 옛사람이 몸소 증득한 경계까지 이르러야 비로소 완벽하게 번뇌 망상이 그친 경지가 되기 때문입니다. 이 마음은 비록 한 찰나도 물러선 적이 없지만 스스로 깨치는 공부는 결코 순일하지 못하였으니 뜻과 서원은 컸지만 역량이 보잘것없었다고 하겠군요.(立志發願, 實不在淺淺知見之間. 以爲不悟則已, 悟則須直到古人親證處, 方爲大休歇之地. 此心雖未嘗一念退屈, 自覺工夫, 終未純一, 可謂志願大而力量小也.)"

것이 돈頓의 방식으로 운용하는 마음이다.[9]

[所務] 當何所務至階級者, 廣燈錄云, 師初叅智威, 問, "不昧本來面目, 請師直指." 威云, "何不記取問頭!" 師於言下, 知迷省悟, 給侍二載, 及威遷化, 乃往曹溪問也. 則不以少爲足, 立志發願, 終不在淺淺知解之間, 此爲運心頓.

- 그대는 어떤 수행을 해 왔는가 : '원래 옛날부터 변함없는 사람[10]이지만 옛날부터 변함없는 그 길을 가지 않는다.'[11]는 뜻이니, 옛날부터 변함없이 행하던 경계에서 따지고 든 것인가? 현재 행하는 경계[12]에서 실오라기만큼도 옮기지 않고 문양이 없는 도장을 한 번 찍어 분명하게 자국을 남긴 것이다.[13]
- 성제聖諦도 행하지 않았습니다 : 천석泉石이 말하였다. "가장 큰 공간은 가장자리가 없거늘[14] 무슨 성제를 세울 수 있으리오? 가장 큰 형상은 정해진 모양이 따로 없거늘[15] 어떤 계급이 있을 수 있으랴?" 청원은 백척간

---

9 『都序』권하2(大48, 407c15)에 돈수점오頓修漸悟를 설명하는 세주細注에 나오는 말이다. "비유하면 어떤 사람이 활쏘기를 배울 때 돈頓이란 화살 한 발마다 곧바로 과녁을 적중하는 데에 마음을 기울이는 방법이고, 점漸이란 연습한 날이 오래되어 점차로 과녁에 가까워지고 점차로 적중하는 방법이다. 이것은 운용하는 마음의 돈수를 설하는 것이지 공행功行이 단번에 마치게 된다는 말은 아니다.(如人學射, 頓者, 箭箭直注意在中的 ; 漸者, 日久方始, 漸親漸中. 此說運心頓修, 不言功行頓畢.)"
10 구시인舊時人은 오래전부터 아는 사람이라는 뜻이다. 구시친舊時親이라고도 하며 본래면목本來面目과 같은 말이다. 현상의 자아를 뜻하는 금시인今時人과 대칭한다. 구舊란 옛날부터 지금까지 한결같다는 말이다.
11 『曹山語錄』(大47, 530b1).
12 현재 행하는 경계(時中行李處)는 '옛날부터 변함없이 행하던 경계'와 대칭한다.
13 대혜 종고大慧宗杲의 말을 활용하였다. 본서 119칙 본칙 설화 주석 참조.
14 『老子』41장. 가장자리란 치우친 모퉁이를 말하는데, 여기서는 성聖과 속俗 등의 차별을 가진 일정한 한편을 나타낸다.
15 『老子』41장. 상징하는 뜻은 위의 주석과 같다.

두에서 한 걸음 더 나아갈 길을 찾으려 하였고, 6조는 천 균의 쇠뇌에 화살을 매달았다. 하지만 청원이 이미 잡은 손을 뿌리치고 마음에 품은 생각을 잊었으니 봄날 살얼음이 녹고 굽지 않은 기와가 부서지듯이 되었다. 그렇다면 청원은 성현과 구별되므로 떨어질 계급이 있다고 여겼던 것일까? 6조가 몰아붙이며 "그대는 어떤 수행을 해 왔는가?"라고 묻자 초연히 (말의 함정에서) 벗어나 "성제도 행하지 않았거늘 무슨 계급이 있겠습니까?"라고 응답하였다. 그것은 마치 탁발(持鉢)해서 음식을 얻지도 못하고서 거짓으로 배가 고프지 않다[16]고 말하는 것과 아주 흡사하다.

汝曾作云云者, '元是舊時人, 不行舊時路.' 則舊時行李處推徵耶? 時中行李處, 不移易一絲頭, 無文印子, 一印印破也. 聖諦云云者, 泉石云, "大方無隅, 何聖諦之可立? 大象無形, 何階級之可有?" 源於百尺竿頭, 擬求進步, 祖乃千鈞弩上, 倒掛箭鋒. 源旣撤手忘懷, 便見氷銷瓦解. 則源以爲聖賢區別, 有階級可落及乎? 曹溪拶之曰, "汝曾作什麼來?" 便能超然穎脫道, "聖諦尙不爲, 何階級之有?" 大似持鉢不得, 詐道不飢.

● 어떤 계급에 떨어졌는가 : 계급에 떨어진 듯이 보였기 때문에 점검해 본 것일까? 이미 성제도 행하지 않았다면 어떤 계급에 떨어졌겠는가? 계급에 떨어지지 않은 경지에 대하여 묻고자 하였을까? 청원이 터득한 경계가 어느 정도인지 캐물어 가려내려 하였다.
● 성제도 행하지 않았거늘 떨어질 계급이 어디 있겠습니까 : 공겁空劫을 완전히 넘어서고 지금의 시간(今時)에도 떨어지지 않으니,[17] "범부나 성

---

16 『景德傳燈錄』 권13 「風穴延沼傳」(大51, 302b12), 『建中靖國續燈錄』 권1 「風穴延昭章」(卍136, 49a18), 『聯燈會要』 권11 「風穴延昭章」(卍136, 616a11) 등에 풍혈 연소가 남원 혜옹南院慧顒과의 문답에서 한 말로 실려 있다.
17 시간의 한계를 벗어나 자유로운 경지를 묘사한다. 모든 것이 사라진 공겁의 시간도 현

인 그 어느 편에도 얽매이지 않고, 훌쩍 벗어난 듯 빼어난 그 경지를 조사祖師라 한다."[18]라고 할 만하다. 그렇다면 청원은 6조의 뜻을 이해했는가, 이해하지 못했는가? 만약 그가 이해했다고 한다면, 대혜가 "느슨한 이야기를 느슨한 이야기로만 여기지 마라. 때로는 주요한 일이 느슨한 이야기로부터 발생하는 법이다."[19]라고 말하고, 또한 송원이 "봉황의 오색 골수를 두드려 빼내고, 검은 용의 턱 아래 있는 구슬을 때려 부수어라."[20]라고 하였겠는가? 만일 이해하지 못했다면 어떻게 6조가 그를 큰 그릇으로 여겼겠는가?

落何階級者, 似乎落階級故驗看耶? 旣聖諦亦不爲, 落什麽階級? 要問不落階級耶? 乃窮推他所得如何也. 聖諦尙不爲云云者, 全超空劫, 不落今時. 可謂'不與凡聖同纏, 超然卓秀, 名之曰祖.' 然淸源會六祖意, 不會六祖意? 若言會, 大慧道, "莫將閑話爲閑話, 徃徃事從閑話生." 又松源道, "敲出鳳凰五色髓, 擊碎驪龍頷下珠." 若言不會, 又爲六祖深器之?

- 6조가 그를 큰 그릇으로 여겼다[21] : 청원이 아니었다면 6조는 결코 큰 그릇으로 여기지 않았을 것이다. 청원의 경계를 알고자 하는가? '이렇다 해도 안 되고, 이렇지 않다고 해도 안 되며, 이렇다거나 이렇지 않다거나 모두 안 된다'는 관점에서 보라. 청원 노선사는 나무로 깎은 나한

재의 시간(今時)도 벗어나 어떤 속박도 없이 꾸밈없는 본래의 모습이 그대로 드러나는 경계를 말한다.
18 달마 대사의 안심법문安心法門에 나오는 구절. 『景德傳燈錄』 권3 「菩提達磨傳」(大51, 220a14).
19 이하 '대혜 종고의 시중'에 나온다.
20 이하 '송원 숭악의 상당'에 나온다.
21 이하는 6조 혜능 문하에서 배출되어 양대 산맥을 형성한 청원 행사와 남악 회양의 선법을 대비하여 보여 준다. 후대의 선법을 끌어들여 그들의 선사상을 해석하는 방법이 보인다.

상처럼 천태산天台山의 화정봉華頂峯에서 좌선을 하다가 "삼세의 모든 부처님도 나의 한 입에 남김없이 삼켰거늘 무슨 교화할 중생이 남아 있겠는가!"²²라고 말하였다. 바로 이럴 때 말후구는 어떻게 이해할까? 회양懷讓 선사의 뜻을 알고 싶은가? '이렇다고 해도 되고, 이렇지 않다고 해도 되며, 이렇다거나 이렇지 않다거나 모두 된다'는 관점에서 보라. 회양 화상은 물소로 변하여²³ 삼십삼천에 올라가 제석천의 콧구멍을 틀어막은 다음²⁴ 다시 시냇물의 동쪽이나 서쪽에서 온몸에 진흙과 물을 묻혔다.²⁵ 바로 이럴 때 바른 법을 보는 눈(正法眼藏)은 어디에 있는가? 이 두 대사大士²⁶는 그들이 제시한 법인法印 그대로 본보기가 되었다. 세존께서는 다자탑 앞과 영산회상에서 가섭에게 친밀하게 부촉하였고,²⁷ 가섭은 아난에게 전하여 한 사람이 한 사람에게 전하다가 조계 혜능에 와서 이 두 대사에게 법을 나누어 주게 되었고 그들은 각기

---

22 청원의 말이 아니다. 다음 문답에서 빌려 온 말이다. 『景德傳燈錄』권27「諸方雜擧徵拈代別語」(大51, 435a14), "어떤 노스님이 사람을 시켜 사대 선사思大禪師에게 말하기를 '어찌 산에서 내려와 중생을 교화하지 않고, 하늘만 쳐다보고 있으면 무엇 합니까?'라 하자 사대가 말하였다. '삼세의 모든 부처님도 나의 한 입에 모두 삼켰거늘 무슨 교화할 중생이 남아 있겠습니까?'【현각玄覺이 이 문답을 징힐하였다. '말해 보라! 사대의 말은 산꼭대기에서 하는 말인가, 산 아래에서 하는 말인가?'】(有本宿, 令人傳語思大禪師, '何不下山教化衆生, 目視雲漢, 作麼?' 思大曰, '三世諸佛, 被我一口吞盡, 更有甚衆生可教化?'【玄覺徵云, '且道! 是山頭語, 山下語?'】)" 본서 112칙 '조계명의 상당' 주석 참조.

23 죽어서 물소가 되어 시주의 빚을 갚겠다던 남전 보원南泉普願의 이류중행異類中行이 대표적이다. 본서 219칙 참조.

24 운문 문언雲門文偃의 말을 활용하였다. 본서 918칙 참조.

25 "삼십삼천에 올라가 제석천의 콧구멍을 틀어막은 다음"이라는 말이 어떤 방편도 허용하지 않는 방식이라면, 그 이하는 방편을 시행하며 갖가지 현상에 자신을 드러내는 방식을 말한다.

26 대사大士 : 보살마하살菩薩摩訶薩(⒮ mahāsattva)의 한역어 중 하나. 개사開士 등이라고도 한다. 여기서는 두 선사에 대한 존칭으로 쓰였다. 『仁王經疏』권2(大33, 260a26), "보살은 도심중생道心衆生이라 한역한다. 마하살은 대도심大道心이라 한역한다. 또한 대사라고도 하고 개사라고도 한다.(菩薩, 此云道心衆生. 摩訶薩, 此云大道心. 亦云, 大士. 亦云, 開士.)"

27 본서 2칙 '장산 찬원의 상당' 주석 참조.

다른 가풍을 세웠다. 두 대사는 그들의 후손으로 법을 이었는데 임제臨濟와 동산洞山에 이르러 이 도가 세상에 크게 유행하였다. 그 종파에 근원이 있고 지류에도 뿌리가 있으니 배우는 사람들은 소홀히 해서는 안 된다.

祖深器之者, 非淸源, 六祖終不深器之. 要識淸源麼? 伊麼也不得, 不伊麼也不得, 伊麼不伊麼總不得看也. 老淸源便作木羅漢, 向天台華頂上打坐道, "三世諸佛, 被我一口吞盡, 何處更有衆生可敎化!" 當伊麼時, 末後句作麼生會? 要識讓師麼? 伊麼也得, 不伊麼也得, 伊麼不伊麼總得看也. 讓和尙, 變作水牯牛, 上三十三天, 築著帝釋鼻孔, 却向溪東溪西, 和泥合水. 當伊麼時, 正法眼藏, 在什麼處? 此二大士, 如其法印作榜樣. 世尊於多子塔前, 靈山會上, 密付迦葉, 迦葉傳阿難, 人傳一人, 至于曹溪, 得此二大士分付, 各立家風. 二大士得其孫, 至于臨濟洞山, 斯道大行天下. 其派有源, 其枝有本, 學者不得莽鹵也.

투자 의청投子義靑의 송 投子靑頌

아무도 보지 못한 정상[28] 드러나자 구름 급히　　　無見頂露雲攢急

---

[28] 아무도 보지 못한 정상 : 무견정상상無見頂上相에서 나온 말. 부처님의 삼십이상 중 하나. 무견정상無見頂相·정성육계상정成肉髻相 등이라고도 한다. 부처님의 정수리가 상투처럼 높이 솟아올려 보이지 않는 것을 말한다. 본서 962칙 본칙 설회 참조.『空谷集』1則「評唱」(卍117, 533b12), "여래의 몸이라 하지만 몸의 형상은 없다. 다만 중생에게 보여 줄 목적으로 몸의 형상을 나타낼 뿐이다. 아무도 보지 못한 정상이 드러날 경우 어떤 방법으로 모색해야 할까? 만약 어지러운 구름이 자욱하고 어두운 안개가 흐릿하게 낀다면 서둘러 눈을 붙이고 보려 할수록 점점 의도와 상관없이 가려지리라.(如來身無身故, 爲衆生故, 示現其身. 只如無見頂露, 合作麼生摸索? 若也迷雲靄靄, 昏霧蒙蒙, 急著眼處, 轉沒交涉.)";『請益錄』25則「評唱」(卍117, 836b13), "투자의 송에 '아무도 보지 못한 정상 드러나자 구름 급히 몰리고'라 하였다. '아무도 보지 못한 정상'이라 한 말에서는 주인의 입장을 밝혔고, 다시 '구름이 몰려들었다'라고 한 말에서는 주인 중의 주인을 밝혔다.(投子頌云, '無見頂露雲攢急.' 旣是無見頂相, 明主邊事, 更用雲攢, 明主

몰리고²⁹

겁을 벗어난 신령한 가지에는 봄기운 없구나³⁰ 劫外靈枝不帶春
저편에 있는 공왕의 궁전에도 앉지 않았거늘³¹ 那邊不坐空王殿
어찌 밭이나 갈며 태양과 마주하려 하겠는가³² 爭肯耘田向日輪

[설화]

○ 앞의 두 구절 : 6조의 뜻은 공겁도 온전히 넘어서고 눈앞의 현상(今時)에도 빠지지 않음을 읊었다. 법 자체가 이와 같기 때문이다.
○ 뒤의 두 구절 : 앞 두 구절의 뜻과 같다. 청원의 깨달음은 이와 같은 깨달음이었음을 밝혔다.

投子 : 前二句, 頌六祖意, 全超空劫, 不落今時. 法如是故. 後二句, 亦此意也. 明淸源得入, 得入如是也.

금산 요원金山了元**의 송**³³ 金山元頌
성제조차도 본래부터 행하지 않았고 聖諦從來尙不爲
또한 닦아서 지닐 만한 계급도 없네 更無階級可修持

中主也.)"
29 아무도 보지~급히 몰리고 : 『空谷集』1則「著語」(卍117, 533b7), "보는 순간 눈이 먼다.(覷著卽瞎.)"
30 겁을 벗어난~봄기운 없구나 : 위의 책, "해도 달도 별도 비추지 않는 바로 그때 별도로 딱 들어맞는 생각 떠오르리라.(三光不照處, 別有好思量.)"
31 저편에 있는~앉지 않았거늘 : 위의 책, "번뇌가 없는 나라에 붙들어도 머무른 적 없다.(無漏國中留不住.)"
32 어찌 밭이나~마주하려 하겠는가 : 위의 책, "달빛 그림자 속에서 찾긴 더욱 어려우리.(月華影裏見應難.)"
33 제1구와 제2구가 청원이 뿌리내리고 있는 경계라면, 제3구와 제4구는 계급을 나누어 그를 점검하려 했던 6조를 묘사한다.

지금껏 노로[34]는 방아를 찧고 있건만　　　　　　至今盧老猶舂米
빻은 쌀과 쌀겨 누구에게 주려는가　　　　　　和穀和糠付與誰

단하 자순丹霞子淳**의 송** 丹霞淳頌

우뚝 아득히 솟아 올바른 눈[35]으로도 볼 수 없고[36]　　卓爾難將正眼窺
고금을 훌쩍 넘어서니 비견한들 무엇이 맞서리오[37]　　迥超今古類何齊
이끼가 오랜 궁전 뒤덮으니 주인 모실 신하 없고[38]　　苔封古殿無人侍
달이 푸른 오동[39] 감싸니[40] 봉황 머물지 않누나[41]　　月鏁蒼梧鳳不栖[1)]

1) ㉮ '栖'은 갑본에 '栖'로 되어 있다. ㉯ '栖'은 '棲' 또는 '栖'의 오자이다.

천동 정각天童正覺**의 송** 天童覺頌

계급에 떨어지지 않고서　　　　　　不落階級
우뚝하게 다 넘어섰도다　　　　　　卓卓超出
삼제에 안배할 필요 있으랴　　　　　三際曷用安排

---

34 노로盧老 : 방앗간 행자 시절의 6조 혜능을 가리킨다.
35 정안正眼은 진리를 보는 바른 안목. 정법안장正法眼藏을 가리킨다.
36 우뚝 아득히~수 없고 : 『虛堂集』1則 「著語」,(卍124, 516b13), "흘겨볼 여지가 있다.(睥睨有分.)"
37 고금을 훌쩍~무엇이 맞서리오 : 위의 책, "과연 들쑥날쑥 차이가 나타난다.(果見參差.)"
38 이끼가 오랜~신하 없고 : 사람의 출입이 없고 아무도 손보지 않아 이끼로 뒤덮인 궁전에는 주인인 왕이 없고, 그를 모실 신하도 없다. '계급에 떨어지지 않는' 경계를 드러내었다. 위의 책, "옥 같은 집(궁전)이 깊이 가라앉았다.(玉宇深沈.)"
39 창오蒼梧는 잎이 푸르고 맑은 오동나무로 벽오동碧梧桐을 가리킨다. 영웅호걸을 상징하는 봉황이 서식하는 나무로 알려져 있다.
40 달이 푸른 오동 감싸니 : 달이 오동나무 위에 떠 있는 풍경을 '둥글게 감싸는' 쇠사슬이나 자물쇠(鏁)에 비유하였다. 봉황이 앉을 오동나무에 달이 먼저 차지하고 있다는 뜻으로 앞 구절에서 '궁전에 낀 이끼'라 한 말과 대응한다.
41 달이 푸른~머물지 않누나 : '성제에도 머물지 않는다'는 뜻을 읊었다. 위의 책, "어찌 눌러앉으려 하겠는가?(爭肯坐著.)"

시방에 저절로 가득 찼도다[42]	十方自然逼塞
오색선[43] 나를 속박 못 하니	五色線不我羈縻
칠보관 누구를 장식하리오[44]	七寶冠是誰嚴飾

불국 유백佛國惟白**의 송** 佛國白頌

계급도 없고 더 구할 일도 없으니	無階無級更無求
조계의 첫 번째 산가지[45] 얻었구나	奪得曹溪第一籌
마침내 여릉에서 쌀값[46]을 물으니	却向廬陵言米價
시장 모든 상점들 다투어 값 부르네[47]	百行千市競相酬

설화

○ 계급도 없고 더 구할 일도 없으니~시장 모든 상점들 다투어 값 부르네

---

42 삼제에 안배할~가득 찼도다 : 삼제三際 또는 삼세三世는 과거·현재·미래 등 시간 전체를 아우르고, 시방十方은 공간 전체를 포괄한다. 제1구와 제2구의 뜻을 확장하여 시공간 어디에도 속하지 않고 모두 넘어선다는 뜻을 나타내었다.

43 오색선五色線 : 다섯 빛깔 실. 옛날에 왕의 옷인 곤룡포(袞)를 깁던 실. 신하가 황제에게 아뢰기 위하여 올리는 글의 말들을 비유하기도 한다. 다음 구절에 나오는 칠보관七寶冠도 왕이 머리에 쓰는 관이다.

44 오색선 나를~누구를 장식하리오 : 오색선과 칠보관의 주인으로서 왕의 자리에도 머물지 않아 고하의 어떤 계급에도 떨어지지 않는 면모를 나타낸다.

45 제일주第一籌는 법을 이은 첫 번째 제자. 주籌는 산가지를 말하는데, 제자 하나가 도를 깨치면 스승이 자신의 방에 산가지 하나를 던져 놓았다는 선종의 제5대 조사 우바국다優波毱多의 일화에서 유래한다. 조실을 주실籌室이라 하는 이유도 그것에 따른다.『釋氏要覽』권하(大54, 295b8)에『寶林傳』을 인용하여 주실의 유래를 설명한다. 이에 따르면 그가 제도한 학인이 많아 석실石室에 산가지가 가득 찼고, 입적했을 때 그 산가지로 다비를 했다고 한다.『景德傳燈錄』권1(大51, 207b26) 등에도 이 기사가 전한다.

46 본서 148칙 본칙 참조.

47 시장 모든~값 부르네 : 매매를 하겠다고 다투어 값을 부른다는 뜻. 청원이 제시한 대표적인 공안(본서 148칙)에 대하여 사람들이 갖가지로 분별하며 의미를 확정하려 들지만 그것 또한 계급에 떨어지지 않는다는 암시이다. '값의 고하(계급)를 확정할 수 없는 쌀값'의 단서가 6조와의 이 문답에 들어 있다는 말이다. 설화의 해설도 그것이다.

: 이 공안에 본래 그와 같은 면모를 갖추고 있었다는 뜻이다.

佛國云云, 却向廬陵云云者, 此中本具如是面目也.

대매 법영大梅法英의 시중[48]

이 공안을 제기하고 말하였다. "만일 (6조가) 스승과 제자의 관계를 열고자 하였다면 결코 '그렇다.(如是)'라고 인정하는 말을 해서는 안 되었고, 만일 (청원이) 계급에 떨어지지 않고자 하였다면 끝내 '성제도 행하지 않았습니다.(聖諦不爲)'라는 말조차 해서는 안 되었던 것이니, 바로 이런 때가 모든 부처와 조사가 주고받은 결정적인 소식이며 중생도 이 영역에서 벗어나지 않는다."

大梅英示衆, 擧此話云, "若開个師資, 終不得他如是之言 ; 若要不落他階級, 終不下聖諦不爲之語. 箇是諸佛諸祖授受底時節, 亦是衆生沒分外."

[설화]

○ '그렇다(如是)'라고 인정하는 말 : '큰 그릇으로 여겼다'고 생각한 부분이다. 아마도 '그렇다, 그렇다'라고 한 책[49]에 따른 것으로 보인다. 스승과 제자의 관계를 열었다면 계급에 떨어지는 결과[50]가 되니 6조는 '그렇다'고 인정하는 말을 해서는 안 되었다는 뜻이다.[51] 만일 스승과 제자의 관계를 세우지도 않고, 계급에도 떨어지지 않더라도 이 또한 성

---

[48] 여타의 선종사서나 공안집에는 수록된 예가 없다.
[49] 『建中靖國續燈錄』 권1(卍136, 47b2), 『聯燈會要』 권19(卍136, 736a15) 등에 이렇게 되어 있다.
[50] 스승과 제자의 관계는 존비와 상하라는 차별된 계급이라는 뜻이다.
[51] 큰 그릇으로 여기는 생각 자체가 크다거나 작다거나 하는 계급에 떨어져 있다는 실마리라는 말이다. 아래 '황룡 오신의 상당'도 동일한 취지이다.

제이니 '성제도 행하지 않았다'는 말이 옳기나 한가? 이것이 바로 부처와 조사가 전수한 결정적인 소식이며, 중생 또한 이 영역에서 벗어나지 않는다.

大梅：如是之言者, 深器之也. 疑一本云, '如是如是.' 開箇師資, 則落他階級, 不得他如是之言. 若要不立師資, 不落階級, 則亦是聖諦, 聖諦亦不爲爲可? 此乃佛祖傳受地時節, 衆生亦沒分外也.

황룡 오신黃龍悟新의 상당

이 공안을 제기하고 말하였다. "성제도 행하지 않았다면 계급이 없는 경지이고, 이미 계급이 없다면 6조는 어떤 이유로 큰 그릇으로 여겼던 것일까? 큰 그릇으로 여긴 이상 계급이 없지 않다. 대중 가운데 계급에 떨어지지 않는 사람 있는가?[52] 있다면 한번 가려내 보기 바란다."

黃龍新上堂, 擧此話云, "聖諦不爲, 卽無階級, 旣無堦級, 六祖何用深器之? 旣深器之, 不無階級. 衆中還有不落堦級者麽? 試請辨看,"

설화

○ 비록 성제조차 행하지 않았다고 말했을지라도 계급이 있을 수밖에 없다. 만일 한결같이 계급이 없다는 견지를 유지했다면 6조는 결코 큰 그릇으로 여기지 않았을 것이다.

---

[52] 시종일관 '계급'에 떨어지지 않는다는 말 자체가 계급이라는 속박이라고 보는 관점이다. 『晦臺元鏡語錄』(嘉125, 79b3), "내가 만약 6조로서 그에게 '어떤 일에 힘써야 계급에 떨어지지 않습니까?'라는 질문을 받았다면 곧바로 할을 내지르고 '이 똥통을 짊어진 놈아! 여기서 무엇 하느냐?'라고 하였을 것이다.(我若作六祖, 見他問, '當何所務, 卽不落階級?' 卽喝云, '者擔糞桶漢! 在者裏作麽?')"

黃龍 : 雖然聖諦不爲, 亦須有階級始得. 若一向無階級, 六祖終不深器之.

대혜 종고大慧宗杲의 시중

이 공안을 제기하고 말하였다. "느슨한 이야기를 느슨한 이야기로만 여기지 마라. 때로는 주요한 일이 느슨한 이야기에서 발생하는 법이다."[53]

大慧杲示衆, 擧此話云, "莫將閑話爲閑話. 往往事從閑話生."

[설화]

○ 이야기 안에 뜻이 드러나 있다.

大慧 : 話中已見.

송원 숭악松源崇嶽의 상당

이 공안을 제기하고 말하였다. "옳기는 옳지만, 그들 모두에게 얽매인 몸에서 벗어나는 길은 없었다. 나, 영은靈隱의 문하에 어디에도 속박되지 않고 벗어난 사람 있는가? 봉황의 오색 골수를 두드려 빼내고, 검은 용의 턱 아래 있는 여의주[54]를 때려 부수어라.[55]"

---

[53] 본칙과 대혜의 이 시중을 제기하고 초석 범기楚石梵琦는 다음과 같이 평하였다. 『楚石梵琦語錄』 권10(124, 170b6), "진흙을 만지작거리며 온갖 모양을 조작하듯이 분별하는 자들이 하지 못할 일이 무엇이겠는가?(弄泥團漢, 有什麼限?)"

[54] 용의 턱~있는 여의주 : 본분의 핵심. 여기서는 성제를 가리키기 위한 비유이다. 본서 5칙 '고목 법성의 상당' 주석, 181칙 주 63 참조.

[55] 선월 관휴禪月貫休(832~912)의 〈擬君子有所思 二首〉 가운데 나오는 구절(撲碎驪龍明月珠, 敲出鳳凰五色髓.)을 활용하였으며 구절의 선후를 바꾸었다. 『祖庭事苑』 권3(卍113, 68b4) 참조. 『木庵安永和尙語』 續古尊宿語要 4(卍119, 4a15), "혀를 움직이기도 전에 미리 전해 버렸거늘 어떻게 정면에서 사유분별이 끼어들 틈이 있겠는가! 하

松源上堂, 擧此話云, "是卽是, 摠未有出身之路. 靈隱門下, 莫有獨脫底麽? 敲出鳳凰五色髓, 撲碎驪龍頷¹⁾下珠."

1) ㉠ '頷'이 갑본에는 '領'으로 되어 있다. ㉡ '頷'이 맞다.

> 설화

○ 옳기는 옳지만 : 큰 그릇으로 여긴 생각을 말한다.
○ 그들 모두에게 얽매인 몸에서 벗어나는 길은 없었다 : 청원뿐만 아니라 6조에게도 얽매인 몸에서 벗어날 길이 없었다.
○ 봉황의 오색 골수를 두드려 빼내고 : 봉황은 상서로운 조짐으로 편위偏位를 나타낸다. 골수에 있는 오색은 오위五位⁵⁶를 다 갖추었다는 뜻이다. 비록 이러한 면목을 본래 갖추었더라도 반드시 두드려 빼내야 한다.
○ 검은 용의 턱 아래 있는 여의주를 때려 부수어라 : 소중히 여겨 간직하고 있는 성제도 행하지 않는 경계조차 반드시 때려 부수어야 한다.

松源:是卽是者, 深器之也. 摠未有出身之路者, 非但淸源, 六祖亦未有出身之路. 敲出云云者, 鳳凰則爲祥爲瑞, 偏位也. 髓有五色, 具五位也. 雖本具如是面目, 也須敲出始得. 驪龍頷下珠者, 蘊惜地聖諦, 亦不爲處, 須是撲碎.

늘로 차고 올라간 새매는 신라로 떠났도다. 이와 같이 모두 열어 보여 주었으니, 이미 봉황의 오색 골수를 두드려 빼내었고, 검은 용의 턱 아래 있는 구슬을 때려 부순 것이로다.(舌頭未擧先分付, 那堪覿面涉思惟! 沖天鷂子新羅去. 如斯剖露, 已是敲出鳳凰五色髓, 擊碎驪龍頷下珠.)

56 편위偏位와 정위正位를 조합한 편정오위偏正五位를 말한다.

148칙 청원여릉淸源廬陵

본칙 청원 행사淸源行思가 어느 날 어떤 학인에게 "불법의 근본적인 뜻은 무엇입니까?"라는 질문을 받고 대답하였다. "여릉 지방의 쌀값은 얼마나 하느냐?"[1]

淸源,[1) 一日, 因僧問, "如何是佛法大意?" 師云, "廬陵米作麼價?"

1) ㉠ '淸源'은 '靑原'으로도 쓴다.

설화

● 여릉 지방의 쌀값은 얼마나 하느냐 : '부처님께서 문수에게 자신의 마음으로 깨달은(內證) 국토해를 말해 보도록 하시자 문수는 부처님의 신통력에 의지하여 세간의 거주처인 집들에 대해서만 말했다.'[2]라고 하였는데, 이러한 도리인가? 옛사람이 "무수하여 다 헤아릴 수 없을 정도로

---

1 쌀값은 싸거나 비싸거나 그때마다 정해진 가격이 있다. 그것이 얼마인지 던진 질문 자체에 분별을 촉발하는 함정이 있다. '불법의 근본적인 뜻'은 그렇게 정해진 답이 없기 때문이다. 이 공안은 이렇게 일정한 값으로 매길 수 없는 문제에 대하여 값을 정해 보도록 유도함으로써 관문을 설정하고 있다. 장원간張元幹의 사詞 〈滿庭芳〉에, "여릉 쌀, 정가定價에 조금의 차이도 없음을 아는가.(廬陵米, 還知價例, 毫髮更無差.)"라는 구절이 있고, 산곡山谷 황정견黃庭堅의 〈次韻周法曹遊青原山寺〉에, "석두는 뿔 하나 달린 상서로운 기린이요, 온 나라의 값어치에 해당한다 할 만하다. 여릉의 쌀값을, 후인들에게 의문으로 전했네.(石頭麟一角, 道價直九垓, 廬陵米貴賤, 傳與後人猜.)"라고 하였다. 후대에 각 지방의 쌀값을 화두로 삼은 예는 적지 않다. 『雲門廣錄』권상 古尊宿語錄 15(卍118, 348a8)의 '양주襄州의 쌀값', 『拈八方珠玉集』권상(卍119, 228a10)의 '강릉江陵의 쌀값', 『天聖廣燈錄』권19 「廬山鑒章」(卍135, 787a9)의 '한동漢東의 쌀값' 등이다.
2 세간의 거주처와 여릉의 쌀값이 모두 세속의 관심사이기에 같은 종류로 연결하였다. 전거는 미상이며, 80권본 『華嚴經』권1(大10, 1c16)에 부합하는 단락이 있기는 하지만 문수의 설과는 관계가 없다. "최고의 마니보로 그물을 만들었는데, 여래의 자유자재한 신통력으로 경계란 경계는 모두 그곳에서 나오고, 모든 중생이 거처하는 집도 모두 이 안에서 그 영상을 나타낸다.(摩尼寶王, 而爲其網, 如來自在神通之力, 所有境界, 皆從中出, 一切衆生, 居處屋宅, 皆於此中, 現其影像.)"

많은 조사(달마)가 까부르는 키에서 뛰어놀고,[3] 매일 조금의 이익이라도 구하려는 거사는 시끌벅적한 시장을 이리저리 돌아다닌다."[4]라고 하였던 이 뜻인가? 아니다.

[廬陵] 廬陵米作麽價者, 佛令文殊說內證國土海, 文殊承佛神力, 但說世間居處屋宅, 則此義耶? 古人云, "斗量不盡地祖師, 籮唇上踍跳 ; 日求升合地居士, 鬧市裏橫行." 則此義耶? 非也.

● 불법의 근본적인 뜻은 무엇입니까 : 만송 행수萬松行秀는 "그 학인이 불법의 근본적인 뜻을 물은 사실로 미루어 보면 그래도 본분을 추구하는 자였지만, 이제 막 총림에 들어온 사람이 문수보살을 따라 철위산에 돌아다니고자 하는 격이었다."[5]라고 평가하였다. 또 이 구절에 대하여 "말단 관리는 단지 법률만 생각할 뿐이다."[6]라고 착어를 달았다.

---

3 두량斗量은 헤아릴 수 없을 만큼 많은 수를 뜻한다. 나순籮唇은 입술 모양처럼 생긴 키를 표현한 말이다. 곡식을 까부르는 키 위에서 수많은 낟알이 뛰듯 한다는 것이다.『請益錄』 13則「本則 著語」(卍117, 824a12), "조사의 눈동자는 무수하여 다 헤아릴 수 없다.(祖師眼睛, 斗量不盡.)" ;『雲門匡錄』권하(大47, 571b27), "운문이 쌀을 골라내는 어떤 학인을 보고 '키 안에 달마가 얼마나 되느냐?'라고 물음에 아무 대꾸도 없자 '그대가 내게 물어보아라.'라고 하였고 그 학인이 묻자 '무수하여 다 헤아릴 수 없을 정도이다.'라고 대답하였다.(師因見僧量米乃問, '籮裏多少達磨?' 無對. 師云, '儞問我.' 僧便問. 師云, '斗量不盡.')"
4 전거 미상. 헤아릴 수 없이 무수한 조사와 작은 이익을 위해 시장을 헤매는 거사를 대비하였지만, 결국은 키 안에 흩어진 쌀알이나 시장을 돌아다니는 사람들처럼 주변 어디서나 볼 수 있는 존재를 나타낸다. 두량斗量은 수가 매우 많은 것, 승흡升合은 수가 아주 적은 것을 나타낸다. 두斗(말)·승升(되)·흡合은 모두 용량의 단위이고, 큰 순서대로이며 각각 말·되·흡을 나타낸다. 일구승흡日求升合을 조구승모구흡朝求升暮求合이라고도 하는데, 빈한한 삶을 살아가는 모습을 뜻한다.
5 『從容錄』5則「評唱」(大48, 230b7).
6 위의 책, 같은 則「著語」(大48, 230a29). 법률대로 할 생각밖에는 못 하고 임기응변이나 융통성이 없다는 의미에서 '불법'이라는 관념에 마음이 굳어져 있는 상태를 상징한다. 이하에 판에 박힌 듯한 수단을 쓰지 않는다는 의미의 '노련한 장수는 병법을 따지지 않는다.(老將不論兵.)'라는 말과 상반되는 뜻이다.

● 여릉 지방의 쌀값은 얼마나 하느냐 : 만송은 "청원은 성제도 행하지 않는 사람[7]으로서 다만 평소에 누구를 만나도 '여릉의 쌀값은 얼마나 하는가?'라고 인사말을 했을 뿐이다."라고 평가하였다. 또 이 구절에 대하여 "노련한 장수는 병법을 따지지 않는다."[8]라고 착어를 달았다. 이는 본분에 입각하여 답한 말이다. 옛사람은 '화산은 북 치는 일로 유명하고 조주는 차로 유명하지만, 쌀값으로 알려진 여릉도 대단히 자랑할 만하다.[9] 촌노인은 황제의 지위 귀한 줄 알 일 없고,[10] 누구를 만나든 그저 뽕나무와 삼 이야기 나눌 뿐이다.[11],[12]라고 하였다.

---

7 본서 147칙 참조.
8 실전으로 단련된 노련한 장수는 일정한 틀로 주어지는 병법을 따지며 고수하지 않듯이 뛰어난 선사도 정해진 교법에 매이지 않고 일상의 현장에서 주고받는 언어와 사유들을 무기로 활용한다는 뜻이다. 위의 책, 같은 則「頌 評唱」(大48, 265a10), "어린 학인들은 보통 불법을 말하지만 노련한 장수는 병법을 따지지 않는 법이다. 산 앞의 보리가 얼마나 익었는지 분간하지 못하고 여릉의 쌀값이 얼마나 하는지도 모르면서 불법을 헤아리기까지 하니 누가 꿈에선들 알겠는가?(小僧多說佛, 老將不論兵. 山前麥未辨靑黃, 廬陵米不知價利. 更論佛法, 誰曾夢見?)"
9 화산의 '북을 칠 줄 안다.(解打鼓)', 조주의 '차나 마시게.(喫茶去)'라는 말은 어떤 질문을 해도 오로지 동일한 한마디로 응답했던 대표적 예이다. 마찬가지로 청원의 '여릉미가'도 그런 유의 화두라는 뜻을 보여 준다. 본서 411칙 본칙 설화, 1181칙 참조.
10 『嘉泰普燈錄』권5「資聖南傳」(卍137, 110a14), "촌노인은 황제의 궁전이 귀한 줄은 모르고 장안의 대로에서 관원이 조용히 출행하는 소리를 무관심하게 듣는다.(野老不知黃屋貴, 六街慵聽靜鞭聲.)" 조동종의 종지를 표현할 때 이 구절을 들기도 한다. 『虛堂語錄』권4(大47, 1016b1), 『人天眼目』권6(大48, 331b9).
11 진晉 도잠陶潛〈歸園田居〉, "서로 만나서는 쓸데없는 말 하지 않고, 그저 뽕나무와 삼이 얼마나 자랐는지 이야기 나눌 뿐.(相見無雜言, 但道桑麻長.)" 전쟁이니 부역 동원 등으로 생계를 위협받지 않고 농사일도 제때 맞춰 씨 뿌리고 거두며 평온한 삶을 영위함을 말한다. 나암 정수懶菴鼎需는 달사達士의 만남을 거론하며 공자와 온백설자溫伯雪子의 만남을 들고는 도잠의 이 구절을 인용하였다. 『懶菴需禪師語』續古尊宿語要5(卍119, 79b12) ; 『永覺語錄』권26〈羅參軍歸隱東山〉제2수(卍125, 694b12), "은거지에서 지금 기쁘게도 그대를 만나고 보니, 바위 가에 주장자 기대어 놓고 밭을 가는구나. 누구를 만나도 오로지 뽕나무와 삼나무가 잘 자란다고 말할 뿐, 북쪽 변방의 전쟁 소식은 차마 들으려 하지 않네.(林下而今喜見君, 石邊倚杖課耕耘. 逢人但道桑麻長, 塞北風煙未忍聞.)"
12 누구의 말인지는 확인할 수 없으나, 7언 4구의 운문韻文으로 보고 여기까지 묶었다.

如何是佛法大意者, 萬松云, "據這僧問佛法大意, 也是本分, 乍入叢林地人, 要須[1]文殊, 遊鐵圍山." 又著語云, "小官多令[2]律." 廬陵米作麼價者, 萬松云, "淸源是聖諦不爲底人, 只作尋常相見道, 廬陵米作麼價." 又著語云, "老將不論兵." 然則本分答話也. 古人云, '禾山打鼓趙州茶, 米價廬陵也大誇. 野老不知黃屋貴, 逢人猶自語桑麻.[3]'

1) ㉠ '須'는 '隨'의 오자이다. 『從容錄』에 근거한다. 2) ㉠ '令'은 '念'의 오자이다. 『從容錄』에 근거한다. 3) ㉣ '麻'가 갑본에는 '林'으로 되어 있다. ㉠ '麻'가 맞다.

천장 원초天章元楚**의 송 1** 天章楚頌

여릉의 쌀값은 얼마나 되는가	廬陵米作麼價
비싸건 싸건 어느 편이나 내다 팔 겨를 없다네	貴賤高低糶不暇
내다 팔 겨를 없으니 조금도 틈을 두지 말라	糶不暇勿縫罅
겨울에 밭갈이 시작하더니 봄에 또 갈퀴질하네	冬始耕兮春又杷

설화

○ 비싸건 싸건~겨울에 밭갈이 시작하더니 봄에 또 갈퀴질하네 : 본분에 대하여 대답한 화두에 갖추어진 대상들이다.

天章 : 貴賤云云, 至冬始耕兮春又杷者, 卽本分答話所具也.

천장 원초의 송 2 又頌

쌀값이야 지방에 따라 비싸건 싸건 마찬가지인데	米價隨方貴賤同
윤회하는 맘의 분별로는 보려 해도 알기 어렵다네	輪迴心識見難通
사노[13]가 돌아간 근원의 경지 궁구하고자 하는가	欲窮思老歸源處

13 사노思老 : '사'는 행사行思를 가리키고 '노'는 존칭으로 붙은 말.

달은 서쪽에 걸려 있고 해는 동쪽에 걸려 있도다[14]　月在西兮日在東

> [설화]

○ 지방에 따라 비싸건 싸건~달은 서쪽에 걸려 있고 해는 동쪽에 걸려 있도다 : 앞의 도리와 같다.

又頌, 隨方云云至在西者, 亦此義也.

천복 본일薦福本逸의 송 薦福逸頌

거대한 송나라의 산하 사백주[15]에서	巨宋山河四百州
일제히 내놓은 물건마다 내력 있네	交開物物有來由
여릉의 쌀값 엄연히 정해져 있건만	廬陵米價居然在
천하 선승들의 말은 많기도 하구나	天下禪僧語路稠

황룡 혜남黃龍慧南의 송 黃龍南頌

여릉의 쌀값은 해마다 새로우니	廬陵米價逐年新
길에서 들은 헛소문이 결코 진실은 아니라네	道聽虛傳未必眞

---

14 달은 서쪽에~걸려 있도다 : 보름달이 뜨는 날의 풍경. 『釋名』「釋天」, "보름은 완전히 찬 달을 가리키는 이름이다. 큰달(30일)에는 16일에, 작은달(29일)에는 15일에 해는 동쪽에서 달은 서쪽에서 가장 먼 거리를 두고 서로를 바라본다.(望, 月滿之名也. 月大十六日, 小十五日, 日在東, 月在西, 遙相望也.)" 쌀값이 그때마다 정해져 있듯이 자연의 일정한 현상을 말한다. 불법이라고 하여 그와 다른 특별한 광경을 기대할 수 없다. 『兜率不磷堅語錄』권상(嘉33, 470c2), "법좌에 올라앉아 말하였다. '세월이 오갈수록 세간사마다 모두 어려우니, 여릉의 쌀값은 오르고 조주의 찻잔은 싸게 깎인다. 선수행하는 무리들이여, 눈썹을 치켜올리고 자세하게 살펴라! 말해 보라! 무엇을 살필까? 화봉은 첩첩이 쌓였고, 곤수는 잔잔히 흐른다.'(上堂, '日往月還, 事事艱難, 廬陵米價高, 趙州茶碗殘. 諸禪流, 剔起眉毛仔細看! 且道! 看箇甚麼? 華峰疊疊, 昆水潺潺.')"
15 사백주四百州 : 송나라 때 천하에는 주州가 300여 개 있었지만, 후에 성수成數로 400주라 함으로써 중국의 국토 전체를 나타내는 말로 쓰였다.

믿을 만한 가격은 갈림길에서 물을 필요 없고	大意不須歧路問
비싼지 싼지 본래의 상점 주인 만나야 하리라	高低宜見本行人

천동 정각天童正覺의 송[16] 天童覺頌

태평성대의 업적엔 흔적이 남지 않고	大平治業無像
촌노인의 가풍은 지극히 순박하도다	野老家風至淳
오로지 유행가 부르고 농주 마실 뿐	只管村歌社飲
순임금의 덕과 요임금의 인은 알아 무엇 하랴	那知舜德堯仁

곤산 찬원崑山贊元의 송 崑山元頌

여릉의 쌀값을 다투어 치르려 하니	廬陵米價競爭酬
바다는 실개천을 받아들일 줄 알아야 한다네[17]	大海須知納細流
돛 달고서 포구로 돌아가지 않는다면	若不張帆歸極浦
물결 따라 이리저리 흐르다가 언제나 쉬리오[18]	隨波逐浪幾時休

법진 수일法眞守一의 송 法眞一頌

여릉의 쌀값을 얼마에 치르려 하는가	廬陵米價若爲酬
어떻게 말해도 저 제일주[19]에게 지리라[20]	道得輸他第一籌
콧구멍이 그에게 비틀리고 말 것이니[21]	鼻孔被伊拈却了

---

16 임금의 공적과 덕이 민간에 전혀 미치지 않는 태평성대의 풍경을 읊었다. 청원의 '쌀값'에는 고원한 교리적 관념이나 조사가 전한 가풍의 흔적이 전혀 남아 있지 않다.
17 여릉의 쌀값을~알아야 한다네 : 이런 말 저런 말로 정하는 값을 모두 허용한다.
18 돛 달고서~언제나 쉬리오 : 싼값이건 비싼 값이건 모두 거두어 값을 정하지 못하도록 한다. 제1구와 제2구는 방개放開, 제3구와 제4구는 파주把住로 설정하여 대칭시켰다.
19 제일주第一籌 : 본서 147칙 주 45 참조.
20 어떻게 말해도~제일주에게 지리라 : 값을 어떻게 매긴다고 하더라도 청원의 화두를 뚫는 수단이 되지 못한다.
21 콧구멍이 그에게~말 것이니 : 청원이 처음부터 본분의 핵심을 장악하고 있다.

| 머리 위에 또 머리 붙일 필요 없노라[22] | 不須頭上更安頭 |

운문 종고雲門宗杲의 송 雲門杲頌

청원의 말에는 파고들 틈 전혀 없으니	老淸源沒縫罅
불법을 물었는데 쌀값으로 응수했다네[23]	問佛法酬米價
약간만 어긋나도 남 이야깃거리 되리니[24]	差毫氂[1]成話欛
쳐다볼 얼굴조차 없어서 두려움 산다네[25]	無面目得人怕

22 머리 위에~필요 없노라 : 어떤 말과 분별도 쓸모없이 덧붙이는 사족에 불과하다. '여릉의 쌀값이 얼마인가?'라는 물음에 진실이 모두 실현되어 있어(公案現成) 더 이상 달리 응답할 방도가 없다. 『景德傳燈錄』 권14「水空傳」(大51, 313b4), "수공水空 화상이 어느 날 회랑에서 한 학인과 마주치고 물었다. '요즘 일은 어떤가?' 학인이 말없이 있자 수공이 말하였다. '이렇게만 하면 되는가?' '머리 위에 또 머리를 붙이시는군요.' 수공이 때리고서 말하였다. '가거라, 가! 이후에 남의 집 자식들을 어지러운 지경에 빠뜨릴 것이다.'(師一日廊下逢見一僧, 乃問, '時中事作麼生?' 僧良久, 師曰, '只恁便得麼?' 僧曰, '頭上更安頭.' 師便打之曰, '去, 去! 已後惑亂人家男女在.')" 수공의 마지막 말은 학인의 견지를 깎아내리거나 비판하려는 뜻이 아니다. '어지러운 지경'이라는 말이 하나의 효와諕訛이다.

23 불법을 물었는데 쌀값으로 응수했다네 : 여기서 불법과 쌀값은 등가等價로 거래되는 평등한 관계이다. 만법 사이에 상하와 귀천의 차이가 무너지면서 자유롭게 오가며 자리를 맞바꾸는 태평의 소식이다. "소 한 마리를 꾸었다가 말 한 마리로 갚는다."라는 취지와 같으며, 본서 491칙 '원오 극근의 염'에 이 구절을 활용하여 산하대지山河大地와 자기自己를 등가로 맞바꾸었던 예가 그것이다. 『寶覺祖心語錄』(卍120, 228a6), "어느 날 학인에게 '기린도 상서롭다고 보지 않고 봉황도 신령하다고 여기지 않으니, 온 세상이 이렇게 태평하게 되면 그 누가 공물貢物을 바치겠는가?'라고 묻고 스스로 대신 답하였다. '소 한 마리를 꾸었다가 말 한 마리로 갚는다.'(一日問僧, '麒麟不是瑞, 鸞鷟不爲靈, 四海晏淸, 誰人入貢?' 代曰, '得人一牛, 還人一馬.')"

24 약간만 어긋나도~이야깃거리 되리니 : 주 26과 마찬가지로 '여릉의 쌀값이 얼마인가?'라는 질문 자체가 완결된 화두이기 때문에 어떤 값을 정하여 말해도 어긋나서 불필요한 언쟁만 촉발한다.

25 쳐다볼 얼굴조차~두려움 산다네 : 얼굴이 없는 유령과 같아서 두렵다는 말. 분별할 실마리가 전혀 없다는 뜻이며, 앞 구절과 연결된다. 본분을 고수하는 입장(把住)을 견지함으로써 다른 사람들의 두려움이나 미움을 산다는 말.『頌古聯珠通集』 권36(卍115, 453a12), "동산 노인은 친소라곤 전혀 없어, 불법에 답하여 마삼근이라 하였네. 쳐다볼 얼굴조차 없어 미움 사기도 하고, 속속들이 다 드러내면서 몹시 속이기도 하는구나.【묘봉 지선妙峯之善의 송】(洞山老勿疎親, 答佛法麻三斤. 無面目得人憎, 見得徹賺殺人.【妙峯

1) ㉮'氅'가 갑본에는 '氊'로 되어 있다. ㉯'氅'가 맞다.

죽암 사규竹庵士珪의 송 竹庵珪頌

여릉의 쌀값이라는 말뜻 아는 이는 드물고　　　　廬陵米價少知音
불법이라는 헤아림 예부터 지금에 이르렀네[26]　　佛法商量古到今
원앙 문양 수를 놓고 누구나 보도록 했더니　　　繡出鴛鴦任人看
까닭도 없이 황금 바늘 찾으려 드는구나[27]　　　無端須要覓金針

운대정의 송 雲臺靜頌

여릉의 쌀값을 얼마에 치르려 하는가　　　廬陵米價若爲酬
선객들 만나 쉼 없이 달리듯 조잘대네　　　禪客相逢走未休
옛사람의 분명한 뜻 알고자 하는가　　　　欲識古人端的旨
산 앞 보리가 익으니 가을도 깊었네　　　　山前麥[1]熟十分秋

1) ㉯'麥'은 '麥'의 오자이다.

善])" 불법과 친밀하다거나 옷의 소재인 마麻와는 소원疎遠하다거나 하는 친소가 없어 대립의 짝이 완벽하게 끊어진 평등이 구현된 경계를 말한다. 마삼근 공안에 대해서는 본서 1230칙 참조.
26 여릉의 쌀값이라는~지금에 이르렀네 : 여릉의 쌀값이라는 말은 다름 아닌 불법을 가리키는 말이라는 전제에 따라 헤아리는 잘못을 가리킨다. 주 33 인용문의 취지와 통한다. 불법이라는 생각 자체가 이 화두 타파를 가로막는 장애가 되고, 달리 생각해도 빗나가게 된다.『應菴曇華和尙語』續古尊宿語要 4(卍119, 25a6), "불법이라 헤아린다면 달마로부터 전해진 하나의 종지는 이 땅에서 쓸려 없어질 것이며, 불법이라 헤아리지 않는다면 나는 산 채로 지옥에 떨어질 것이다. 이 문제에 대하여 여러분은 흑백을 분명히 구분해 낼 수 있는가?(若作佛法商量, 達磨一宗, 埽土而盡 ; 不作佛法商量, 老僧活陷地獄. 是你諸人, 還繅素得出麼?)" ;『宏智廣錄』권5(大48, 67a18), "만약 조금이라도 불법의 도리가 남아 있다면 도리어 마음의 온갖 실마리가 되어 망상과 뒤엉켜 버리고 말 것이다.(若有些子佛法道理, 又却成一切心緣, 妄想交織.)"
27 원앙 문양~찾으려 드는구나 : 본서 45칙 '회당 조심의 거' 주석 참조.

무위자의 송 無爲子頌

여릉 지방 쌀값	廬陵米價
얼마로 제시할까	如何擧示
높기도 낮기도 할 터이니 마음껏 헤아려라	或高或下任商量
동쪽 상점은 서쪽 상점의 이익을 모르리라[28]	東行不見西行利

무진거사의 송 無盡居士頌

한 갈래 맑은 근원[29] 소림에서 흘러왔지만	一派淸源出小林
신의[30]는 여기서 그치고 마음만을 전했다네[31]	信衣到此只傳心
평소에 대중에게 일렀으나 아무도 모르고서	尋常示衆無人會
모두들 여릉의 쌀값이라는 말에서 찾는구나[32]	盡向廬陵米價尋

---

28 동쪽 상점은~이익을 모르리라 : 상점마다 부르는 값이 달라 서로 다른 상점이 얼마나 이익을 보는지 알지 못한다는 말. 득실로 따질수록 은폐되는 진실인 동시에 소식이 끊어져 헤아릴 단서가 남아 있지 않은 도리를 나타낸다. 『圜悟語錄』 권7(大47, 746a25), "삼세의 부처님들은 화염 속에서 큰 법륜을 굴리고, 장벽과 조약돌은 여러분의 눈동자 속에서 큰 법륜을 굴린다.……다만 노주와 등롱이 그래도 조금 낫다. 왜 그런가? 동쪽 상점에서는 서쪽 상점의 이익이 얼마인지 모르지만, 잎사귀 하나가 떨어지면 온 세상에 가을이 온 것을 아는 까닭이다.(三世諸佛, 在火焰裏, 轉大法輪, 牆壁瓦礫, 在諸人眼睛裏, 轉大法輪.……只有露柱燈籠, 却較些子. 何故? 東行不見西行利, 一葉落知天下秋.)"

29 맑은 근원(淸源)은 중의적重義的 표현이다. 청원 행사를 가리킴과 동시에 그 말뜻 그대로 맑은 수원水源을 나타낸다.

30 신의信衣 : 직통의 조사로 인가하는 징표로서 달마 대사(소림)로부터 6조 혜능까지 대대로 전수되었다고 하는 가사袈裟.

31 신의는 여기서~마음만을 전했다네 : 싸움의 단서가 되는 신의를 더 이상 전하지 말라고 당부한 5조 홍인弘忍의 유지에 따라 6조는 자신에게서 그치고 그 정통을 이은 청원에게는 심인心印만 전했다는 말. 宗寶本 『壇經』(大48, 349b1), "옛날부터 부처님들은 대대로 오로지 본체만 전하였고, 조사들은 본심을 친밀하게 부촉하였다. 가사는 투쟁의 단서가 되니 그대에게서 그치고 전하지 마라. 만일 이 가사를 전한다면 목숨이 위태로울 것이다.(自古, 佛佛惟傳本體, 師師密付本心. 衣爲爭端, 止汝勿傳. 若傳此衣, 命如懸絲.)"

32 모두들 여릉의~말에서 찾는구나 : 여릉의 쌀값이라는 말을 가지고 분별을 일삼을 뿐

열재거사의 송 悅齋居士頌

여릉의 쌀값이 요즘 얼마이던가	廬陵米價今多少
달이 차면 비싸고 이지러지면 싸노라[33]	月圓時大缺時小
강가에 홀로 깨어 있는 또 한 사람[34]은	更有江邊獨醒人
날 밝을 때까지 눈 뜨고 꿈꾸는구나	開眼做夢到天曉

영원 유청靈源惟淸의 상당

이 공안을 제기하고 말하였다. "해골을 꿰뚫었으나 아무도 눈치 채지 못했으니 알고자 한다면 행사(思公)에게 다시 물어야 한다. 말해 보라! 무엇에 대하여 물을 것인가?" 잠깐 침묵하다가 말하였다. "차나 마셔라!"

靈源淸上堂, 擧此話云, "穿過髑髏人不識, 要知須更問思公. 且道! 向什麽處問?" 良久云, "喫茶去!"

그것이 가리키는 '마음'을 모른다는 취지. '마음'을 모른다는 그 말에도 함정이 있다. 마음이 아니라 해도 틀리지만 마음이라고 해도 바르지 않다. 그것은 '쌀값'의 화두에 달라붙어도(卽) 안 되지만 이것을 벗어나도(離) 안 되는 궁지의 상황과 마찬가지이다.

33 달이 차면~이지러지면 싸노라 : 싸거나 비싸거나 무관하여 자유롭게 거래하는 시장이다. 이렇게 주고받는 관계에서 흠 없는 진실이 구현되며, 그 외에 부처라거니 마음이라거니 아무리 내세워도 완벽하지 못하다. 『天岸昇語錄』 권11(嘉26, 708b13), "삼 세 근(麻三斤)을 싼값에 팔아서 마른 똥막대기(乾屎橛)를 비싼 값에 사들인다. 마음이 부처라고도 하고, 마음도 아니고 부처도 아니라고도 하며, 마음도 부처도 중생도 아니라고도 하니, (이들 말로 미루어 보면) 선대로부터 꼿꼿한 종사들도 반 토막의 진실만 얻었을 뿐이다. 여릉의 쌀값은 진흙처럼 싸고, 달마가 서쪽에서 와서 전한 뜻에 탁월한 비결은 없었다. 그대는 모르는가? 변방인 북쪽은 봄에도 춥고 강남은 가을에도 덥다는 사실을.(賤賣麻三斤, 貴買乾屎橛. 卽心卽佛, 非心非佛, 不是心, 不是佛, 不是物, 從上古錐, 只得半橛. 廬陵米價賤如泥, 達磨西來無妙訣. 君不見? 塞北春寒, 江南秋熱.)"

34 홀로 깨어 있는 사람(獨醒人)은 세속에 오염되지 않고 살아가는 사람을 말한다. 원래는 전국시대 초나라의 충신 굴원屈原을 가리킨다. 굴원의 『楚辭』〈漁父辭〉에 "뭇 사람들 모두 취했으나 나 홀로 깨었다.(衆人皆醉我獨醒.)"라는 말에 따른다. 여기서는 어떤 방편과 분별에도 기울어지지 않는 사람을 나타낸다.

📖 설화

○ 해골을 꿰뚫었다 : (해골이란) 망상분별의 보금자리를 가리킨다.
○ 알고자 한다면~차나 마셔라 : 행사의 숨은 뜻을 알아야 한다. 행사의 숨은 뜻은 무엇일까? '차나 마셔라.'라는 말에 있다.[35]

靈源:穿過髑髏者, 識情窠窟也. 要知云云者, 會取思公意始得. 思公意如何? 喫茶去.

---

35 쌀값과 '차나 마셔라.'라는 말을 연관시킨 예를 볼 수 있다. 『神鼎雲外澤語錄』 권7(嘉33, 288c16), "신정神鼎이 학인에게 물었다. '어디서 왔는가?' '호광湖廣에서 왔습니다.' '호광의 쌀값은 얼마나 하는가?' '모르겠습니다.' '이놈은 나귀와 말의 앞뒤를 따라다니며 시중드는 종이로구나.' '화상께서는 어떻게 대답하시렵니까?' '그대의 경계가 아니니 그만 앉아서 차나 마시세.'(師問僧, '那裏來?' 云, '湖廣.' 師云, '湖廣米價如何?' 云, '不知.' 師云, '這箇是驢前馬後底.' 云, '和尙又作麼?' 師云, '非公境界, 且坐喫茶.')"

149칙 청원돌부淸源鈯斧

본칙 청원이 석두 희천石頭希遷[1]을 시켜 남악 회양 선사에게 부치는 편지[2]를 보내며 말하였다. "돌아오는 날 그대에게 무딘 도끼(鈯斧子)[3] 한 자루를 주어 남악산南嶽山[4]에 주석하도록 하겠다." 석두는 회양의 처소에 이르러 편지를 전달하기 전에 질문을 던졌다. "어떤 성인도 흠모하지 않고 자기 본성도 소중하게 여기지 않는 경계는 어떤 것입니까?" "그대의 질문은 몹시 고상하구나! 조금 낮추어서 묻는 것이 좋지 않겠는가?" "차라리 영원토록 생사윤회에 빠져 있을지언정 성인들을 뒤따라 해탈을 구하지는 않겠습니다." 회양이 더 이상 대꾸하지 않았다.

석두가 돌아오자 청원이 "떠난 지 오래되지 않아 돌아왔구나. 보낸 편지는 전달했느냐?"라고 물음에 석두는 "소식도 알리지 않았고 편지도 전달하지 않았습니다."라고 대답하고 앞의 이야기를 들려준 다음 또 말하였다. "떠나던 날 화상께서 무딘 도끼를 주고 절에 주석하도록 해 주시겠다 하셨으니, 지금 그리해 주시기를 바랍니다." 청원이 한쪽 발을 평상에서 떨어뜨리자 석두는 절을 올리고 남악산으로 들어가 주석하였다.【운거雲居는 회양 선사가 대꾸하지 않은 부분을 대신하여 말하였다. "한편밖에 볼 줄 모르는 놈이로구나."[5]】

---

1 청원의 제자 중에서 특히 탁월한 인물. 청원이 석두를 칭찬한 말 중에 '각립角立'이란 표현이 보인다. "무리를 지은 뿔이 비록 많이 있지만, 한 마리 기린으로 충분하다.(衆角雖多, 一麟足矣.)"라고 하였으며 그 후 석두는 남악에 머물며 정법안正法眼을 전했다.『建中靖國續燈錄』권1「石頭希遷章」(卍136, 47b17).
2 편지는 본분의 소식을 전한다는 상징을 지니고 있다. 석두는 이 점을 분명히 의식하고 스승의 소식을 편지라는 형식에 구애되지 않고 전한다.
3 돌부자鈯斧子 : 제자로 인정하는 징표. 대대로 전해지는 전통은 아니며 청원과 석두 사이에 알 수 있는 징표로 보인다.
4 남악산南嶽山 : 형산衡山 또는 형악衡嶽이라고도 하다. 중국의 오악五嶽 중 하나이다. 석두는 그 뒤 이곳의 남대사南臺寺에 주석하였다.
5 자신의 견해를 바꾸지 않는 사람을 가리킨다. 상대를 깎아내리는 형식의 말이지만 칭찬도 아니고 비난도 아니다.

淸源令石頭馳書, 上南岳懷讓禪師, 乃曰, "迴日, 與汝箇鈯斧子, 住山." 石頭到讓師處, 未達書便問, "不慕諸聖, 不重己靈時, 如何?" 讓云, "子問大高生! 何不向下問?" 石頭云, "寧可永劫沉淪, 不求諸聖解脫." 讓不對. 石頭乃迴, 師問, "子去未久, 書得達不?" 頭曰, "信亦不通, 書亦不達." 乃擧前話, 復云, "去日, 蒙和尙許箇鈯斧子住山, 卽今便請." 師垂下一足, 頭禮拜, 入南嶽住山.【雲居代讓師不對處云, "擔板漢."】

설화

- 석두 희천을 시켜 남악 회양 선사에게 부치는 편지를 보내다 : 옛사람이 자식을 서로 바꾸어 가르쳤던 일화[6]는 진실로 까닭이 있었다. 남의 어른과 만남을 잘하여 종풍을 욕되게 하지 않으면 무딘 도끼를 전하여 한 절에 주석하도록 할 만하다.
- 무딘 도끼(鈯斧子) : 선대로부터 주고받은 징표로서[7] 절에 주석할 때 쓰는 가재 도구이다. 돌부자鈯斧子의 '돌鈯'은 무디다는 뜻의 둔鈍과 같은

---

[6] 청원이 자신의 제자인 석두를 6조 문하의 동문인 회양에게 심부름 보내는 것을 구실로 점검을 받게 한 것을 말한다. 자식을 서로 바꾸어 가르치는 방법을 이성移成이라 한다. 『逸周書』「文政」, "어린 자식에게 터를 옮겨 과업을 이루도록 한다.(幼子移成.)" 이에 대한 공조孔晁의 주석에서 "터를 옮겨 과업을 이룬다는 말은 자식을 바꾸어 가르친다는 뜻이다.(移成, 謂易子而敎也.)"라고 한다. 『孟子』「離婁」上, "공손추가 물었다. '군자가 자식을 친히 가르치지 않은 까닭은 무엇인지요?' '자식에게 권세를 행해서는 안 되기 때문이다. 가르치는 사람은 반드시 바른 법도를 기준으로 삼아 가르치려 들기에 자식이 그 가르침대로 행하지 않으면 분노기 이어지고 분노가 이어지면 도리어 사식을 해치게 된다. 자식도 「아버지께서 나를 바른 법도로 가르치려 들지만, 아버지의 언행도 바른 법도에서 나온 것이 아니다.」라고 생각하면 부자가 서로 감정이 상하게 되고, 부자가 서로 감정이 상하게 되면 미워하는 마음이 일어난다. 이런 이유로 옛날부터 자식을 바꾸어 가르쳤다. 부자 사이에는 선을 행하도록 꾸짖지 않는 법이니 선을 행하도록 꾸짖으면 사이가 멀어지고 멀어지면 이보다 큰 재앙은 없는 탓이다.(公孫丑曰, '君子之不敎子, 何也?' 孟子曰, '勢不行也. 敎者必以正, 以正不行, 繼之以怒. 繼之以怒, 則反夷矣.「夫子敎我以正, 夫子未出於正也.」則是父子相夷也. 父子相夷, 則惡矣. 古者易子而敎之. 父子之間不責善. 責善則離, 離則不祥莫大焉.)"

[7] 특별한 유래는 보이지 않는다.

말이다. 그 유래가 오래되었기 때문에 (날이) 무디다.
● 편지를 전달하지 않았다 : 대장부라면 남의 심부름으로 편지를 보내는 일 따위를 해서는 안 된다.
● 어떤 성인도 흠모하지 않고 자기 본성도 소중하게 여기지 않는 경계는 어떤 것입니까 : 위로는 어떤 성인의 해탈도 흠모하지 않고 아래로는 자기 자신의 신령한 마음도 소중히 여기지 않아야 '사자의 굴에는 다른 짐승이 없다.'[8]는 경지라 할 만하다.
● 그대의 질문은 몹시 고상하구나 : 순금의 진가를 알려면 화로의 불길 속에서 살펴라.[9] "차라리 영원토록 생사윤회에 빠져 있을지언정 성인들을 뒤따라 해탈을 구하지는 않겠습니다."라고 하였으니, 자신의 본성도 소중히 하지 않는다는 견해를 알 수 있다. 그렇게 한다면 수없이 단련한 순금이 색이 변하는 일이 없는 것과 같기 때문이다. 천석泉石은 "위기를 맞아도 구차하게 모면하지 않고, 이익이 된다고 하여 구차하게 얻지 않는다."[10]라고 말하였다. 이와 같은 일은 뿌리가 깊고 밑동이 단단하므로 의지가 확고해서 움직일 수 없는 인물[11]이 아니면 할 수

---

8 탁월한 수행자가 거처하는 도량에는 그 제자도 스승과 마찬가지로 사자의 기상을 가진 인물이다. 『祖堂集』 권9「洛浦元安章」(高45, 290b180), "'범부나 성인이나 누구도 이르지 못하는 경계는 따지지 않겠지만, 범부와 성인을 가르는 분별이 다 사라지지 않은 상태는 어떻습니까?' '사자의 굴에는 다른 짐승이 없고, 코끼리가 밟고 지나간 자리에는 여우의 발자취가 남지 않는다.'(問, '凡聖不到處卽不問, 不盡凡聖處, 如何?' 師曰, '師子窟中無異獸, 象王行處勿狐蹤.')"
9 남악이 석두의 견해를 그대로 인정했던 것이 아니라 그를 호되게 점검해 보려는 생각으로 이렇게 말했다는 뜻. 『雪竇語錄』 권1(大47, 670b18), "법좌에 올라앉아 대중이 운집하자 주장자를 던지면서 말하였다. '몽둥이에는 태양처럼 밝은 눈이 달려 있다. 순금의 진가를 알고자 한다면 그것을 단련하는 화로 속에서 살펴보라.'(上堂, 大衆雲集, 以拄杖抛下云, '棒頭有眼明如日. 要識眞金火裏看.')" 설두의 이 말도 주장자로 휘두르는 방봉에 학인을 점검하는 밝은 안목이 들어 있다는 뜻이다.
10 부대사傅大士라고도 불리는 선혜 대사善慧大士의 말이다. 『景德傳燈錄』 권27「善慧大士傳」(大51, 430c2).
11 『周易』「乾」, "즐거우면 행하고 근심스러우면 피한다. 확고하여 그 뜻을 움직일 수 없는

없다. 무슨 말인가? 눈썹을 찌푸리며 백련사白蓮社에 몸을 던지려 하지 않았던 도연명의 일화[12]는 그가 벼슬을 하고 있었을 때 허리를 굽히고 인사하려 들지 않았던 일과 흡사하다.[13]

● 회양이 더 이상 대꾸하지 않았다 : 한편밖에 볼 줄 모르는 놈이기 때문이다. 곧 석두를 확고하게 인정하기도 하고 인정하지 않기도 하였다.

● 떠나던 날 화상께서 무딘 도끼를 주고 절에 주석하도록 해 주시겠다 하셨으니, 지금 그리해 주시기를 바랍니다 : 속속들이 의혹이 남아 있지 않기 때문이다.

● 한쪽 발을 평상에서 떨어뜨렸다 : 걸치고 있던 발을 무심하게 떨어뜨리는 동작이다.

그것이 잠룡潛龍이다.(樂則行之, 憂則違之, 確乎其不可拔, 潛龍也.)" 여기서 '拔'은 '移'의 뜻이다. '근심체고근심체고根深蒂固', '근심체결근심체결根深蒂結', '근반체결근반체결根盤蒂結' 등으로도 쓴다. 뿌리가 깊이 박혀 있다는 뜻이다. 『老子』, "나라를 양육하는 어미는 오래 지속할 수 있다. 이를 깊은 뿌리요 굳은 꼭지라 하니, 영원히 살고 장구하게 보는 도리라 한다.(有國之母, 可以長久, 是謂深根固蒂, 長生久視之道.)"

[12] 어디에도 속박되지 않는 풍모를 보였던 도연명陶淵明(陶潛)의 일화. 『佛祖統紀』 권26 「不入社諸賢傳」(大49, 269c28), "그때 혜원慧遠 법사가 여러 어진 이들과 백련사白蓮社를 결성하고서 도연명에게 편지를 부쳐 초청하자 연명이 '음주를 허용한다면 가겠소.'라고 응답하였다. 그렇게 허용하겠다고 하여 가기는 하였으나 보자마자 눈썹을 찌푸리고 떠났다.(時遠法師, 與諸賢結蓮社, 以書招淵明, 淵明曰, '若許飲則往.' 許之遂造焉, 忽攢眉而去.)"

[13] 이 또한 관직을 훌훌 던져 버리고 초야로 돌아간 도연명의 일화이다. 팽택령彭澤令의 관직에 취임한 뒤 상급 관청에서 감찰관이 파견 오자 부하 직원인 현령이 그에게 예의에 따라 익관衣冠을 바르게 갖추고 맞이하라고 권하였을 때의 일이다. 『晉書』 「隱逸傳 陶潛」, "내가 어찌 다섯 말의 쌀(봉급) 때문에 허리를 꺾고 시골 촌뜨기에게 굽실거리며 인사할 수 있겠는가!(吾不能爲五斗米折腰, 拳拳事鄉里小人耶!)"; 『樂邦文類』 권5(大47, 226a20), "연명은 세속의 일개 선비에 불과하였지만 빈곤에 절박하게 몰리지 않고 오히려 다섯 말의 곡식을 가볍게 여기며 시골 촌뜨기에게 허리 굽혀 인사하는 꼴을 참지 못하여 스스로 관직을 버리고 기꺼이 초야로 돌아가지 않았던가? 하물며 석씨釋氏의 제자로서 해탈하기 위해 출가의 길을 선택하고서 도리어 속진俗塵의 세계에서 허겁지겁 내달리며 그칠 줄 모르니 연명에게 부끄럽지도 않은가!(淵明乃一俗士爾, 貧苦非不迫切, 尙且輕五斗粟, 不忍折腰於鄉里小兒, 自免去職, 樂賦歸歟? 況釋氏子, 爲解脫故, 而求出家, 返奔走於塵域, 而不知止, 不爲淵明羞乎!)"

● 석두는 절을 올리고 남악산으로 들어가 주석하였다 : 직접 전승받고 입실入室[14]한 진실한 제자로서 문밖에서 떠도는 사람과 같지 않다는 뜻이다.

[鈯斧] 令石頭馳書, 上南嶽懷讓禪師者, 古人易子而敎之, 良有以也. 盖善能相見, 不辱宗風, 可以付鈯斧子, 住山也. 鈯斧子者, 從上來相傳相受底, 住山家具. 鈯鈍也. 其來尙矣, 故鈍也. 未達書者, 大丈夫漢, 不可爲人馳書也. 不慕諸聖云云者, 上不慕諸聖解脫. 下不重自己靈心, 可謂師子窟中無異獸. 子問大高生者, 要識眞金火裏看. 寧可永劫沉淪云云解脫, 則不重己靈可知矣. 然則百鍊眞金, 應無變色故. 泉石云, "臨危無苟免, 見利無苟得." 則非根深蒂固, 確乎其不可拔者, 難能也. 何謂也? 攢眉不肯投蓮社, 拾[1)]似當年懶折腰. 讓師[2)]不對者, 擔板漢故也. 則堅肯石頭, 不肯石頭. 去日云云至便請者, 徹底無疑故. 垂下一足者, 倦足等閑垂也. 頭禮拜入南嶽者, 親承入室之眞子, 不同門外遊人也.

1) ㉠ '拾'은 '恰'의 오자이다. 2) ㉡ '師'가 위의 본칙에는 없다.

● 석두 희천을 시켜 남악 회양 선사에게 부치는 편지를 보내며~남악산南嶽山에 주석하도록 하겠다 : 이는 큰 절의 대중을 이끌며 주석하는 일이며 암자에 홀로 거처하는 것이 아니다. 세상에 나타나 일정한 장소에 머물며 법을 펼친다는 의미이다.
● 무딘 도끼 : 일정한 장소에 머물며 학인을 가르칠 때 쓰는 도구이다.
● 회양 선사(에게 보내는 의중) : 사방의 나라에 사신으로 파견되어 홀로

---

14 입실入室 : 스승의 도를 온전히 전수받아 심오한 경지에 오른 제자. 『論語』 「先進」의 다음 말에서 유래한다. "유由(子路)는 당堂에는 올랐지만 아직 실室에 들어가지는 못하였다.(由也升堂矣, 未入於室也.)" 이에 따라 후대에 방에 들어간 입실入室이 방 앞의 마루에 오른 승당升堂보다 더 깊은 경지를 나타내는 말로 쓰인다.

대처하지 못한다면 사신으로 파견할 만하(지 못하)다[15]는 뜻이다.[16]

● 돌아오는 날 그대에게 무딘 도끼(鈯斧子) 한 자루를 주어 남악산에 주석하도록 하겠다 : 대대로 전수하여 내려온, 남악산에 주석하는 징표가 되는 생활 도구이다.

● 어떤 성인도 흠모하지 않고 자기 본성도 소중하게 여기지 않는 경계는 어떤 것입니까 : 성취한 경지가 이와 같다는 뜻이니, 석두와 같은 자는 홀로 서고 홀로 실행하여 (그 명성이) 천지 끝까지 뻗치고 만세에 이어지더라도 돌아보지 않을 인물이다.

● 그대의 질문은 몹시 고상하구나! 조금 낮추어서 묻는 것이 좋지 않겠는가 : 그 나머지 뜻은 모두 위에서 한 말과 같다. 그렇다면 "사인使人[17]답구나, 사인다워!"[18]라는 칭송을 받을 만하다. 임금의 명령을 욕되게 하지 않기 때문이다.

● 회양이 더 이상 대꾸하지 않았다. : 확고하게 석두를 인정하기도 하고

---

15 인용에 착오가 있다. 『論語』「子路」에 "자신의 행동에 수치심을 알고 사방의 나라에 사신으로 파견되어 임금의 명령을 욕되게 하지 않는다면 선비라 할 만하다.(行己有恥, 使於四方, 不辱君命, 可謂士矣.)"라는 구절, 같은 책에 "시 300편을 외우더라도 정치를 맡고서 바르게 해내지 못하고, 사방의 나라에 사신으로 파견되어 혼자 대처하지 못한다면 비록 많이 안다고 한들 무슨 쓸모가 있겠는가?(誦詩三百, 授之以政, 不達 ; 使於四方, 不能專對 ; 雖多, 亦奚以爲?)"라는 구절을 뒤섞어 인용하면서 착오가 발생한 듯하다. 원문 '可謂使之' 앞에 '不'이 빠진 것으로 보면 타당하다. 이러면 "~사신으로 파견할 만하지 못하다"라는 뜻이 된다. 아니면 "홀로 대처하지 못한다면"이라는 구절을 본래대로 "임금의 명령을 욕되게 하지 않는다면"으로 대치해도 논리가 통한다.

16 스승의 도를 바르게 전할 자격이 있기 때문에 독립하여 주석하도록 한다는 뜻을 암시한다.

17 사인使人 : 명을 받들어 행하는 사람. 여기서는 스승의 도를 충실하게 구현하는 뛰어난 제자 또는 스승의 깊은 마음을 잘 알아주는 석두를 가리킨다.

18 『論語』「憲問」, "거백옥의 사인使人이 공자를 찾아왔다. 공자는 그와 함께 앉아서 물었다. '선생님(거백옥)께서는 어떻게 지내십니까?' 사인이 대답하였다. '선생님께서는 자신의 허물을 줄이고자 하지만 잘 되지 않는 듯합니다.' 사인이 떠나자 공자가 말하였다. '사인답구나, 사인다워!'(蘧伯玉使人於孔子. 孔子與之坐而問焉, 曰 '夫子何爲?' 對曰 '夫子欲寡其過, 而未能也.' 使者出, 子曰 '使乎! 使乎!')"

그렇지 않기도 하다.
- 떠나던 날 화상께서 무딘 도끼를 주고 절에 주석하도록 해 주시겠다 하셨으니, 지금 그리해 주시기를 바랍니다 : 수없이 단련한 순금은 색이 변하는 일이 없다는 뜻이다.
- 한쪽 발을 평상에서 떨어뜨렸다 : 건추를 잡거나 불자를 꼿꼿이 세우는 방식과 마찬가지인가? 법을 전하는 방법에는 본래 유래가 있다. 사라수 아래에서 (세존이) 관 밖으로 두 발을 내보인 인연(槨示雙趺)[19]과 웅이산熊耳山에서 (달마 대사가) 관에 신발 한 짝을 남겨 둔 일화[20]는 열반에 들어간 뒤에 보인 생성하지도 않고 소멸하지도 않는 결정적인 한 수이다. 가섭은 "저는 이제 공경하는 마음으로 여래의 정수리에 절 올리며, 다시 공경하는 마음으로 여래의 어깨에 절을 올립니다."[21]라고 하였으니, 공경하는 마음으로 절을 올리며 가섭이 이와 같이 정수리부터 발에 이르기까지 찬탄했던 까닭이 있었던 것이다. 이것이 가섭이 예경을 표한 실정이며 또한 달마가 (신발 한 짝을) 남긴 사유이기도 하다는 뜻이다.
- 절을 올렸다 : 견해가 스승과 비슷했던 것일까? 지혜가 스승을 넘어섰던 것일까?[22] 여기에도 유래【법을 전수한 유래】가 있다. 사라수 아래에서 세존께서 가섭에게 본보기가 되어 주었던 것이 인도의 28대 조사 중 최초였다. 각각 터득한 때를 다르게 말하지만, 달마가 혜가에게 본보기가 되어 주었던 것도 중국의 6대 조사 중 최초였다. 6대 이후 청원이

---

19 본서 37칙 참조.
20 본서 103칙 참조.
21 본서 37칙 본칙 설화 참조.
22 『臨濟錄』(大47, 506a4)에는 위산潙山의 말로 "견해가 스승과 비슷하면 스승의 덕을 반감하게 되고, 견해가 스승을 넘어서야 비로소 법을 전수받을 만한 자격이 있다.(見與師齊, 減師半德 ; 見過於師, 方堪傳授.)"라고 하였고, 『碧巖錄』 11則(大48, 151c11)에는 백장百丈의 말로 인용된다.

석두에게 또한 최초의 본보기가 되어 주었으니 그렇지 않은가? 후대의 자손들 중 곳곳에서 바른 선맥을 얻었던 자들은 바로 이 수단을 써먹지 않은 경우가 없었지만, 자연스럽게 그렇게 하였으며 억지로 한 것이 아니었다. 이는 호랑이를 그리려다 고양이를 그려 웃음거리가 되는 자들이 흉내 낼 수 있는 일이 아니다.

- 남악산으로 들어가 주석하였다 : 덧붙일 여지가 없는 것에 굳이 덧붙여 주고자 하고 더 이상 할 여지가 없는 경계에서 무엇인가 하고자 하는 법이니, 마땅히 (중생을 건네주는) 배가 되어야 한다.[23]
- (이하에서) 현사 사비가 대혜大慧라 한 말은 회양의 시호이다.

令石頭馳書至住山者, 此住山不是住庵, 出世住方也. 鉏斧子者, 住方接人家具也. 讓禪師者, 使於四方不能全[1]對, 可謂使之矣. 回日與汝箇鉏斧子住山者, 相傳相受住山家具也. 不慕云云者, 上不慕諸聖云云, 至己靈心也.[2] 所得如是, 則若石頭者, 特立獨行, 窮天地亘萬世, 而不顧者也. 子問大高生云云者, 其餘之意, 竝同上說. 然則使乎使乎, 不辱君命故. 泉石[3] 云云不對者, 堅肯石頭, 不肯石頭. 去日蒙至便請者, 百鍊眞金, 應不失色也. 垂下一足者, 拈槌竪拂一般也耶? 傳法自有來由. 娑羅樹下, 槨示雙趺 ; 熊耳山中, 棺留隻履, 則入涅槃後, 不生不滅底一著也. 迦葉云, "我今敬禮如來頂, 爲復敬禮如來肩." 乃至敬禮處, 迦葉伊麽從頂至足, 讚歎有

---

[23] 마조馬祖가 약산藥山에게 독립하여 아무 절에나 가서 주석하라고 권하면서 했던 말이다. 『聯燈會要』권19 「藥山章」(卍136, 738b17), "약산이 말하였다. '제가 무슨 대단한 인물이라고 독립하여 주석한다고 말하겠습니까?' 마조가 말하였다. '그렇지 않다. 항상 가기만 했다고 머물지 못한다는 법도 없고, 항상 머물기만 했다고 떠나지 못한다는 법도 없다. 덧붙일 여지가 없는 것에 굳이 덧붙여 주고자 하고 더 이상 할 여지가 없는 경계에서 무엇인가 하고자 하는 법이다. 마땅히 (중생을 건네주는) 배가 되어야 하니, 오랫동안 이곳에 머물지 마라.' 약산이 감사의 절을 올렸다.(師云, '某甲又是何人, 敢言住山?' 師云, '不然. 未有長行而不住, 未有長住而不行. 欲益無所益, 欲爲無所爲. 宜作舟航, 無久住此.' 師卽禮辭.)"

以. 此是迦葉禮敬處, 亦是達摩所留地事. 禮拜者, 見與師齊耶? 智過於師耶? 亦有來由.【傳法來由】娑羅樹下, 世尊之迦葉作榜樣, 西乾四七之最初也. 各言所得時, 達摩之惠可, 亦作榜樣, 東震二三之最初也. 六代已後, 淸源之石頭, 亦作最初榜樣, 不其然乎? 後來兒孫, 遍地得正脉者, 無不用得這箇手脚, 自然而然, 非强爲也. 則非畫虎成狸者之所可髣髴也. 入南嶽住山者, 欲益無所益, 欲爲無所爲, 宜作舟航. 玄沙云大慧, 懷讓諡號.

1) ㉠ '全'은 '專'의 오자이다. 여기서 '專'은 '獨'과 같은 말이다. 2) '上不慕諸聖云云, 至己靈心也.' 이 부분은 잘못 들어간 것으로 보인다. 3) ㉠ '泉石'은 '懷讓'의 오기인 듯하다.

해인 초신海印超信**의 송** 海印信頌

물길 따라 배 부리는 일은 가하다지만	順水使船猶自可
역풍에 키 잡는 솜씨 세간에 드물다네	逆風把柁世間稀
설령 한쪽만 보는 대단한 사람[24]이라 해도	雖然好箇擔板漢
결국 좋은 기회 잃을 수밖에 없었다네	到頭未免落便宜

〖설화〗

○ 앞의 두 구절 : 청원 문하에서는 쉽겠지만, 마조 문하에서는 위기를 당하고 변하지 않기는 어렵다는 뜻이다.
○ 설령 한쪽만 보는~잃을 수밖에 없었다네 : 비록 변하지 않더라도 좋은 기회를 잃을 수밖에 없다.[25]

---

24 여기서 담판한擔板漢은 석두를 가리킨다. 이하 '현사 사비의 평'도 같은 취지이다. 말 자체로는 비판의 뜻을 내비치고 있지만, 한쪽만 견지했던 것이 마치 역풍에 맞서 배를 저어 가는 것과 같았다는 긍정의 뜻도 포함하고 있다.
25 자신이 확고하게 견지하는 편리한 수단에 치우쳐 그와 다른 기회가 와도 맞이할 수 없다는 뜻. 표면적으로는 실失을 나타내지만 득실得失을 넘어선 저편을 가리키기도 한다.

海印: 上二句, 在淸源處則易, 馬祖處,¹⁾ 臨危不變則難也. 雖然好箇云云者, 雖然不變, 未免落便宜也.

1) ㉮ '處' 다음에 갑본에는 '林'이 있다.

보녕 인용保寧仁勇**의 송** 保寧勇頌

본래부터 조상이 군왕인지라	從來祖上作君王
자손도 대대로 번창하였다네	子子孫孫代代昌
문무의 모든 관료 전혀 알지 못하니	文武百僚都不識
궁전엔 군왕 차지하는 자리 있을 뿐	只應金殿有尊堂

설두 법녕雪竇法寧**의 송** 雪竇寧頌

왕자는 태어나자마자 저절로 존귀하여²⁶	王子生來便自尊
날마다 부귀 누리는 문으로 출입할 뿐	只應日日在金門
본래부터 인간사는 돌아보지도 않았고	從前不顧人閒事
아버지가 보배 궁전에 계신 줄만 안다	唯識爺爺寶殿存

설화

○ 존귀한 집안의 가풍에 들어맞는다.

雪竇: 當尊貴門風也.

---

26 왕자는 태어나자마자 저절로 존귀하여 : 오위왕자五位王子 중 탄생왕자誕生王子에 해당한다. 『人天眼目』 권3 「石霜答五位王子」(大48, 316b27), "탄생왕자란 무엇인가? 석상石霜이 답한다. '존귀한 후예는 범상한 종자가 아니니, 태어나면서부터 지위가 가장 존귀하다.'(如何是誕生王子? 霜云, '貴裔非常種, 天生位至尊.')" 본서 100칙 본칙 설화 주석 참조.

현사 사비玄沙師備의 평

"대단한 석두여! 회양(大慧)[27]에 떠밀려 넘어진 뒤로 지금껏 일어나지 못하는구나."

玄沙云, "大小石頭! 被大慧推倒, 至今起不得."

설화

○ 결국은 좋은 기회를 맞았으나 잃을 수밖에 없었다는 뜻이다.[28]

玄沙 : 到頭未免落便宜之義.

설두 중현雪竇重顯의 염

"석두는 판때기를 한쪽 어깨에 짊어지고 지나가 버리고 말았구나."[29] 또 말하였다. "대단한 회양이여! 법령 그대로 시행할 줄 몰랐구려."[30]

雪竇顯拈, "石頭泊擔板過却." 又云, "大小讓師! 不解據令."

설화

○ 판때기를 한쪽 어깨에 짊어지고 지나가 버리고 말았구나 : 석두가 어찌 판때기를 한쪽 어깨에 짊어진 꼴이 아니었느냐는 뜻이다.
○ 대단한 회양이여! 법령 그대로 시행할 줄 몰랐구려 : 반드시 법령을 어

---

27 본칙 설화 참조.
28 회양과 만나서 자신의 확고한 견해를 바꾸어 볼 기회가 생겼지만 놓치고 말았다는 뜻. '해인 초신의 송' 마지막 구절과 동일하다.
29 판때기에 가려 한편은 못 보고 지나쳤다는 말.
30 마지막에 아무 대꾸도 하지 않아 석두가 하는 그대로 허용해 주었을 뿐 자신의 법령을 끝내 드러내지 않았다는 뜻이다.

김없이 시행했어야 했다는 말이다.

雪竇:洎擔板過却者, 石頭豈非擔板也. 大小讓師云云者, 也須擧令始得.

취암 수지翠巖守芝**의 염**

"행사 화상은 한 발을 떨어뜨렸고 석두는 절을 올렸지만 문제는 도끼를 얻지 못하였다는 점이다. 말해 보라! 그 뒤에 도대체 무엇을 수단으로 사용하였을까?"

翠嵓芝拈, "思和尚垂足, 石頭禮拜, 要且, 不得斧子. 且道! 後來使箇什麽?"

설화

○ 행사 화상은 한 발을 떨어뜨렸고 석두는 절을 올렸지만 문제는 도끼를 얻지 못하였다는 점이다 : 오로지 한 토막[31]만 얻은 것처럼 보이지만 그렇지 않았다.
○ 그 뒤에 도대체 무엇을 수단으로 사용하였을까 : 이것을 제외하고 별도로 무슨 도리가 있겠느냐는 뜻이다.

---

31 일궐一橛은 전체 중 일부분. 온전한 진실이 아님을 나타내는 동시에 진실을 확정하지 않고 그때마다 들어맞는 소식을 향해 열어 놓으려는 말이기도 하다. 『碧巖錄』14則「頌 評唱」(大48, 155a15), "소양韶陽 노인은 한 토막을 얻었다. 어째서 온전히 얻었다고 하지 않는가? 어째서 다만 한 토막만 얻었다고 할까?(韶陽老人得一橛. 何不道全得? 如何只得一橛?)"; 『月林師觀語錄』(卍120, 489b10), "한 번 휘두르는 방棒마다 한 줄기 멍자국이 남고, 한 번 후려치는 따귀마다 한 줌의 피가 맺힌다. 예부터 지금까지 몇 사람이나 직접 알아차렸을까? 설령 알아차렸더라도 한 토막만 얻었을 뿐이다. 어째서 이와 같은가? 만약 동량의 재목이라면 어찌 씨를 심는 행위에 힘입어 얻겠는가?(一棒一條痕, 一摑一掌血. 自古至今, 人幾箇親薦得? 直饒薦得, 只得一橛. 爲甚如此? 若是棟梁材, 豈假栽種得?)"

翠巖：思和尙垂足至斧子者, 似乎只得一橛也. 後來下, 除此外, 又別有什麽道理.

고목 법성枯木法成의 염

"행사의 무딘 도끼를 천하의 납승 중 누가 모르는 척하였겠느냐마는 오로지 석두만이 그것을 잘 짊어질 수 있었다. 비록 그렇기는 하지만 애석하게도 행사가 하는 그대로 놓아두었다. 당시에 그가 한쪽 발을 떨어뜨리는 모습을 보자마자 곧바로 할을 한 번 내지르고 '다른 곳에서 인사드리도록 하겠습니다.'라고 말했어야 했다."

枯木成拈, "行思鈍斧子, 天下衲僧, 誰敢傍觀, 獨有石頭, 善能擔荷. 雖然如是, 可惜放過. 當時見伊, 纔垂下一足時, 便與一喝云, '別處人事.'"

> 설화

○ 행사의 무딘 도끼를~석두만이 그것을 잘 짊어질 수 있었다 : 그(석두)가 뛰어난 인물을 알아보고 전수받았던 사실에 대하여 찬탄한 말이다.
○ 할을 한 번 내지르고 '다른 곳에서 인사드리도록 하겠습니다.'라고 말했어야 했다 : 다만 이 하나의 할을 내지를 줄 몰랐다는 뜻이다.

枯木：行思鈍斧至擔荷者, 讚他得人傳受也. 一喝云云者, 只是不知這一喝[1]也.

---
1) ㉮ '喝'이 갑본에는 '偈'로 되어 있다.

해인 초신海印超信의 염

"똑같이 한편밖에 볼 줄 모르는 자들이었지만 석두가 조금 낫다. 하지만 오로지 앞일만 알았을 뿐 목숨을 잃는다는 사실은 알아차리지 못하였다."

海印信拈, "一等是箇擔漢, 石頭較些子. 然雖如是, 只會向前, 不覺喪身失命."

> 설화

○ 앞에서 설두 중현이 한 말과 같다.

海印 : 上雪竇一般.

황룡 혜남黃龍慧南**의 상당**
이 공안을 제기하고 말하였다. "석두가 편지를 가지고 갔던 일은 지금이나 옛날이나 모두 알지만 후인들은 근본적인 유래를 잘 몰라 제창할 수 있는 자가 드물기 때문에 물과 우유를 가리지 못하고 옥과 돌을 분간하지 못하는 지경이 되었다. 나, 동안同安이 오늘 반으로 쪼개어 대중에게 보시하리라. 석두는 비록 잘 전달하여 종풍을 욕되게 하지는 않았지만 뛰어난 기량을 보이기에 다급하여 손해[32]를 보는 줄 몰랐다. 손해를 보았다면 돌아와서는 어떤 이유로 무딘 도끼를 받아 하나의 절에 독립하여 주석했던 것일까? 만일 이에 대하여 안다면 하나의 절에 주석할 수 있을 뿐만 아니라 시방세계의 티끌 하나하나와 국토 하나하나 그리고 호랑이 굴과 마구니 궁전까지 모두 머물 장소가 될 것이다. 만일 모른다면 여러분이 몸을 편히 깃들이고 목숨을 보전할 곳은 없으리라고 보증하겠다."

黃龍南上堂, 擧此話云, "石頭馳書, 今古共聞, 後人不善宗由, 罕能提唱, 致使水乳不辨, 玉[1]石不分. 同安今日, 擘破一半, 布施大衆. 石頭, 雖然善

---

[32] 낙절落節은 거래에서 손해를 보는 것. 여기서는 회양과 문답하면서 손해를 보았다는 말이다.

能馳達, 不辱宗風, 其奈逞俊大忙, 不知落節. 旣是落節, 廻來因什麼却得
鈯斧子住山? 若者裏見得, 非唯住山, 盡十方世界, 塵塵刹刹, 虎穴魔宮,
皆是住處. 若也未見, 敢保諸人, 未有安身立命處."

1) ㉻ '玉'이 갑본에는 '王'으로 되어 있다.

설화

○ 하나의 절에 주석할 수 있을 뿐만 아니라~모두 머물 장소가 될 것이다
: 석두가 터득한 경지는 철저하게 무위無爲이며 그 이상 다른 법은 없
다는 뜻이다.

黃龍云云, 非唯住山至住處者, 石頭所得, 徹底無爲, 更無別法也.

취암기翠嵓璣의 상당

이 공안을 제기하고 말하였다. "편지를 보내어 소식을 전하려면 반드
시 탁월한 안목을 가진 작가이어야 한다. 무딘 도끼를 받아 하나의 절에
주석하는 일은 예나 지금이나 드문 일이다. 산에 주석하느니 어쩌니 하
는 말은 일단 내버려 두고 말해 보라! 회양 화상이 대응을 그만둔 뜻은 무
엇일까? 판단할 수 있는 사람 있는가? 나와서 판단해 보라. 있는가, 있는
가? 없다면 내가 대중에게 말해 주리라. 상대를 적확하게 시험할 줄 아는
경지에서는 입을 여는 순간에 바로 그 뜻을 알아챈다.³³"

---

33 상대를 적확하게~뜻을 알아챈다 : 황룡 혜남黃龍慧南의 게송에 있는 구절을 활용하
였다. 『黃龍慧南語錄』(大47, 635a12), "조주의 '차나 마시게'라는 화두에 대한 송 : 조주
는 단적인 경지에서 상대를 시험했으니, 무심코 입을 여는 순간에 바로 그 말뜻을 알
았다네. 맞대면한 자리에서 흑백 가리는 안목 없었다면, 종풍이 어찌 오늘날에까지 이
르렀겠는가?(趙州喫茶 : 趙州驗人端的處, 等閑開口便知音. 覿面若無靑白眼, 宗風爭得
到如今.)" 여기서 청백안靑白眼이란 긍정과 부정의 관점을 완벽히 구별하여 달리 보는
안목을 뜻한다.

翠嵓璣上堂, 擧此話云, "馳書達信, 須是作家. 鈯斧住山, 古今罕[1]有, 住山卽且從. 且道! 讓和尙休去意, 作麽生? 還有人斷得麽? 出來斷看. 有麽, 有麽? 如無, 翠嵓說似大衆. 驗人端的處, 開口便知音."

---

1) ㉥ '牢'는 '罕'의 오기이다.

> 설화

○ 석두가 비록 뛰어난 작가라고는 해도 회양 화상의 의중 또한 어떤 한계도 없었다는 말이다.
○ 상대를 적확하게 시험할 줄 아는 경지에서는 입을 여는 순간에 바로 그 뜻을 알아챈다 : 회양 선사는 상대가 입을 열자마자 점검해 냈으니 틀림없이 말이 귀결되는 지점을 알았음에 틀림없다.

翠嵓 : 石頭雖是作家, 讓和尙意, 又無限也. 驗人端的處云云者, 讓師驗人, 見他開口, 須知音聲落處也.

상방 일익上方日益의 거와 대어

이 공안에서 '해탈을 구하지는 않겠습니다.'라는 부분까지 제기하고 상방이 회양을 대신하여 말하였다. "그 사람을 살피기 전에 먼저 그가 부리는 사람을 살펴라."

上方益擧, 〈至〉不求解脫, 師代云, "未觀其人, 先觀所使."

> 설화

○ 회양 선사에 대하여 평가한 말이다. 어떤 성인도 흠모하지 않고 자신의 본성도 소중히 여기지 않는 것이 한편만 보는 방식이기 때문이다.

上方:對讓師語. 不慕諸聖, 不重己靈, 是擔板故也.

광령조廣靈祖의 거

주지로 절에 들어가기 이전에 먼저 사자를 보낸 뒤, 만참 때 이 공안과 더불어 설두의 염을 제기하고 말하였다. "나라면 그렇게 하지 않을 것이다. 그가 지나치게 고상한지 하천한지는 따지지 않고, 다만 소식을 유통하여 어떤 일에나 대응할 수 있다면(周旋) 나에게 왔을 때 그에게 주장자를 건네주겠다."

廣靈祖, 將入院發先馳, 晚叅擧此話, 連擧雪竇拈, 師云, "廣靈卽不然. 不問你大高大下, 只要信息流通, 若得諸事周旋, 待到廣靈, 與汝个拄杖子."

설화

○ 소식을 유통시키면 틀림없이 주장자를 건네준다는 뜻이다. 주장자가 어찌 이쪽저쪽을 가리키는 도구이겠는가![34]

廣靈:信息流通, 則不妨與人拄杖子. 拄杖子, 豈指東畫西地!

---

34 주장자는 공식적인 법문을 하거나 학인을 맞이할 때 본분을 다양하게 드러내는 수단으로 활용한다. 이것을 건네준다는 말은 자신의 뒤를 이을 자격이 있다는 인가를 나타낸다. 이 공안에서 '무딘 도끼'와 같은 의미이다.

150칙 청원소식 淸源消息

본칙 청원이 석두에게 말하였다. "사람들이 모두 '조계曹溪[1]에는 소식이 있다.'고 한다." 석두가 말하였다. "어떤 사람은 '조계에 소식이 있다.'고 말하지 않습니다." 청원이 "대승의 장경과 소승의 장경은 어디에서 얻었는가?"라고 묻자 석두는 "그 모두가 이 안에서 나온 뒤로 어떤 일이 되었건 전혀 부족하지 않았습니다."라고 대답하였다. 청원이 그 말을 깊이 인정해 주었다.

淸源謂石頭云, "人人盡道, 曹溪有消息." 頭云, "有人不道, 曹溪有消息." 師云, "大藏小藏從何得?" 頭云, "盡從者裏去, 諸事摠不闕." 師甚然之.

설화
- 조계의 소식 : 별전[2]에 의지하는 바른 법맥을 말한다.
- 사람들이~소식이 있다고 한다 : 석두가 전수받았다는 견해를 내세우는지 그러한 견해를 내세우지 않는지 살피려는 말이다.
- 어떤 사람은~소식이 있다고 말하지 않습니다 : 자신이 전수받았다는 견해를 내세우지 않음을 나타낸다.
- 대승의 장경과~어디에서 얻었는가 : 석두가 궁극의 경지에 이르렀는지 그렇지 않은지 점검하려는 질문이다.
- 대승의 장경과 소승의 장경 : 대승의 삼장[3]과 소승의 삼장이다.

---

1 조계曹溪 : 선종 6조 혜능의 호. 6조로부터 선종의 종지가 세상에 널리 알려졌기 때문에 '조계'라는 말로 선종을 나타낸다.
2 별전別傳 : 교외별전敎外別傳의 줄임말. 본서 5칙 본칙 설화 주석 참조.
3 삼장三藏 : 경장經藏·율장律藏·논장論藏. 삼장의 완비로 불교를 나타낸다. 대승과 소승은 모두 삼장을 갖추고 있는데, 삼장이 조직적으로 완비되어 있는 소승에 한정하여 사용하는 용어이기도 하다. 이때 대승의 삼장은 마하연장摩訶衍藏이라고 하여 구별한

- 그 모두가~부족하지 않았습니다 : 본래 빠짐없이 갖추어져 있다.
- 원통圓通이 말하였다. "소식이 있구나! 봄이 되자 꽃이 피고 태양은 동쪽에서 뜬다네. 소식이 없구나! 가을이 오니 잎이 떨어지고 달은 서쪽으로 지노라."[4]

[消息] 曹溪消息者, 別傳正脉也. 人人, 只[1)]有消息者, 看他立傳受, 不立傳受也. 有人不道, 至消息者, 不立傳受也. 大藏至何得之, 勘驗他究竟不究竟也. 大藏小藏者, 大乘三藏, 小乘三藏也. 盡從至不闕者, 本自具足也. 圓通云至,[2)] "有消息! 春至花開, 金烏東上 ; 無消息! 秋來葉落, 玉兔西沉."

1) ㉠ '只'는 '至'의 오자이다. 2) ㉠ '至'는 불필요한 글자이다.

원오 극근圓悟克勤의 송[5] 圜悟勤頌

소식이 있다 하여 깊이 파묻어 버리더니	有消息大沉屈
소식 없다고 하여 한껏 더 매몰시켰다네	無消息轉埋沒
대승 장경과 소승 장경 다 여기서 나온다 하니	大藏小藏從兹出
모래 뿌리고 흙 뿌리는 일 결코 끝나지 않으리[6]	撒沙撒土終無極

다. 또는 대승과 소승의 삼장을 성문장聲聞藏·연각장緣覺藏·보살장菩薩藏 등으로 분류하거나, 성문장·보살장·불장佛藏 등으로 나타내기도 한다.『釋氏要覽』권중(大54, 285b25), "경장·율장·논장을 가리켜 삼장이라 한다. 혹은 불장·보살장·성문장을 삼장이라 한다.(經律論, 謂之三藏. 又佛藏·菩薩藏·聲聞藏, 名三藏.)"

4 본서 1266칙 양산 연관梁山緣觀의 공안에 유사한 구절이 나온다. 양산과 동시대 인물인 원통 거눌圓通居訥의 말로 추정되지만 확인할 자료는 없다. 소식이 있거나 소식이 없거나 변함없는 자연의 이치로 그 뜻을 드러냈다. 그 점에서는 두 가지가 차별이 없다. 그러나 봄과 가을, 태양과 달 등의 대치가 설정되어 차별이 없다고도 할 수 없다.

5 매 구절에 대하여 모두 부정하여 인정하지 않는 파주把住의 입장을 견지하며 착어著語의 형식으로 전개하고 있다.

6 모래 뿌리고~끝나지 않으리 : 그 말 자체가 쓸모없다는 뜻이다. 잘 완성된 부분에 불필요하게 덧칠을 하는 언어나 행위를 비유하는 말이다. 오조 법연五祖法演이 쓴 이후로

달다면 꿀처럼 달고 쓰다면 황백피처럼 쓰며	甜如蜜苦如蘗
밝다면 해처럼 밝고 어둡다면 옻처럼 검다네[7]	明如日黑如柒
천년 묵은[8] 여우굴을 때려 부순 다음	擊碎千年野狐窟
도랑과 계곡 가득 채운 소식[9] 아는 자 거의 없네	塡溝塞壑少人識

설화

○ 소식이 있다 하여 깊이 파묻어 버리더니~모래 뿌리고 흙 뿌리는 일 결코 끝나지 않으리 : 석두가 근거하고 있는 견해를 낱낱이 꺾어서 부정하였다. '소식이 있다'는 말은 그만두고 '소식이 없다'고 하더라도 (오르지 못할 정도로) 험하게 솟구친 산과 같다는 뜻이다. 또한 '대승의 장경과 소승의 장경이 이곳에서 나온다.'라고 한 말도 옳지 못하기 때문에 낱낱이 꺾어서 부정하였다.

○ 달다면 꿀처럼 달고 쓰다면 황백피처럼 쓰며 : 왼편과 오른편(있음과 없음) 양단을 평가한 말이다.

그 법계의 원오 극근을 비롯한 후손들이 즐겨 활용하였다.『五祖法演語錄』권3(大47, 662c2), "마침내 법좌를 가리키며 말하였다. '잠깐 사이라도 저곳에 올라간다면 모래를 뿌리고 흙을 뿌리는 짓이 되리라.'(遂指法座云, '少間向上頭, 撒沙撒土去也.')"

7 밝다면 해처럼~옻처럼 검다네 : 6조의 말로 전하지만 친설은 아니다.『金剛經五家解說誼』「序」(韓7, 10c1). 달거나 쓰거나, 밝거나 어둡거나 그 양단의 측면에 모두 통한다는 말.

8 소식을 전하지 못하여 천고의 세월 동안 기레되지 못하고 묵었다는 말.

9 도랑과 계곡에 이르기까지 세상 곳곳에 그 소식이 없는 곳은 없다는 뜻.『曹山語錄』(大47, 529c8), "'불법의 대의는 무엇입니까?' '도랑을 메우고 계곡을 빼곡히 채웠다.'(僧問, '如何是佛法大意?' 師曰, '塡溝塞壑.')";『雪竇語錄』권4(大47, 692c16), "언젠가 '석가노자도 숨을 내쉴 수 없다고 하는 말 그 어느 측면에서 효와諕訛일까?'라고 묻고 스스로 대신하여 '도랑을 메우고 계곡을 빼곡히 채웠다.'라고 하고 다시 대신하여 '세 걸음 뒤로 물러나라.'라고 답하였다. '도랑을 메우고 계곡을 빼곡히 채웠지만 그 은혜를 모르는 자들이 많다고 하는데 어디서 석가노자를 만나겠는가?'라고 묻고 대신 답하였다. '향적세계에서 만나겠지.'(有時云, '釋迦老子, 出氣不得, 甚麽處諕訛?' 代云, '塡溝塞壑.' 又代云, '退身三步.' 問云, '塡溝塞壑, 負恩者多, 甚處見老底?' 代云, '香積世界.')"

○ 밝다면 해처럼 밝고 어둡다면 옻처럼 검다네 : 중간을 평가한 말이다. 빛을 차단하는 부정의 방식(遮)과 밝게 비추는 긍정의 방식(照) 등 두 가지 뜻이 모두 있지만, 이것은 두 번째 문(第二門)[10]이다.
○ 천년 묵은 여우굴을~아는 자 거의 없네 : 석두가 '소식이 없다'고 한 말이 바로 천년 묵은 여우굴이요 때려 부수어야 할 대상이다. 그렇다면 두 번째 구절로 나타낸 문에서 도랑과 계곡에 가득 찬 소식을 알아차리느니만 못하다는 뜻이다.[11]

圓悟 : 有消息至無極者, 石頭立處, 一一折拶也. 有消息且置, 雖曰無消息, 大峻生. 又道, '大藏小藏從玆出.' 亦未可, 故一一折拶也. 甜如蜜, 苦如藥者, 約左右也. 明如日云云者, 約中間. 遮照二義, 此是第二門也. 擊碎千年云云者, 石頭無消息, 是千年野狐窟也, 須擊碎也. 然則不如向第二句門, 會取塡溝塞壑也.

곤산 찬원崑山贊元의 상당

"죽음과 삶의 윤회에서 벗어나려는 일대사一大事를 끝내고자 쫓아다니다가 조금이라도 얻은 것이 있다고 한다면 그 모두가 본분에서 벗어난다. 그런 까닭에 '옛사람은 「영남에 소식이 있다.」고 말하고, 어떤 사람은 그렇지 않다고 하며~(대승과 소승의 장경이) 모두 이곳으로부터 흘러나온다.'[12]고 하였던 것이다. 영리한 사람이라면 북 치는 소리를 듣고 북채가 어느 부위를 치는지 안다. 그러나 한 글자라도 관공서의 문으로 들어가

---

10 두 번째 문(第二門) : 제이의문第二義門과 같다. 근본에서 한 단계 떨어진 방편 또는 근본과 전혀 다른 문을 가리킨다.
11 소식이 완전히 단절된 경계에 집착하느니보다 그것을 부수어 버리고 방편문(두 번째 구절)을 활짝 열고 소식을 전하는 방법이 낫다는 말.
12 『景德傳燈錄』권14「石頭希遷傳」(大51, 309b8)에 나오는 청원과 석두의 대화를 인용하였다.

면, 소 아홉 마리가 힘을 써도 끌어내지 못한다.[13]"【참!】

崑山元上堂云, "死生大事要罷馳求, 但得絲毫, 皆爲分外. 所以, '古人道, 嶺南有消息. 有人不云, 〈至〉摠從者裏流將出.' 靈利漢, 聞打鼓聲, 知椎落處. 然雖如是, 一字入公門, 九牛拽不出."【參!】

설화

○ 영리한 사람이라면 북 치는 소리를 듣고 북채가 어느 부위를 치는지 안다 : 소식이 없는 경계에서 알면 소식이 있는 경계도 안다. 이것이 '대승의 장경과 소승의 장경이 모두 이곳에서 흘러나왔다.'는 뜻이다.

○ 한 글자라도 관공서의 문으로 들어가면, 소 아홉 마리가 힘을 써도 끌어내지 못한다 : 마치 병이 고황膏肓[14]에 들면 치료할 수 없는 것과 같다. 결국 '봉황의 오색 골수를 두드려 빼내고, 검은 용의 턱 아래 있는 여의주를 때려 부수어야 한다.'[15]는 취지와 같다.

崑山 : 靈利漢至落處者, 無消息處知得, 知得有消息, 是大藏小藏從玆流出也. 一字入公門云云者, 如病入膏盲[1)]難治也. 直須敲出鳳凰五色髓云云也.

1) 囹 '盲'은 '肓'의 오자이다.

---

13 한 글자라도~끌어내지 못한다 : 관공서에 보낸 소장에 쓴 공문시는 한 글자도 바꾸지 못한다는 뜻. 한 번 진실이라 간주되는 말이나 명제가 생기면 좀처럼 그것을 뒤집어 생각하지 못하는 악습을 말한다. 『黃龍慧南語錄』(大47, 636c13), "'무위無爲·무사無事의 경지에 들어간 사람이 오히려 황금 사슬에 묶이는 장애를 당한다고 하는데, 어떤 잘못이 있어서 그렇습니까?' '한 글자라도 관공서의 문으로 들어가면 소 아홉 마리가 힘을 써도 끌어내지 못한다.'(問, '無爲無事人, 猶是金鎖難, 未審, 有什麼過?' 師云, '一字入公門, 九年拔不出.')" 여기서 '年'은 '牛'의 오자. '황금 사슬의 장애'라는 말은 무위와 무사의 경지를 황금과 같이 소중히 여겨서 도리어 속박이 되는 현상을 나타낸다.
14 고황膏肓 : 병이 들면 고치기 어려운 부위. 본서 685칙 '운문 종고의 거' 주석 참조.
15 본서 147칙 주 55 참조.

151칙 하택진신荷澤振身

본칙 하택 신회荷澤神會[1]가 법을 물으러 찾아오자 청원이 물었다. "어디서 오는가?" "조계에서 옵니다." "조계의 소식[2]을 가져왔느냐?" 신회가 몸을 털고서 제자리에 서 있자 청원이 말하였다. "여전히 쓸모없는 돌조각을 몸에 지니고 있구나." "화상께서는 누군가에게 줄 순금을 가지고 계십니까?"[3] "설령 있다고 해도 그대가 어디에 써먹겠는가?"

淸源, 因荷澤神會來參, 乃問, "甚處來?" 會云, "曹溪來." 師云, "還將得曹溪消息來麽?" 會振身而立. 師云, "猶帶瓦礫在." 會云, "和尙, 莫有眞金與人不?" 師云, "設有, 你向什麽處着?"

설화

- 조계의 소식을 가져왔느냐 : 조계에서 왔기 때문에 조계의 소식을 아는지 모르는지 물었다.
- 몸을 털고서 제자리에 서 있자 : 털어 내어 보여 준다는 표시이다.

---

1 하택 신회荷澤神會(668~760) : 호북성 양양襄陽 출신. 속성은 고高. 시호는 진종대사眞宗大師. 6조 혜능의 선법에 뿌리를 두고 남종선南宗禪을 개창한 선사. 하택종荷澤宗의 개조. 『壇經』 성립에 결정적 영향을 행사하여 혜능을 6조로 정착시킨 당사자이다. 나이 여섯에 6조를 친견하였다. 720년(개원 8) 칙명에 따라 남양南陽 용흥사龍興寺에 주석하면서 남종선을 전면에 내세우기 시작하였다. 6조의 근본 선법은 돈오頓悟라 주장하여 신수神秀의 북종선北宗禪을 계승한 보적普寂 등이 내세우는 점수漸修를 비판하고, 이를 남돈북점南頓北漸으로 규정하였다. 하택사荷澤寺에 주석하면서 남종선을 본격적으로 선양하는 기회를 잡았다. 생몰 연대에 이설이 있다. 『宋高僧傳』 권8(大50, 757a11)에는 상원上元 원년(760)에 93세로 입적하였다고 하며, 종밀宗密의 『圓覺經大疏釋義鈔』 권3(卍14, 553b16)에는 건원乾元 원년(758)에 세수 75세로 입적하였다고 한다.
2 조계의 소식 : 좁게는 6조 혜능의 종지, 넓게는 선종의 종지. 본서 150칙 주 1 참조.
3 청원이 돌조각이라 한 말에 대응하여 순금을 반대편에 내놓았다. 이 두 가지가 서로 차별된다고 보는지 그렇지 않은지에 따라 이하 염송가들의 평이 갈린다.

- 여전히 쓸모없는 돌조각을 몸에 지니고 있구나 : "조계에서 흘러온 한 갈래 물길은 밑바닥까지 맑게 드러나지만 분별하는 견해를 버리지 않았기에 마침내 번뇌가 되고 말았다."[4]라는 말이다. 즉 분별하는 견해를 아직 버리지 못했다는 뜻이다.
- 화상께서는 누군가에게 줄 순금을 가지고 계십니까 : 분별하는 견해를 버리지 못했기 때문에 또다시 순금을 별도로 찾았다.
- 설령 있다고 해도 그대가 어디에 써먹겠는가 : '비록 순금이라고 해도 그대가 지닌 능력으로는 도리어 돌조각이 되어 버린다.'라는 말이다.

[振身] 還將得至來麽者, 從曹溪來故, 問曹溪消息, 會與不會也. 振身而立者, 抖擻呈似也. 猶帶瓦礫在者, 曹溪一派, 徹底澄淸, 知見未忘, 終成滲漏也. 則知解未忘也. 和尙莫至人不者, 知見未忘故, 亦別討眞金也. 設有至著者, 雖是眞金, 在汝分上, 飜成瓦礫也.

석문 원이 石門元易**의 송** 石門易頌

조계의 물 깊은지 얕은지 물은 다음	且問曹溪水淺深
곧바로 돌조각을 순금과 섞어 버렸네	便將瓦礫雜眞金
푸른 눈의 달마가 감정하지 않았다면	若非碧眼胡僧鑑
무수한 행인들이 땅속에 묻혔으리라[5]	無限行人被陸沉

〔설화〕
○ 푸른 눈이란 청원을 가리킨다.

---

4 이하 '장로 종색의 염'에 나오는 구절.
5 '육침陸沈'에 대해서는 본서 100칙 '조계명의 송 2' 주석 참조.

石門:碧眼謂淸源也.

현사 사비玄沙師備의 염
"예상했던 그대로군."

玄沙拈云, "果然."

[설화]

○ 예상했던 그대로 돌조각과 같이 쓸모없는 수준이라는 말이다. 현사는 눈앞에 비추어 보이는 현상을 배척하였기 때문이다.[6]

玄沙:果然是瓦礫也. 玄沙目前鑑覺排斥故也.

운거 청석雲居淸錫의 평
"현사가 '예상했던 그대로군.'이라고 한 바로 그 말은 순금인가, 쓸모없는 돌조각인가?"

雲居錫云, "只如玄沙道果然, 是眞金, 是瓦礫?"

[설화]

○ 순금인가, 쓸모없는 돌조각인가 : 활발하게 다루는 솜씨이다.[7] 현사는

---

[6] 대혜 종고의 다음 말과 같다. 『大慧語錄』 권13(大47, 864a25), "평소에 배우는 자들이 대부분 눈앞에 비추어 보이는 현상 그대로 진실이라 오인하여 분별의 견해를 구하고 이해를 찾으면서 쉴 틈이 없는 행태를 보고 어쩔 수 없이 겁을 벗어나서 알아차리라고 일러 주었던 것이다.(尋常見學者, 多認目前鑑覺, 求知見覺解會, 無有歇時, 不得已敎人向劫外承當.)"

[7] 일정한 견해에 속박되지 않고 활발하게 서로 대칭되는 양편을 모두 열어 놓는 방식을

돌조각에서 벗어나 별도로 순금을 끌어들이지 않았다. 돌조각이 바로 순금이기 때문이다.[8]

雲居 : 是眞金是瓦礫者, 活弄也. 玄沙, 未曾離瓦礫外, 別取眞金. 瓦礫卽是眞金也.

상방 제악 上方齊岳의 염
"벙어리가 노래를 부르니 귀머거리가 박수를 친다."

上方岳拈, "啞子唱歌聾人拍."

[설화]

○ 신회가 몸을 털고서 제자리에 서 있었던 그것이 벙어리가 노래를 부르는 것에 해당한다. 청원이 "여전히 쓸모없는 돌조각을 몸에 지니고 있구나."라고 한 말은 귀머거리가 박수를 친 것에 해당하니, 이는 착각을

나타낸다. 현사의 말을 순금이나 돌조각 중 어느 한편에 치우쳐 평가하지 않고 의문으로 던져 넣어 활구活句로 만든 것을 가리킨다. 그것은 화두이기 때문이다. 확연히 갈라서 분별하면 일정한 관념으로 굳어져 사구死句가 된다. 『禪宗決疑集』「覺悟玄宗門」(大48, 1012b25), "학인이 본분사에 대하여 이해하지 못할 경우, 각자 본래 참구하던 화두를 이전 그대로 들고서 의심하는 방법은 거듭 서술할 필요가 없다. 다만 반드시 화두를 활발하게 다룰 줄 알아야 하며 일정한 생각에 막혀 있어서는 안 된다.(學人於此, 理會不下, 各將本參話頭, 依前所擧所疑, 不必重述. 只要話頭上會活弄, 不可滯在一處.)";『無準師範語錄』권1(卍121, 873b15), "법좌에 올라앉아 '가볍기는 기러기 털처럼 가볍고, 무겁기는 산악처럼 무겁다. 안배하려 해도 일정한 곳을 정할 수 없으니, 손 가는 대로 잡아서 쓴다.'라고 말한 뒤 주장자를 잡고 '비록 죽은 뱀일지라도 다시 활발하게 다루어야 한다.'라고 한 다음 주장자를 던지고 말하였다. '아버지, 아버지!'(上堂, '輕如鴻毛輕, 重若丘山重, 安排不得處, 信手拈來用.' 拈拄杖云, '雖是死蛇, 却要活弄.' 擲下云, '爺, 爺!')"
8 돌조각이 바로 순금이기 때문이다 : 금시법금屎法의 논리를 닮았다. 본서 72칙 '운문 종고의 보설' 주석 참조.

가지고 착각에 대응하는 방식이다.⁹

上方: 神會振身而立, 是啞子唱歌也. 淸源云, "猶帶瓦礫在." 是聾人拍手, 將錯取錯也.

취암 수지翠巖守芝의 염

"순금이나 돌조각이나 모두 잘못 붙인 이름이다. 이제 무엇이라 부르겠는가?"

翠嵓芝拈, "眞金瓦礫, 錯下名言. 如今喚作什麽?"

[설화]

○ 잘못 붙인 이름이다 : '어느 편이 돌조각이고, 어느 편이 순금인가?'라고 던진 의문이다.
○ 이제 무엇이라 부르겠는가 : '순금이라 불러도 안 되고, 돌조각이라 불러도 안 된다'는 뜻이다.¹⁰

翠巖: 錯下名言者, 那¹⁾箇是瓦礫, 那箇是眞金也. 如今喚作什麽者, 不得

---

9 신회의 동작이 하나의 착각이고, 그에 반응한 청원의 말도 하나의 착각이다. 털어 버리는 동작에 현혹되지 않고 그것이 착각이라는 점을 간파하고 청원도 돌조각으로 평가했지만 이를 가지고서 상대를 폄하한 말이라고 보면 안 된다. 그것도 착각으로 던져진 말이기 때문이다. 이와 같이 염송의 평가자들은 어느 편도 들지 않고 평등한 안목으로 관찰한다. 본서 16칙 '죽암 사규의 상당' 주석, 70칙 '원오 극근의 염 2' 참조.
10 희미하게 남아 있는 분별의 단서조차도 모조리 의문으로 만들어 버리고 이 공안을 살피는 방식이다. 보통의 관념으로는 순금과 돌조각이 귀천의 가치로 갈라지지만 이것부터 철두철미하게 해체한다. 이 공안을 살피는 주안점은 이러한 표면적 관념에 지배되지 않는 데 있다는 평가이다. 신회가 청원의 비판을 받고 있는 것처럼 묘사되고 있지만, 순금과 돌조각을 분명하게 분별하는 방식으로는 문답에 숨은 관문을 발견하지 못한다.

喚作眞金, 不得喚作瓦礫也.

1) ㉮ '那'가 갑본에는 '耶'로 되어 있다.

천성 호태天聖皓泰의 염

"신회가 행사를 만나지 못했다면 어떻게 돌조각을 알았겠는가? 행사 화상은 그에게 질문 하나를 받고는 이마에서는 땀이 흐르고 입안은 아교가 붙은 듯하구나."

天聖泰拈, "神會若不見行思, 焉知瓦礫? 思和尙被他一問, 直得額頭汗出, 口裏膠生."

설화

o 행사를 만나지 못했다면 어떻게 돌조각을 알았겠는가 : 돌조각은 단지 돌조각일 뿐이다.
o 행사 화상은 그에게~붙은 듯하구나 : 돌조각 이외에 별도로 순금을 얻으려 하였기 때문이다.[11]

天聖 : 若不見至瓦礫者, 瓦礫便是瓦礫也. 思和尙被他云云者, 瓦礫外別取眞金故也.

장로 종색長蘆宗賾의 염

"여러분! 조계에서 흘러온 한 갈래 물길은 밑바닥까지 맑게 드러나지만 분별하는 견해를 버리지 않았기에 마침내 번뇌가 되고 말았다.[12] 신회

---

[11] 근본적인 취지는 '취암 수지의 염'에 대한 해설과 동일하다.
[12] 신회가 돌조각이라는 말을 듣고 순금으로 물었던 것을 두고 '분별하는 견해'라고 평가하였다. 신회가 오히려 그러한 분별에서 벗어난 상태에서 고의적으로 돌조각에 순금을

가 당시에 놓아 버렸다면 굽지 않은 기와가 부서지고 봄날 얼음이 녹듯이 장애가 사라졌을 것이다. 이미 그렇지 못했기에 안타깝게도 한평생 짊어지게 되었다."

長蘆賾拈, "諸仁者! 曹溪一派, 徹底澄淸, 知見未忘, 終成滲漏. 神會當時放下, 便能瓦解氷消. 旣或未然, 可惜一生擔帶."

대칭시켰다고 보는 앞의 평가들과는 다르다.

152칙 하택향신 荷澤鄉信

본칙 하택이 어느 날 법당에 들어가 건추를 울리며 말하였다.[1] "대중에게 알립니다. 노승의 고향에서 소식이 왔는데 부모가 모두 돌아가셨다[2]고 하니 대중들은 마하반야바라밀을 염송해 주시기 바랍니다." 대중이 자리 잡고 앉으려 하자마자 하택이 곧바로 건추를 치면서 말하였다. "대중을 번거롭게 하였습니다."[3]

荷澤, 一日入堂白槌云, "白大衆. 老僧鄉信到, 父母俱喪, 請大衆念摩訶般若波羅蜜." 大衆始坐定, 荷澤便卽打槌云, "勞煩大衆."

설화

● 부모 : 무명無明은 아버지요 탐애貪愛는 어머니이다.[4] 모두 돌아가셨다

---

1 백추白槌 : 건추犍槌를 울리고 대중에게 알리는 형식. 본서 6칙 본칙 주석 참조.
2 자신을 낳고 길러 준 부모는 자신의 뿌리이자 근거를 나타낸다. 이 부모가 모두 돌아가셨다는 것은 의지처가 모두 사라져 어찌해 볼 도리가 없는 은산철벽銀山鐵壁과 같은 상태나 부모미생전父母未生前의 경계에 놓였다는 뜻이다. 또는 모든 의지처로부터 자유롭게 되었다는 뜻이기도 하다. 설화에서 인용한 무명·탐애 등은 조사선의 맥락에서는 적확하지 않다. 『鳳巖集』 古尊宿語錄 9(卍118, 263a9), "도중에서 머무는 것은 그만두고 곧바로 집으로 돌아가라. 만일 집으로 돌아갔다면 부모로부터 사랑을 받을 것이나 그들의 은혜와 애정에 대한 집착을 일으키지 말고, 곧바로 부모를 죽여야 한다.(休向途中, 直須歸家. 若得歸家, 直得親於父母. 不得敎生其恩愛, 直須殺却父母.)"; 『雲門廣錄』 권상 古尊宿語錄 15(卍118, 348b2), "'부모님이 모두 돌아가셨다는 것은 어떤 뜻입니까?' '모두 돌아가셨다는 것은 차치하고 도대체 무엇이 그대의 부모인가?' 매우 고통스럽습니다.' '명백하고 명백하구나.'('父母俱喪時, 如何?' 師云, '俱喪且置, 那箇是你父母?' 僧云, '苦痛深.' 師云, '灼然灼然.')"; 『五燈全書』 권92 『野潛原章』(卍141, 818b18), "'부모에게서 태어나기 이전 당사자의 참다운 본래면목을 높이 들어 보여라.' 불자를 세우고 말하였다. '그대들에게 알리니 노력해야만 한다! 철벽과 은산을 모조리 산산이 부수어 버리고, 번갯불 치는 순간에 천둥을 울려라.'(揭示父母未生前, 當人本來眞面目. 豎拂子曰, '報君知須努力! 銕壁銀山俱粉碎, 閃電光中轟霹靂.)"
3 법문 마지막에 하는 상투적인 말. 법문 듣느라 수고했다는 정도의 뜻이다.
4 『大法炬陀羅尼經』 권4(大21, 675c23), 『大敎王經』 권4(大20, 741b29) 등에 나오고, 『臨

면 무명과 탐애가 모두 사라졌다는 뜻이다. 이 일을 맞아 마하반야바라밀을 염송하기에 아주 알맞기 때문에 대중이 자리 잡고 앉았다.
● 건추를 치면서 "대중을 번거롭게 하였습니다."라고 한 말 : 예상했던 그대로 '지적인 분별을 근본으로 삼는 무리'[5]임을 나타낸다.
● 옛사람은 "보살의 자비가 아버지요 방편은 어머니이다."[6]라고 하였다.

[鄕信] 父母, 無明爲父, 貪愛爲母也. 俱喪則無明貪愛喪却也. 於此正好念摩訶般若波羅蜜故, 大衆坐定也. 打槌云勞煩大衆者, 果然是知解宗徒也. 古人云, "菩薩慈悲爲父, 方便爲母."

대각 회련大覺懷璉**의 송** 大覺璉頌
부모가 벌써 모두 돌아가셨다는 소식 멀리서 듣고　　　遙聞父母已俱亡
건추 울려 참선하던 무리들 모으니 법당 가득하구나　　鳴稚[1]衆徒集滿堂
게다가 번거롭게 했다는 말은 마무리 지으려 한 일이나　更話勞煩成底事
애초에 건추 들자마자 쓸모없는 꼴 보였던 것이라네　　初槌才擧見郞當

---
1) ㉮ '稚'가 갑본에는 '椎'로 되어 있다. ㉡ '椎'가 맞다.

濟錄』(大47, 502b16)에도 보이는 구절.
5　6조 혜능이 신회에게 '지해종도知解宗徒'라 한 말. 본서 111칙 참조.
6　정확히 일치하는 말은 찾을 수 없지만, 자비와 방편을 부모에 비유하여 삼신불三身佛 중 응신과 화신에 대응시킨 예는 있다. 『宗鏡錄』 권32(大48, 599b9), "스스로 증득한 법을 기준으로 하면 선정禪定은 아버지요 반야는 어머니로서 진실하고 청정한 법신法身을 낳는다. 남을 교화하는 법으로 보면 방편은 아버지요 자비는 어머니로서 응신불과 화신불을 낳는다.(約自證法, 則禪定爲父, 般若爲母, 而生眞淨法身. 若化他法, 則方便爲父, 慈悲爲母, 而生應化佛身.)"

> 설화

○ 하택이 이렇게 한 일은 잘못이 적지 않다.

大覺 : 荷澤伊麼, 漏逗不少.

명초 덕겸明招德謙의 거

"하택은 이러한 변고를 마주쳤던 순간에 침묵하고 있다가 건추를 울릴 일이 아니었다. 별도로 어떤 말을 했어야 할까?" 그를 대신하여 "아이고, 아이고!"라 하고 곧바로 나갔다.

明招擧此話云, "荷澤當恁麼時, 莫待良久鳴椎, 別下得箇什麼語?" 代云, "蒼天, 蒼天!" 便出去.

> 설화

○ 아이고, 아이고 : 부모가 모두 돌아가셨을 때 다만 이렇게 곡을 했어야 마땅하다는 뜻이다.

明招 : 蒼天蒼天者, 父母俱喪處, 只合伊麼道也.

153칙 파조영묘破竈靈廟

본칙 파조타破竈墮[1] 화상이 숭악嵩嶽에 거처할 때, 산골 마을에 매우 신령한 사당이 하나 있었는데 사당에는 조왕신竈王神의 신상神像 하나만 안치되어 있었다. 멀거나 가까이 사는 사람들이 끊임없이 찾아와 제사를 올리면서 중생의 생명을 죽여 희생물로 올리는 일이 대단히 많았다. 파조타가 어느 날 시자를 이끌고 사당에 들어가 주장자로 (조왕신의 신상을) 가리키며 "그대는 본래 진흙과 돌조각으로 합성한 것일 뿐인데, 도대체 신령함은 어디서 오며 성스러움은 어디서 일어나는가?"라고 하고서는 몇 차례 두드려 때리며 말하였다. "부서져라! 쓰러져라!" 조왕신의 신상이 깨지자[2] 잠깐 사이에 검푸른 옷에 높은 관을 쓴 사람이 나타나 절을 올리며 말하였다. "저는 본래 이 사당의 조왕신으로 오랫동안 업보를 받다가 지금 화상께서 무생無生의 법을 설해 주신 은혜를 입어 마침내 해탈하였기에 특별히 와서 감사의 절을 올립니다." "이것은 그대가 본래 지니고 있는 성품이지 내가 억지로 그렇게 한 말은 아니다." 조왕신은 다시 절을 올리고 사라졌다. 그 뒤에 대중들이 말하였다. "저희는 오랫동안 스님 곁에서 시봉을 하였음에도 가르침의 은혜를 받지 못했는데 조왕신은 어떤 법에 대한 말씀을 들었기에 해탈하였습니까?" "나에게 별도로 도리는 없고 다만 그에게 '진흙과 돌조각으로 합성한 것일 뿐인데, 도대체 신령함은 어디서 오며 성스러움은 어디서 일어나는가?'라고 말하였을 뿐이다. 그대들은 어째서 절을 올리지 않는가?" 대중이 마침내 절을 하였다. 파조타가 주장자로 머리를 때리며 "부서져라! 쓰러져라!"라고 하자 대중이 한꺼번에 크게 깨달았다.

---

1 생몰 연대 미상. 숭악 혜안嵩嶽慧安의 제자로 그 법을 계승한 뒤 숭악에 살았다.
2 『景德傳燈錄』 권4 「破竈打傳」(大51, 232c27)에는 이 일을 계기로 숭악 혜안 국사가 '파조타'라 불렀다고 한다.

破竈墮和尙, 居嵩嶽, 山塢有一廟甚靈, 廟中唯安一竈. 遠近祭祀不歇, 烹殺物命甚多. 師一日領侍者入廟, 以拄杖指云, "汝本泥瓦合成, 靈從何來, 聖從何起?" 乃敲數下云, "破也! 墮也!" 其竈便破, 須臾有一靑衣峨冠, 設拜曰, "我本此廟竈神, 久受業報, 今蒙和尙說無生法, 遂得解脫, 特來禮謝." 師云, "是汝本有之性, 非吾强言." 神再拜而沒. 後衆曰, "某等久侍左右, 未蒙示誨, 竈神聞說何法, 便得解脫?" 師云, "我別無道理, 只向伊道, '泥瓦合成, 靈從何來, 聖從何起?' 你等何不禮拜?" 衆遂作禮, 師以拄杖打頭云, "破也! 墮也!" 大衆一時大悟.

설화

- 시자를 이끌고 사당에 들어가 주장자로 (조왕신의 신상을) 가리키며~특별히 와서 감사의 절을 올립니다 : 요망한 신령함이요 망령된 성스러움이다.
- 이것은 그대가 본래 지니고 있는 성품이지 내가 억지로 그렇게 한 말은 아니다 : 옛날부터 모든 성인은 진실로 남에게 전해 줄 법이 하나도 없었다.[3]
- 대중들이 말하였다. "저희는 오랫동안 스님 곁에서~대중이 한꺼번에 크게 깨달았다 : 앞서 제시된 말 하나하나가 모두 무생의 법에 대한 해

---

[3] 설화에서 자주 빌건되는 해실이다. 본서 270칙, 710칙, 762칙 본칙 등의 실화 참조. 본래 덕산德山의 말이다. 780칙 본칙 참조. 『湛然圓澄語錄』 권8(卍126, 336b13), "옛날에 선禪을 설한다는 의미는 진실로 남에게 전해 줄 법이라고는 하나도 없지만 방편문에서 자세하게 밝혀 드러내는 것이었다. 학인이 이해로 도달하지 못하는 대상에 부딪혀 의심을 일으키며 참구하다가 충분한 시간이 흐르면 스스로 깨닫게 된다. 깨닫고 나서 온몸에 눈을 갖추면 별도의 방편을 세워 보이니, 방과 할을 바꾸어 가며 시행하거나, 기봉을 준엄하고 날래게 보이거나, 주먹을 세우고 손가락을 세우거나, 눈을 깜박이고 눈썹을 찡그리는 동작에 이르기까지 말하지 않아도 이해한다.(古之所謂說禪者, 實無一法與人, 但向方便門中, 委曲發明. 學人于領不到處, 起疑參究, 久久自悟. 旣悟之後, 通身具眼, 另立門庭, 或棒喝交馳, 或機鋒峻捷, 乃至堅拳豎指, 瞬目揚眉, 不言而會也.)"

설이었다.
- 무의자無衣子의 송[4]

　　저 조왕신 진흙과 돌조각 합한 형상이거늘
　　어찌 성스러움과 신령함이 있으리오
　　이 몸은 고름과 피로 뒤섞인 덩어리거늘
　　어찌 분별하는 생각이 있을 것인가
　　부서지고 또 부서져라
　　쓰러지고 또 쓰러져라
　　나에게 발가벗고 드러난 그 몸 돌려다오
　　깨끗이 씻은 맨몸인데 잡을 수가 없구나[5]
　　돌!

[破竈] 領待者至合成云云者, 妖靈妄聖也. 從是汝至强言者, 從上諸聖, 實無一法與人也. 衆曰某等云云者, 前頭一一解說無生法也. 無衣子頌曰,
彼竈泥瓦合, 云何有聖靈?
此身膿血聚, 云何有識情?
破也破也, 墮也墮也.

---

4 『眞覺國師語錄』「補遺」(韓6, 49b9).
5 깨끗이 씻은~수가 없구나 : 온전히 드러나 있으나 어떤 수단으로도 포착하지 못하는 경계를 나타낸다. 관계 지한灌谿志閑이나 대혜 종고 등이 즐겨 쓴 구절이다. 『天聖廣燈錄』 권13 「灌谿志閑章」(卍135, 712b9), "법좌에 올라앉아 대중에게 '시방 어디에도 벽과 울타리가 없고 사면 어디에도 출입할 문은 없다. 알몸을 다 드러내고 맨발로 천천히 걷고 있지만 잡을 방법이 없다.'라고 한 다음 법좌에서 내려왔다.(師上堂, 示衆云, '十方無壁落, 四畔亦無門. 露裸裸, 赤躶躶, 無可把.' 便下座.)"; 『大慧語錄』 권9(大47, 846c29), "이 경지에 도달하면 선禪도 없고 도道도 없으며, 마음도 없고 성품도 없으며, 깊은 도리나 오묘한 이치도 없다. 벌거벗은 그대로 드러나고 깨끗이 씻은 맨몸이지만 잡아들일 방법이 없다.(到這裏, 也無禪也無道, 也無心也無性, 也無玄也無妙. 露裸裸, 赤灑灑, 沒可把.)"

還我箇露裸裸. 赤灑灑沒可把.

咄!

대각 회련大覺懷璉의 송 大覺璉頌

잿더미 어지러이 펼쳐져 있고	堆土漫漫
검은 연기는 모락모락 피는데[6]	黑煙烽烽
어찌 도리어 정령의 소굴이 되었을까	胡爲翻作精靈窟
주장자에 세 번 맞고 조각나 무너지자	杖頭三叩便分崩
불쑥하니 높은 갓 쓴 사람 나타났노라	突然有箇岌冠出
대중이 거듭하여 물었다네	大衆重咨
그때 무슨 도술 부렸느냐고	適來何術
다만 그에게 무한히 있는 것[7]이라 하자	只是渠家無底物
다 함께 절 올리며 서로 눈을 속였다네	一齊伸拜眼俯張
다시 때리자 이전처럼 해골의 뼈뿐이니	再打從前髑髏骨
굴욕스럽고 굴욕스러운 걸 어찌하리오	屈屈作麽生
등登·래萊·기沂·밀密 어디서나	登萊沂密
사람마다 머리에는 붓을 꽂았구나[8]	箇箇頭邊插筆

---

6 잿더미 어지러이~모락모락 피는데 : 조왕신이 군림하는 부엌의 아궁이에서 타는 연기와 타고 남은 재를 묘사하였다.

7 무한히 있는 것 : 무저물無底物은 바닥을 알 수 없을 정도로 많은 것, 즉 조왕신의 신상을 만드는 소재인 진흙과 돌조각 등을 가리킨다.

8 등登·래萊·기沂·밀密 어디서나~붓을 꽂았구나 : 『宋史』志38 地理1에 일곱 개 주州로 '청靑·밀密·기沂·등登·래萊·유濰·치淄'가 소개되어 있다. 특히 등래유밀登萊濰密 네 개 연해주沿海州는 북송 때 산동성 교동반도膠東半島를 형성하는 모태로 여겨진다. 산동성 출신의 장춘자長春子 구처기丘處機(1148~1227)가 찬한 『磻溪集』 권6 「金蓮出玉花」 其七 「虢州與丹陽致魔作」에 "등登·래萊·유濰·밀密에서는 천하 사람들이 다들 알기로, 머리에 붓을 꽂고 쟁송하기를 좋아하고 말이 많으며 몇몇 사람이라도 용서하려 들지 않는다. 나 이제 천하에 말하리니, 이전의 살아가는 방도와 비교하여 같지 않다. 좋고 싫음을 모두 그치고 이제는 머리 뒤에 꽂은 붓이 없다(글재주가 없다).(登萊濰

> 설화

○ 속이다(侜張) : 『서경』에 "누구도 미혹시켜 서로 속이면서(侜張) 헛것을 만들어 내지 않았다."⁹라고 한다.
○ 굴욕스럽고 굴욕스럽다 : 자신을 굴욕스럽게 하고 남도 굴욕스럽게 하였다.
○ 등登·래萊·기沂·밀密 : (중국에 있는) 사주四州의 이름이다.
○ 머리에는 붓을 꽂았구나 : 사람마다 빼어난 호걸이라는 뜻이다.

大覺云, 侜張者, 書云, "無惑侜張爲幻." 屈屈者, 屈己屈他也. 登萊沂密者, 四州之名也. 頭邊揷筆者, 箇箇英靈豪傑漢.

불안 청원佛眼淸遠의 송 1¹⁰ 佛眼遠頌
화와 복 부르는 위엄 절로 신령치 않은데 　　　禍福威嚴不自靈
남은 술과 식은 산적 누구에게 올리리오 　　　殘盃冷炙享何人
한 번 떠난 다음에 아무런 소식도 없거늘 　　　一從去後無消息
촌노인은 여전히 제사 알리는 북 울리네 　　　野老猶敲祭鼓聲
【'조왕신이 다시 절을 올리고 사라졌다'라는 부분까지 제기한 송이다.】【此擧至神再拜而沒.】

密, 四海皆聞頭揷筆, 愛爭多詞, 不肯饒人些子兒. 余今向道, 非似從前生計較. 好弱都休, 腦後如今沒筆頭.)"라고 한 것으로 보아 이 지역 사람들이 경직쟁송耿直爭訟하는 특성이 있었음을 알 수 있다. 소송하고 따지기를 좋아하는 것을 뇌후삽필腦後揷筆이라 한다.
9 『書經』「無逸」, "백성들 중 누구도 미혹시켜 서로 속이면서 헛것을 만들어 내지 않았다.(民無或胥譸張爲幻.)" 공전孔傳에 "주장譸張은 속인다는 뜻이다. 임금과 신하가 도로써 서로 바로잡으므로 그 아래 백성들도 서로 속이며 미혹하는 일이 없었다.(譸張, 誑也. 君臣以道相正, 故下民無有相欺誑幻惑也.)"라고 한다.
10 조왕신이 무생의 도리를 깨치고 떠나 버린 사당의 풍경을 노래했다.

불안 청원의 송 2 又頌

초봄의 매서운 찬 바람에	春寒料峭
소년의 몸 몹시도 얼었네[11]	凍殺年少
결코 다르단 생각 말지니[12]	切忌參商
특별히 기묘한 일 없도다[13]	別無奇妙
고개 숙이고 모셔 받들며	低頭侍奉
기쁜 맘으로 물어야 하리	歡喜問訊
불법 요모조모 헤아리면	佛法商量
그대 목숨 상하고 말리라	傷子性命

【'대중이 한꺼번에 크게 깨달았다'라는 부분까지 제기한 송이다.】【此擧至大衆一時大悟.】

원오 극근圜悟克勤의 보설

이 공안을 제기하고 "가령 산승이 지금 불자를 들고 있는데, 말해 보라. 파조타와 같은가, 다른가?"라 하고 마침내 말하였다. "부서져라, 부서져! 쓰러져라, 쓰러져! 만약 이 말뜻을 안다면 파조타 화상의 은혜를 등지

---

11 초봄의 매서운~몹시도 얼었네 : 부서지라고 내리친 주장자는 매서운 찬 바람에, 조왕신은 소년에 각각 비유하였다.
12 삼상參商은 삼진參辰이라고도 하며, 이십팔수二十八宿 중 삼성參星과 상성商星을 가리킨다. 상성은 진성辰星이라고도 한다. 삼성의 자리는 서쪽이고 상성의 자리는 동쪽으로 하나가 지면 다른 하나는 뜨는 방식으로 한 시간에 동시에 나타나지 않으므로 영원히 만날 일이 없다. 서로 견해가 어긋나 어울릴 수 없다는 뜻을 비유한다. 『金剛經註解』 권1(卍38, 865a18), "부대사의 「시라바라밀지계송」에 '계가 청정한 까닭은, 무량한 겁 동안 닦은 수행 때문이라네. 망상은 원수와 같고, 탐애는 삼진【삼진이란 삼성과 상성이다. 이 두 별은 하나가 나타나면 다른 하나가 사라지기에 항상 서로 멀리 떨어져 있다.】과 같노라. 탐욕의 세계에 있어도 탐욕을 부리지 않고, 번뇌의 경계에 살아도 번뇌에 물들지 않노라.'라고 하였다.(傅大士, 尸羅波羅蜜持戒頌曰, '尸羅得淸淨, 無量劫來因. 妄想如怨賊, 貪愛若參辰.【參辰, 卽參商二星. 一出一沒, 常相遠離】在欲而無欲, 居塵不染塵.')"
13 진흙과 돌조각으로 만들어진 형상에 불과하다고 사실 그대로 말해 주었을 뿐 특별한 묘수는 없었다는 뜻.

지 않을 뿐만 아니라 또한 선대로부터 이어진 조사들의 은혜도 등지지 않을 것이다. 만약 알지 못한다면 파조타 화상의 은혜를 등질 뿐만 아니라 자기 자신까지 등지게 될 것이다. 이 일은 자기 이외 다른 것으로부터 얻지 못한다는 사실을 알라. 그런 까닭에 '신령함은 어디서 오며 성스러움은 어디서 일어나는가?'라고 물었던 것이다. 가령 여러분의 현재 육신은 부모의 혈기로 이루어졌지만, 그 안에서 신령하고 밝고 미묘한 본성을 알아차린다면 성인이 되었건 범부가 되었건 그대들의 의근意根을 전혀 찾을 수 없을 것이다. 마침내 안으로는 보고 듣고 느끼고 아는 작용이 없고 밖으로는 산하와 대지도 없어 평소처럼 옷을 입고 밥을 먹을 뿐 더 이상 기특한 일은 없게 된다. 그래서 '내가 칼산으로 가면 칼산은 저절로 꺾이고, 내가 지옥으로 가면 지옥은 저절로 소멸한다.'¹⁴라고 하니, 비로소 이와 같이 신령하게 통하는 길이 있고 이와 같이 자유자재한 수단이 있음을 알게 될 것이다. 그렇다면 지금의 선승들은 어째서 돌이켜 자신을 비추어 보고 분명하게 꿰뚫지 못하는가?"

圜悟勤普說, 擧此話云, "秖如山僧, 卽今擧拂子, 且道. 與破竈墮, 是同是別?" 遂云, "破也, 破也! 墮也, 墮也! 若也見得, 不唯不辜負破竈墮和尙, 亦乃不辜負從上祖師 ; 若也不見, 不唯不¹⁾辜負破竈墮和尙, 亦乃辜負自己. 知有此事不從他得. 所以道, '靈從何來, 聖從何起?' 只如諸人現今色身, 是父母血氣成就, 若於中識得靈明妙性, 則若聖若凡, 覓你意根, 了不可得, 便乃內無見聞覺知, 外無山河大地. 尋常着衣喫飯, 更無奇特. 所以道, '我若向刀山, 刀山自摧折 ; 我若向地獄地, 地獄自消滅.' 方知有如是靈通, 有如是自在. 秖如今禪僧家, 何不廻²⁾反照, 明教徹去?"

1) ㉲ '不'은 잘못 들어간 듯하다.　2) ㉲ '廻' 다음에 '光'이 탈락되었다.

---

14 『千手經』(大20, 106c27).

설화

○ 해석할 부분이 없다.

圓悟:無消釋分.

154칙 파조차수 破竈叉手

본칙 파조타가 어느 날 우두牛頭의 처소에서 찾아온 학인을 보고 물었다. "어떤 사람의 법회에서 왔는가?" 그 학인이 앞으로 다가와서 두 손을 마주 잡고 파조타 주위를 한 바퀴 돌고서 나가자 파조타는 "우두 문하에는 이러한 사람이 있을 수 없다."라고 하였고, 학인이 파조타의 좌측을 지나 두 손을 마주 잡고 서 있자 파조타는 "예상했던 대로군."이라 말하였다. 이번에는 그 학인이 물었다. "중생에 응하지만 다른 어떤 것도 따르지 않는 경지는 어떻습니까?" "어찌 다른 어떤 것도 따르지 않을 수 있겠느냐?" "그렇다면 정도를 그대로 따라서 근원으로 돌아가라는 말씀이로군요." "근원으로 돌아갔는데 구태여 무엇을 따르겠는가?" "화상의 가르침이 아니었다면 거의 착각하여 허물을 초래할 뻔했습니다." "이것은 여전히 4조를 만나기 이전[1]의 사정이다. 만난 다음의 소식을 전해 보거라." 학인이 다시 파조타의 주위를 한 바퀴 돌고서 나갔다. 파조타가 "정도를 따르는 길은 예나 지금이나 한결같이 그렇구나."라고 하자 그 학인이 절을 올리고 물러났다.

破竈墮, 一日因僧從牛頭處來, 乃問, "來自何人法會?" 僧近前叉手, 遶師一匝而出. 師云, "牛頭下, 不可有此人." 僧乃過師左邊, 叉手而立. 師云, "果然." 僧却問, "應物不由他時, 如何?" 師云, "爭得不由他?" 僧云, "伊麼則順正歸源去也." 師云, "歸源何順?" 僧云, "若非和尙, 幾錯招愆." 師云, "此猶是未見四祖時事.[1] 見後通將來." 僧復遶師一匝而出. 師云, "順正之道, 今古如然." 僧作禮而退.

---

1 우두가 4조 도신道信을 만나기 이전. 우두가 4조를 만나기 이전(깨달음이 미숙한 시절)과 만난 다음(깨달음이 원숙한 경계)의 사정을 갈라놓고 화두로 삼는다. 남전南泉이 제기하여 유명해졌다. 본서 223칙, 488칙 본칙 설화 주석 참조.

1) ㉠ '事'가 『景德傳燈錄』 권4(大51, 233a27)에는 '道理'로 되어 있다.

설화[2]

- 그 학인이 앞으로 다가와서 두 손을 마주 잡고 파조타 주위를 한 바퀴 돌고서 나가자 : 우두는 문도들에게 "'모든 법은 꿈과 같다.'고 모든 성인이 똑같이 말씀하셨다."[3]라고 하였다.
- 두 손을 마주 잡다 : 흩어진 마음을 한곳에 묶어 두고 일어난 생각을 거두어 자기 자신에게로 순하게 되돌린다는 표시이다.
- 파조타 주위를 한 바퀴 돌았다 : 법계法界의 진실에 그대로 따르는 동작으로서 차별로부터 무차별로 들어감을 나타낸다. 화엄의 오위五位[4]에 짝을 맞추어 보면 십주十住에 해당한다. 신위信位에서 선정禪定으로 들어가 도리를 이해하고 진실과 하나가 된다. 또한 선정으로써 도리를 이해하고 진실과 하나가 되는 문이기도 하다.[5] 이렇게 해석한다. "(십

---

2 이 설화의 해설은 『新華嚴經論』과 그 각각의 구절을 풀이한 『華嚴經要解』에 근거한다. 이 화엄교학의 문헌에 제시된 해설을 두 선사의 언행에 적용한 것이지만, 일부 문헌을 편협하게 집중 인용할 뿐 필연성이 부족하여 견강부회라는 의혹을 줄 뿐 선禪의 도리는 드러나지 않는다.
3 우두의 말이라는 확증은 없다. 『都序』 권상1(大48, 402c27)에 나오는 구절이다. "'모든 법이 꿈과 같다.'라고 모든 성인이 똑같이 설하였으니, 망념도 고요함(寂)을 근본으로 하고 번뇌의 경계도 공空을 바탕으로 하기 때문이다. 공적한 마음은 신령하게 알고 어둡지 않으니 이 공적에서 나오는 앎이 바로 그대의 참된 본성이다.(諸法如夢, 諸聖同說. 故妄念本寂, 塵境本空. 空寂之心, 靈知不昧, 卽此空寂之知, 是汝眞性.)"
4 화엄의 오위五位 : 십신十信·십주十住·십행十行·십회향十廻向 등을 화엄사위華嚴四位라 하는데, 이통현李通玄의 『新華嚴經論』 권31(大36, 935a27)에 이것을 보살의 초지初地 이전 네 단계를 성취한 지위라 규정하였다. 여기에 십지十地가 추가되어 화엄오위라 한다. 같은 책, 권7(大36, 762a7) 참조.
5 이상은 계환戒環의 『華嚴經要解』(卍12, 745b5)에 나오는 구절이다. "처음은 십주의 선지식이다. 찬讚에 '신위信位로부터 선정에 들어가 도리를 이해하고 진실과 하나가 된다.'라고 한 말에 대하여 논(『新華嚴經論』)에서는 이를 분과分科하여 '선정으로써 도리를 이해하고 진실과 하나가 되는 문'이라 하였다. 이전에 우바새 등은 세속의 무리로서 순수하게 믿는 자들이고, 동자와 동녀는 근본이나 지말에 대한 믿음이 뒤섞인 자들이다. 또한 선재동자는 전생에 심은 믿음의 종자에 의지하여 공덕장功德藏을 드러내어 신위를

주란) 신위로부터 깨달아 들어가 여래의 가문에 태어나는 것이다. 머무름이 없는 지혜(無住智)에 의지하여 영원히 그 아래 지위로 물러나지 않기 때문에 '머문다(住)'고 한다."[6]

● 우두 문하에는 이러한 사람이 있을 수 없다 : 그 학인이 하는 그대로 허용하지 않겠다는 의도이다.

● 학인이 파조타의 좌측을 지나 두 손을 마주 잡고 서 있자 : 법계를 사방으로 분산하는 동작이다. 무차별로부터 무수한 차별을 일으키는 것이니 십행十行[7]에 해당한다. 이는 진실에 의지하여 갖가지 행을 일으키는 문이다.[8] 다음과 같이 해석한다. "(십행이란) 이미 두루 통하는 지혜(普智)에 의지하여 믿음을 일으킴으로써 부처님이 머무는 경계에 머무니 마침내 만행을 번성하게 일으켜 스스로 이롭게 하고 남에게도 이익을 준다. 그러므로 '행行'이라 한다."[9]

● 파조타는 "예상했던 대로군."이라 말하였다 : 예상했던 대로 우두 문하에는 이러한 사람이 있을 수 없다는 뜻이다. 이 또한 그가 하는 그대로 허용하지 않겠다는 의도이다.

총괄적으로 나타낸다. 선재는 여기서 처음으로 묘봉산妙峰山의 덕운비구德雲比丘를 만났다. 이것이 신위로부터 선정에 들어가 도리를 이해하고 진실과 하나가 됨을 나타낸다. 묘봉산은 선정의 본체를 나타내고 덕운비구는 진실의 본체를 나타낸다.(初十住知識. 讚云, '從信趣定, 會理契眞'者. 論, 科此爲以定會理契眞門. 以前優婆塞等, 卽俗流純信者 ; 童子童女, 卽信本末雜者 ; 又善財, 依先世信種, 彰功德藏, 通表信位. 善財於此, 初見妙峯山德雲比丘, 是表從信趣定, 會理契眞也. 山表定體, 比丘表眞體.)" 이통현의 『新華嚴經論』 권33(大36, 953b17)에 나오는 다음 설에 근거한다. "'이 묘봉산'으로부터 이하의 구절은 일곱 가지 문으로 묶는다. 그 첫째는 신위로부터 십주에 들어가 선정으로써 도리를 이해하고 진실과 하나가 되는 문이다. 「십주품」이 그것이다.(從此妙峯山已下, 約立七門. 一, 從信趣入十住, 以定會理契眞門. 十住品, 是.)"

6 『華嚴經要解』(卍12, 731a3).
7 십행十行 : 보살 52위 중 제21위에서 제30위에 해당한다.
8 『新華嚴經論』 권33(大36, 953b20).
9 『華嚴經要解』(卍12, 732b9).

[叉手] 僧近前云云者, 牛頭示徒云, "諸法如夢, 諸聖同說也." 叉手者, 束心斂念, 歸順自己也. 遂師一匝者, 順法界之作, 從差別, 入無差別. 以華嚴五位配看, 則十住也. 從信趨定, 會理契眞. 又以定會理契眞之門. 釋云, "由信證入, 生如來家. 依無住地,[1] 永不退還, 故名爲住." 從牛頭至此人者, 不放過也. 從僧乃過至立者, 逆法界之作, 從無差別起差別, 則十行也. 依眞發起諸行門, 釋云, "旣依普智發信, 住佛所住, 遂能繁興萬行, 自利利人, 故名爲行也." 師云果然者, 果然牛頭下不可有此人, 亦不放過也.

1) ㉠ '地'는 '智'의 오자이다. 『華嚴經要解』에 따른다.

● 중생에 응하지만 다른 어떤 것도 따르지 않는 경지는 어떻습니까 : 중생에 응하지만 자기 이외의 다른 것에 따르지 않는다는 말인가? 아니다. 중생에 응하기 때문에 다른 어떤 사람도 따르지 않는다는 뜻이다. 곧 십회향十廻向으로서 이지理智와 대비大悲와 행원行願을 하나로 융합하는 문이다. 다음과 같이 해석한다. "앞서 제시한 십주와 십행은 세속을 벗어나는 마음은 강하지만 대비에 근거한 행위는 미약하다. 여기에 이르면 십주로 성취한 제불諸佛의 지혜와 십행으로 실행한 세속을 벗어나는 행이 대비와 행원으로써 구제하며 세속에서 중생을 이롭게 하는 것이다. 곧 진제眞諦를 속제俗諦로 돌리고 지혜를 자비로 돌려 진제와 속제가 원만하게 융합하고 지혜와 자비가 둘이 아닌 경계에서 보리의 진실한 경계로 회향한다. 삼취정계三聚淨戒와 삼신三身의 삼덕三德[10]이 총괄적으로 오위에 통하여 모든 중생에게 이익을 주는데, 이것을

10 삼신三身의 삼덕三德 : 법신法身·응신應身·화신化身 등 삼신불三身佛이 제각각 지니는 세 가지 덕. 『攝大乘論釋』 권14(大31, 257c13), "삼신이 곧 삼덕이다. 법신은 (모든 번뇌를 끊는) 단덕斷德, 응신은 (모든 법의 진실을 남김없이 아는) 지덕智德, 화신은 (중생에게 자비를 베푸는) 은덕恩德이다. 삼신으로 말미암아 삼덕의 상相과 과果를 아울러 갖추게 된다.(三身卽是三德. 法身是斷德, 應身是智德, 化身是恩德. 由三身故, 至具三德相果.)"

'회향迴向'이라 한다. 지덕智德·단덕斷德·은덕恩德 등 삼덕은 이것으로 말미암아 완전히 갖추어지고, 법신法身·보신報身·화신化身 등 삼신은 이로부터 성취된다."[11] 이상의 인용문에 삼취정계가 있다.[12] 첫째, 섭율의계攝律儀戒는 모든 악을 끊어 벗어나지 못할 악이 없다. 악을 끊는 이 단덕이라는 원인(斷德因)을 닦아서 법신의 과를 이룬다. 둘째, 섭선법계攝善法戒는 모든 선을 닦아 쌓지 못할 선이 없다. 지혜를 쌓는 이 지덕이라는 원인(智德因)을 닦아서 보신의 과를 이룬다. 셋째, 섭중생계攝衆生戒는 유정有情을 제도하여 건지지 못할 유정이 없다. 제도를 베푸는 이 은덕이라는 원인(恩德因)을 닦아서 화신의 과를 이룬다. 그러므로 십지十地와 등각等覺은 모두 이것에 포섭된다. 왜 그런가? '(십지란) 앞의 법들을 쌓아서 진실을 이루게 되는 것일 뿐이며'[13] 별도로 어떤 법이 있어서 여기에 덧붙여지는 것이 아니기 때문이다.

- 어찌 다른 어떤 것도 따르지 않을 수 있겠느냐 : 이 또한 그 학인의 질문을 꺾어서 부정한 것이다.

- 그렇다면 정도를 그대로 따라서 근원으로 돌아가라는 말씀이로군요 : '어찌 다른 어떤 것도 따르지 않을 수 있겠느냐'는 말로 인하여 한 말이다. 그 속뜻은 '나는 구박지具縛地로부터 궁극적인 일체지一切智를 성취한 지위에 이르기까지 바다와 같이 무수한 원인을 원만하게 닦아 대각大覺의 결과를 장엄한다.'[14]는 것이다. 이는 묘각妙覺의 초기이니, 선재동자가 미륵의 누각에 들어간 경계이다.

---

11 『華嚴經要解』(卍12, 733b7).
12 이하의 해석은 『釋氏要覽』 권1(大54, 272a22) 등과 일치한다.
13 『華嚴經要解』(卍12, 734b9).
14 『釋摩訶衍論』 권6(大32, 641b23)의 다음 단락과 같은 맥락이다. "이와 같이 헤아릴 수 없이 많은 성품의 공덕을 (십신 이전에 번뇌를 모두 갖춘) 구박지具縛地로부터 위없는 대각大覺의 지혜를 성취한 지위에 이르기까지 원만하게 갖추어 조금도 부족한 요소가 없다.(如是無量性之功德, 從具縛地, 乃至無上大覺智地, 具足圓滿, 無所少闕.)"

- 근원으로 돌아갔는데 구태여 무엇을 따르겠는가 : 이 또한 꺾어서 부정한 말이다.
- 화상의 가르침이 아니었다면 거의 착각하여 허물을 초래할 뻔했습니다 : 꺾이지 않았음을 나타낸다.
- 이것은 여전히 4조를 만나기 이전의 사정이다 : 정도를 그대로 따라서 근원으로 돌아간다는 말이 그것이다.
- 만난 다음의 소식 : '내(선재동자)가 청정한 깨달음인 궁극적인 일체지의 지위로부터 첫 번째 신위信位를 얻고서 다시 무명장無明藏[15]으로 들어간다.'는 말이다. 뒤에 문수文殊보살과 만난 경계이다.

應物至如何者, 應物而不由他物耶? 非也. 應物故, 不由他那人也. 則十廻向, 理智大悲行願融會門. 釋云, "前十住十行, 出俗心多, 大悲行劣. 至此, 則以十住所得諸佛之智, 以十行所行出俗之行, 濟以悲願, 處俗利生. 廻眞向俗, 廻智向悲, 使眞俗圓融, 智悲不二, 廻向菩提實際. 三聚淨戒, 三身三德, 摠通五位, 利被一切, 是名廻向. 智斷恩德, 由此具足;法報化身, 自玆成就." 此有三聚淨戒. 一, 攝律儀戒, 斷諸惡, 惡無不離. 是斷德因, 修成法身果. 二, 攝善法戒, 修諸善, 善無不積. 是智德因, 修成報身果. 三, 攝衆生戒, 度有情, 情無不度. 是恩德因, 修成化身果. 然則十地等覺, 皆攝於此也. 何以故? 蘊積前法, 至於成實而已, 非別有法, 加於此者. 爭得不由他

---

15 무명장無明藏 : 무명은 다른 모든 번뇌를 낳는 근본 원인 또는 의지처로서 창고와 같이 그 모든 것을 쌓아서 지니고 있기 때문에 '장藏'이라 한다. 무명주지無明住持(Ⓢ avidyāvāsa-bhūmi)와 같은 뜻이다. 위의 책, 권2(大32, 608c12), "(열 가지 여래장 중) 여덟 번째는 일체를 거두어 지니고 있는 여래장이다. 무명장 안에 있는 자성이 청정한 마음은 갖가지 모든 공덕을 거두고 지니고 있다는 의미이다.(八者, 能攝如來藏. 無明藏中, 自性淨心, 能攝一切諸功德故.)" ; 위의 책, 권5(大32, 637b13), "평등 중 가장 평등하기에 한맛이요 한 가지 상으로 어떤 차별도 없지만, 무명장에는 본각本覺의 불성이 번뇌에 물들어 덮이고 가려져 있다.(平等平等, 一味一相, 無有差別, 而無明藏中, 本覺佛性爲染覆障.)"

者, 亦折挫他問也. 從伊麼至去也者, 因爭得不由他之語道得也. 意則我從 具縛地, 究竟一切地,¹⁾ 圓滿行因海, 莊嚴大覺果, 妙²⁾覺初則善財入彌勒 樓閣也. 歸源何順者, 亦折挫也. 若非和尙云云者, 不被折挫也. 此猶至時 事者, 順正歸源, 是也. 見後者, 我從淸淨覺究竟一切地,³⁾ 得第一信位, 還 入無明藏, 卽後文殊相見處.

1) ㉯ '地' 앞에 '智'가 누락된 듯하다. 2) ㉽ '妙'가 갑본에는 '玅'로 되어 있다. 3) ㉯ '地' 앞에 '智'가 누락된 듯하다.

● 파조타의 주위를 한 바퀴 돌고서 나갔다 : 이와 같은 두 가지 근본적인 요소(大事)는 한순간에 이루어져 전후의 차별이 없으니, '원인에 바다와 같이 넓고 깊은 결과를 갖추고 결과는 근원이 되는 원인을 꿰뚫고 있다.'[16] 이는 보현普賢보살의 털구멍에 들어 있는 세계(刹海)이다.

● 정도를 따르는 길은 예나 지금이나 한결같이 그렇구나 : 이것이 바로 정도를 따르는 길이라는 뜻이다.

● 예나 지금 : 현재의 상황(今時)과 본분, 곧 앞뒤로 벌어진 두 가지 근본적인 요소를 말한다. 종문宗門의 과정과 절차에 따르면, 십주는 입문入門이고 묘각의 초기는 사문과沙門果[17]이다. 뒤에 문수보살과 만나는 것은 사문이류沙門異類[18]이고 여래선如來禪[19]이다.

---

16 징관澄觀의 『華嚴經疏鈔』 권1(大36, 3b16) 등에 나오는 상용구.
17 사문과沙門果 : 본서 101칙 본칙 설화 주석 참조.
18 사문이류沙門異類 : 조산 본적曹山本寂의 사종이류四種異類 중 세 번째 조목이다. 소나 개 등 사람과 다른 존재인 이류가 되어도 걸림이 없이 본분을 펼치는 사문의 진실한 실천행을 나타낸다. 사람과 다른 존재가 되어 자유자재로 이류중행異類中行을 전개하는 조사선祖師禪의 이상적 인격 중 한 유형을 나타낸다. 본서 16칙 '불인 지청의 상당' 주석, 94칙 '보녕 인용의 거' 주석, 159칙 본칙 설화, 219칙 본칙 설화, 893칙 본칙 설화 참조.
19 여래선如來禪 : 조사선의 대칭어. 향엄香嚴과 앙산仰山의 인연에서 최초로 두 선법의 대립이 나타난다. 본서 598칙 참조.

● 그 학인이 절을 올리고 물러났다 : 은신삼매隱身三昧[20]로 종문宗門 중의 일이다.

> 遠師至出者, 如是二大事, 一時無前後, 因該果海, 果徹因源. 卽入普賢毛孔利海也. 從順正至如然者, 此正是順正之道也. 今古者, 今時本分, 卽前後二大事. 若約宗門程節, 卽十住爲入門, 妙覺初爲沙門果. 後文殊相見, 爲沙門異類, 是如來禪. 僧作禮而退者, 隱身三昧, 宗門中事.

심문 담분心聞曇賁의 염

"파조타는 간사한 잔꾀가 많으면서 어리석은 척하였으니 결국 어리석음이 어리석음이 되지 못했고, 그 학인은 둔탁하고 고집스러우면서 빼어난 기량을 드러내고자[21] 하였으니 결국 빼어난 기량은 빼어난 기량이 되지 못했다. 빼어난 기량이 빼어난 기량이 되지 못하자 정도를 그대로 따르며 근원으로 돌아갔고, 어리석음이 어리석음이 되지 못하자 근원으로 돌아간 결과가 되거늘 구태여 무엇을 따른단 말인가? 여기서 한편은

---

20 은신삼매隱身三昧 :『大寶積經』권102(大11, 573b28), "부처님 처소에 이르러 머리를 부처님 발에 대고 예경을 올린 다음 오른쪽으로 세 번 돌고 나서 허공에 머물더니 보살의 은신삼매에 들어갔다. 삼매에 들자 마음먹은 대로 일으킨 무량한 백천의 갖가지 미묘한 색을 지닌 거대한 연화좌에 가부좌를 틀고 앉아 몸을 모조리 감추어 다시는 나타나지 않도록 하였다.(到佛所已, 頭面禮敬, 右遶三匝, 住於虛空, 卽入菩薩隱身三昧. 入三昧已, 隨意所生, 無量百千, 種種妙色, 大蓮化座, 結加而坐, 悉皆隱身, 令不復現.)"

21 매초賣峭 : '초峭'는 수려한 미모를 뜻하는 준초俊俏와 통한다. 수려한 미모를 (싼값에) 판다는 뜻이다. 이로부터 변하여 빼어난 자신의 기량(말솜씨 등)을 남들에게 드러내 보인다는 뜻으로 쓰인다. 곧 궁극의 경지에서 한 단계 내려와 갖가지 언사로 배우는 이들을 이끄는 방식을 상징한다.『虛堂錄』권1(大47, 993a4), "오늘은 있어도 내일은 없을 것이다. 석가노자께서는 한평생 빼어난 말솜씨를 드러내 보이다가 죽음에 임하여 스스로 잘못을 고백하여 후대의 자손들 각자가 새우의 눈을 빌려 자기의 눈으로 삼는 조개류들과 같이 법에만 의지하도록 만드셨던 것이다.(今日則有, 明日則無. 釋迦老子, 一生賣峭, 臨死自納敗闕, 致令後代兒孫, 箇箇以鰕爲目.)"

타당하고(得) 다른 한편은 틀렸는데(失), 가려낼 수 있겠는가?[22] 만일 가려내더라도 진주陳州에서 온 사람이 허주許州의 소식을 들을 수 없는 격이 될 것이며,[23] 만일 가려내지 못한다면 맨발의 가난한 사람이 토끼를 쫓아가 잡지만 그 고기를 먹는 것은 가죽신 신은 부유한 사람인 격이리라.[24]"

心聞賁拈, "破竈墮, 向滑頭處放憨, 憨不成憨 ; 這僧, 向軟頑處賣峭, 峭不成峭. 峭不成峭, 順正歸源 ; 憨不成憨, 歸源何順? 就中有一得一失, 還檢點得出麼? 若撿點得出, 人從陳州來, 不得許州信 ; 若檢點不出, 赤脚人趂兎, 着靴人喫肉."

[설화]

○ 둔탁하고 고집스럽다 : 『여씨춘추』에 "그대가 둔탁하고 고집스럽게 처세하면서 어찌 간사한 꾀가 많은 사람을 수긍하는가?"[25]라고 하였고,

---

[22] 한편은 타당하고(得)~수 있겠는가 : 파조타와 학인이 득得과 실失로 뚜렷이 나누어지는 듯이 설정하였다. 바로 아래서 득이라 해도 안 되고 실이라 해도 안 된다고 내린 대답에 그것이 함정이었음이 드러난다. 득실을 나누어 활용했지만 본질적으로 누구에게도 적용될 수 없었던 무득실의 상황에서 출발한다.

[23] 진주陳州에서 온~될 것이며 : 본래 타당하다면 양편 모두 타당하고 틀렸다면 양편 모두 틀린 것이어서 득실로 판정할 수 없다. 한편이 타당하다고 한다면 다른 편의 진실을 놓친다는 뜻이다. 진주는 하남성 회양淮陽, 허주는 하남성 허창許昌에 위치한 곳으로 가까움에도 길이 엇갈려 단절된 상태를 말한다. 『趙州語錄』古尊宿語錄 14(卍118, 324b10), "'길에서 도에 통달한 사람을 만나면 말과 침묵 그 무엇으로도 대하지 말라고 하는데, 그럼 무엇으로 대하는지요?' '진주에서 온 사람은 허주의 소식을 들을 수 없는 법이다.'(問, '路逢達道人, 不將語默對. 未審將什麼對?' 師云, '人從陳州來, 不得許州信.')" 가까운 거리에 있음에도 엇갈려 지나치고 만다는 뜻에서 "人從陳州來, 却往許州去."로 쓰인 예도 있다.

[24] 맨발의 가난한~사람인 격이리라 : 한편은 토끼를 몰기만 하여 남에게 주었기 때문에 결과적으로 잃었고(失), 다른 한편은 고기를 얻어(得) 분명하게 갈라졌다. 고생하는 사람은 끝까지 고생하고 안락함을 즐기는 사람은 끝까지 안락함을 즐긴다.

[25] 전거가 확실하지 않다. 『呂氏春秋』에서는 찾지 못했다.

이에 대한 주석에 "둔탁하고 고집스럽다는 말은 마치 간사한 사람이 곳곳에 착 달라붙는 것과 같다. 간사한 꾀가 많은 사람이란 비늘이 없는 물고기를 잡을 수 없는 것과 같다."라고 한다. 또한 겉으로는 웃지만 속으로는 싫어하는 것을 '둔탁하고 고집스럽다'고 하며, 화가 났음에도 겉으로는 화내지 않는 것을 '간사한 꾀가 많다'고 한다.

○ 그 학인은 둔탁하고 고집스러우면서 빼어난 기량을 드러내고자 하였다 : 두 손을 마주 잡고 파조타의 주위를 한 바퀴 돌고, 파조타의 좌측을 지나서 두 손을 마주 잡고 서 있었던 그 동작이 둔탁하고 고집스러운 부분이었고, '중생에 응하지만 다른 어떤 것도 따르지 않는 경지'라 운운하며 던진 질문은 빼어난 기량을 드러낸 부분이었다. '중생에 응하지만 다른 어떤 것도 따르지 않는다.'고 하였지만 중생에 응하기만 해서는 빼어나지 못하고 다른 어떤 것도 따르지 않음으로써 빼어난 기량을 이루는 것이다. '우두 문하에는 이러한 사람이 있을 수 없다.'고 하거나 '예상했던 대로군.'이라 한 말이 간사한 꾀가 많은 부분에 해당하고, '어찌 다른 어떤 것도 따르지 않을 수 있겠느냐?'고 한 말은 어리석은 척한 부분에 해당한다.

○ 빼어난 기량은 빼어난 기량이 되지 못했다~근원으로 돌아간 결과가 되거늘 구태여 무엇을 따른단 말인가 : 문장 그대로 뜻을 알 수 있다. 앞의 십주와 십행 등 두 가지 뜻은 합하여 둔탁하고 고집스러운 한 부분에 짝지우고, 뒤의 십회향과 십지와 등각은 빼어난 기량을 드러내는 한 부분에 짝지운다면, 조금 지나친 점도 있고 미치지 못하는 점도 있다. 왜 그런가? 앞의 것은 십주와 십행이 비록 두 가지 지위이지만 모두 횡적으로 평등하게 펼쳤기 때문에 하나를 비유한다. 뒤의 것은 비록 하나의 비유이지만 법에 따르면 십회향과 십지와 등각 등 세 가지 차별된 지위가 모두 갖추어져 있다. 곧 여전히 다양한 지위이지만 수직으로 비교하였기 때문에 모두 하나의 비유에 해당한다.

○ 여기서 한편은 타당하고(得) 다른 한편은 틀렸는데(失), 가려낼 수 있겠는가 : 방편(門庭)[26]으로 보면 파조타가 타당하고 그 학인이 틀렸다는 뜻이다.[27]
○ 만일 가려내더라도 진주陳州에서 온 사람이 허주許州의 소식을 들을 수 없는 격이 될 것이며 : 만일 득실의 차별이 없음을 가려낸다면 마치 진주에서 온 사람으로부터 허주의 소식을 들을 수 없는 것과 같다. 이는 득실의 차별이 있는 듯하지만 득실의 차별이 없다는 뜻이다.
○ 만일 가려내지 못한다면 맨발의 가난한 사람이 토끼를 쫓아가 잡지만 그 고기를 먹는 것은 가죽신 신은 부유한 사람인 격이리라 : 득실이 분명히 갈라진다.

心聞 : 軟頑者, 呂氏春秋云, "汝旣軟頑於世, 爭肯滑頭之人?" 注云, "軟頑者, 如奸詐人, 處處粘著也. 滑頭者, 如無鱗魚把捉不得也." 又笑而不喜, 曰軟頑 ; 怒而不嗔, 曰滑頭. 這僧向軟頑處賣峭者, 又手遶師一匝, 至過師左邊, 叉手而立, 是軟頑 ; 應物不由[1]他時云云, 是賣峭. 應物不由他, 則應物也非峭峻, 不由他故, 成賣峭也. '牛頭下不可有此人.' 又道, '果然.' 是滑頭處 ; '爭得不由他.' 是放憨也. 峭不成峭, 至歸源何順者, 從可知矣. 前住行二義, 合配一軟頑處 ; 後向地等覺, 配一賣峭處, 多少[2]有過處, 有不及處. 何也? 前則住行, 雖是二位, 皆是橫鋪故, 比喩一也. 後則雖是一喩, 約法則向地等三位具足, 則猶是多位, 況直下故, 合一喩也. 就中有一得一失云云者, 門庭則此師得這僧失也. 若點檢得出至許州者, 若點檢無得失,

---

26 방편(門庭) : 문정門庭은 문안의 뜰. 비록 문안에 들어오기는 했지만 더욱 깊은 방 안까지는 들어가지 못한 상태를 가리킨다. 근본에서 한 단계 떨어진 수준(第二義門)에서 설정하는 다양한 방편을 뜻한다.
27 궁극적인 뜻인 제일의문第一義門에서 보면 그러한 득실得失의 차별은 없다는 의미를 내포한다.

則如人從陳州來, 不得許州信, 是似有得失, 而無得失也. 若點檢不出云云
者, 得失宛然也.

---
1) ㉑ '由'가 갑본에는 '得'으로 되어 있다. 2) ㉑ '少'가 갑본에는 '小'로 되어 있다.

155칙 숭산수행崇山修行[1]

본칙 숭산 준극崇山峻極[2] 화상에게 어떤 학인이 물었다. "철저하게 수행하는 사람의 면모는 어떻습니까?" "목에 형틀을 지고 발목에는 족쇄를 찼다." "악업을 크게 짓는 사람의 면모는 어떻습니까?" "선禪을 수행하여 삼매(定)에 들어간다." 준극이 다시 말하였다. "알겠는가?" "모르겠습니다." "그대가 나에게 선善을 묻는다면 선은 악惡을 따르지 않는다고 대답할 것이고, 그대가 나에게 악을 묻는다면 악은 선을 따르지 않는다고 대답할 것이다." 뒤에 어떤 학인이 혜안慧安 국사에게 이 이야기를 들려주자 국사가 말하였다. "이 사람은 모든 법에 생멸生滅이 없다[3]는 도리를 남김없이 이해하였다."

崇山峻極和尙, 因僧問, "如何是大修行底人?" 師云, "擔枷抱鏁." 僧云, "如何是大作業底人?" 師云, "修禪入定." 復云, "會麼?" 僧云, "不會." 師云, "汝問我善, 善不從惡 ; 汝問我惡, 惡不從善." 後有僧擧似安國師, 國師云, "此子會盡諸法無生."

설화

● 철저하게 수행하는 사람의 면모에 대하여 묻자 형틀을 지고 족쇄를 찼

---

1 '철저하게 수행하는 사람(大修行底人)', '악업을 크게 짓는 사람(大作業底人)'이라는 구절이 『五燈會元』 권2(卍138, 54a15), 『五燈全書』 권4(卍140, 219a16), 『宗門拈古彙集』 권5(卍115, 579a4) 등에는 '선행을 닦는 사람(修善行人)'과 '악행을 저지르는 사람(作惡行人)'으로 되어 있다. 『宗鑑法林』 권7(卍116, 108b1), 『圜悟語錄』 권16(大47, 790b4), 『頌古聯珠通集』 권8(卍115, 87a15) 등에는 본서와 같은 구절로 실려 있기는 하지만 준극의 말이 아니라 그 스승인 파조타의 말로 되어 있다.
2 숭산 준극崇山峻極 : 생몰 연대 및 전기 미상. 본칙 주 1 참조.
3 무생無生의 도리는 진리를 대표하는 말이기 때문에 진리 그 자체의 의미로 쓰였다.

다고 대답하였고, 악업을 크게 짓는 사람의 면모에 대하여 묻자 선禪을 수행하여 삼매(定)에 들어간다고 대답하였다 : 선과 악이 서로 다른 두 가지가 아니다.[4]

● 그대가 나에게 선善을 묻는다면~악은 선을 따르지 않는다고 대답할 것이다 : 선은 속속들이 선이고 악은 밑바닥까지 악이라는 뜻이다. 옛사람은 "선인善人에게는 악한 생각이 없고 악인惡人에게는 선한 생각이 없다. 하지만 선과 악은 뜬구름과 같아서 어느 것이나 일어나거나 사라지는 근거가 없다."[5]라고 말하였다. 선과 악을 본체(體)와 작용(用)에 각각 짝지우는 방식은 옳지 않은 견해이다.

[修行] 問大修行地人. 答擔枷抱鏁 ; 問大作業地人, 答修禪入定者, 善惡無二也. 汝問我至從善者, 善到底, 惡到底也. 古人云, "善人無惡念, 惡人無善念. 善惡如浮雲, 都無起滅處." 或以善惡配體用者, 非也.

열재거사의 송 悅齋居士頌

동쪽 마을 처자 우둔한 남자 만났는데	東村大姐得憨癡
대장부 길 배우더니 그 자리에서 편안해졌네	學丈夫兒立地綏
이로부터 그 명성 마을에 자자해졌거늘	從此聲名喧里巷
어찌 눈썹 하나라도 손상된 적이 있던가[6]	何曾損着一莖眉

---

4 선행에 대해서는 악한 과보로, 악행에 대해서는 선한 과보로 대답하여 두 가지의 무차별을 나타내었다는 말. 이하 '원오 극근의 염'에서는 이와 반대이다.

5 본칙에서 이어지는 준극 또는 파조타의 말이다. 『景德傳燈錄』 권4「破竈墮傳」(大51, 233a19).

6 어찌 눈썹~적이 있던가 : 불법의 진실에 어긋나는 언행을 하면 눈썹과 수염이 모두 빠진다(眉鬚墮落)는 말에 따른다. 아무 변화도 없이 이전 그대로이지만 조금도 진실에서 벗어나지 않았다는 뜻이다.

[설화]

○ 수행하거나 악업을 짓거나 모두 한 사람이 행하는 일이다.

悅齋 : 修行作業, 一人所爲也.

천의 의회天衣義懷의 소참

이 공안을 제기하고 말하였다. "여러분, 어떻게 알고 있는가? 노승이 오늘 밤에 이미 노파와 같은 심정이 되었으니 그대들에게 말해 주리라. 앞부분은 공적인 일로는 바늘 들어올 틈 하나도 허용하지 않는 입장이고, 뒷부분은 사사롭게는 수레와 말도 통과시키는 입장이다.[7] 만일 이를 가려낸다면 그 사람에게 법을 간택하는 눈[8]이 있다고 인정해 줄 것이다."[9]

天衣懷小參, 擧此話云, "諸仁者, 作麼生會? 老僧今夜, 已是老婆, 與你諸人說破. 前頭則官不容針, 後面是私通車馬. 若能辨得, 許你具擇法眼."

[설화]

○ 앞부분과 뒷부분 사이에 차이점이 있는 듯하지만 사실은 차이점이 없다. 이렇게 보는 눈이 가려내는 능력이다.

天衣 : 前頭後頭, 似有同異, 而無同異. 是能辨得也.

---

7 전자는 본분을 고수하여 아무리 선하고 잘해도 받아들이지 않고 어떤 방편과 편법도 허용하지 않는 입장이라면, 후자는 어떤 악행을 저질렀을지라도 이해하고 받아들이며 사람과 상황에 따라서 갖가지 방편을 모두 용인하는 입장이다. 서로 배타적이지 않고 그때마다 활용하는 두 가지 수단이다.
8 법을 간택하는 눈 : 법의 진위를 알아볼 수 있는 안목. 도안道眼과도 통하는 말.
9 조금 전에 앞부분과 뒷부분을 분명하게 갈라 차이점이 있는 듯이 설정해 놓았으면서 다시 가려내 보라고 문제로 제기하였다. 이것이 관문인데, 설화에 그 뜻이 설명되어 있다.

원오 극근圜悟克勤의 염

"선善을 궁구해 보라. 선은 어디에서 발생하는가? 악惡을 궁구해 보라. 악은 어디에서 일어나는가? 만일 이 경계를 분명하게 안다면 이것이 바로 모든 법의 생멸이 없는 경지일 것이다. 누군가 나, 숭녕崇寧에게 '철저하게 수행하는 사람의 면모는 무엇입니까?'라고 묻는다면, 그에게 '좌선하여 삼매에 들어간다.'라고 대답해 주고, '악업을 크게 짓는 사람의 면모는 무엇입니까?'라고 묻는다면 그에게 '목에 형틀을 지고 발목에는 족쇄를 찼다.'라고 대답해 줄 것이다. 말해 보라! 같은가, 다른가?"

圜悟勤拈, "窮善. 善自何生? 究惡. 惡從何起? 若能明見者箇田地, 便是諸法無生. 有問崇寧, '如何是大修行底人?' 對他道, '坐禪入定.' '如何是大作業底人?' 對他道, '擔枷抱鎖.' 且道! 是同是別?"

설화

○ 오로지 앞뒤의 문답을 제기했을 뿐이다.

○ 좌선하여 삼매에 들어간다~목에 형틀을 지고 발목에는 족쇄를 찼다 : 선에 대하여 물으면 선으로 대답하고, 악에 대하여 물으면 악으로 대답한 것이다.[10]

---

10 선善(수행을 완성한 것)에 대해서는 악한 과보로, 악惡(악업을 짓는 것)에 대해서는 선한 과보로 응답한 본칙과 표면적으로는 반대이다. 하지만 무차별의 관섬에서 보면 어느 편이나 통한다. 무문 혜개無門慧開도 두 질문을 받아 자기대로의 견해를 밝혔다.『無門慧開語錄』권상(卍120, 506a5), "준극 선사는 이처럼 뛰어난 솜씨를 자랑하였으나 겹겹의 울타리에 갇혔음을 몰랐고, 그 학인은 대낮에 허공에 올랐으니 기쁘지 않을 수 없었으리라. 지금 문득 누군가 나, 영암靈巖에게 '철저하게 수행하는 사람의 면모는 어떤가?'라고 묻는다면 그에게 '온전한 사람이 되고자 하면 제멋대로 하지 못한다.'라고 대답하겠고, '악업을 크게 지은 사람의 면모는 어떤가?'라고 묻는다면 그에게 '제멋대로 한다면 온전한 사람이 되지 못한다.'라고 대답하겠다. 만약 '이 두 길을 떠나서는 어떻게 이해하겠는가?'라고 묻는다면, 그에게 '소로, 소로!'라고 대답하겠다.(極禪師, 如是誇好手, 不覺陷重圍 ; 這僧, 白日飛昇, 不妨慶快. 今日忽有人問靈巖, '如何是大修行底

圓悟:但擧前後問答也. 坐禪入定, 至擔枷抱鏁者, 問善答善, 問惡答惡.

묘희妙喜의 염
"해골 더미 앞에서 망상 피우는 것을 어찌하랴?"

妙喜拈, "爭奈在髑髏前, 作妄想何?"

▣설화▣
○ 선과 악이 일치한다고 여기는 관념이 망상 분별하는 의식의 보금자리이다.

妙喜:善惡一致處, 是情識窠窟也.

156칙 마조염장 馬祖鹽醬

본칙 강서에 머물던 마조 도일馬祖道一[1]에 대하여 남악 회양南嶽懷讓이 "도일이 강서에서 사람들에게 법을 설하고 있으면서도, 한 번도 나에게는 소식을 보내지 않는구나."라 하더니, 마침내 한 학인에게 마조 처소에 가서 그가 법좌에 오르기를 기다렸다가 대중 속에서 나아가서 '어떻게 지내십니까?'라고만 묻고 그가 무슨 말을 하거든 기억하여 돌아오도록 시켰다. 그 학인이 회양의 지시에 따라 가서 묻자 마조가 말하였다. "마음 가는 대로 수행한[2] 이래 30년 동안 소금과 간장이 부족한 적은 없었다."

江西馬祖, 因讓師云, "道一在江西, 爲人說法, 摠不見寄个消息來." 遂遣一僧, 往馬祖處, 候見伊上堂, 但出問云, '作麽生?' 待渠有語, 記取來. 其僧依敎往問之, 祖曰, "自從胡亂後三十年, 不曾小鹽醬."

설화

● 대중 속에서 나아가서 '어떻게 지내십니까?'라고만 물어라 : 마조가 회

---

1 마조 도일馬祖道一(709~788) : 한주漢州 곧 사천성 광한廣漢 출신. 속성은 마馬. 조사선의 비조. 시호는 대적선사大寂禪師. 남악 회양의 제자. 홍주종洪州宗의 개창조. 자주資州 당 화상唐和尙(處寂) 문하로 출가하였고 원 율사圓律師에게 구족계를 받은 다음 회양의 법을 이었다. '마음이 부처(卽心是佛)'라는 주제를 일상에 구현함으로써 후대에 조사선의 비조로 평가받는다. 그 마음이란, 본연의 성품에 한정되지 않고 평상에 그때마다 나타나 감지할 수 있는 낱낱의 마음이기도 하다. 이는 '평상심시도平常心是道'라는 구절에 함축되어 있다. 일상의 반경에서 활발하게 기틀을 드러내는 대기대용大機大用의 선법禪法은 마조에게서 그 실마리를 찾을 수 있는 것이다. 이 선법이 선종사에서 획기적인 사고 전환의 단초가 되어 백장 회해百丈懷海·남전 보원南泉普願·대매 법상大梅法常·서당 지장西堂地藏·마곡 보철麻谷寶徹·방거사龐居士 등에게 이어졌다. 임제종臨濟宗을 비롯한 오가칠종五家七宗은 마조의 선법에서 비롯한다.
2 마음 가는 대로 수행한 : 좌선과 같은 특정한 수행 형태에 속박되지 않고 자유로운 방식으로 살아가는 일상을 수행과 다르지 않다고 보는 안목에서 '제멋대로' 등으로 다소 부정적인 맥락의 호란胡亂이라는 용어를 써서 그 뜻을 강하게 드러냈다.

양 화상의 법을 이었음에도 한 번도 소식을 보내지 않아 '어떻게 지내 느냐.'고 먼저 안부를 물은 것이다.
● 마음 가는 대로 수행한 이래 : 회양과 만났던 인연[3]이 바로 '마음 가는 대로 시도한 수행'의 전기가 된다.
● 30년 동안 소금과 간장이 부족한 적은 없었다 : 스스로 살림을 살면서 생활필수품을 모두 갖추었다는 뜻이다. 그런 까닭에 소금과 간장으로 상징한 뜻이 없는 것도 아니며, 30년이라는 뜻도 그에 따라 알 수 있다.[4] (그러나) 간장 속에 소금이 들어 있건 들어 있지 않건 상관없이 어떤 맛도 이루어지지 않는다.[5] 이것이 마조 대사가 힘을 얻은 근거이다.

[鹽醬] 但出問云作麼生者, 旣嗣法讓和上, 不寄箇消息來, 作麼生? 自從云云者, 與讓師相見處, 是胡亂也. 三十年云云者, 自作活計, 諸事具足, 所以鹽醬之意不無, 三十年意, 從可知已. 醬中有鹽無鹽, 不成滋味, 此爲馬大士得力處.

---

3 회양을 만나서 좌선에 집착하던 수행법을 비판받은 뒤로 평상의 반경을 모두 수행의 장으로 열어 놓고 평상심平常心의 도를 실행하게 되었던 인연을 가리킨다. 본서 121칙 참조. 꼿꼿하고 반듯한 자세로 평온하게 앉아서 행하는 좌선과 비교하여 일정한 형식에 매이지 않고 일상의 곳곳에서 그때마다 활발하게 펼치는 언행 전체를 호란胡亂의 수행이라 한다. 이는 선종사에서 이전의 전통을 무너뜨리고 새로운 행법으로 이끄는 결정적 계기가 되었다.
4 회양으로부터 독립하여 자신의 선풍을 펼치는 것을 독립적인 살림살이에 비유하였다. 30년이라는 말도 스승과 다른 하나의 세대를 살고 있다는 의미가 된다.『論衡』「宣漢」, "공자가 말하는 일세一世는 30년을 가리킨다.(孔子所謂一世, 三十年也.)" 또는 수행을 마치고 더 이상 배울 것이 사라진 경지라는 뜻도 된다.
5 어떤 관념으로도 그 맛을 볼 수 없다는 의미이다. 마조의 말은 소금과 간장처럼 짠맛이 있는 듯이 보이지만 사실은 아무 맛도 없는 화두로 제시되었다는 해설이다. 마조가 일상의 필수품을 소재로 하였거나 30년이라 하였거나 그 낱낱의 일반적 맥락으로는 마조의 말을 이해할 수 없다는 간화선의 관점이 숨어 있다.

운문 종고雲門宗杲의 송 雲門杲頌

보기에도 분명하고 알아차림도 어김이 없는데	見得分明識得親
말로 하려면 아직 도중에서 걷고 있는 격이라[6]	舉來猶自涉途程
조금의 잘못도 범하지 않는 자라고 할지라도	直饒不犯毫芒者
떡 먹고 나서도 손가락 핥는[7] 자에 불과하리	也是拈餂舐指人

[설화]

○ 제1구와 제2구 : 스승으로부터 깨달은 경계가 바로 도중에서 걷고 있는 격이라는 뜻이며, 또한 마음 가는 대로 수행한 이래 소금과 간장이 부족한 적이 없었다는 구절을 나타낸다.

○ 제3구와 제4구 : 비록 스승으로부터 전수받았다고 내세우지는 않더라도 이 또한 옳지 않다. 떡을 집어 먹고 나서도 손가락을 핥는 것과 화두 중에 제시된 소금과 간장이 같은 뜻이라는 말이 아니겠는가!

雲門 : 上二句, 從師得悟處, 是涉程途, 是胡亂不少也. 下二句, 雖然不立傳受, 亦未可也. 豈非拈餂舐指, 話中鹽醬一般也!

---

[6] 말로 하려면~있는 격이라 : 목적지에 도달하지 못했다는 말. 분명하게 가리키고 알 수 있지만 언어로는 온전히 담아낼 수 없다는 비유이다.

[7] 떡 먹고~손가락 핥는 : 자기 분수를 넘는 소득을 얻고자 하는 욕심을 드러낸 말로 보인다. 안진경顔眞卿의 〈七言嚵語聯句〉에 나오는 문구이다. '참嚵'은 '참饞'과 통하며 탐내는 사람을 소재로 하였다고 하여 참어시饞語詩라고도 한다. 한 가지 주제로 묶이는 비슷한 고사 또는 다른 사람들의 관련 시구를 이어 붙이거나 여러 사람이 함께 시구를 지어 구성하므로 '연구聯句'라 한다. 안진경의 이 칠언시는 차례대로 이악李萼, 안진경 자신, 교연皎然, 장천張薦의 시구로 구성되었다. 이 밖에도 취취醉·활골滑·암暗 등을 주제로 지은 시가 있으며, 이런 유의 시를 안진경이 창안하였기에 안진경 시로 일컬어진다. "떡을 먹고 나서도 손가락 빨면서 그칠 줄 모르고, 옆에 서서는 고기가 먹고 싶어 침을 연신 흘리네. 고깃간 지나다 빈 입질이나 하니 부끄러움을 어이 알랴, 음식점 문밖에서 고집스레 죽치고 있구나.(拈餂舐指不知休, 欲炙侍立涎交流. 過屠大嚼肯知羞, 食店門外強淹留.)"

죽암 사규竹庵士珪의 송 竹庵珪頌

마음 가는 대로 수행한 30년 동안	胡亂三十年
소금과 간장 부족한 적 없었다네	不少鹽與醬
강서에는 마조 대사가 있었고	江西馬大師
남악에는 회양 화상이 있었지[8]	南嶽讓和尙

[설화]

○ 전수받았다고 내세우지 않는다는 뜻을 곧바로 밝혔다.

竹庵 : 直明不立傳受也.

열재거사의 송 悅齋居士頌

반야라 말하지도 보리라 주장하지도 말지니	休談般若說菩提
어구로 확정 지을수록 길은 더욱 잃게 되리라[9]	句轉親時路轉迷
금털 사자의 포효 소리 듣고자 하는가	要見金毛師子吼
원래 자고새의 울음소리에 불과했도다	元來只唱鷓鴣啼

운문 종고雲門宗杲의 시중 1

이 공안을 제기하고 말하였다. "나라면 그렇게 말하지 않았을 것이다.

---

8 강서에는 마조~화상이 있었지 : 각각 강서와 남악이라는 본래의 독립적인 자리를 고수했다는 말. 다른 곳에 의지하지 않아도 충족되는 생활용품으로서 소금과 간장처럼 서로에게 본분이 완비되어 있다는 의미이다.

9 반야라 말하지도~잃게 되리라 : 간장과 소금은 간장과 소금으로 받아들이면 그만이고 반야 따위의 이념을 붙여서 연관시킬 필요가 없다. 그 자체로 완비된 뜻이기 때문이다. 대혜 종고가 이 공안을 제기하고 평가한 다음 대목도 그 뜻이다. 『大慧普說』 권2 「姜機宜請普說」(卍正59, 840b12), "만약 적멸의 이치가 눈앞에 실현되어 있지 않았다면 어떻게 이러한 소식을 들을 수 있었겠는가!(若不是寂滅現前, 安得這箇消息!)"

밤에 불길한 꿈을 꾸었으니, 대문에 '대길大吉'이라 써 붙이리라."

雲門杲示衆, 擧此話云, "雲門卽不然. 夜夢不祥, 書門大吉."

[설화]

○ 무슨 일로 마음 가는 대로 수행했느니 그렇지 않았느니 분별하고, 30년 동안 소금과 간장이 부족했느니 부족하지 않았느니 구별하는가? 그 모두가 불길한 일이다.

雲門 : 討甚胡亂不胡亂, 三十年鹽醬少不少? 皆是不祥也.

운문 종고의 시중 2

"마음 가는 대로 수행한 이래 30년 동안 소금과 간장이 부족한 적은 없었다고 한다. 정수리에 눈이 붙어 있는[10] 납승이라면 이 구절과 맞부딪혀 어떻게 헤쳐 나갈 것인가? 그러나 원한에는 원수를 진 우두머리가 있고, 빚을 지면 돈을 빌려준 주인이 있는 법이다.[11] 내가 이제 온몸이 진흙투성이로 더럽혀지고 뜸을 떠 생긴 화상에 다시 쑥뜸을 놓는 듯한 짓을 무릅쓰고라도 마조의 화두와 마주하고자 한다." 마침내 불자拂子로 눈앞 허공에 한 획을 긋고서 "알겠는가? 동쪽 울타리를 헐어서 서쪽 벽을 보수하였다.[12] 눈으로 보기에는 가까운 듯하지만 손으로 잡으려 하

---

10 정수리에 눈이 붙어 있는 : 정수리에 붙은 눈이란 진리를 꿰뚫어 보는 제3의 눈을 가리킨다.
11 원한에는 원수를~있는 법이다 : 문제의 원인을 제대로 찾아내야 해결책을 제시할 수 있다는 비유. 이 화두를 제기한 본의를 알아야 그 관문을 타개할 수 있다는 말이다. 본서 32칙 '운문 종고의 시중', 109칙 '조계명의 송' 설화 주석, 321칙 '보녕수의 염', 423칙 '죽암 사규의 상당', 539칙 '원통 법수의 염' 참조.
12 동쪽 울타리를~벽을 보수하였다 : 임시방편처럼 보이지만 그 안에 자연스럽고 절묘

면 미치지 않는다. 석가와 미륵은 두 손으로 번갈아 가슴을 치며 원통해 하고, 문수와 보현은 소리를 연이어 지르며 억울함을 호소하는구나."라고 한 다음 한 소리 크게 내지르고 말하였다. "말 얼굴의 야차 귀신이 머리를 조아려 인사하자, 소 머리의 옥졸은 곧바로 공손하게 두 손을 모은다."13

又示衆云, "自從胡亂後三十年, 不小鹽醬. 頂門具眼衲僧, 到此如何趣向? 然寃有頭債有主. 雲門今日, 和泥合水, 向灸瘡盤上, 更着艾炷, 要與馬師相見." 遂以拂子面前畫一畫云, "還見麼? 拆東籬補西壁. 眼見則親, 手攬不及. 釋迦彌勒, 換手椎胸 ; 文殊普賢, 連聲叫屈." 喝一喝云, "馬面夜叉才稽首, 牛頭獄卒便擎拳."

[설화]

○ 불자拂子로 눈앞 허공에 한 획을 긋고서 : 단번에 그어 버리는 동작이다.
○ 동쪽 울타리를 헐어서 서쪽 벽을 보수하다 : 앞에서 '30년 동안 소금과 간장이 부족한 적이 없었다.'라고 한 말이 동쪽 울타리에 해당하고,

---

한 작용이 있음을 표현한 말. 『聯燈會要』 권28 「雲居曉舜章」(卍136, 907b2), "'본래 마음이란 무엇입니까?' '동쪽 울타리를 헐어서 서쪽 벽을 보수하는구나.'(問, '如何是本來心?' 師云, '拆東籬補西壁.')"; 『續燈正統』 권12 「苦口良益章」(卍144, 637b6), "법좌에 올라앉아 말하였다. '임제와 덕산은 구름이 피어올라 비를 내리는 모양과 같았고, 조주와 목주는 온몸이 진흙투성이가 된 꼴이었으니, (양편이 서로 상보적인 관계라) 동쪽 울타리를 헐어서 서쪽 벽을 보수하는 격이라 하겠다. 눈으로는 동남쪽을 바라보면서 서북쪽에 도모할 뜻을 두었으니, 한 사람 한 사람이 옥벽을 아끼는 마음만 품고 있었을 뿐 성을 나누어 줄 생각은 전혀 없었다.'(上堂, '臨濟德山, 雲騰致雨 ; 趙睦二州, 合水和泥, 拆東籬補西壁. 眼觀東南, 意在西北. 一箇箇, 祗有愛璧之心, 且無割城之意.')"
13 『嘉泰普燈錄』 권29 「道場正堂辯禪師五首 送及禪人」(卍137, 418a15), "말 얼굴의 야차 귀신이 머리를 조아려 인사하자, 소 머리의 옥졸은 곧바로 공손하게 두 손을 모은다. 여동빈呂洞賓이 질그릇 굽는 이치 노래하는 소리에, 껍데기 벗은 거북이 하늘로 날아가는구나.(馬面夜叉纔稽首, 牛頭獄卒便擎拳. 洞賓唱箇陶甄理, 脫殼烏龜飛上天.)"

지금 보여 준 한 획은 서쪽 벽에 해당한다. 여기서 동쪽 울타리를 헐어서 서쪽 벽을 보수한다는 말이 '원한에는 원수를 진 우두머리가 있고, 빚을 지면 돈을 빌려준 주인이 있는 법이다.'라는 구절과 일치하니, 반드시 이 안으로 헤치고 들어가 보아야 마조 대사의 화두와 마주칠 수 있다는 말이다. 여기에 '마음 가는 대로 수행하였다.'라는 뜻이 드러난다.

○ 눈으로 보기에는 가까운 듯하지만 손으로 잡으려 하면 미치지 않는다 : 높고 험한 산과 같아서 바라볼 수는 있지만 올라갈 수 없다.
○ 석가와 미륵 : 앞에서 그렇게 그은 한 획도 두 손으로 번갈아 가슴을 치며 원통해하고, 소리를 연이어 지르며 억울하다고 외치는 꼴을 벗어나지 못한다.
○ 한 소리 크게 내지른 것 : 앞서의 한 획과 같은 뜻이다.
○ 말 얼굴의 야차 귀신 : 말 얼굴과 소 머리 또한 본체의 작용이다. 이것과 마주하면 누구나 머리를 조아려 인사하고 공손하게 두 손을 모아 찬탄하고 공경할 뿐이라는 뜻이다.

又示, 拂子面前畫一畫者, 一時畫斷也. 折東籬補西壁者, 前所擧三十年, 不少[1]鹽醬, 是東籬, 今所出一畫, 是西壁也. 則今折東補西, 是寃有頭債有主, 須是就向這裏, 堪與馬大士相見, 此見自從胡亂之意也. 眼見則親云云者, 高危峭峻, 可望不可到也. 釋迦彌勒者, 前這一畫, 未免換手搥胸, 連聲叫屈也. 喝一喝者, 前一畫義也. 馬面夜又[2]者, 馬面牛頭, 亦體用. 到此, 皆稽首擎拳, 讚嘆恭敬而已.

---
1) ㉮ '少'가 갑본에는 '小'로 되어 있다.　2) ㉮ '又'가 갑본에는 '叉'로 되어 있다. ㉠ '叉'가 맞다.

운문 종고의 보설

"달마 대사가 인도에서 문양이 없는 도장(無文印子)[14]을 가지고 와 2조의 얼굴에 한 번 찍어 각인하였고, 2조는 이 도장을 얻어 실오라기 하나만큼도 바꾸지 않은 그대로 3조의 얼굴에 찍었다. 이로부터 한 사람은 허虛를 전하였으나 모든 사람이 오인하여 실實이라 전하며 대대로 도장을 찍어 전하다가 강서의 마조에까지 이르게 되었다. 마조는 회양 화상으로부터 이 도장을 얻고서 '마음 가는 대로 수행한 이래 30년 동안 소금과 간장이 부족한 적이 없었다.'라고 말한 것이다." 한 소리 크게 내지르고 말하였다. "도장의 문양이 생겼다."[15]

又普說云, "達磨從西天, 將得个無文印子來, 把二祖面門, 一印印破; 二祖得此印, 不移易一絲頭, 把三祖面門印破. 自後, 一人傳虛, 萬人傳實, 遞相印授, 直至江西馬祖. 馬祖得此印於讓和尙, 便道, '自從胡亂後三十年, 不曾少鹽醬.'" 師, 喝一喝云, "印文生也."

[설화]

○ 이전 세대에도 소금과 간장 같은 살림살이가 부족한 적은 없었다는 뜻이다.
○ 크게 내지른 한 소리 : 소금과 간장이 부족한 적이 없었음을 나타내는 할이다.

---

14 문양이 없는 도장(無文印子) : 문자의 형식으로 나타낼 수 없는 마음 도장(心印)을 나타낸다. 대대로 문자에 의존하지 않고 하나의 마음에서 다른 마음으로 도장을 찍듯이 고스란히 전한 조사의 심인을 말한다. 본서 119칙 본칙 설화 주석 참조.
15 본래 아무것도 새기지 않은 도장이었는데, 마조의 말은 그와 달리 뚜렷한 뜻을 남기는 잘못을 저질렀다는 취지이다. 이와 함께 마조의 말을 확고하게 새긴 도장의 문양처럼 이런저런 의미로 받아들이면 안 된다는 역설적인 경계이기도 하다.

又普, 上三十年, 不曾小鹽醬義也. 喝一喝者, 不曾小鹽醬喝.

운문 종고의 평

"조사 문하에서 다른 사람의 콧구멍을 꿰는 수단은 모두 이 한 구절로부터 온 것이다. 말해 보라! 이 한 구절은 어디에서 왔는가? '소를 때리는 것이 옳으냐? 아니면 수레를 때리는 것이 옳으냐?'[16]라고 던진 회양의 화두에서 왔다.【이하 생략】"

又云, "祖師門下, 穿人鼻孔底, 盡從者一句子來. 你道! 者一句子, 從甚麽處來? 從打牛打車處來.【云云】"

> 설화

○ 조사 문하에서~회양의 화두에서 왔다 : 오로지 다른 사람의 콧구멍을 꿰는 수단만 밝혔다.
○ (운문 종고의) 첫 번째 시중은 다만 최초구를 밝혔고, 그다음의 시중은 근본 기틀(大機)을 밝혔으며, 보설에서는 남김 없는 작용(大用)을 밝혔고, 마지막에는 말후구를 밝혔다.[17]

又云, 祖師門下云云者, 但明穿人鼻孔地也. 初示衆, 直明最初句 ; 次示衆, 明大機 ; 又普, 明大用 ; 次又云, 明末後句也.

개암붕介庵朋**의 거**

"세상의 납승들이 마조 대사에게 한꺼번에 사로잡혀 나가려 해도 문

---

16 본서 121칙 및 '대혜 종고의 보설' 참조.
17 최초구와 말후구에 대해서는 본서 1칙 본칙 설화 주석 및 192칙 주 8 참조.

이 없고 물러서려 해도 길이 없으며, 삼키려 해도 넘어가지 않고 토해 내려 해도 나오지 않는 지경이 되었다. 나, 남선南禪이 오늘 할 말을 참지 못하여 마조 대사의 뜻과 마주치도록 해 주고자 한다. 또한 세상의 납승들에게 쭉 뻗은 활로를 터 주고 싶다." 주장자를 높이 들었다가 한 번 내리치며 말하였다. "알겠는가? 위는 하늘이고 아래는 땅이며, 입으로는 밥을 먹고 코로는 숨을 쉰다." 다시 한 소리 크게 내지르고 말하였다. "원두야! 날이 가물었으니 나와 함께 물을 길어다가 시금치밭에 뿌리자."

介庵朋擧此話云,"天下衲僧, 被馬大師一時籠罩却, 進亦無門, 退亦無路;呑又不進, 吐又不出. 南禪今日, 忍俊不禁, 要與馬大師相見去也. 亦欲與天下衲僧, 通條活路." 以拄杖卓一下云,"會麼? 上是天, 下是地, 口裏喫飯, 鼻裏出氣." 遂喝一喝云,"園頭! 天色亢陽, 與我擔水, 潑却菠薐."

(설화)

○ 세상의 납승들이 마조 대사에게 한꺼번에 사로잡혀~토해 내려 해도 나오지 않는 지경이 되었다 : 다만, 마음 가는 대로 수행한 이래 스스로 살림살이를 꾸려 갔으니, 스승과 제자 사이에 전수받은 사실이 없다는 뜻을 따랐다.[18]

---

[18] 마조의 소금과 간장이라는 화두는 더 이상 나아가지도 물러서지도 못하는 철벽의 경계로서 전후와 상하의 관계로 주고받을 필요가 없이 각자에게 완비되어 있는 소식이라는 풀이.『續傳燈錄』권12「吉祥訥傳」(大51, 538c6),"'어떤 부처님도 세상에 출현하시지 않았고 열반도 없었으며, 달마는 서쪽에서 오지 않았고 전수한 선법도 없었다. 만약 초지일관 이 방식만 고수한다면 석가노자께서도 숨을 삼키고 아무 말도 할 수 없을 것이니 한 가닥 길을 펼쳐 놓아 이편으로 건너오도록 하여야 부처도 있고 조사도 있으며 스승도 있고 전승할 일도 있게 되리라. 산승은 이 경계에 이르러 앞으로 나아갈 수도 없고 뒤로 물러날 문도 없지만 하나의 소식을 드러내어 모두가 알도록 하지 않을 수 없다. 자세히 알겠는가?' 잠깐 침묵하다가 말하였다. '천둥처럼 울리는 한 소리에 우주를 놀라게 하였거늘, 몇 사람이나 여전히 꿈에 빠져 있는가!'(乃曰,'諸佛不出世, 亦無有涅槃;祖師不西來, 亦無所傳授. 若一向恁麼去, 釋迦老子, 飮氣吞聲, 放一線道, 過這邊

○ 할 말을 참지 못하여~입으로는 밥을 먹고 코로는 숨을 쉰다 : 활발한 작용을 밝혔다.
○ 한 소리 크게 내질렀다 : 이전에 마조 대사가 보인 뜻을 갈파한 것이다.
○ 날이 가물었으니 나와 함께 물을 길어다가 시금치밭에 뿌리자 : 마조 대사의 견해는 질박하고 담박하며 적멸하다는 뜻이다.[19]

介庵: 天下衲僧, 至吐又不出者, 但取自從胡亂, 自作活計, 無師資傳受之意也. 忍俊, 至鼻裏出氣者, 明活用也. 喝一喝者, 前馬師意喝破也. 天色亢陽云云者, 謂馬師見解, 枯淡寂滅也.

來, 便見有佛有祖, 有師有承. 山僧到這裏, 進前不得, 退後無門, 不免露箇消息, 也要大家知委. 還相委悉麼?' 良久曰, '霹靂一聲驚宇宙, 幾人猶在夢魂中!')"
19 평상의 만사에 구현하는 불사를 나타낸다. 마조가 주창한 평상심平常心과도 상통하는 풀이이다. 본서 407칙 본칙 설화 참조.『旅泊菴稿』권4「五祖山大悲閣記」(卍126, 57a15), "적막한 생활을 달게 여기며 질박하고 담박한 일상을 즐기니, 불법승 삼보를 나날의 만사가 장엄함으로써 복덕과 지혜가 더욱 깊이 심어져 자란다.(甘寂寞而樂枯淡, 佛法僧寶, 日事莊嚴, 福德智慧, 深加培植.)"

157칙 마조완월馬祖翫月

본칙 마조가 달을 보고 노닐다가 제자들에게 물었다. "바로 이럴 때는 무엇을 해야 할까?" 서당 지장西堂智藏은 "공양을 올리기에 딱 적절한 때입니다."라고 하였고, 백장 회해百丈懷海는 "수행하기에 딱 적절한 때입니다."라고 대답하였으며, 남전 보원南泉普願은 옷소매를 털고 가 버렸다. 마조가 말하였다. "경전은 지장에게 들어가고 선禪은 회해에게 돌아가지만,[1] 오직 보원만이 만물의 얽매임에서 훌쩍 벗어났다."

馬祖翫月次, 謂二三子曰, "正當恁麼時, 如何?" 智藏曰, "正好供養." 懷海曰, "正好修行." 普願拂袖而去. 師[1)]曰, "經入藏, 禪歸海, 唯有普願, 獨超物外."

---

1) ㉯ '師' 앞에 갑본에는 '大'가 있다.

설화

● 바로 이럴 때는 무엇을 해야 할까 : 마치 가을철 보름달이 허공에 우뚝 나타난 모습과 같이[2] 원만하고 이지러짐이 없이 성취된 결정적 순간이라는 말일까? 다만 그 하나의 달 자체에 대하여 마음껏 표현해 보라는 뜻이다.[3]

---

1 경전은 지장에게~회해에게 돌아가지만 : 지장의 장藏을 활용하여 입장入藏, 회해의 해海를 활용하여 귀해歸海로 표현하였다. 말 그대로 보면, 경전은 대장경으로 들어가고, 선禪은 삼매(海)로 귀착된다는 뜻이다. 이것은 마지막에 교敎와 선禪을 모두 넘어서 자유로운 보원의 경지를 나타내기 위한 설정이다.
2 40권본 『大般涅槃經』 권5(大12, 390b21)에 나오는 비유. "그대가 말한 그대로이니 여래에게는 진실로 비밀스럽게 감추어 두는 창고란 없다. 왜 그런가? 마치 가을철 보름달이 허공에 나타나면 청정하여 가려진 장애가 없기에 누구나 볼 수 있는 것과 같다.(如汝所言, 如來實無祕密之藏. 何以故? 如秋滿月, 處空顯露, 淸淨無翳, 人皆覩見.)"
3 마조는 이 한마디 질문 내지 요구에서 그 현장의 정취를 활용하여 더 이상 나아갈 수 없는

- 공양을 올리기에 딱 적절한 때입니다 : 이치 그대로의 마음과 하나가 될 뿐 부처님을 친견했다는 생각은 없다.[4] 그 경계를 가리켜 '참된 법으로 여래께 공양을 올린다.'라고 한다. 곧 먼저 돈오함을 말한다.
- 수행하기에 딱 적절한 때입니다 : 돈오 이후의 수행을 가리킨다.
- 옷소매를 털고 가 버렸다 : 수행이건 돈오이건 상관하지 않음을 나타낸다.
- 경전은 지장에게 들어간다 : 다른 곳에서는 "경經이란 지름길이라는 뜻의 경徑과 같은 말로서 성불成佛에 이르는 길이라는 뜻이다."[5]라고 하였다. 이는 먼저 돈오한 경지이다. 또한 한 권의 경전이기도 하다. 먼저 돈오한 경지는 "번뇌의 티끌을 털어 없애고 경권을 끄집어내는 것"[6]과 같다. 장藏이란 지장의 장을 가리키고, 깊게 숨어 있어서 발견하기 힘들다는 뜻이다.
- 선禪은 회해에게 돌아간다 : 선의 한역어는 사유수思惟修[7]이고, 만행을

선禪의 극치를 보여 주었다. 『明覺聰語錄』 권5(乾158, 65b4)에서 이 말에 "구멍 없는 쇠망치가 눈앞에 던져져 있다.(無孔鐵鎚當面擲.)"라고 붙인 착어著語도 그 뜻이다. 본칙의 소재와 비슷한 문답에도 보인다. 『東山梅溪度語錄』 권6(嘉39, 403b11), "동산이 달을 보고 노닐다가 대중에게 '밝은 달이 허공에 걸려 있을 때는 어떤가?'라고 묻자 한 학인은 '칠통과 같은 어둠을 비추어 깨트립니다.'라고 응답하였고, 다른 학인은 '나만 홀로 존귀합니다.'라고 응답하자 동산이 말하였다. '한 무리의 구멍 없는 쇠망치로구나.'(師翫月次問衆云, '朗月當空時, 如何?' 一僧云, '照破漆桶.' 一僧云, '惟我獨尊.' 師云, '一隊無孔鐵鎚.')"

4 『宗鏡錄』 권23(大48, 541a21)의 다음 문답에서 가져온 말이다. "'진실한 공양이란 무엇인가?' 답, '이치 그대로의 마음과 하나가 될 뿐 부처님을 친견했다는 생각은 없으니, 자신의 법신을 뚜렷이 아는 그것이 진실한 공양이다. 『보적경』에 '진실한 공양이란 무엇인가? 부처님이라는 생각조차 없어 부처님을 친견하는 당사자도 없거늘 하물며 공양을 말하겠는가? 만약 부처님께 공양하려 한다면 마땅히 자신에게 공양해야 한다.'라고 한다.'(問, '如何是眞供養?' 答, '契如理之心, 無見佛之想, 了自法身, 是眞供養. 寶積經云, 「眞供養者, 無佛想, 無能見佛, 何況供養? 若供養佛, 當供養自身.」')" 인용된 전거는 『大寶積經』 권89(大11, 511b6)이다.
5 『金剛經解義』 「序文」(卍38, 661a12).
6 60권본 『華嚴經』 권35(大9, 625a9).
7 본서 「선문염송집 서」 참조.

갖추어 닦는다는 뜻이다. 해海는 회해의 해를 가리키고, 모든 물줄기를 다 받아들인다는 뜻이다.[8]
● 오직 보원만이 만물의 얽매임에서 훌쩍 벗어났다 : 양변 어디에도 떨어지지 않았다는 뜻이다.
● 마조 대사가 이렇게 한 말은 제자들의 고백에 따라서 각각 그에 적절한 대답을 내려 준 것일까?[9] '고요한 물결 흔들어 놓지만 않는다면 그 뜻이 저절로 드러날 것이다.'[10]라는 말일까? 망아지가 세상 사람들을 밟아 죽였으니,[11] 임제도 아직 대낮에 물건을 훔치는 도둑은 못 된다.[12] 그 세 선사의 뜻은 또한 어떤 것이었을까? 모두들 한 손을 내밀었지만 서로 상대의 입장을 허용하지 않는구나.[13]

---

8 80권본 『華嚴經』 권77(大10, 422a14), "선지식이란 불법을 수용하는 그릇이니 마치 바다가 모든 물줄기를 받아들이는 것과 같다.(善知識者, 是佛法器, 譬如大海吞納衆流.)"
9 거관결안據款結案은 죄인의 자백을 듣고서 판결을 내린다는 뜻이다. 상대가 하는 말을 잘 살펴서 수행 정도를 파악한 다음 그에 적절한 수단을 펴는 것을 말한다. 두 제자의 말과 남전 보원의 행위 그 각각에 알맞게 공평한 판결을 해 준 것처럼 보이기 때문에 설화에서는 이렇게 의문을 던졌다. 그러나 이것이 본의가 아니라는 의미이다.
10 물결의 흔들림은 물고기가 낚싯바늘의 미끼를 무는 순간에 일어난다. 물고기가 보이지 않아도 그것으로 물 밑에 있다는 숨은 뜻(意)이 두드러지게 드러난다(殊). 수殊는 드러나다·구별하다는 뜻이다. 마조의 말이 모두 미끼와 같다고 보는 안목이다. 『圜悟語錄』 권1(大47, 717c8), "낚싯대에 달린 줄이야 그대 손 놀리는 대로 두지만, 고요한 물결 흔들어 놓지만 않는다면 그 뜻이 저절로 드러날 것이다.(竿頭絲線從君弄, 不犯清波意自殊.)" 본서 710칙 본칙 참조. 이하 '자항 요박의 거'에도 이 구절이 언급된다.
11 망아지가 세상~밟아 죽였으니 : 마구馬駒는 마조 도일을 비유한 말. 서천 27조 반야다라般若多羅가 마조의 출현을 예언한 말이다. 본서 161칙 주 4 참조.
12 임제도 아직~못 된다 : 임제가 무위진인無位眞人을 스스로 제시하고 학인이 다시 그에 대하여 묻자 "무위진인이라니, 이 무슨 마른 똥막대기 같은 소리냐!"라고 하였는데, 이에 대하여 후대의 설봉 의존雪峰義存이 "임제는 낮도둑과 아주 흡사하다.(臨濟大似白拈賊.)"라고 평가한 말에 따른다. 『景德傳燈錄』 권12(大51, 290c21), 『圜悟語錄』 권18(大47, 798c16) 참조.
13 모두들 한~허용하지 않는구나 : 각자 자신의 안목을 드러내어 확고하게 고수하고 상대의 관점에 흔들리지 않는다는 해설이다. 이하 '운문 종고의 상당'에 나오는 구절이다.

[拈月] 正當伊麽時如何者, 如秋滿月, 處空獨露, 圓滿無虧成就地時節耶? 只要弄現一箇月也. 正好供養者, 契如理之心, 無見佛之相,[1] 是名眞法供[2]養如來. 則先頓悟也. 正好修行者, 悟後修行也. 拂袖而去者, 修悟不干也. 經入藏者, 他處云, "經者, 徑也. 成佛之道路." 則先頓悟處也. 又一卷經也. 先頓悟處, 是破塵出經卷也. 藏, 言智藏之藏, 意則幽隱而難見也. 禪歸海者, 禪, 此云思惟修, 備修萬行也. 海, 言懷海之海, 意則能納而衆流也. 唯有普願云云者, 兩頭不落也. 馬大師伊麽道, 擧[3]款結案耶? 不犯淸波意自殊耶? 馬駒踏殺天下人, 臨濟未是白拈賊. 三師意, 又作麽生? 大家出隻手, 彼此不相饒.

1) ㉠ '相'은 '想'의 오기이다. 2) ㉡ '供' 앞에 갑본에는 '界'가 있다. 3) ㉠ '擧'는 '據'의 오기이다.

해인 초신海印超信의 송 海印信頌

세 짐승이 강 건너는데 깊고 얕음이 다르구나[14]	三獸渡河深淺別
애써 자세히 살피지 않아도 분명히 나누어진다	不勞精辨逈然分
어찌 바다에서 돛 펼치고 건너는 자와 비교하랴	爭如巨浸張帆者
파도는 돌아보지도 않고 바닷길을 지나는구나	不顧波濤過海門

---

14 세 짐승이~얕음이 다르구나 : 세 짐승은 세 선사를 비유한다. 이것은 토끼·말·코끼리 등 세 마리 짐승이 강을 건너는 각각의 특징을 가지고 성문·연각·보살 삼승이 증득한 깊이의 차이를 비유한 것에서 유래한다. 『優婆塞戒經』 권1(大24, 1038b8), "마치 갠지스강을 토끼·말·코끼리 등 세 마리 동물이 함께 건너는 것과 같다. 토끼는 밑바닥에 발이 닿지 않아 물에 떠서 건너고, 말은 밑바닥에 발이 닿기도 하고 떨어지기도 하며, 코끼리는 끝까지 밑바닥에 발을 딛고 건넌다. 갠지스강이란 십이인연의 강을 말한다. 성문이 건널 때는 저 토끼와 같고, 연각이 건널 때는 저 말과 같으며, 여래께서 건널 때는 코끼리와 같다. 그러므로 여래를 불佛이라 한다.(如恒河水, 三獸俱渡, 兎馬香象. 兎不至底, 浮水而過;馬或至底, 或不至底;象則盡底. 恒河水者, 卽是十二因緣河也. 聲聞渡時, 猶如彼兎;緣覺渡時, 猶如彼馬;如來渡時, 猶如香象. 是故, 如來得名爲佛.)"

> 설화

○ 앞의 두 구절은 지장·회해·보원 세 선사의 견지가 구별됨을 나타낸다.
○ 어찌 바다에서~바닷길을 지나는구나 : 마조 대사를 묘사한 말이다.

海印：上二句, 智藏懷海普願三人, 見處分辨也. 爭如巨浸云云者, 謂馬師也.

동림 상총東林常總의 송 東林總頌

경은 지장에게 들어가고	經入藏
선은 회해에게 돌아가며	禪歸海
오직 보원만이 만물의 얽매임 훌쩍 벗어났도다	唯有普願, 獨超物外
【돌!】[15]	【咄!】
담벼락[16]을 비추는 달빛만 있을 뿐	祗有照壁月
나뭇잎 날리는 바람은 한 점도 없구나[17]	更無吹葉風

---

15 돌咄 : 국면을 전환하거나 주의를 촉구하려는 의도로 내는 소리.
16 조벽照壁은 정문正門과 상대되는 것으로 바깥에서 집 안이 보이지 않도록 가리거나 장식을 위해 대문 안에 세운 벽. 문병門屛·영벽影壁·소장蕭墻 등이라고도 한다.
17 담벼락을 비추는~점도 없구나 : 보원에 대한 마조의 평을 오해할 소지를 차단하기 위해 한 말. 보원만은 양변 어디에도 떨어지지 않아 마조로부터 '만물의 얽매임에서 훌쩍 벗어났다(超物外)'는 평을 받았지만 마조의 이 말을 확정적 진실로 받아들인다면 그 또한 한편에 떨어지는 결과가 되고 만다는 뜻이다. 달빛과 바람이 함께 어우러졌을 때 가장 아름다운 풍광을 이루는데, 이 가운데 하나가 없다는 표현이 이를 말해 준다. 『禪林類聚』권2(卍117, 27b15) "대룡大龍 선사에게 학인이 물었다. '색신은 부서져 없어지니 무엇이 견고한 법신입니까?' '산에는 꽃이 비단을 펼쳐 놓은 듯 피었고 시냇물은 쪽빛처럼 맑구나.' 화산 혜방禾山慧方이 이 문답을 평가하였다. '저 학인은 담벼락을 비추는 달빛만 있을 뿐 나뭇잎 날리는 바람은 한 점도 없었던 격이니, 대룡의 온전한 기틀이 아니었다면 똑같은 말을 두 토막을 낼 뻔하였다. 참!'(大龍禪師, 僧問, '色身敗壞, 如何是堅固法身?' 師云, '山花開似錦, 澗水湛如藍.' 禾山方云, '這僧只有照壁月, 更無吹葉風, 若不是大龍全機, 幾乎話作兩橛. 參!')"; 『天聖廣燈錄』권20 「福化充傳」(卍135, 796a11), "'부처란 무엇입니까?' '숱한 사람들이 그렇게 물어 왔다.' '그것뿐입니까?' '그대는 어떤 도리를 깨달았느냐?' 학인이 주저하자 복화충福化充이 말하였다. '(그대에게

> 설화

○ 담벼락을 비추는 달빛만 있을 뿐, 나뭇잎 날리는 바람은 한 점도 없구나
: 만물의 얽매임을 벗어난 것 또한 궁극적인 경지가 아니라는 뜻이다.

東林 : 祇有照壁月云云者, 獨超物外, 亦未爲究竟也.

장산 극근蔣山克勤**의 송** 蔣山勤頌

밝디밝은 달이 푸른 하늘에 걸려	皎皎凝虛碧
잔잔하게 맑은 빛을 번득이는구나	沈沈發皓彩
맑디맑은 가을빛과 함께 어울려	秋色共澄淸
밤새도록 온 세상에 머물러 있도다	永夜臨寶海
수행도 공양도 원만한 기틀에 딱 들어맞지만	修行供養逗圓機
듣자마자 곧바로 떠나 세상 밖으로 넘어서네	聊聞便去超方外
망아지가 분명하게 그들 가려내어	馬駒兒端的別
만고에 하늘과 땅을 확정하였으니	萬古定乾坤
한마디에 죽이고 살리는 수단 모두 갖추었네	一言全殺活
다시 말했다. "더욱 높이 착안하라!"[18]	復云, "高着眼!"

는) 담벼락을 비추는 달빛만 있을 뿐 나뭇잎 날리는 바람은 한 점도 없구나.'(問, '如何是佛?' 師云, '大有問了.' 進云, '莫便是也無?' 師云, '汝見箇什麽道理?' 僧擬議, 師云, '祇有照壁月, 更無吹葉風.')"

[18] 더욱 높이 착안하라(高著眼) : 고착안高著眼은 좀 더 높은 차원의 안목이라기보다는 지금까지 드러난 모든 견해에 얽매이지 말고 새로운 견해를 제시해 보라는 뜻으로 쓰인다. 주로 마지막 부분에 붙여서 자기 자신이 그때까지 한 말을 비롯하여 주제에 관련된 갖가지 견해를 모두 뒤집어엎도록 유도한다. 이로써 제각각의 독립적인 선기禪機를 펼치도록 길을 열어 주는 것이다. 『雪竇語錄』권2(大47, 679b6), "법좌에 올라앉아 말하였다. '매일같이 해는 동쪽에서 뜨고, 매일같이 해는 서쪽으로 진다. 1년 360일 내내 이처럼 순환하지만 몇 사람이나 그것에서 자신이 갇힌 속박의 보금자리를 알까? 마음껏 하도록 열어 놓으면(放開) 미세하고 아득하며, 확고하게 틀어막으면(把定) 이것인지 저것인지 가물가물하다. 그대는 모르는가! 비야리성에서 저 고상한 사람(유마거사)

설화

○ 밝디밝은 달이~머물러 있도다 : 하나의 달에 대한 묘사이다.
○ 수행도 공양도~세상 밖으로 넘어서네 : 세 선사의 언행을 나타낸다.
○ 망아지가 분명하게 그들 가려내어~모두 갖추었네 : 그들이 드러낸 언행에 따라 판결을 내렸다는 뜻이다.
○ 마조 대사의 뜻은 이해하기 어려우므로 '더욱 높이 착안하라.'고 말하였다.

蔣山:皎皎至寶海者, 謂一箇月也. 修行至方外者, 三人也. 馬駒兒云云者, 擧[1]款結案也. 馬師意, 會得也難故, 高著眼也.

1) ㉠ '擧'는 '據'의 오자이다.

취암 가진翠巖可眞의 염

"신정 홍인神鼎洪諲(神鼎鴻諲) 숙옹[19]은 '손주를 대하는 노파와 같이 친절한 마음에서 나온 말'이라고 하였지만, 나는 그렇게 생각하지 않는다.[20] 만 리 깊이 낚싯줄 드리워 천 리를 달리는 오추마烏騅馬를 멈추게 하고, 하늘의 그물을 펼쳐 파도를 헤치는 거대한 물고기를 잡아들인다.[21] 이런 인물이 여기 있는가? 있다면 파도를 헤치고 와서 나와 만나자. 만일 없다면 돌아가 산봉우리 아래서 달 밝아지기만 기다려라."

이 머물던 하나의 방에 흐르던 고요하고도 고요한 침묵은 그 무엇이었던가?' 대중에게 '더욱 높이 착안하라!'고 촉구한 뒤 법좌에서 내려왔다.(上堂云,'日日日東上, 日日日西沒. 循環三百六十, 幾箇解知窠窟? 放開, 精精冥冥 ; 把定, 恍恍惚惚. 君不見, 毘耶離城, 彼上人一室, 寥寥是何物?' 師召大衆云, '高著眼!' 便下座.)";『汾陽語錄』권하(大47, 620c28).

19 숙옹叔翁 : 조옹祖翁·숙조叔祖·조부祖父와 같은 말. 작은할아버지.
20 신정 홍인神鼎洪諲(神鼎鴻諲)~생각하지 않는다 : 『禪林類聚』권14(卍117, 167b16).
21 낚싯줄을 드리워 잡는 것은 물고기이고 그물망을 펼쳐 잡을 수 있는 것은 오추마이다. 이를 엇바꿈으로써 대단한 기개를 가진 사람의 역량을 표현하였다.

翠嵓眞拈, "神鼎叔翁云, '只爲老婆心切.' 翠嵓則不然. 垂萬里鉤, 駐千里烏騅; 布幔天網, 收衝浪巨鱗. 還有麼? 有則衝浪來相見. 如無, 且歸嵓下待月明."

> [설화]

○ 손주를 대하는 노파와 같이 친절한 마음에서 나온 말 : 한결같이 온몸에 진흙과 물을 묻혀 더럽혔다는 뜻이다.[22]

○ 만 리 깊이 낚싯줄 드리워~파도를 헤치는 거대한 물고기를 잡아들인다 : 대단한 사람(箇漢)[23]을 찾는다는 뜻이다. 마조의 뜻을 알아차리려면 대단한 기개를 가진 사람이라야 한다.

○ 돌아가 산봉우리 아래서 달 밝아지기만 기다려라 : 단지 표면적인 말만 따라서 마구 잡으러 뛰어다니고, 그 말에 얽매여 뜻을 오인한다.[24]

翠巖云云, 爲老婆[1]心切者, 一向拖泥帶水也. 垂萬里至巨鱗者, 覓得箇漢也. 會馬祖意, 須是箇漢. 且歸巖下云云者, 但隨言走殺, 隨言認義也.

―――――――
1) ㉘ '婆'가 갑본에는 '婆'로 되어 있다. ㉡ '婆'가 맞다.

―――――――
22 마조는 자신의 본래 경지를 그대로 드러내지 않고 그것을 망치는 피해를 감수하면서 친절하고 자세하게 제자들의 수준에 맞추어 말했다는 해설.
23 대단한 사람(箇漢) : 개한箇漢은 그 사람 또는 이 사람. 이 문제를 해결하기에 아주 적절한 선기를 지니고 있는 사람을 말한다. 『竹菴士珪和尚語』續古尊宿語要 6(卍119, 135b17), "만약 대단한 사람이라면 반드시 격을 벗어나 기틀을 밝히고 일이 벌어지는 도중에 딱 들어맞는 진실을 가려내려 할 것이다.(若是箇漢, 須於格外明機, 肯向途中辨的.)"; 『了菴清欲語錄』권4(卍123, 665b14), "당시 그 학인이 대단한 기개를 지닌 사람이었다면 떠밀리자마자 선상을 뒤집어엎었을 것이니, 설령 보수보수의 온전한 기틀로라도 3천 리 정도 물러났으리라.(當時者僧, 若是箇漢, 纔被推出, 便掀倒禪床, 直饒保壽全機, 也較三千里.)"
24 마조와 세 선사 사이에 이루어진 대화 상황을 그대로 받아들이고 천착할 뿐이라는 점에 착안한 해설이다.

천동 정각天童正覺의 거

"경전은 지장에게 돌아가고 선은 회해에게 돌아가니 머리 숙여 그들에게 귀의하고 합장하며 예배드리자. 왕노사(남전)만이 만물의 얽매임에서 훌쩍 벗어났으니, 20년 전에는 그렇게 당당하게 오더니 이제는 광채가 모두 사라졌다."

天童覺擧此話云, "經歸藏, 禪歸海, 稽首歸依, 合掌頂戴. 王老師超物外, 二十年前恁麼來, 如今去盡閑光彩."

설화

○ 경전은 지장에게 돌아가고~예배드리자 : 지장과 회해는 (각기) 단지 경전과 선만을 알고, 단지 그것을 공경할 줄만 알았을 뿐이라는 뜻이다.
○ 왕노사(남전)만이~사라졌다. : 두 제자의 견해를 훌쩍 넘어섰다.
○ 천동이 이렇게 한 말은 왕노사의 행동을 수긍한 것이 아니라 그들이 한 말에 따라 판결을 내린 것이다. 만일 이 점을 안다면 곧 세 존숙의 뜻을 알 수 있을 것이다.

天童 : 經歸藏至頂戴者, 地藏懷海, 只知經, 只知禪, 只知恭敬而已. 王老師云云者, 獨超二子之見也. 天童伊麼道, 非取王老師也, 擧款結案也. 若知此則便可知三尊宿意也.

천장 보월天章寶月의 중추[25]상당

이 공안을 제기하고 말하였다. "마조 대사가 금강과 같은 눈동자를 갖추고서 남전에게 다른 두 제자의 견해를 넘어서는 점이 있음을 가려냈다

---

[25] 음력 8월 15일. 우리의 추석에 해당한다.

고는 하지만 여전히 홀로 만물의 얽매임을 훌쩍 벗어났다는 잘못을 면하지는 못하였다. 대중들 가운데 남전의 견해를 넘어선 사람 있는가? 있다면 나와라! 그 사람에게 맞는지 틀리는지 입증해 주겠다. 만일 없다면 산승이 여러분에게 해설(切脚)[26]을 달아 주지 않을 수 없다. 만일 어떤 사람이 나에게 '바로 이러할 때 무엇을 해야 할까?'라고 묻는다면 '산승은 이전 그대로 옷을 입고 밥을 먹겠다.'라고 대답할 것이다. 말해 보라! 나와 남전의 말 사이에 차이가 얼마나 되는가?" 잠깐 침묵하다가 말하였다. "노란 국화는 노란 국화일 뿐이고, 비췻빛 대나무는 비췻빛 대나무일 뿐이다."[27]【참!】

> 天章月, 中秋上堂, 擧此話云, "馬大師, 具金剛眼睛, 雖揀辨南泉有出二子之見, 然猶未免獨超物外之瑕. 衆中莫有出得南泉之見底麼? 有則出來! 與你證據. 若無, 山僧不免爲爾諸人, 下箇切脚. 忽有人問天章, '正恁麼時, 如何?' 天章答云, '山僧依前, 着衣喫飯.' 且道! 天章與南泉之語, 相去多小?" 良久云, "黃花自黃花, 翠竹自翠竹."【參!】

설화

○ 이전 그대로 옷을 입고 밥을 먹겠다 : 일상적인 일에서 흔들리지 않는다.
○ 노란 국화는 노란 국화일 뿐이고, 비췻빛 대나무는 비췻빛 대나무일 뿐이다 : 눈앞에 보이는 현상이기도 하고, 앞서 나온 공양과 수행이라는 두 가지 뜻이기도 하다.

---

26 해설(切脚) : 절각切脚은 절자각切字脚의 줄임말이며 반절反切과 같은 뜻. 글자의 소리 즉 음音을 풀이하는 것이다. 두 가지 글자의 음을 각각 반절하여 하나의 글자에 대한 음을 풀이하는 방법이다. 본래의 이 뜻이 여기서는 해설이라는 말로 확장되어 쓰였다. 본서 1418칙 본칙 설화, 95칙 '파초 계철의 평' 주석 참조.
27 국화와 대나무의 차별된 특징 그대로 받아들이는 입장. 각자의 언행을 그대로 인정한다는 뜻이다.

天章：依前著衣喫飯者, 不動日用事也. 黃花自黃花云云者, 亦眼前所見也, 又前供養修行二義也.

불안 청원佛眼淸遠의 거

"그가 이와 같이 내렸던 평가를 살펴보면 대단히 기괴하였다. 마조 대사가 이러한 질문 하나를 던져 모든 대사大士들이 자신의 허물을 고쳐 본래의 온전한 사람이 되기를 기대하고,[28] 골짜기를 메우고 봉우리를 옮겨 평탄함을 이루기를 바랐다.[29] 마조 대사가 던진 이 하나의 질문을 알아맞히었는가? 알겠는가?" 잠깐 침묵하다가 말하였다. "본래 (달이) 한편에 치우쳐 비추는 경우는 없지만, 다만 밝게 빛나지 않을 때는 있다."[30]

> 佛眼遠擧此話云, "看他如斯論量, 也大奇恠. 大師致此一問, 諸大士直得息剝補劓, 望作全人 ; 塞壑移峯, 貴就平坦. 還契得馬大師此一問麼? 委悉得麼?" 良久曰, "幸無偏照處, 剛有不明時."

【설화】

○ 마조 대사가 이러한 질문 하나를 던져~평탄함을 이루기를 바랐다 : 지장과 회해가 말한 공양과 수행을 가리킨다.

---

[28] 식경보의息剝補劓는 얼굴에 새겨진 글자를 다듬어 없애고 베인 코를 보수한다는 말. 홈을 고쳐서 본래의 얼굴을 회복한다는 말이다. 잘못을 고쳐서 새롭게 한다는 뜻으로 쓰인다. 식경보의息黥補劓라는 『莊子』「大宗師」의 말에 근거한다. '剝' 또는 '黥'은 저지른 범죄를 얼굴에 글자로 새기는 형벌, '劓'는 코를 베어 내어 범죄자임을 표시하는 형벌이다.

[29] 자신의 허물을~이루기를 바랐다 : 설화의 해설처럼 지장과 회해 각각이 안고 있는 단점을 얼굴에 입은 손상 그리고 골짜기와 산봉우리가 높낮이에서 평등하지 못한 상태에 비유하였다.

[30] 배열裵說의 오언율시 〈中秋月〉의 함련이다.

○ 식息은 식殖과 같다.【시時와 력力을 반절한 음이다.³¹ 뜻은 기르다(長), 다스리다(理), 생장하다(生) 등이다.】 쉰다는 뜻의 침식寢息은 아니다.

佛眼: 大師致此一問云云者, 智藏懷海供養修行也. 息殖【時力切, 長也. 理也, 生也.】也, 非寢息也.

운문 종고雲門宗杲의 상당

이 공안을 제기하고 말하였다. "네 분 선사의 귀착점을 알겠는가? 만일 아직도 모른다면 나의 게송 한 수를 들어 보라. '나라가 잘 다스려지면 인재가 드물고, 집안이 부유하면 자식들이 교만해진다네. 모두들 한 손을 내밀었지만, 서로 상대의 입장을 허용하지 않는구나.'"

雲門杲上堂, 擧此話云, "還知四大老落處麼? 若也未知, 聽取一頌. '國淸才子貴, 家富少兒嬌. 大家出隻手, 彼此不相饒.'"

설화

○ 나라가 잘 다스려지면 인재가 드물다 : (인재는) 마조를 말한다.
○ 집안이 부유하면 자식들이 교만해진다 : (자식들이란) 나머지 세 선사를 말한다.

雲門 : 國淸¹⁾才子貴者, 言馬祖也. 家富小兒嬌者, 言三人也.

---
1) ㉯ '淸'이 갑본에는 '淨'으로 되어 있다.

---
31 『說文解字』에는 '식息'은 상相과 즉即의 반절음, '식殖'은 상常과 직職의 반절음으로 되어 있다.

송원 숭악松源崇嶽의 상당

이 공안(의 각 구절)을 제기하고 말하였다. 서당 지장이 '공양을 올리기에 딱 적절한 때입니다.'라고 한 말에 대하여 "매실나무가 나타나기를 기대하며 갈증을 그치는 격이다."[32]라고 평가하였고, 백장 회해가 '수행하기에 딱 적절한 때입니다.'라고 한 말에 대해서는 "금으로 금을 바꿀 필요는 없다."[33]라고 평가하였으며, '남전이 옷소매를 털고 가 버린 것'에 대해서는 "전체에서 겨우 한 토막 얻었을 뿐이다."라고 평가하였다. 또한 마조 대사가 '경전은 지장에게 들어가고 선禪은 회해에게 돌아가지만, 오직 보원만이 만물의 얽매임에서 훌쩍 벗어났다.'라고 한 말에 대해서는 "옴마니달리훔발탁.[34] 이 하나의 불이 콧구멍에 떨어져 모조리 코를 꿰이고 말았다.[35] 여러분, 그렇다면 어느 부위로 막힌 숨을 토해 낼 것인가?"라고 하였다.

松源上堂, 擧此話, 〈至〉西堂云, '正好供養.' 師云, "望梅止渴." 百丈云, '正好修行.' 師云, "金不博金." 南泉拂袖便行, 師云, "只得一橛." 馬師云, '經

---

32 다음과 같은 고사에 따른다. 위나라 조조曹操의 군대가 적진을 향하던 도중 병사들에게 갈증이 일어나 보행을 하는 데 한계에 다다르자 조조가 앞에 매실나무 숲이 있다고 거짓으로 일러 주었다. 병사들이 그 소리를 듣고 입에 침이 고여 순간적으로 목마름을 그치고 앞으로 걸어갔다고 한다. 『世說新語』 「假譎」에 나온다. 여기서는 실체가 없는 화두에 대하여 실체가 있는 듯이 말하여 궁극적인 경지로 유도하는 방편을 비유하였다.
33 동일한 값이므로 서로 교환할 필요가 없다는 말. '물로 물을 씻을 수 없다(水不洗水)'는 말과 같은 뜻이다. 백장이 '수행'이라 말했지만 지금 그대로 수행하고 있는 상태와 같다는 말과 통한다.
34 옴마니달리훔발탁唵嚩呢哩吽嚩吒 : 진언眞言 중 하나. 조사선에서 진언은 화두와 같은 기능으로 주어진다. 특별한 언어상의 맛이나 개념이 없는 화두의 특징을 부각하고자 일정한 뜻으로 새길 수 없는 진언을 제시한다. 설화에서는 일도진언一道眞言이라는 말로 상용한다.
35 이 하나의~꿰이고 말았다 : 마조의 말은 사람들이 분별할 수 있는 근거를 완전히 박탈하는 수단이었다는 뜻이다. 다만 그 기능을 하는 진언과 같을 뿐, 세 선사에 대한 우열의 판단이라는 생각은 무의미하다.

歸藏, 禪歸海, 唯有普願, 獨超物外.' 師云, "唵嚩呢噠哩吽癹吒. 這一火落鼻孔, 摠被穿却了也. 你諸人, 且向什麽處出氣?"

> [설화]
> ○ 매실나무가 나타나기를 기대하며 갈증을 그치는 격이다 : 본래의 뜻을 벌써 충족시켰다.
> ○ 금으로 금을 바꿀 필요는 없다 : 더 이상 덧붙일 것이 없다.
> ○ 전체에서 겨우 한 토막 얻었을 뿐이다 : 남전이 그렇게 한 행위는 도리어 앞의 두 선사에 미치지 못하였다.
> ○ 옴마니달리훔발탁 : 한마디의 진언(一道眞言)이다.[36] 사람의 콧구멍을 꿰는 고삐와 같다고 말한 것이다.

松源 : 望梅止渴者, 其意已足也. 金不博金云云者, 無以復加也. 只得一橛者, 南泉伊麽, 返不及前二人也. 唵嚩呢云云者, 一道眞言, 穿人鼻孔地索子云云.

자항 요박慈航了朴의 거

"마조가 천 길의 낚싯줄을 드리운 까닭은 깊은 못의 물고기를 잡으려는 의도에 있었는데, 모두들 다투듯 황금 낚싯바늘[37]을 물려고 목숨을 돌아보지도 않고 파도와 물결을 거스르며 신통한 기량을 드러냈지만 한 꿰

---

36 본서 16칙 '밀암 함걸의 거' 설화 주석 참조.
37 황금 낚싯바늘 : 낚싯바늘이 황금이건 쇠이건 낚이는 물고기는 목숨을 잃는다. 마조가 제기한 문제가 아무리 가치가 있어 보여도 황금이라는 소재로 현혹하는 낚싯바늘과 다르지 않다.『五燈會元』권18「慧日明章」(卍138, 689a10), "마음을 구할 필요 없으니, 오직 견해를 그쳐야만 한다네.(『信心銘』의 구절) 삼조대사三祖大師는 비록 황금 낚싯바늘은 피했지만, 이미 붉은 낚싯줄을 삼켰다는 사실은 전혀 모르고 있다.(不用求心, 唯須息見. 三祖大師, 雖然回避金鉤, 殊不知已吞紅線.)"

미에 낚이지 않을 수 없었다.[38] 여러분은 마조 대사의 의중을 알고자 하는가? 고요한 물결 흔들어 놓지만 않는다면 그 뜻이 저절로 드러날 것이다.[39]"

慈航朴擧此話云,"馬祖垂絲千尺, 意在深潭, 諸子競上金鉤, 不顧性命, 逆波遡浪, 各逞神通, 未免一串穿却. 諸人要識馬大師麼? 不犯淸波意自殊."

38 모두들 다투듯~수 없었다 : 세 제자가 제각각 기량을 드러내어 보였지만, 누구랄 것도 없이 모두 마조의 낚시질에 걸려든 물고기에 불과했다는 말이다. 비록 남전 보원을 가장 높이 평가하는 것처럼 보였지만 그것이야말로 마조의 낚싯바늘에 달린 미끼였다는 평가이다.

39 고요한 물결~드러날 것이다 : 마조의 말에 현혹되어 분별하지만 않는다면 의중이 드러날 것이라는 뜻. 마조가 던져 놓은 말을 무는 순간 낚시질에 걸려든 물고기로 인해 물의 표면이 흔들리게 되는 것과 같다. 그렇지 않으면 고요한 수면이 고요한 그대로 유지된다.

158칙 마조심지 馬祖心地

본칙 마조 대사의 게송

馬大師偈云,

심지를 때에 적절하게 설하니	心地隨時說
보리 또한 이와 같다네	菩提亦祇寧
사事와 이理에 모두 걸림이 없으니	事理俱無礙
생겨나는 그대로 생겨남이 아니라네	當生卽不生

설화

● 『전등록』의 해당 편에는 이렇게 전한다.[1] "법을 구하는 자는 마땅히 구하려는 대상이 없어야 하니, 마음 밖에 별도로 부처가 없고 부처 밖에 별도로 마음이 없다. 선을 취하지도 않고 악을 버리지도 않으며, 청정함과 더러움의 양변에 모두 의지하지 않는다. 죄의 본성조차 공空이라는 이치에 통달하면 어떤 생각도 실체를 얻을 수 없기 때문이다. 삼계는 오로지 마음일 뿐이니 삼라만상이 모두 하나의 법(마음)에 의하여 각인된 결과이다. 보이는 색色은 모두 마음을 보는 것이며 마음도 그 자체로 마음이 아니라 색으로 인하여 존재하는 것일 뿐이다. 그대가 다만 때에 적절하게 말을 펼치면 차별된 사事 그대로 무차별의 이理가 되어 전혀 장애가 없을 것이다. 보리菩提라는 궁극적인 깨달음의 결과(道果) 또한 이와 같다. 마음에서 생겨난 결과를 색이라 하고 그 색을 공空이라고 알기 때문에 생겨난 그대로 생겨남이 아니다. 만일 이 뜻을 깨친

---

1 『景德傳燈錄』 권6 「馬祖道一傳」(大51, 246a9~a20).

다면 그때마다 옷 입고 밥 먹으면서도 성인의 태아(聖胎)[2]를 기를 수 있으니 마음 가는 대로 할 뿐, 또한 무슨 특별히 할 일이 있겠는가? 그대들이 나의 가르침을 받았으니, 나의 게송을 들어 보라. '심지를 때에 적절하게 설하니.(이하 생략)'"

[心地] 傳燈本篇云, "夫求法者, 應無所求, 心外無別佛, 佛外無別心. 不取善不捨惡, 淨穢兩邊, 俱不依怙. 達罪性空, 念念不可得故. 三界唯心, 森羅萬像, 皆一法之所印. 凡所見色, 皆爲見心, 心不自心, 因色故有. 汝但隨時言說, 卽事卽理, 都無所礙. 菩提道果, 亦復如是. 於心所生, 卽名爲色, 知色空故, 生卽不生. 若了此意, 乃可隨時着衣喫飯, 長養聖胎, 任運過時, 更有何事? 汝受吾敎, 聽吾偈曰, '心地隨時說云云.'"

● 심지를 때에 적절하게 설하니 : '옷 입고 밥 먹으면서도 성인의 태아(聖胎)를 기를 수 있으니 마음 가는 대로 할 뿐'이라는 부분에 해당한다.
● 보리 또한 이와 같다네 : 어떤 사람은 '바로 이렇게 편안하다.'라고 말하지만 틀리다. '보리菩提라는 궁극적인 깨달음의 결과(道果) 또한 이와 같다.'라는 부분에 해당한다.
● 지녕祇寧 : 방언으로 '이와 같다(如是)'는 말과 통한다.
● 사事와 이理에 모두 걸림이 없으니 : '때에 적절하게 말을 펼치면 차별된 사事 그대로 무차별의 이理가 되어 전혀 장애가 없을 것'이라는 부분에 해당한다.

---

2 성태聖胎는 부처가 될 수 있는 기반 또는 성인의 경지가 될 수 있는 모태라는 말로 쓰인다. 원래 부처님이 탄생하기 전 모태에 있을 때를 '성태'라 한다.『佛本行集經』권7(大3, 685b27), "제가 알기로는 저의 딸 마야왕 대부인이 품은 성태는 그 위덕이 대단하여 만약 출산하게 된다면 제 딸의 수명은 줄어들어 오래지 않아 반드시 죽을 것입니다.(如我所知, 我女摩耶王大夫人, 懷藏聖胎, 威德旣大, 若彼産出, 我女命短, 不久必終.)"

● 생겨나는 그대로 생겨남이 아니라네 : '마음에서 생겨난 결과를 색이라 하고 그 색을 공空이라고 알기 때문에 생겨난 그대로 생겨남이 아니다.'라는 부분에 해당한다.

心地隨時說者, '著衣喫飯, 長養聖胎, 任運過時'也. 菩提云云者, 或有云, '祇伊麼安寧'者, 非也. '菩提道果, 亦復如是'也. 祇寧者, 方言, 如云如是也. 事理云云, '隨時言說, 卽事卽理, 都無所礙'也. 當生云云者, '於心所生, 卽名爲色, 知色空故, 生卽不生.'

지해 지청智海智淸의 거

"알겠는가? 진여眞如는 본성을 지키지 않으니 멸정(滅盡定)[3]을 따르지만 모든 현상이 번잡하게 일어나고, 인연은 근본을 잃지 않으니 갖가지 대상에 응하여 움직이지만 한마음은 항상 고요하다. 그런 까닭에 근본 이치(理)는 현상의 차별상(事相)과 융합하니 삼세의 모든 부처님이 도리어 미혹되어 있고, 망념은 진여의 근원을 꿰뚫고 있으니[4] 육도六道를 윤회하는 범부일지라도 항상 깨달은 경지이다. 여기에 덧붙여 범부와 성인 그 어느 편에도 떨어지지 않는 구절이 있음을 알아야 한다." 잠깐 침묵하다가 말하였다. "안개가 쪽빛 대나무를 감싸니 산이 옥을 머금은 듯하고, 이슬이 노란 국화에 떨어지니 땅에서 황금이 솟아오른 듯하구나."

智海淸擧此話云, "還知麼? 眞非守性, 順滅定而萬有繁興 ; 緣不失宗, 應

---

[3] 멸정滅定은 모든 마음의 작용이 그친 선정禪定. 멸진정滅盡定의 줄임말.
[4] 망념은 진여의~꿰뚫고 있으니 : 화엄종華嚴宗에서 진眞과 망妄이 서로 침투되어 있다고 보는 진망교철眞妄交徹의 사고와 유사하다. 『華嚴經疏』권7(大35, 552b6), "망념이 진여의 근원을 꿰뚫고 있어 깨끗하게 사라지지 않는 번뇌가 없다.(妄徹眞源, 惑無不盡.)"

群動而一心常寂. 所以, 理融事相, 三世諸佛却迷 ; 妄徹眞源, 六道凡夫 常悟. 更須知有不落凡聖底句?" 良久云, "煙籠翠竹山含玉, 露滴黃花地涌 金."

설화

○ 진여眞如는 본성을 지키지 않으니 멸정滅盡定을 따르지만 모든 현상이 번잡하게 일어나고 : 이치理 그대로 차별된 현상事이다.
○ 인연은 근본을 잃지 않으니 갖가지 대상에 응하여 움직이지만 한마음은 항상 고요하다 : 차별된 현상 그대로 이치이다.
○ 근본 이치理는 현상의 차별상事相과 융합하니~육도六道를 윤회하는 범부일지라도 항상 깨달은 경지이다 : 범부와 성인은 동일한 근원이고, 미혹과 깨달음은 하나의 이치이다.[5]
○ 안개가 쪽빛 대나무를 감싸니~땅에서 황금이 솟아오른 듯하구나 : 범부도 성인도 뚜렷이 드러나 있으니, 범부와 성인에 당면하여도 범부와 성인 그 어느 편에도 떨어지지 않는 경지이다.

智海 : 眞非守性云云者, 理卽事也. 緣不失宗者, 事卽理也. 理融事相云云者, 凡聖一源, 迷悟一致也. 烟籠云云者, 凡聖宛然, 是當凡聖, 不落凡聖也.

---

[5] 『法華經演義』 권4(卍52, 345a14), "중생과 부처는 평등하며, 범부와 성인이 동일한 근원이고, 원인과 결과는 하나의 이치이며, 미혹과 깨달음은 같은 본체이고, 오염과 청정은 둘이 아니기 때문이다.(生佛平等, 凡聖同源, 因果一致, 迷悟同體, 染淨不二故也.)" ; 『慈受懷深廣錄』 권1(卍126, 560a5), "마음은 바로 이 마음이니, 범부와 성인이 동일한 근원이고, 미혹과 깨달음은 하나의 이치이다. 그런 까닭에 '끝이 없는 불국토의 경계에서 자신과 타자는 한 터럭의 간격으로도 떨어져 있지 않고 십세의 고금은 처음부터 끝까지 현재의 찰나에서 벗어나지 않는다.'라고 한다. 이와 같으니 등롱과 노주가 모두 마음을 전할 수 있고, 주장자와 선상이 언제나 세속의 굴레를 벗어난다. 번뇌의 티끌 하나마다 그러하고, 찰나마다 그러하며, 국토마다 그러하다.(心卽此心, 凡聖同源, 迷悟一致. 所以道, '無邊利境, 自他不隔於毫端 ; 十世古今, 始終不離於當念.' 如是則燈籠露柱, 皆可傳心 ; 拄杖禪床, 時時出世. 塵塵爾, 念念爾, 刹刹爾.)"

159칙 마조즉심 馬祖卽心

[본칙] 마조에게 어떤 학인이 물었다. "화상께서는 어떤 이유로 '마음이 곧 부처다.(卽心卽佛)'라고 말씀하십니까?" "어린아이의 울음을 그치게 하기 위해서이다." "울음이 그치면 어떻습니까?" "마음도 아니고 부처도 아니다.(非心非佛)" "이 두 종류에서 벗어난 사람이 찾아오면 어떻게 가르쳐 주시렵니까?" "그에게 '중생도 아니다.(不是物)'라고 말하겠다." "만일 그 경지에 들어가 있는 사람(其中人)이 찾아오면 어떻게 하시렵니까?" "또한 그에게 대도大道를 온몸으로 알아차리도록 하겠다."

馬祖, 因僧問, "和尙, 爲什麽說卽心卽佛?" 師云, "爲止小兒啼." 僧云, "啼止時如何?" 師云, "非心非佛." 僧云, "除此二種人來, 如何指示?" 師云, "向伊道, '不是物.'" 僧云, "忽遇其中人來時, 如何?" 師云, "且敎伊體會大道."

[설화]

● 화상께서는 어떤 이유로 '마음이 곧 부처다.(卽心卽佛)'라고 말씀하십니까 : 마조가 자주 '마음이 곧 부처다.'라고 말했기 때문에 물은 말이다. 중생의 무명주지번뇌無明住地煩惱[1]가 바로 번뇌에 동요하지 않는 모든 부처님의 지혜(不動智)와 동일하다는 뜻이다. 이것이 불도로 들어가는

---

[1] 무명주지번뇌無明住地煩惱 : 모든 무명과 무지無知의 근원. 모든 번뇌의 근원이 되는 근본무명根本無明을 말한다. 갖가지 모든 번뇌의 근거이며, 변이생사變異生死의 원인이다. 『勝鬘經』(大12, 220a22), "무명주지는 (번뇌의 근거가 되는) 네 가지 주지를 벗어나는 방식과 달라서 불지佛地에서 끊어지고 부처님이 증득한 보리의 지혜에 의해서만 끊어지는 대상이다. 왜 그런가? 아라한과 벽지불은 네 가지 주지는 끊었지만 (번뇌가 모두 사라진) 무루無漏의 경지는 아직 미진하여 자유자재한 힘을 얻지 못하고 또한 증득하지 못했기 때문이다. 무루의 경지가 미진하다는 말은 곧 무명주지를 가리킨다.(無明住地, 異離四住地, 佛地所斷, 佛菩提智所斷. 何以故? 阿羅漢辟支佛, 斷四種住地, 無漏不盡, 不得自在力, 亦不作證. 無漏不盡者, 卽是無明住地.)" 본서 66칙 본칙 설화 주석 참조.

최초의 문이다.

● 어린아이의 울음을 그치게 하기 위해서이다 : 방편으로 노란 잎을 가지고 돈이라고 말하여 어린아이의 울음을 그치게 한다는 것이다.[2]

● 울음이 그치면 어떻습니까 : 마음이 곧 부처일 때는 어떠하냐고 물은 것이다.

● 마음도 아니고 부처도 아니다(非心非佛) : 마음 밖에서 부처를 구하는 시도는 마치 나귀를 타고 나귀를 찾는 것과 같다.[3] 게다가 '마음이 곧 부처'라는 말을 듣고, 또다시 마음을 부처라고 안다면 이 또한 나귀를 타고서 내리지 못하는 꼴과 같기 때문에 그렇게 말한 것이다.[4]

● 이 두 종류에서 벗어난 사람 : 우는 것(啼)과 울음이 그친 상태(啼止)를 두 종류라 한 것일까? 아니면 마음과 부처를 두 종류라 한 것일까? 이는 말은 다르지만 의미는 동일하다. 왜 그런가? 중생이 마음이 미혹하여 울다가 (마음이) 부처임을 깨닫고 나면 울음이 그치는 것이기 때문이다. 같은지 다른지는 그만두고 이 두 뜻을 두 종류로 여긴다면, 이 두 종류에서 벗어난 사람이 마음도 아니고 부처도 아닌 것이 된다. 마음도 아니고 부처도 아니니 일물이라는 분별(一物解)을 지어내서야 되겠는가?[5] 이러한 주장은 이치를 모를 뿐만 아니라 어세로 보아도 타당하지

---

[2] 『大般涅槃經』권20「嬰兒行品」(大12, 485c10)에 나오는 비유. 본서 2칙 '장산 찬원의 상당' 주석 참조.

[3] 기려멱려騎驢覓驢 : 『景德傳燈錄』권21「道希傳」(大51, 373a28), "'무엇이 바르고 참된 도입니까?' '나귀를 타고 나귀를 찾는 격이로구나.'(問, '如何是正眞道?' 師曰, '騎驢覓驢.')"

[4] 『龍門佛眼語錄』古尊宿語錄 31(卍118, 560a12), "용문龍門이 말한다. '두 가지 병통이 있을 뿐이다. 하나는 나귀를 타고 나귀를 찾는 잘못이고, 또 하나는 나귀를 탄 다음에 전혀 내리려 하지 않는 잘못이다.'(龍門道, '祇有二種病. 一, 是騎驢覓驢, 二, 是騎却驢, 了不肯下.)" 이 병통과 달리 "올라타고 싶으면 올라타고 내리고 싶으면 내린다.(要騎便騎, 要下便下.)"라고 하여 타고 내림을 자유롭게 활용하는 경계를 제시한다. 본서 497칙 본칙 참조.

[5] 울 때(啼)와 울음을 그쳤을 때(啼止) 혹은 마음(心)과 부처(佛) 가운데 어느 것이 본칙에

않다. 만약 마음도 아니고 부처도 아니라는 말이 '이 두 종류에서 벗어났다.'는 것에 해당한다면 마음과 부처는 이미 제거되었으니 '저 두 종류(마음과 부처)에서 벗어났다.'라고 해야 하며, '이 두 종류('마음이 곧 부처다.'와 '마음도 아니고 부처도 아니다.'라는 구절)에서 벗어났다.'라고 해서는 안 될 것이다. 그러므로 '마음이 곧 부처다.'라는 구절과 '마음도 아니고 부처도 아니다.'라는 구절을 두 종류로 보는 견해가 옳다. 여기에서 제기된 말 중에서 앞의 질문 하나와 뒤의 질문 하나는 모두 말의 자취를 밟아서 던진 것이지만 이 질문은 단계를 뛰어넘었다.[6] 왜 그랬을까? 이 문제를 분간하지 않으면 안 된다. 다음의 문답[7]을 모르는가? 혜충 국사慧忠國師가 마조의 제자 복우 자재伏牛自在 선사에게 물었다. "대사에게는 어떤 언구가 있는가?" "마음이 곧 부처라고 하십니다." "이것 말고

서 말한 '두 종류'에 해당하는가를 질문으로 던져 놓고서 표면적인 말인즉슨 다르지만 의미는 다르지 않다고 하였다. 즉 울 때는 마음이 미혹해서이고 마음이 부처임을 깨닫고 나면 울음이 그치는 것이므로 이 두 가지 분류가 결국은 다르지 않다는 것이 설화의 관점이다. 어떤 경우이든 이것을 '두 종류'로 이해하면 이 두 종류에서 벗어난 사람이 비심비불非心非佛의 이치를 깨닫고 구극의 경지에 이른 것이 되므로 일물一物이라는 분별도 들어서서는 안 된다. 하지만 설화에서는 즉심즉불卽心卽佛과 비심비불이 학인이 언급한 두 종류에 해당한다고 보았다. 또한 이하 설화에 나오는 것처럼 학인이 어리석어서가 아니라 도에 들어가는 과정을 단계적으로 물어 밝히고자 한 의도가 있었기 때문에 그 '두 종류에서 벗어난 사람'에 대해 물었고 그것은 '일물一物'을 상정한 질문이었기에 마조도 '불시물不是物'이라고 답한 것이다.

6 앞의 질문~단계를 뛰어넘었다 : 첫 번째 질문과 두 번째 질문은 모두 마조가 말한 자취에 근거하여 던졌지만, '두 종류에서 벗어난 사람'에 대한 질문은 미조의 말과 상관이 없었기 때문에 비약적이었다는 뜻이다.

7 『景德傳燈錄』 권7 「伏牛自在傳」(大51, 253a26)의 다음 문답에서 혜충 국사의 평을 생략하여 인용한 말이다. "혜충 국사가 물었다. '마조 대사는 어떤 말로 문도에게 지시하는가?' '마음이 곧 부처라고 하십니다.' 국사가 '도대체 무슨 이야기인가?'라 하고 잠깐 침묵하고 나서 다시 물었다. '이 밖에 또 어떤 말로 가르치느냐?' '마음도 아니고 부처도 아니라고 하시고, 혹은 마음인 것도 아니고 부처인 것도 아니며 중생인 것도 아니라고 하십니다.' '그래도 조금 낫군.'(國師問曰, '馬大師以何示徒?' 對曰, '卽心卽佛.' 國師曰, '是甚麼語話?' 良久, 又問曰, '此外更有什麼言教?' 師曰, '非心非佛, 或云, 不是心, 不是佛, 不是物.' 國師曰, '猶較些子.')"

또 어떤 언구가 있는가?" "마음도 아니고 부처도 아니라고 하시고, 혹은 마음인 것도 아니고 부처인 것도 아니며 중생인 것도 아니라고 하십니다." 여기서 '마음인 것도 아니고 부처인 것도 아니며 중생인 것도 아니다.'라고 할 때의 '아니다(不是)'라는 표현은 '마음도 아니고 부처도 아니다.'라는 말에서 쓴 '아니다(非)'라는 표현과 비교하여 더욱 강한 부정이다. 마음도 아니고 부처도 아니라면(非心非佛) 수행의 결과(功行)가 궁극적인 경지이니 사문과沙門果[8]가 그것이다. 마음인 것도 아니고 부처인 것도 아니라면(不是心不是佛) 이 두 종류에 속하지 않으니 사문이류沙門異類[9]가 그것이다. 다시 말해서 '마음이 곧 부처'라는 말은 반드시 깨달은 경지를 나타내지 않으며, 사문과를 성취한 다음이라야 사문이류를 완전히 깨닫는 것이다. 간혹 곧바로 이류異類로 들어가는 자들도 있기 때문에 이러한 근기들에 대하여 '마음인 것도 아니고 부처인 것도 아니며 중생인 것도 아니다.'라고 말한다.

[卽心] 和上至卽佛者, 馬祖多說, 卽心卽佛故. 意則衆生無明住持[1])煩惱, 卽是諸佛不動智, 卽入道初門也. 爲止小兒啼者, 權將黃葉止兒啼也. 啼止時如何者, 卽心卽佛時如何也. 非心非佛者, 心外求佛, 如人騎驢覓驢. 又聞卽心卽佛, 又認心爲佛, 亦似騎却驢, 下却不得故云也. 除此二種者, 啼與啼止爲二種耶? 心佛爲二種耶? 此言別意同. 何也? 衆生, 心迷而啼, 悟佛而啼止也. 同別且置, 以此二意爲二種, 則除此二種人, 是非心非佛, 非心非佛, 何得爲一物解? 此論, 非唯不知義理, 亦語勢之不當也. 若非心非

---

8 사문과沙門果 : 사문이 수행하여 성취하는 네 단계의 결과를 말한다. 『雜阿含經』 권28(大2, 205b18), "어떤 것을 사문과라 하는가? 수다원과·사다함과·아나함과·아라한과 등을 가리킨다.(何等爲沙門果? 謂須陀洹果·斯陀含果·阿那含果·阿羅漢果.)"
9 사문이류沙門異類 : 조산 본적曹山本寂이 제시한 사종이류四種異類 중 세 번째 조목. 본서 154칙 주 18 참조.

佛, 是除此二種, 心佛旣已除之, 宜云, '除彼二種.' 不應云, '除此二種'也. 然則, 以卽心卽佛, 非心非佛, 爲二種, 可也. 此有說焉, 前之一問, 後之一問, 皆涉迹, 此則躐等. 何也? 此不可不辨. 不見, 忠國師問馬祖之子伏牛禪師, "大師有何言句?" 牛曰, "卽心卽佛." 國師又問曰, "此外更有何言句?" 曰, "非心非佛. 或云, 不是心, 不是佛, 不是物." 則不是之爲言, 較於非, 尤爲勤絶. 非心非佛, 則功行極則處, 所謂沙門果也. 不是心不是佛, 卽除此二種處, 所謂沙門異類. 則卽心卽佛者, 未必證, 沙門果然後, 圓證沙門異類. 或有直入異類者故, 或對此機道, '不是心, 不是佛, 不是物.'

1) ㉘ '持'는 '地'의 오기인 듯하다.

- 백운 지병白雲知昺이 말하였다. "마음이 곧 부처라 하니, 종을 주인이라 오인하는 격이다. 마음도 아니고 부처도 아니라 하니, 목을 자르고 살기를 바라는 격이다. 양편 어느 것도 아니라면, 어리석은 물고기가 설통발에 머물고, 우둔한 새가 갈대밭에 보금자리를 틀고 사는 것과 같다."[10]
- 또한 어떤 학인이 화산 무은禾山無殷에게 "마음이 곧 부처라는 뜻은 묻지 않겠습니다. 마음도 아니고 부처도 아니라는 말은 무슨 뜻입니까?"라고 물었고, 다음으로 "양편을 모두 넘어 향상한 사람이 찾아온다면 어떻게 대응하시겠습니까?"라고 물었다.[11]
- 다시 말해서 사문과라는 말은 반드시 완전히 깨달은 경지를 나타내지

---

10 양편이 모두 잘못이지만 그렇지 않더라도 속박을 벗어나지 못한다. 마조의 말을 소통할 길이 전혀 없는 화두로 이해하는 관점의 풀이이다. 『聯燈會要』 권17 「南華知炳章」(卍136, 708a1). 『寶藏論』(大45, 144a3), "모자라는 물고기는 설통발에 머물고, 병든 새는 갈대밭에 서식한다. 그 두 놈은 큰 바다가 있음을 모르고, 넓은 수풀이 있음을 모르고 있는 것이다. 사람이 보잘것없는 도를 따라가는 것도 그 이치는 이와 마찬가지이다.(困魚止濼, 病鳥棲蘆. 其二者, 不識於大海, 不識於叢林. 人趣乎小道, 其義亦然.)"

11 본서 1181칙 참조. 화산해타고禾山解打鼓 공안이 나오게 된 문답이다.

않으며, 사문이류를 성취한 다음이라야 향상의 경지로 올라갈 수 있다. 간혹 곧바로 향상의 경지에 도달하는 자가 있기는 하다. 그런즉 그 학인은 어리석어서 깨달음을 구했던 것은 아니었기 때문에 그렇게 물었던 것이며, '마음도 아니고 부처도 아닐 때는 어떻습니까?'라고 물으려 하지 않았던 것은 아니다. 또한 마조가 곧바로 향상의 본분사로 대답할까 염려하여 한 구절을 남겨 두었기 때문에 '이 두 종류에서 벗어난 사람이 찾아오면 어떻게 가르쳐 주시렵니까?'라고 묻고 대답할 여지를 주었다. 이는 대체로 도에 들어가는 과정을 단계별로 물어 배우는 이들이 그것을 알게끔 하고자 하였던 것이다.

白雲昺云, "卽心卽佛, 認奴作郞 ; 非心非佛, 斬頭覓活. 摠不伊麽, 困魚止瀿, 病鳥棲蘆." 又僧問和上,[1] "卽心卽佛, 則不問. 如何是非心非佛?" 次問, "向上人來, 如何接對?" 則沙門果者, 未必圓證, 沙門異類然後, 就於向上. 或有直到向上者也. 然則這僧非迷而求悟故, 伊麽問也, 非不欲問, 非心非佛時如何. 又恐馬祖直以向上事答之, 一節遺漏故, 問除此二種云云. 盖歷問入道程節, 欲學者知有也.

1) ㉠ '和上'은 '禾山'의 오기이다.

- 그에게 '중생도 아니다.(不是物)'라고 말하겠다 : 일물一物[12]이라는 분별이 여전히 남아 있기 때문이다.
- 만일 그 경지에 들어가 있는 사람(其中人)이 찾아오면 어떻게 하시렵니까 : 그 경지에 들어갈 수 있는 근성을 지닌 사람을 말하는가? 더 이상 별도로 찾지 마라. 일물을 분별할 여지도 없어야 그 경지에 들어가 있

---

12 일물一物 : 본칙의 물物은 중생을 의미하는데, 설화의 저자는 언어와 분별로 묘사할 수 없는 하나의 그 무엇(一物)으로 보았다. 이것이 6조 혜능의 일물과 통한다는 것은 아래의 인용구에서 알 수 있다.

는 사람이다.
- 또한 그에게 대도大道를 온몸으로 알아차리도록 하겠다 : 대도를 체험으로 알아야 한다. 이 경지에 이르면 말후구末後句를 남김없이 알아차리게 된다는 뜻이다.
- 어떤 사람은 '그에게 '중생도 아니다.(不是物)'라고 말하겠다.'라는 구절 이전은 점수漸修의 근기를 지닌 사람이 그 수행의 자취를 끊은 것이라 보고, '만일 그 경지에 들어가 있는 사람(其中人)이 찾아오면' 이후의 구절은 탄생왕자[13]로서의 깨달음이라고 본다. 하지만 이것은 근본적인 의미(말후구)를 이해하지 못한 것일 뿐만 아니라 어세도 분간하지 못한 판단이다.
- 차且라는 말은 '또한'을 뜻하는 우又와 같다. 설령 일물이라는 분별조차도 없다 하더라도 또한 그에게 대도를 온몸으로 알아차리도록 해야 한다는 말이니, 한 사람의 수행이 도달하는 궁극의 경지를 나타낸다는 점은 의심할 여지가 없다. 옛사람의 사례를 증거로 들어 보겠다.

向伊道不是物者, 一物解猶在故. 忽遇至如何者, 其中根性人耶? 更莫別討. 一物解亦無地, 是其中人也. 且敎伊體會大道者, 也須體取大道始得. 到此會盡末後句了也. 或有, 以'向伊道不是物'已前, 爲漸機一人行李斷, 自'忽遇其中人來'已後, 爲誕生[1)]子得入. 此非唯不會末後句, 亦不看語勢. 且之爲言, 又也. 直饒一物解亦無, 又須敎渠體會大道, 一人行李究竟無疑矣. 請擧古人之事爲證.

---
1) ㉢ '生' 뒤에 '王'이 탈락되었다.

- 6조는 "보리에는 본래 나무가 없고, 밝은 거울에도 받침대가 없다. 본

---
13 탄생왕자誕生王子 : 본서 100칙 본칙 설화 주석, 149칙 주 26 참조.

래 하나의 그 무엇도 없거늘, 어디서 티끌과 얼룩이 생기겠는가!"[14]라고 하였다. 이것이 일물一物이라는 분별 또한 없다는 뜻이 아니겠는가? 왜 그런가?[15] (5조가 "쌀은 익었느냐?"라고 묻자) 6조가 "쌀이 익은 지는 오래되었으나 쌀을 고를 키가 없을 뿐입니다."라고 대답하고, 삼경에 5조의 방에 들어가 『금강경』을 읽어 주는 소리를 듣다가 '마땅히 그 어디에도 머물지 말고 마음을 일으켜야 한다.(應無所住而生其心)'라는 구절에 이르러 비로소 크게 깨닫고 눈물을 흘리며 감사의 절을 올린 다음에 법을 얻고 가사를 전수받았던 것이다.

● 또한 백장 유정百丈惟政이 남전 보원南泉普願에게 "옛날부터 성인들이 사람들에게 설해 주지 않은 법이 있는가?"라고 묻자 남전이 "있습니다. 마음도 아니고 부처도 아니며 중생도 아니라는 구절입니다."라고 하였고, 백장은 "모조리 말해 버렸구나."라고 하였다.[16] 백장은 무슨 이유로 남전의 견해를 꺾어 버렸을까?[17] 남전은 주지로 주석한 뒤에 대중에게 다음과 같이 말하였다. "강서의 마조 대사는 '마음이 곧 부처'라고 말했지만, 나는 그렇게 말하지 않고 '마음도 아니고 부처도 아니고 중생도 아니다.'라고 말하겠다. 이렇게 말한다면 잘못이 있는가?"[18]

● 종사가 마음껏 활용하는 말에 대해 비록 '억누르기도 하고 추켜세우기도 하여 헤아리기 어렵다.'고 하지만 만일 한 터럭만큼의 잘못도 없다면 잘못이 있다거나 없다거나 하는 말이 그 자신의 입에서 나오지는

---

14 6조 게송 전체를 번역하였다. 宗寶本『壇經』(大48, 349a7), "菩提本無樹, 明鏡亦非臺. 本來無一物, 何處惹塵埃!"
15 이하 6조의 이야기는 宗寶本『壇經』(大48, 349a14)에 수록된 기사이다.
16 이 문답에 대해서는 본서 276칙 참조.
17 백장은 무슨~꺾어 버렸을까 : 이는 두 선사의 문답에서 다음과 같이 생략된 구절을 요약한 말이다. "저는 이렇게 말할 뿐인데, 스님은 어떻게 하시렵니까?" "나 또한 선지식이 아니거늘 어떻게 설할 법이 있는지 전혀 설하지 않았는지 알겠는가?" "저는 스님의 의중을 모르겠습니다." "내가 그대에게 너무나 많은 말을 해 주었다."
18『景德傳燈錄』권8「南泉普願傳」(大51, 257c12).

않을 것이다.[19]

六祖云, "菩提本非樹, 明鏡至塵埃." 此非一物解亦無耶? 何故? 云, "米熟久矣, 只欠篩在." 三更入五祖室, 聞誦金剛經, 至應無所住而生其心, 方始大悟, 涕淚拜謝, 然後得法傳衣. 又百丈問南泉, "從上諸聖, 還有不爲人說底法麽?" 泉云, "有. 不是心至物." 丈云, "說了也." 百丈因何折挫南泉? 南泉住後示衆云, "江西馬大士說, '卽心卽佛.' 王老師不伊麽, 不是心至是物. 伊麽道還有過麽?" 宗師受用, 雖曰抑揚難測, 若無纖毫之過, 有過無過之言, 不可出諸其口.

취암 사종翠巖嗣宗의 송 翠嵓宗頌

무쇠 소가 동굴 안의 별천지[20]를 갈아엎자	鐵牛耕破洞中天
도화 꽃잎 편편이 깊은 골짝[21]에서 나오네	桃花片片出深源
진인[22]은 한 번 떠난 뒤로 소식이 없는데	秦人一去無消息
천고토록 잇닿은 봉우리 그 빛 더욱 곱네	千古峰巒色轉鮮

---

19 선대의 스승이 말씀한 것을 부정하기도 하고 긍정하기도 하면서 자유자재로 활용하지만 그 자신도 남들에게 부정당할 여지를 남기고 있다는 뜻이다. 남전이 비록 마조의 말을 억누르고 자신의 견해를 드러내었으나 '잘못이 있느냐?'라고 던진 질문으로 보면, 그 자신에게도 후손들에게 억누름을 당할 여지가 있다고 해설한 것이다. 조사들은 자신의 당당한 말에 항상 비판할 빈틈을 준다. 모든 선어禪語의 특징은 단정하는 듯이 보여도 이처럼 언제나 비판을 향해 열어 놓고 있다는 점이며, 그늘의 활발한 문답과 비평은 여기서 비롯한다. 선어를 결정적으로 단정한 말로 여기면 현혹되는 것이다.
20 동중천洞中天 : 도교道敎에서 신선이 사는 곳이라 여겼던 장소. 본서 93칙 '백운 지병의 상당' 주석 참조.
21 심원深源 : 도화원桃花源을 가리킨다. 도잠晉陶의 『桃花源記』에 따르면, 한 어부가 도화원으로부터 어떤 산의 동굴로 들어갔다가 진秦나라 때 진시황의 폭정을 피해 복숭아나무를 심으며 살았던 사람들을 그곳에서 목격했다고 한다. 그로부터 무릉도원에 사는 진인秦人이라 하면 신선을 가리킨다.
22 진인秦人 : 신선. 위의 주석 참조. 진인이 사는 곳을 진인의 동굴 곧 진인동秦人洞이라하고, 도원동桃源洞이라고도 한다.

【이는 '마음이 곧 부처'라는 구절에 대한 송이다.】　　　　【此頌卽心卽佛.】

> 설화

○ 대매大梅가 "나는 오로지 '마음이 곧 부처'라는 이치만 붙들고 있으리라."라고 한 뜻과 같다.[23]

翠巖 : 大梅, 只管卽心卽佛義同.

장산 극근蔣山克勤의 송 1 蔣山勤頌

수염 없는 자물쇠[24]	無鬚鏁子
팔방 어디나 영롱하게 비추고[25]	八面玲瓏
건드리지 않아도 절로 구르며	不撥自轉
동서남북 어디나 가리지 않네	南北西東
바다의 신은 귀한 줄은 알지만 값은 몰라서[26]	海神知貴不知價

---

[23] 대매 법상大梅法常(752~839)이 마조로부터 '마음이 곧 부처'라는 말을 듣고 깨달은 뒤 대매산에 살았는데, 어느 날 마조가 '마음도 아니고 부처도 아니다.'라고 말을 바꾸었다는 소식을 전해 듣고도 그러거나 말거나 자신은 오로지 '마음이 곧 부처'라는 이치만 붙들고 있겠다고 한 이야기를 말한다. 본서 265칙 참조.

[24] 수염 없는 자물쇠(無鬚鏁子) : 열쇠가 없는 자물쇠. 열쇠가 자물쇠에 끼워져 있을 때 그 양 끝이 아래로 늘어진 모양이 수염과 같으므로 수鬚 자를 붙인 것이다. 무수쇄자無鬚鏁子는 어떤 수단으로도 열 수 없다는 뜻으로 화두의 속성을 나타낸다. '마음이 곧 부처'라는 마조의 말이 그러한 본질을 지니고 있다는 뜻이다. 본서 556칙 본칙, 751칙 '운문 종고의 상당 1' 참조.

[25] 수염 없는~영롱하게 비추고 : 수염 없는 자물쇠는 열 도리가 전혀 없지만 어느 방향에서나 속이 다 보인다는 말. '마음이 곧 부처'라는 화두는 조금도 은폐하지 않은 진실이 고스란히 드러나 있다는 의미이다. 『五燈全書』권106「昂雲相章」(卍142, 65a8), "지혜의 빛을 돌려 자신을 돌이켜 비추어 가풍을 별도로 펼치고, 산은 푸르고 물은 맑아 팔방 어디나 영롱하게 비춘다. 이처럼 마음 밖에 법이 없고 법 이외에 마음이 없다.(回光返照, 別展家風, 山靑水綠, 八面玲瓏. 心外無法, 法外無心.)"

[26] 바다의 신은~값은 몰라서 : 바다의 신은 바닷속 산호 등의 보배가 귀한 줄은 알고 있지만, 그것이 헤아릴 수 없이 높은 가치라는 것은 모른다는 말. 사람들의 어리석음을

인간세계에 남겨 두고 밤의 어둠 비추게 하네   留向人間光照夜
【이는 '마음이 곧 부처'라는 구절에 대한 송이다.】   【此頌卽心卽佛.】

장산 극근의 송 2 又頌

쪽빛 바다의 진주와 형산의 옥[27]	碧海珠荊山璧
하늘과 땅 빛내는 소식 뉘라서 알리오	耀乾坤誰[1)]別識
날카로운 칼로 뿌리 없는 나무 자르고	利刀剪却無根樹
수없이 겹친 잇닿은 봉우리에 안개 자욱하네	萬疊峯巒歘[2)]煙霧

【이는 '마음도 아니고 부처도 아니다.'라는 구절에 대한 송이다.】 【此頌非心非佛.】

1) ㉢ '誰'가 『圜悟語錄』에는 '唯'로, 『頌古聯珠通集』에는 '誰'로 되어 있다.   2) ㉢ '歘'이 『頌古聯珠通集』에는 '斂'으로 되어 있다.

장령 수탁長靈守卓의 송 長靈卓頌

바람 세니 잎은 급하게 떨어지고	風勁葉頻落
산이 높아 해는 재빨리 지는구나[28]	山高日易沈
좌석에는 그 누구도 보이지 않고	坐中人不見

밝혀 주는 도구이기는 하지만 분별로 헤아려 알 수 있는 대상은 아니라는 뜻이다. 당나라 때 장수사長壽寺의 승려 함희含曦의 시 〈酬盧仝見訪不遇題壁〉에 나오는 구절이다. 『全唐詩』 권823, "장수사 석벽에 노동盧仝의 시 한 수가 적혀 있다. 목마른 상태에서 읽으면〔'마시면'이라고 되어 있기도 하다.〕 갈증이 나지 않고, 굶주린 상태에서 읽으면〔'먹으면'이라고 되어 있기도 하다.〕 허기가 지지 않는다. 고래가 바닷물 남김없이 삼키면, 산홋가지가 모두 드러나리라. 바다의 신은 귀한 줄 알지만 값을 몰라서, 인간세계에 남겨 두고 밤의 어둠 비추게 하네.(長壽寺石壁, 盧公一首詩. 渴讀【一作飮.】卽不渴, 饑讀【一作食.】卽不饑. 鯨呑海水盡, 露出珊瑚枝. 海神知貴不知價, 留向人間光照夜.)" 구절 자체는 진정 극문眞淨克文 등이 사용한 이래 널리 활용되고 있다. 『眞淨克文語錄』 古尊宿語錄 43(卍118, 722b2).

27 형산의 옥 : 변화卞和가 초나라 형산荊山에서 캐낸 옥. 본서 417칙 '천동 정각의 송 1' 주석 참조.
28 바람 세니~재빨리 지는구나 : 즉심즉불卽心卽佛과 비심비불非心非佛이 일정한 관념의 터에 안주하지 않고 재빠르게 바뀌는 활용을 나타낸다.

창밖에는 흰 구름 짙게 깔렸다네²⁹   窓外白雲深

숭승공의 송 崇勝珙頌
보신과 화신은 진불이 아닐지라도   報化雖然非眞佛
비심은 또한 즉심과 같다네³⁰   非心還與卽心同
그럴듯한 곡조라 여겨 막 들으려 했건만   依俙似曲纔堪聽
다시 바람결에 날려 다른 곡조로 변하네³¹   又被風吹別調中

목암 법충 牧庵法忠의 송 1 牧庵忠頌
서자³²의 용모 누가 견줄 수 있으리오   西子顔容孰可儔
분칠하지 않더라도 본래 멋들어지다네³³   不塗紅粉自風流

---

29 좌석에는 그~짙게 깔렸다네 : 좌석에 앉아 말한 사람도 자취가 없으며, 그 말은 명확히 지시하는 풍경이 없고 오히려 안개처럼 모든 것을 가리고 있다는 상징이다. 마음도 부처도 정해진 지시 사항을 갖지 않는다.

30 보신과 화신은~즉심과 같다네 : 보신·화신과 진신(法身) 등 삼신불三身佛의 관계는 차별로 설정하고, 즉심즉불과 비심비불은 무차별로 설정하여 다음 제3구와 제4구로 연결하는 복선을 깔았다.

31 그럴듯한 곡조라~곡조로 변하네 : 고변高騈의 시 〈風箏〉에 나오는 구절. 진실에 부합하는 듯한 말이라고 생각하자마자 다른 의미로 변해 버린다는 말이다. 즉심즉불卽心卽佛이 진실이라고 확정해 버리려 하면 비심비불非心非佛이 제기되고, 비심비불이 옳다고 여기는 순간 다시 다른 말로 그것에서 벗어나는 방식을 나타낸다. 이렇게 안주할 터를 전혀 주지 않는 선어禪語의 특징을 드러내고자 조사선에서 상용하는 구절이다. 이러면 앞서 제1구의 차별에서 제2구의 무차별로 옮아갔지만 제2구도 주어진 그대로 진실을 드러낸 단정적 언사가 아니다.

32 서자西子 : 춘추시대의 미인 서시西施.

33 분칠하지 않더라도 본래 멋들어지다네 : 분칠하듯이 덧붙일 필요 없는 완결된 구절이 즉심즉불이라는 뜻. 최고의 이념과 같이 다른 모든 인식을 도출하는 근거가 아니라 더 이상 인식의 확대가 불가능하여 진전도 퇴보도 안 되는 화두의 관문이다. 풍류風流는 보통의 경계와 상식적인 영역을 벗어나는 면모를 가리킨다. 『大川普濟語錄』(卍121, 321a15), "무릇 본래의 뛰어난 기골로 돌아가면 여래의 청정한 법신과 똑같이 증득하리니 분칠하지 않고도 멋들어진 모습이다. 밝은 해가 하늘에 걸렸으나 맹인은 바닥을 더듬으며 다닌다.(大底還他肌骨好, 同證如來淨法身, 不搽紅粉也風流. 杲日麗天, 盲人

| 문득 시끌벅적한 시장 앞을 지나노라면 | 忽從鬧市門前過 |
| 구경꾼 끌어들여 쉼 없이 눈길 받는다네 | 引得傍觀看未休 |

【이는 '마음이 곧 부처'라는 구절에 대한 송이다.】 【此頌卽心卽佛.】

목암 법충의 송 2 又頌

2월 봄볕에 빼어난 풍광 넘쳐나고	二月春光景氣浮
어린 귀공자들 대궐의 길 돌아다니네	少年公子御街遊
은 소반에 둘러앉아 잔 기울이며 즐기는데	銀床坐宴傾盃樂
세 명의 아이들 마구34로 기량 다투는구나	三个孩童打馬毬

【이는 '마음도 아니고 부처도 아니다.'라는 구절에 대한 송이다.】 【此頌非心非佛.】

밀암 함걸密庵咸傑의 송35 密庵傑頌

바다에는 파도가 드넓게 일어나고	大海波濤闊
무수한 봉우리마다 기상 웅장하다	千峰氣象雄
예부터 지금껏 빈틈없이 이어져서	古今無間斷
남과 북으로 통하는 길 막힘 없다	南北路頭通

향산 온량香山蘊良의 상당

이 공안을 제기하고 말하였다. "시주가 올린 밥을 물리도록 먹어 치우고서 허황한 말과 잠꼬대를 해서 어쩌자는 것인가?" 주장자를 세우고 말하였다. "가령 주장자가 거꾸로 천당에 올랐다가 뒤집어져 지옥에 떨어지

摸地.)"
34 마구馬毬 : 마구馬球. 말을 타고 막대기로 공을 쳐서 상대의 구문毬門에 공을 넣어 승부를 결정짓는 놀이. 마조와 학인과 남전 등 세 선사가 각각 자신들의 견해를 보여 준 일을 나타낸다.
35 즉심즉불과 비심비불을 각각 바다와 봉우리에 빗대고, 그 대단한 기세가 서로 통함을 읊었다.

고, 제석천과 엄라대왕의 콧구멍 속에서 솟구쳐 뛰어오른 다음에 여러분의 눈썹과 속눈썹을 문지르고 해골을 뚫고서 귀와 눈에 대고 한 소리 크게 내지르며 '불전佛殿이 삼문三門을 타고 나가 버렸다.'라고 말했다고 하자. 이러한 국면에 부딪힌다면 이처럼 차별 그대로 펼친 도리(卽底道理)[36]에 대하여 어떻게 말하겠는가? 말할 사람 있는가? 만일 제대로 말할 수 있다면 틀림없이 마조 대사의 숨통을 터 줄 수 있겠지만, 말하여도 맞지 않는다면 고요한 경계에서 성취한 경지[37]만도 못할 것이다."【돌!】

香山良上堂, 擧此話云, "飽噇却施主飯, 狂言寐語, 作什麼?" 乃拈起拄杖云, "只如拄杖子, 倒上天堂, 逆入地獄, 向帝釋閻王鼻孔裏踏跳, 然後, 髑[1]着汝諸人眉毛眼睫, 穿過髑髏, 向面門上, 大叫一聲云, '佛殿騎三門出去也.' 到恁麼時, 作麼生說个卽底道理? 還有人說得麼? 若能說得, 不妨與馬大師出氣; 若也說之未[2]得, 不如靜處薩婆訶." 【咄!】

1) ㉾ '髑'은 '觸'의 오기이다. 2) '未'가 갑본에는 '末'로 되어 있다.

설화

○ 허황한 말과 잠꼬대 : '마음이 곧 부처이다', '마음도 아니고 부처도 아니다', '중생도 아니다'라고 한 것들이 허황한 말이며, 설령 '대도를 온몸으로 알아차려라.'라고 하더라도 잠꼬대에 불과하다.
○ 주장자를 세운 것 : 모든 존재 중 하나임을 나타낸다.
○ 천당과 지옥 : 무명주지의 번뇌(근본번뇌)가 천당이요, 차별과 무차별이 지옥이다. 거꾸로 올랐다가 뒤집어져 떨어지니, 거스르기도 하고 따르

---

36 차별 그대로 펼친 도리(卽底道理) : '즉卽'이란 위에서 주장자로 전개한 갖가지 차별된 경계와 떨어지지 않고 '그대로'를 나타내며 '리離'와 대칭한다.
37 고요한 경계에서 성취한 경지(靜處薩婆訶) : 본서 59칙 '운문 종고의 거' 주석, 600칙 '설두 법녕의 송' 주석 참조.

기도 하는 작용을 예측할 수 없다. 제석천은 천당의 주인이고,[38] 염라대왕은 지옥의 주인이다.

○ 콧구멍 속에서 솟구쳐 뛰어오른다 : 주장자가 안착한 곳이다.
○ 눈썹은 특별한 능력과 작용이 없으니, 활발한 작용이 없이 그 본체를 얻어 문에 들어가는 것이다. 속눈썹은 능력과 작용이 있으니 분별하는 자리에서 일어나는 현상이다. 문질렀다는 말은 문질러 없앴다는 뜻이다.
○ 해골 : 밝게 비추는 작용이 없을 뿐만 아니라 망상분별이 끊어지지 않은 상태로서 사문과沙門果를 나타낸다. 이것을 뚫었으니 이 또한 남겨두지 않는다는 말이다.
○ 귀와 눈에 대고 한 소리 크게 내지르며 : 면문面門은 여섯 가지 감각기관(六門)의 초입구로서 눈으로 보고 귀로 들으며 소리와 색이 어지럽게 출입하는 곳을 말한다.
○ 불전佛殿이 삼문三門을 타고 나가 버렸다 : 불전은 깨끗하고 맑아 오염이 없고 일물도 사라진 곳이다. 삼문은 밖의 경계로서 작용을 나타낸다. 나가버렸다는 말은 한층 더 차별 지은 것이다.
○ 이처럼 차별 그대로 펼친 도리 : 마조는 '마음이 곧 부처'라고 하였지만, 여기서는 차별과 떨어지지 않은 그대로의 도리를 말하였다.
○ 만일 제대로 말할 수 있다면 틀림없이 마조 대사의 숨통을 터 줄 수 있겠지만 : 대도를 온몸으로 알아차려야 마조 대사도 이 경지에 이르러

---

38 제석천은 천당의 주인이고 : 정확히 말하면 제석천은 도리천忉利天(Ⓢ Trāyastriṃśa)의 주인이다. 이것은 욕계의 육천 중 두 번째 천天으로 삼십삼천이라고도 한다. 제석천을 중심으로 사방 각각에 펼쳐진 8천과 중앙의 제석천이 합하여 33이 되므로 이렇게 부른다. 『帝釋所問經』(大1, 247a28)에 "그때 제석과 도리천의 대중은 부처님 처소에 이르렀고, 부처님 처소에 도달한 다음 부처님의 두 발에 이마를 대고 예를 올리고 나서 한쪽에 가만히 서 있었다. 그때 도리천의 주인은 이러한 생각을 일으켰다.……(爾時, 帝釋及忉利天衆, 便詣佛所, 到佛所已, 禮佛雙足, 住立一面. 是時, 天主卽起是念.……)"

비로소 막힌 숨통이 트일 것이라는 뜻이다.
○ 살바하(고요한 경계에서 성취한 경지) : 모든 지혜가 청정한 경지이다.

香山:狂言寐語者, 卽心卽佛, 非心非佛, 不是物, 是狂言, 直饒體會大道, 寐語也. 拈起柱杖者, 萬法中之一也. 天堂地獄者, 無明住持煩惱, 是天堂;差別無差別, 是地獄也. 倒上逆入, 則逆順叵測也. 帝釋, 則天堂之主;閻王, 則地獄之主. 鼻孔裏踏跳, 則他落處也. 眉毛無力用, 則無活用, 得其體入門也. 眼睫有力用, 則情位邊事. 觸著則觸破也. 髑髏者, 無照燭, 亦情識未斷, 沙門果也. 穿過, 則亦不存也. 面門上大叫者, 面門,¹⁾ 六根門頭, 眼見耳聞, 聲色紛然處也. 佛殿騎三門出去者, 佛殿則淨潔無染, 一物亡處. 三門, 則外邊, 是用也. 出去, 則尤爲差別也. 卽底道理者, 馬師則卽心卽佛, 此則卽差別地道理也. 若能說得, 至出氣者, 體會大道, 馬大士到此, 方始出氣也. 薩婆訶者, 一切智地淸淨處也.

1) ㉘ '門'이 갑본에는 '間'으로 되어 있다.

송원 숭악松源崇岳의 거

"어떤 학인이 마조 대사에게 '부처란 어떤 것입니까?'라고 묻자 마조는 '마음이 곧 부처이다.'라고 대답하였다. 후대의 남당 원정南堂元靜은 '마음이 곧 부처라 하니, 무쇠 소는 뼈가 없도다.[39] 바다를 즐기는 사나운 용이

---

[39] 마음이 곧~뼈가 없도다 : 밀암 함걸密庵咸傑도 동일한 착어를 달았다. 단단하기 그지없는 무쇠 소에게 도리어 뼈가 없다고 한 까닭은 마조의 말이 단단히 굳어진 이념처럼 보이지만 우연하게 변신하며 상황에 따라 응하는 본질을 가지고 있다는 뜻이다.『密庵咸傑和尙語』續古尊宿語要 4(卍119, 36b17), "마음이 곧 부처라 하니, 무쇠 소는 뼈가 없다. 마음도 아니고 부처도 아니라 하니, 빈산이 우뚝 솟았다. 마음도 부처도 중생도 아니라 하니, 정주 지방에서 온 사람이 도리어 허주 지방의 소식을 듣고서 '금년에는 누에와 보리가 잘 자랐다.'고 알린다.(卽心卽佛, 鐵牛無骨;非心非佛, 空山突兀;不是心, 不是佛, 不是物, 人從鄭州來, 卻得許州信, 報道'今年蠶麥熟.')"

요, 하늘을 누비는 날랜 송골매라.⁴⁰ 서강의 물 모두 들이켜도⁴¹ 기특하지 않으니, 불 속에 핀 연꽃이 향기를 짙게 퍼뜨리네.'라고 읊었다." 이어서 말하였다. "마조 대사는 낯가죽을 갈가리 찢은 격이었고, 남당 노인은 뼈를 두드려 골수를 빼낸 격이었다.⁴² 하지만 후대의 자손으로서 이와 같은 방식을 발휘하여 남을 가르친다면 달마가 전한 종지는 모조리 쓸려 사라질 것이다."

> 松源擧, "僧問馬大師, '如何是佛?' 師云, '卽心是佛.' 後來南堂靜頌, '卽心卽佛, 鐵牛無骨. 戲海獰龍, 摩霄俊鶻. 西江吸盡未爲奇, 火裏生蓮香馝馝.'" 師乃云, "馬大師, 裂破面皮 ; 南堂老漢, 敲骨出髓. 後代兒孫, 若揔恁麼爲人, 達磨一宗掃地而盡."

설화

○ 무쇠 소는 뼈가 없도다 : '마음이 곧 부처'라는 말이 무쇠 소에게 뼈가 없는 격이라는 뜻이다. 그러나 '마음이 곧 부처'라는 말만 그런 것이 아니다.⁴³ '바다를 즐기는 사나운 용'이라 하거나 '하늘을 누비는 날랜 송골매'라 한 말도 본체의 작용으로서 '마음이 곧 부처'라는 구절에 갖추어져 있으니, '불 속에 핀 연꽃이 향기를 짙게 퍼뜨리네.'라고까지 할 만한 것이다. 이와 같다면 한입에 서강의 물을 모두 들이키도록 한들 무

---

40 바다를 즐기는~날랜 송골매라 : 바다와 하늘을 자유롭게 오가는 '뼈가 없는' 소식을 나타낸다.
41 서강의 물 모두 들이켜도 : 마조와 방거사龐居士의 문답. 본서 161칙 참조.
42 마조 대사는~빼낸 격이었다 : 낯가죽을 찢어 속을 다 드러내고, 뼈에 들어 있는 골수를 꺼내 보이듯이 남김없이 핵심을 말해 주었다.
43 '마음도 아니고 부처도 아니다.'라는 말과 '마음인 것도 부처인 것도 아니며 중생인 것도 아니다.'라는 말까지 모두 확고하게 굳어진 관념이 들어 있지 않은 뼈 없는 말이라는 뜻이다.

엇 하겠는가?⁴⁴ 그러므로 '낯가죽을 갈가리 찢고, 뼈를 두드려 골수를 빼낸다.'고 한 것이다. 이는 대매의 의중과 같으니 '오로지 마음이 곧 부처라는 이치만 붙들고 있으리라.'라는 말이다.

○ 후대의 자손으로서 이와 같은 방식을 발휘하여 남을 가르친다면 달마가 전한 종지는 모조리 땅에 떨어질 것이다.

松源:鐵牛無骨者, 卽心卽佛, 是鐵牛無骨, 則非但卽心卽佛也. 戲海獰龍云云, 摩霄俊鶻, 則體用, 卽心卽佛所具也, 可謂火裏生蓮香飍飍也. 然則要他一口吸盡西江水作麼? 故云, '裂破面皮, 敲骨出髓.' 此堪與大梅等, 只管卽心卽佛地言也. 後代兒孫, 摠伊麼,¹⁾ 祖師一宗, 將墜于²⁾地.

1) ㉤ '麼'가 갑본에는 '摩'로 되어 있다. 2) ㉤ '于'가 갑본에는 '干'으로 되어 있다.

44 한입에 서강의~무엇 하겠는가 : '마음이 곧 부처'라는 구절에 이미 모두 잠재되어 있기 때문이다.

160칙 마조전수 馬祖展手

본칙 마조에게 어떤 학인이 물었다. "부처란 어떤 것입니까?" "마음이 곧 부처이다." "도란 어떤 것입니까?" "무심無心이 도이다." "부처와 도 사이의 차이는 얼마나 됩니까?" "도는 손바닥을 펼치는 것과 같고, 부처는 주먹을 쥐는 것과 같다."

> 馬祖, 因僧問, "如何是佛?" 答云, "卽心是佛." 又問, "如何是道?" 答云, "無心是道." 又問, "佛與道, 相去多少?" 答云, "道如展手, 佛似握拳."

설화

- 여기서 부처와 도라 한 말 중 부처는 깨달음의 주체이고 도는 깨달음의 대상인가?
- 부처 : 먼지를 파헤쳐 부처를 발견하므로[1] '마음이 곧 부처'라고 대답하였다.
- 도 : 깨달은 다음에 수행하므로 '무심無心이 도'라고 대답하였다. 비록 만행을 갖추어 닦더라도 무념無念을 근본으로 삼기 때문이다.[2]

---

1 번뇌의 먼지를 털어 없애고 그 속에 가려진 부처를 발견한다는 뜻. 번뇌 망상으로 덮인 중생의 경계를 벗어나지 않고 부처의 경지를 깨닫는다는 말이다. 『趙州語錄』古尊宿語錄 14(卍118, 322b17), "'먼지를 파헤쳐 부처를 찾는다는 것은 어떤 뜻입니까?' '먼지를 파헤치는 일이야 할 수 있겠지만 부처를 발견하지는 못할 것이다.'(問, '撥塵見佛時如何?' 師云, '撥塵卽不無, 見佛卽不得.')" ; 『景德傳燈錄』권18 「玄通傳」(大51, 348b29), "'먼지를 파헤쳐 부처를 찾았을 때는 어떠합니까?' '형틀을 벗고 나서 생각해 보라.'(問, '撥塵見佛時如何?' 師曰, '脫枷來商量.')"

2 종밀宗密의 말을 활용하였다. 『都序』권상2(大48, 403a5), "망념이 일어나면 바로 알아차려라. 알아차리면 망념은 사라질 것이다. 수행의 미묘한 문은 오로지 여기에 달려 있다. 그러므로 비록 만행을 갖추어 닦더라도 오직 무념을 근본으로 삼는 것이다.(念起卽覺. 覺之卽無. 修行妙門, 唯在此也. 故雖備修萬行, 唯以無念爲宗.)"

● 도는 손바닥을 펼치는 것과 같고, 부처는 주먹을 쥐는 것과 같다 : 펼치면 손바닥이 되니 다섯 손가락의 길이가 제각각이요, 쥐면 주먹이 되니 결코 높거나 낮은 차별이 없다.[3] 이것이 하나의 손으로 펼치거나 쥐는 작용이다.

[展手] 此中佛道者, 佛是能證, 道是所證耶? 佛者, 撥塵見佛故, 答卽心卽佛 ; 道者, 悟後修行故, 答無心是道. 雖備修萬行, 以無念爲宗故也. 道如展手, 佛似握拳者, 開則成掌, 五指參差 ; 握則成拳, 必無高下, 乃一手展握也.

낭야 혜각瑯琊慧覺의 상당

이 공안을 제기하고 말하였다. "옛사람의 방편은 옳지 않았다. 산승의 이곳에는 그래도 약간의 묘책이 있다. 만일 아무도 사지 않는다면 산승이 스스로 팔고 스스로 살 것이다. 부처란 어떤 것일까? 바위 앞에 상서로운 풀이 많이 자랐다. 도란 어떤 것일까? 계곡 주변에 신령한 싹이 풍성하다. 부처와 도 사이의 차이는 얼마나 될까? 몇 조각 흰 구름이 오래된 절을 덮었고, 푸른 물 한 줄기가 청산을 감도는구나."

瑯琊覺上堂, 擧此話云, "古人方便卽不可. 山僧者裏, 也有些子. 若無人買,

---

3 흠산欽山의 법어에 보이는 말이며, 설두雪竇가 이를 뒤집어 평설하였다. 『雪竇語錄』 권3(大49, 686a13), "제기한다. 흠산이 어느 날 법좌에 올라앉아 주먹을 똑바로 들었다가 다시 펼치며 '펼치면 손바닥이 되니 다섯 손가락의 길이가 제각각이다.'라고 하였다. 다시 쥐고 말했다. '이제 주먹이 되니 결코 높거나 낮은 차별이 없다.'……설두가 '나, 설두라면 그렇게 하지 않겠다.'라 하고는 주먹을 똑바로 들고서 '쥐면 주먹이 되니 높은 쪽도 있고 낮은 쪽도 있다.'라 한 뒤 다시 펼치고 말했다. '펼치면 손바닥이 되니 어느 한편으로도 쏠리거나 치우치는 차별이 없다.'(擧. 欽山一日上堂, 堅起拳又開云, '開卽爲掌, 五指參差.' 復握云, '如今爲拳, 必無高下.'……師云, '雪竇卽不然.' 乃堅起拳云, '握則爲拳, 有高有下.' 復開云, '開則成掌, 無黨無偏.')"

山僧自賣自買去也. 如何是佛? 嵓前多瑞草. 如何是道? 澗下足靈苗. 佛與道相去多少? 數片白雲籠古寺, 一條綠水遶靑山."

설화

○ '바위 앞에 상서로운 풀이 많이 자랐다.'거나 '계곡 주변에 신령한 싹이 풍성하다.'거나 '몇 조각 흰 구름'이라 운운한 말은 눈앞에 보이는 풍경이다. 마치 나무토막이나 기와 조각을 씹은 것과 같아서 참으로 아무 맛도 없지만,[4] 그렇게 말한 의도가 없는 것도 아니다.

瑯琊: 巖前多瑞草, 澗下足靈苗, 數片白雲云云者, 眼前所見. 如喫木杈瓦片相似, 實無滋味, 然用意亦不無.

---

[4] 신정 홍인神鼎洪諲의 평가에 나온 말이며 맥락도 일치한다. '맛이 없음(無滋味)'은 맛을 보고자 의지할 여타의 말과 관념이 없고, 그 말 그대로 수용하면 된다는 의미이기도 하다. 그것 자체로 만족스러워 한 치도 덧붙일 필요가 없기 때문이다. 『神鼎語錄』古尊宿語錄 24(卍118, 472b2), "학인이 수산首山에게 물었다. '한 터럭도 일어나기 이전의 경계는 어떻습니까?' '길에서 귀 뚫린 나그네(穿耳客)를 만난 격이다.' '일어난 다음의 경계는 어떻습니까?' '더 이상 머뭇거리며 의심할 필요가 없다.' 언젠가 어떤 학인이 나, 신정神鼎에게 '한 터럭도 일어나기 이전의 경계는 어떻습니까?'라고 물어 내가 그에게 '흰 구름이 산마루에 머문다.'라고 응답하였고, '일어난 다음의 경계는 어떻습니까?'라는 물음에는 '계곡 아래로 물이 흐른다.'라고 응답한 적이 있다. 신정이 이어서 말하였다. '앞서 보인 수산이 두 마디 응답이라면 씹어서 맛보며 이리저리 살필 여지가 있지만, 내 말의 경우에는 마치 나무토막이나 기와 조각을 씹은 것과 같아서 참으로 아무 맛도 없으니, 다만 스스로 보고 스스로 깨달아야 할 뿐이다.'(僧問首山, '一毫未發時如何?' 山云, '路逢穿耳客.' 曰, '發後如何?' 山云, '不用更遲疑.' 曾有僧問神鼎, '一毫未發時如何?' 神鼎只向伊道, '白雲嶺上.' 云, '發後如何?' 師云, '澗下水流.' 師乃云, '若是前來兩轉語, 有可咬嚼, 東看西看 ; 若是神鼎者語, 如喫木札瓦片相似, 實無滋味, 直是自見自悟始得.)" ; 『無準師範語錄』 권5 「跋無庵語」(卍121, 959b12), "(무암無庵 맹소보孟少保의 어록에 붙이는 발문跋文) 무암의 어록은 투박한 그대로이고 꾸밈이 없어 읽는 이들이 마치 나무토막으로 끓인 국을 먹는 듯하겠지만, 혀에 안목을 갖춘 사람에게는 본래 맛볼 참된 맛이 있을 것이다.(無庵語質而不文, 閱者如喫木札羹, 然舌頭具眼底, 自有眞味.)"

한암 혜승寒巖慧升**의 상당**

이 공안을 제기하고 말하였다. "남의 뒤를 쫓아가도 따라잡지 못하고, 남을 욕해도 욕이 먹히지 않는다. 만일 불치병에서 회복하게 하고자 한다면 반드시 죽이는 약과 살리는 약을 적절하게 처방해야 한다. 대중들이여, 이와 같이 제기하였으니, 말해 보라! 이 공안과 어떤 관계가 있는가?" 한 소리 크게 내지르고 말하였다. "분명히 드러나 있지만, 무슨 관계가 있는가?"

寒嵓升上堂, 擧此話云, "趕人不得趕上, 罵人不得罵着. 若要起膏肓之病, 須是下殺活之藥. 大衆, 與麼提掇, 且道! 有什麼交涉?" 喝一喝云, "灼然, 有什麼交涉?"

▶ 설화

○ 남의 뒤를 쫓아가도 따라잡지 못하고, 남을 욕해도 욕이 먹히지 않는다 : 마조의 이러한 응답은 따라잡지도 못하고 욕이 먹히지도 않는다는 뜻이다.[5]

○ 만일 불치병에서 회복하게 하고자 한다면 반드시 죽이는 약과 살리는 약을 적절하게 처방해야 한다 : 그 병에 따라 죽이는 약을 주기도 하고 살리는 약을 주기도 한다.[6] 마조의 이러한 응답 자체에 그러한 의미가 제기되어 있다.

○ 이 공안과 어떤 관계가 있는가 : 납승의 이야기가 아닌 듯이 보이지만 사실은 그렇지 않다는 말이다.

○ 한 소리 크게 내질렀다 : '분명히 드러나 있지만, 무슨 관계가 있는가?'

---

[5] 마조의 말을 풀이할 결론적인 해답은 어떻게도 내릴 수 없고, 그것에 대한 적절한 비판도 찾을 수 없다는 말. 상황에 따라 전개되는 선기禪機가 다르기 때문이다.
[6] 손바닥을 펼쳐 보이거나 주먹을 쥐는 두 가지 상이한 방식을 가리킨다.

라는 말이니, 아무 관계가 없는 그대로 괜찮다는 뜻이다.

寒巖 : 趕人至罵著者, 此答是不趕上不罵著也. 若要至藥者, 隨其病, 或與殺藥, 或與活藥. 卽此答, 是伊麼提掇也. 有什麽交涉者, 似非衲僧說話也. 喝一喝者, 灼然. 有什麽交涉也, 好箇無交涉也.

161칙 마조일구 馬祖一口

본칙 마조에게 방거사龐居士가 물었다. "만법과 더불어 짝이 되지 않는 자는 어떤 사람입니까?" "그대가 한입에 서강의 물을 모두 들이켜면 말해 주겠다." 방거사는 이 말을 듣자마자 그 뜻을 알아차렸다.

馬祖, 因龐居士問, "不與萬法爲侶者, 是什麽人?" 師云, "待汝一口吸盡西江水, 卽向汝道." 居士言下領解.

설화

● 만법과 더불어 짝이 되지 않는 자 : 『방거사어록』에 다음과 같이 제시된다.[1] "처음에 석두石頭에게 법을 물으러 가서 '만법과 더불어 짝이 되지 않는 자는 어떤 사람입니까?'라고 묻자 석두가 손으로 방거사의 입을 틀어막았는데, 거사가 여기서 막힘없이 크게 깨달았다. 석두가 하루는 거사에게 '그대는 나를 만난 이래로 일상사가 어떠한가?'라고 물음에 방거사가 '만일 저에게 일상사에 대하여 물으신다면 저는 당장에 할 말이 없어집니다.'라고 대답하였다. 석두가 '그대가 그런 줄 알고 내가 물어본 것이다.'라고 말하였다. 방거사가 마침내 다음과 같은 게송을 바쳤다.

일상사에 특별한 점은 없으니
나 스스로 짝하여 함께할 뿐이라네
대상 하나마다 취하거나 버리지 않고
어떤 곳에서나 어긋나는 일도 없다네

---

1 『龐居士語錄』(卍120, 55a5).

주색과 자색[2]은 누가 이름 붙였을까
산악에는 한 점의 티끌조차도 없노라
신통 그리고 묘용이여
물 긷고 땔나무 나르는 일이로다"

그다음에 마조에게 던진 똑같은 질문은 이미 터득한 자신의 견해를 보여 주고 물은 것이다. 옛사람[3]은 '처음에 석두를 친견하고는 면전의 경계와 단번에 하나가 되었고, 뒤에 마조를 친견하고는 다시 본심本心을 인가받은 것이다.'라고 말하였다.

---

2 주색과 자색(朱紫) : 『論語』 「陽貨」의 "자주색이 붉은색을 빼앗는 것을 미워한다.(惡紫之奪朱也.)"라는 공자의 말에서 붉은색(朱)은 정색正色, 자주색(紫)은 간색間色 중 아름답고 좋은 빛을 말한다. 이 두 색으로 바른 것과 삿된 것, 옳은 것과 그른 것, 선과 악 등을 비유하는 말로 쓰인다. 여기서도 그러한 차별의 관념을 대표하는 말로 사용되었다.
3 누구인지 찾지 못하였다. 다만 감산 덕청憨山德清의 『紫柏尊者全集』에 다음과 같은 내용이 보인다. 『紫柏尊者全集』 권16(卍126, 915a9), "예전에 방거사는 마조를 친견하고는 면전의 경계와 단번에 하나가 되었다. 면전의 경계와 이미 하나가 되었으니 법신이 아니면 무엇이랴. 그런 까닭에 게송에 '바람이 멈추면 물결은 고요하다.'라 한 것이다.(昔龐居士見馬祖, 頓融前境. 前境旣融, 非法身而何. 故偈云, 風止浪靜也.)"; 같은 책, 권23(卍126, 1031a16), "예전에 방온이 처음 석두를 친견하고는 곧바로 면전의 경계와 단번에 하나가 되었다. 면전의 경계와 이미 하나가 되었으니 무엇이 나의 적이랴. 적이 이미 들어설 자리가 없다면 육근六根이 어찌 홀로 남아 있을 수 있으랴. 육근이 이미 남아 있지 않다면 몸도 있지 않은데 무엇이 질곡이 되랴. 방온이 그다음에 마조를 친견하고는 명근命根이 모두 끊겼다. 성인이라는 생각도 얼음 녹듯이 사라졌는데 하물며 범부라는 생각이 남아 있으랴. 범부라는 생각이 이미 깨끗이 씻겼લ 식識이라는 불길도 꺼졌다면 본래 가지고 있는 영묘한 기근이 빈틈없이 단단할 터인데 무엇이 태울 수 있으랴. 그렇다면 죄의 숲이 공덕의 숲 아닌 적이 없으며 악의 근원이 보리의 길 아닌 적이 없는 것이다. 그 마음을 훌륭하게 활용하는 자는 역행과 순행을 모두 해탈의 문으로 삼을 것이다. 빈도가 진실로 간특한 말을 지어내 한 말이 아니니 문하들은 절박한 마음을 비추어 깊이 스스로 있는 힘을 다하라.(昔龐蘊初見石頭, 便能頓融前境. 前境旣融, 則何物爲吾敵. 敵旣不立, 則能有之根, 曷可獨存. 根旣不存, 則身尙不有, 誰爲桎梏. 蘊次見馬祖, 則命根俱斷. 聖情氷釋, 況凡情耶. 凡情旣洗, 識火潛消, 則靈根密固, 誰爲焦爇. 若然者, 則罪藪未始非功德之林, 惡源未始非菩提之路. 惟善用其心者, 逆順皆爲解脫之門. 貧道誠不作誷語, 願門下, 照其迫切之心, 深自痛焉.)"

[一口] 不與萬法爲侶者, 居士本錄云, "初參石頭問[1]云, '不與萬法爲侶者, 是什麼人?' 頭以手掩居士口, 居士於此, 豁然大悟. 頭一日, 問居士曰, '子自見老僧已來, 日用事作麼生?' 士曰, '若問某甲日用事, 直下無開口處.' 頭云, '知子伊麼, 方始問看.' 士乃呈偈曰, '日用事無別, 唯吾自偶諧. 頭頭非取捨, 處處勿張乖. 朱紫誰爲號? 丘山絶點埃. 神通幷妙用! 運水與槃柴.'" 次問馬祖者, 呈似已見也. 古人云, '初參石頭, 頓融前境; 後參馬祖, 復印本心.'

1) ㉘ '問'이 갑본에는 '間'으로 되어 있다.

● 그대가 한입에 서강의 물을 모두 들이켜면 말해 주겠다 : 이전에는 산하의 대상 세계를 돌려 자기에게 귀착시켰으므로 이번에는 (마조가) 방거사로 하여금 자기를 돌려 산하가 되도록 하였던 것일까? 아니면 말의 머리에 뿔이 나고 항아리에서 뿌리가 자라더라도 끝내 그대에게 가볍게 말해 주지 않겠다는 뜻인가? 모두 틀린 말이다. 비록 '면전의 경계와 단번에 하나가 되었다.'라고는 하지만 단번에 하나가 되었다는 분별은 서강과 같이 커다란 잔재여서 서강의 물은 여전히 남아 있으므로 그로 하여금 모두 들이켜 물 한 방울도 남아 있지 않도록 한 것이다. 이것이 '만법과 더불어 짝이 되지 않는다.'라는 뜻을 진실하게 밝힌 것이므로 뒤에 마조를 친견하고 물어서 다시 본심을 인가받은 것이다. 옛 사람이 '방거사의 입은 서강에서 무엇을 모두 들이켠 것이며, 마조의 발은 천하에서 어떤 것을 짓밟은 것일까?'[4]라고 반문하였다. 곧 한입에

---

4 앞의 구절은 전거를 찾지 못하였다. 뒤의 구절은 6조 혜능이 남악 회양에게 반야다라삼장의 예언으로 들려준 말에 나온다. 宗寶本『壇經』(大48, 357b24), "서천의 반야다라가 예언하기를 '그대(懷讓)의 발밑에서 한 마리 망아지(馬祖)가 나와 세상 사람들을 짓밟아 버릴 것이다.'라고 하였으니 마땅히 그대 마음속에만 담아 둘 일이며 경솔하게 말을 흘리면 안 된다.(西天般若多羅讖, '汝足下, 出一馬駒, 踏殺天下人.' 應在汝心, 不須速說.)"

모두 말하지 못하는 소식이므로 당면한 기틀을 곧바로 가리킨 것(直指)이며 별다른 곳에 귀착시키지 않았다[5]는 뜻이다. 깨달았다는 분별도 남기지 않아야 진실로 깨달은 경지인 것이다.

待汝一口云云者, 前轉山河歸自己故, 令他轉自己成山河耶? 馬頭生角瓮生根, 終不爲君輕說破耶? 皆非也. 雖曰, '頓融前境.' 頓融之解, 大如西江, 西江水猶在故, 令他吸盡無涓滴也. 此眞實明得不與萬法爲侶, 則後參馬祖, 復印本心. 古人云, '龐公口, 卽西江吸盡箇什麼? 馬師脚, 卽天下踏殺箇什麼?' 一口道不得底消息故, 當機直指, 不落別處. 悟解不遺, 悟得處也.

투자 의청投子義靑**의 송** 投子靑頌

부모와 광겁토록 이별하게 되리니[6]	父母曠來別
모실 수 있을 때 있는 힘 다하라[7]	得奉當竭力
장승이 한밤에 비밀을 말했으나[8]	木人半夜言
집 밖 사람 누구도 모르게 하라[9][10]	莫使外人識

---

5 당면한 기틀을~귀착시키지 않았다 : 말로 표현할 수 없는 바로 그 기틀을 곧바로 지시(直指)한 것일 뿐 경계와 하나가 된다거나 본심을 인가받는다거나 하는 등 그 이상의 귀착점은 없다는 말이다.

6 부모와 광겁토록 이별하게 되리니 : 『空谷集』 18則 「著語」(卍117, 552b9), "하루 그리움에 떠오를 때미디 힌 번 마음이 싱한다.(一日思憶一傷心.)"

7 모실 수~힘 다하라 : 위의 책, "마땅히 이와 같아야 한다.(理合如斯.)"

8 장승이 한밤에 비밀을 말했으나 : 위의 책, "목소리를 낮추라, 목소리를 낮추어!(低聲低聲!)"

9 집 밖~모르게 하라 : 위의 책, "쉽게 알도록 한다면 가볍게 볼 일로 여기리라.(若敎容易見, 便作等閑看.)"

10 장승이 한밤에~모르게 하라 : 마조와 방거사의 말에 대하여 분별(識)로 헤아릴 여지를 주지 말라는 뜻. 위의 책, 「頌 評唱」(卍117, 553a8), "만약 여기서 알아차린다면 부모가 마음에서 떠나지 않으리니 어찌 애써 오랜 세월 지나도록 찾겠는가! 장승도 말을 전할 줄 알거늘 어찌 집 밖 사람이 모를 수 있으랴? 이런 종류의 눈을 갖추었느냐? 헤

> 설화

○ 앞의 두 구절 : 이전에 '만법과 더불어 짝이 되지 않는다.'고 한 말은 부모 모실 기회를 얻은 것과 같고, 지금 '만법과 더불어 짝이 되지 않는다.'고 한 말은 있는 힘을 다하여 모시고 효도하는 것과 같다.
○ 장승이 한밤에 비밀을 말했으나, 집 밖 사람 누구도 모르게 하라 : 분별하는 마음(情識)으로 도달할 수 없거늘 어찌 사려를 용납하겠느냐는 뜻이다.

投子 : 上二句, 前來不與萬法爲侶, 是得奉也, 今日不與萬法爲侶, 是竭力奉孝也. 木人半夜云云者, 非情識到, 豈容思慮.

석문 원이石門元易의 송 石門易頌

천지를 홀로 활보하는 이는 어떠한가 물으니	借問乾坤獨步人
큰 소리로 종지 말해 온전히 제기해 건네주었네	全提付大言親
서강 물 모두 마셔 한 방울도 남지 않았지만	西江吸盡無涓滴
목구멍은 단단히 잠긴 관문임을 뉘라서 알까	誰解喉門鑰要津

천동 정각天童正覺의 송 1 天童覺頌

서강 물 다 마신 다음 말해 주리라 하니	吸盡西江向汝道
마조는 거친 풀에 떨어지려 하지 않았네[11]	馬師不肯落荒草
삼천대천세계 한결같이 가을에 접어드니	三千刹海一成秋

아리는 마음이 조금이라도 어긋나면 마주 보고도 한순간에 천만리 거리가 되리라.(若也於斯薦得, 父母不離方寸, 何勞曠劫相尋! 木人旣解傳言, 寧免外人知識? 還具這般眼麼? 擬心若蹉一絲頭, 對面忽成千萬里.)"

11 마조는 거친~하지 않았네 : 자세한 방편으로 설명해 주지 않고 언어 이전의 경계를 고수했다는 말. '거친 풀' 곧 번뇌의 경계로 들어가 스스로 몸을 더럽히며 가르침을 주려 하지 않았다는 뜻이다.

| 달과 산호가 싸늘하게 서로 비추는구나 | 明月珊瑚冷相照 |

설화

○ 네 구절 전체에 광명이 찬란하게 비추는 소식이 담겨 있다.

天童 : 四句, 亦有光明燦爛地消息也.

천동 정각의 송 2 又頌

서강 물 다 마신 다음 말해 주리라 하니	吸盡西江向汝道
마조의 가풍에는 조급한 기색이 없다네	馬師家風不草草
물살 가르는 노질 한 번에 찬 안개 흩어지니	截流一棹破煙寒
하늘과 강물 함께 가을 들어 맑고 아득하네	天水同秋淸渺渺

보녕 인용保寧仁勇의 송 保寧勇頌

바람 불고 태양 이글거리는 곳에 버려진 시체	風吹日炙露屍骸
애원하며 산사람에게 물어 묻을 터를 찾았네	泣問山人[1]覓地埋
속내를 참지 못해 쓸데없이 말 많던 늙은이는	忍俊不禁多口老
음지건 양지건 안배하여 묻을 터 없다고 하네	陰陽無處可安排

1) ㉠ '山人'이 '仙人' 또는 '僊人'으로 되어 있는 문헌도 있다.

백운 법연白雲法演의 송 白雲演頌

| 한입에 서강의 물을 모두 마시고 나니 | 一口吸盡西江水 |
| 낙양의 모란[12]이 새롭게 꽃술 토해 낸다 | 洛陽牡丹新吐蕊 |

---

12 낙양의 모란 : 모란은 당나라 때부터 번성하게 재배하기 시작하여 송나라 때는 꽃 중의 제일로 꼽혔다고 한다. 구양수歐陽修의 『洛陽牧丹記』에 따르면 당나라 측천무후 이후로 낙양에 모란이 번성하기 시작하였으며 낙양의 모란이 천하제일이라고 한다.

흙 까부르고 먼지 날려도 찾을 곳 없더니	簸土颺塵勿處尋
머리 들자마자 마주친 그것은 자기 자신	擡頭撞着自家底

운문 종고雲門宗杲**의 송** 雲門杲頌

한입에 서강의 물 모두 마시라 하니	一口吸盡西江水
갑을병정경무기[13]로다	甲乙丙丁庚戊己
돌, 돌, 돌	咄, 咄, 咄
나라리[14]	囉囉哩

죽암 사규竹庵士珪**의 송** 竹庵珪頌

바다의 파도는 얕고	大海波濤淺
소인의 마음은 깊네	小人方寸深
바다가 마르면 바닥 드러나지만	海枯終見底
사람은 죽어도 마음 알 수 없네	人死不知心

[설화]

○ 방거사가 얻은 경계는 한계가 없이 자유로운 경지라는 말이다. 어떤 책에서는 '말이 끝나자마자 알아차린 요지이다.'라고 한다.

竹庵 : 言龐居士所得, 直得無限也. 一本云, 言下領解之要.

---

13 천간天干의 일부. 무의미한 나열을 통하여 언어의 통로를 차단하는 수법.
14 돌, 돌, 돌! 나라리 : 위의 천간과 유사한 맥락에서 의미 없이 쓴 말이다. '돌'은 혀를 차는 소리 또는 할喝과 같이 '돌!' 하고 한 소리 크게 내지르는 것. '나라리'는 입에서 나오는 가락대로 흥얼거리는 소리이다. 모두 이 공안의 몰자미沒滋味한 뜻을 나타내고 있다.

밀암 함걸密庵咸傑의 송 密庵傑頌

서강의 물을 남김없이 다 들이켜고 나니	西江吸盡了無餘
당당한 기상의 대장부 돌연히 나타나네	突出堂堂大丈夫
세간에서 모두들 달마 수염 붉다고 하나	盡道世間胡鬚赤
붉은 수염의 달마가 있음도 알아야 하리[15]	須知更有赤鬚胡

개암붕의 송 介庵朋頌

만법과 더불어 짝이 되지 않는다 하니	不與萬法爲侶
어떤 시험의 수단[16] 있는지 살펴보라	看來有甚巴鼻
듣는 순간 바람결에 흔들리는 풀잎같이	纔聞風吹草動
총림 전체가 시끌벅적 들끓게 되었다네[17]	直得叢林鼎沸
시끌벅적 들끓지 마라	休鼎沸
소쩍새는 으슥한 꽃밭에서 지저귄다[18]	鷓鴣啼在深花裏

심문 담분心聞曇賁의 송 心聞賁頌

한입에 서강의 물을 다 마시라 하니	一口吸西江

---

15 세간에서 모두들~알아야 하리 : 앞의 달마나 뒤의 달마나 수염이 붉기는 마찬가지이다. 대답한 마조뿐 아니라 질문을 던진 방거사도 마조와 견줄 수 있는 경지이기 때문이다.
16 파비巴鼻 : 소를 마음대로 부리기 위한 고삐를 말한다. 여기서는 방거사의 물음에 들어 있는 시험의 수단을 가리킨다.
17 듣는 순간~들끓게 되었나네 : 그 말에 따라 이러니저러니 분별하며 시끄럽게 떠드는 모습이 바람이 부는 방향에 따라 흔들리는 풀잎처럼 자기 중심이 없다는 뜻이다.
18 소쩍새는 으슥한 꽃밭에서 지저귄다 : 설두 중현雪竇重顯의 게송 중 한 구절. 법안法眼이 '부처가 무엇이냐?'는 질문을 받고 '그대가 바로 혜초이니라.'라고 대답한 문답에 대한 게송의 제2구이다. 『碧巖錄』 7則 「頌」(大48, 147c17) 참조. 소쩍새 울음소리는 봄이 왔다고 알리는 소식이다. 이와 마찬가지로 이 공안의 문답에서 전하는 본분의 소식을 들어야 한다는 뜻이다. 보봉 유조寶峯惟照의 송에도 이 구절이 보인다. 『頌古聯珠通集』 권14(卍115, 158b16), "한입에 서강의 물을 모두 들이켜고 나니, 소쩍새는 으슥한 꽃밭에서 지저귀네. 지음이라면 웃으며 고개 끄덕이겠지만, 귀머거리 귀에는 그 소리 들리지 않네.(一口吸盡西江水, 鷓鴣啼在深花裏. 自有知音笑點頭, 其來不入聾人耳.)"

어리석은 사람 밤새워 연못 물 퍼 올리네[19]   癡人戽夜塘
방거사는 붉은 화로에 앉은 눈송이 되었고   龐公化作紅爐雪
마조는 풀 속으로 돌아가 몸을 감추었다네   馬祖身歸草裏藏
파도는 끝없이 솟고 강물 아득히 이어지는데   波渺渺水茫茫
뗏목 타고 노는 사람은 돌아보지도 않는구나   好是乘槎人不顧
해가 떠서 동쪽을 비추는 그대로 맡겨 두리라[20]   從敎日出照扶桑

〔설화〕

○ 방거사가 한입에 모두 마신 것이 바로 (제2구의) '어리석은 사람이 밤새워 두레박으로 연못 물을 퍼 올린 것'에 해당한다.
○ 제3구 : 실제로 있는 것이 아니라는 뜻이다.
○ 제4구 : 마조는 그가 말한 한계를 벗어나 전적으로 차별의 세계 속에 있다는 뜻이다.
○ 제5구 : 생사윤회의 물결을 말한다.
○ 제6구 : 생사윤회의 물에서 여유롭게 헤엄치며 자유자재한 경지를 말한다.
○ 제7구 : '해가 떠서 동쪽을 비춘다'는 것은 방거사의 경지를 말한다.

心聞 : 龐居士一口吸盡, 是癡人戽夜塘也. 三句, 非實有也. 四句, 馬祖不在此限, 全在差別也. 五句, 生死波瀾也. 六句, 生死波瀾, 優游自在地也. 七句, 日出照於扶桑, 謂龐居士也.

---

19 한입에 서강의~퍼 올리네 : 두레박으로 아무리 연못 물을 퍼 올려도 연못은 바닥을 드러내지 않는다. '한입에 마시라'는 말에 그대로 끌려다니는 어리석음을 또다시 비유적으로 나타낸 것이다.
20 뗏목 타고~맡겨 두리라 : 만법과 짝이 되지 않고 독립된 경계를 말한다. 이하 '동림 상총의 상당'과 설화에도 나타난다.

본연거사의 송 本然居士頌

강물은 동해로 흘러가는데	江水向東流
그대의 입 좁은 것 아노라	知君口門窄
마조는 할 말을 다 했지만	馬師道了也
당나귀 해에나 그 뜻 알까	驢年還會得
세상 사람 의심에 사무치게 한 것	疑殺天下人
바로 이 한 칙의 공안이로다	只是遮一則

보녕수保寧秀의 염

"마조 대사는 비록 분별할 길을 완전히 틀어막는 방법(把定)을 썼지만, 그것은 속된 놈에게 가볍게 질문의 압박을 당하고 곧바로 잘못을 저지른 것에 불과하였다. 말해 보라! 그의 허물은 어디에 있을까? 바른 안목을 갖춘 자는 분별해 보라!"

保寧秀拈, "馬大師, 雖然把定意根, 被箇俗漢輕輕拶着, 便見敗闕. 且道! 過在什麽處? 具眼者, 辨看!"

> 설화

○ 마조 대사는~잘못을 저지른 것에 불과하였다 : 비단 방거사뿐만 아니라 마조 또한 허물이 없지 않았다는 뜻이다.
○ 말해 보라! 그의 허물은 어디에 있을까 : (그렇다고 해서) 또한 어떤 허물이 있겠느냐는 반문이다.

保寧 : 馬大士[1]雖然至敗闕者, 非但龐公, 馬師亦不得無過. 且道云云者, 又有什麽過.

---
1) ㉠ '士'가 갑본에는 '師'로 되어 있다.

동림 상총東林常總의 상당

이 공안을 제기하고 연이어 어떤 학인이 풍혈 연소風穴延昭에게 '만법과 더불어 짝이 되지 않는 자는 어떤 사람입니까?'라고 묻자 풍혈이 '이마에 손을 대고 멀리 해 뜨는 동쪽을 바라보지만, 뗏목을 탄 사람은 돌아보지 않는다.'라고 대답한 문답[21]을 들고 평가하였다. "대중들 중에는 '마조 대사는 물리치는 말을 함으로써 그로 하여금 숨 쉴 틈도 없게 만들었고, 풍혈은 칭찬하는 말을 함으로써 한 번 들먹일 때마다 한 번 새롭게 하였다.'라고 말하기도 한다. 이러한 비판 또한 여러 선사들의 점검을 벗어나지 못한다. 이 두 스님은 단지 칼날을 쓰는 일만 알았지 칼날 속에 몸을 감출 줄은 몰랐다. 나, 보봉寶峯이라면 그렇게 말하지 않을 것이다. '만법과 더불어 짝이 되지 않는 자는 어떤 사람일까?'라고 묻는다면, '앞에도 짝이 될 대상이 빽빽이 들어차 있고, 뒤에도 빽빽이 들어차 있다.'[22]라고 대답할 것이다."

東林摠上堂, 舉此話, 連擧僧問風穴, '不與萬法爲侶者, 是什麽人?' 風穴云, '斫額望扶桑, 乘槎人不顧.' 師云, "衆中道, '馬大師, 是貶底語, 敎伊無出氣處 ; 風穴, 是襃底語, 一廻擧着一廻新.' 與麽批判, 亦未免諸方檢責. 此二老, 只解用劍刃上事, 不解向劍刃裏藏身. 寶峯卽不然. '不與萬法爲侶者, 是什麽人?' '前三三, 後三三.'"

---

21 『天聖廣燈錄』 권15 「風穴延昭章」(卍135, 734a8).
22 전삼삼前三三 후삼삼後三三 : '짝이 되지 않는 자'라는 질문에 대하여 '어떤 것과 짝을 해도 무방한 자'를 제시한 말. 원래 무착無著 선사가 오대산五臺山을 돌아다니다가 문수보살文殊菩薩을 만나 제시받은 화두이다. '三三'이라는 수는 3 곱하기 3과 같으므로 9가 된다. 9 자체가 만수滿數이기 때문에 수로는 더 이상 표현할 수 없는 극치의 숫자가 된다. 따라서 앞뒤로 가득 들어찼다는 뜻이며 '삼삼森森'과 통한다. 그러나 이러한 해석은 화두에 대한 표피적인 분석일 뿐 화두가 지니는 몰자미의 본질과 거리가 멀다. 이 말 자체도 몰자미를 본질로 하는 화두이기 때문이다. 본서 1436칙 참조.

> 설화

○ 이마에 손을 대고 멀리 해 뜨는 동쪽을 바라보다 : 향상하는 결정적인 한 수를 바라본다는 뜻이다.
○ 뗏목을 탄 사람은 돌아보지 않는다 : 뗏목을 탄 사람은 해 뜨는 동쪽을 바라보지 않는다는 뜻이다. 바로 이것이 만법과 더불어 짝이 되지 않는 대단히 훌륭한 본보기이기 때문이다.
○ 풍혈은 칭찬하는 말을 함으로써 한 번 들먹일 때마다~칼날 속에 몸을 감출 줄은 몰랐다 : 범하지도 않고 더럽히지도 않으면서 지향할 경지가 남아 있다는 뜻이다.
○ 칼날 속에 몸을 감추다 : 만법과 더불어 짝이 되는 일도 방해될 것이 없다는 뜻이다.
○ 앞에도 짝이 될 대상이 빽빽이 들어차 있고, 뒤에도 빽빽이 들어차 있다 : 만법이 자신의 짝이 된다고 한들 범부에게나 성인에게나 무슨 허물이 있겠느냐고 반문한 말이다. 앞에서 심문 담분이 '뗏목을 탄 사람은 돌아보지 않는다.'라고 한 말과 이 말은 약간의 차이점이 있다.

東林 : 斫[1]額望扶桑者, 謂望向上一著也. 乘槎人不顧者, 謂乘槎人不顧扶桑, 則此不與萬法爲侶甚好故. 風穴褒地語, 一回擧著, 至劒刃上事云云者, 不犯不觸, 有趣向處也. 劒刃裏藏身者, 不妨與萬法爲侶也. 前三三後三三者, 萬法爲侶, 則凡聖有什麽過. 前心聞乘槎人不顧, 與此小異.

---
1) ㉘ '斫'이 갑본에는 '所'로 되어 있다.

진정 극문眞淨克文의 상당

이 공안을 제기하고 말하였다. "선문에서 흔히 이 공안에 대하여 기특하다고 헤아리거나 현묘한 이치가 있다고 이해하지만,[23] 마조 대사가 위엄 있는 지혜의 광명을 자유자재로 발휘하면서 긴 것을 잘라서 짧은 것을 보충했다는 사실은 모르고 있다."

眞淨文上堂, 擧此話云, "禪門多作奇特商量, 玄妙解會. 又不見馬大師, 威光自在, 裁長補短."

[설화]

○ 흔히 이 공안에 대하여 기특하다고 헤아리거나 현묘한 이치가 있다고 이해한다 : 한입에 서강의 물을 모두 마시라는 말에 대하여 눈동자를 붙이고 골똘히 분별하기 때문이다. 마조 대사의 의중은 단지 긴 것을 잘라서 짧은 것을 보충하는 것일 뿐이었지만, 이와 같은 뜻에 그치지 않고 위엄 있는 광명을 자유자재로 발휘한 것이다.

眞淨 : 多作奇特至解會者, 謂一口吸盡西江水處, 著得眼睛故也. 馬師意, 但裁長補短爾, 不止如此, 威光自在也.

백운 법연白雲法演의 상당

이 공안을 제기하고 말하였다. "한입에 서강의 물을 모두 들이켜니, 만 길의 깊은 못이 바닥을 드러내었다. 외나무다리는 조주의 이름난 석교石

---

23 모든 공안의 화두에 접근하는 일반적 오류 중 하나이며, 한입에 서강의 물을 마시라고 한 마조의 화두를 이해하는 바탕을 암시한다. 『了菴淸欲語錄』 권8(卍123, 776b15), "산승은 어린 시절부터 행각하며 선지식을 만나 왔지만 한 점도 현묘한 이치가 있다는 이해를 마음에 둔 적은 없었다. 다만 모든 곳과 모든 시간에 남의 말에 속지 않았을 뿐이었다. 남에게 속임을 당하지 않았기에 스스로 속이지도 않았고, 스스로 속이지 않았던 까닭에 남에게 속지도 않았다.……요지를 말하자면 옛사람이 '붉게 타는 화로에 떨어진 눈송이 한 점'이라 한 말이 바로 이 소식이다.(山僧, 自幼行脚, 見善知識, 未嘗有一點玄妙解會, 在胸次中. 但能於一切處一切時, 不受人欺耳. 惟其不受人欺, 故不自欺, 惟其不自欺, 所以不敢欺於人.……以要言之, 則古人所謂, '紅爐上一點雪', 便是者箇消息也.)"

橋가 아니요.²⁴ 밝은 달과 맑은 바람인들 어찌 견줄 수 있으랴!"

　　白雲演上堂, 擧此話云, "一口吸盡西江水, 萬丈深潭窮到底. 略彴不是趙州橋, 明月淸風安可比!"

> [설화]

○ 한입에 서강의 물을 모두 들이켜니, 만 길의 깊은 못이 바닥을 드러내었다 : 근원을 철저하게 밝혀 더 이상 뒤에 할 일이 남아 있지 않다는 뜻이다.
○ 외나무다리는~어찌 견줄 수 있으랴 : 석교石橋에 외나무다리가 미칠 수 없으며, 또한 밝은 달과 맑은 바람으로도 견줄 수 없다는 뜻이다. 바람과 달을 비유로 삼아 손님과 주인의 관계를 나타내었다.

　　白雲 : 一口至到底者, 徹根徹源, 更無後事也. 略彴云云者, 橋非略彴所可及, 亦非明月淸風所可比. 況風月謂賓主也.

불과 극근佛果克勤의 거 1

『심요』에 이 공안이 제기되어 있다.²⁵ "이 노스님이 세상 사람들을 짓밟았다고 알고 있었는데, 다만 한마디를 무심코 내뱉어서 끝이 없는 분별을 일으키도록 만들었을 뿐이구나. 만일 이 노스님이 제시한 복잡한 말의 실마리를 풀어낼 사람이 있다면 곧바로 공부를 끝내고 펼치는 법문(罷參法門)을 청하리라."

24　외나무다리는 조주의~석교石橋가 아니요 : 조주의 문답에 따르는 말. 본서 438칙 참조.
25　이하는 원오 극근이 『圜悟心要』「示逾上人」(卍120, 732b3), 「示照道人」(卍120, 737a12), 「示張國太」(卍120, 753a7) 등 세 곳에서 이 공안을 제기하고 자신의 견해를 밝힌 내용이며, 나머지 하나의 소참은 『圜悟語錄』 권11(大47, 765a4)에 수록되어 있다.

佛果勤, 心要, 擧此話云, "信此老踏殺天下人, 只等閑出一語, 便令作無限知見. 若有解截這老漢葛藤, 便請罷參."

> 설화

○ 마조가 비록 이러한 말을 한 적이 있다고는 하나 만일 그에 대하여 끝이 없는 분별을 일으킨다면 궁극적인 깨달음이 아니라는 뜻이다. 모름지기 문제의 복잡한 말을 끊어 없애야 비로소 세상 사람들을 짓밟았다는 사실을 알게 되리라. (불과 극근이) 세 번 이 공안을 제기한 대의는 모두 같다.

佛果 : 馬祖雖有此語, 若作無限知見, 便不是了也. 直須絶斷葛藤, 方知踏殺天下人. 三度擧此話大意一般.

불과 극근의 거 2

"이 공안에 대하여 많은 사람들이 표면적인 말에 얽매여(涉唇吻) 헤아리고는 일정한 기틀과 경계를 만들어 내어 이해하지만, 이렇게 해서는 결코 종지를 이어받지 못한다. 반드시 무쇠로 주조된 것과 같은 사람[26]이라야 비로소 그러한 흐름을 거스르고[27] 초연히 깨달아 두 선사의 쇠로 만든 배

---

[26] 무쇠로 주조된~같은 사람 : 어떤 말과 견해 또는 어떤 권위와 위세에도 동요하지 않고 자신의 본분을 견지하는 사람. 원오가 즐겨 쓰는 말로서 이상적 선인격禪人格으로 제시된다. 『圜悟語錄』 권10(大47, 758b7), "무수한 부처님이 세상에 출현할지라도 전혀 알지 못하고, 눈으로 고타마를 직접 보더라도 시든 잎처럼 여겨야 비로소 무쇠로 주조된 사람이리라. 천 사람 만 사람이 붙들고 가두려 해도 그는 머물지 않을 것이다. 그렇다면 이렇게 자유롭게 벗어난 경지를 표현하는 한 구절은 어떻게 말할까? 무심을 도라고 여기지 말 일이니, 무심도 여전히 한 겹의 관문에 막혀 있다.(千佛出世, 他也不知, 目覩瞿曇, 如黃葉相似, 方始是生鐵鑄就, 千人萬人, 羅籠他不住. 只如獨脫一句, 作麽生道? 莫謂無心云是道, 無心猶隔一重關.)"
[27] 흐름을 거스르고(逆流) : 번뇌 망상과 분별이 끊임없이 흐르는 물(流)과 같으므로 이것

를 뒤집어엎을 줄 알며,[28] 더 나아가 만 길 높이로 우뚝 솟은 절벽[29]에 도
달하여야 마침내 쓸데없이 할 일이 많지 않다는 진실을 알게 될 것이다."

又舉此話云, "此个公案, 多有涉唇吻商量, 作機境解會, 殊不稟宗猷也. 要
須是个生鐵鑄就底, 方能逆流超證, 乃解翻却二老鐵船, 始到壁立萬仞處,
方知無許多事."

불과 극근의 거 3

"이것은 매우 빠른 지름길이며 군더더기 없는 핵심이거늘 어찌 그와
같이 알아차리지 못하는가? 게다가 그들의 말에 빠져들면 영원히 그 함
정을 뚫고 나오지 못할 것이다. 배운다는 자들을 보면 대부분 다만 이렇
게 헤아리고 말을 붙여 진실에 부합하려 든다. 그러나 이것이 어찌 생사
生死의 굴레를 뚫고 벗어난 견해이겠는가! 생사의 굴레를 뚫고 벗어나고
자 한다면 오로지 마음이라는 바탕을 막힘없이 열어야 한다. 이 공안은
바로 마음이라는 바탕을 여는 열쇠인 것이다. 이 공안을 밝히고자 한다면
겉으로 드러난 말에서 벗어나 본래 지향하는 뜻을 이해해야 비로소 의심
이 남아 있지 않은 경계에 도달할 것이다."

을 거스른다는 뜻이다.
28 쇠로 만든~줄 일며 : 쇠로 만든 배(鐵船)는 물에 뜨지 않는다는 과거의 관념에 따른
다. 물에 뜰 수 없는 배를 띄우듯이 조사들이 보이는 기량은 탁월하다는 비유이다. 그
들이 설정하는 관문(關門)을 상징하는 말이다. 이 관문에 현혹되어 분별하는 자들은 결
코 이 철선을 뒤집어엎을 수 없다. 『雪竇語錄』 권5 「透法身句」(大47, 702c6), "늙어서
허리가 구부러진 운문이 쇠로 만든 배를 띄우자, 강남과 강북에서 다투며 살펴보는구
나. 불쌍도다, 낚싯줄을 드리운 한없이 많은 사람들이여! 모범적인 예를 따르다가 아
득한 바다 위에서 낚싯대를 잃어버렸네.(潦倒雲門泛鐵船, 江南江北競頭看. 可憐無限垂
鉤者! 隨例茫茫失釣竿.)"
29 벽립만인壁立萬仞은 높고 험하여 올라가기 어렵다는 뜻으로 언어와 사유의 수단으로는
접근할 수 없는 경지를 비유적으로 나타낸 말이다. 은산철벽銀山鐵壁과 같은 뜻이다.

又擧此話云, "多少徑截省要, 何不便與麽承當? 更入他語言中, 則永不透脫. 多見學者, 只麽卜度下語, 要求合頭. 此豈是透生死見解! 要透生死, 除非心地開通. 此箇公案, 乃是開心地鑰匙子也. 只要明了, 言外領旨, 始到無疑之地."

불과 극근의 소참

이 공안을 제기하고 말하였다. "산승이 간략하게 하나의 소식을 드러내겠다. 남들을 가르치려면 반드시 속속들이 다 전해야 하고, 사람을 죽이려면 반드시 피를 보아야 한다.[30] 지금 당장 모조리 알아차린다 하더라도 벌써 두 번째 달[31]에 떨어진 것이다. 말해 보라! 첫 번째 달이란 어떤 것일까? 돌![32]"

又小叅, 擧此話云, "山僧略露个消息. 爲人須爲徹, 殺人須見血. 直下便承當, 已落第二月. 且道! 如何是第一月? 咄!"

불안 청원佛眼淸遠의 문답

어떤 학인에게 물었다. "방거사가 마조 대사에게 '만법과 더불어 짝이 되지 않는 자는 어떤 사람입니까?'라고 물은 말은 어떤 뜻인가?" 스스로 대신하여 말하였다. "저는 이미 스님께 대답을 모두 마쳤습니다."

佛眼遠, 問僧, "龐居士問馬大師, 不與萬法爲侶者, 是什麽人, 如何?" 自代

---

30 남들을 가르치려면~보아야 한다 : 본서 1칙 '취암 문열의 상당' 설화 주석 참조.
31 제이월第二月이란 허상虛像을 가리킨다. 하늘에 뜬 유일한 달을 제일월第一月이라 하고, 눈에 병이 있어 헛보이거나 손가락으로 눈을 눌러 제일월 옆에 또 하나 나타나 보이는 달이 바로 제이월이다. 본서 50칙 본칙 설화 주석, 386칙 본칙 설화 주석 참조.
32 돌咄 : 첫 번째 달이 있다는 분별조차 없애 버리는 부정의 언사이다.

云, "某甲已答和尙了也."

설화

○ 저는 이미 스님께 대답을 모두 마쳤습니다 : 만법과 더불어 짝이 되지 않는 것 이외에 더 이상 무슨 뜻이 있겠느냐는 말이다. 그러므로 '이미 대답을 마쳤다.'라고 말한 것이다.[33]

佛眼云云, 某甲已答和尙了也者, 不與萬法爲侶外, 更有什麼意? 故云答了也.

---

[33] 받은 말에 하나의 가감도 없이 그대로 돌려보내는 방식. 주어진 화두를 어떤 도리에 따르는 분별로 물들이지 않고 그대로 보존하여 받아들일 뿐이다. 조주가 "뜰 앞의 잣나무!"라고 제시한 화두를 다시 물음에 또다시 "뜰 앞의 잣나무!"라고 군더더기 없이 거듭한 예도 그것이다. 본서 421칙 본칙 참조.

162칙 마조본래 馬祖本來

본칙 마조에게 방거사가 "본래의 몸[1]에 어둡지 않은 안목에 대하여 스님께서 높이 착안해 주시길 바랍니다."라고 하자 마조는 곧바로 아래를 응시하였다. 거사가 "똑같이 줄 없는 거문고인데 스님이 퉁기셔야 제대로 소리가 나는군요."라고 하자 마조가 이번에는 곧바로 위를 응시하였다. 거사는 절을 올렸고, 마조는 방장으로 돌아갔다. 거사가 그 뒤를 따라가서 말하였다. "조금 전에는 멋대로 기교를 부리다 형편없는 꼴이 되고 말았습니다."

馬祖, 因龐居士問, "不昧本來身,[1] 請師高著眼." 師直下覷. 士云, "一等沒絃琴, 唯師彈得妙." 師直上覷. 士禮拜, 師歸方丈. 居士隨後云, "適來弄巧成拙."

1) ㉘ '本來身'이 『龐居士語錄』 권상(卍120, 55a17) 등에는 '本來人'으로 되어 있다.

설화

● 본래의 몸에 어둡지 않은 안목에 대하여 스님께서 높이 착안해 주시길 바랍니다 : 만일 눈앞의 일에만 밝으면 본래의 몸을 어둡게 만들게 된다는 뜻이다. 그러므로 '스님께서 높이 착안해 주시길 바랍니다.'라고

---

1 본래신本來身은 타고난 그대로 어디에도 물들지 않은 몸 또는 사람이라는 뜻을 기반으로 하지만, 확정된 관념은 속박이 된다. 이하 '불안 청원의 상당' 설화의 해설도 이 뜻이다. 본래신에 관한 문답도 적지 않다. 『景德傳燈錄』 권6 「杉山智堅傳」(大51, 248a22), "무엇이 본래의 몸입니까?' '온 세상에 닮은 상대가 없다.'(僧問, '如何是本來身?' 師云, '擧世無相似.')"; 같은 책, 권24 「南臺守安傳」(大51, 401b14), "무엇이 본래의 몸입니까?' '그것은 도대체 무슨 몸인가?'(問, '如何是本來身?' 師曰, '是什麼身?')"; 『增集續傳燈錄』 권1 「空叟宗印章」(卍142, 751a4), "'무엇이 본래의 몸입니까?' '바람에 날리고 햇볕에 내리쬔다.' '무슨 뜻입니까?' '못을 박고 아교로 붙이는구나.'(僧問, '如何是本來身?' 師云, '風吹日炙.' 僧云, '意旨如何?' 師云, '釘釘膠粘.')"

말하였다.
- 곧바로 아래를 응시하였다 : 방거사가 '높이 착안해 주시길 바랍니다.' 라고 하였으므로 (그 말을 고의로) 거스른 것이다.
- 똑같이 줄 없는 거문고인데 스님이 퉁기셔야 제대로 소리가 나는군요 : 마조의 풍모를 예찬한 말이다.
- 곧바로 위를 응시하였다 : 이 또한 호의적으로 대한 마음이 아니다. 그러므로 '방거사는 바다에서 나온 사나운 용이 발톱과 이를 잠깐 들어 보이는 듯하였고, 마조 대사는 천지를 비추는 붉은 태양이 항상 광명을 쏟아 내는 격이었다.'[2]
- 절을 올렸다 : 고양이가 기러기에게 절을 올린 꼴이다.[3]
- 방장으로 돌아갔다 : 원래 이러한 일은 없었다.
- 그 뒤를 따라가서 말하였다. "조금 전에는 멋대로 기교를 부리다 형편없는 꼴이 되고 말았습니다." : 투항하는 척하였다. 이 또한 호의적인 마음이 아니었다.[4]

[本來] 不昧本來身云云者, 若明今日事, 昧却本來身也. 故請師高著眼. 師直下覷者, 居士云, '高著眼' 故返逆也. 一等沒絃琴云云者, 譽風也. 直上覷者, 此亦下是好心. 然則, 居士, 似出海獰龍, 略撞爪牙 ; 馬大師, 照天紅日, 常放光明. 禮拜者, 狸奴拜鴈也. 歸方丈者, 元來無伊麽事也. 隨後至

---

2 이하 '금산 요원의 상당'에 나오는 구절.
3 진실이 없다는 의미. 『請益錄』 4則 「評唱」(卍117, 816b5)에 용례가 보인다.
4 방거사가 스스로 '형편없는 꼴이 되고 말았다.'고 하였지만 자신의 잘못을 반성한 말이 아니라 마조의 반응을 보기 위한 일종의 점검법이었다는 취지이다. '호의적인 마음이 아니었다(非好心)'라는 말은 불시호심不是好心 또는 비시호심非是好心의 형태로 쓰는 경우가 일반적이다. 『百癡語錄』 권2(嘉28, 8b7), "문답을 주고받은 뒤 손님과 주인이 뚜렷이 갈라졌다. 그 학인이 절을 올린 동작이 비록 호의적인 마음에서 나오지는 않았지만, 백장의 주장자 끝에 눈이 달려 있었던 것을 어쩌랴!(一問一答, 賓主歷然. 這僧禮拜, 雖非好心, 爭奈百丈棒頭有眼!)"

成拙者, 詐降也. 此亦非好心.

대각 회련大覺懷璉**의 송** 大覺璉頌

사방에 다 통했거늘 그 누가 또 의심 풀어 주랴	通方誰更決狐疑
내려다보거니 올려보거니 한 뜻 누가 가려내리오[5]	俯仰何人辨得伊
세 번 절을 받고 나서는 방장으로 되돌아갔으니	三禮便歸方丈去
삭풍만 부질없이 지붕을 피리 삼아 불고 있구나	朔風空把屋頭吹

〖설화〗
○ 제1구 : 방거사는 이미 사방에 모두 통하는 경지였거늘 어찌 지금의 대답에 의지하여 의심을 해결하겠느냐는 뜻이다.
○ 제2구 : 마조 대사가 위를 올려다보고 아래를 내려다본 의중을 가려내기 어렵다는 말이다.
○ 제3구 : 방거사가 삼배를 올리고 마조 대사는 곧바로 방장으로 돌아간 것을 묘사한다.
○ 제4구 : 방거사가 마조의 뒤를 따라가 '조금 전에는 멋대로 기교를 부리다가 형편없는 꼴이 되고 말았다.'라고 말한 바로 그 뜻을 나타낸다.[6]

大覺 : 上句, 言龐公早已通方, 何假今日決狐疑也. 二句, 謂馬大士覷上覷下, 辨得也難也. 三句, 龐公三禮, 馬大師便歸方丈也. 四句, 隨後云云, 適來弄巧成拙, 是也.

---

5 아래로 위로 쳐다본 의중이 무엇인지 알려고 할 필요 자체가 없다는 뜻이기도 하다. 드러난 그대로의 동작일 뿐 분별로 가감加減할 여지가 없기 때문이다.
6 휘휘 부는 삭풍에 별난 가락이나 뜻이 없듯이 방거사의 말도 그렇다.

보녕 인용保寧仁勇**의 송** 保寧勇頌

드넓은 기상으로 산을 손에 들고 머리에 이고 오니	浩浩擎山戴嶽來
하늘 떠받치고 땅을 지탱하는 그 기세 높디높구나	撐天拄地勢崔嵬
멋대로 기교 부리다 되레 형편없는 꼴이 되건 말건	從教弄巧翻成拙
잡은 것 다 놓고 앞으로 갈 뿐 다시 돌아보지 않네	撒手前行更不迴

심문 담분心聞曇賁**의 송** 心聞賁頌

곧바로 위 보았다가 곧바로 아래 보는구나	直上視直下視
줄도 없고 소리도 없는 저 거문고	無絃又無聲
그 한 곡조가 천지 놀라게 하였네	一曲驚天地
고개 숙이고 돌아가니 누구에 의해 굴욕 씻을까	低頭歸去憑誰雪
방공은 기교 부리다 되레 형편없는 꼴 되었으니	龐公弄巧翻成拙
영원히 변치 않는 아름다운 도는 어디서 엿보랴	萬古徽猷何處窺
한 연못에 가을 하늘의 달 쓸쓸하게 잠겨 있구나	一潭冷浸秋天月

낭야 혜각瑯琊慧覺**의 염**

"밤이 새도록 도둑질을 하느라 날이 샌 것도 모르는구나."[7]

瑯琊覺拈, "一夜作竊, 不覺天曉."

설화

○ 방거사의 입장은 이미 드러나 있다는 말이다.

---

[7] 마조의 마음을 읽어 내려고 자신의 본색을 숨기고 있었지만 그 자신의 언행에 이미 그 뜻이 모두 드러나 있었다는 말이다.

琅瑘 : 言龐公立處已露也.

금산 요원金山了元의 상당

이 공안을 제기하고 말하였다. "마음을 묻고 거문고를 물으니, 종문의 후손이 아니구나. 위를 올려다보고 아래를 내려다보니, 본분의 기관이 아니구나. 그러나 마조 대사는 천지를 비추는 붉은 태양이 항상 광명을 쏟아 내는 격이었고, 방거사는 바다에서 나온 사나운 용이 발톱과 이를 잠깐 들어 보이는 듯하였다. 말해 보라! 어떤 점에서 멋대로 기교를 부리다가 도리어 형편없는 꼴이 되었는가? 알고자 하는가? 한왕漢王[8]은 이미 탈출하여 함원전含元殿에 앉아 있었는데, 기신紀信[9]은 여전히 투항하는 척 속였다.[10]"

金山元上堂, 擧此話云, "問心問琴, 未是宗門苗裔. 覷上覷下, 非爲本分機關. 然而馬大師, 如照天紅日, 常放光明; 龐居士, 似出海獰龍, 略擡牙爪. 且道! 什麽處是弄巧成拙? 要會麽? 漢王已坐含元殿, 紀信依前說詐降."

설화

○ 마음을 묻고 거문고를 물으니~본분의 기관이 아니구나 : 그들을 모두

---

8 한왕漢王 : 한나라 고조 유방劉邦.
9 기신紀信 : 한나라의 장수. 유방의 충신.
10 한왕漢王은 이미~척 속였다 : 『史記』「項羽本紀」에 따르면, 초나라 항우項羽가 형양滎陽에서 한왕 유방을 포위하여 사태가 위급해지자 기신紀信이 자청하여 왕의 가마(黃屋車)에 올라타고 한왕이 항복하러 나온 듯이 위장하였다. 이 틈에 유방은 탈출하였고, 항우는 분노하여 기신을 죽였다. 『史記』「高祖本紀」에도 다음과 같이 전한다. "초나라 군대가 사면에서 북을 두드리자 장군 기신이 왕의 수레에 올라타서는 한왕(고조)인 양 가장하여 초나라 군대를 속였고, 초나라 군사들은 모두 만세를 외쳤다.(楚因四面擊之, 將軍紀信乃乘王駕, 詐爲漢王, 誑楚, 楚皆呼萬歲.)" 이 고사를 빌려서 방거사가 스스로 '형편없는 꼴이 되었다.'라고 한 말에 담긴 선禪의 지략을 드러내었다. 『祖庭事苑』 권8「紀信詐降」(卍113, 232b14)에도 이 기사를 수록하고 있다.

인정하지 않는다는 평가이다.
- 그러나 마조 대사는~발톱과 이를 잠깐 들어 보이는 듯하였다 : 두 작가의 입장을 떠받쳐서 드러낸 말이다.
- 한왕漢王은 이미 탈출하여 함원전含元殿에 앉아 있었는데, 기신紀信은 여전히 투항하는 척 속였다 : 방거사가 마지막에 투항하는 척하였다는 말이다.

金山:問心問琴, 至非爲本分者, 並不許他也. 然而云云者, 又扶見二作家立處也. 漢王云云者, 謂龐公末後詐降也.

천복 본일薦福本逸의 염

"이 두 노인 중 한편은 입을 열었다 다물지 못했고, 다른 한편은 입을 다물고 열지 못했다. 한 가지가 더 있지만, 아직은 그에 대하여 말하고 싶지 않다." 껄껄대고 크게 웃고는 방장실로 돌아갔다.

薦福逸拈, "此二老漢, 一箇, 開口了合不得 ; 一箇, 合口了開不得. 更有一箇, 未欲說破." 乃呵呵大笑, 歸方丈.

[설화]
- 한편은 입을 열었다 다물지 못했다 : 마조를 가리킨다.
- 다른 한편은 입을 다물고 열지 못했다 : 방공을 가리킨다.
- 한 가지가 더 있다 : 마지막에 껄껄대고 크게 웃은 웃음을 가리킨다.

薦福:一箇開口云云者, 謂馬祖也. 一箇合口云云者, 龐公也. 更有一箇者, 下呵呵大笑也.

취암 문열翠巖文悅**의 염**

"말해 보라! 손님이 멋대로 기교를 부리다가 형편없는 꼴이 되었는가, 주인이 멋대로 기교를 부리다가 형편없는 꼴이 되었는가? 분간해 낼 수 있는 사람 있는가? 만일 분간해 내더라도 30방 중에서 한 방도 용서해서는 안 되며,[11] 분간해 내지 못한다면 내년에도 다시 새로운 가지가 돋아나겠지만 어지럽게 흔드는 봄바람은 단번에 그치지는 않을 것이다.[12]"

翠嵓悅拈, "且道! 賓家, 弄巧成拙 ; 主家, 弄巧成拙? 還有人揀得出麽? 若揀得出, 三十棒, 一棒也較不得 ; 若揀不出, 明年更有新條在, 惱亂春風卒未休."

[설화]

○ 손님이 멋대로 기교를 부리다가~형편없는 꼴이 되었는가 : 만약 형편없는 꼴이 되었다면 손님뿐만 아니라 주인도 형편없는 꼴이 될 것이며, 형편없는 꼴이 되지 않았다면 손님과 주인 모두 형편없는 꼴이 되지 않았을 것이다.[13]

---

[11] 한 방도~안 되며(一棒也較不得) : 조금도 용서받을 수 없는 잘못이라는 말이다. '較不得'의 '較'는 계교計較의 뜻이다. 곧 용서할 여지가 있는지 이것저것 고려하고 분별한다는 뜻이다. 이 맥락에 따라서 '용서하면 안 된다.'라고 번역하였다. 흥화 존장興化存奬의 말에서 기원한다. 『興化語錄』古尊宿語錄 5(卍118, 221a3)에는 위와 같고, 동일한 부분을 인용한 『圜悟語錄』 권17(大47, 795b25)에는 "한 방도 부족하면 안 된다.(一棒也少不得.)"라고 되어 있는데 그 취지는 동일하다.
[12] 내년에도 다시~않을 것이다 : 이 또한 비판받아야 한다는 뜻이다. 나은羅隱의 시 〈柳〉에 나오는 구절. 본서 2칙 '법진 수일의 거' 주석, 65칙 '대홍 보은의 송' 주석 참조.
[13] 양자가 철저하게 평등하다고 보는 풀이이다. 방거사의 마지막 말이 가리키는 대상이 자신인지 마조인지 모호하다는 설도 마찬가지이다. 『禪林僧寶傳』 권25 「雲蓋守智傳」(卍137, 541a15), "사직師直이 '방거사는 「멋대로 기교를 부리다가 형편없는 꼴이 되었습니다.」라고 하였는데, 손님(방거사)이 그렇다는 말인가, 주인(마조)이 그렇다는 말인가?'라고 묻자 운개 수지雲蓋守智가 웃고는 사직을 가리키며 '멋대로 기교를 부리다가 형편없는 꼴이 되었군요.'라고 하자 사직이 기뻐하였다.(師直曰, '龐公曰,「弄巧成拙.」

○ 만일 분간해 내더라도~어지럽게 흔드는 봄바람은 단번에 그치지는 않을 것이다 : 만일 분간해 내더라도 '어디서 멋대로 기교를 부리다가 형편없는 꼴이 된 부분을 찾겠느냐?'는 비판을 받을 수밖에 없기 때문에 30방을 때려 준다는 것이다. 또한 만약 분간해 내지 못한다면 손님과 주인이 모두 얽매인 몸을 벗어날 길이 없기 때문에 '내년에도 다시 새로운 가지가 돋아나겠지만'이라 운운한 것이다.

翠巖 : 賓家云云者, 若是成拙, 非但賓家, 主家亦成拙也 ; 若不成拙, 賓家主家, 摠是不成拙也. 若揀得出云云者, 若也揀得出, 什麼處是弄巧成拙處, 故與三十棒也. 若也揀不出, 賓主摠未有出身之路, 故明年更有新條在云云也.

앙산 행위仰山行偉의 상당

이 공안을 제기하고 말하였다. "거사에게는 무슨 사연이 있었을까? 오로지 (사람들이) 분명히 알지 못할까 염려했던 것이니, 만일 누구라도 분명히 안다면 승도(마조)와 속인(방거사)이 똑같다고 알리라. 왜 그런가? 그들의 질문은 어둡지 않았고 대답도 어긋나지 않았기 때문이다. 여러분은 그들이 던진 질문과 그 대답을 알고자 하는가?" 잠깐 침묵하다가 말하였다. "질문에 뚜렷하게 드러났고, 대답에도 이미 실정이 나타났다. 비록 궁극적인 구절이 있기는 하지만 언급하려 하면 무엇인지 결정[14]할 수 없다."

仰山偉上堂, 擧此話云, "居士有什麼事? 只恐不了, 若也了得, 僧俗一般. 何故? 爲他問處不昧,[1) 答處不差. 諸人還要見他問答處麼?" 良久云, "問

是賓家是主家?' 智笑指師直曰, '弄巧成拙!' 師直喜之.)
14 물건을 사고파는 사람들이 서로 값을 부르다가 결정하는 방법을 상량商量이라 한다.

<u>處露堂堂</u>, 答處事已彰. 雖有未後句, 下口難商量."

1) ⓦ '昧'가 갑본에는 '眛'로 되어 있다.

> 설화

○ 거사에게는 무슨 사연이~알지 못할까 염려했던 것이니 : 한편으로 지나치게 치우친 듯이 보이지만 사실은 그렇지 않다는 말이다.
○ 만일 누구라도 분명히 안다면 승도(마조)와 속인(방거사)이 똑같다고 알리라 : 만약 분명히 안다면 마조의 의중과 똑같다고 알 것이라는 말이다. 그 아래서 '질문은 어둡지 않았고 대답도 어긋나지 않았다.'라고 한 말이 그것이다.

仰山 : 居士有什麽, 至不了者, 似乎一邊偏枯也. 若也了得, 僧俗一般者, 若也了得, 與馬祖一般也. 下問處不昧, 答處不差, 是也.

불안 청원佛眼淸遠의 상당

(다음의 두 이야기를 제기하였다.) "옛날에 석두 대사가 하루는 방거사에게 '그대는 요즘 어떻게 지내는가?'라고 묻자 방거사는 '갑자기 말씀드릴 도리가 없군요.'라 하고, 게송 한 수를 올렸다. '일상사에 특별한 점은 없으니, 나 스스로 짝하여 함께할 뿐이라네. 대상 하나마다 취하거나 버리지 않고, 어떤 곳에서나 어긋나는 일도 없다네. 주색과 자색[15]은 누가 이름을 붙였을까? 산악에는 한 점의 티끌조차도 없노라. 신통 그리고 묘용이여! 물 긷고 땔나무 나르는 일이로다.'[16] 석두가 말없이 인정해 주었다. 그 뒤 강서에 가서 마조 대사에게 본래의 사람[17]에 어둡지 않은 안목

---

15 주색과 자색(朱紫) : 본서 161칙 주 2 참조.
16 본서 161칙 본칙 설화 참조.
17 본래의 사람(本來人)이 본칙에는 '본래의 몸(本來身)'으로 되어 있다.

에 대해 물었고~마조 대사는 곧바로 위를 응시하였다.[18]" (여기까지 제기하고) 불안이 말하였다. "대중들이여! 만일 마조 대사가 아니었다면 그 질문 하나를 받고 가루가 되도록 부서졌을 것이다. 여러분은 무엇을 가리켜 본래의 사람이라 부르겠는가? 만일 본래의 사람이 없다면 어떻게 눈으로 색을 보고 귀로 소리를 들으며 갖가지 행위를 꾸릴 수 있겠는가? 여러분은 본래의 사람을 알고자 하는가? 요즘은 다들 '본래의 사람은 형체도 없고 모양도 없으며, 옷을 입거나 밥을 먹은 적도 없으며, 태어나지도 않고 죽지도 않는다.'라고 생각한다. 이와 같이 이해해서야 어떻게 본래의 사람과 하나가 될 수 있겠는가? 알고 싶은가? 여러분이 모두 본래의 사람이니, 주어진 한 번의 생과 사라는 변화 그리고 번뇌와 무명과 함께 어떻게 보낼 것인가? 나의 게송 한 수를 들어 보라. '그대들과 더불어 오늘의 길 가노라니, 마치 그대와 함께 본래의 사람을 보는 듯하구나. 이름도 같고 성도 같고 형체도 같으니, 죽음도 없고 태어남도 없으며 색진色塵도 없노라.' 궁극적인 뜻은 무엇일까? 결코 본래의 사람이라 부르지 마라."

佛眼遠上堂, 擧, "昔石頭大師, 一日, 問龐居士, '子近日如何?' 居士曰, '卒說不及.' 乃呈一頌, '日用事無別, 唯吾自偶諧. 頭頭非取捨, 處處勿張乖. 朱紫誰爲號? 丘山絶點埃. 神通幷妙用, 運水及般柴.' 石頭默然許之. 後造江西, 問馬大師, 不昧本來人.〈至〉直上覰." 師云, "大衆! 若不是馬大師, 被他一問百雜碎. 諸人喚什麼作本來人? 若無本來人, 作麼生眼見色耳聞聲, 種種施爲運轉? 諸人還見本來人麼? 如今盡道, '本來人無形無相, 不曾著衣喫飯, 不生不死.' 如此會得, 爭合本來人? 要知麼? 諸人摠是本來人, 一段生死變化, 煩惱無明, 又如何消遣? 聽取一頌. '與子偕行今日路,

---

18 그 뒤~위를 응시하였다 : 본칙 참조.

如君共看本來人. 同名同姓同形段, 無死無生無色塵.' 畢竟如何? 切忌喚作本來人."

>[설화]

○ 사람이라면 누구나 본래의 사람이라는 것이 대의이다. 또한 그것을 확고하게 인정해도 안 되기 때문에 '결코 본래의 사람이라 부르지 마라.'라고 하였다.

佛眼 : 人人盡是本來人, 是大義. 又認著則不可, 故云, '切忌喚作本來人.'

운문 종고雲門宗杲의 시중

이 공안을 제기하고 말하였다. "말해 보라! 마조 대사가 기교를 부리다 형편없는 꼴이 되었는가? 아니면 방거사가 기교를 부리다가 형편없는 꼴이 되었는가? 흑백을 분명하게 구별해 낼 사람 있는가?[19] 만일 흑백을 구별해 내지 못한다면 비루먹은 말이 마른 말뚝에 묶여 있는 꼴과 같을 것이며, 설령 흑백을 구별해 내더라도 이 또한 두꺼비가 입안에 한 알의 독한 산초나무 열매를 머금은 격이다."[20]

---

19 흑백을 분명하게~사람 있는가 : 흑백을 구별한다는 말은 마조와 방거사 중 누가 형편없는 꼴이 되었는지, 누가 옳고 누가 그른지 분명하게 가려내는 것을 말한다. 이것은 이어서 흑백을 구별해 내거나 그렇지 못하거나 모두 부정함으로써 관문으로서의 정체를 드러낸다.
20 흑백을 구분하거나 구분하지 못하거나 모두 허용하지 않는 배촉관背觸關으로 마무리하였다.『瞎堂慧遠廣錄』권2(卍120, 931b5), "대중이여, 말해 보라! 청정한 법신과 십신조어의 차이는 얼마나 되는가? 만약 흑백을 구별해 내더라도 옷소매를 잘라 옷깃으로 만드는 잘못을 벗어나지 못할 것이고, 흑백을 구별해 내지 못하더라도 겨드랑이 아래 부위의 옷깃을 도려내는 잘못을 벗어나지 못할 것이다.(大衆, 且道! 淸淨法身, 與十身調御, 相去多少? 若也縞素得出, 未免袖頭打領 ; 若也縞素不出, 未免腋下剜襟.)" ;『二隱謠語錄』권8(嘉28, 499c6), "똑같이 주먹을 세웠는데 어떤 이유로 조주는 한 사람은 수긍했고 다른 사람은 수긍하지 않았을까? 흑백을 구별해 내지 못하더라도 진실을 보

雲門杲示衆, 擧此話云, "且道! 是馬大師弄巧成拙? 龐居士弄巧成拙? 還有緇素得出者麼? 若緇素不出, 癩馬繫枯橁[1]; 直饒緇素得出, 也是蝦蟇口裏一粒椒."

1) ㉖ '橁'은 '橛'의 오기이다.

설화

○ 이전의 해설과 같다.
○ 만일 흑백을 구별해 내지 못한다면 비루먹은 말이 마른 말뚝에 묶여 있는 꼴과 같을 것이며 : 말에 얽매여 뜻을 확정하려 하기 때문이다.[21]
○ 설령 흑백을 구별해 내더라도 이 또한 두꺼비가 입안에 한 알의 독한 산초나무 열매를 머금은 격이다 : 흑백의 분별을 벗어나지 못했다는 뜻이다.[22]

雲門 : 如前解. 緇素不出云云者, 隨言定旨故也. 直饒得出云云者, 緇素不出之義.

운문 종고의 거

다시 이 공안을 제기하고 말하였다. "마조 대사가 위를 응시했다가 아래를 응시했다가 한 까닭이 없지는 않았지만, 본래의 사람을 어둡게 만든 것을 어찌하랴![23] 방거사는 비록 절을 올렸지만 통째로 대추를 삼킨 격이

는 하나의 눈을 멀게 하고, 흑백을 구별해 내더라도 진실을 보는 하나의 눈을 멀게 할 것이다.(一等豎拳, 因甚趙州肯一不肯一? 若緇素不出, 瞎卻一隻眼; 若緇素得出, 瞎卻一隻眼.)
21 방거사는 못났고 마조는 심오한 생각을 가지고 있는 것처럼 설정된 표면적인 말에 얽매이면 안 된다는 뜻이다.
22 애초에 흑백으로 구별되지 않는 경계에서 고의로 흑백을 갈라놓고 점검하는 시험이다. 여기서 흑백의 분별을 가지고 두 편을 분명하게 가른다면 함정에 떨어지게 된다.
23 마조 대사가~것을 어찌하랴 : 마조의 그 동작이 본래의 사람이 무엇인지 도리어 흐릿

었다.²⁴ 마조는 방장으로 돌아갔고, 거사는 그 뒤를 따라가 '멋대로 기교를 부리다가 형편없는 꼴이 되고 말았다.'라고 말하였으니, (서로) 전체의 반만 건졌을 뿐이다."

又擧此話云, "馬師覷上覷下, 卽不無, 爭奈昧却本來人! 居士雖然禮拜, 渾崙吞个棗. 馬祖歸方丈, 士隨後云, '弄巧成拙.' 救得一半."

[설화]

○ 위를 응시했다가 아래를 응시했다가 한 까닭이 없지는 않았지만, 본래의 사람을 어둡게 만든 것을 어찌하랴 : 둘로 갈라놓는 방법에 따른다.²⁵
○ 통째로 대추를 삼킨 격이었다 : 맛을 모른다.
○ 마조는 방장으로 돌아갔고~전체의 반만 건졌을 뿐이다 : 두 사람에게 각각 얽매인 몸에서 벗어나는 길이 있었지만, 비질한 흔적이 여전히 바닥에 남아 있는 것과 같다.²⁶ 이것을 가리켜 '전체의 반만 건졌다.'라고 한다. 앞의 시중에서 집어낸 평은 마조와 방거사에게 각각 얽매인 몸에

하게 만들었다는 말. 결과적으로 본래의 사람을 지시하는 동작이 아니라 도리어 그에 대한 판단을 모두 빼앗았다는 뜻이다. 바로 아래에 보이는 방거사에 대한 평도 이와 동일하다.

24 통째로 대추를 삼킨 격이었다 : 씨를 골라내지 않고 대추를 통째로 삼키면 맛도 볼 수 없고 소화도 시키지 못하듯이 방거사의 절은 공경을 표하는 예의가 아닐 뿐만 아니라 다른 어떤 근거로도 알 수 없는 화두였다는 말. 『密菴語錄』(大47, 974b22), "선사先師께서 제기한 말은 통째로 대추를 삼킨 것과 같아서 지금껏 어떤 사람도 그에 대하여 분별하지 못한다.(先師擧了, 也是渾崙吞箇棗, 至今未有人動著.)" 이 비유는 이해하지도 못하는 글귀를 무작정 외워서 기억하기만 하는 어리석음을 비판하는 말로 쓰이기도 한다. 혼륜渾崙은 혼륜混淪 또는 곤륜崑崙으로도 쓴다. 본서 411칙 '숭숭공의 송' 제6구, 1022칙 '육왕 개심의 염' 참조.
25 본래 통짜의 하나여서 분리할 수 없지만, 둘로 갈라서 맛을 볼 수 있도록 방편을 펼쳤다는 풀이. 아래서 "맛을 모른다."라고 한 대목과 대칭시켰다.
26 본서 164칙 주 51 참조.

서 벗어날 길이 있음을 나타내었고, 여기에서는 향상하는 유일한 통로를 곧바로 밝혔지만, 그 핵심은 동일하다.

又擧, 覷上覷下云云者, 依乎離披. 渾崙吞箇棗者, 不知滋味也. 馬祖至一牛者, 兩箇漢各有出身之路, 似乎箏迹猶在, 是名求[1]得一牛也. 前拈, 卽現馬祖龐公, 各有出身之路 ; 此, 直明向上一竅, 其實一也.

---

1) ㉰ '求'가 갑본에는 '救'로 되어 있다. ㉱ '救'가 맞다.

163칙 마조피부 馬祖皮膚

본칙 마조 대사가 약산 유엄藥山惟儼에게 물었다. "그대는 이곳에서 수행한 세월이 제법 되는데, 본분사는 어떤가?" "껍데기는 모두 떨어져 나가고 오로지 하나의 진실만 남았습니다."[1] "그대의 견해를 보자니 마음의 바탕과 일치한 기운이 사지에 고루 퍼졌다고 할 만한데, 어찌 세 조각 대나무 껍질로 허리를 졸라매고[2] 적당한 절에 가서 주석(住山)[3]하지 않는가?" "제가 무슨 대단한 사람이라고 절에 주석할 생각을 하겠습니까?" "그렇지 않다. 오랫동안 돌아다니며 수행[4]하기만 하였다고 어느 곳에도 주석하지 말라는 법은 없고, 오랫동안 한곳에 주석하기만 하였다고 돌아다니며 수행하지 말라는 법은 없다. 덧붙일 여지가 없는 것에 굳이 덧붙여 주고자 하고, 더 이상 할 여지가 없는 경계에서 무엇인가 하고자 하는 법이다.[5] 마

---

1 36권본 『大般涅槃經』 권35(大12, 845b3)의 다음 내용에 따른다. "세존이시여, 마치 큰 마을 밖에 있는 사라림에서 자라는 한 그루 나무가 그 숲이 생기기 이전부터 자라 수령이 100년 이상 된 것과 같습니다. 그때 숲의 주인이 물을 부어 주며 때에 알맞게 가꾸어 왔지만 그 나무는 오래되어 썩어서 껍질과 가지와 잎은 모두 떨어지고 오로지 알갱이만 남게 된 것입니다. 여래 또한 이와 같아서 몸은 낡아서 모두 남김없이 제거되고 오로지 일체의 진실한 법만 남게 되었습니다.(世尊, 如大村外有娑羅林, 中有一樹, 先林而生, 足一百年. 是時, 林主灌之以水, 隨時修治, 其樹陳朽, 皮膚枝葉, 悉皆脫落, 唯貞實在. 如來亦爾, 所有陳故, 悉已除盡, 唯有一切眞實法在.)" ; 『大般涅槃經疏』 권32(大38, 224a26), "그 나무가 오래되어 썩어서 껍질이 모두 떨어져 나갔다는 말은 번뇌와 갖가지 악들이 남김없이 다 사라지고 오로지 진실만 남았다는 것을 비유하니 그것은 바로 모든 덕을 가리킨다.(其樹陳朽皮膚悉脫者, 譬煩惱諸惡一切都盡, 唯眞實在, 卽是萬德.)"
2 세 조각~허리를 졸라매고 : 주린 배를 참으며 도를 펼친다는 뜻.
3 여기서 주석이란 단순히 어떤 절에 소속되어 있다는 의미의 주석이 아니라 자신의 독립적인 견해를 지니고 대중을 이끄는 지위에 선다는 뜻이다.
4 설화의 해설과 같이 원문의 '行行'은 선지식을 찾아 이곳저곳 돌아다니며 수행하는 행각行脚을 뜻한다. 한곳에 머무는 주석과 대칭으로 쓰였다.
5 오랫동안 돌아다니며~하는 법이다 : 약산의 안목이 완성되어 더 이상 이곳에 머물며 수행자의 지위로 사는 것은 불필요하고 그것을 많은 사람에게 펼쳐야 한다는 말이다. 『圜悟語錄』 권2(大47, 720c16), "오랫동안 돌아다니며 수행하기만 하였다고 어느 곳에도 주석하지 말라는 법은 없고, 오랫동안 한곳에 주석하기만 하였다고 돌아다니며 수행하

땅히 (중생을 건네주는) 배가 되어야 한다.[6]" 약산이 이 말을 듣고 절에 주석하였다.

> 馬大師, 問藥山, "子在此許多時, 本分事[1]作麼生?" 山云, "皮膚脫落盡, 唯有一眞實." 師云, "據汝所見, 可謂恊於心體, 布於四肢, 何不將三條篾束取肚皮, 隨處住山去?" 山云, "某甲何人, 敢言住山?" 師云, "不然. 未有長[2]行而不住, 未有長住而不行. 欲益無所益, 欲爲無所爲! 宜作舟航." 山由是住山.

1) 㞢 '本分事'가 『馬祖廣錄』에는 '見處'로 되어 있다. 2) 㞢 '長'이 『馬祖廣錄』에는 '常'으로 되어 있다. 이하 동일.

설화

- 그대는 이곳에서 수행한 세월이 제법 되는데, 본분사는 어떤가 : 그에게 주석할 안목이 있는지 점검하려고 던진 질문이다.
- 껍데기는 모두 떨어져 나가고 오로지 하나의 진실만 남았습니다 : 깊고 미묘한 지견조차도 하나씩 모두 떨어져 나간 결과로 이렇다 해도 안 되고 이렇지 않다고 해도 안 되며 이렇다거나 이렇지 않다거나 모두 안 된다.

지 말라는 법은 없다. 작위가 있거나 삭위가 없거나 이롭거나 이로움이 없거나 삼계를 두루 돌아다니며 정진하고(梯山航海 : 尋師訪道) 사생四生을 구제함이 바로 납승가의 본분사이다. 비록 결정적인 순간이 닥쳐와 한칼에 두 동강을 내버리듯이 전환하더라도 핵심은 자신의 콧구멍(숨통)이 결코 다른 사람 손에 달려 있지 않다는 점이다.(未有長行而不住, 未有長住而不行. 爲無爲益無益, 梯航三有, 津濟四生, 是衲僧家本分事. 雖然時節到來, 一刀兩段, 要且鼻孔不在別人手裏.)"

6 『大般涅槃經』 권상(大1, 193a26), "일체중생이 암흑에 떨어져 있으니 여래께서 밝은 빛이 되어 주십시오. 일체중생이 모두 생사라는 바다에 빠져 허우적대고 있으니 여래께서 저들의 배가 되어 주십시오.(一切衆生, 墮於黑暗, 唯願如來, 爲作明照. 一切衆生, 皆悉漂沒生死大海, 唯願如來, 爲作舟航.)"

- 그대의 견해를 보자니 마음의 바탕과 일치한 기운이 사지에 고루 퍼졌다고 할 만한데 : 견해가 알차다는 뜻이다.
- 어찌 세 조각 대나무 껍질로~주석(住山)하지 않는가 : 외도가 산에 주석하는 것을 일삼을 때 갖추는 세 가지 뜻을 차용하였다.[7]
- 제가 무슨 대단한 사람이라고 절에 주석할 생각을 하겠습니까 : 겸손하게 한 말이다.
- 그렇지 않다~수행하지 말라는 법은 없다 : 수행이 곧 깨달음이고 주석 자체가 교화라는 뜻일까? 행은 행각行脚[8]을 나타낸다. 자기 자신의 본분사를 성취한 뒤에는 반드시 한곳에 주석하며 중생에게 이익을 주는 가르침을 펼쳐야 한다는 말이다.
- 덧붙일 여지가 없는 것에~무엇인가 하고자 하는 법이다 : 더 이상 덧붙일 일이 없다는 말이다.
- 배가 되어야 한다 : 중생을 고해에서 구제하는 배를 가리킨다.

[皮膚] 子在此云云者, 驗他住山眼目也. 皮膚至眞實者, 玄妙知見, 一一撲落, 伊麽也不得, 不伊麽也不得, 伊麽不伊麽摠不得. 據汝所見, 至四肢者, 見解充實義. 何不將三條云云者, 借用外道事住山處, 所具地三義. 某甲至住山者, 謙辭. 不然至不行者, 行則證, 住則化耶? 行則行脚也. 自己

---

7 전거 미상.
8 『祖庭事苑』 권8(卍113, 240a1), "행각 : 행각이란 살던 곳에서 멀리 떠나 세상을 돌아다니며 인정을 벗어나고 속박도 내던지고서 스승과 벗을 찾아다니며 법을 구하여 깨닫는 것이다. 그런 이유로 배움에 특별히 정해진 스승을 두지 않고 두루 찾아 돌아다니는 것을 최선으로 여긴다. 선재동자가 남쪽으로 선지식을 찾아다녔던 것이나 상제보살이 동쪽으로 법을 배우러 다녔던 것이 모두 옛 성인들의 구법 활동이다. 영가 현각永嘉玄覺이 강과 바다를 건너고(游) 산천을 돌아다니며(涉) 스승을 찾아 도를 묻고 참선했던 일이 어찌 그런 이유가 아니었겠는가!(行脚 : 行脚者, 謂遠離鄕曲, 脚行天下, 脫情捐累, 尋訪師友, 求法證悟也. 所以學無常師, 遍歷爲尙. 善財南求, 常啼東請, 蓋先聖之求法也. 永嘉, 所謂游江海涉山川, 尋師訪道爲參禪, 豈不然邪!)"

事成就然後, 也須住山利物也. 欲益至無所爲者, 無以復加也. 宜作云云, 濟物舟航也.

원오 극근圜悟克勤의 거

"대중이여, 옛사람은 깨달음의 목표를 이룬 다음에 중생에게 이익을 주는 교화를 잊지 않고 곧바로 깊은 산에 들어가 종지의 요소를 들어 보였다. 하지만 산승은 우매하거늘 어찌 그 경지에 올라갈 생각인들 품을 수 있겠는가! 이와 같다면 결코 대나무 껍질로 허리를 졸라매고 살 필요는 없지만, 그래도 다리 부러진 솥[9] 하나는 남아 있으니 사방에서 찾아온 무리들과 함께 고요한 경계를 지키리라. 만일 내 말을 믿을 수 있다면 입이 닳도록 해 주는 말에 얽매이지 않겠지만, 상세히 알지 못하겠다면 말후구를 읊은 게송 한 수를 들어 보라. '높은 봉우리 불쑥 솟아 하늘 입구에 기대고 있으니, 병풍처럼 두른 청산의 텅 빈 운치에 뿌리내릴 만하구나. 다리 부러진 솥이나마 다행히 남아 있으니, 그것 지니고 떠나 깊은 구름 속에 은거할 수 있다네.' 비록 이렇다고는 하지만 반드시 모두들 한 손을 내밀어야 한다.[10] 말해 보라! 궁극적인 뜻은 무엇일까? 아름다운 춤에는 박자에 맞는 노래가 따라야 하고,[11] 삼대의 곡조는 반드시 사대부 집안

---

9 다리 부러진 솥(折脚鐺子) : 다리가 부러져 쓸모없는 솥으로 무공용無功用의 당체當體를 비유하였다. 또는 빈한한 살림살이를 들어 별달리 애써 방편을 펼 일이 없음을 표현한 것으로 볼 수 있다. 본서 332칙 본칙 참조.

10 여기서 다 함께 한쪽 손을 내민다는 것은 서로 같은 경지를 주고받는다는 뜻으로 동도창화同道唱和하는 것이다.

11 『五祖法演語錄』 권1(大47, 652b25)에는 "아름다운 춤을 추려면 반드시 일정한 박자를 알아야 한다.(妙舞更須知遍拍.)"라고 되어 있다. 노래와 박자가 어울려야 하듯이 춤과 박자도 그러하다. 마치 외손바닥으로는 소리를 낼 수 없는 이치와 같다. 바로 앞에서 '모두들 한 손을 내밀어야 한다.'고 한 말과 통한다. 원오가 『圜悟語錄』 권1(大47, 716a20)에서 "외손바닥으로는 소리를 내지 못하고, 나무 한 그루로는 숲을 이루지 못한다.(獨掌不浪鳴, 獨樹不成林.)"라고 한 말도 그 맥락이다.

에서 열어야 한다."

圜悟勤擧此話云, "大衆, 古人得意之後, 不忘利生, 直入深山, 提持宗要. 山僧暗昧, 豈敢仰攀! 如是則更不用篾束肚皮, 却有箇折脚鐺子, 與方來共守寂寥. 若信得及, 不在忉忉; 或未諳詳, 聽取箇末[1]後句. '高峰突兀倚天門, 靑嶂虛閑可椓根. 折脚鐺兒幸然在, 不妨攜去隱深雲.' 雖然如是, 也須是大家出一隻手始得. 且道! 畢竟如何? 妙舞應須誇徧[2]拍, 三臺須是大家催."

1) ㉭ '末'가 갑본에는 '末'로 되어 있다. ㉠ '末'이 맞다. 2) ㉭ '徧'이 갑본에는 '偏'으로 되어 있다. ㉠ '徧'이 맞다.

[설화]

○ 옛사람은~종지의 요소를 들어 보였다 : 약산이 한 절에 주석하며 깊은 산속에서 중생을 받아들여 이익을 준다는 뜻을 밝혔다.
○ 결코 대나무 껍질로 허리를 졸라매고 살 필요는 없다 : 약산을 본받기 때문에 한 말이다.
○ 높은 봉우리 불쑥 솟아~깊은 구름 속에 은거할 수 있다네 : 이 또한 그를 본받아 곧바로 깊은 산속으로 들어가 종지의 요소를 들어 보인다는 뜻이다.
○ 비록 이렇다고는 하지만~삼대의 곡조는 반드시 사대부 집안에서 열어야 한다 : 자신의 가풍을 드러내어야 한다는 뜻이다.[12]

---

[12] 자신이 성취한 경계에 적절하게 방편을 펼쳐야 한다는 맥락도 들어 있다. 『石溪心月語錄』권상(卍123, 61b14), "학인이 물었다. '기억하건대 보공 대사寶公大士가 사람을 시켜 사대思大 화상에게 「산에서 내려와 중생을 교화하지 않고, 하늘만 쳐다보고 지내면 어찌하시렵니까?」라고 물었는데 이 뜻이 무엇인지요?' '삼대의 곡조는 반드시 사대부 집안에서 열어야 한다.'(進云, '記得寶公大士, 令人傳語思大和尙,「何不下山敎化衆生, 目視雲漢作什麼?」此意如何?' 師云, '三臺須是大家催.')"

圜悟：古人至宗要者, 明藥山住山, 向深山裏, 接物利生也. 更不用云云皮者, 效藥山故云也. 高峯至隱深雲者, 亦効他直入深山裏, 提持宗要也. 雖然如是云云者, 見自家門風也.

164칙 마조사구 馬祖四句[1]

[본칙] 마조에게 어떤 학인이 물었다. "사구四句를 떠나고 백비百非도 끊고서[2] 선종의 종지(西來意)[3]를 곧바로 지시해 주시기 바랍니다." "내가 오늘은 말할 기분이 아니니 서당 지장西堂智藏에게 가서 물어보라." 그 학인이 지장에게 묻자 지장은 손가락으로 머리를 가리키며 말하였다. "내가 오늘 머리가 아파서 그대에게 말해 줄 수 없으니 백장 회해百丈懷海 사형에게 가서 물어보도록 하라." 그 학인이 회해에게 가서 묻자 회해가 대답하였다. "나는 이 문제에 대해서는 아무것도 모른다." 그 학인이 마조에게 돌아와서 그 말을 들려주자 마조가 말하였다. "지장의 머리는 희고, 회해의 머리는 검다."

馬祖, 因僧問, "離四句絶百非, 請師直指西來意." 師云, "我今日無心情, 汝去問取智藏." 僧乃問藏, 藏以手指頭云, "我今日頭痛, 不能爲汝說, 汝去問取海兄." 僧去問海, 海云, "我到者裏, 却不會." 僧廻擧似師, 師云, "藏頭白, 海頭黑."

---

1 어떤 언어의 형식에도 의존하지 않고 종지를 드러내라는 주문을 받고 마조와 두 제자가 현재 각자가 마주하고 있는 심정과 사실을 조금도 숨김없이 드러냄으로써 답하였다. 그들의 말은 현장의 사실에 부합할 뿐 어떤 고상한 상징이나 언어를 넘어선 경계에 대한 지시도 없다. 그 말들은 한 터럭도 가감할 수 없는 언어였고, 그 자체로 화두의 진실을 고스란히 담고 있다.
2 사구를 떠나고 백비도 끊고서(離四句絶百非) : 사구와 백비는 언어로 나타낼 수 있는 모든 형식을 가리킨다. 사구는 긍정의 형식, 백비는 부정의 형식이다. 이것을 모두 벗어나고 떠났다는 말은 어떤 언어로도 표현할 수 없는 궁극적인 진실의 경계를 말한다. 선종사에서 이 구절은 이 문답에서 처음으로 나타난다.
3 서래의西來意는 달마 대사가 서쪽에서 온 뜻. 선종의 종지를 말한다.

> 설화

● 사구四句와 백비百非 : 해조海照[4]의 송은 이렇다.[5] "진실하고 변함없는 도리를 무리하게 헤아려 유와 무의 차별 일으키니, 도리어 16가지 두드러지게 보이는 성정性情이 된다네. 이미 일어난 것과 아직 일어나지 않은 것에 삼세三世를 덧붙이고, 근본의 사구 더해지니 백비가 외롭지 않도다." 『기신론소필삭기起信論疏筆削記』에는 이렇게 전한다.[6] "백비에 대하여 일一·이異와 유有·무無 등의 네 구절을 소재로 밝히면 다음과 같다. 일一·비일非一·역일역비일亦一亦非一·비일비비일非一非非一, 이異·비이非異·역이역비이亦異亦非異·비이비비이非異非非異, 유有·비유非有·역유역비유亦有亦非有·비유비비유非有非非有, 무無·비무非無·역무역비무亦無亦非無·비무비비무非無非非無 등이 함께 16구절이 된다. 과거·현재·미래(三世)에 각각 16구절이 있으므로 함께 48구절이 된다. 또한 이미 일어난 것과 아직 일어나지 않은 것이 각각 48구절이 되어 함께 96구절이 된다. 아울러 근본의 사구를 합하면 결국 백비가 된다."

[四句] 四句百非者, 海照頌云, "强計眞常起有無, 飜成十六性情麤. 已起未起幷三世, 根本四句百不孤." 筆削云, "百非者, 一異有無等, 四句明之, 則一非一, 亦一亦非一[1)] ; 異非異, 亦異亦非異 ; 有非有, 亦有亦非有 ; 無非無, 亦無亦非無等, 共成十六. 過現未三世, 各有十六, 則共成四十八. 已起未起, 亦各有四十八, 則共成九十六. 幷根本四句, 則却成百非也."

---

1) ㉠ 이 구절 다음에 '非一非非一'이 누락되었다. 이하 각 4구의 마지막 구가 모두 탈락되어 있다. 원문에 생략되어 있는 구절을 추가하여 번역하였다.

---

4 미상.
5 다음에 제시되는 『起信論疏筆削記』의 핵심을 읊은 송으로 보인다.
6 자선子璿의 『起信論疏筆削記』 권4(大44, 318b6)의 내용을 활용하였다.

● 사구四句를 떠나고 백비百非도 끊다 : 그 학인이 알고서 물은 말인가? 아니면 몰라서 물은 말인가?[7]
● 내가 오늘은 말할 기분이 아니니 서당 지장西堂智藏에게 가서 물어보라 : 사구를 떠나고 백비도 끊고서는 말할 여지가 없기 때문에 그렇게 대답한 것일까? 만일 그렇게 그 학인을 번거롭게 했다면 마조는 말뜻도 알아차리지 못한 결과가 되지만 그렇지 않다. 성도成都[8]에서 진각眞覺[9]이 "마조가 던진 첫 번째 구절을 살피기만 한다면 자연히 한순간에 알아차릴 것이다."[10]라고 한 말을 모르는가?
● 내가 오늘 머리가 아파서 그대에게 말해 줄 수 없으니~나는 이 문제에 대해서는 아무것도 모른다 : (지장과 회해 두 사람 모두) 마조와 마찬가지로 말할 수 없다는 뜻일까? (지장이) "오늘 머리가 아파서 그대에게 말해 줄 수 없다."라고 한 것은 머리가 아프기 때문에 말하지 못한다는 사실일 뿐 말할 법이 없어서가 아니다.[11] (회해가) "나는 이 문제에 대해서는 아무것도 모른다."라고 한 것은 전혀 모르기 때문에 말할

---

7 설화의 이 문제 제기는 그 자체로 특별한 응답이 요구되지 않는 완결된 화두이기도 하며, 본칙 공안에 접근하는 지름길 중 하나이기도 하다. 『碧巖錄』 73則 「頌 評唱」(大48, 201c9), "옛사람이 말하기를 '질문은 대답에 있고, 대답은 질문 속에 이미 들어 있다.'라고 하였다.……설두는 '이 일은 오직 나만이 알 수 있다.'라고 하였다.(古人云, '問在答處, 答在問處.'……雪竇道, '此事唯我能.')"
8 성도成都 : 원오 극근의 출신지. 원오는 사천성 성도시成都市 북서쪽에 있는 팽주彭州 숭녕崇寧 출신이다.
9 진각眞覺 : 황룡 혜남黃龍慧南의 법을 이은 황벽 유승黃檗惟勝. 원오가 불문에 들어가 교학을 익히다가 병을 얻어 죽을 지경에 이르러 모든 부처의 열반정로涅槃正路가 글에 있지 않음을 자각하고 나서 가장 먼저 찾아간 선사로 실려 있다. 『五燈會元』 권19 「克勤佛果章」(卍138, 738b8) 참조.
10 원오가 성도에서 진각에게 이 공안에 대하여 묻자 이렇게 대답했다고 한다. 『碧巖錄』 73則 「本則 評唱」(大48, 200c25) 참조. 첫 번째 구절이란 바로 '내가 오늘은 말할 기분이 아니다.'라고 한 그 구절을 가리킨다. 『碧巖錄』에는 '馬祖第一句'로 되어 있다.
11 '머리가 아프다.'고 한 그 말에 가감할 어떤 것도 없다는 해설이다. 이것은 사실 그대로 설정한 것처럼 보이지만, 어떤 맛도 없어 특정한 도리의 맛으로 조정할 수 없는 화두의 본질에 따라 내린 풀이다.

법도 없다는 뜻이다.[12]

● 지장의 머리는 희고, 회해의 머리는 검다 : 지장과 회해의 머리가 각각 한편은 희고 한편은 검기 때문에 드러난 사실에 따라서 내린 판단이다.[13] 그 뜻은 어떤 것일까? "망아지가 세상 사람들 모조리 짓밟아 죽이니, 임제는 대낮에 물건을 훔치는 도둑은 아직 못 되는구나."[14]라고 운운하는 말과 같다.

離四句絶百非者, 這僧會來問耶? 不會來問耶? 我今無心情云云者, 離四句絶百非, 道得無分故, 伊麽道得耶? 若伊麽累他, 馬祖不識話頭也. 不見, 成都眞覺云, "只消看馬祖一句, 自然一時理會得." 從我今日頭痛, 至却不會者, 與馬祖一般, 道不得耶? 今日頭痛不能爲汝說者, 頭痛故不說耳, 非無說地法. 我到這裏却不會者, 百不會故, 亦無說地法也. 藏頭白海頭黑者, 因智藏懷海頭白頭黑, 據款結案也. 意旨則如何? '馬駒踏殺天下人, 臨濟未是白拈賊'云云.

설두 중현雪竇重顯의 송 雪竇顯頌

지장의 머리 희고 회해의 머리 검다고 하니	藏頭白海頭黑
밝은 눈의 납승조차 그 뜻 이해하지 못하네	明眼衲僧會不得
망아지가 세상 사람들 모조리 짓밟아 죽이니	馬駒踏殺天下人

---

12 바로 앞의 해설과 마찬가지로 드러난 말 그대로 '모른다.'는 것일 뿐 그 이상 덧붙이거나 뺄 여지가 없다는 뜻이다. 지장과 회해의 말을 주어진 그대로 수용하고 어떤 분별도 들어갈 틈이 없도록 설정하였다.
13 이것 또한 앞의 두 주석과 마찬가지 해설이다. 한편은 머리털이 조금 거뭇하게 보이고, 다른 한편은 삭발한 지 얼마 되지 않아 희다는 사실 그대로 말함으로써 마조는 그 학인이 '선종의 종지'에 대하여 말하거나 분별할 여지가 전혀 없도록 만들었다.
14 이 공안에 대한 이하 '설두 중현의 송'에 나오는 구절. 망아지는 마조를 가리킨다. 사람들이 보통 판단하는 근거지를 모조리 짓밟아 버리는 마조의 기세를 상징적으로 나타내었다. 본서 161칙 주 4 참조.

임제는 대낮에 물건 훔치는 도둑 못 되노라 臨際未是白拈賊
사구를 떠나고 백비까지 끊어 버린 그 경지 離四句絶百非
천상과 인간 중에 오직 나만이 아는 일이라 天上人間唯我知

〔설화〕

○ 제1구와 제2구 : 비록 밝은 눈을 가진 자일지라도 달라붙어 해결할 수 없다. 왜 그런가? 밝은 눈 바로 그것 때문이다.[15]
○ 망아지가 세상 사람들~도둑 못 되노라 : 임제가 "무위진인無位眞人이라니 이 무슨 마른 똥막대기 같은 소리인가!"[16]라고 한 기세도 (마조의) 이 경계에 이르면 좋은 솜씨가 아니라는 뜻이다.
○ 사구를 떠나고 백비까지 끊어~오직 나만이 아는 일이라 : 여기서 '나'란 앞서 나온 스승과 두 제자 등 세 분의 작가를 말한다.

雪竇 : 上句, 雖是明眼漢, 湊泊不得. 何也? 明眼故也. 馬駒踏殺天下人云云者, "無位1)眞人, 是什麽乾屎橛!" 到此亦未爲好手也. 離四句云云者, 我謂前父子三員作家也.

1) ㉾ '位'가 갑본에는 '爲'로 되어 있다. ㉻ '位'가 맞다.

---

15 여기서 밝은 눈이란 흑과 백을 분명하게 분별하거나 시비를 가려내는 마음을 나타낸다. 그런 안목이 도리어 한 치의 분별도 붙을 수 없도록 던진 세 선사의 몰자미한 화두를 이해하는 데는 장애가 된다. 망아지가 짓밟아 버리는 대상은 이런 방식의 밝은 눈이기 때문이다.『慈受懷深廣錄』권1(卍126, 535b6), "법좌에 올라앉아 주장자를 세웠다가 한 번 내리치고 말하였다. '나, 자복資福의 결정적인 한 수는 헤아리는 순간 잘못 알게 되니 밝은 눈의 납승일지라도 끈도 없는데 스스로 묶이는 꼴이리라.' 다시 세웠다가 한 번 내리치고 말하였다. '자복의 결정적인 한 통로는 가장 깊고 가장 미묘하여 그 자리에서 이해하더라도 그대를 비웃게 만들리라.'(上堂, 卓拄杖一下云, '資福一著, 商量卽錯, 明眼衲僧, 無繩自縛.' 又卓一下云, '資福一竅, 最玄最妙, 直下會得, 敎儞冷笑.')"
16 본서 617칙 및『臨濟錄』(大47, 496c10) 참조.

해인 초신海印超信의 송 海印信頌

보배 있는 곳[17] 몰라 남에게 찾는 길 묻기에	不知寶所問人覓
보배를 그에게 보였건만 그가 알지 못하더라[18]	將寶示渠渠不識
이 말 저 말 지시받아 묻고 헤아리던 이[19]가	指來指去問商人
동서도 가리지 못하여 헛되게 힘만 낭비했네	不辨東西徒費力
여전히 실없이 오락가락하며 한탄할 뿐이니	依舊空迴自惆悵
오며 가며 해진 짚신은 몇 켤레나 되는가	踏破草鞋多少緉

천동 정각天童正覺의 송 天童覺頌

약이 도리어 병이 되는 사례는	藥之作病
옛 성인의 일에 비추어 알지만[20]	鑒乎前聖
병이 치료 수단이 되게 하려면	病之作醫
무엇을 모범으로 삼아야 할까[21]	必也其誰

---

17 보배 있는 곳(寶所) : 여기서는 선종의 종지를 말하지만, 본래는 『法華經』 권3 「化城喩品」(大9, 27a19)에서 열반을 비유했던 말이 뿌리가 된다. "그대들은 여기서 앞으로 더 나아가야 할지니, 이곳은 신기루의 성(化城)일 뿐이기 때문이다. 내가 그대들의 피로가 극심하여 가던 길 중간에서 돌아오고 싶어 하는 마음을 알았기에 방편의 힘을 써서 권도의 변화로 이 성을 지어내었다. 그대들은 부지런히 정진하여 함께 보배가 있는 곳에 이르러야 한다.(汝等當前進, 此是化城耳. 我見汝疲極, 中路欲退還, 故以方便力, 權化作此城. 汝等勤精進, 當共至寶所.)"

18 보배를 그에게~알지 못하더라 : 세 선사가 더듬어 찾을 자취가 전혀 없는 화두로써 제시한 말을 가리킨다. 그들의 한마디 말이 모두 본분의 화두였다는 사실을 그 학인이 몰랐다는 뜻이다.

19 묻고 헤아리던 이(問商人) : 지시한 말을 가지고 묻고(問) 이리저리 헤아리던(商) 학인을 나타낸다.

20 약이 도리어~비추어 알지만 : 이 구절에 대한 『直註天童頌古』 권상 「著語」(卍117, 784a18)에 "사구를 벗어나는 것이 세상에서 가장 좋은 약이다. 이 학인에게 병이 되어 효험이 없다.(離四, 天下之藥. 此僧, 爲病反驗.)"라고 한 데 그 뜻이 보인다. '사구四句를 떠나고 백비百非도 끊다.'라는 말이 본래 약이었지만 병이 되었다는 말이다. 아래 설화에서는 남전의 말을 예로 들어 약이 병이 된 경우를 들었다.

21 병이 치료~삼아야 할까 : 위의 책, "피곤과 두통을 세상 사람들은 병으로 여기지만

흰 머리와 검은 머리여	白頭黑頭兮
가풍을 올바로 계승한 자들일세[22]	克家之子
말 있음과 말 없음이여	有句無句兮
망상분별을 모두 끊은 근기로다[23]	截流之機
뚜렷하게 말길을 짓눌러 버렸으니[24]	堂堂坐斷舌頭路
비야의 꼿꼿한 노인 비웃으리라[25]	應笑毘耶老古錐

설화

○ 약이 도리어 병이 되는 사례는, 옛 성인의 일에 비추어 알지만 : 남전南泉이 "마음도 아니고 부처도 아니며 중생도 아니다."[26]라고 하였는데, 이것이 약이 아닌가? 그러나 백장에게 꺾이게 되어 거꾸로 (그 말이)

마조 부자는 치료 수단으로 삼았다. 약과 병의 관계, 도대체 무엇인지 말해 보라!(勞倦頭痛, 天下爲病, 父子爲醫. 藥之於病, 且道是誰!)" 약이 따로 있는 것이 아니라 약이 독이기도 하고 독이 약이기도 하기 때문이다.『大般涅槃經』권2(大12, 378a17~c18)에 나오는 유약유약乳藥의 경우와도 같다.『從容錄』6則「著語」(大48, 231a12)에서 "약으로 약 기운을 내리고, 독으로 독을 제거한다.(以藥下藥, 以毒去毒.)"라고 한 말도 같은 맥락이다.

22 흰 머리와~계승한 자들일세 : 지장과 회해에 대한 평이다.『直註天童頌古』권상「著語」, "흰 머리는 지혜의 창고(智藏)요, 검은 머리는 지혜의 바다(智海 : 懷海)로다. 두 아들이 가풍을 계승하여 잘 책임지는구나.(白頭智藏, 黑頭智海. 二子克家, 善能荷負.)"
23 말 있음과~끊은 근기로다 : 위의 책, "말이 있음은 마조 대사의 부자요, 말이 없음은 유마거사의 일관된 침묵이다. 활용이 때에 들어맞으니 모두 함께 번뇌를 끊었다.(有句大師父子, 無句維摩一默. 用在當時, 俱皆截流.)"
24 뚜렷하게 말길을 짓눌러 버렸으니 : 위의 책, "뚜렷하다(堂)는 말은 분명하다(明)는 뜻이다. (말길이란) 마조 부자가 한 말을 가리킨다.(堂者, 明也. 父子有言.)"
25 비야의 꼿꼿한 노인 비웃으리라 : 위의 책, "유마가 입을 틀어막고 침묵한 방법(把住)이 무슨 말이나 하도록 허용하는 방법(放行)만 못하다고 비웃는다.(笑他把住不如放行.)" 불이不二의 법에 대하여 침묵으로 일관한 유마거사의 방식을 소재로 삼았다. '비야'는 유마거사가 살던 비야리성毘耶離城(S Vaiśālī, P Vesāli)을 가리킨다. 노고추老枯錐는 예리했던 송곳이 오래되어 무뎌진 것처럼 이전의 예리한 기봉이 없어진 것을 비유하기도 하고 반대로 날카로움을 버리고 원숙해진 경지를 뜻하기도 한다.
26 본서 226칙 본칙 참조.

병이 되었던 것을 말한다.[27] 옛 성인이란 남전 등이 그 예이다.

○ 병이 치료 수단이 되게 하려면, 무엇을 모범으로 삼아야 할까 : 앞서 나온 스승과 두 제자 세 분의 대응이 소용이 있으리라는 말이다. 그러므로 "흰 머리와 검은 머리여, 가풍을 올바로 계승한 자들일세."라고 하였다.

○ 뚜렷하게 말길을 짓눌러 버렸으니, 비야의 꼿꼿한 노인 비웃으리라 : 유마의 침묵이 언어로 전하는 길을 짓눌러 버렸으니, 세 분 노승의 비웃음을 사리라는 뜻이다.

天童 : 藥之作病云云者, 南泉云, '不是心至物.' 此非藥耶? 被百丈折挫, 返是病也. 前聖謂如南泉等也. 病之作醫云云者, 言前父子三員用得. 故云, 白頭云云也. 堂堂坐斷云云者, 維摩黙然, 是坐斷舌頭路, 笑殺三箇老僧也.

동림 상총東林常總의 송 東林總頌

백비와 사구에 무슨 말이 끊어졌단 말일까	百非四句絶何言
흑백도 분명하고 정과 편도 정해졌다네[28]	黑白分明定正偏
사자 사는 굴에는 다른 짐승이라곤 없고[29]	師子窟中無異獸
검은 용 가는 곳엔 하늘까지 물결 넘친다[30]	驪龍行處浪滔天

---

27 본서 276칙 본칙 참조.
28 백비와 사구에~편도 정해졌다네 : '사구를 떠나고 백비도 끊는다.'는 구절에 대한 반대 정립이다. 흑과 백을 분명하게 나누고, 무차별의 정위正位와 차별의 편위偏位를 확정하여 모든 구절을 확연하게 펼치는 경계를 보였다. 세 선사가 드러낸 말들을 가리킨다.
29 사자 사는~짐승이라곤 없고 : 『祖堂集』 권9 「洛浦元安章」(高45, 290b18), "'범부와 성인을 가르는 분별이 다 사라지지 않은 상태는 어떻습니까?' '사자의 굴 안에는 다른 짐승이라곤 없고, 코끼리가 밟고 지나가는 자리에는 여우의 발자취가 남지 않는다.'(問, '不盡凡聖處如何?' 師曰, '師子窟中無異獸, 象王行處勿狐蹤.')"
30 사자 사는~물결 넘친다 : 세 선사의 말이 그 자체로 완결된 화두여서 다른 말이 섞여

백운 지병白雲知昺의 송 白雲昺頌

사구와 백비를 모조리 끊어 버리니	四句百非皆杜絶
양춘백설[31]의 곡 더욱 높이 울린다[32]	陽春白雪唱彌高
바람 맑고 달 밝은 구름 걷힌 밤에	風淸月白無雲夜
뉘라서 취모검을 보검과 바꾸려는가[33]	誰把吹毛換寶刀

열재거사의 송 悅齋居士頌

이곳의 정혼은 신령한 기운 쓰는 법 알아	這裏精魂用得靈
조금도 움직이지 않고 바다와 산 기울이네	纖毫不動海山傾
만일 아무 말도 없음을 종지라고 여긴다면	若言無說爲宗旨

들어갈 틈이 없는 드높은 기세라는 점을 보여 준다.
31 양춘백설陽春白雪 : 고상한 악곡 이름. 원래는 전국시대 초나라의 고상하고 우아한 가곡歌曲 또는 시사詩詞를 가리킨다. 뜻이 확장되어 일반적으로 아름다운 시가나 문학을 나타내는 말로 쓰인다. 선가에서는 향상向上의 종지나 고상한 선풍禪風을 비유하기도 한다. 본서 590칙 '묘지 종곽의 송' 제3구 및 주석 참조.
32 양춘백설의 곡~높이 울린다 : 『文選』 송옥宋玉의 「對楚王問」에서 이 곡조를 알아들을 수 있는 사람을 만나기 어려움을 말하고 있다. 영郢 땅에 노래하는 이가 있었는데 처음에 〈하리下里〉와 〈파인巴人〉을 부르면 이어서 화답하는 자가 수천이었고, 그다음에 〈양아陽阿〉와 〈해로薤露〉를 부르면 이어서 화답하는 자가 수백이었으며, 〈양춘陽春〉과 〈백설白雪〉에 이르러서는 이어서 화답하는 자가 수십에 그쳤고, 여기에다 인상引商과 각우刻羽에 유치流徵를 섞어 더욱 격조 높은 연주를 함에는 이어서 화답하는 자가 몇에 불과했으니, 그런 까닭에 곡조가 높을수록 화답하는 사람은 더욱 적어지는 법(其曲彌高, 其和彌寡.)이라고 하였다. 『嘉泰普燈錄』 권30 「翠巖眞禪師語錄序」(卍137, 434a16), "명월주明月珠와 야광벽夜光璧을 던져 어둠을 밝혀 주어도 칼을 손에 쥐고 덤비는 이들을 얼마나 많이 만났으며, 양춘과 백설의 고상한 음을 구분할 수 있는 사람 만나기는 또 얼마나 어려운가.(明月夜光, 多逢桉劒 ; 陽春白雪, 難爲賞音.)"
33 뉘라서 취모검을 보검과 바꾸려는가 : 보검인 취모검을 다른 보검과 다시 바꿀 필요가 없다. 말과 침묵, 유有와 무無, 흑黑과 백白을 갈라놓고 분별해서는 마조와 지장과 회해의 뜻에 접근하지 못한다. 『碧巖錄』 73則 「本則 評唱」(大48, 201a23), "요즘 사람들은 그저 겉으로 드러난 말에서 살아날 계책을 지어내며 '백은 밝음과 합치하고 흑은 어둠과 합치한다.'라고 말하며 그 말을 천착하면서 이러니저러니 분별하는 데 몰두할 뿐이다.(如今人只管去語言上, 作活計云, '白是明頭合, 黑是暗頭合.' 只管鑽研計較.)"

구름 산도 지나쳐 십만 리 거리로 멀어지리³⁴   蹉過雲山十萬程

장산 법천蔣山法泉의 염

"안타깝다, 마조 집안의 세 사람이여! 그 학인에게 한꺼번에 감파당하였구나. 비록 그렇다고는 하여도, 흰 구름이라면 그래도 산봉우리를 찾아오겠지만 달은 푸른 하늘에서 내려오도록 할 수 없노라네.³⁵"

蔣山泉拈, "可憐, 馬祖三人! 被者僧一時勘破. 雖然如是, 白雲乍可來靑嶂, 明月難敎下碧天."

설화

○ 안타깝다, 마조 집안의 세 사람이여! 그 학인에게 한꺼번에 감파당하였구나 : 세 사람은 아직 무사無事의 경지를 얻지 못하였고 그 학인이 도

---

34 만일 아무~거리로 멀어지리 : 세 선사가 사구와 백비의 질문을 받고 제기한 반응이 질문을 회피하거나 무관하게 보여 은근히 침묵을 권하는 듯이 보일 수도 있지만, 저들의 언행은 낱낱이 모두 그대로 자족한 완결태이다.

35 흰 구름이라면~수 없노라네 : 흰 구름이 움직여 찾아오거나 달이 하늘에서 내려오지 않거나 모두 무심無心·무사無事일 뿐 조작의 결과가 아니다. 애쓸 마음이 전혀 없어 무심이고, 한 치도 보탤 일이 없어 무사인 경계이기 때문이다. 이처럼 세 선사의 말에 관해서도 무심으로 수용하면 될 뿐이다. 위 구절은 당나라 때 선사인 도광 회적韜光晦迹이 백거이白居易의 초대를 사양하며 지은 칠언율시 〈謝白樂天招〉 가운데 함련이다. 이 시를 받고 백거이는 사신이 영은사靈隱寺로 노광을 만나러 갔다고 한다. 빛을 감추고 자취를 숨긴다(韜光晦迹)는 그의 법호와 법명에도 드러난 그 성정은 이 시 수련에 "한적함을 즐기는 산승은 숲과 샘을 좋아하여, 언제나 산기슭에서 바위에 기대 잔다오.(山僧野性好林泉, 每向岩阿倚石眠.)"라 한 말에도 잘 표현되어 있다. 『景德傳燈錄』 권18 「鏡淸道怤傳」(大51, 349b28), "어떤 학인이 물었다. 「사람이 도와 무심하게 합한다.」는 말은 무슨 뜻입니까?' '어째서 「도가 사람과 무심하게 합한다.」는 뜻은 묻지 않느냐?' '「도가 사람과 무심하게 합한다.」는 뜻은 어떤 것입니까?' '구름이야 그래도 산봉우리를 찾아오겠지만 달을 어떻게 푸른 하늘에서 내려오도록 하겠는가!'(問, '如何是人無心合道?' 師曰, '何不問道無心合人?' 曰, '如何是道無心合人?' 師曰, '白雲乍可來靑嶂, 明月那敎下碧天!')"

리어 무사의 경지에 들어 있는 듯이 보인다는 말이다.
○ 흰 구름이라면 그래도 산봉우리를 찾아오겠지만 달은 푸른 하늘에서 내려오도록 할 수 없노라네 : 세 선사의 뜻은 그러한 적이 없었다는 말이다.³⁶

蔣山:可憐馬祖三人,至勘破者,似未得無事,這僧却是無事也. 白雲云云者, 三師意, 未曾伊麼也.

법진 수일法眞守一의 염

"그 학인은 콧구멍을 몇 번이나 도둑질당했지만 여전히 눈치를 채지 못하고 있다.³⁷ 그렇다면 마조와 서당과 백장은 그 잘못을 헤아려 그에게 말해 주지 않았던 것일까? 아니면, 다른 도리가 있었던 것일까? 한번 말해 보라!"

法眞一拈, "者僧鼻孔, 被幾个白拈了, 猶自不知. 只如馬祖西堂百丈, 爲復是推過不爲他說? 爲復別有道理? 請試道看!"

【설화】

○ 부자 세 사람의 말은 그 하나하나가 구멍 없는 쇠망치와 같다는 뜻을 밝혔다. 아래에 나오는 향산 온량의 상당 또한 동일하다. 상방 일익의 염과 백운 법연의 상당은 그들의 말 하나하나를 그대로 허용하지 않는

---

36 학인은 왔다 갔다 세 선사에게 물었지만, 세 선사는 각자의 자리를 고수하면서 움직이지 않았다는 뜻이다.
37 그 학인은~못하고 있다 : 세 선사에게 찾아가서 들은 말들이 하나하나 모두 본분의 소식이었다. 그것을 알아차리지 못했기 때문에 본분의 핵심(콧구멍)을 도둑질당해 잃어버린 꼴과 같다.

비판적 평석이다.

法眞:明父子三人,一一無孔鐵鎚. 亦香山上堂亦同. 上方益, 白雲演上,[1)]
一一不放過也.

1) ㉠ '上' 다음에 '堂'이 누락되었다.

향산 온량香山蘊良의 상당

이 공안을 제기하고 말하였다. "어느 머리는 희고 다른 머리는 검다고 말하는구나. 만일 누군가 나, 오봉五峯에게 '눈썹을 치켜올리거나 눈동자를 굴리며 생각하여 내뱉는 사구와 백비에 의지하지 말고 나에게 조사의 의중을 대답해 주십시오.'라고 한다면, 나는 그에게 '아무리 대답하려 해도 대답할 수 없다.'고 말하겠다. 짧은 이야기 하나를 그대들에게 말해 주겠다. 옛날에 어떤 노승이 나이 80이 넘어 머리는 백발에 얼굴은 쭈그러지고 걸음걸이는 넘어질 듯 비틀비틀하여 머지않아 죽을 처지였다. 어떤 학인이 그에게 '사백師伯[38]이시여, 어떻게 지내십니까?'라고 묻자 노승은 '옛날의 소년이 지금은 이미 늙어서,[39] 사람을 보아도 선상에서 내려올 힘조차 없다.'[40]라고 대답하였다."【참!】

---

38 사백師伯 : 자신보다 나이나 법랍이 높은 연장자를 높여 부르는 말. 본래는 스승의 사형師兄·법형法兄을 뜻하는 말로서 '백'이란 백부伯父를 나타낸다. 『禪院淸規』 권5 「衆中特爲尊長煎點」(卍111, 905b10), "특별히 자신의 스승(本師)이나 가까운 친속·사백·사숙·사형 등에게 차를 올릴 경우 본료本寮의 자리가 편하지 않거나 대중에게 방해가 된다면 다른 요사를 빌려서 차를 끓인다.(如特爲本師, 及的親·師伯·師叔·師兄之類, 如本寮坐位不便, 及妨礙衆人, 卽借寮煎點.)"
39 옛날의 소년~이미 늙어서 : 당나라 때 시인 고황顧況의 〈行路難〉 세 수 중 두 번째 수에 "昔少年, 今已老."라는 구절이 나온다.
40 이 또한 어떤 상징도 없이 현재 있는 상태 그대로를 묘사하며, 그 자체로 몰자미의 화두로 제시되었다.

香山良上堂, 擧此話云, "謂之頭明¹⁾頭黑. 忽然有人問五峯, '除却揚眉動目, 四句百非外, 答某甲祖師意.' 五峯向他道, '答則答不得.' 有箇短頭話子, 說向你. 昔日有一老僧, 年過八十, 髮白面皺, 行步躘踵, 將死不久. 忽有僧問云, '師伯, 作麽生?' 老僧云, '昔日少年今已老, 見人無力下禪床.'"【叅!】

1) ㉠ '明'은 '白'의 오기인 듯하다. ㉡ '白'이 맞다.

위산 모철潙山慕喆의 염

"그 학인은 그렇게 물었고, 마조 대사는 그렇게 대답하였다. 사구를 벗어나고 백비도 끊어졌으니, 지장과 회해 사형도 전혀 알지 못한다. 알겠는가? '망아지가 세상 사람을 모두 밟아 죽였다.'라는 말을 모르는가?"

潙山喆拈, "者僧與麽問, 馬師與麽答. 離四句絶百非, 智藏海兄都不知. 會麽? 不見道, 馬駒踏殺天下人?"

상방 일익上方日益의 염

"병든 그 두 사람⁴¹이야 말을 못 했다 치더라도⁴² 회해 사형까지 벙어리 병을 앓고 있었으니, 좋은 일이라도 없느니만 못한 것을 어찌하랴!"

上方益拈, "這兩箇病漢, 從他說不得, 海兄又患瘂, 爭奈好事不如無!"

---

41 병든 그 두 사람 : 마음의 병을 앓던 마조와 두통이 있었던 지장.
42 원문의 '종타從他'는 임타任他·막교莫敎·종교從敎 등과 같은 용어이다. '~하도록 하다'라는 사역의 뜻으로 사使·령令 등과 같은 뜻이다. 또는 되어 가는 그대로 좋다, 그대로 방임하여 맡겨 둔다는 뜻으로도 쓰이는데, 이 경우는 '~하건 말건 상관하지 않는다'는 정도로 새긴다.

백운 법연白雲法演의 상당

이 공안을 제기하고 말하였다. "마조 대사는 당황하여 어쩔 줄 모르다가 '지장의 머리는 희고, 회해의 머리는 검다.'는 바로 그 말을 했을 뿐이고, 그 학인은 흐리멍덩함을 한 짐 짊어지고 와서 '모르겠다.'는 대답과 바꾸어 갔다. 만약 눈이 유성과 같이 민첩하다면 많은 사람이 돈을 잃고 죄까지 뒤집어쓴 꼴이었음[43]을 알았으리라."

白雲演上堂, 擧此話云, "馬大師, 無着惭惶處, 只道得个'藏頭白海頭黑',[1] 者僧將一擔矇疃, 換得个不會. 若也眼似流星, 多少人失錢遭罪."

1) ㉠ 이 구절 다음에 『宗門拈古彙集』 권8에는 "也是風后先生, 只知其一, 不知其二."라는 말이 더 실려 있다. 생략된 이 문구는 이하 '장산 극근의 거'에서 언급된다.

불안 청원佛眼淸遠의 상당

이 공안을 제기하고 말하였다. "대중들이여, 희다고 말하고 검다고 일렀으니 이치가 매우 분명히 드러났다. 여러분은 마조 대사의 의중을 알겠는가? 법문을 듣느라 한참을 서들 있지만, 나도 별다른 수가 전혀 없구나.[44]"

---

43 실전조죄失錢遭罪는 내기를 하여 본전도 잃고 죄도 받는다는 말. 학인을 비롯하여 이 문답에 참여한 모든 사람이 승패에서 져서 잘못만 남겼다는 뜻이다. 본서 758칙 '황룡 혜남의 염' 참조.

44 나도 별다른~전혀 없구나 : 마조가 한 말 이상으로 할 말이 없다는 뜻. 마조의 말에 본분의 이치가 분명하게 드러나 있기 때문에 달리 실마리를 잡을 수 없다. 이렇게 온통 실현되어 헤아릴 필요가 없는 경계를 태무단太無端으로 표현하기도 한다. 분별로 헤아려서는 '종잡을 수 없다' 또는 '까닭이 없다'라는 뜻으로 무사無事의 극치이다. 『太古語錄』「過雲」(韓6, 689a23), "평소의 모든 행동거지 참으로 종잡을 수 없는데, 곳곳마다 구할 일 없으니 곳곳이 안락하구나. 세상 어디나 돌아다니지만 자취를 전혀 남기지 않더니, (구름이) 오늘은 이전 그대로 푸른 산에 누워 있구나.(平生行止大無端, 是處無求是處安. 行滿天下沒蹤跡, 今日依然臥碧山.)"

佛眼遠上堂, 擧此話云, "大衆, 說白道黑, 理甚分明. 諸人還見馬大師麼? 久立, 也大[1]無端."

1) ㉠ '大'는 '太'로 씀이 일반적이다.

[설화]

○ 세 선사가 한 말은 '병이 치료 수단이 된다.'[45]는 뜻이라는 점을 밝혔다.

佛眼 : 明三員道得處, 病之作醫也.

장산 극근蔣山克勤의 상당

어떤 학인이 물었다. "'사구를 떠나고 백비도 끊고서 선종의 종지를 곧바로 지시해 주시기 바란다.'고 질문했는데, 마조 대사는 어째서 그에게 대답해 주지 않았을까요?" "사리여! 그대에게 틀림없이 진실을 보는 눈이 있을 것이다." "지장이 '회해 사형에게 가서 물어보라.'고 한 말은 또한 무슨 뜻입니까?" "물렁한 진흙 속에 가시가 숨어 있다."[46] "백장이 '나는 이 문제에 대해서는 아무것도 모른다.'라고 한 뜻은 무엇입니까?" "거북이 벽을 뚫고 들어가려 하는구나."[47] "마조가 '지장의 머리는 희고, 회해의 머

---

45 앞서 나온 '천동 정각의 송' 참조.
46 지장의 말이 싱거운 듯하지만 그 자체로 자신의 분명한 뜻을 전했다는 말.
47 아무리 뚫으려 해도 뚫리지 않는 막다른 경계를 말한다. 곧 백장이 '모른다'고 한 말은 모든 인식과 분별이 더 이상 통하지 않는 은산철벽의 궁극적인 경계를 지시한 것이라는 뜻이다. 진전의 극치에 도달하여 반전할 결정적 기회를 맞이한 상태를 비유한다. 『續傳燈錄』 권9 「雲峰文悅傳」(大51, 518c5), "법좌에 올라앉아 말하였다. '설령 마음이 헤아릴 수 없이 많은 시간의 현상에 모두 통하여 겁의 세월이 지난들 어찌 지금과 다른 점이 있겠는가? 말해 보라! 지금 해야 할 일은 어떤 것인가?' 잠깐 침묵하다가 말하였다. '거북이 벽을 뚫으려 하는구나.'(上堂, '假使心通無量時, 歷劫何曾異今日? 且道! 今日事, 作麼生?' 良久曰, '烏龜鑽破壁.')" 이와 유사한 비유로 '거북이 벽을 올라가려 한다(烏龜上壁)'는 구절도 있다. 『虛堂錄』 권3(大47, 1011b10), "제야 소참 때 학인이 물었다. '한 해가 막바지에 몰리니 거북이 벽을 올라가려 하는 격이라는 이 구절은 화상의

리는 검다.'라고 한 말은 또한 어떤 뜻입니까?" "변방에 떨어진 장군의 명령이다."[48] "그렇다면 세 존숙은 그 학인의 질문에 대답한 것입니까? 아니면 그에게 (질문에 상관없이) 말해 준 것입니까?" "하나의 판결문에 똑같은 죄로 처분하라."[49] "말에 깊은 의미를 머금고는 있지만 드러내지 못하고, 입으로는 이야기하고자 하나 말이 이루어지지 않는다는 뜻이로군요." "여전히 이렇게 복잡한 말이 남아 있구나." "모든 망상분별을 끊어 버리고 어떤 말로도 미치지 못한다면 어떻게 합니까?" "내가 산에 올라가 주장자 만들 나무를 골라 올 때까지 기다려라." "이 노화상은 조금도 속일 수 없군." "한 수 물러 주마."[50]

蔣山勤上堂, 僧問, "離四句絶百非, 請師直指西來意, 馬大師, 爲什麼不與他說?" 師云, "闍梨! 不妨具眼." 進云, "智藏道, '問取海兄去.' 又作麼生?" 師云, "爛泥裏有刺." "百丈道, '我到這裏, 却不會.' 意旨如何?" 師云, "烏龜鑽破壁." 進云, "馬祖道, '藏頭白, 海頭黑.' 又作麼生?" 師云, "塞外將軍令." 進云, "只如三尊宿, 是答他話? 是爲他說?" 師云, "一狀領過." 進云, "語帶玄而不露, 口欲談而辭喪." 師云, "猶有這葛藤在." 進云, "忽若截斷衆流, 言詮不涉, 又作麼生?" 師云, "待我上山採拄杖." 進云, "這老和尙, 一點也謾他不得." 師云, "放過一着."

말씀이 아닙니까?' '늙어서 마음이 외로웠던 탓에 잠시 잘못 생각하였다.' '속박된 몸을 반전시킬 수단이 있습니까?' '있기는 있지만, 누구도 발을 들여놓을 틈이 없다.'(除夜小參, 僧問, '年窮歲逼, 烏龜上壁, 豈不是和尙語?' 師云, '年老心孤, 暫時狼藉.' 僧云, '還有轉身處也無?' 師云, '有則有, 無爾著脚處.')

48 어길 수 없는 법도요 지침이라는 말. '기내에서는 천자의 칙령에 따른다.(寰中天子勅.)'는 말과 대구를 이룬다. 이 대칭 구절에 들어맞는 주아부周亞夫의 고사가 있다. 본서 298칙 '심문 담분의 송' 설화 참조.
49 본서 16칙 '오조 사계의 평' 주석, 33칙 '장로 종색의 거' 주석 참조.
50 바둑을 둘 때 상대가 실수하여 잘못 둔 수를 물리고 다시 두도록 한다는 말. 상대의 말을 인정하지 않으면서 동시에 달리 생각해 보라는 우회적인 표현이다.

> 설화

○ 사리여! 그대에게 틀림없이 진실을 보는 눈이 있을 것이다 : 당장에 말해 보라는 뜻이다.
○ 물렁한 진흙 속에 가시가 숨어 있다 : 깊이를 알 수 없다.
○ 거북이 벽을 뚫고 들어가려 하는구나 : '아무것도 모른다.'라고 한 뜻을 곧바로 밝혔다.
○ 변방에 떨어진 장군의 명령이다 : 근본 작용을 밝혔다.
○ 하나의 판결문에 똑같은 죄로 처분하라 : 그들이 하는 대로 놓아두지 않겠다는 말이다.
○ 여전히 이렇게 복잡한 말이 남아 있구나 : 먼지는 비록 모두 제거되었지만 비질한 흔적이 남아 있기 때문이다.[51]
○ 내가 산에 올라가 주장자 만들 나무를 골라 올 때까지 기다려라 : 노련한 장수는 병법兵法을 따지지 않는다.[52]

---

[51] 언어로 드러낼 수 없다는 말 자체가 또 다른 언어의 자취로 남는다는 뜻.『碧巖錄』84則「本則 評唱」(大48, 209c8), "대체로 서른두 보살들은 각각 특정한 말로써 말의 자취를 제거하려 시도했기 때문에 문수는 어떤 말도 없는 도리로써 말의 자취를 제거하여 한꺼번에 쓸어 없애고 나서 어떤 말도 필요치 않는 상황이 바로 불이법문不二法門에 들어간 경지라 생각하였다. 하지만 문수는 신령한 거북이 꼬리를 끌어서 자신의 발자국을 쓸어 없애려다가 또 다른 흔적이 생기는 잘못과 같았음을 전혀 몰랐다. 또한 그것은 마치 빗자루로 먼지를 쓰는 일과 흡사하여 먼지는 비록 제거되었지만 비질한 흔적이 여전히 바닥에 남아 있는 것과 같았다.(蓋爲三十二人, 以言遣言, 文殊以無言遣言, 一時掃蕩總不要, 是爲入不二法門. 殊不知, 靈龜曳尾, 拂迹成痕. 又如掃箒掃塵相似, 塵雖去箒迹猶存.)"

[52] 형식적인 제약을 벗어나 자유롭게 작전을 구상한다는 말. 일정한 병법에 사로잡히지 않고 상황에 따라 적절하게 대처하는 임기응변에 능하다는 의미이다. 이와 마찬가지로 뛰어난 종사宗師도 그때마다의 조건에 가장 적절하게 가르침을 베풀며 특정한 형식에 얽매이지 않는다.『從容錄』5則(大48, 230b1)에 어떤 학인이 청원에게 불법의 대의를 묻자 청원이 "여릉 지방의 쌀값은 얼마나 하느냐?(廬陵米作麼價?)"라고 되물은 말에 대한「著語」에 "노련한 장수는 병법을 따지지 않는다."라고 하였다. 또한 같은 책 60則「評唱」(大48, 265a10)에도 같은 취지가 보인다. "하찮은 학인은 불법에 대하여 쓸데없는 말이 많지만 노련한 장수는 병법을 따지지 않는 법이다. 산 밑에 보리가 설었는지

○ 한 수 물러 주마 : 이 한 수는 물러 주어도 괜찮다는 말이다.

蔣山: 闍梨不妨具眼者, 當頭道得也. 爛泥裏有刺者, 深淺難知. 烏龜鑽破壁者, 直明不會意也. 塞外將軍令者, 明大用也. 一狀領過者, 不放過也. 猶有這葛藤在者, 塵雖盡去, 箒迹猶在故. 待我上山採柱杖者, 老將不論兵也. 放過一著者, 這一著放過也好也.

장산 극근의 거

'마조에게 어떤 학인이 물었다.~지장智藏에게 가서 물어보라.'고 한 부분을 제기하고 "착각이다!"라고 착어하였고, '그 학인이 지장에게 묻자~회해懷海 사형에게 가서 물어보도록 하라.'고 한 부분을 제기하고 "착각이다!"라고 착어하였으며, '그 학인이 회해에게 가서 묻자~아무것도 모른다.'라고 한 부분을 제기하고 "착각이다!"라고 착어하였으며, '그 학인이 마조에게 돌아와서 그 말을 들려주자~지장의 머리는 희고, 회해의 머리는 검다.'라고 한 부분을 제기하고 "착각에 또 착각이다!"라고 착어하였다.[53]

익었는지 분간하지도 못하고, 여릉 지방의 쌀값이 얼마나 하는지도 모르면서 불법에 대하여 말한다면 꿈속에선들 어찌 알 수 있겠는가!(小僧多說佛, 老將不論兵. 山前麥未辨青黃, 廬陵米不知價利, 更論佛法, 誰曾夢見!)"『空谷集』35則「評唱」(卍117, 570b18)에서도 이 구절을 활용하고 있는데, 경청鏡淸의 질문을 받고 설봉雪峰이 뒤집어져 누웠다가 반문하였고 경청이 재차 질문하자 설봉이 "헛되게 살다가 부질없이 죽는구나.(虛生浪死漢.)"라고 대답한 인연에 대한 평가이다. 그 밖의 문헌에서는 용례를 찾을 수 없다.

[53] 이와 같이 매 구절마다 착각(錯)으로 판단하는 선어는 『景德傳燈錄』 권14(大51, 313c9)에 취미 무학翠微無學의 문답에도 보이고, 『五祖法演語錄』 권1(大47, 650b8)의 다른 문답에도 나타난다. 낱낱의 말마다 모두 철저하게 부정하여 분별을 차단하려는 의도이기도 하고, 낱낱의 대목마다 그 무엇으로도 대할 수 없는 궁지窮地이자 공안현성公案現成의 경계에 몰려 있음을 나타내기도 하며, 자타의 모든 말을 확정하지 않고 항상 비판의 장으로 개방하려는 취지(본서 168칙 주 4)이기도 하다. 이하 소참의 설화에서 '구멍 없는 쇠망치'라고 한 평가도 그 뜻이다.

또 다음과 같이 말하였다. "만일 밝은 눈을 가진 사람이라면 한 번 들려주면 곧바로 귀착점을 알 것이다. 백운 법연白雲法演 선사先師[54]는 '그 학인은 한 짐 흐리멍덩함을 짊어지고 와서 안락하지 않은 것과 바꾸어 갔다.'[55]라고 하였다. 또한 마조 대사가 '지장의 머리는 희고, 회해의 머리는 검다.'고 한 말에 대한 백운 법연의 염에 '풍후風后 선생[56]일지라도 하나만 알 뿐 두 가지 다는 모르리라.'[57]라고 하였다. 그렇다면 산승이 말한 다섯 가지 착각은 어디에 귀착되는지 말해 보라. 배워서 이해한 쓸데없는 지식을 가지고 조사선을 매몰시키지 마라."

又擧, '僧問馬大師, 〈至〉問取智藏去.' 師着語云, "錯!" '僧問藏, 〈至〉問取海兄去.' 師云, "錯!" '僧問海, 〈至〉却不會.' 師云, "錯!" '僧擧似馬大師, 〈至〉海頭黑.' 師云, "錯, 錯!" 復云, "若是明眼漢, 一擧便知落處. 白雲先師道, '這僧, 擔一擔矇瞳, 換得个不安樂.'[1) 馬大師道, '藏頭白, 海頭黑.' 白雲拈云, '風后先生, 只知其一, 不知其二.' 只如山僧, 下五个錯, 且道, 落在什麽處? 莫將閑學解, 埋沒祖師禪."

1) ㉑ '不安樂'이 『法演語錄』 권중(大47, 657b20)에는 '不會'로 되어 있다. 앞의 '백운 법연의 상당' 참조.

54 백운 법연白雲法演 선사先師 : 오조 법연五祖法演. '선사先師'는 앞서 입적한 스승을 나타낸다.
55 교환할 가치가 없는 것들을 서로 바꾸었다는 해설이다. 질문에 별다른 소득이 없었다는 말이다.
56 풍후風后 선생 : 전설상 황제黃帝의 신하 중 한 명. 갑자甲子를 확정한 현인으로 평가받는다. 『史記』「五帝本紀」, "황제는 풍후·역목·상선·대홍을 등용하여 백성을 다스렸다.(黃帝, 擧風后·力牧·常先·大鴻以治民.)" 『佛祖歷代通載』 권2(大49, 491b15) 참조. 『碧巖錄』73則 「本則 評唱」(大48, 201b4)에는 '封后'로 되어 있다. "要會藏頭白海頭黑麽? 五祖先師道, '封后先生.'"
57 마조의 말에 대하여 아무리 현명한 사람(풍후風后 선생)일지라도 전모를 다 알 수 없다는 뜻이다. 설화의 해설은 다르다. 『宗門拈古彙集』 권8(卍115, 603b1).

> 설화

○ '다섯 가지 착각'이라 한 말은 어떤 뜻인지 자세히 밝혀야 한다. 풍후 선생이란 착란에 빠진 사람(風顚漢)을 말한다.[58]

又, 下五錯, 又作麽生, 直須字細. 風後先生, 風顚[1]漢也.

1) ㉭ '風顚'은 '瘋癲'으로도 쓴다.

장산 극근의 소참

"'어떤 학인이 「사구四句를 떠나고~」라고 묻자 ~서당 지장에게 가서 물어보라.'고 한 구절까지의 뜻은 어떤 것입니까?" "머리는 세 개인데 얼굴은 둘이다." "그 학인이 서당에게 묻자 서당이 '내가 오늘 머리가 아프니 회해 사형에게 가서 물어보도록 하라.'고 한 말은 또한 어떤 뜻입니까?" "같은 구덩이에 다른 종류의 흙은 없다."[59] "그 학인이 회해에게 묻자 회해가 '나는 이 문제에 대해서는 아무것도 모른다.'라고 한 말은 무슨 뜻입니까?" "시커먼 칠통 안에서 한밤에 빛이 일어난다."[60] "그렇다면 그

---

[58] 풍전한風顚漢은 미치광이, 광인狂人이라는 뜻으로 보통의 상식이나 규정에서 벗어난 사람을 가리키지만 그 이면에는 그러한 격식을 뛰어넘었다는 긍정적인 의미도 내포하고 있다.

[59] 같은 스승의 문하에 다른 제자는 없다. 거기서 거기라는 식의 비판이다. 앞에 나온 '천동 정각의 송'에서 "흰 머리와 검은 머리여! 가풍을 올바로 계승한 자들일세.(白頭黑頭兮! 克家之子.)"라는 구절에 『從容錄』6則(大48, 231a12)에서 "한 가마에서 구워져 나왔다.(一窑燒就.)"라고 착어한 말과 같다.

[60] '모른다.'는 말은 칠통 안과 같이 갑갑한 암흑이지만 바로 그 무지의 극치에서 지혜의 빛이 일어난다는 말. 진일보進一步하기에 아주 적절한 백척간두百尺竿頭의 진실을 나타내며, 이하 설화에서 '구멍 없는 쇠망치'라 한 말과 통한다. 원오 극근은 『佛果擊節錄』1則 「評唱」(卍117, 451a9)에서도 동일한 비유를 들었다. "법안이 평가하였다. '조무래기 덕산이여! 말을 두 토막 내었구나.'(法眼拈云, '大小德山! 話作兩橛.')"라는 말에 대하여 "칠통에서 한밤에 빛이 일어난다.(漆桶夜生光.)"라는 착어를 달았다. 동일한 말을 두 토막 내어 칠통 같은 암흑으로 몰아넣었지만 그 상황이 오히려 화두를 꿰뚫을 수 있는 빛을 준다는 뜻이다.

학인이 마조에게 돌아와서 그 말을 들려주자 마조가 '지장의 머리는 희고, 회해의 머리는 검다.'라고 한 말은 또한 무슨 뜻입니까?" "밖의 사람들이 알아차리는 것은 허용하지 않는다."[61]

又小参, "僧問離四句, 〈至〉問取西堂去, 此意如何?" 師云, "三頭兩面." 進云, "僧問西堂, 西堂云, '我今日頭痛, 問取海兄去.' 又作麼生?" 師云, "同坑無異土." 進云, "僧問海, 海云, '我到這裏, 却不會.' 又作麼生?" 師云, "黑柒桶裏夜生光." 進云, "只如僧擧似馬祖, 祖云, '藏頭白, 海頭黑.' 又作麼生?" 師云, "不許外人知."

[설화]

○ 머리는 세 개인데 얼굴은 둘이다 : (세 선사가) 말하거나 말하지 않은 두 측면을 두 얼굴이라 하였다. 또한 이렇게 한 말은 반드시 세 머리에 두 얼굴일 필요는 없다는 뜻이니, 인정하지 않는다는 말이다.
○ 같은 구덩이에 다른 종류의 흙은 없다 : 이 또한 그의 말 그대로 허용하지 않겠다는 뜻이다.[62]
○ 이 문제에 대해서는 아무것도 모른다 : 취할 만한 가치가 약간은 남아

---

61 그 경지에 들어온 사람들만이 공유한다는 의미. 『無準師範語錄』 권2(卍121, 883b15), "한 몸에 목숨을 함께하고, 같은 줄기에서 갈라진 가지와 같으니, 아난이 합장하면 가섭은 눈썹을 찡긋하며 응답한다. 그중의 소식을 전하는 한 구절은 밖의 사람이 아는 것을 허용하지 않는다. 말해 보라! 무슨 이유로 이와 같을까? 영내에 천왕이 있기 때문이다.(同身共命, 同氣連枝, 阿難合掌, 迦葉揚眉. 就中一句子, 不許外人知. 且道! 因甚如此? 營裏天王.)"; 『空谷集』54則「評唱」(卍117, 590b8), "구중궁궐의 깊고 은밀한 곳은 밖의 사람이 아는 것을 허용하지 않는다. 이것은 존귀한 자가 나가는 한 길에는 그 칼날과 대적할 상대가 없다는 사실을 밝힌다. 다가와 보거나 들으려 하면 그 죄가 막대하여 참수형으로도 부족하다.(九重深密處, 不許外人知. 此明尊貴一路, 無敢當鋒. 擬來視聽, 罪不容誅.)"
62 '그 나물에 그 밥이다.'라는 식으로 비꼬는 말이라는 해설이다.

있다.
○ 시커먼 칠통 안에서 한밤에 빛이 일어난다 : 허용한다는 말이다.
○ 밖의 사람들이 알아차리는 것은 허용하지 않는다 : 자신의 생각을 드러낸 것이다.
○ 앞의 문답과 다섯 가지 착각이라 한 평가는 그 하나하나의 말들이 모두 구멍 없는 쇠망치와 같음을 밝힌 것이다. 이 소참 또한 그 말 그대로 허용하지 않는 방식이다.[63]

又小參, 三頭兩面者, 說不說是兩面. 又伊麼道, 非要三頭兩面, 不肯也. 同坑無異土者, 亦不放過也. 到這裡却不會者, 有些子可取也. 柒桶裏[1]生光者, 謂借許也. 不許外人知者, 見自意也. 前問答與五錯, 明一一是無孔鐵鎚, 此亦不放過也.

1) ㉯ '裏' 다음에 위의 소참에는 '夜'가 있다.

백운 지병白雲知昺의 염

"사람의 마음이 평등하면 한편으로 치우쳐 말하지 않고, 물의 바닥이 평평하면 어느 편으로도 치우쳐 흐르지 않는 법이다.[64] 그 학인은 (세 선

---

[63] 어떤 말도 허용하지 않음과 동시에 구멍 없는 쇠망치 그대로 어떻게도 다를 수 없는 진실이 고스란히 허용되어 있다. 이것이 그 쇠망치의 두 가지 의미이다. 『建中靖國續燈錄』 권18 「水泰智航章」(卍136, 265a7), "'신령한 기틀은 어둠에 가려지지 않고서 예부터 지금까지 이어져 왔고, 남김 없는 작용이 눈앞에 다 드러나 있거늘 무엇을 얻고 무엇을 잃는단 말인가? 비록 이와 같지만 문득 (그 자리에서) 구멍 없는 쇠망치를 마주친다면 어떻게 설명하겠는가?' 주장자를 잡고 말하였다. '꿰뚫어 버렸다.'('靈機不昧, 亘古亘今, 大用現前, 何得何失? 雖然如是, 忽遇無孔鐵槌, 作麼生話會?' 拈拄杖云, '穿過了也.')"

[64] 사람의 마음이~않는 법이다 : 한유韓愈의 「送孟東野序」에 나오는 구절에서 비롯하였다고 본다. "만물은 평온하지 못하면 소리를 내게 마련이다. 초목에는 소리가 없으나 바람이 흔들어 소리가 나게 되고 물에는 소리가 없으나 바람이 스치면 소리가 나게 된다. 뛰어오르는 까닭은 무엇인가에 부딪혀서요, 내달리는 까닭은 무엇인가에 가로막혀

사가) 밝은 햇빛 아래서 등불을 붙였다고만 알았지 한밤에 먹물을 뿌렸다는 사실은 몰랐다.[65] 유성과 같이 민첩하게 알아채는 눈을 가진다면, 비로소 거짓 없이 드러난 조각조각의 진심을 알 수 있으리라."

白雲昺拈, "人平不語, 水平不流. 者僧只知日裏點燈, 且不知半夜潑墨. 若也眼似流星, 方見得赤心片片."

[설화]

○ 사람의 마음이 평등하면~치우쳐 흐르지 않는 법이다 : 마조 등 세 사람이 한 말은 그렇게 드러난 것에 그치지 않고 반드시 달리 귀착되는 진실이 있다는 뜻이다.

○ 밝은 햇빛 아래서 등불을 붙였다고만 알았지 한밤에 먹물을 뿌렸다는 사실은 몰랐다 : 마조 등 세 사람이 밝은 햇빛 아래서 등불을 붙였다고만 알고 한밤에 먹물을 뿌렸다는 사실은 몰랐다.

○ 유성과 같이 민첩하게 알아채는 눈을 가진다면~진심을 알 수 있으리라 : 한밤에 먹물을 뿌린 경계에서 눈을 붙이고 궁구하여야 비로소 마

서요, 끓어오르는 까닭은 덥혀져서이다. 금석에는 소리가 없으나 무엇인가로 치면 소리가 나게 되며, 사람이 말을 하게 되는 까닭도 이와 같아서 부득이한 일이 있어 말을 하게 되는 것이다.(大凡物不得其平則鳴, 草木之無聲, 風撓之鳴, 水之無聲, 風蕩之鳴. 其躍也, 或激之, 其趨也, 或梗之, 其沸也, 或炙之. 金石之無聲, 或擊之鳴, 人之於言也, 亦然, 有不得已者而後言.)

65 그 학인은~사실은 몰랐다 : 그 학인은 세 선사가 자신에게 더욱 밝게 알려 주기 위하여 새로운 길로 인도해 주는 것으로만 알았다는 뜻이다. 그러나 사실은 애초에 칠흑 같은 어두움에 있었고 그것에다가 더욱 어두운 요소를 덧붙이기 위하여 애썼다는 사실은 전혀 몰랐다는 뜻이다. 『從容錄』88則「示衆」(大48, 284a23), "보이기도 하고 보이지 않기도 하니 한낮에 등불을 붙이는 격이요, 보이는 것도 없고 보이지 않는 것도 없으니 한밤중에 먹물을 뿌리는 격이다. 보고 듣는 것이 허깨비와 같다는 사실을 확신한다면 소리와 빛깔도 허공에 핀 꽃과 같다고 알리라. 말해 보라! 경전에도 납승의 말과 같은 대목이 있는가?(有見有不見, 日午點燈 ; 無見無不見, 夜半潑墨. 若信見聞如幻瞖, 方知聲色若空花. 且道! 敎中還有衲僧說話麼?)"

조 등 세 사람이 의도한 귀착점을 알게 될 것이라는 말이다.[66]

白雲: 人平至流者, 馬祖三人伊麼道, 不止如此, 必有落處也. 只知日裏云云者, 只知馬祖三人, 是日裏點燈, 不知半夜潑墨. 若也眼似流星云云者, 向半夜潑墨處著眼, 則方知馬祖三人落處.

심문 담분心聞曇賁의 염
"세 존숙에게 각각 약간의 병통이 있었지만 그중에서 마조 대사가 가장 지나쳤다. 나, 서암瑞嵓이 이렇게 한 말에 대하여 만일 기세등등한 사람이 나와서 확고하게 그것을 집어낸 다음 한 소리 크게 내어 웃는다면 나를 몹시도 부끄럽게 만들기 딱 좋을 것이다."

心聞賁拈, "尊宿家箇箇有些毛病, 就中是馬大師最甚. 瑞嵓恁麼道, 忽有箇漢, 出來指定, 大笑一聲, 也好懅惶殺人."

[설화]
○ 세 존숙에게~마조 대사가 가장 지나쳤다 : 결점인 듯이 보인다는 말이지 참으로 그렇지는 않다는 뜻이다.
○ 나, 서암瑞嵓이 이렇게 한 말에~딱 좋을 것이다 : 병이 치료 수단이 된다.

心聞: 尊宿家至最甚者, 似乎是病也. 瑞庵伊[1]麼道云云者, 病之作醫也.
─────
1) ㉯ '庵伊'가 위의 염에는 '嵓恁'으로 되어 있다.

─────
66 구멍 없는 쇠망치의 소식과 다르지 않다.

165칙 마조원상 馬祖圓相

본칙 어떤 학인이 방문하자 마조가 일원상一圓相(○)[1]을 그려 놓고 "들어와도 때리고, 들어오지 않아도 때릴 것이다."라고 하였다. 그 학인은 원상 안으로 곧바로 들어왔고 마조도 곧바로 때렸다. 그가 "화상은 저를 때리시면 안 됩니다."라고 말하자 마조는 주장자에 기대어 더 이상 말하지 않았다.

馬祖, 因見僧參, 畫一圓相云, "入也打, 不入也打." 僧便入, 師便打. 僧云, "和尙打某甲不得." 師靠却拄杖, 休去.

설화

● '일원상一圓相(○)을 그렸다'는 것은 범부와 성인의 동일한 근원이며 어떤 것도 없는 미묘한 본체로서의 일원상을 나타낸다. 들어오거나 들어오지 않는 것에 대하여 어떤 사람들이 '들어가면 깨달은 것이며, 들어가지 않으면 미혹된 것'이라 하는 말은 틀린 생각이다. 어떤 사람들은 '들어가는 것은 금시今時요, 들어가지 않는 것은 본분本分[2]이라 말하기도 한다. 한 가지 한 가지 어느 경우나 모두 때린다는 것은 금시와 본분을 모두 세우지 않는 방식이 바로 법령을 시행하는 것이라는 뜻이

---

1 일원상一圓相 : 조사선에서 불자·주장자·손가락 등을 이용해 땅이나 허공 등에 원상을 그려 놓고 상대를 시험하고 점검하는 수단으로 쓴다. 상황에 따라 활용하는 틀일 뿐 일정하게 규정된 의미는 없다. 이것이 진여·법성·실상·불성 등을 상징한다고 보는 것은 본래의 취지에 맞지 않다.
2 금시今時는 지금·현재의 상황이라는 뜻으로 그때마다 적절하게 허용되는 방편을 나타내며, 이와 대칭되는 본분本分은 어떤 분별과 수단도 용납하지 않는 엄격한 법도를 나타낸다. 이렇게 대비되는 범주를 마조가 설정한 공안의 말에 각각 대응시키는 것은 옳지 않다는 평가이다.

다. 들어감은 원상에 들어간다는 것이니 원상 그대로(卽) 알아차린다는 것이며, 들어가지 않음은 원상에 들어가지 않는다는 것이니 원상을 떠나서(離) 알아차린다는 뜻이다. 들어가거나 들어가지 않거나 모두 마조의 뜻과 일치하지 않으므로 '들어와도 때리고 들어오지 않아도 때린다.'고 말한 것이다.[3] 그렇다면 어떻게 하면 마조의 뜻을 알아차릴까? 그 학인이 원상 안으로 들어온 것 자체로 그가 안목을 갖추었는지 갖추지 못했는지 판정하기는 어렵다. (따라서) 마조가 곧바로 때렸다는 것은 그 학인의 행위가 진실한지 거짓인지를 구별하고자 한 것이다. '화상은 저를 때리시면 안 됩니다.'라 한 말은 예상대로 그가 알맹이 없는 사람(虛頭漢)[4]임을 나타낸다. 마조가 주장자에 기대어 더 이상 말하지 않았던 까닭은 단지 한쪽에만 의지하고 있는 모습을 나타내려 하였기 때문이다.

[圓相] 畫一圓相者, 凡聖同源, 妙體無物, 一圓相也. 入不入者, 或云, 入則悟, 不入則迷云者, 非也. 或有云, '入則今時, 不入則本分.' 一一打者, 今時本分, 皆不立, 是擧令也. 入則入圓相, 卽圓相而會也 ; 不入則不入圓

---

3 들어감은 원상에~말한 것이다 : '즉卽'과 '리離' 양편을 모두 부정하여 일원상을 놓고 운신할 길을 완전히 차단하는 상황 설정이 공안의 전형적인 틀이다. 다만 이렇게 어떤 활로도 없는 그것일 뿐, 여타의 은밀한 통로가 숨어 있거나 이 난관을 타개하는 별도의 수단이 남아 있는 것도 아니다. 본서 181칙에서 마조가 불자拂子를 세우고 "이것 그대로의 작용인가? 아니면 이것을 떠난 작용인가?(卽此用離此用?)"라고 제시한 예도 즉卽과 리離를 모두 부정하여 설정한 동일한 형식의 관문이다.

4 알맹이 없는 사람(虛頭漢) : 거짓으로 조작하는 사람 또는 진실한 알맹이가 없는 사람을 말한다. 진실은 모르고 선사들의 외형적인 언행을 훔쳐서 흉내만 낼 뿐인 자를 가리키는 말이다. 허명虛名을 노략질한 자라는 뜻에서 약허두한掠虛頭漢이라고도 한다. 『景德傳燈錄』 권8 「水老傳」(大51, 262c12), "어떤 학인이 일원상을 그려서 손으로 집어서 수로水老 화상의 몸에 놓자 수로가 세 번 퉁긴 다음 자신도 일원상을 그리고 나서 그 학인을 가리키자 그가 절을 올렸다. 수로가 때리면서 말하였다. '이 알맹이 없는 놈아!'(有僧作一圓相, 以手撮向師身上, 師乃三撥, 亦作一圓相, 却指其僧, 僧便禮拜. 師打云, '遮虛頭漢!')"

相, 離圓相而會也. 入不入, 皆不契師意, 故云, '入也打, 不入也打.' 然則怎生會馬祖意? 僧便入者,[1] 具眼不具眼, 難定也. 便打者, 要辨眞假也. 和上打某甲不得者, 果然是虛頭漢也. 靠却拄杖休去者, 只靠一邊故.

1) ㉠ '者'가 갑본에는 '老'로 되어 있다.

설두 중현雪竇重顯의 염

"마조와 학인 모두 제대로 수습하지 못했으니, '화상은 저를 때리시면 안 됩니다.'라 말하자 마조는 주장자에 기대어 가만있었다. 머뭇거리며 대응하지 못했을 때 등골이 쪼개지도록 바로 때렸어야 했다."

雪竇顯拈, "二俱不了, '和尙打某甲不得.' 靠却拄杖. 擬議不來, 劈脊便打."

[설화]

○ 원상을 그린 바로 그 순간에 학인의 등골이 쪼개지도록 때렸어야 했다. 만약 이와 같이 하지 않는다면, 어찌 '망아지 한 마리가 세상 사람들을 모조리 짓밟을 것이다.'[5]라 운운한 마조의 명성에 걸맞다 하겠는가!

雪竇 : 畫圓相處, 須是劈脊便打. 若不如是, 何名馬駒踏殺天下人云云也!

천동 정각天童正覺의 염

"문턱에 걸쳐 선 기틀[6]이면서, 방 안 깊숙이 들어선 뜻이기도 하다. 안

---

5 망아지는 마조를 가리킨다. 마조라는 걸출한 선사가 출현하리라고 예언한 반야다라般若多羅의 말이다. 본서 161칙 주 4 참조.
6 문턱에 걸쳐 선 기틀(跨門之機) : 문턱을 사이에 두고 양다리를 한쪽씩 걸치고 서 있으면 출입 여부를 잘 파악할 수 없듯이, 상반되는 것 중 어느 한편으로 결정하거나 예측할 수 없는 관문 또는 기틀의 속성을 나타내는 말이다. 본서 826칙 본칙의 주제이기도 하다.

목을 갖춘 자는 분명하게 분별해 보라!"

天童覺拈, "跨門之機, 室中之意. 具眼者, 分明辨取!"

[설화]

○ 문턱에 걸쳐 선 기틀 : 나가려는 것처럼 보이기도 하고 들어오려는 것처럼 보이기도 하는 것을 가리킨다.
○ 방 안 깊숙이 들어선 뜻 : 나가는 것이나 들어오는 것이나 상관하지 않는 것을 나타낸다.
○ 안목을 갖춘 자는 분명하게 분별해 보라 : 방 안의 뜻을 분별해 보라는 말이다.

天童 : 跨門之機者, 似出似入也. 室中之意者, 不干出入者也. 具眼云云者, 辨取室中之意也.

법진 수일法眞守一의 염

"설두는 단지 하나만 알았을 뿐이다. 그 학인은 처음부터 목숨을 아끼지 않고 바로 원상 안으로 들어섰던 것이니 본분을 추구하는 납승[7]과 흡사했다고 할 것이다. 마조가 때리기를 기다려 주장자를 빼앗아 거꾸로 되돌려 주기까지 했었더라면 어찌 작가[8]의 경지가 아니었겠는가! 그는 그렇

---

7 납승衲僧 : 납자衲子라고도 한다. 납의衲衣를 입은 스님이라는 말. 납의는 누덕누덕 기운 옷이라는 뜻이며, 낡은 헝겊을 모아 빨아서 기운 옷을 가리킨다. 본분을 철저하게 추구하는 수행자로서 조사祖師의 본바탕 또는 그때마다 그 자리에서 진실을 구현하는 현장의 조사를 뜻하며, 조사선의 이상적 인격이다.
8 작가作家 : 선의 달인인 선장禪匠을 나타내는 말이다. 작가종사作家宗師 또는 작가종장作家宗匠 등이라고도 한다. 장인匠人이 원하는 대로 물건을 만들어 내듯이 뛰어난 기량으로 학인을 단련하여 이상적 선사로 만들어 낸다는 뜻에서 이렇게 말한다.

게 할 줄 몰랐던 것이니 단지 벌거벗고서 번득이는 칼날에 무모하게 맞서는 놈에 불과했던 것이다."

法眞一拈, "雪竇只知其一. 者僧當初不惜命便入也, 恰似个衲僧. 待他打時, 接住拄杖, 倒與一送, 豈不是作家! 他旣不知, 只是个赤肉, 挨白刃底漢."

[설화]
○ 그 학인의 입장에 서서 그의 행위에 부족했던 점을 도와주는 말이다.

法眞 : 立在這僧邊, 讚助這僧行李也.

166칙 마조현산 馬祖峴山[1]

[본칙] 정경定慶이 참문하러 오자 마조가 물었다. "어디서 오는가?" "현산峴山에서 옵니다." "현산의 무게는 얼마나 되는가?" "세 근 두 냥입니다." "어째서 무게가 그렇게 많이 나가느냐?" "저울과 자를 제 손에 쥐고 있습니다." 마조가 껄껄대고 크게 웃었다.

馬祖, 因定慶叅, 問, "什麽處來?" 慶云, "峴山來." 祖云, "峴山重多少?" 慶云, "三斤二兩." 祖云, "爲什麽祇重許多?" 慶云, "秤尺在手." 祖乃呵呵大笑.

[설화]

● 현산의 무게는 얼마나 되는가 : 한 덩어리 경계를 집어서 내어놓고 그가 걸려드는지 그렇지 않은지 살핀 것이다.[2] 미혹된 학인이 예상대로 한 덩어리의 그 경계에 달라붙었기 때문에 '세 근 두 냥입니다.'라고 답했던 것일까? 그렇지 않다. '현산의 무게는 얼마나 되느냐'는 말은 '현

---

1 이 공안은 여타의 전등록이나 공안집에는 보이지 않는다. 『景德傳燈錄』 권7(大51, 251c11)에 현산 정경峴山定慶이 마조의 제자로 나오기는 하지만 본칙과 같은 문답은 없다. 아마도 그가 현산에 주석했다는 사실에 착안하여 편집자인 진각 혜심眞覺慧諶이 창안한 문답으로 추정된다. 설화에서도 그렇게 해설하고 있다.
2 이러한 점검법으로 해설한 방식은 임제 의현臨濟義玄의 말에서 찾을 수 있다. 『臨濟錄』 「示衆」(大47, 500b3), "가령 선지식이 한 덩어리의 경계를 집어서 내어놓고 학인의 눈앞에서 희롱하지만, 학인이 그 의중을 알아채고 낱낱에서 자기 중심을 잡고 경계에 미혹되지 않는다. 선지식이 곧바로 반쯤 몸을 드러내면 학인이 곧바로 할을 하고 선지식은 다시 모든 차별의 말길에 들어가 흔들어 버린다. 학인이 '좋은 것과 나쁜 것도 구별하지 못하는 까까머리 종놈아!'라고 비난하면 선지식은 '진정한 수행자로구나!'라는 감탄으로 응수한다.(如善知識, 把出箇境塊子, 向學人面前弄, 前人辨得, 下下作主, 不受境惑. 善知識, 便卽現半身, 學人便喝, 善知識, 又入一切差別語路中擺撲. 學人云, '不識好惡, 老禿奴!' 善知識歎曰, '眞正道流!')"

산에서 왔다.'라고 한 말에 따라 그의 안목을 점검한 말이다. 마주치는 하나의 기틀과 하나의 경계³마다 모두 이와 같이 물어보는 것이다.

- 세 근 두 냥 : 하나의 기틀과 하나의 경계가 모두 이와 같이 세 근 두 냥이다.⁴ 세 근은 날마다 쓰면서 드러나 있는 삼구三句이고, 두 냥은 삼구 중의 두 구절이다. 세 근은 비록 무겁지만 쉽게 들 수 있고, 두 냥은 가볍지만 들 수 없다.⁵

- 어째서 무게가 그렇게 많이 나가느냐 : 무게가 그렇게나 많이 나가느냐고 마조가 의심하는 듯이 말했지만 사실은 그렇지 않았다. 그것은 관문으로 설정되었던 것이다. 왜 그런가? 만약 그 정도의 무게가 아니라는 견해를 지닌 면목이라면 관문을 뚫지 못할 것이고, 반대로 그 정도의 무게라는 견해를 지닌 면목이라도 관문을 뚫지 못하기 때문이다.⁶

- 저울과 자를 제 손에 쥐고 있습니다 : 수많은 경우를 마주하여도 이렇

---

3 하나의 기틀과 하나의 경계(一機一境) : 상대를 시험하기 위하여 보여 주는 모든 언어와 동작을 말한다. 또는 그때마다의 특정한 상황들이 모두 상대가 미혹되는지 살피는 기틀과 경계가 된다. 『圜悟語錄』 권15(大47, 782a14), "설령 견해가 부처님과 똑같더라도 여전히 부처님 경지라는 장애가 남아 있다. 이 때문에 예전부터 방을 휘두르고 할을 내지르거나, 하나의 기틀과 하나의 경계 또는 한 마디 말과 한 구절을 제시하는 의도는 미끼와 같은 수단으로 쓰려는 데 있었으니 자유롭게 벗어나길 중시할 뿐이었다. 풀이나 나무에 붙어사는 허깨비처럼 되지 않도록 했던 까닭에 밭 가는 농부의 소를 몰아가고, 배고픈 사람의 밥을 빼앗는다고 한다. 이와 같이 하지 않으면 모두가 아무렇게나 분별을 지어내는 놈에 불과하리라.(直饒見與佛齊, 猶有佛地障在. 是故從上來, 行棒行喝, 一機一境, 一言一句, 意在鉤頭, 只貴獨脫. 勿使依草附木, 所謂驅耕夫之牛, 奪飢人之食. 若不如是, 盡是弄泥團漢.)"
4 세 근 두 냥은 무게를 나타내는 말이지만, 여기서는 모든 경계와 기틀을 균일하게 세 근 두 냥으로 설정한 것이다. '무게'라고 하지만 사실은 어떤 무게도 나가지 않는 시험의 기틀이자 경계일 뿐이다. 1근은 16냥 또는 10냥이다.
5 무거운 무게의 세 근이 들리고 가벼운 무게의 두 냥은 오히려 들리지 않는다. 무게를 나타내는 단위를 가장하여 도리어 정경이 마조를 점검하는 기틀을 세웠다. 이는 어떤 인식 수단을 저울로 삼아도 측정할 수 없는 화두라는 의미의 해설이다.
6 세 근 두 냥이라는 무게에 대하여 맞다거나 틀리다거나 하는 두 갈래의 견해 어느 것으로도 관문을 뚫지 못한다. 그 무게에서 등을 돌리거나(背) 그대로 받아들이거나(觸) 양편을 모두 부정하는 배촉관背觸關으로 해설하였다.

게 자유자재하게 할 수 있다는 뜻이다.[7]

- 껄껄대고 크게 웃었다 : 대응할 줄 알기 때문이며 법이 이와 같기 때문이다. 세 근은 두 냥과 같다.[8]

[現[1)]山] 峴山重多少者, 抱[2)]出境塊子, 看他上不上. 迷地僧, 果然上他境塊子故, 道三斤二兩耶? 非也. 峴山重多少者, 因峴山來, 驗他眼目也. 當一機一境, 皆如是問看也. 三斤二兩者, 一機一境上, 皆如是三斤二兩也. 三斤則日用現成三句, 二兩則三句中二句. 三斤雖重易擧, 二兩雖輕難擧. 爲什麽云云者, 意似嫌他許多, 乃設關. 何也? 若不存其許多面目, 未透關在 ; 若存其許多面目, 亦未透關在. 秤尺在手者, 當許多般, 得伊麽自由自在. 呵呵大笑者, 解支對故, 法如是故. 三斤是二兩也.

---

[7] 손아귀에 살활殺活의 법도를 움켜쥐고 마음껏 휘두르는 듯한 자유를 말한다. 이렇게 자유자재한 경지는 납자가 추구하는 이상이다. 『寶峰語錄』古尊宿語錄 45(卍118, 753a16), "법 안에서 자유로워야 하니, 더는 다른 것에서 구하지 마라! 살활의 검이 손아귀에 들려 있으니, 가는 곳곳에서 멋들어지게 노닐어라.(於法應自由, 更莫向餘求! 殺活釖在手, 到處得風流.)" ; 『續傳燈錄』권9「淨照道臻傳」(大51, 520a18), "살활의 칼자루를 손아귀에 쥐고 죽이거나 살리거나 자유롭게 휘두르며 비로자나불 머리에 눌러앉아 천 길의 절벽처럼 우뚝 자리 잡는다.(權柄在手, 縱奪自由, 坐斷毘盧, 壁立千仞.)" ; 『虛堂錄』 권2(大47, 999c21), "하안거를 마치는 소참 때 학인이 물었다. '납승들은 4월 15일에 묶어 두지도(結制) 못하고, 7월 15일에 풀어놓지도(解制) 못합니다. 그렇다면 결국 어디서 몸을 편히 하고 목숨을 보전할 수 있는지요?' '바늘 끝에서 재주를 넘는다.' '이렇게 자유자재할 수 있군요.'(解夏小參, 僧問, '衲僧家, 四月十五, 結他不得 ; 七月十五, 解他不得. 畢竟向甚處, 安身立命?' 師云, '針鋒頭上翻筋斗.' 僧云, '得與麽自由自在.')" ; 『玄沙廣錄』 권상(卍126, 359b12), "상좌들이여, 이 무슨 세계이기에 이렇게 자유자재할 수 있단 말이냐! 머물고 싶으면 머물고, 떠나고 싶으면 떠나면 되니, 결코 그대들이 눈으로 보거나 귀로 듣거나 생각하여 알거나 몸으로 느낄 수 있는 법은 하나도 주지 않는다.(諸上座, 是什麽世界, 便得與麽自由自在! 要住便住, 要去便去, 更無一法與你, 作眼見耳聞, 意知身覺.)"

[8] 숫자로 나타낸 무게의 차이는 화두상의 허虛이기 때문에 무의미하다. 선가에서 '반 근半斤이 팔 냥八兩이고, 팔 냥이 반근이다.'(본서 100칙 '불안 청원의 송', 184칙 '천복 본일의 송')라는 상용구로 보통 쓰이지만 이는 동일한 무게의 등치관계이며, 여기서는 서로 다른 무게를 등치로 놓고 차별·무차별을 자유롭게 오가는 선어禪語로 활용하고 있다.

1) ㉠ '現'은 '峴'의 오기이다. 2) ㉡ '抱'는 把의 오기인 듯하다.

지해 본일智海本逸의 송 智海逸頌

저울과 자 그 누가 지니고 있는가	秤尺何人得自持
높이와 무게는 오직 스님만 안다네	高低輕重秖師知
현산 한 번 들며 세 근 두 냥⁹이라니	峴山一擧三斤二
강서의 노고추를 몹시도 웃겼노라	笑殺江西老古錐

【설화】

○ 제1구와 제2구 : '그 누가'는 정경을 가리킨다. 다른 본에는 정경을 편주篇主로 여겼다.

○ 현산 한 번 들며 세 근 두 냥이라니, 강서의 노고추(마조)를 몹시도 웃겼노라 : 본칙에 이미 드러나 있다.

智海:上二句, 何人謂定慶也. 他本以定慶爲篇主也. 峴山一擧云云者, 話中已見.

---

9 청매 인오靑梅印悟(1548~1623)가 '삼근이냥三斤二兩'을 소재로 지은 시가 전한다. 『청매집』 권상(韓8, 131b19), "세 근 두 냥이라고 곡조(종지) 가려내었고, 한바탕 껄껄 웃어 어김없이 딱 들어맞았다. 하늘 높이 솟은 수많은 봉우리에 누구도 이르지 못하나, 해마다 가을빛은 붉은 비단 넘실대는 듯.(三斤二兩別宮商, 一笑呵呵好箭鋒. 天外數峯人不到, 年年秋色錦浮紅.)"

167칙 마조열반 馬祖涅槃

[본칙] 마조 대사에게 어떤 학인이 물었다. "열반이란 무엇입니까?" "급하구나!" "무엇이 급하단 말씀입니까?" "물을 잘 살펴보라!"

馬大師, 因僧問, "如何是涅槃?" 師云, "急!" 僧云, "急箇什麼?" 師云, "看水!"

[설화]

- 마조가 "급하구나."라 하고 또 "물을 잘 살펴보라."라고 한 말 : 급하게 흐르는 물과 같지만 그 급한 흐름을 알아차리지 못하고 헛되이 고요하다고 여긴다.[1] 어떤 학인이 대주大珠 화상에게 물었다. "열반이란 무엇입니까?" "생사의 업을 짓지 않는 바로 그것이다." "생사의 업이란 무엇입니까?" "대열반을 추구하는 것이다."[2]

[涅槃] 師云急, 又云看水者, 如急流水, 流急不覺, 妄爲恬靜. 僧問大珠和上, "如何是涅槃?" 珠云, "不造生死業, 是." 僧云, "如何是生死業?" 珠云, "求大涅槃."

개선 선섬開先善暹의 거

"온몸이 쇳덩어리일지라도 한 번 흠씬 단련을 받아야 한다.[3] 말해 보

---

1 아무리 몸과 마음을 단련하여 허공과 같이 되고 마음이 동요하지 않더라도 식음識陰에서 벗어나지 못하면 이와 같다고 한다. 이는 현사玄沙가 옛사람의 말로 인용한 가운데 나오는데 옛사람이 누구인지는 알 수 없다. 『景德傳燈錄』 권18 「玄沙師備傳」(大51, 344c15), 『玄沙師備語錄』 권상(卍126, 410b15).
2 『景德傳燈錄』 권6 「大珠慧海傳」(大51, 247a16). 『圓覺經』(大17, 915a21)에 "생사와 열반은 모두 어젯밤의 꿈과 같이 허망하다.(生死涅槃, 猶如昨夢.)"라고 한다.
3 수행이 무르익어 하나의 쇳덩이처럼 장애를 물리치고 나아갈 수 있는 경지가 되었더라

라! 손님의 손에 달렸는가, 주인의 손에 달렸는가? 눈이 있는 사람은 헤아려 보기 바란다."

開先暹擧此話云, "通身是鐵, 也被一饒.[1] 且道! 在賓在主? 有眼底, 請商量."

1) ㉎ '饒'는 '撓'와 통한다.

[설화]

○ 온몸이 쇳덩어리일지라도 한 번 흠씬 단련을 받아야 한다 : 마조가 학인을 점검하는 수단을 말한다.
○ 말해 보라~눈이 있는 사람은 헤아려 보기 바란다 : 마조뿐만 아니라 그 학인의 능력으로 보아도 또한 난국을 타개할 길이 있다. 이것이 죽은 뱀을 만지작거려 살릴 줄 아는 수단이다.[4]

도 또다시 점검을 받아야 한다는 뜻이다.『介石智朋語錄』(卍121, 397a6), "수유茱萸 선사가 어떤 학인에게 물었다. '산천을 떠돌며 노니는 학인인가, 아니면 참선하며 도를 추구하는 학인인가?' '화상께서 한번 맞혀 보시기 바랍니다.' '칼에 새기고 조가비에 새긴 듯이 분명하구나. 먹을거리도 변변치 않은 이 진창까지 그대를 고생시켜 먼 걸음 오게 하였다.' '온몸이 쇳덩어리일지라도 단련을 받아야 합니다.' '항복한 장수의 목은 베지 않는 법이다.'(茱萸問僧云, '爲復是游山翫水僧?' 爲復是參禪問道僧?' 僧云, '和尙試道看.' 萸云, '雕鉆鏤蛤. 不穆之泥, 勞君遠至.' 僧云, '通身是鐵, 也遭一撓.' 萸云, '降將不斬.')"

4 사구死句를 활구活句로 전환하는 솜씨를 말한다. 열반은 고요하다는 판에 박힌 관념을 뒤집어 쉼 없이 흐르는 눈앞의 물에서 재발견하는 안목에 따른다.『碧巖錄』66則「垂示」(大48, 196b18), "기틀에 딱 들어맞게 눈앞에서 호랑이를 함정에 빠뜨리는 기략機略을 제시하며, 본분의 핵심을 바로 지시하거나(正按) 방편을 써서 측면으로 돌아가면서(傍提) 도적을 사로잡는 책략을 펼친다. 밝음과도 어울리고 어두움과도 어울리며 양자를 모두 놓아주기도 하고 모두 잡아들이기도 한다. 죽은 뱀을 만지작거려 살릴 줄 아는 솜씨는 저들 작자에게 돌려주어야 하리라.(當機覿面, 提陷虎之機 ; 正按傍提, 布擒賊之略. 明合暗合, 雙放雙收. 解弄死蛇, 還他作者.)" 이 말은『了菴淸欲語錄』권6(123, 710b14)에 "죽은 뱀을 만지작거려 마침내 살릴 줄 안다.(解弄死蛇終是活.)"라는 형태와 같아야 문장에서 그 뜻이 분명하게 드러난다. 또한 '解'가 빠지고 '弄死蛇(頭)'의 형태라면 '죽은 뱀을 만지작거리며 쓸모없는 짓을 한다.'라는 뜻으로 쓰는 경우가 대부분이다.『無明慧

開先:通信至一饒者, 謂馬祖驗人手段也. 且道云云者, 非但馬祖, 若約這僧分上, 亦有出身之路. 此解弄死虵手段也.

經語錄』 권1(卍125, 4a1), "죽은 뱀을 만지작거리지 말고, 산 호랑이 꼬리를 만져야 한다.(不弄死蛇頭, 要捋生虎尾.)"

168칙 마조난시 馬祖攔腮

본칙 마조에게 어떤 학인[1]이 "달마 대사가 인도에서 온 까닭은 어떤 것입니까?"라고 묻자 마조가 "가까이 오라. 그대에게 말해 주겠다."라고 하였다. 그 학인이 가까이 오자 마조가 정면에서 그의 턱을 붙들고 따귀를 한 차례 올리며 말하였다. "여섯 개의 귀로는 함께 모의할 수 없다."

馬祖, 因僧問, "如何是祖師西來意?" 祖云, "近前來, 向你道." 僧近前, 祖攔腮一掌云, "六耳不同謀."

설화

- 정면에서 턱을 붙들고 따귀를 때렸다 : "말 머리에 뿔이 나고 항아리에서 뿌리가 자라더라도 끝내 그대에게 가볍게 말해 주지 않겠다."[2]라는 뜻이다.
- 여섯 개의 귀 : 벽에서 엿듣는 쥐의 귀가 있다는 뜻이다.[3]

[攔腮] 攔腮一掌者, 馬頭[1)]生角云云說破也. 六耳者, 壁上有鼠耳也.

―――
1) 㘞 '頭'가 갑본에는 '師'로 되어 있다.

―――
1 『景德傳燈錄』 권6(大51, 248a6)의 기사로 보면 이 학인은 늑담 법회泐潭法會이다.
2 본서 161칙 본칙 설화에도 나오는 말. "馬頭生角瓮生根, 終不爲君輕說破." '馬頭生角瓮生根'은 '驢生機角瓮生根', '驢生戟角瓮生根', '驢生竿角瓮生根' 등으로도 쓰며 전혀 있을 수 없는 일을 비유한다. 원나라 때 관한경關漢卿의 『金線池』, 무명씨의 『凍甦秦』, 명나라 때 주유돈朱有燉의 『桃園景』 등에 보인다.
3 아무리 은밀하게 주고받아도 말이 나온 이상 비밀은 새어 나가므로 여섯 개의 귀(세 사람)로는 모의할 수 없다는 뜻이다. 『景德傳燈錄』 권20 『金峯從志傳』(大51, 364b8), "'달마 대사가 서쪽에서 온 뜻은 어떤 것입니까?' '벽 가에 엿듣는 쥐의 귀가 있다.'(問, '如何是西來意?' 師曰, '壁邊有鼠耳.')"

황룡 혜남黃龍慧南**의 상당**

이 공안을 제기하고 말하였다. "옛사람도 함께 모의하지 못한다고 하였지만 지금 내가 당치도 않게 일백오육십 사람을 모아 놓고 일대사를 누설하고자 한다. 만일 밝은 눈을 가진 사람이 있다면 이것은 한바탕 화를 불러올 일이라고 간파할 것이다. 비록 이렇기는 하지만 지금 일단 여기까지 이르러 착각을 또 다른 착각으로 대하는[4] 이상 귀신에게 올릴 음식[5]이 부족해서는 안 된다." 잠깐 침묵하다가 "번잡한 길거리에서 피리(尺八)를 부니, 신 술과 식은 차[6]가 마음을 울적하게 만드는구나."라고 한 뒤 불자로 선상을 쳤다.

黃龍南上堂, 擧此話云, "古人尙乃不同謀, 如今無端聚集一百五六十人,

---

4 마조의 착각을 또 하나의 착각으로 풀어 보겠다는 뜻이다. 마조가 말길을 모두 막는 언행을 보여 주었지만 그 자체가 하나의 착각이라고 황룡은 설정하고, 그에 대한 자신의 풀이 또한 착각이라 한다. 착각은 마주친 말마다 모든 비평의 가능성을 열어 놓는 방식으로 자신의 비평 자체도 착각으로 열어 둔다. 착각으로 수용할 때 그 말은 화두의 관문이 된다. 드러난 그대로 수용하면 결정된 의미가 되기에 착각에 속하지 않는다. 착각을 의도적으로 설정하여 상대의 말에 대한 규정된 의미를 산산이 풀어 헤치고 또 하나의 착각으로 대체하는 수법은 조사선에서 일반적으로 활용하는 화법이다. 본서 164칙 주 53 참조.

5 제례祭禮의 형식으로 올리는 음식. 귀신이 실제로 받아먹지는 않지만 갖추어진 형식이 빠져서는 안 된다는 의미. 1094칙 본칙 및 주석 참조. 『天衣義懷和尙語』 續古尊宿語要 2(卍118, 894b7), "투명하게 밝아 저절로 비출 뿐 마음으로 애쓰지 않으니, 이것도 상사上士가 보면 귀신에게 올릴 음식에 불과하지만, 숭사中士가 보면 어리석은 마음이 단번에 그치리라. 그들과 다른 한 부류가 있지만 결코 말하지 마라.(虛明自照, 不勞心力, 上士見之, 鬼神茶飯 ; 中士見之, 狂心頓息. 更有一人, 切忌道者.)"

6 신 술과 식은 차(酸酒冷茶) : 『證道歌頌』(卍114, 873b17), "여래장에서 직접 거둔다 : 여래장을 알고자 하는가? 신 술과 식은 차 서너너덧 잔, 장강에 바람 거세니 물보라도 많이 인다.(如來藏裏親收得 : 要識如來藏也麽? 酸酒冷茶三五醆, 長江風急浪花多.)" ; 『禪苑蒙求瑤林』 권하 「泐潭酸酒」(卍148, 263b2), "융흥부 늑담 담당 문준湛堂文準 선사에게 학인이 물었다. '도란 무엇입니까?' '창천, 창천!' '학인은 특별히 여쭌 것입니다.' '십자가두에서 피리 불며 토속주 두세 순배 돌리노라.(隆興府泐潭湛堂文準禪師, 僧問, '如何是道?' 師云, '蒼天! 蒼天!' 曰, '學人特伸請問.' 師曰, '十字街頭吹尺八, 村醅冷酒兩三巡.')"

欲漏洩其大事. 如今忽有明眼人, 覻見是一場禍事. 雖然如是, 如今既到這
裏, 將錯就錯, 鬼神茶飯, 也少不得." 良久云, "十字街頭吹尺八, 酸酒冷茶
愁殺人."以拂子擊禪床.

【설화】

○ 비록 이렇기는 하지만~귀신에게 올릴 음식이 부족해서는 안 된다 : 말
해도 무방하다는 뜻이다.
○ 번잡한 길거리에서 피리(尺八)를 부니, 신 술과 식은 차가 마음을 울적
하게 만드는구나 : 귀신에게 제사를 지내는 일반적인 모습을 나타낸다.
○ 척팔尺八 : 1자 8촌 길이의 피리를 말한다.

黃龍 : 雖然如是云云者, 不妨道得之意也. 十字街頭云云者, 祭鬼神地樣
子也. 尺八, 謂笛長一尺八寸也.

원오 극근圜悟克勤**의 거**

이 공안과 더불어 이에 대한 황룡 혜남의 평가를 함께 제기하고 말하
였다. "황룡은 틀림없이 바람의 방향을 보고 불을 붙였지만, 말에 얽매여
분별을 일으키는 잘못을 벗어나지 못하였다. 만일 어떤 사람이 나, 도림
道林에게 '달마 대사가 인도로부터 온 까닭은 무엇인가?'라고 묻는다면,
그에게 단지 '물이 불어나면 배가 높이 뜨고, 진흙이 많으면 그것으로 조
성되는 불상도 크다.'[7]라고 말해 줄 것이다."

---

[7] 알기 쉽고 당연한 귀결이며, 파고들 더 이상의 틈이 없이 다 드러난 순박한 이치. 여기
서는 종지에 대하여 말로써 최대한 표현한 진실이기도 하다. 『五祖法演語錄』권상(大
47, 653c3), "신통과 묘용에 한 터럭도 모자라지 않으니, 통달한 사람의 본분에서야 어
찌 꼬치꼬치 말할 필요가 있겠는가? 진흙이 많으면 그것으로 조성되는 불상도 크고, 물
이 불어나면 배가 높이 뜬다.(神通妙用, 不欠絲毫, 通人分上, 何用忉忉? 泥多佛大, 水長
船高.)"; 『虛堂集』79則「示衆」(卍124, 595b8), "소나무는 곧고 가시나무는 굽으며, 학은

圜悟勤擧此話, 連擧黃龍語, 師云, "黃龍不妨因風吹¹⁾火, 也未免隨語生解. 若有問道林, '如何是祖師西來意?' 只對他道, '水長船高, 泥多佛大.'"

1) ㉔ '吹'가 갑본에는 '次'로 되어 있다.

설화

○ 말에 얽매여 분별을 일으키는 잘못을 벗어나지 못하였다 : 마조의 말에 얽매여 분별을 일으켰다는 뜻으로 담력이 약하다는 말과 같다.
○ 물이 불어나면 배가 높이 뜨고, 진흙이 많으면 그것으로 조성되는 불상도 크다 : 큰 도량을 마음껏 펼치며 자신의 가풍을 드러낸다는 뜻이다.

圜悟 : 未免隨語生解者, 隨馬祖語生得知解, 猶是膽少也. 水漲船高云云者, 放大膽見自家風也.

송원 숭악松源崇嶽의 상당

이 공안과 더불어 황룡 혜남의 염을 함께 제기하고 말하였다. "나, 천복薦福이 살펴보니 웃음거리에 불과하다. 말해 보라! 어떤 것이 우스운가? 도적은 피를 나눈 사이가 아니니 서로의 소굴을 턴다.⁸"

희고 까마귀는 검다. 물이 불어나면 배가 높이 뜨고, 진흙이 많으면 그것으로 조성되는 불상도 크다. 이런 이야기를 꿰뚫을 사람 있는가?(松直棘曲, 鶴白烏玄 ; 水長船高, 泥多佛大. 恁麽說話, 有透脫者麽?)

8 도적은 본분의 핵심을 훔치듯이 알아채는 자를 비유하며, 그러한 도적들이 또 다른 도적인 선대 조사나 다른 선사들의 내밀한 마음을 훔쳐서 종지를 깨치기에 '소굴을 턴다'고 하며, 그러한 깨침 이후 각자 독자적인 가풍을 펼치기에 역설적으로 '피를 나눈 사이가 아니다'라고 한다. 결국 황룡이 마조라는 도적의 속을 털어 간 도적이라는 뜻이다. 『月澗語錄』 권1(卍150, 1066a9)에는 선종이 대대로 전승되어 꽃피리라는 달마의 게송(본서 102칙)을 실은 뒤 이 구절이 이어진다. 『希叟紹曇廣錄』 권1(卍122, 188a7), "개당하고 축성한 뒤 스님의 지시도 받았는데, 6대에 걸쳐 대대로 가사를 전수한 실정은 무엇인지요?' '도적은 피를 나눈 사이가 아니니 서로의 소굴을 턴다.'(進云, '開堂祝聖蒙師指, 六代傳衣事何若?' 答云, '賊無種, 相鼓籠.')"; 『雪關語錄』 권5(嘉27, 475a14), "속담에 '도

松源上堂, 擧此話, 連擧黃龍南拈, 師云, "薦福看來, 直是好笑. 且道! 笑箇甚麼? 賊無種, 相鼓籠."

설화

○ '도적은 피를 나눈 사이가 아니니'라 운운한 말은 자세한 뜻을 알 수 없으나, 마조가 말하지 못한 틈을 타고 말한 것을 가리키는 듯하다.

松源 : 賊無種相鼓籠者, 未詳意, 因馬祖道不得, 又有道得也.

적은 피를 나눈 사이가 아니니 서로의 소굴을 턴다.'라고 한다. 같은 부류의 사람이 같은 일을 교화하면 그 이익이 손바닥을 뒤집듯이 빠른 순간에 오기 때문에 이 도는 선지식(師友)의 책려를 받으면 쉽지만, 선지식의 책려를 받지 않으면 어렵다. 당송대에 이치를 터득한 사람은 어느 시대보다 많았고, 그들 모두 이 인연의 힘에 의지한 탓이니 어찌 믿지 않으랴!(諺云, '賊無種, 相鼓籠.' 以同類化同事, 其利在反掌之間故, 此道, 得師友策發則易, 不得師友策發則難. 唐宋得理者最多, 皆藉此因緣力也, 可不信哉!)"

169칙 마조일면 馬祖日面

마조 대사가 병으로 몸이 편치 않을 때 원주가 "화상이시여, 요즘 존후 尊候는 어떠십니까?"라고 묻자 마조가 말하였다. "일면불이요, 월면불이다."

馬大師不安, 院主問, "和尙, 近日尊位如何?" 師云, "日面佛, 月面佛."

> 설화

- 일면불이요, 월면불이다 : 『월등경』에 "월면보광불月面普光佛은 사람의 수명이 하루였을 때 세상에 머무셨고, 그 부처님 다음에 일면무비존불 日面無比尊佛은 사람의 수명이 1만 1천 겁이었을 때 세상에 머무셨다."[1] 라고 하였다. 저 월면불이 교화한 국토의 중생들은 덧없는 만법(無常)을 영원하다(常)고 분별하였으므로 이와 같은 세상을 나타내신 것이며, 저 일면불이 교화한 국토의 중생들은 영원한 것을 덧없다고 분별하였으므로 그와 같은 세상을 나타내신 것이다. 곧 (두 부처님 모두) 방편(門庭)[2] 으로 나타낸 것이다. 다시 말해서 '내가 이전에는 마치 일면불처럼 영원히 세상에 머물 것이라고 생각했었는데, 이제 임종하여 돌아갈 시기가 임박하고 보니 월면불과 같구나.' 마조의 의중이 이와 같다면 어떤가?[3]

---

1 『月燈經』 권4(大15, 569a21). 이 경에는 '1만 1천 겁'이 아니라 '1만 8천 세'로 되어 있다. "彼滿月面普名稱, 住世壽命一日夜, 彼佛次前復有佛, 其佛號曰日面滿, 彼日面佛無比尊, 壽命一萬八千歲."
2 문정門庭은 문안의 뜰. 방 안으로 들어가는 전 단계라는 말로 근본으로 유도하는 방편을 가리킨다. 문정시설門庭施設과 같은 뜻이다.
3 이와 같이 마조의 말을 원주의 질문에 대한 답변으로서 필연적 인과관계에 따라 이해해서는 안 된다. 바로 앞의 설화와 마찬가지로 일정한 이유와 근거를 가지고 마조가 "일면

● 장수를 축원하며[4] '낱낱의 중생이 가지고 있는 신령한 심성(靈臺)[5]의 본원에서 나오는 광명은 밝고 깨끗하여 마치 해나 달과 같다.'라고 하는데, 마조 대사가 '일면불, 월면불'이라 한 이유는 이 뜻일까?
● 다른 곳에서는 "큰 지혜는 해와 같아서 생사의 물을 모두 말리고, 큰 자비는 달과 같아서 삼계의 바다(有海)[6]를 맑고 시원하게 한다."[7]라고 하였다. 그렇다면 마조 대사가 병이 들어서야 자비와 지혜를 모두 운용하여 중생을 가르치고 이익을 준 것인가? 이러한 도리는 아니다.
● 해와 달의 편偏과 정正은 자비와 지혜에도 통하는 까닭에 '일면불, 월면불'이라 하였을 것이다. 이렇게 말한 예는 『벽암록』에 "조사가 만일 본분사로써 학인을 만나지 않았다면 어떻게 선종의 도가 빛날 수 있었겠

불, 월면불"이라 말했다는 분별은 타당하지 않다.
4 장춘莊椿은 『莊子』「逍遙遊」에 나오며, 대춘大椿이라고도 한다. 대춘은 참죽나무로 장수를 대표한다. 곧 "옛날부터 이어 온 참죽나무는 8천 년을 봄으로 삼고 8천 년을 가을로 삼는다.(古有大椿者, 以八千歲爲春, 以八千歲爲秋.)"라는 말에 근거한다. 이 말은 '장수를 축원한다.'라는 뜻으로 활용되기도 하며, "아침 한나절 사는 버섯은 그믐과 초하루의 때를 모른다.(朝菌不知晦朔.)"라고 하는 단명短命을 나타내는 구절과 대칭한다.
5 영대靈臺는 신령한 거울 받침대. 본래 맑은 거울 받침대를 뜻하는 명경대明鏡臺에서 변형된 말로서 만법을 비추어 아는 마음을 비유한다. 신수神秀의 게송 중 "마음은 맑은 거울 받침대와 같다.(心如明鏡臺.)"라는 구절에서 유래한다. 『黃檗斷際禪師宛陵錄』 古尊宿語錄 3(卍118, 195b16), "마음 그대로가 신령하게 아는 지혜이니, 신령한 받침대라고도 한다.(卽心便是靈臺, 亦云靈臺.)"; 『景德傳燈錄』 권30 「南嶽懶瓚和尙歌」(大51, 461b24), "부질없이 참된 부처를 구하지 말 일이니, 참된 부처는 찾을 수 없다네. 미묘한 품성과 영대, 그것이 훈습하고 단련받은 적 있었던가? 마음은 할 일 없는 마음이요, 얼굴은 어머니가 낳아 준 그대로의 얼굴이라네.(莫謾求眞佛, 眞佛不可見. 妙性及靈臺, 何曾受熏鍊? 心是無事心, 面是孃生面.)"
6 삼계의 바다(有海) : 고통으로 넘치는 삼유三有 곧 삼계三界를 바다에 비유한 말.
7 정확히 일치하는 전거는 찾지 못하였다. 40권본 『華嚴經』 권4(大10, 678a23), "번뇌 멸하는 대자비심의 청정한 해, 그 지혜의 빛으로 두루 비추는 둥근 바퀴일세. 생사 번뇌의 바닷물을 말려 버리니, 자비의 광명을 내려 살펴 주소서. 원만한 대자비심의 청정한 달, 그 복덕의 빛은 더러움 없는 바퀴일세. 일체중생에게 모두 평안을 베푸니, 시원함 베푸시어 살펴 주소서.(滅惑大悲淸淨日, 智光普照圓滿輪, 能竭生死煩惱海, 願降慈光少觀察. 圓滿大慈淸淨月, 福德光明無垢輪, 一切衆生咸施安, 願賜淸涼少觀察.)"

는가?"⁸라고 한 것과 같다. 곧 본분사로써 학인을 가르쳤다는 뜻이다.

[日面] 日面佛月面佛者, 月燈經云, "月面普光佛, 住世壽命一日一夜. 彼佛次後, 有日面無比尊佛, 住世壽命一萬一千劫." 彼月面佛所化國土衆生, 於無常計常故, 示現如是也 ; 彼日面佛所化國土衆生, 於常計無常故, 示現如是也. 則門庭. 則吾昔意, 謂久住於世, 如日面佛 ; 今歸期大迫, 如月面佛也. 意則如何? 莊椿云, '各各衆生, 靈臺本源, 光明皎皎潔潔, 如日如月.' 所以馬大師道, '日面佛, 月面佛.' 則此義耶? 他處云, "大智如日, 能竭生死 ; 大悲如月, 清凉有海." 則馬大師不安, 悲智雙運, 接物利生耶? 不是這箇道理也. 日月偏正, 悲智亦通, 所以日面佛月面佛. 伊麼道得者, 碧巖云, "祖師若不以本分事相見, 如何得此道光輝?" 則本分事接人也.

● 요즈음은 대부분 아무 맛도 없고(無滋味) 모색할 수단도 전혀 없는(沒摸索) '여릉 지방의 쌀값은 얼마나 하는가?'⁹ 또는 '담장 밖에 있는 것(牆外底)', '불전 안에 있는 것(殿裏底)'¹⁰ 등과 같은 종류의 언구들을 본분에 대하여 대답한 화두(本分答話)로 여기고, '일면불, 월면불'이나 '지장의 머리는 희고, 회해의 머리는 검다.'¹¹ 등의 말을 접하고는 곧바로 '잘못이 적지 않다.'고 말한다. 그 사람들에게 묻고 싶다. 그렇다면 '일면불, 월면불'이라는 말에서는 맛을 찾을 수 있는가? 또한 모색할 여지가 있는가?¹² 그 말에서 맛을 찾지도 못하고 모색하지도 못하는 이상 그렇게

---

8 『碧巖錄』3則「本則 評唱」(大48, 142c14).
9 본서 148칙 참조.
10 '도란 무엇인가?', '부처란 무엇인가?'라는 물음에 조주가 답한 말 가운데 보인다. 본서 476칙, 432칙 참조.
11 본서 164칙 참조.
12 '일면불, 월면불'과 관련된 여러 가지 관념에 따라서 그것을 화두로 이해하지 않고 특정한 의미의 맥락에 제한되어 있다고 여기는 잘못을 비판하는 말이다.

잘못 이해하지 않는 것이 좋을 것이다. 이미 이 화두에 대해서 잘못 이해했다면 '여릉 지방의 쌀값'이라는 화두 역시 어찌 잘못 이해하지 않았겠는가. 앞으로 아무리 가도 마을이라곤 없고 뒤로 아무리 물러나도 묵을 곳이라곤 하나도 없는 지경과 같을 것이니[13] 앞서간 성인을 비방하지 않는 것이 좋을 것이다.

● 더욱 심하게 착각하는 자들은 『벽암록』의 '본분사로써 만난다'라는 말에 근거하여 '일면불, 월면불'이라는 이 화두를 '담장 밖에 있는 것(牆外底)', '불전 안에 있는 것(殿裏底)' 등의 화두와 비교하여 "임종할 때의 염불로서 흔한 일이다."라고 말한다. 임종할 때의 염불이라면 어찌 아미타불을 염하지 않고 도리어 일면불과 월면불을 염하였겠는가? 마조 대사는 그렇게도 매우 분명한 뜻으로 임했거늘 가르침을 잘못 내렸다고 생각하니 우려하지 않을 수 있겠는가!

今時例, 皆以無滋味, 沒摸揉地言句, 如廬陵米作麼價, 牆外地殿裏地之類, 爲本分答話, 見日面佛月面佛, 藏頭白海頭黑等語, 便道漏逗不少. 我要問他. 只如日面佛月面佛, 還討得滋味麼? 還摸揉着麼? 旣討滋味不得, 摸揉不着, 莫錯會好. 旣於此錯會, 廬陵米價, 豈是不錯會也. 旣前不到村, 後不到店, 莫謗先聖好. 又有甚者, 以碧巖本分事相見之語, 將此日面佛月面佛, 例彼牆外地殿裏地道, "臨終念佛, 也是常事." 旣是臨終念佛, 何不念阿彌陁佛, 却念日面佛月面佛? 馬大師, 厥臨孔明, 錯下言敎, 可不畏哉!

---

[13] 앞으로 아무리~같을 것이니 : 마조의 화두에 관한 한, 앞과 뒤의 길이 모두 통하지 않아 완전히 길이 사라진 경계라는 뜻이다. 아무 맛도 없고, 모색할 여지가 없다고 한 앞의 말과 같다. 『密菴語錄』(大47, 973a23), "앞으로 아무리 가도 마을에 이르지 못하고 발길을 돌려도 숙소에 이르지 못할 것이며, 천 사람 만 사람이 빼곡하게 모여들어도 들어가지 못한다.(前不至村, 後不至店, 千人萬人, 攢簇不入.)"

설두 중현雪竇重顯**의 송** 雪竇顯頌

일면불이요 월면불이라 하니	日面佛月面佛
오제와 삼황이 다 무슨 소용이랴[14]	五帝三皇是何物
이십 년 동안 괴로움을 받으면서	二十年來曾苦辛
그대 위해 몇 번이나 창룡굴[15]에 갔었던가	爲君幾下蒼龍窟
굴욕스럽지만 몇 마디 하는 것이니	屈堪述
밝은 눈의 납승들아, 소홀하게 대하지 마라	明眼衲僧莫輕忽

[설화]

○ 오제와 삼황 : 세상이 다스려지든 혼란스럽든 모두 잊은 향상의 경지를 가리킨다.

○ 이십 년 동안 괴로움을 받으면서 : 일면불과 월면불을 말한다.

○ 그대 위해 몇 번이나 창룡굴에 갔었던가 : 생사의 함정[16]을 가리킨다.

---

14 오제와 삼황이~무슨 소용이랴 : 당나라 때 선월 관휴禪月貫休(832~912)의 〈少年行〉 또는 〈公子行〉이라고도 불리는 시의 한 구절. 오제 삼황조차 문제 삼지 않는 자유로운 경지를 이 시구를 빌려 표현하였다. 촉주蜀主 왕건王建이 용화선원龍華禪院에 찾아와 관휴에게 차약茶藥과 사단絲段을 하사하고 여러 왕과 귀척貴戚들을 모두 모시고 앉은 자리에서 시를 읊어 보라고 명하였다. 관휴는 그들을 풍자하는 뜻에서 이 시를 읊었다고 한다. "선명한 꽃무늬 비단옷 차려입고 손에는 송골매, 한가로이 노닐며 경솔하기 그지없는 모습. 농사일의 고됨은 전연 알지 못하니, 오제와 삼황이 다 무엇이랴!(錦衣鮮華手擎鶻, 閑行氣貌多輕忽. 稼穡艱難總不知, 五帝三皇是何物!)" 『禪月集』 및 『堯山堂外紀』 권45 등 참조.

15 창룡굴蒼龍窟 : 청룡이 사는 굴. 청룡이 지키고 있는 여의주를 빼앗으러 위험을 무릅쓰고 그 굴로 간다는 말이다. 마조(청룡)와 그 화두(여의주)에 대응한다. 창룡은 여룡驪龍과 통한다. 본서 5칙 '고목 법성의 상당' 주석 참조.

16 굴택窟宅 : 소굴 또는 보금자리. 주로 안착함으로써 속박된다는 의미에서 함정과 통한다. 『書狀』 「答曾侍郞」(大47, 917c1), "오늘날 사대부들은 사량계교를 소굴로 삼아 의지하는 이가 많습니다. 이러한 말을 들으면 공空에 떨어지지 않을까라고 하니, 마치 아직 배가 뒤집히지도 않았는데 앞질러 먼저 물에 빠지는 것과 같습니다. 이 어찌 대단히 안쓰럽지 않겠습니까.(今時士大夫, 多以思量計較爲窟宅. 聞恁麼說話, 便道莫落空否, 喩似舟未翻, 先自跳下水去. 此深可憐愍.)"

○ 굴욕스럽지만 : 남을 굴욕스럽게 하고 자신도 굴욕스럽게 하였다는 뜻이다.
○ 몇 마디 하는 것이니 : 비록 굴욕스럽기는 하지만 또한 말할 여지도 있다는 뜻이다.
○ 밝은 눈의 납승들아, 소홀하게 대하지 마라 : 밝은 눈을 가진 사람이라면 소홀하게 대해서는 안 된다는 뜻이다.

雪竇 : 五帝三皇者, 治亂俱亡, 向¹⁾上田²⁾地也. 二十年云云者, 日面月面也. 爲君幾下云云者, 生死窟宅也. 屈者, 屈它亦屈己也. 堪述者, 雖屈亦堪述處也. 明眼云云者, 明眼人, 不得輕忽也.

1) ㉔ '向'이 갑본에는 '曰'로 되어 있다.   2) ㉔ '田'이 갑본에는 '口'로 되어 있다.

대각 회련大覺懷璉의 송 大覺璉頌

일면불과 월면불이여	日面佛月面佛
낮에는 깊이 숨고 밤에는 나오지 않네	晝深藏兮夜不出
납승이 북두성 가리키며 눈썹 찌푸리니[17]	衲僧指着斗攢眉
토지신은 단엄하나 원숭이의 골상일세	土地端嚴猢猻骨
쯧쯧, 이 영물이여	咄咄, 遮靈物
가난한 서생은 금전 태우려 하지 않고	措大金錢未肯燒
빗속에서 말려 호랑이 굴에 파묻어 감추네	雨裏曬乾埋虎窟

천복 본일薦福本逸의 송 薦福逸頌

일면불과 월면불이여	日面佛月面佛

---

[17] 일면불과 월면불 모두 북두성에 몸을 감추었다는 말. '북두성 속에 몸을 숨긴다.(北斗裏藏身.)'라는 화두를 활용하였다. 본서 1016칙 본칙 참조.

환하게 밝고 은은하게 빛나며[18]	晶晶冥冥
있는 듯이 없고 없는 듯 있네[19]	怳怳惚惚
왼쪽 오른쪽 번갈아 둘러보니	左顧右盼
잠깐 나왔다 불현듯 사라지네	乍出乍沒
아득하게 땅과 하늘 어디에나 있으나	茫茫匝地普天
집착의 소굴이라는 사실 몇이나 알까	幾箇是知窠窟
그 소굴 안다 하니 무엇처럼 생겼는가	知窠窟似何物
매우 빠르다, 하늘 높이 나는 송골매여	急急急遼天鶻

장산 법천蔣山法泉**의 송** 蔣山泉頌

일면불과 월면불이시여	日面月面
좌로 돌고 우로 구르네[20]	左旋右轉
당나라에서 북 울리자	大唐擊鼓
신라에서 화살을 쏘네[21]	新羅發箭

---

18 환하게 밝고 은은하게 빛나며 : 정晶은 해의 환히 밝음, 명冥은 달의 은은히 밝음을 형용한다.

19 황홀怳惚은 황홀(恍忽·恍惚)로도 쓴다. 전거는 『老子』 21장의 "도라는 저 한 덩어리, 있는 듯 없는 듯 참으로 어렴풋하다.(道之爲物, 惟怳惟惚.)"라는 구절이다. 이 송에서는 이렇게도 규정되지 않고 저렇게도 규정되지 않는 일면불과 월면불의 포착할 수 없는 속성을 나타내기 위하여 인용하였다.

20 좌로 돌고 우로 구르네 : 일면불과 월면불이 좌와 우의 자리를 고수하지 않고 자유자재로 뒤바꾸는 형상을 읊었다. 본칙의 '존후'에 대한 묘사이다.

21 당나라에서 북~화살을 쏘네 : 공격을 알리는 북은 당나라에서 울렸는데 오히려 신라에서 화살을 쏘며 공격한다는 말. 제1구와 제2구에서 일면불과 월면불이 차별 없이 거래되는 관계를 다른 비유로 표현하였다. 『圜悟語錄』 권19(大47, 803a4), "당나라에서 북 울리자 신라에서 춤을 추고, 눈앞에 모조리 드러났으나 서로 알아보지 못한다.(大唐擊鼓新羅舞, 覿面相呈不相覩.)"라는 유사한 예도 있고, 『雲門廣錄』 권중(大47, 561c13), "학인에게 '신라와 당나라는 같은가, 다른가?'라고 묻고 대신 답하였다. '승당·불전·주고·삼문.'(問僧, '新羅國與大唐國, 是同是別?' 代云, '僧堂佛殿厨庫三門.')"이라는 대목에 따르면, 당나라와 신라는 먼 거리로 떨어져 있다는 생각을 역이용하여 '같은가, 다른가?'라는 의문에 숨겨 놓은 선禪의 도리를 보여 주기 위한 소재임을 알

물은 계곡 위에서 아래로 흘러가고	流水前溪後溪
떨어진 꽃잎 세 조각 다섯 조각 따르네[22]	落花三片五片
듣지 못하는 귀머거리에게 천둥 울리니	聾人不聽忽雷聲
멍하니 구름 속 번득이는 번갯불 본다[23]	空向雲中看閃電

천동 정각天童正覺의 송 天童覺頌

일면불이요 월면불이라[24]	日面月面
별똥 날고 번개 번뜩인다[25]	星流電卷
거울은 물상 비춤에 어느 편도 안 들고[26]	鏡對像而無私
구슬은 쟁반에 놓이면 저절로 구른다네[27]	珠在盤而自轉
그대는 모르는가	君不見
집게와 망치 앞에 수없이 단련된 금이요[28]	鉗鎚前百鍊之金
칼과 잣대 밑에서 재단된 한 필 비단이라[29]	刀尺下一機之絹

수 있다. 일면불과 월면불을 같다고 해도 틀리고 다르다고 해도 틀리며, 밖의 어떤 분별도 맞지 않다.
22 물은 계곡~조각 따르네 : 흐르는 물에 떨어진 꽃잎이 물결 따라 흐르는 형상을 통하여 하나로 어울리는 일면불과 월면불을 묘사하였다.
23 듣지 못하는~번갯불 본다 : 마조가 '일면불, 월면불'이라 한 말은 천둥과 같이 크게 울렸으나 그 뜻을 알아차리지 못하고 그 말이 전하는 겉모양만 보고 궁리하는 사람을 귀머거리에 비유하였다.
24 『從容錄』36則 「著語」(大48, 251c17), "엿보는 즉시 눈이 먼다.(覷著卽瞎.)"
25 찰나 간에 나타났다가 사라지는 별똥과 번갯불처럼 잠시도 머뭇거리며 분별할 틈이 없는 화두라는 뜻이다. 위의 책, "이미 신라를 지나갔다.(已過新羅.)" '전권電卷'은 전체電掣·전서電逝·전부電赴 등과 같은 말로 모두 번갯불이 번득였다 순간적으로 사라지는 현상을 묘사한다.
26 위의 책, "한 점도 속일 수 없다.(一點難謾.)" 드러난 그대로 명백한 화두이기 때문이다.
27 위의 책, "잡으려 해도 붙들리지 않는다.(拏捉不住.)" 어떤 인식 틀로도 포착될 실마리가 없다는 말이다.
28 위의 책, "병·동이·팔찌·비녀·권券·발우·소반이다.(瓶盆釵釧券盂盤.)" 이 화두를 꿰뚫은 뒤에 생기는 무수한 활용을 말한 것이다.
29 위의 책, "이불·요·옷·관·옷깃·소매로다.(衾被衣冠襟領袖.)"

진정 극문眞淨克文의 송 眞淨文頌

일면불이요 월면불이라	日面月面
호인 섰으나 한인 나타나네[30]	胡來漢現
한 점의 신령한 빛이여	一點靈光
천 가지 만 가지로 변화하네	萬化千變

보리원菩提院 칙지則之의 송 菩提院則之頌

일면불이요 월면불이라	日面月面
좌로 구르고 우로 도네	左轉右旋
만 리에 뻗친 서늘한 빛	萬里光寒
모든 강에 영상 비추네[31]	千江影現
달마와 부처인들	碧眼黃頭
무슨 신통한 변화이랴	是何神變

동림 상총東林常總의 송 東林摠頌

일면이건 월면이건 부처는 어느 편도 아니니	日面月面佛無私
검은 용의 턱 밑 구슬[32]을 누가 집어 오리오	誰薦驪龍頷下珠

---

[30] 호인 섰으나 한인 나타나네 : 거울 앞에 선 사람은 호인인데 오히려 한인이 거울에 비친다는 말. 호인과 한인을 하나로 보아도 틀리고 둘로 보아도 틀리다. 무차별 중의 차별이라 해도 안 되고, 차별 중의 무차별이라 해도 안 된다. 호인과 한인은 오랑캐와 한족 또는 검은 사람과 흰 사람으로 대조되는 말이다.『圜悟語錄』권8(大47, 747b21), "일면불이요 월면불이라! 호인이 거울 앞에 섰으나 한인이 나타난다. 때로는 하는 그대로 풀어 주기도 하고, 때로는 아무것도 하지 못하도록 붙들어 매기도 한다. 세속의 법과 불법을 한 덩어리로 만들었지만, 한 덩어리라고 알면 귀한 것을 만나고도 천하게 구는 격이요(차별), 한 덩어리라 생각하지 않으면 보리 안에 들어 있는 국수를 가려내는 격이다(무차별).(日面月面! 胡來漢現. 有時放行, 有時把斷. 世法佛法, 打成一片. 若作一片會, 遇貴卽賤 ; 不作一片會, 麥裏有麵.)"
[31] 만 리에~영상 비추네 : 월면불에 대한 묘사이다.
[32] 여주驪珠 : 본서 5칙 '고목 법성의 상당' 주석 참조.

한 손 가득 담은 광명이 두우까지 비치거늘 滿握光明耀斗牛
어찌 반드시 칼 뽑아 들고 정원[33]에 서 있으리[34] 何須按劍立庭除

운대정의 송 雲臺靜頌

일면불과 월면불을 알고자 하면 欲識日面月面
더 이상 좌우로 돌아보지 마라[35] 休更左右顧眄
당장에 화살은 신라를 지나치리니 直下箭過新羅
허공에 헛되이 번개 묶으려 하네[36] 空裏徒勞繫電

---

33 정제庭除 : 정원庭院 또는 정계庭階라고도 한다.
34 한 손~서 있으리 : 본래 명검名劍의 빛이 두우까지 뻗치지만 명검을 손에 쥘 것도 없이 손 자체에 그러한 빛이 있다는 말이다. 두우란 두수斗宿와 우수牛宿를 가리킨다. 다음과 같은 전설에서 나온 이야기이다. 이 두 별 사이에서 늘 번득이던 자주색 빛을 뇌환雷煥이라는 사람이 보검의 정기精氣가 그곳까지 뻗었기 때문이라고 꿰뚫어 보았다. 『祖庭事苑』 권3(卍113, 69a11), "두우까지 빛이 뻗치다(射斗牛) : 『진서』 「장화전張華傳」에 다음과 같이 전한다. 뇌환은 천문에 밝았다. 장화가 두수와 우수 사이에서 항상 예사롭지 않은 기운이 빛나는 광경을 바라보다가 뇌환을 초빙하여 밤에 누대에 올라가 함께 그곳을 올려다보았다. 뇌환이 말하였다. '제가 충분히 관찰해 보니 보검의 정기가 하늘까지 올라간 것이로군요. 그 보검은 예장豫章의 풍성현鄭城縣 안에 있습니다.' 이에 상서령尙書令이던 장화는 뇌환을 풍성의 현령에 천거하였다. 뇌환이 그곳에 이르러 감옥을 고치면서 바닥을 파내어 돌상자에 감추어져 있던 쌍검을 얻었는데, 그 빛이 대단히 곱게 번득였다. 그중 하나는 장화에게 보내 주고 하나는 남겨 자신이 간직하였다. 장화는 훗날 살해를 당하면서 그 검도 잃어버렸다. 뇌환이 죽고 아들이 주州의 공사를 수행하고자 아버지의 검을 차고 연평에 갔을 때 허리에 차고 있던 검이 홀연히 튀어 올라 물에 떨어졌다. 한 사람을 시켜 물에 들어보냈는데 몇 길이나 되는 용 두 마리가 몸에서 문양을 번득이는 모습을 보고 들어갔던 사람은 두려움에 되돌아 나왔다.(射斗牛 : 晉書, 雷煥善天文. 張華因望斗牛間常有異氣, 乃邀煥夜登樓仰視. 煥曰, '僕察之久矣, 乃寶劍之精上於天. 在豫章鄭城縣界.' 華乃薦煥爲鄭城令, 煥至, 修獄掘基, 得石匣有雙劍, 光甚豔發. 使送一與張公, 一留自佩. 華後被誅, 劍遂失. 煥卒, 子爲州從事, 佩父劍之延平, 於腰間忽躍墮水. 使人投之, 但見兩龍長數丈, 燔瑩有文章, 投者懼而返.)"
35 일면불과 월면불을~돌아보지 마라 : 돌아보고 구할 수 있는 수단이나 시간은 주어지지 않는다는 말.
36 당장에 화살은~묶으려 하네 : 신라는 매우 먼 거리. 머뭇거리는 순간 이미 잡을 수 없고, 분별의 수단으로 포착하려는 시도는 번갯불을 묶어 두고자 하는 허망한 짓에 불과하다는 뜻이다.

보녕 인용保寧仁勇의 송[37] 保寧勇頌

방석에 꼿꼿이 앉아서	蒲團上端坐
바늘구멍에 실 끼운다	針眼裏穿線
서풍 한 줄기 불어오자	西風一陣來
낙엽 두세 잎 흩어진다	落葉兩三片

법진 수일法眞守一의 송 法眞一頌

일면불과 월면불이여	日面月面
분명하게 마주 보며 나타나네	分明對現
못에 잠긴 가을 하늘	潭底秋空
눈앞의 그것 누가 알아차리랴	目前誰辨

상방 일익上方日益의 송 上方益頌

일면불은 동쪽에 월면불은 서쪽에 떴거늘	日面東兮月面西
맘대로 앞 개울에 떨어졌다 누가 말하는가[38]	誰云任運落前溪
온 산에 도화 다 지고 봄도 저물어 가건만	山桃落盡春歸去
여전히 그 가지에서 우는 소쩍새 한 마리[39]	猶有子規枝上啼

설두 법녕雪竇法寧의 송 雪竇寧頌

일면불과 월면불이여	日面月面

---

37 가을바람(서풍) 맞고 낙엽 지는 풍경을 보면서 늙고 병든 몸에 쓸쓸한 감상이 몰려들 만도 하지만, 늘 그맘때처럼 다가올 추위에 대비하여 바느질을 하며 일상을 보낼 따름이다. 이러한 정감으로 마조의 "일면불 월면불"에 담긴 뜻을 읊은 송이다.

38 일면불은 동쪽에~누가 말하는가 : 동틀 무렵 해와 달이 각각 동쪽에서 떠오르고 서쪽으로 지는데 개울에 그 형상이 그대로 비추는 풍경을 그렸다.

39 온 산에~한 마리 : 마조의 화두는 봄이 다 가도록 눈앞의 봄소식을 전한 소쩍새의 애절한 울음과 같다는 취지.

하늘이 돌고 땅이 구르네	天迴地轉
도오는 여우귀신이라 불렸고[40]	道吾呼神
석공은 화살 조심하라 했다네[41]	石鞏看箭
마조의 속 알고자 하는가	欲識馬師
관음보살의 나타남이라네[42]	觀音示現

백운 법연白雲法演**의 송** 白雲演頌

계집종[43] 하나가 눈썹을 그리면서　　　　　　　　䰀鬌女子畫娥眉

---

[40] 도오는 여우귀신이라 불렸고 : 도오 원지道吾圓智가 삼성 혜연三聖慧然을 시험하기 위하여 산문山門의 수호신守護神으로 변장했던 다음 일화를 가리키는 것으로 보인다. 『禪苑蒙求』 권상 「道吾裝鬼」(卍148, 208b1), "삼성이 도오의 거처에 도달했을 때 도오는 그가 올 것을 미리 알고 붉은색을 이마에 칠하고 신장神杖을 손에 들고 변장한 채로 산문山門 앞에 서 있었다. 삼성이 '삼가 문안 인사드립니다.'라고 하자 도오가 '그래.' 하고 응답하였다. 삼성이 법당에서 예배를 마치고 다시 올라와 인사를 올리려 했을 때 도오는 위의를 갖추고 방장 안에 앉아 있었다. 삼성이 막 다가서려고 하는 순간 도오가 '있었던 사실을 가지고 질문해도 되겠소?'라고 물었고 삼성은 '바로 아까 그 여우귀신이로군. 빨리 물러가라!'라고 하였다.(三聖到道吾, 吾預知, 以緋抹額持神杖於門下立. 聖曰, '小心祇候.' 吾應喏. 聖參堂了, 再上人事, 吾具威儀, 方丈內坐. 聖纔近前, 吾曰, '有事相借問得麼?' 聖曰, '也是適來野狐精. 出去!')"

[41] 석공은 화살 조심하라 했다네 : 마조의 제자 석공 혜장石鞏慧藏이 삼평 의충三平義忠과 나눈 문답에서 나온 말. 『祖堂集』 권14 「石鞏慧藏章」(高45, 322b18), "삼평 화상이 석공에게 법을 물으러 갔는데, 석공이 활시위에 화살을 걸고 겨누면서 외쳤다. '화살을 조심하라!' 삼평이 가슴을 열어젖히고 받아들이는 자세를 취하자 석공이 활과 화살을 던지면서 말하였다. '30년 동안 여기에 있었지만 오늘에야 반쯤 성인의 경지에 간 사람(半個聖人)을 쏘아 맞혔구나.' 삼평이 주지가 된 다음에 말하였다. '그 당시에는 내가 자유로운 모습을 보였다고 생각했었는데, 지금 살펴보면 도리어 자유로움을 잃었던 것이다.'(三平和尙參師, 師架起弓箭, 叫云, '看箭!' 三平擗開胸受, 師便拋下弓箭云, '三十年在者裏, 今日射得半箇聖人.' 三平住持後云, '登時將謂得便宜, 如今看, 却輸便宜.')" 본서 278칙 본칙 참조.

[42] 마조의 속~관음보살의 나타남이라네 : 마조에 관한 세상의 평가 중 하나를 "일면불 월면불"과 관련시켰지만, 이것을 필연적 인과관계로 접근한다면 '화살'이 되어 날아오거나 헛된 분별에 홀린 '여우귀신'에 불과하다. 이 또한 하나의 효와譸訛이다. 『人天寶鑑』(卍148, 133a6), "마조는 84인 선지식을 배출하였고, 세인들은 관음보살의 응화신이라 하였다.(祖出八十四人善知識, 世人謂之觀音應化.)"

[43] 계집종(䰀鬌): 종들은 외가닥으로 머리를 땋고 있기 때문에 그렇게 부른다. 비녀婢女

난경대⁴⁴ 앞에서 바보처럼 말하네	鸞鏡臺前語似癡
비할 상대 없이 곱다고 혼잣말하나	自說玉顏難比竝
도리어 시렁 위 비단옷 입어 보네⁴⁵	却來架上着羅衣

취암 사종翠巖嗣宗의 송⁴⁶ 翠嵒宗頌

일면불과 월면불	日面月面
금침과 옥선으로	金針玉線
아름다운 원앙 무늬 수놓아	繡出巧鴛鴦
짝지어 주니 누가 부러워하지 않으랴	雙雙誰不羨
달빛 이고 갈대꽃밭에 잠들고	戴月宿蘆花

또는 시환侍鬟과 같다.

44 난경대鸞鏡臺 : 여인들이 화장할 때 사용하는 거울. 이 말의 유래는 다음과 같다. 『禪林疏語考證』 권3(卍112, 863b9), "『이원』에 이렇게 전한다. '옛날에 계빈왕이 난새 한 마리를 잡아 매우 아꼈는데 아무리 울게 하려고 해도 뜻대로 되지 않았다. 마침내 황금 새장을 꾸며 주고 맛난 음식을 먹이며 대접했지만 그러면 그럴수록 더욱 침울하여 3년 동안 울지 않자 그 부인이 말하였다. 「제가 듣기로 새들은 자신의 무리를 본 뒤에 운다고 합니다. 거울을 매달아 자기 모습을 비추어 보게 하는 것이 어떨지요?」 왕이 그 뜻에 따랐는데, 난새가 거울에 비친 자신의 모습을 보고 슬피 울다가 애잔한 울림이 하늘 높이 올리자 한 번 날갯짓을 하고는 죽었다.'(異苑曰, '昔, 罽賓王獲一鸞鳥, 王甚愛之, 欲其鳴而不能致. 乃飾以金樊, 饗以珍羞, 對之逾戚, 三年不鳴, 其夫人曰, 「嘗聞, 鳥見其類而後鳴, 何不懸鏡以映也?」 王從其意, 鸞覩形悲鳴, 哀響中霄, 一奮而絶.')"

45 계집종 하나가~입어 보네 : 본칙 공안과 이 송을 제기하고 천유天遊가 다음과 같은 법어를 보여 주었다. 『五燈會元』 권18 「典牛天遊章」(卍138, 708b12), "동산(白雲法演) 늙은이가 한껏 추켜올린 찬탄은 진실로 옳지만 점검해 보면 고향에 대한 그리움에서 벗어나지 못했다. 나, 운암雲巖은 결코 그렇게 하지 않겠다. '꾀꼬리 잡아들여, 가지에서 울지 못하게 하라. 얼마나 많이 여종의 꿈 깨워, 요서遼西에 이르지 못하게 했던가?'(東山老翁, 滿口讚歎則故是, 點檢將來, 未免有鄕情在. 雲巖又且不然. '打殺黃鶯兒, 莫敎枝上啼. 幾回驚妾夢, 不得到遼西?')" 마지막 4구절은 당나라 때 김창서金昌緒의 시〈春怨〉이며, '幾回'가 '啼時'로 되어 있다.

46 일면불과 월면불을 수놓는 바늘(금침)과 실(옥선)의 관계에 비유한 송이다. 원앙이 쌍쌍이 어울려 노니는 모습과 주변의 풍경은 모두 일면불과 월면불이 바늘과 실의 관계로 수놓은 결과이다.

물결 따라 물에서 노니네	隨波戱水面
잠깐 사이에 푸른 하늘로 날아오르는데	瞥然飛起碧霄空
올려다보니 비단 물결처럼 흐르는 은하	擧首銀河橫素練

장령 수탁長靈守卓의 송 長靈卓頌

일면불과 월면불이여	日面佛月面佛
바다엔 파도 솟구치고 수미산 우뚝 솟았네[47]	大海波翻須彌突兀
정수리 부딪쳐 깨지고	磕破腦門
이마에서 땀이 흐른다	額頭汗[1]出
눈 밝은 납승이여, 분명히 못 가려냈다면	明眼衲僧未辨明
고개 들고 하늘 찌르는 저 송골매 보아라	擡頭好看冲天鶻

1) ㉠ '汗'가 갑본에는 '汙'으로 되어 있다. ㉡ '汗'이 맞다.

백운 지병白雲知昺의 송[48] 白雲昺頌

일면불과 월면불이여	日面月面
허공에 번갯불 번득인다	空中閃電
생각에 잠겨 우두커니 헤아리기만 하니	佇顧停機
살받이터 만들고 과녁 지켜보는 꼴일세[49]	堠成[1]招箭

1) ㉠ '成' 대신 '生'을 쓰기도 한다.

---

47 바다엔 파도~우뚝 솟았네 : 바다와 수미산의 기상은 각각 일면불과 월면불에 상응한다.
48 '일면불 월면불'이라는 화두는 어떤 인식 틀에도 안착하지 않는 본질을 지녔기 때문에 조금이라도 분별하려 들면 화를 자초한다는 취지.
49 살받이터 만들고~지켜보는 꼴일세 : 초전招箭은 활쏘기 연습을 할 때 과녁 옆에 서서 남이 쏜 결과를 지켜보는 것을 말한다. 이 화두는 사유분별로 알아맞히게끔 설정된 것이 아니라 활발하게 작용하는 데 그 본질이 있음을 간접적으로 밝히고 있다.

숭승공의 송 崇勝珙頌

일면불이요 월면불이라	日面佛兮月面佛
토끼 뿔 주장자요 거북 털 불자로다[50]	兎角杖兮龜毛拂
마조 대사시여, 안녕하신가, 그렇지 않은가	馬大師兮安不安
까마귀 동쪽에 뜨자 토끼 서쪽으로 가라앉네[51]	烏東升兮兎西沒
토끼가 서쪽으로 가라앉음에	兎西沒
풍간 선사 호랑이 타고 나오자	豊干禪師騎虎出
길에서 만난 습득은 빙긋 웃고	路逢拾得笑哈哈
한산은 연신 혀를 끌끌 찼다네[52]	却被寒山咄咄咄

---

[50] 토끼 뿔~털 불자로다 : 토끼 뿔과 거북 털이 말에 불과할 뿐 실재하지 않듯이, 마조가 말로는 '일면불 월면불'이라 하였지만 이 역시 실實하지 않은 화두이다. 대혜가 "실법實法을 전해 준 적이 없다.(無實法與人.)"라고 했던 말이 그 뜻이다. 본서 8칙 '원오 극근의 소참' 주석 참조.

[51] 까마귀 동쪽에~서쪽으로 가라앉네 : 까마귀는 해(일면불), 토끼는 달(월면불).

[52] 풍간 선사~끌끌 찼다네 : 호랑이를 타고, 빙긋 웃고, 연신 혀를 찬 것, 이들 사이에는 그럴 수밖에 없는 인과관계는 없다. 마조의 일면불과 월면불도 이와 같이 다른 곳으로 귀착할 근거가 없는 관문 그 자체이다. 풍간豊干·습득拾得·한산寒山은 중국 천태산 국청사國淸寺에 은거하던 세 명의 선지식으로 국청삼은國淸三隱이라 일컬어졌다. 이들은 각각 미타彌陀·보현普賢·문수文殊의 화신이라 전한다. 풍간이 적성赤城을 지나다 길에서 습득을 발견하여 국청사에서 기르며 밥 짓는 일을 맡겼고, 한산이 오면 찌꺼기를 모았다가 먹였다고 한다. 『釋氏稽古略』 권3(大49, 815b18), 『樂邦遺稿』 「國淸寺三隱士」(大47, 237c4), 『景德傳燈錄』 권27 「拾得傳」(大51, 434a7) 참조. 『密菴語錄』(大47, 964b5), "법좌에 올라앉아 말하였다. '침묵할 때 신실을 말하고, 말을 할 때는 침묵하듯이 한다. 한산이 습득을 만나자 털 없는 빗자루를 잡고 이쪽저쪽을 쓸다가 불현듯 호랑이를 타고 나타난 풍간 선사를 마주치고는 싸리 빗자루를 내려놓고 두 손을 잡고 껄껄대고 크게 웃었다. 그것은 마치 야매로 소금을 파는 좀도둑과 같았다. 그들이 서로 나눈 대화가 어디에 있었던가?' 다시 대중에게 '말해 보라! 그는 무엇을 보고 웃었을까?'라 말하고, 잠깐 침묵한 뒤 '봄을 관장하는 신(東君)이 엄정한 법령을 시행하니, 남쪽으로 뻗은 가지에서 먼저 꽃을 피우는구나.'라고 하고, 한 소리 크게 내질렀다.(上堂, '默時說, 說時默. 寒山逢拾得, 拈箇禿掃箒, 東掃西掃, 忽然撞著豊干禪師騎虎出來, 放下苕箒, 把手呵呵大笑, 恰似販私鹽底草賊. 有什麽共語處?' 復召大衆云, '且道! 他笑箇什麽?' 良久云, '東君行正令, 花發樹南枝.' 喝一喝.)"

심문 담분心聞曇賁의 송 心聞賁頌
깊고 으슥한 옛 사당 오랜 성에 임해 있는데　　　古廟耽耽枕古城
문을 밀치자 침침하여 신령 형상 보이질 않네[53]　推門杳不見神形
이번에도 또다시 찾아 문 앞을 지나가노라니　　這迴却打門前過
더 이상 화와 복 내리는 그 신령 의심 않노라[54]　更不疑他禍福靈

개암붕의 송 介庵朋頌
일면불이요 월면불이라　　　　　　日面月面
뇌공[55]이 천둥 울리네　　　　　　雷公閃電
비 그치고 구름 걷히니　　　　　　雨散雲收
장강이 맑고 깨끗하다[56]　　　　　長江練練

혼성자의 송 混成子頌
일면불이요 월면불이라　　　　　　日面月面
납승의 바늘과 실이로다　　　　　　衲僧針線
비단 직물을 짜고　　　　　　　　　箚住綾羅
명주 천 꿰는구나　　　　　　　　　穿破紬絹
정수리에 붙은 눈에서 빛을 내뿜지만　頂門有眼放光明
예나 지금이나 눈앞 그것 다 못 보네[57]　今古目前俱不見

---

53 신령 형상 보이질 않네 : 화두의 허언虛言인 일면불과 월면불은 찾을 자취가 전혀 없다는 말.
54 더 이상~의심 않노라 : 마조의 화두에 담긴 본분을 지시하는 이치를 확신한다는 뜻.
55 뇌공雷公 : 신화에서 천둥을 관장하는 신神. 마조를 빗댄 말이다.
56 비 그치고~맑고 깨끗하다 : 날이 맑게 개면 자연스럽게 그렇게 드러나는 풍경. 당연한 인과이지만 이 또한 인과가 성립되지 않는 말과 마찬가지로 그 이상의 분별이 덧붙여질 수 없다는 점에서 화두의 속성을 은유한다.
57 정수리에 붙은~못 보네 : 정수리에 붙은 진실을 보는 눈(제3의 눈)에서 빛을 발산하여 눈앞에 항상 드러나 있지만 아무도 그것을 알아차리지 못한다는 말. '일면불 월면불'이

지비자의 문답과 송 1

지비자[58]가 남선 천南禪泉[59] 화상에게 물었다. "일면불 월면불이라 한 옛사람의 뜻은 무엇입니까?" "소금을 뿌리고 식초까지 섞어 넣었구나."[60] 다시 게송 한 수를 지었다.

> 소금 뿌리고 식초까지 섞어도 다들 알지만
> 팔준[61]은 바람처럼 빨라 쉽게 쫓지 못하네[62]
> 오제와 삼황은 어디로 갔을까
> 가을 매미 소리 석양 물든 가지에 걸렸네[63]

라는 말은 빛과 같이 숨김이 없이 노출되어 있지만 아무도 모르고 지나친다는 뜻이다. 하지만 이렇게 확정하면 안 되고, "드러나 있는가? 아니면 숨어 있는가?"라고 물어야 하는 장면이다.

58 지비자知非子 : 조변趙抃. 자는 열도悅道. 지비자는 자호이다. 남선 천(佛慧法泉)의 법을 배웠다.

59 남선 천南禪泉 : 송나라 때 운문종 선사. 불혜 법천佛慧法泉, 장산 법천蔣山法泉이라고도 한다. 운거 효순雲居曉舜의 법을 이었다. 처음에는 대명사大明寺에 주석하였고, 천경千頃·영암靈巖·남명南明·장산蔣山 등 여러 사찰에 두루 주석하였다. 파격적인 독서량으로 천만권泉萬卷이라 불렸다. 시호는 불혜선사佛慧禪師이다.

60 첨염색초添鹽索醋는 소금에 식초까지 뿌려 본래의 맛을 잃어버리게 만들었다는 말로서 사실을 과장하거나 왜곡하는 것을 뜻한다. 여기서 '索'은 '얽어서 합하다' 또는 '더하다'라는 뜻의 '加'와 통한다. 첨염착초添鹽著醋, 첨초가유添醋加油, 첨유가초添油加醋라고도 하고 첨지가엽添枝加葉이라고도 한다. '일면불 월면불'이라는 말 자체로 받아들이지 못하고 이것저것 말과 관념을 섞어서 이해하는 병폐를 나타낸다. 이러면 본래의 효용을 상실한다.

61 팔준八駿 : 여덟 마리 준마駿馬. 주나라 목왕穆王의 여덟 필 명마名馬. 또는 황제의 수레. 여기서는 후자의 뜻이다.

62 소금 뿌리고~쫓지 못하네 : 아무리 덧붙이고 과장해도 본래 모습을 궁리하여 알 수 있지만, 이 화두만은 어떻게 궁리해도 알 수 없다는 뜻이다. '빠르다'는 말은 이곳에 있는가 하면 저곳에 있고, 저곳에 있는가 하면 이곳에 다시 나타나는 것처럼 어떤 개념으로도 규정할 수 없는 이 화두의 본질을 나타낸다.

63 오제와 삼황은~가지에 걸렸네 : 삼황오제와 같은 현인일지라도 이에 대해서는 말할 수 없다. 가을 매미(寒蟬)란 가을이 깊어져서 날씨가 추워지면 매미가 더 이상 울지 못하는데, 그 시절의 매미를 가리킨다. 보통 어떤 사태를 마주치고 아무 말도 못 하는 사람을 비유한다.

知非子, 問南禪泉和尙, "日面佛月面佛, 古人意旨如何?" 南禪云, "添鹽索醋." 復成頌曰, "添鹽索醋亦多知, 八駿如風不易追. 五帝三皇何處去? 寒蟬聲在夕陽枝."

지비자의 문답과 송 2

또한 스스로 "이러니저러니 아무렇게나 말하는구나."[64]라고 한 뒤 다시 게송 한 수를 지었다.

이러니저러니 아무렇게나 말한 뜻 아는가
80여 명의 제자[65] 중 겨우 두세 명이리라
검은 준마[66]의 굴에서 얼마나 찾아 헤맸나
그사이 바다 저편 신라로 새매 지나갔다[67]

---

64 지동획서指東劃西는 동쪽을 가리키며 서쪽을 지시한다는 말. 손가락으로 이것저것 마구 가리키는 동작에서 나온 말이다. 화제의 중심을 찾지 못하고 공허하게 이 말 저 말 아무렇게나 떠드는 허풍쟁이를 묘사한다. 마조의 말에 주어진 도리가 있는 것처럼 보이지만 전혀 그렇지 않아 포착할 수단이 전혀 없다는 역설적 암시이다. 어떤 의미에도 속하지 않는 화두의 극치를 나타낸다. 『永覺廣錄』 권21 『壽昌和尙贊』(卍125, 642a6), "이 노화상의 그 속, 전혀 포착할 수단이 없구나. 아무렇게나 내뱉는 그 말, 참으로 아무런 도리도 없다네. 중생을 어지럽히고자, 바람 없는 곳에서 물결 일으키려 애쓰는 꼴일세.(這老和尙, 全沒巴鼻. 指東話西, 實無道理. 惱亂衆生, 無風浪起.)" 이 송은 마조의 화두에 고스란히 적용할 수 있는 취지이다.
65 마조 문하의 제자가 보통 80여 명이었다는 설에 따른다. 『仰山語錄』(大47, 587b17)에는 84명, 『從容錄』 72則(大48, 272b27)에는 '80여 명의 대선지식' 등이라 되어 있다. 『景德傳燈錄』 권17 『雲居道膺傳』(大51, 335b3), "마조는 88명의 선지식을 배출했는데, 화상께서는 몇 명이나 배출하셨습니까?'라고 묻자 도응道膺이 손바닥을 펼쳐서 보여 주었다.(問, '馬祖出八十八人善知識, 未審和尙出多少人?' 師展手示之.)" 주 42 참조.
66 검은 준마 : 전설상의 청룡靑龍을 가리키기도 하지만, 여기서는 검은색의 준마駿馬라는 뜻으로 마조馬祖의 '마' 자와 대응시켜 번역하였다.
67 검은 준마의~새매 지나갔다 : 마조가 설정한 말의 함정(준마의 굴)에 빠져 헤아리는 동안 그 본래 뜻(새매)을 놓쳐 먼 거리로 갈라졌다는 말.

又自云, "指東劃西." 復成頌曰, "指東劃西還會麼? 八十員中三兩个. 蒼龍窟裏幾馳求? 隔海新羅鷂子過."

무위자의 송 無爲子頌

일면불이요 월면불이라	日面佛月面佛
밤마다 아침마다 빼어난 풍경이로다	夜夜朝朝好風物
망아지는 세상 사람 다 밟아 죽이고	馬駒踏殺天下人
헌원[68]은 정령의 소굴 모두 비추었네[69]	軒轅照破精靈窟

무진거사의 송 無盡居士頌

| 십방[70]의 망아지 난폭한 기세로 | 什邡駒子氣生獰 |
| 비로의 정수리 밟고 지나가노라[71] | 蹋躢毘盧頂上行 |

---

[68] 헌원軒轅: 전설상의 고대 제왕인 황제黃帝의 이름. 헌원의 언덕에 살았기 때문에 붙여진 이름이다. 판천阪泉에서 염제炎帝와 전투를 벌여 이겼고, 탁록涿鹿에서는 치우蚩尤에게 승리를 거두어 제후들이 천자로 받들었다. 중국의 시조로 여기기도 한다. 『史記』「五帝本紀」, "황제는 소전少典의 아들로 성은 공손公孫이요 이름은 헌원이다.(黃帝者, 少典之子, 姓公孫, 名曰軒轅.)"

[69] 망아지는 세상~모두 비추었네: 헌원이 치우를 죽인 뒤에 백택白澤이 말하기를 자신은 천상에 있는 태일泰一의 정기로서 모든 귀신과 요괴를 관장한다고 하면서 그 낱낱의 형상들을 그렸다. 헌원은 이 백택이라는 신하의 힘을 입어 모든 정령을 분명하게 꿰뚫을 수 있었던 것이다. 본서 951칙 본칙 설화 참조. 마조가 '일면불 월면불'이라는 화두로 세상 사람의 헛된 견해를 모두 짓밟아 버린 일이 바로 이러한 헌원의 능력에 비견된다는 뜻이다.

[70] 십방什邡: 한나라 때 제후국. 지금의 사천성 십방현 경계에 있었다. 즙방汁防이라고도 한다. 마조가 지금의 사천성 광한廣漢인 한주漢州 출신이기 때문에 '십방 망아지'라고 한다.

[71] 답비로정상踏毘盧頂上이라고 한다. 비로정은 비로자나불毘盧遮那佛의 정수리로 더 이상 올라갈 곳이 없는 향상의 극치를 가리킨다. 이곳마저 밟고 지나가야 본분의 소식을 접한다고 한다. 본서 132칙 본칙 참조. 『人天眼目』 권4(大48, 324b21), "비로정상: 유일한 진리로도 거두지 못하고, 만물 중 그 어느 것으로도 포괄할 수 없다. 모기의 머리에 뿔이 나고, 미꾸라지가 오대산에 올라간다.(毘盧頂上: 一眞收不得, 萬類莫能該. 蚊子生頭角, 泥鰍上五臺.)"

| 다름 아닌 배앓이하다가 도리어 머리 아프니 | 正患脾疼却頭痛 |
| 병 닥쳐와도 교묘한 생각은 여전히 남아 있네[72] | 病來猶有巧心情 |

지해 본일智海本逸의 상당

병에서 회복한 다음 법좌에 올라앉아 말하였다. "산승은 수일 동안 몸을 다스리는 데 서툴러 여러 선덕禪德들이 자주 찾아와 병문안을 하도록 근심을 끼쳤습니다." 지해가 '마조 대사가 병으로 몸이 편치 않을 때 원주가 물었다.~월면불이다.'라고 하는 인연을 떠올리고 말하였다. "이 이야기에 대하여 천하의 총림에서 모두들 '매우 훌륭하고 대단히 아름답다.'고 말합니다. 그러나 '마조 대사의 대답은 한가로이 떠도는 구름 일어도 비를 내리지는 못하는 격이었고, 원주 대덕의 질문은 시든 잎이 떨어져도 가을이 오지 않은 것과 같았다.'[73]는 뜻을 그들은 전혀 몰랐습니다. 나, 천복薦福이라면 그렇게 하지 않을 것입니다. '화상이시여, 요즘 존후尊候는 어떠십니까?'라고 묻는다면 '풍기風氣가 머리에 침입하여 그 아픔을 이루

---

72 다름 아닌~남아 있네 : 마조의 말을 궁리하느라 괴롭지만, 교묘하고 뛰어난 생각을 짜내려는 그 시도가 배앓이와 두통의 근원이라는 암시이다. 그러한 생각은 망아지가 비로자나불의 정수리조차도 밟고 지나가는 선기禪機라야 무너진다. 제1구와 제2구에 그 뜻이 미리 제시되었다.

73 질문이나 대답이 모두 어떤 결과도 낳지 못하고, 일정하게 지시하는 대상물도 없었다는 말. 따라서 훌륭하다거나 아름답다고 평가할 내용을 담고 있지 않다. 이러한 선어禪語의 속성을 용두사미龍頭蛇尾라고 표현하기도 한다. 말을 꺼내기는 했지만 결말이 없기 때문이다. 더듬고 분별할 근거가 전혀 없으며 상대를 서로 시험하는 장치일 뿐이다. 마조와 원주를 비유한 구절은 범려範攄의 아들이 지은 시구라고 한다. 범려의 아들이 7세의 나이에 시를 잘 지었는데 어느 은자에게 준 시(《贈隱者》)에 '바람결 따라 낙엽 쓸고, 그늘 좇아 꽃에 물 주노라네.(掃葉隨風便, 澆花趁日陰.)'라는 구절을 본 방간方幹(836~888)이 '이 아이는 훗날 반드시 유명해지리라.'라고 하였고, 또 〈吟夏日〉이라는 시에 '한가로이 떠도는 구름 일어도 비 내리지 않고, 시든 잎 떨어져도 가을은 아니라네.(閑雲生不雨, 病葉落非秋.)'라는 구절을 보고 방간은 '안타깝구나. 제 명을 누리지 못하리라.'라고 하였는데 과연 10세 때 죽었다고 한다. 『堯山堂外紀』 권18에는 '非秋'가 '飛秋'로 되어 있다.

말로 표현할 수가 없다.'라고 대답할 것입니다."

智海逸, 病起, 上堂云, "山僧數日, 拙於將理, 勞諸禪德, 頻到問訊." 憶得, '馬大師不安, 院主問, 〈至〉月面佛.' 師云, "此話, 天下叢林咸言, '盡善盡美.' 殊不知, 馬大師, 閑雲生不雨; 院主大德, 病葉落非秋. 薦福卽不然. '和尙, 近日尊候如何?' 自云, '風氣攻人腦, 疼痛不堪言.'"

> 설화

○ 몸을 다스리다(將理) : 이끌어 간다는 뜻이다. 마치 장수가 온갖 무리를 이끄는 통솔자인 것과 같다는 말이다.
○ 한가로이 떠도는 구름 일어도~가을이 오지 않은 것과 같았다 : 시절을 알지 못하고, 여전히 불법의 도리가 있다고 잘못 생각한다는 뜻이다.[74]
○ 풍기風氣가 머리에 침입하여 그 아픔을 이루 말로 표현할 수가 없다 : 생사의 번뇌가 완전히 자리를 잡았다는 뜻이다.

智海 : 將理者, 將行也. 言如將諸大衆領也. 閑雲至非秋者, 不知時節, 謂猶有佛法道理在也. 風氣攻人腦云云者, 生死煩惱大坐著也.

향산 온량香山蘊良의 상당

이 공안을 제기하고 말하였다. "일면불이요 월면불이라 하니, 페르시아 사람이 신라로 뛰어 들어가는 격이다. 하늘은 높고 땅은 아득하지만 그

---

[74] 시절과 불법의 도리를 대칭시켰다. 시절은 봄에 꽃이 피거나 겨울에 눈이 오는 등 때마다 어김없이 들어맞는 진실한 소식으로 인위人爲가 끼어들어 펼칠 사업이 없기에 무위無爲·무사無事라 한다. 반면 불법의 도리는 확고히 굳어진 생각의 덩어리에 불과하다. 따라서 시절의 소식을 불법의 도리라고 간주하여 억지로 연결시켜 분별하면 착각이다. '일면불 월면불'도 그 시절에 응하여 보여 준 화두일 뿐 깊은 근원을 가진 어떤 도리를 배경으로 하지 않는다.

사실 아는 사람이 드물고, 물은 드넓고 산은 까마득하지만 누가 그것을 알리오? 석가모니부처님의 천백억 화신이 손안에 쥔 황금을 지팡이로 만들어 나락가 속에서 슬피 울부짖다가 도사타都史陀[75] 안에서 미륵의 구원을 애타게 찾는다. 그쳐라, 그쳐! 잠깐 사이에 시장이 파하니 아무도 거두는 이가 없구나. 진秦나라 때 쓰던 바닥 없는 그릇이라 생각했었는데 알고 보니 그저 큰 만두였을 뿐이구나.[76]"【참!】

香山良上堂, 擧此話云, "日面佛月面佛, 波斯走入新羅國. 天高地遠少人知, 水闊山長有誰識? 釋迦文千百億, 手裏黃金爲錫, 那落迦裏叫蒼天, 都史陁中喚彌勒. 休, 休! 斯須市退勿人收. 將謂秦時無底椀, 元來祇是大饅頭."【參!】

설화

○ 나락가[77] : 범어로서 온전히 말하면 '니리지옥梨泥地獄'이고, 한역하면 고구苦具이다. 나머지 구절은 해석하지 않아도 알 수 있다.

那落迦, 梵語, 具云梨泥地獄. 此云, 苦具也. 餘不釋可知也.

---

75 도사타都史陀 : 도솔천兜率天과 같다. ⓢ Tuṣita의 음사어 중 하나.
76 진秦나라 때~만두였을 뿐이구나 : 오래 묵은 골동품인 줄 알고 있었는데 사실은 만두였다. '일면불 월면불'이 깊은 근원이 있는 듯하지만 그때마다 현장에서 드러내는 일시적이고 소비적인 말이었다는 뜻이다. 운문 문언雲門文偃이 한 다음 말과 같은 맥락이다. 『圜悟語錄』 권19(大47, 804c3), "관세음보살이 돈을 가져와서 호떡을 샀는데 손에서 놓고 보니 원래 만두였다.(雲門示衆云,……觀世音菩薩, 將錢來買胡餠, 放下手元來却是饅頭.)"
77 나락가那落迦 : ⓢⓅ naraka, niraya의 음사어.

동림 상총東林常總의 상당 1

이 공안을 제기하고 말하였다. "온 세상의 납자들이 예나 지금이나 이리저리 헤아리고는 '어째서 주저 없이 말하지 못하는가?'라며 이렇게들 말한다. '화상이시여, 강부탕薑附湯[78]을 드셔야 합니다.'라고 하거나, '일어나 움직이십시오, 화상이시여!'라고 하거나, '기쁩니다, 안락하시군요.'라고 하거나, '일면도 그렇고, 월면도 그렇군요.'라고 하거나, '일면의 광명이요, 월면의 번뜩임이군요.'라고 한다. 이런 방식으로 드러낸 말들은 일시적으로는 풀어 주거나 사로잡는 광경이 볼만하지만, 어리석은 자가 그림의 떡으로 굶주림을 채우려 하거나 길을 잃은 사슴이 아지랑이를 쫓아가 목마름을 해소하려는 꼴[79]과 무엇이 다르겠는가! 세상 사람들이 쓸데없이 혀를 놀리지 못하도록 쥐어틀어 줄 말을 할 수 있는 사람이 여기에 있는가? 만약 있다면 망아지 한 마리가 잇달아 대를 이어 나와 세상 사람들을 짓밟아 버렸다고 할 만하다. 만약 없다면 내일이나 훗날 언젠가 살펴보라.[80] 머리에 버드나무 가지 서너 줄기 꽂고 가슴에는 향전香錢 한두 개 품고서[81] 늙은 장씨 서너 명과 검은 이씨 서너 명(胡張三黑李四)[82]이 조사의

---

[78] 강부탕薑附湯 : 건강乾薑과 부자附子를 넣어 달인 탕. 한사寒邪로 인해 갑자기 쓰러지거나 손발에 경련이 생기고 사지四肢가 차가워지는 등의 병에 사용한다. 『醫方類聚』권25 『諸寒門 中寒治法』.

[79] 길을 잃은~해소하려는 꼴 : 『楞伽經』권2(大16, 491a), "비유하자면 사슴 떼가 목마름에 시달려 봄날의 아지랑이를 보고 물이라고 잘못 생각한 끝에 미혹과 착란에 얽힌 마음으로 달려가지만 그것이 물이 아닌 줄은 모르는 것과 같다.(譬如群鹿, 爲渴所逼, 見春時炎, 而作水想, 迷亂馳趣, 不知非水.)"

[80] 이후의 말들은 '일면불 월면불' 화두를 살펴보기 위하여 설정한 또 하나의 화두이다.

[81] 머리에 버드나무~개 품고서 : 필부필부의 모습을 형용한 것으로 보인다.

[82] 늙은 장씨~서너 명(胡張三黑李四) : '胡'는 '胡髯'와 같다. 평범한 사람을 나타낸다. 일면불과 월면불에 대한 은유이다. 『宗門武庫』(大47, 954c2), "오조 법연五祖法演이 하루는 방장실에서 질문을 던졌다. '석가와 미륵도 그의 노예이다. 말해 보라! 그는 도대체 누구일까?' 각覺 상좌가 '늙은 장씨 서너 명과 시커먼 이씨 서너 명입니다.'라고 말하자 법연이 그 대답을 인정해 주었다. 당시에 원오圜悟 화상이 수좌로 있었는데, 오조가 이 문답을 들려주자 원오가 '좋기는 좋으나 아마도 진실에 이르지 못한 것으로 생각

전각에서 재잘거리며 그대들에게 말해 주면, 그제야 비로소 '금계金鷄가 쌀 한 톨을 물어다, 십방什方[83]의 나한승에게 공양할 줄 아는구나.'[84]라고 한 뜻을 알 것이다."

東林摠上堂, 擧此話云, "五湖衲子, 今古商量道, 何不進語? 云, '和尙, 宜喫薑附湯.' 又云, '起動和尙!' 又云, '且喜, 安樂.' 又云, '日面也與麽, 月面

되니 그 말대로 허용해서는 안 되고 다시 말을 붙여 점검해야 할 것으로 생각됩니다.'라고 말하였다. 다음 날 각 상좌가 방장실에 들어오자 이전과 같은 질문을 던졌다. 각 상좌가 말하였다. '저는 어제 스님께 모두 말씀을 드렸습니다.' '무슨 말을 했다고 그러느냐?' '늙은 장씨 서너 명과 시커먼 이씨 서너 명이라고 말씀드렸습니다.' '틀렸다. 틀렸어.' '화상께서 무슨 이유로 어제는 옳다고 하셨습니까?' '어제는 옳았지만 오늘은 틀렸다.' 각 상좌가 그 말을 듣자마자 크게 깨달았다.(一日, 室中垂問云, '釋迦彌勒, 猶是他奴. 且道! 他是阿誰?' 覺云, '胡張三黑李四.' 祖然其語. 時圓悟和尙爲座元, 祖擧此語似之, 悟云, '好則好, 恐未實, 不可放過, 更於語下搜看.' 次日, 入室垂問如前, 覺云, '昨日向和尙道了.' 祖云, '道什麽?' 覺云, '胡張三黑李四.' 祖云, '不是, 不是.' 覺云, '和尙爲甚昨日道是?' 祖云, '昨日是, 今日不是.' 覺於言下大悟.)"

83 십방什方 : 앞서 나온 '십방什邡'과 같은 말. 주 70 참조.
84 서천 27조인 반야다라般若多羅가 남악 회양南嶽懷讓 문하에서 마조가 나올 것을 28조이자 중국의 초조인 달마 대사에게 예언한 말이다.『景德傳燈錄』권6「馬祖道一傳」(大51, 245c28) 등에 그 기사가 보인다.『南嶽懷讓語錄』古尊宿語錄 1(卍118, 158b5), "서천 27조 반야다라가 그대(마조)의 출현을 예언하여 이렇게 말씀하셨다. '진단(중국)이 비록 광활하지만 별다른 길은 없으니, 반드시 아손에 의지하여 그 발밑으로 다니리라. 금계가 좁쌀 한 톨을 물어다, 십방의 나한승에게 공양할 줄 아는구나.'(西天二十七祖, 般若多羅, 識汝曰, '震旦雖闊無別路, 要假兒孫脚下行. 金鷄解銜一粒粟, 供養什邡羅漢僧.')" 이 구절에 대하여『祖庭事苑』권8(卍113, 227a14)에는 다음과 같이 구절마다 설명을 붙였다. "이것은 마조 대사가 회양 화상으로부터 법을 전수받을 인연에 대한 예언이다. '별다른 길은 없다.'라는 말은 길(道)이 하나(一)뿐이라는 뜻이다. 그러므로 마조 대사의 법명을 도일道一이라 한 것이다. '아손兒孫'이란 법을 전수받은 제자를 말한다. '그 발밑으로 다니리라.'라고 한 말은 '망아지 한 마리가 세상 사람들을 모두 짓밟아 버리리라.'라는 6조 혜능의 말과 통한다. '금계가 쌀을 문다.'라고 한 말은 금주 출신의 회양 화상을 빗댄 것이다. 닭(금계)은 때를 알고 울어서 아직 깨어나지 못한 사람을 깨운다는 상징이다. 나한승羅漢僧이란 마조가 한주의 십방현에서 태어나 회양에게서 법이라는 음식을 공양받은 데서 나온 말이다.(此讖馬大師得法於讓和上之緣. 無別路, 其道一也. 故馬大師名道一. 兒孫, 嗣子也. 脚下行, 所謂一馬駒子踏殺天下人也. 金鷄銜米, 以讓和上金州人. 雞知時而鳴, 以覺未寤. 羅漢僧, 馬祖生漢州之什仿縣, 受讓師法食之供.)"

也與麼.' 又云, '日面光明, 月面炟㷶.' 與麼話會, 一期也縱奪可觀, 何異狂子, 求畫餠¹⁾以充飢, 迷鹿逐陽燄而止渴! 還有人於此, 道得个坐斷天下人舌頭底句麼? 若有, 可謂續出一馬駒, 蹋²⁾殺天下人去; 若無, 明朝後日看. 卓頭靑絲三五莖, 懷裏香錢一兩个, 胡張三黑李四, 祖殿上喃喃, 爲你說破, 方知道, '金雞解噇一粒米, 供養什方羅漢僧.'

1) ㉑ '餠'이 갑본에는 '䭄'으로 되어 있다. 2) ㉑ '蹋'이 갑본에는 '踏'으로 되어 있다.

설화

○ 머리에 버드나무 가지 서너 줄기 꽂고 가슴에는 향전香錢 한두 개 품고서 : 자세히 알 수 없다. 청색 실 서너너덧 올로 향전을 꿴 것으로 추정된다.
○ 늙은 장씨 서너 명과 검은 이씨 서너 명이 조사의 전각에서 재잘거리며 그대들에게 말해 주면 : 마조가 두서없이 한 말을 가리킨다.
○ 금계金雞가 쌀 한 톨을 물어다, 십방什方의 나한승에게 공양할 줄 아는구나 : 금계란 금주金州 출신의 남악 회양 화상을 지칭한 말이고, 십방의 나한승은 한주 십방 출신의 마조를 가리켜 이렇게 표현한 말이다.

東林 : 車頭靑絲云云, 未詳. 意靑絲三五莖, 穿却香錢地也. 胡張三至說破者, 謂馬祖東說西說也. 金雞云云者, 金雞者, 讓和尙, 金州人也. 什方羅漢僧者, 馬祖, 漢州什方人也.

동림 상총의 상당 2

마조 기일에 법좌에 올라앉아 "대적선사大寂禪師[85]는 남악 회양 화상에게 법을 전수받고 강서에서 입적하였으며 그 탑은 늑수泐水에 세워져 있다. 병이 들었을 때 원주가 마조 화상에게 '요즘 존후尊候는 어떠십니까?'

---

[85] 대적선사大寂禪師 : 마조의 시호. 당나라 헌종이 내렸다.

라고 묻자 마조는 '일면불이요 월면불이다.'라고 대답하였으며 원주는 더 이상 말하지 않았다."라고 한 뒤 평가하였다. "동서의 납자들과 남북의 선사들이 다투어 헤아리며 갖가지 견해를 끝없이 내놓지만 그중 가장 뛰어난 것은 '마조는 임종을 맞이하여 곧바로 바랑을 기울이고 흔들어서 다 쏟아 내듯이 일러 주었다.[86] 원주는 비록 아무 말도 없었지만 그 당시에 호랑이를 함정에 빠뜨리는 기틀을 가지고 있었다.'라는 유의 견해이다. 어떤 사람은 '거북을 낚으려고 던진 낚싯바늘을 새우와 조개 따위는 돌아보지 않으니, 봉황을 잡으려고 펼친 그물을 제비와 참새 따위가 어찌 알겠는가?'라고 한다. 나, 보봉寶峯이 이제 모든 말과 견해를 끊어 버리고 여러분에게 게송 한 수를 읊어 주겠다.

가라장伽羅掌[87] 속 들여다보지 말 일이니
학인 근기를 깊이 판별할 뿐 또 무슨 말 하리오
금계는 유리 껍질[88]을 쪼아 깨뜨리고
옥토끼는 푸른 바다 문 밀쳐서 연다[89]

又馬祖忌日, 上堂云, "大寂禪師, 得法於南岳讓和尙, 示寂江西, 建塔泐水.

---

[86] 바랑을 기울이고~일러 주었다(傾囊抖擻) : 장腸 속에 든 것을 다 쏟아 내 보인다는 두 수시장抖擻屎腸과도 같은 말. '속마음을 다 드러내 보이다', '있는 힘을 다해 말해 주다'라는 뜻이다.
[87] 가라장伽羅掌 : 설화의 해석에 따르면, '가라장'은 거라건다佉羅騫馱(Ⓢ Kharaskandha)의 잘못된 음사이다. 연거아수륜燕居阿須倫이라고 한다. 네 아수라왕 중 하나로『法華經』권1(大9, 2a29)에 나오는데 나머지 셋은 바림바종婆林婆種・비마질다毗摩質多・나후라羅候羅 등이다.『金光明經文句』권6(大39, 80a10)에는 '후여뢰吼如雷'라고 한역한다.'고 하였는데 이는 '천둥처럼 우렁찬 소리를 낸다.'라는 뜻이다.『法華文句』권2(大34, 25a28) 등에서는 광견갑廣肩胛 또는 악음惡陰이라 한역한다.
[88] 유리 껍질 : 맑고 투명한 유리와 같은 하늘을 비유한다.
[89] 금계는 유리~밀쳐서 연다 :『洞山語錄』(大47, 524a8)에서 원오 극근圜悟克勤이 제기한 평에 보인다.

不安之時, 院主問和尙, '近日, 〈至〉月面佛.' 院主便休去." 師云, "東西衲子, 南北禪人, 競頭商量, 紜紜不已, 最好是一般道, '馬祖臨終, 便乃傾囊抖擻. 院主雖然無語, 直下有陷虎之機.' 或云, '釣鼇之鉤, 蝦蜆不顧；張鳳之網, 鷰雀何知?' 寶峯今日, 截斷衆流, 都爲諸人頌却. '莫向伽羅掌內觀, 來機深辨更何言? 金雞啄破瑠璃殼,[1] 玉兔挨開碧海門.'"

1) ㊣『宏智廣錄』권4(大48, 46b8)에는 '殼'이 '卵'으로 되어 있다.

설화

○ 가라장伽羅掌 : 네 종류 아수라 중 하나이다.『조정사원』35장丈에 상세하게 나타난다.[90]
○ 금계는 정위正位이고, 옥토끼는 편위偏位이다.
○ 쪼아 깨뜨리고 밀쳐서 여는 것 : 일면불과 월면불에 제각각 모든 대립의 짝이 완전히 사라졌다는 뜻이다.

又上, 伽羅掌者, 四修羅之一也. 詳見祖庭三十五丈. 金雞者, 正位；玉兔者, 偏位. 啄破挨開者, 日面月面佛, 一一絶諸對待也.

영원 유청靈源惟淸의 상당

이 공안을 제기하고 말하였다. "원주는 당시에 마조가 그렇게 하는 말을 듣고 다만 한 잔의 묽은 생강탕을 끓여 올렸어야 했다. 마조 대사 역시 시기적절한 그 기틀을 잘 가려냈다면, 마땅히 '나의 진실한 마음을 이미

---

[90] 해당 부분은 다음과 같다.『祖庭事苑』권6(卍113, 171a15), "거라건다 : 한역하면 후여뢰이다. 네 종류의 아수라왕 중 하나이다. 신장은 2만 8천 리이고 아홉 개의 머리에 눈은 천 개이며, 입에서는 불을 내뿜는다. 999개의 손을 가지고 있으며, 여덟 개의 다리로 바다에 서면 물이 배꼽까지만 찬다. 손으로 해와 달을 들고 하늘과 땅을 문질러 닦는다.(佉羅騫馱 : 此云, 吼如雷. 四阿修羅王之一. 身長二萬八千里, 九頭千眼. 口中出火. 有九百九十九手, 八脚立於海中, 水但至齊. 手擎日月, 摩捫乾坤.)"

다 토해 냈으니, 그대의 맑은 눈도 뜨였겠구나.'라고 말했을 것이다. 비록 그렇게 했더라도 이는 산 사람을 파묻는 짓이다. 파묻히고 싶지 않은가? 반드시 격신구隔身句[91]를 알아차려야 한다."

靈源淸上堂, 擧此話云, "院主, 當時見他恁麽道, 但點一盞淡薑湯與他 ; 馬大師, 若也善別機宜, 便應云, '吾赤心旣吐, 汝靑眼還開.' 雖然如是, 埋沒殺人. 欲得不遭埋沒麽? 更須會取隔身句."

> 설화

○ 당시에 마조가 그렇게 하는 말을 듣고 다만 한 잔의 묽은 생강탕을 끓여 올렸어야 했다 : 제대로 대응할 줄 아는 방식을 나타낸다.
○ 마조 대사 역시 시기적절한 그 기틀을 잘 가려냈다면~라고 말했을 것이다 : 자신의 마음을 알아주는 사람을 만났다는 뜻이다.
○ 비록 그렇게 했더라도~격신구隔身句를 알아차려야 한다 : '일면불이요 월면불이다.'라는 말은 어떤 개념과도 상관이 없는 화두이니, '주장자는 단지 주장자라고만 부른다.'[92]라는 뜻과 같다.

---

91 격신구隔身句 : 본래 가리키는 뜻과 표현된 말 사이에 거리가 있는 구절. 표현에 얽매이면 본래의 뜻(마음)에 접근하지 못하기 때문에 '격신'이라 한다. 반면에 표면적인 말에서 벗어나 본래의 의중과 통하면 그 자체로 소통이 가능한 구절이기도 하다. 『碧巖錄』24則「本則 評唱」(大48, 165b6), "저 두 사람을 살펴보면 놓아줄 때는 양쪽 모두 놓아주고, 거두어들일 때는 양쪽 모두 거두어들인다. 위산潙山과 앙산仰山 문하에서는 그것을 경치境致라고 하는데, 바람에 날리는 먼지와 풀잎이 흔들리는 현상에서도 모두 그 실마리를 궁구하기 때문이다. 또한 격신구라고도 하는데, 마음으로는 통하지만 말로는 거리가 있기 때문이다. 이 경계에 이르면 좌와 우를 바꾸며 걸림 없이 움직여야 작가의 솜씨인 것이다.(看他兩人, 放則雙放, 收則雙收. 潙仰下謂之境致, 風塵草動, 悉究端倪. 亦謂之隔身句, 意通而語隔. 到這裏, 須是左撥右轉, 方是作家.)"
92 운문 문언雲門文偃의 말에 따른다. 그 말에 어떤 다른 말이나 생각을 섞을 수 없는 결정적인 화두라는 뜻이다. 『雲門廣錄』권중(卍118, 355b12), "운문이 어느 날 주장자를 들고 말하였다. '교가敎家의 견해에 따르면, 범부는 진실로 이 주장자가 있다고 생각하며, 이승은 이것을 요소로 분석하여 없다고 생각하고, 연각은 허깨비와 같이 있는 것

靈源:當時見他,至點一盞云云者,解支對也.馬大師,至還開者,得遇知音也.雖然如是,至隔身句者,日面月面,都不涉地,拄杖子,但喚作拄杖也.

죽암 사규竹庵士珪의 거

"병이 고황膏肓에 들었다."

竹庵珪擧此話云,"病在膏肓."

설화

○ 마조 대사의 병이 고황에 들어서 치료할 수 없다는 뜻이다. 그러므로 격신구를 알아차려야 한다는 말이다.[93]

竹庵意,馬大師,病在膏肓,不可治也.然則也須會取隔身句.

자항 요박慈航了朴의 상당

"일면불이요 월면불이라! 옛날부터 지금까지 동쪽에서 솟았다가 서쪽으로 가라앉았다 자재하게 출몰하고, 밝은 것과도 합하고 어두운 것과도 합하며, 저곳에도 있고 이곳에도 있으면서 만물을 백 겹 천 겹 겹겹이 둘러싼다.[94] 납승이 가볍게 함부로 떠들어 대니, 오물 더미에 쓰레기를 더하

(幻有)라 생각하며, 보살은 이 자체로 공空이라 여긴다.' 이어서 말하였다. '(선가禪家의) 납승은 주장자를 보고 다만 주장자라 하며, 갈 때는 단지 가기만 하고, 앉아 있을 때는 단지 앉아 있기만 할 뿐이니, 어느 경우에도 그 자리에서 움직여서는 안 된다.' (師一日,拈起拄杖,擧,'敎云,凡夫實謂之有,二乘析謂之無,緣覺謂之幻有,菩薩當體卽空.' 乃云,'衲僧,見拄杖,但喚作拄杖,行但行,坐但坐,總不得動著.')"

[93] 마조의 말을 그대로 따르면 불치병이 된다. 따라서 이 말과 떨어져 저 너머에 있는 의중을 보아야 한다. 그러면 마조의 '일면불 월면불'이라는 말은 격신구가 된다.

[94] 천중백잡千重百匝 : 천 겹 백 겹으로 둘러싸였다는 말. 수많은 둘레로 겹겹이 싸여서 소식을 전할 길이 없는 화두의 속성을 나타낸다. 『佛果擊節錄』42則「本則」(卍

는 꼴이로다.⁹⁵"라 말하고 주장자를 높이 들었다 한 번 내리쳤다.

慈航朴上堂云, "日面佛, 月面佛! 亙古亙今, 東湧西沒, 明頭合暗頭合, 在彼在此, 千重百匝. 衲僧謾自口吧吧, 糞掃堆頭添榼橦." 以拄杖卓一下.

117, 480a12), "학인이 향림香林에게 물었다. '납의를 입고 일어나는 일(납승의 본분사)은 무엇인지요?'【사리여, 행각해 보았는가?】'12월에 산에 불이 붙었다.'【천 겹 백 겹 겹겹이 둘러싸고, 떨어지는 물방울마다 그대로 얼어붙는다.】(僧問香林, '如何是衲衣下事?'【闍黎, 還曾行脚麽?】林云, '臘月火燒山.'【千重百匝. 滴水滴凍.】)"; 『北磵居簡語錄』(卍121, 139a6), "방장에서 : 종횡 그 어디로나 다 통하다가도, 천 겹 백 겹 겹겹이 둘러싸기도 한다. 엄정한 법령을 남김없이 들어 보이니, 어떤 분별도 받아들이지 않노라.(方丈 : 七縱八橫, 千重百匝. 正令全提, 是計不納.)"; 『圜悟語錄』권13(大47, 771c9), "한 구절로 교란하는 방편의 언설을 모조리 끊으면 천 리 만 리 그 어디에도 소식은 없겠고, 티끌 하나가 법계를 머금으면 천 겹 백 겹 겹겹이 둘러싸나 지나치게 막히리라.(一句絕譸訛, 千里萬里無消息 ; 一塵含法界, 千重百匝太周遮.)"

95 마조의 화두에 대하여 이렇게 저렇게 많은 말을 붙이는 납승들의 방식을 가리킨다. 가령 방棒이나 할喝과 같이 그 이상 첨삭할 그 무엇도 없이 고스란히 드러난 그대로 충분할 경우를 말한다. 『大慧語錄』권2(大47, 816b2), "법좌에 올라앉아 주장자를 잡고 올렸다 한 번 내리치고 할을 한 번 내지른 뒤 말하였다. '덕산의 방과 임제의 할을 지금 그대들에게 거듭 집어내어 주었다. 하늘은 얼마나 높고 땅은 얼마나 넓던가? 오물 더미에 쓰레기를 또 더하지 말고, 뼈를 바꾸고 장을 씻어 내라. 나, 경산徑山은 세 걸음 물러나고 그대들이 헤아리도록 허용하겠다. 어떻게 헤아리겠는가?' 주장자를 던지고 할을 한 번 내지른 뒤에 말하였다. '연지 찍고 분 바르면 예쁜 여자로 꾸미기 쉽고, 돈이 없으면 훌륭한 사내가 되기 어렵다.'(上堂, 拈拄杖卓一下, 喝一喝云, '德山棒, 臨濟喝, 今日爲君重拈掇. 天何高地何闊? 休向糞掃堆上更添搕撮, 換却骨洗却腸. 徑山退身三步, 許爾諸人商量. 且作麽生商量?' 擲下拄杖, 喝一喝云, '紅粉易成端正女, 無錢難作好兒郞.')"; 『石溪心月語錄』권상(卍123, 85b12), "법좌에 올라앉아 밀암 화상의 다음 시중示衆을 제기하였다. '주장자를 잡고「미혹되었을 때는 바로 이것에 미혹된다.」라고 한 다음 세웠다 한 번 내리치고 말하였다.「깨달았을 때도 바로 이것을 깨닫는다. 미혹과 깨달음 두 가지를 다 잊으면 오물 더미에 거듭 쓰레기를 더하는 격이다.」석계가 이를 평가한다. '밀암 노인은 연로하여 마음이 외로운 탓에 자신도 모르게 한 몸 던져 진흙에서 질펀이고 물에서 첨벙거리며 후대의 아손들을 끌어들여 미혹이라느니 깨달음이라느니 설하다가 마지막에는 비록 전체의 반쯤은 건졌으나 여전히 문밖에 머물러 있다.'(上堂, 擧密庵和尙示衆, '拈拄杖云,「迷時只迷者箇.」卓一下,「悟時只悟者箇. 迷悟兩忘, 糞掃堆頭重添搕撗.」師云, '密菴老人, 年老心孤, 不覺泥裏水裏, 引得後代兒孫, 說迷說悟, 末後雖然救得一半, 猶在門外.')"

> 설화

○ 옛날부터 지금까지 : 옛날부터 지금에 이르도록 사라지지 않을 뿐만 아니라 옛날이나 지금이나 뚜렷이 드러나 있다는 뜻이다.
○ 밝은 것과도 합하고~만물을 백 겹 천 겹 겹겹이 둘러싼다 : 일면불(해) 과 월면불(달)의 일반적 특징을 나타내는 언구이다.
○ 납승이 가볍게 함부로 떠들어 대니, 오물 더미에 쓰레기를 더하는 꼴이로다 : 겉으로는 인정하지 않는 듯이 말했지만 속으로는 납승의 그러한 방식을 인정하는 말이다.

慈航 : 亘古亘今者, 非亘古亘今無斷滅, 古今歷然也. 明頭合云云者, 日面月面一般言句也. 衲僧云云者, 語似不肯, 意則肯他也.

170칙 광징공좌廣澄共坐

본칙 예주의 대동 광징大同廣澄[1] 선사에게 어떤 학인이 물었다. "본래인本來人이란 어떤 사람입니까?" "함께 앉아 있으면서도 못 알아보는군." "그렇다면 제가 예배를 올려야겠군요." "자신의 근심을 은근히 누구에게 떠넘겨 주려 하느냐?"

澧州大同廣澄禪師, 因僧問, "如何是本來人?" 師云, "共坐不相識." 僧云, "伊麼則禮拜去." 師云, "暗寫愁腸[1)]寄阿[2)]誰?"

1) ㉓ '腸'은 '腸'의 속자이다.   2) ㉓ '阿'가 『景德傳燈錄』 권8(大51, 257b17) 등에는 모두 '與'로 되어 있다.

설화

● 함께 앉아 있으면서도 못 알아보는군 : '밤마다 부처를 안고 자고, 아침마다 같이 일어난다.'[2]라는 말과 같으니, 하루 어느 시각에나 함께 걷고 같이 길을 가면서도 알아보지 못한다는 뜻이다.

● 그렇다면 제가 예배를 올려야겠군요 : 대동의 말에 대하여 알아차린 부분이 있는 듯이 보이지만 그렇지 않다.

---

1 대동 광징大同廣澄 : 생몰 연대 및 전기 미상. 본서의 공안 이외에 『景德傳燈錄』 권8(大51, 257b14) 등에 다음과 같은 문답이 전할 뿐이다. "학인이 물었다. '무엇이 육근六根이 소멸한 경계인지요?' '검을 돌려 허공에 던지지만 그 무엇도 상하게 할 일이 없다.'(僧問, '如何是六根滅?' 師云, '輪劍擲空, 無傷於物.')"
2 부대사傅大士(善慧大士)의 게송 구절. 『善慧大士語錄』 권3(卍120, 24a14), "밤마다 부처를 안고 자며, 아침마다 다시 함께 일어난다. 가거나 머물거나 늘 서로 따르고, 앉으나 누우나 움직임을 같이하네. 터럭만큼도 서로 떨어지지 않으니, 몸과 그림자가 닮은 것과 같도다. 부처가 있는 곳 알고자 하는가? 이 말소리가 바로 부처이다.(夜夜抱佛眠, 朝朝還共起. 行住鎭相隨, 坐臥同居止. 分毫不相離, 如身影相似. 欲知佛何在? 只這語聲是.)" 본서 1431칙 본칙 참조.

● 자신의 근심을 은근히 누구에게 떠넘겨 주려 하느냐 : 그 학인이 그렇게 응답한 말이 자신을 매우 근심스럽고 대단히 걱정스럽게 만들었기 때문이다. 대동이 만일 이 마지막 말을 하지 않았더라면 그 학인을 잘못 이끌 뻔하였다.[3]

[共坐] 共坐不相識者, 夜夜抱佛眼,[1)] 朝朝還共起. 十二時中, 共步同行, 而不相識也. 伊麼至去者, 於此似有承當處. 暗寫至誰者, 這僧伊麼道, 愁殺悶殺故. 大同, 若無後語, 幾乎誤殺這僧.

1) ㉻ '眼'은 '眠'의 오기인 듯하다. ㉠ '眠'으로 번역하였다.

보녕 인용保寧仁勇**의 송** 保寧勇頌

함께 앉아 있고 같이 가면서도 세상 누구도 모르니	共坐同行世莫知
몇 사람이나 눈앞에 마주친 그를 만날 수 있겠는가	幾人當面便逢伊
설령 가문의 업 이은 자라 할지라도	縱饒紹續家門者
반쯤은 가난하고 천한 거지 신세라네[4]	半是貧寒乞養兒

[설화]

○ 앞의 두 구절 : 눈앞에서 마주치고도 모른다는 말이다.
○ 제3구 : 비록 알았다고 하더라도 바로 그날부터 받들어 힘을 다 쏟아야

---

3 『嘉泰普燈錄』 권18 「懶庵鼎需章」(卍137, 261b4), "'산새가 재잘대며 지저귀다가 구름을 떠나 우거진 봉우리로 들어가는 소식은 무엇입니까?' '자신의 근심을 은근히 누구에게 떠넘겨 주려 하느냐?' '그렇다면 그 자리에서 벗어나지 않고 항상 고요하니, 아무리 찾아도 발견할 수 없음을 알아야 하겠군요.' '무의미한 소리 하지 마라.'(問, '幽鳥語喃喃, 辭雲入亂峰時如何?' 曰, '暗寫愁腸寄與誰?' 云, '恁麼則不離當處常湛然, 覓卽知君不可見.' 曰, '莫屎沸.')"
4 설령 가문의~거지 신세라네 : 전수받은 업이 거의 없어 헐벗은 가난뱅이와 같다는 비유. 다음 공수 종인의 상당에 나오는 '확고한 기준'으로서의 법도를 두지 않는다는 말이다.

한다.

保寧 : 上二句, 當面不知也. 三句, 雖是[1]知得, 猶是從今日去, 直須得奉竭力.

1) ㉯ '是'가 갑본에는 '大'로 되어 있다.

공수 종인空叟宗印의 상당
이 공안을 제기하고 말하였다. "함께 앉아 있어도 서로 알아보지 못하고 알아보면서도 친하지 않다. 친하지도 않고 알지도 못한다는 사실을 속속들이 보았다고 해도 예전 그대로 저울의 첫 눈금처럼 확고한 기준으로 착각하는 격이다."

空叟和尙上堂, 擧此話云, "共坐不相識, 相識却非親. 見徹非親非識處, 依前錯認定盤星."

설화

○ 함께 앉아 있어도 서로 알아보지 못하고 알아보면서도 친하지 않다 : 또한 서로 안다는 사실을 진실이라고 오인해서도 안 된다.

○ 친하지도 않고 알지도 못한다는 사실을 속속들이 보았다고 해도~착각하는 격이다 : 비록 오인하지 않고 거기서 더 높이 착안하더라도[5] 이 또한 저울의 첫 눈금처럼 확고한 기준으로 착각하는 격이다.

空叟 : 共坐不相至非親者, 又不可認著相識處也. 見徹非親云云者, 雖不認著, 更高一著, 亦是錯認定盤星也.

---

5 고일착高一著은 바둑에서 높은 안목으로 한 수 둔다는 말에서 앞서 알았던 사실이나 지녔던 견해를 모두 버리고 새롭게 착안한다는 뜻으로 쓰인다.

171칙 석두조계 石頭曹溪

본칙 석두 희천石頭希遷[1] 선사가 청원 행사淸源行思에게 물었다.[2] "화상께서는 조계를 떠난 뒤로 언제부터 이곳에 머무셨습니까?"[3] "나는 모르는 일이다. 그대는 언제 조계를 떠났는가?" "저는 조계에서 오지 않았습니다." "나는 벌써 그대가 어디서 왔는지 알고 있다." "화상은 본디 대인大人이시니 성급하게 판단하지 마시기 바랍니다."[4]

石頭希遷禪師, 問淸源[1)]云, "和尙自離曹溪, 甚時到此住?" 源云, "我却不知. 汝甚時離曹溪?" 師云, "某甲不從曹溪來." 源云, "我已知汝來處了也." 師云, "和尙幸是大人, 且莫造次."

―――
1) ㉯ '淸源'은 '靑原'이라고도 한다.

―――
1 석두 희천石頭希遷(700~790) : 광동성 단주端州 고요高要 출신. 속성은 진陳. 시호는 무제대사無際大師. 6조 혜능을 친견하였고 그 문하로 들어갔으나 구족계를 받기도 전에 6조가 입적하자 그 제자인 청원 행사淸源行思 문하로 들어가 수행한 끝에 그 법을 이었다. 천보天寶 연간(742~755) 초에 형산衡山 남사南寺에 주석할 때 절 동쪽 석대石臺에 초막을 짓고 좌선하면서 종풍을 크게 떨친 인연을 계기로 석두 화상石頭和尙이라 불렸다. 어떤 수행을 하거나 반드시 불지견佛知見을 깨달아야 한다고 주장하고, 그것이 바로 즉심즉불卽心卽佛의 실현이라 하였다. 심心·불佛·중생衆生을 비롯하여 보리와 번뇌 등은 이름만 다를 뿐 본체는 동일하다고 보았다. 남악 회양 등으로부터 존경을 받았으며 사방의 학인들이 그의 선법을 배우려고 운집하였다. 마조 도일馬祖道一(709~788)이 강서 일대에서 선법을 펼칠 때 호남의 주인으로서 서로 교류하였다. 〈參同契〉·〈草庵歌〉 등이 알려져 있다.
2 6조 혜능이 입적한 뒤 6조 하의 양족존兩足尊이라 일컬어지는 두 선사의 문답이다. 당시 석두는 사미沙彌 신분으로 청원을 친견하러 갔다. 『景德傳燈錄』 권5(大51, 240a28.) 이하 참조.
3 『虛堂集』 2則「著語」(卍124, 517a16), "집안이 부유하면 자식이 교만해진다.(家富兒嬌.)"
4 위의 책, "우는 모양새를 취하며 받드는 일이야 그래도 괜찮지만, 물렁한 진흙에 가시를 숨겨 놓은 듯이 대하면 달게 받아들이기 더욱 어렵다.(啼哭樣奉猶自可, 爛泥隱刺更難甘.)"

> 설화

- 화상께서는 조계를 떠난 뒤로 언제부터 이곳에 머무셨습니까 : 석두는 도를 이해하는 품성을 타고났다. 비록 청원의 의중을 남김없이 밝혀내지는 못할지라도 이미 점검하는 수단은 가지고 있었기 때문에 그에게 (6조로부터) 전수받은 안목이 있는지 없는지, 자신과 남을 가르는 분별이 있는지 없는지, 주관과 객관을 차별하는 마음이 있는지 없는지 등을 점검한 것이다.
- 나는 모르는 일이다. 그대는 언제 조계를 떠났는가 : 물어 온 말에 의도가 숨어 있었기 때문에 거꾸로 물어서 상대를 점검한 것이다.[5]
- 저는 조계에서 오지 않았습니다 : '스승께서 전수해 준 일이 없고, 나 또한 받은 일이 없다네.'[6]라는 취지와 같다.
- 나는 벌써 그대가 어디서 왔는지 알고 있다 : 전하지도 받지도 않은 경계에 마음이 기울어져 있다는 뜻이다.[7]
- 화상은 본디 대인大人이시니 성급하게 판단하지 마시기 바랍니다 : '모두 이 안에서 나왔는데, 어떤 일이 되었건 전혀 빠뜨리지 않는다.'[8]라는 뜻이다.

---

5 같은 스승의 문하로서 청원이 언제 그곳을 떠났는지 석두가 알고서 점검할 의도로 일부러 물었다는 말.
6 지철志徹이 6조 혜능의 말에서 깨치고 난 다음 바친 게송의 마지막 구절. 宗寶本『壇經』(大48, 359b10),『景德傳燈錄』권5(大51, 239a25) 참조.
7 석두가 그러한 경계에 마음이 기울어진 상태에서 물어보고 있음을 청원이 간파했다는 뜻이다.
8 청원과의 문답에 나오는 석두의 말로 초석 범기楚石梵琦가 제기한 자료에만 온전히 실려 있고,『圜悟語錄』권18(大47, 798c18) 등에는 '諸事總不闕'이라는 마지막 구절이 없다.『楚石梵琦語錄』권12(卍124, 191b12), "청원이 석두에게 '사람마다 모두들 조계에 소식이 있다고 말한다.'라고 하자 석두가 말하였다. '어떤 사람은 조계에 소식이 있다고 말하지 않습니다.' '대승의 장경과 소승의 장경은 어디에서 생겼는가?' '모두 이 안에서 나왔는데, 어떤 일이 되었건 전혀 빠뜨리지 않습니다.'(擧, 靑原謂石頭云, '人人盡道, 曹溪有消息.' 頭云, '有人不道曹溪有消息.' 原云, '大藏小藏從何得?' 頭云, '盡從這裏去, 諸事總不闕.')"

[曹溪] 和上自離云云者, 石頭是天性會道. 雖未窮盡[1] 淸源意, 已有勘驗地手段故, 驗他有傳受無傳受, 有彼此無彼此, 有能所無能所也. 我却不知云云者, 來言有其意故, 倒問而勘驗也. 某甲不從曹溪來者, 非師相受與, 我亦無所得也. 我已知至了也者, 無傳無受處靠倒也. 和上幸至次者, 盡從這裏去, 諸事摠不闕.

―――
1) ㉘ '盡'이 갑본에는 '進'으로 되어 있다.

단하 자순丹霞子淳**의 송** 丹霞淳頌

목인이 와서 푸른 하늘로 통하는 길을 물으니[9]	木人來問靑霄路
옥녀는 나이를 많이 먹어 듣지 못하는 척하네[10]	玉女年尊似不聞
손잡아 끌어당기며 고향으로 돌아가려 하는데[11]	攜手相將歸故國
높이 치솟은 저녁 산은 겹겹 구름에 갇혔구나[12]	暮山岌岌鎖重雲

설화

○ 제1구와 제2구 : 청원에 대한 언급이다.
○ 제3구 : '저는 조계에서 오지 않았습니다.'라는 말을 읊었다.
○ 높이 치솟은 저녁 산 : 검푸르고 어둑어둑하며 깊은 옛길이 아득히 먼 것을 묘사한다.
○ 겹겹 구름에 갇혔구나 : 어떤 일이 되었건 전혀 상관하지 않는다.

―――
9 『虛堂集』 2則 「著語」(卍124, 517b17), "허공을 가리키며 허공을 이야기한다.(指空話空.)" '푸른 하늘로 통하는 길(靑霄路)'은 높은 지위를 구하는 길로서 향상의 극치에 이르는 방도(向上一路)를 나타낸다. 『景德傳燈錄』 권16 「黃山月輪傳」(大51, 333a6), "'무엇이 푸른 하늘로 통하는 길입니까?' '학은 구름 밖의 나무에 깃들여 살아도 모진 풍상을 성가시게 여기지 않는다.'(問, '如何是靑霄路?' 師曰, '鶴棲雲外樹, 不倦苦風霜.')"
10 위의 책, "귓가에 바람이 스친다.(耳邊風過.)"
11 위의 책, "함께 길을 가니 짝을 멀리해서는 안 된다.(同行無疎伴.)"
12 위의 책, "남들이 못 보도록 할수록 더욱 풍류가 있구나.(不敎人見轉風流.)"

丹霞:上二句, 言淸源也. 三句, 某甲不從曹溪來也. 暮山岌岌者, 靑暗暗深古幽遠也. 鑠重雲者, 諸事摠不干.

172칙 석두언어 石頭言語

본칙 석두가 "어떤 언어와 행동거지로도 왕래할 수 없다."라고 제시하자, 제자인 약산 유엄藥山惟儼이 말하였다. "언어와 행동거지가 아니라면 참으로 왕래할 방법이 없습니다." 석두가 "내가 말한 이 경계는 바늘 하나도 찌르고 들어갈 틈이 없다."라고 하자 약산은 "제가 말한 이 경계는 돌에 꽃을 심으려는 시도와 같습니다."[1]라고 하였고, 석두는 더 이상 말하지 않았다.

> 石頭, 垂示云, "言語動用, 沒交涉." 藥山云, "非言語動用, 亦無交涉." 師云, "我這裏, 針箚不入." 山云, "我這裏, 如石上栽花." 師便休.

설화
- 어떤 언어와 행동거지로도 왕래할 수 없다 : 어떤 언어와 행동거지도 내세우지 않는다. 무차별의 정위正位로서 공계空界이니 본래 그 무엇도 없는 세계이다.
- 언어와 행동거지가 아니라면 참으로 왕래할 방법이 없습니다 : 석두보다 더욱 높은 한 수를 둔 것이 아니라 언어와 행동거지 또한 무방하다는 뜻이다. 차별의 편위偏位로서 색계色界이니 무수한 형상이 있다.
- 내가 말한 이 경계는~돌에 꽃을 심으려는 시도와 같습니다 : 각자 자신의 근본을 확고하게 지킨다.[2]

---

1 어떤 말과 분별로도 소통할 수 없어 모든 수단이 무용한 경계를 나타낸다.
2 서로 다른 각자의 차별에 입각해 있다는 설화 특유의 용어에 의한 해설이다. 허당 지우虛堂智愚는 이 두 선사 사이에 우열이 있는지를 물음으로써 또 하나의 화두로 이 공안의 관문을 수용한다. 우열이 있다거나 우열이 없다거나 어느 편도 확정하지 않는 관점이다.『虛堂錄』권3(大47, 1010b20), "지혜가 스승과 같다면 스승의 덕을 반으로 깎아 먹고, 지혜가 스승을 넘어서야 비로소 그 법을 전수할 자격이 된다. 그렇다면 이 안에서

[言語] 言語動用沒交涉者, 言語動用不立也. 正位卽空界, 本來無物也. 非言語至交涉者, 非是更¹⁾高一著,²⁾ 言語動用亦不妨也. 偏位則色界, 有萬形狀也. 我這裏至栽花者, 各固其宗也.

1) ㉠ '更'이 갑본에는 '九'로 되어 있다.   2) ㉠ '著'이 갑본에는 '者'로 되어 있다.

원오 극근圜悟克勤**의 송** 圜悟勤頌

우물 밑 진흙 소³ 달 향해 울부짖고	井底泥牛吼月
구름 속 목마는 바람결에 흐느끼네⁴	雲閒木馬嘶風
하늘과 땅 온 세계 하나로 움켜잡았거늘	把斷乾坤世界
그 누가 남북과 동서를 갈라 구분하는가⁵	誰分南北西東
곧음 속의 굽음이요 굽음 속의 곧음이라	直中曲曲中直
불공평을 공평케 하려면 법도대로 시행하라⁶	要平不平憑秤尺

우열이 갈라지는 부분에 대하여 분명하게 가려낼 사람 있는가?(智與師齊, 減師半德 ; 智過於師, 方堪傳受. 且於中優劣處, 還有人緇素得出麽?)"

3 우물 밑 진흙 소 : 형상과 소리가 흔적도 없이 사라진 그 무엇. 다음 구절의 '구름 속 목마'와 함께 약산과 석두를 각각 나타낸다. 우물과 구름은 서로 다른 견처와 상응한다.

4 우물 밑~바람결에 흐느끼네 : 진흙 소와 목마는 두 선사를 비유하는데, 소리가 완전히 사라진 그 당체에서 각각 울부짖거나 흐느낀다고 함으로써 그들의 말을 비유하였다. 이 두 비유와 유사한 뜻으로 선의 이치를 전한 내용이 보인다.『空谷集』48則「示衆」(卍117, 584b4), "목마는 바람결에 흐느끼고, 진흙 소는 달을 향해 울부짖는다. 할 말이 전혀 없는 경계에서 도리어 풍성하게 말할 수 있으니, 시비를 벗어나고 동일성과 차이성도 떠난 경계를 어떻게 말해야 할까?(木馬嘶風, 泥牛吼月. 於無說中, 還能饒舌, 出是非離同別處, 合作麽生道?)"

5 하늘과 땅~갈라 구분하는가 : 본래 남북과 동서의 구분이 허용되지 않는 경계를 사방의 방위로 차별되게 갈라서 분별한다는 뜻. 이러한 무차별이 무한한 차별의 세계로 열려 곧음 속에 굽음이 있고, 굽음 속에 곧음이 있듯이 두 가지가 모순 없이 어울린다.『楚石梵琦語錄』권19(卍124, 281b12), "한 길이 통하면 길마다 모두 통할 것이니, 누가 남북과 동서를 구분하는가? 봄바람은 사투리가 다른 곳을 가리지 않고 불며, 곳곳에 복숭아꽃은 예전대로 붉게 피었네.(一路通時路路通, 誰分南北與西東? 春風不管鄉談別, 到處桃花似舊紅.)"

6 불공평을 공평케~법도대로 시행하라 : 강자와 약자, 승자와 패자 등으로 구분하는 인식과 그 세계를 불공평으로 간주한다. 두 선사의 견해를 그렇게 나누는 방식에 대한

> 설화

- 첫 구절은 약산의 말, 두 번째 구절은 석두의 말에 해당한다.
- 하늘과 땅 온 세계 하나로 움켜잡았거늘, 그 누가 남북과 동서를 갈라 구분하는가 : 구름 사이 목마가 바람결에 흐느낀다는 뜻이다.
- 곧음 속의 굽음이요 굽음 속의 곧음이라 : 우물 밑 진흙 소는 달 향해 울부짖는다는 뜻이다.

圓悟：上句, 藥山語也. 雲間云云者, 石頭語也. 把斷至西東者, 雲間木馬嘶風意也. 直中曲云云者, 井¹⁾底泥牛吼月意也.

1) ㉠ '井'이 갑본에는 '并'으로 되어 있다.

지비자의 송 知非子頌

석두가 왕래할 수 없다 한 뜻	石頭沒交涉
바늘 들어갈 틈조차도 없다네	針箚亦不入
약산이 왕래할 수 없다 한 뜻	藥山沒交涉
돌에 꽃을 심은 격이라네	栽花石上立
싸늘한 바위에 고목은 높고	寒嵓古木高
절벽 아래 계곡 물살 급하다	絶澗流水急
서릿바람에 진 잎 하나 가을 알리니	霜風一葉秋

경계의 뜻이 숨어 있다. 원오 극근은 설두 중현의 송頌에서 이 구절을 빌려 왔고 그것을 해설한 부분에서 분명하게 그 의미를 보여 주었다. 『碧巖錄』 100則「評唱」(大48, 223c21), "설두의 송에 '불공평을 공평케 하려 하니, 졸렬한 듯이 보이는 뛰어난 솜씨여!'라고 하였다. 옛날의 협객은 지나가는 길에서 강한 자가 약한 자를 업신여기는 공평하지 못한 사태를 보면 곧바로 칼을 날려 강한 자의 목을 쳤다. 그런 까닭에 종사들은 눈썹에 보검을 감추어 두고 옷소매 안에 철퇴를 넣어 두었다가 공평하지 못한 일을 처리하는 도구로 삼았던 것이다.('要平不平, 大巧若拙!' 古有俠客, 路見不平, 以强凌弱, 卽飛劍取强者頭. 所以宗師家, 眉藏寶劍, 袖掛金鎚, 以斷不平之事.)"

학 울고 외로운 원숭이 눈물 흘리네   鶴唳孤猨[1]泣

1) ㉮ '猨'이 갑본에는 '猿'으로 되어 있다. ㉯ 뜻에는 차이가 없다.

설화

○ 석두가~돌에 꽃을 심은 격이라네 : 문구에 뜻이 드러나 있다.
○ 싸늘한 바위에 고목은 높다 : 석두의 왕래할 수 없다는 뜻을 말한다.
○ 절벽 아래 계곡 물살 급하다 : 약산의 왕래할 수 없다는 뜻이다.
○ 학의 울음은 싸늘한 바위의 고목에 속하고, 외로운 원숭이는 절벽 아래 계곡의 흐르는 물에 속한다. 이들 모두 서릿바람에 진 잎 하나가 알리는 가을 소식이다.

知非 : 石頭至石上立者, 文見. 寒巖古木高者, 石頭沒交涉意也. 絶澗流水急者, 藥山沒交涉意也. 鶴唳屬寒巖古木, 孤猿屬絶澗流水, 俱是霜風一葉秋時節.

대홍 보은大洪報恩의 염

"한 길 길이로 말을 해도 한 치의 실행만 못하다. 이 안에 서린 뜻을 이해해야 비로소 달빛의 싸늘한 밝음을 알리라."

大洪恩拈, "說得一丈, 不如行得一寸. 會得箇中意, 方知月色寒."

설화

○ 석두의 의중을 곧바로 밝혔으니, 제2의 것은 결코 없다.[7]

---

[7] 제시한 말에 모조리 담겨 있어 다른 근거를 찾아 헤아리면 안 된다는 의미를 나타낸다. 『圜悟語錄』 권15(大47, 784b24), "도에는 본래 어떤 말도 붙을 수 없고, 법은 본래 생멸하지 않는다. 어떤 말도 붙을 수 없는 말로 생멸하지 않는 법을 드러낸 다음에 제2의 것

大洪: 直明石頭意, 更無第二也.

은 결코 없다. 따라서 찾으려고 하자마자 벌써 어긋나 버린다. 이 때문에 달마는 서쪽에서 와서 이 일을 특별히 내세워 다만 말 밖에서 온몸으로 받아들이고 아주 작은 기미도 벗어나 알아차리는 방법을 중시했을 뿐이다.(道本無言, 法本不生. 以無言言, 顯不生法, 更無第二頭. 才擬追捕, 已蹉過也. 是故, 祖師西來, 特唱此事, 只貴言外體取, 機外薦取.)";『石田法薰語錄』권3(卍122, 57b4), "자세히 점검해 보면 원래 평소 일상의 삶에서 이것(這箇)을 벗어나지 못하니 제2의 그 누구도 결코 없는 것이다. 이미 마음이 평온하고 고요하게 되었다면 반드시 밝은 눈이 달린 사람을 만나서 무수히 단련을 받아야 비로소 다시는 약간의 불순물도 없는 한 덩이 순금이 되리라.(子細點檢, 元來尋常日用中, 不出這箇, 更無第二人也. 既得田地穩密, 直須遇明眼人, 千煅萬煉, 方成一片精金, 更無銖兩.)"

173칙 석두노주石頭露柱

본칙 석두에게 어떤 학인이 물었다. "달마가 서쪽에서 온 뜻은 무엇입니까?" "노주露柱에게 물어보라!"[1] "저는 그 말뜻을 잘 모르겠습니다." "나 또한 모른다."

石頭, 因僧問, "如何是祖師西來意?" 師云, "問取露柱!" 僧云, "某甲不會." 師云, "我更不會也."

설화

- 노주露柱에게 물어보라 : '노주'는 지각이 전혀 없는 존재를 나타낸다.
- 나 또한 모른다 : 목인木人이 때마침 노래하니, 석녀石女가 일어나 춤을 춘다. 정식情識으로 도달할 경지가 아니거늘, 어찌 한 치의 생각인들 들어갈 틈이 있겠는가?[2]

[露柱] 問取露柱者, 無知覺者. 我更不會者, 木人方歌, 石女起舞, 非情識到, 寧容思慮.

---

1 석두의 이 대답은 후대에 유행한다. 『景德傳燈錄』 권21 「智嚴了覺傳」(大51, 378c12).
2 동산 양개洞山良价의 〈寶鏡三昧歌〉에 나오는 구절이다. 『洞山語錄』(大47, 515b7), 『人天眼目』 권3(大48, 321b6). 노주·목인·석녀는 몰지각의 극치를 상징한다. 『曹洞五位顯訣』 권하(卍111, 260a16), "경에 '비유하자면 활쏘기 달인 문하의 여러 제자들이 비록 그 스승의 기예를 다 익히지는 못했더라도 그들의 방편과 뛰어난 기교는 다른 모든 사람이 미칠 수 없는 것과 같다.'라고 하였다. 목인과 석녀(石兒)는 정식과 사려가 없지만 그 뛰어난 능력은 정식과 사려로 도달할 수 없음을 비유한다.(經云, '譬如射師, 有諸弟子, 雖未慣習其師技藝, 然其方便善巧, 餘一切人, 所不能及.' 木人石兒, 無情識思慮, 喻其巧力, 非情識思慮, 所能到也.)" 전거는 80권본 『華嚴經』 권78(大10, 433a14)이다. 『永覺廣錄』 권27(卍125, 709b1), "(동산의) 이 구절은 천진하고 미묘한 작용이 분별하는 앎의 힘으로 미칠 상대가 아님을 곧바로 밝혔다. 마치 반대편에서 쏜 화살촉이 허공에서 어김없이 마주치는 양상과 같다.(此正明天眞妙用, 非智力所及, 如箭鋒相値也.)"

영원 유청靈源惟淸**의 송** 靈源淸頌

눈앞에 모조리 드러내고 서로 헐뜯으니	覿面相呈便相罵
두 사람 중 한 사람은 화낼 일이로구나	兩人中有一人嗔
시비를 알고자 하면 반드시 살펴볼지니	要識是非須看取
무쇠 소가 밭 갈다가 옥기린 캐내었네	鐵牛耕出玉麒麟
【참!】	【參!】

🔷 설화

○ 첫 구절 : 그 학인이 '서쪽에서 온 뜻'에 대하여 묻고, 석두가 '모른다'고 한 대답에 각각 확고한 입장이 있음을 나타낸다. 두 사람이 한편으로는 만났으므로 모조리 드러났고(相呈), 다른 한편으로는 만나지 못했으므로 서로 헐뜯는다(相罵).

○ 두 사람 중 한 사람은 화낼 일이로구나 : 석두를 가리킨다.

○ 시비를 알고자 하면 반드시 살펴볼지니, 무쇠 소가 밭 갈다가 옥기린 캐내었네 : 그 학인의 입장을 말한다.[3]

靈源 : 上句, 這僧問西來意, 石頭道不會, 各有立處. 是相見故, 相呈 ; 不相見故, 相罵也. 兩人中有一人嗔者, 石頭也. 要識云云者, 謂這僧立處也.

---

[3] 무심코 모른다고 대답했다가 '나도 모른다'라는 응답을 들었던 사실이 마치 무쇠 소가 무심하게 밭을 갈다가 정식情識에 의존하지 않고 옥기린이라는 뜻밖의 소득을 올린 것과 같다는 풀이이다. 주 2의 취지와 다르지 않다.

174칙 석두불자 石頭拂子

본칙 석두가 청원 행사 화상의 처소에 가자 행사가 "어디서 오는가?"라고 물었고, 석두는 "조계에서 옵니다."라고 대답하였다. 행사가 불자를 꼿꼿이 세우고 물었다. "조계에도 이것이 있는가?" "조계에 없을 뿐만 아니라 인도에도 없습니다." "그대는 인도에 갔다가 온 것이 아니지 않은가?" "가 본 것으로 말하면 그런 일이 있습니다." "아직 멀었다. 다시 말해 보라!" "저의 대답에만 기대지 마시고 화상께서도 반쯤은 말씀해 보십시오." "그대에게 말하지 않으려는 것이 아니라 말한 다음에 알아차리는 사람이 없을까 염려되기 때문이다."

石頭到思和尙處, 問, "甚麽處來?" 師云, "曹溪來." 思乃堅起拂子云, "曹溪還有這箇麽?" 師云, "非但曹溪, 西天亦無." 思云, "子莫到西天來麽?" 師云, "到則有也." 思云, "未在. 更道!" 師云, "莫全靠某甲, 和尙也須道一半." 思云, "不辭向汝道, 恐後無人承當."

설화

- 이 문답을 자세히 살펴보면, 이 이야기에서 두 사람이 만난 최초에 어떤 일이 있었는지 헤아릴 수 있다.
- 조계[1] : 석두가 사미 신분이었을 때 6조 문하에 있었다. 6조가 입적할 즈음에 석두가 "저는 어떤 분에게 의지합니까?"라고 묻자 6조가 대답하였다. "사思를 찾아 가거라(尋思去)."[2] 6조가 세상을 떠난 뒤에 그는 법당에서 매일 고요히 앉아 있었다. 수좌가 물었다. "너는 어째서 이곳에

---

[1] 이하는 『景德傳燈錄』 권5 「靑原行思傳」(大51, 240a28) 등에 나오는 기사이다.
[2] '심사거尋思去'에서 '思'는 청원 행사靑原行思를 말한다. 석두는 이 말을 '생각하며 찾아라(尋思)'라는 뜻으로 오해하였다.

있느냐?" "화상께서 저에게 생각하며 찾으라고 하셔서 고요히 앉아 있습니다." "네가 잘못 알아들었구나. 너의 사형인 행사 선사가 청원 지방에 있기 때문에 그렇게 말씀하신 것이다." 그 말을 듣고 청원으로 가서 위와 같은 문답을 주고받았다.

- 불자를 꼿꼿이 세우고 물었다. "조계에도 이것이 있는가?" : 한 자루의 불자 자체를 가리켰다.[3]
- 조계에 없을 뿐만 아니라 인도에도 없습니다 : 총령으로부터 전해 온 것이 아니라는 뜻이다.[4]
- 그대는 인도에 갔다가 온 것이 아니지 않은가 : 거듭 그의 속을 점검하며 쥐어틀어 본 질문이다.
- 가 본 것으로 말하면 그런 일이 있습니다 : 간 일도 없고 온 일도 없기 때문에 불자 또한 없다.
- 아직 멀었다. 다시 말해 보라 : 견해가 한편으로 기울어진 듯이 보였기 때문이다.
- 저의 대답에만 기대지 마시고 화상께서도 반쯤은 말씀해 보십시오 : 그 또한 말할 내용이 있다는 뜻이다.

---

3 여기서는 조계 혜능으로부터 전수받은 종지를 상징한다.
4 총령葱嶺은 파미르고원을 말하는데, 여기서는 초조인 달마 대사를 나타낸다. 달마 대사가 이곳을 경유하여 인도로 돌아갔기 때문이며 인도와 중국을 왕래하는 경유지이기도 하여 인도로부터 중국에 불법을 전하는 통로라는 뜻도 된다. 총령으로부터 온 것이 아니라는 말은 본래 있었다는 뜻이다. "달마는 중국에 오지 않았고, 2조 혜가도 서천에 가지 않았다.(達摩不來東土, 二祖不往西天.)"라는 상용구와 통한다. 『隆興編年通論』 권10(卍130, 518b1), "옛말에 '(달마가 왔던) 보통년의 지난 일은 총령으로부터 전해 온 것이 아님을 알아야 한다.'라고 하였고, 또 현사玄沙는 '달마는 중국에 오지 않았고, 2조도 서천에 가지 않았다.'라고 하였다. 마땅히 알라! 나의 이곳에서 법을 얻었다고 말하지 마라. 대체로 부촉하여 맡기는 경우는 전수에 얽매이지 않는 전수이거나, 아니면 일생의 마지막에 온전히 제기하는 종지가 아니었던가?(古云, '須信普通年遠事, 不從葱嶺付將來.' 又玄沙云, '達磨不來東土, 二祖不往西天.' 應知! 勿言自我處得法來. 蓋囑累無傳之傳, 抑末後全提之旨歟?)"

● 그대에게 말하지 않으려는 것이 아니라 말한 다음에 알아차리는 사람이 없을까 염려되기 때문이다 : 말을 하건 말을 하지 않건 모두 잘못이라는 뜻이다.

[拂子] 詳此問答, 疑此話相見最初有甚. 曹溪者, 石頭爲沙彌時, 在六祖會下. 六祖將入滅, 頭問云, "某甲依付何人?" 祖云, "尋思去." 六祖遷化後, 在堂中常日靜坐. 首座問, "汝如何在此?" 曰, "和上敎某甲尋思[1]去, 故靜坐耳." 首座云, "汝不會. 汝師兄行思禪師, 在淸源故言爾.[2]" 於是到淸源云云也. 堅起云云者, 一條拂子也. 非但曹至無者, 不從葱嶺付將來子. 莫到至麽者, 重尋拶著也. 到卽有也者, 無去無來故, 拂子亦無也. 未在更道者, 見解似乎偏枯也. 莫全靠云云者, 亦有道得處. 不辭向汝云云者, 道不道俱備[3]也.

1) ㉠ '思'가 갑본에는 '師'로 되어 있다. 2) ㉠ '爾'가 갑본에는 '耳'로 되어 있다. ㉡ 뜻에서는 차이가 없다. 3) ㉠ '備'가 갑본에는 '非'로 되어 있다. ㉡ '非'로 번역하였다.

투자 의청投子義靑**의 송** 投子靑頌

흰 구름은 옥 봉황 감추고[5]	白雲藏玉鳳
태양은 무료하게 비춘다네[6]	紅日照無聊[1]
은은히 별들 무리 진 곳에서[7]	隱隱星攢處

---

5 흰 구름은~봉황 감추고 : 『空谷集』 2則 「著語」(卍117, 534b17), "상대가 못 보도록 할수록 더욱 풍류가 있다.(不敎人見轉風流.)"
6 태양은 무료하게 비춘다네 : 두 선사가 서로 점검하기 위하여 의중을 분명히 드러내지 않은 방식에 대한 묘사이다. 구름이 감추고 있다면 태양은 비추는 듯하지만 아무것도 드러내지 않는다는 말이다. 설화의 해설에 따르면, 말할 내용이 분명히 있기에 '감춘다'고 하며, 아무리 말하려 해도 온전히 드러낼 수 없기 때문에(無聊·無寥) '비추지만 무료하다'고 한다. 위의 책, "세속과 다른 호리병 속의 별천지일세.(別是一壺天.)"
7 은은히 별들~진 곳에서 : 위의 책, "올려다보려 해도 눈길이 닿지 않는다.(仰望不及.)"

사심 없이 구천을 장악했네⁸　　　　　　無私鎭九霄

1) ㉠ '遼'가 '聊' 또는 '寥'로 되어 있는 문헌도 있다. 『空谷集』 2則(卍117, 534b17).

설화

○ 첫 구절은 말할 수 있다는 뜻, 두 번째 구절은 말할 수 없다는 뜻이다.
○ 제3구와 제4구 : 말할 수 있음과 말할 수 없음을 분명하게 가려내었으니 어쩔 수 없이 하는 말 이외에 결코 제2의 것은 없다는 뜻이다.

投子:上句, 道得意也. 二句, 不道得意也. 三句, 道不道分辨, 不得不道得外, 更無第二也.

---

8 사심 없이 구천을 장악했네 : 구천九天은 구소九霄와 같은 말. 하늘에서 가장 높은 곳을 말한다. 이 뜻에 따라 말에 속박되지 않는 궁극적 진실을 비유하고 있다. 말을 하거나 말을 하지 않는 그 어느 편으로도 기울어지지 않기 때문에 '사심이 없다'고 한다. 제1구와 제2구에서 드러낸 의미를 다르게 표현하였다. 위의 책, "높디높아 드러낼 수 없다.(高高標不出.)"

175칙 탐원날목耽源捏目

본칙 길주 탐원산의 진응眞應[1] 선사가 남양 혜충南陽慧忠 국사와 헤어져 돌아오는 길에 마조馬祖를 찾아가 뵙고 땅바닥에 일원상一圓相을 그려 놓고 그 안에 좌구를 펼친 뒤 절을 올렸다.[2] 마조가 물었다. "그대는 부처가 되고자 하는가?"[3] "저는 눈을 비벼서 조작할 줄 모릅니다."[4] "내가 그대만 못하구나."[5]

吉州, 耽源山, 眞應[1)]禪師, 辭國師歸, 省覲馬祖. 於地上作一圓相, 展坐具禮拜. 祖云, "子欲作佛去?" 師云, "某甲不解捏目." 祖云, "吾不如汝."

1) 空 '眞應'은 '應眞'이라고도 한다.

설화

● 땅바닥에 일원상一圓相을 그려 놓고 그 안에 좌구를 펼친 뒤 절을 올렸

---

1 진응眞應 : 생몰 연대 미상. 혜충 국사의 시자. 『傳法正宗記』 권7(大51, 749c25) 등에 따르면, 국사 문하에서 배출한 다섯 제자 중 한 사람으로 거론되고, 국사와의 문답이 남아 있지만 그 밖의 행적은 전하지 않는다. 제자로는 길주 정수吉州正邃가 있다. 『景德傳燈錄』 권13(大51, 305b1), 『從容錄』 85則(大48, 282a15) 등에는 '진응'이고, 『釋氏稽古略』 권3(大49, 828b10), 『聯燈會要』 권3(卍136, p.484b13) 등에는 '응진'으로 되어 있다.
2 『佛果擊節錄』 87則 「著語」(卍117, 499b5), "이미 30방을 맞아 버린 꼴이다.(已喫三十棒了也.)"
3 위의 책, "무슨 마음을 먹고 있는 것일까?(是何心行?)"
4 눈알을 누르거나 비벼서 사물을 왜곡되게 보는 것. 부처가 되려는 생각 자체가 진실을 날조하는 견해라는 의미이다. 위의 책, "손님과 주인을 모두 잃었다.(賓主俱失.)" ; 『楞嚴經』 권8(大19, 141b18), "이와 같이 중생 하나하나의 부류 중에도 각각 열두 가지 전도顚倒를 갖추고 있다. 마치 눈을 비비면 허공에 어지럽게 꽃이 피는 것처럼 묘하고 원만하며 참되고 청정하며 밝은 마음을 전도시키면 이와 같이 허망하고 어지러운 생각들이 갖추어지게 된다.(如是衆生, 一一類中, 亦各各具十二顚倒. 猶如捏目, 亂花發生, 顚倒妙圓眞淨明心, 具足如斯虛妄亂想.)"
5 『佛果擊節錄』 87則 「著語」, "앞에서 쏜 화살은 그래도 가벼웠으나 그다음에 쏜 화살은 깊이 박혔다.(前箭猶輕後箭深.)"

다 : 마조의 본래면목을 그려서 그와 만난다는 표시이다.
- 그대는 부처가 되고자 하는가 : 그가 처음부터 끝까지 변함없는지 살펴보려는 말이다.
- 저는 눈을 비벼서 조작할 줄 모릅니다 : 부처가 되거나 조사가 되려는 생각은 눈을 비벼서 괴이한 허상을 일으키는 격이다.[6]
- 내가 그대만 못하구나 : 호의적인 마음에서 나온 말이 아니다.[7]

[揑[1)]目] 於地上作一圓相云云者, 馬祖面目畫出, 與他相見也. 子欲作佛者,[2)] 看他始終也. 某甲不解揑目者, 成佛作祖, 揑目生怪也. 吾不如汝者, 不是好心也.

1) ㉠ '揑'이 갑본에는 '捏'으로 되어 있다. 2) ㉠ '者'가 갑본에는 '子'로 되어 있다.

설두 중현雪竇重顯의 염

"호랑이도 제 새끼는 잡아먹지 않는 법이지만, 상대가 던진 말이 충분치 못했던 것을 어쩌랴![8] 여러분은 탐원의 정체를 알고 싶은가? 다름 아닌 몸은 숨겼지만 그림자를 드러낸[9] 어리석은 사람이었다."

---

6 『石溪心月語錄』 권상(卍123, 80b5), "수행하여 부처가 되려는 사람이 무수히 많지만, 눈을 비벼 조작하면 허공에 어지럽게 떨어지는 꽃과 같은 허상투성이이리라.(修行作佛人無數, 揑目非是亂花.)"
7 탐원을 칭찬한 말이 아니라는 뜻이다.
8 호랑이도 제~것을 어쩌랴 : 호랑이일지라도 자기 새끼는 잡아먹지 않는데 사람이야 말할 것도 없이 그 자식이나 제자를 극단으로 망치지는 않는다는 뜻이다. 그럼에도 불구하고 자신의 제자를 잡아먹을 정도로 엄격하고 지독한 수단을 쓸 수밖에 없다는 역설적인 비유이다.
9 몸은 숨겼지만 그림자를 드러낸(藏身露影) : 설두는 다른 곳에서도 같은 말을 썼다. 『雪竇語錄』 권4(大47, 693c27), "언젠가 '한 해에 봄은 한 번만 온다. 궁극적으로 해결할 일은 무엇인가?'라 하고 스스로 대신 말하였다. '몸은 숨겼지만 그림자를 드러내었다.'(或云, '年來一度春也. 畢竟事作麽生?' 代云, '藏身露影.') 본서 646칙 '설두 중현의 염' 설화 참조.

雪竇顯拈云, "然猛虎不食其子, 爭奈來言不豐! 諸人要識耽源麽? 只是箇藏身露影漢."

> 설화

○ 호랑이도 제 새끼는~충분치 못했던 것을 어쩌랴 : '내가 그대만 못하구나.'라고 한 이 말이 가장 악독하였다는 뜻이다.
○ 몸은 숨겼지만 그림자를 드러내었다 : 자신의 귀를 막고 방울을 훔치는 격이다.[10]

雪竇 : 猛虎至不豐者, 吾不如汝, 此言最毒也. 藏身露影者, 掩耳偸鈴也.

---

10 장신노영藏身露影이나 엄이투령掩耳偸鈴, 두 가지 모두 남에게 자신의 정체를 들키지 않았다고 여기지만 실마리를 남기고 있음을 비유하는 말이다. 탐원을 떠받치는 관점의 평가도 있다. 『古林淸茂語錄』권3(卍123, 469b12), "고림古林은 '탐원은 문을 지키는 사자를 매우 닮아 늠름하고 신령한 위엄이 있었다. 자잘한 마조 대사여! 원래 겁이 많았다네.'라고 하였으며, 설찬雪竇은 '탐원을 알고자 하는가? 그는 바로 몸은 숨겼지만 그림자를 드러낸 사람이었을 뿐 무리를 놀라게 하지 않았다고 누가 그러는가?'라고 하였다.(師云, '耽源大似當門獅子, 凜凜神威. 大小馬師! 元來小膽.' 雪竇云, '要識耽源麽? 只是箇藏身露影漢, 誰道不驚羣?')"

176칙 유정합리惟政蛤蜊

본칙 종남산 유정惟政[1] 선사의 일화이다. 당나라 문종 황제가 조개를 좋아했는데, 어느 날 수라상에 벌리려 해도 벌어지지 않는 조개가 있었다. 황제가 이상하다 여기고 향을 사르고 기도를 하자 입이 벌어지면서 갑자기 청정한 형상을 온전히 갖춘 보살의 모습으로 변하였다. 이 일로 유정을 불러서 물었다. 유정이 황제에게 말하였다. "신이 듣기로는 마땅히 이러한 몸으로 제도할 사람에게는 이러한 몸을 나타내어 설법해 준다고 합니다."[2] "보살의 몸은 이미 나타났으나 아직 설법은 듣지 못하였습니다." "폐하께서 이것을 보시기에 보통의 일입니까, 그렇지 않습니까? 믿으십니까, 믿지 못하시겠습니까?" "드물고 신기한 일이군요! 짐은 깊이 믿습니다." "폐하께서는 이미 설법을 다 들으셨습니다." 황제가 크게 기뻐하며 칙령을 내려 천하의 모든 절에 관세음보살상을 세우도록 하였다.

終南山惟政禪師, 因唐文宗皇帝嗜蛤蜊, 一日御饌中, 有擘不張者. 帝以爲異, 卽焚香禱之乃開, 俄變爲菩薩形, 梵相具足. 召師問焉. 師曰, "臣聞, 應以此身得度者, 卽現此身, 而爲說法." 帝曰, "菩薩身已現, 且未聞說法." 師曰, "陛下覩此, 爲常非常耶? 爲信非信耶?" 帝曰, "希奇之事! 朕深信焉." 師曰, "陛下已聞說法了也." 帝大悅, 勅天下寺各立觀音像.

---

1 유정惟政 : 생몰 연대 미상. 평원平原 출신. 속성은 주周. 북종선北宗禪 계열의 숭산 보적嵩山普寂에게 인가를 받은 다음 태일산太一山에 주석하였다. 성수사聖壽寺에 머물다가 당나라 무종武宗(재위 840~846)의 폐불廢佛을 맞아 종남산終南山에 숨어서 지냈다. 『景德傳燈錄』권4(51, 234b7)에 따르면 세수 87세로 입적하였으며, 다비하고 수습한 49립의 사리를 843년(회창 3) 9월 4일에 탑을 조성하여 안치하였다고 한다.
2 『法華經』권7(大9, 57a22), "부처님이 무진의無盡意 보살에게 말씀하셨다. '선남자야, 어떤 국토의 중생 가운데 부처의 몸으로 제도하여 마땅한 이에게는 관세음보살이 부처의 몸을 나타내어 설법해 준다.'(佛告無盡意菩薩, '善男子, 若有國土衆生, 應以佛身得度者, 觀世音菩薩, 卽現佛身而爲說法.')"

> 설화

● 어느 날 수라상에~청정한 형상을 온전히 갖춘 보살의 모습으로 변하였다 : 각범 혜홍覺範慧洪의「관음찬觀音讚」³에 "매의 보금자리나 조가비 속에서 나타나기도 하고, 화가가 되어 자신의 모습을 그리기도 한다. 보살이 어찌 갖가지 형상을 가지고 있는 것인가? 비원悲願의 힘이 이와 같이 많기 때문이다."⁴라고 한 것이 이 이야기의 뜻이다.
● 보살은 몸 자체를 혀로 삼아 설법을 다 하였고, 대왕은 마음을 귀로 삼아 설법을 다 들었다.

[蛤蜊] 一日御饌中至具足者, 覺範觀音讚云, "或現鷹巢蚌蛤中, 亦作畫士畫其相. 菩薩豈有種種形?¹⁾ 由來²⁾悲願力如是." 卽此話義. 菩薩, 以身爲舌, 說法了也 ; 大王, 以心爲耳, 聽法了也.

1) ㉠ '形'이『佛祖綱目』과『林間錄後集』에는 '心'으로 되어 있다. 2) ㉠ '由來'가『佛祖綱目』과『林間錄後集』에는 '皆其'로 되어 있다.

지비자의 송 知非子頌

몸 나타내어 설법하고 자비 내렸다 하니⁵　　　　　　　現身說法垂慈悲

---

3 관음찬觀音讚 :『佛祖綱目』권37(卍146, 740b15)에는「觀音大士畫像贊幷序」로,『林間錄後集』(卍148, 656a17)에는「觀音菩薩畫像贊幷序」로 되어 있다.
4 다음과 같은 경론의 설과 통한다. 60권본『華嚴經』권56(大9, 755a4), "보살은 다만 모든 삼계의 바다에서 모든 중생이 헤아릴 수 없이 많은 고통을 받는 모습을 보고 대비원大悲願을 일으켜 그들을 거두어들일 뿐이다. 항상 대비대원의 힘으로 말미암아 보살행을 실행하고 모든 부처님을 공양하며 살바야薩婆若를 구한다.(菩薩但見, 諸有海中, 一切衆生, 受無量苦, 發大悲願, 而攝取之. 常以大悲大願力故, 行菩薩行, 供養諸佛, 求薩婆若.)" ;『佛地經論』권7(大26, 326c12), "변화의 색신色身이란 다음과 같다. 비원의 힘에 의해 대지의 모든 보살 대중에게 들어가 갖가지 몸과 갖가지 상호와 갖가지 목소리를 나타내고자 갖가지 국토에 의지하기에 형체의 수량이 무수히 많다.(言化色者, 由悲願力, 爲入大地諸菩薩衆, 現種種身, 種種相好, 種種言音, 依種種土, 形量不定.)"
5 몸 나타내어~내렸다 하니 : 보살이 갖가지 몸을 나타내는 목적은 자비를 시행하기 위함이다.『法華經會義』권79(卍50, 776a9), "크나큰 법을 설하고자 하면 반드시 몸과 마음

한 구절로 기틀 드러낸 이 종남 스님이라	呈機一句終南師
당나라 천자는 막힘없이 깨달았으니	大唐天子豁然悟
세찬 천둥이 겨울잠 깨우자 자던 용 날아가네[6]	疾雷破蟄眠龍飛

설화

○ 첫 구절은 관세음보살에 대하여 읊었다.

知非 : 上句, 言觀音也.

에 의존하여 법을 전수하는 근본으로 삼아야 한다. 중생을 제도하기 위하여 온갖 몸을 나타내어 법을 설하므로 나타낸 몸을 대자비의 몸이라 한다.(欲說大法, 必依身意, 以爲授法之本, 爲度衆生, 現身說法, 故所現身, 名爲大慈悲體.)"

6 당나라 천자는~용 날아가네 : 봄날 울리는 우렁찬 천둥소리에 용(황제)이 겨울잠을 깨고 하늘로 날아간다는 말. 유정 선사의 한마디 일깨움으로 황제가 미몽의 잠에서 깨어 자유롭게 되었다는 비유이다.

177칙 백장야압百丈野鴨

본칙 백장 회해百丈懷海[1] 선사가 마조를 따라 걸어가다가 들오리가 날아가는 모습을 보았다. 마조가 물었다. "저것은 무엇인가?" 백장이 말하였다. "들오리입니다." "어디로 가는가?" "날아갔습니다." 마조가 백장의 코를 잡아 비틀자 백장이 고통스러운 신음 소리를 냈다. 마조가 말하였다. "언제 날아간 적이 있느냐?"

百丈懷海禪師, 隨馬祖行次, 見野鴨子飛過. 祖云, "是什麼?" 師云, "野鴨子." 祖云, "什麼處去也?" 師云, "飛過去也." 祖遂扭師鼻頭, 師作忍痛聲. 祖云, "何曾飛過去?"

설화[2]

● '들오리가 날아가는 모습을 보았다~언제 날아간 적이 있느냐?'라고 한

---

1 백장 회해百丈懷海(720~814) : 복주福州 장락長樂 출신. 속성은 왕王. 또는 황黃이라고도 한다. 시호는 대지선사大智禪師·각조선사覺照禪師·홍종묘행선사弘宗妙行禪師 등이다. 남악南嶽의 법조 율사法朝律師에게 구족계를 받았다. 사천성 여강廬江으로 가서 경전을 수학할 당시 마조 도일 문하에 들어가 인가를 받았다. 서당 지장西堂智藏·남전 보원南泉普願과 함께 마조 하 삼대사三大士로 불렸다. 그 뒤 백장산에 선원禪院을 세우고 엄격한 생활 법도인 청규淸規를 제정하고, 『백장청규』권2 「주지장住持章」(大48, 1119b2), "하루 일하지 않으면 하루 먹지 않는다.(一日不作, 一日不食.)"라는 원칙 아래 대중과 함께 노무勞務와 수행이 다르지 않다는 관점에서 이 둘을 평등하게 시행함으로써 평상심平常心의 도를 구체화하였다. 814년(원화 9)에 세수 95세로 입적하였다. 생년에 대해서는 이설이 있다. 『전당문全唐文』권446 「당홍주백장산고회해선사탑명병서唐洪州百丈山故懷海禪師塔銘幷序」에는 749년(천보 8)으로 기록되어 있다. 제자로는 황벽 희운黃蘗希運·위산 영우潙山靈祐 등이 있다. 백장의 청규는 송나라 유학자들까지 모방하여 서원書院의 규범을 정하는 본보기가 되었다.
2 이 설화는 『벽암록碧巖錄』53則(大48, 188a11)에 나오는 원오圜悟의 「평창評唱」에 따른다. 그 대체적인 취지는 『벽암록碧巖錄』53則 「수시垂示」(大48, 187c12)에도 보인다. 곧 "세계 어디에도 감추지 않았으니 온전한 기틀이 홀로 우뚝 드러난다. 가는 곳마다 막힘이 없어 내딛는 발걸음

문답은 하루 어느 시각에서나 만나는 경계와 마주치는 인연마다 바꾸어 자기 자신에게 되돌린다는 뜻이다. 이것을 알아차리면 어디서나 자유자재로 써먹을 수 있지만, 만약 알아차리지 못한다면 세간에 널리 행해지는 그릇된 말만 퍼뜨리는 꼴이 될 것이다.[3] 이것을 가리켜 '두 가지가 아닌 성품[4]으로 깨닫는다.'라고 한다.

[野鴨] 見野鴨子至過去者, 十二時中, 遇境逢緣, 宛轉歸就自己也. 會則

마다 속박에서 벗어나는 기틀이 있고, 구절마다 어느 편으로 치우침이 없이 내뱉는 말마다 남들의 망상을 죽이는 뜻이 들어 있다. 말해 보라! 옛사람은 결국 어디서 번뇌를 그쳤을까?(遍界不藏, 全機獨露. 觸途無滯, 著著有出身之機 ; 句下無私, 頭頭有殺人之意. 且道! 古人, 畢竟向什麼處休歇?)

[3] 이것을 알아차리면~될 것이다 : 도중수용途中受用과 세제유포世諦流布라는 말이 동시에 나오는 예는『雲門廣錄』등에 보인다. 『雲門廣錄』권상(大47, 549c18), "무엇이 도중수용입니까?' '7에 9을 곱하면 63이다.' '무엇이 세제유포입니까?' '강서·호남·신라·발해.'(問, '如何是途中受用?' 師云, '七九六十三.' 進云, '如何是世諦流布?' 師云, '江西湖南新羅渤海.')";『碧巖錄』8則「垂示」(大48, 148a20), "근본적인 뜻을 알아차렸다면 현상 속 어디서나 자유자재로 써먹을 수 있는 것이 마치 용이 물을 얻고 호랑이가 산에 의지하여 사는 것처럼 자유롭겠지만, 알아차리지 못했다면 세간에 널리 행해지는 그릇된 말만 퍼뜨려 마치 숫양이 울타리를 받다가 뿔이 울타리에 걸려 꼼짝 못 하거나 그루터기를 지키며 토끼가 걸려들기를 바라는 사람과 같은 꼴이 될 것이다.(會則途中受用, 如龍得水, 似虎靠山 ; 不會則世諦流布, 羝羊觸藩, 守株待兔.)

[4] 두 가지가 아닌 성품(無二性) : 자기 자신과 외부의 경계가 둘이 아닌 성품.『雪巖祖欽語錄』권3(卍122, 538a2), "마조는 평소에 '보이는 색은 모두 마음을 보는 것이며 마음도 그 자체로 마음이 아니라 색으로 인하여 존재하는 것일 뿐이다.'라고 말하였다. 색 그대로 마음이고 마음 그대로 색이기에 색은 본디 색 자체는 아니고, 마음은 마음에만 세한되지 않기에 마음이 아니면서 마음이니 마음 전체가 부처이며, 색이 아니면서 색이니 색 전체가 마음이다. 마조와 백장이 걸어가다가 들오리가 날아가는 모습을 보았던 그 장면에 대지와 산하의 온전한 본체가 홀로 고스란히 드러났다. 마조는 노파심을 남김없이 세세히 발휘하여 백장에게 분명하게 가리키며 '이것은 무엇인가?'라고 말했건만 백장은 '들오리입니다.'라고 대답하였으니 어긋나 버렸던 것이다.(馬祖尋常道, '凡所見色便見心, 心不自心, 因色故有.' 色卽是心, 心卽是色, 色本非色, 心卽無心, 無心而心, 全心卽佛, 非色而色, 全色卽心. 馬祖與百丈行次, 見野鴨子飛過去, 大地山河, 全體獨露. 馬祖曲盡老婆心, 與百丈當陽指道, '是什麼?' 百丈云, '野鴨子.' 蹉過了也.)" 인용된 마조의 말은 본서 158칙 본칙 설화 참조.

途中受用, 不會則世諦流布. 此謂無二性得入.

설두 중현雪竇重顯의 송 雪竇顯頌

들오리들,[5] 몇 마리나 되는가[6]	野鴨子, 知何許
마조가 이를 보고 말을 걸었다네	馬祖見來相共語
산과 구름, 바다와 달의 풍취 다 말하였는데[7]	話盡山雲海月情
여전히 알아차리지 못하고 날아갔다고 하네	依前不會還飛去
날아가려는 순간 꽉 붙들었노라[8]	欲飛去, 却把住
말해라, 말해[9]	道道

[설화]

○ 설두의 게송 중 첫 구절은 백장에 관한 말일 뿐만 아니라 또한 들오리를 두고 한 말이기도 하다.

---

5 들오리들 : 『碧巖錄』 53則 "著語"(大48, 188b1), "무리를 이루고 떼를 지었구나. 한 마리 더 있다.(成群作隊. 又有一隻.)" 여기서 '한 마리'는 백장을 가리킨다.

6 몇 마리나 되는가 : 위의 책, "저들을 무엇에 쓰랴? 삼씨처럼 좁쌀처럼 많기도 하네.(用作什麼? 如麻似粟.)"

7 산과 구름~다 말하였는데 : 마조는 들오리가 이곳저곳 등 무수한 곳에 있다는 것에 대하여 이미 말해 버린 것이나 마찬가지라는 뜻. 위의 책, "동쪽 집 국자 자루는 길고, 서쪽 집 국자 자루는 짧다. 얼마나 많은 말을 지어냈는지 알 리 있으랴?(東家杓柄長, 西家杓柄短. 知他打葛藤多少?)"

8 파주把住가 여기서는 '꽉 붙잡다'라는 직접적인 뜻으로 쓰였지만, 파주는 조사선의 도구이기도 하다. 곧 사유분별과 언어의 통로를 완전히 막아 버리고 본분을 고수하는 입장이며, 상황에 따라 갖가지 언어와 분별의 길을 펼치는 방행放行의 방법과 상대된다. 위의 책(大48, 188b5), "손주들 돌보는 할머니의 마음처럼 간절하구나. 또 무슨 말을 더하랴?(老婆心切. 更道什麼?)"

9 말해라, 말해 : 아무 수단도 부리지 못하도록 붙들린 상태에서 '말해 보라'는 설두의 주문이다. 위의 책, "말할 무엇이 있는가? 산승이 말하도록 해서도 안 되고, 들오리가 울도록 해서도 안 된다. 하늘이시여, 하늘이시여! 지금 이 자리에서 30방 맞아야 한다. 저들이 어디로 떠났는지 정녕 모른단 말인가?(什麼道? 不可也教山僧道, 不可作野鴨叫. 蒼天, 蒼天! 脚跟下好與三十棒. 不知向什麼處去?)"

○ 산과 구름, 바다와 달의 풍취 : 들오리가 본래 날아다니는 곳을 나타낸다.
○ 여전히 알아차리지 못하고 : '날아갔습니다.'라고 한 백장의 대답을 가리킨다. (그렇게 대답하였으니 마조가) 어찌 꼼짝 못 하게 붙들지 않을 수 있었겠는가!
○ 말해라, 말해 : (마조가) 백장의 코를 비튼 것과 상응한다.

雪竇: 上句, 非但百丈, 盡是野鴨子也. 山雲海月情者, 野鴨本來行李處也. 依前不會云云者, 飛過去也. 豈不是把住![1) 道道者, 扭師鼻頭也.

1) ㉠ '把住'가 갑본에는 '北作'으로 되어 있다.

불인 지청佛印智淸의 송 佛印淸頌

스승과 제자가 한가롭게 풀 속을 거닐다가	師資閑向草中行
들오리 날며 우는 소리에 문득 생각이 일어났다네	野鴨飛鳴意忽生
코를 비틀면서 도리어 이 일[10]이 실현되었으니[11]	鼻孔扭翻成底事
신라에서 정오에 삼경을 알리는 종을 친	新羅日午打三更

격[12]이로다

---

10 이 일(底事) : 본래의 일. 궁극적인 일이라는 뜻으로 본분사를 가리킨다. 『洞山語錄』(大47, 516a15), "중생과 부처가 서로 침범하지 않으니, 산은 높을 뿐이요 물은 깊을 뿐이로다. 천차만별의 현상에서 본분사(底事)를 밝히니, 자고새 우는 곳에 온갖 꽃이 신선하구나.(衆生諸佛不相侵, 山自高兮水自深. 萬別千差明底事, 鷓鴣啼處百花新.)"
11 코를 비틀면서~일이 실현되었으니 : 평범한 현상을 보았을 뿐이지만 마조가 백장의 코를 비틀면서 본분사를 지시하는 지침이 되었다는 뜻이다.
12 정오에 삼경을~친 격(日午打三更) : 정오에 삼경(밤 11시~새벽 1시)을 알리는 종소리를 듣고서 실제로 삼경이라고 생각하는 것은 어리석은 판단이다. 이렇게 착각을 유도한 마조의 언행이 곧 본분을 지향하는 관문이다. 코를 비튼 것에 특별한 뜻이 있는 것은 아님에도 마치 그런 듯이 유도한 것에 선사로서 마조의 뛰어난 기량이 보인다.

상방 일익上方日益**의 송** 上方益頌

물은 서쪽과 동쪽으로 흐름이 정해지나	流水有西東
갈대꽃은 흔들리는 방향이 따로 없다네[13]	蘆花無背向
사조[14]가 홀연히 날아오니	沙鳥忽飛來
고기 잡는 이는 한밤의 새소리에 놀라네	漁人驚夜唱
달빛 밝아도 찾을 곳 없다고 누가 말하나	誰道月明無處尋
본래부터 가을 강 바로 그곳에 있었노라	元來只在秋江上

숭승공의 송 崇勝珙頌

오리도 오리가 아니요	鴨非鴨
사람도 사람이 아니니	人非人
슬피 우는 소리 예나 지금이나 신선하구나	噯噯之聲今古新
조주와 문원은 함께 못난이 내기를 하였고[15]	趙州文遠同鬪劣
왕로는 누구에게도 제 몸을 팔 수 없었다[16]	王老無人獨賣身

---

13 물은 서쪽과~따로 없다네 : 흐르는 방향이 정해져 있는 물과 흔들리는 방향을 미리 가늠할 수 없는 갈대꽃을 대비시켰다. 이는 날아가는 방향이 정해지지 않은 오리의 이미지를 부각하기 위한 설정이다.

14 사조沙鳥 : 사주沙洲 등 물가에 사는 새를 일컫는 말.

15 조주와 문원은~내기를 하였고 : 조주趙州와 그의 제자 문원文遠의 다음 문답을 말한다. 『趙州語錄』古尊宿語錄 14(卍118, 330a1), "조주가 어린 스님인 문원과 누구든 나은 편을 차지하면 지는 것이니 나은 편을 차지하는 사람이 진 대가로 호떡을 내기로 약속을 정하였다. 조주가 먼저 '나는 한 마리 나귀이다.'라고 하자 문원이 '저는 나귀의 위장입니다.'라고 응수하였다. '나는 나귀의 똥이다.' '저는 그 똥 속에서 사는 벌레입니다.' '너는 그 속에서 무얼 하느냐?' '저는 그 속에서 하안거를 보냅니다.' '호떡을 가져오너라.'(師與小師文遠論義, 不得占勝, 占勝者, 輸餬餠. 師云, '我是一頭驢.' 遠云, '我是驢胃.' 師云, '我是驢糞.' 遠云, '我是糞中虫.' 師云, '你在彼中作麼?' 遠云, '我在彼中過夏.' 師云, '把將餬餠來.')" 본서 439칙 본칙 참조.

16 왕로는 누구에게도~수 없었다 : 왕로王老는 왕노사王老師 곧 남전 보원을 말한다. 『景德傳燈錄』권8 「南泉普願傳」(大51, 258a18), "남전이 대중에게 말하였다. '왕노사가 몸을 팔고자 하는데, 누가 사겠는가?' 어떤 학인이 나와 말하였다. '제가 사겠습니다.' '값을 비싸게 불러도 안 되고, 싸게 불러도 안 된다. 너는 얼마에 사겠느냐?' 학인은 대

| 다만 삼 년마다 윤달이 드는 해에는 | 只因三歲閏之餘 |
| 일 년에 두 번 돌아오는 봄을 맞기 때문이라네 | 一年翻遇¹⁾兩廻春 |

1) ㉔ '遇'가 갑본에는 '過'로 되어 있다.

장산 극근蔣山克勤의 송 蔣山勤頌

들오리는 앞 개울에서 날고	野鴨過前溪
온갖 봉우리 찬 빛으로 우뚝하네	千峯凜寒色
서로 바라봐도 돌아간 곳 알지 못하니	相顧不知歸
옆에서 때려 꺾어 주지 않을 수 없었네	未免資傍擊
의심덩이 비틀자 쓸모없는 말[17]도 사라지고	柤[1)]破疑團葛怛銷
휩쓰는 바람이 곧장 하늘 뚫고 치솟네	捎風直上[2)]透青霄
구름과 산과 바다와 달 모두 나와는 상관없는 일이니	雲山海月渾餘事[3)]
한마디에 근본으로 돌아가야 만국이 조회하리라	一語歸宗萬國朝

1) ㉔ '柤'가 갑본에는 '扭'로 되어 있다. ㉠ '扭'로 번역하였다. 2) ㉠ '上'이 『圜悟語錄』 권19에는 '下'로 되어 있다. 3) ㉠ '餘事'가 『圜悟語錄』 권19에는 '閑事'로 되어 있다.

불감 혜근佛鑑慧懃의 송 佛鑒懃頌

마조는 그대가 안목이 없음을 애처롭게 여겨	馬師憫汝無知識
들오리를 빌려 와 그 소식에 통하도록 하였네	借來鴨子通消息
코에서 비린 피가 흐르게 되고서도	直得鼻頭羶血流
노파의 있는 힘 남김없이 허비했을 뿐이로다	費盡老婆多少力

답하지 못하였다.(師示衆云, '王老師要賣身, 阿誰要買?' 一僧出云, '某甲買.' 師云, '他不作貴價, 不作賤價. 汝作麼生買?' 僧無對.)" 본서 204칙 본칙 참조.

17 쓸모없는 말(葛怛) : 갈달葛怛은 갈등葛藤과 달달怛怛을 혼합한 말로 보인다. 모두 복잡하게 얽힌 말 또는 쓸모없이 많은 말을 나타낸다.

불안 청원佛眼淸遠**의 송** 佛眼遠頌

풀 속에 오리 언제나 수없이 많이 있는데	草裏尋常萬萬千
'날아갔다'고 알리니 어찌 까닭 없이 그랬으랴	報云飛去豈徒然
코쯤이야 얼마나 쓸데없는 가죽에 불과한가	鼻頭是甚閑皮草[1]
가로세로 어디로든 마음대로 뚫어라	十字縱橫一任穿

---
1) ㉰ '草'가 갑본에는 '革'으로 되어 있다. ㉯ '革'의 잘못으로 보인다.

178칙 백장권석 百丈捲席

본칙 마조 대사가 법좌에 올라앉아 잠깐 말없이 있는데 백장이 나와서 절하기 위해 깔아 놓은 자리(拜席)를 말아 버렸다. 이에 마조도 법좌에서 내려와 방장으로 돌아갔다.

【『마조사가록』에는 이렇게 전한다. 백장이 마조의 시자 노릇을 하던 어느 날 시중을 들며 길을 가는데 들오리 소리가 들리자 마조가 물었다. "무슨 소리냐?" 백장이 "들오리 소리입니다."라고 대답하였다. 잠깐 말없이 있다가 마조가 물었다. "조금 전의 소리는 어디로 갔느냐?" 백장이 "날아가 버렸습니다."라고 함에 마조가 고개를 돌리고 백장의 코를 잡아 비틀자 백장이 고통스러운 신음 소리를 내었다. 마조가 "또 '날아가 버렸다.'고 말해 보라."라고 하는 말에 백장은 깨친 것이 있었다. 돌아와 다음 날이 되어 마조가 법좌에 올라 막 앉으려는 순간 백장이 나와서 대자리를 말았고 마조는 곧바로 법좌에서 내려왔다. 백장이 뒤따라 방장에 이르자 마조가 말하였다. "아까는 내가 결정적 전기가 되는 인연 하나를 제기하고자 하였는데, 너는 어째서 대자리를 말아 버렸느냐?" "제가 코가 아팠기 때문입니다." "너는 어디에 다녀왔느냐?" "어제는 우연히 나갔다가 시중들며 따르기까지는 못했습니다." 마조가 한 소리 크게 내질렀고, 백장은 곧바로 나와 버렸다.】

百丈, 因馬大師, 陞座良久, 師出捲拜席, 祖下座歸方丈.
【馬祖四家錄 : 丈爲馬祖侍者, 一日隨侍路行次, 聞野鴨聲, 馬祖云, "什麼聲?" 師云, "野鴨聲." 良久, 馬祖云, "適來聲向什麼處去?" 師云, "飛過去." 祖回頭, 將師鼻便扭, 師作忍痛聲. 馬祖云, "又道飛過去." 師言下有省. 回來明日, 馬祖陞堂才坐, 師出來卷却簟, 馬祖便下座. 師隨至方丈, 馬祖云, "適來要擧一轉因緣, 你爲什麼卷却簟?" 師云, "爲某甲鼻頭痛." 祖云, "你什麼處去來?" 師云, "昨日偶[1]出入, 不及祭隨." 馬祖喝一喝, 師便出去.】

---

1) ㉠『百丈語錄』古尊宿語錄 1(卍118, 162a10), 『百丈懷海語錄(四家語錄 권2)』(卍119, 818a2) 등에는 '偶' 다음에 '有'가 있다.

[설화]
● 나와서 절하기 위해 깔아 놓은 자리(拜席)를 말아 버렸다 : 손님과 주인[1]의 문답을 설정하지 않는 방식이니, '누가 미혹된 사람이고, 무엇을 제도하려는가?'라는 생각과 같다. 이는 드러내고자 하는 순간에 이미 드러났다는 뜻이다.[2]

[捲席] 出捲拜席者, 賓主問答不立, 謂誰爲迷地, 濟度箇什麼? 此爲呈似已見也.

대각 회련大覺懷璉의 송 大覺璉頌

빽빽이 덮은 어두운 구름이 비 내리려는 그때	密布陰雲降雨時
용을 때려잡으려면 견고한 쇠망치여야 하리라	搊龍須是硬金槌
대천의 구름 모두 거두어 특별히 베풀 은택 없으니	大千已卷無私澤
가뭄 걱정하는 우매한 농부는 찌푸린 눈썹 못 펴네	憂旱癡農未展眉

[설화]
○ 제1구 : 마조가 법좌에 올라앉아 있는 순간을 읊었다.[3]
○ 제2구 : 나와서 배석을 말아 버린 장면을 묘사한다.
○ 제3구 : 법좌에서 내려와 방장으로 돌아간 것을 읊었다.
○ 제4구 : 대중이 그렇다는 말이다.[4]

---

1 설법의 대상과 설법의 주체.
2 설법하기 위하여 마조가 법좌에 앉아 있고 대중은 듣고자 마주 보고 있는 바로 그 장면에 남김없이 드러나 있다. 문답이 오가기 이전의 소식을 나타낸다.
3 용이 구름을 불러 비를 내리듯이 말을 쏟아 내고자 앉아 있는 순간.
4 한마디도 하지 않고 법좌에서 내려왔지만, 벌써 소식을 전했다는 사실을 모르는 대중의 실정을 말한다. 시종일관 말에 기대고 있기 때문에 언어에 물들지 않은 적나라한 마조와 백장을 목격하지 못한다.

大覺: 上句, 馬祖升坐處也. 二句, 出捲拜席也. 三句, 下座歸方丈也. 四句, 謂大衆也.

승천 전종承天傳宗의 송 承天宗頌

대중이 늘어선 법좌에 올라 조사의 위세 떨치려는데	列衆陞堂振祖威
백장이 배석 말아 버리자 그의 뜻대로 따르는구나	大雄卷席且從伊
이제 그들의 엄정한 법령을 누가 알 것인가	如今正令誰相委
성인과 대적하려면 사자의 기상이라야 하리[5]	敵聖還他師子兒

해인 초신海印超信의 송 1 海印信頌

법좌에 오르고 배석 만 일 짝할 상대 전혀 없는데	陞堂卷席迥難儔
밝은 태양이 찬란히 떠올라 곳곳을 두루 비추는구나	杲日騰輝處處周
우습도다! 천둥소리가 세상 전체를 놀라게 했거늘	堪笑忽雷驚宇宙
우물 안에 잠든 개구리는 고개도 까딱하지 않는구나	井中之物不擡頭

해인 초신의 송 2 又頌

대자리 말고 법좌에 오른 일로 본분사에서 벌써 멀어졌거늘	卷簟陞堂事已賒
옛날이나 지금이나 모두들 말이 전혀 없었다[6]고 칭찬한다네	古今皆贊絶周遮
요즈음 푸른 눈의 이방인이 하는 말씀 들어 보니	近聞碧眼胡人說

---

5 성인과 대적하려면~기상이라야 하리 : 대혜 종고의 법문에도 이 구절이 인용된다. 『大慧語錄』권9(大47, 848c22), "무리를 놀라게 하려면 반드시 걸출한 놈이라야 하고, 성인과 대적하려면 사자의 기상이라야 한다. 뛰어난 선인禪人을 선발함에 이와 같은 안목이 없다면, 천 년이 지날지라도 또한 어떻게 하겠는가?(驚群須是英靈漢, 敵聖還他師子兒. 選佛若無如是眼, 假饒千載又奚爲?)"
6 주차주저는 '시끄럽게 떠들며 말이 많다'는 뜻의 조차啁哳와 같다.

우물 밑바닥의 진흙 인형이 무쇠 뱀을 물었다고   井底泥人咬鐵蛇
하더라[7]

장로 종색長蘆宗賾**의 송** 長蘆賾頌
마조가 법좌에 올라앉자마자   馬祖纔陞堂
웅봉[8]은 곧바로 배석 말았네   雄峰便卷席
유기[9]가 원숭이에게 활 쏘니   由基箭射猿
땅바닥 가득 꽃이 낭자하도다   滿地花狼藉

법진 수일法眞守一**의 송** 法眞一頌
마조가 어느 날 이윽고 법좌에 오르자   馬祖一日始陞堂
사중이 한데 뒤섞여 들려줄 말 기다렸네   四衆摐然候擧揚
백장이 그 즉시 배석을 거두었으나   百丈卽時收却席
의심할 여지 없는 곳에 낚싯바늘 숨겼음을   那知鉤在不疑藏
어찌 알랴[10]

---

7 우물 밑바닥의~물었다고 하더라 : 흔적조차 남아 있지 않은 하나의 존재(井底泥人)와 독이 있어 보이지만 어떤 영향도 주지 못하는 존재(鐵蛇)가 어울려 있다. 양자 사이에 어떤 작위도 일어나지 않는 경계를 나타낸다.
8 웅봉雄峰 : 대웅봉大雄峰 곧 백장을 가리킨다.
9 유기由基 : 춘추시대 초나라의 대부. 성은 양養. 활쏘기의 명인. 유기游基로도 쓴다. 백 보 떨어진 곳에서도 버드나무 잎을 쏘아 맞히는데, 백발백중이었다고 한다. 선문禪門에서는 스승이 제자를 제접하는 데 뛰어남을 비유하여 '유기의 활 솜씨(由基箭)'라 한다. 본서 208칙 '설두 중현의 송', 419칙 '석문아의 상당' 설화, 1175칙 '낭야 혜각의 염' 주석 참조.
10 백장이 그~어찌 알랴 : 백장이 주객 이분 이전, 소리로 드러나기 이전의 경계를 염두에 두고 있었지만 바로 그렇게 분명히 드러낸 행위에 핵심을 낚는 갈고리가 감추어져 있었다는 뜻.

불적기의 송 佛跡琪頌

비단 수놓은 법좌에 오르니 한 조각 구름 같고	錦綉㡏[1]昇一片雲
푸른 대나무의 그윽한 배석 물결치듯 만다네	翠筠幽簟卷波紋
느긋하던 사부대중이 일제히 고개 돌려 보다가	雍容四衆齊迴首
말 없는 중에 들어 보지 못한 이치 터득했다네	無說之中得未聞

1) 옌 '㡏'는 '座'의 뜻이며, 음은 '요'이다.

곤산 찬원崑山贊元의 송 1 崑山元頌

세상에 진귀한 천 균 무게의 쇠뇌를	弩有千鈞世罕稀
어찌 생쥐 맞히는 데에 쓰리오	肯緣鼷鼠發樞機
오직 금시조 높이 비상하는 그곳에	只應金翅騰翔處
화살촉 하나 먼 하늘 날아 적중하리	一鏃遼天中的歸

곤산 찬원의 송 2 又頌

지난날 마조가 법좌에 오르자	馬祖昔日陞座
백장이 나와 배석을 말았다네	百丈出來卷席
옛사람들은 이처럼 하였으나	古者雖卽如斯
요즘 사람들은 그 뜻 아는가	今人還識不識
설령 분명하게 알았다고 한들	直饒識得分明
마른하늘에 벼락 면치 못하리[11]	未免晴天霹靂

상방 일익上方日益의 송 上方益頌

깊은 밤일지라도 돌아갈 길 알고 있었으니	夜深認得歸時路

---

11 설령 분명하게~면치 못하리 : 마조와 백장이 전한 소식은 알아도 몰라도 통하지 않는 관문이기에 결국은 벼락과 같은 피해를 당할 수밖에 없다.

새벽 기다리지 않고 바로 관문 빠져나갔네[12]	不待天明便出關
세 척의 막야검[13] 손에 가로쥐고서	三尺鏌鎁橫在手
지금껏 대웅산[14] 차지하고 앉았노라	至今坐斷大雄山

취암 사종翠巖嗣宗의 송 翠巖宗頌

귀신은 나타[15] 얼굴을 드러내고서	鬼子掛起那吒面
맨발로 수미산에 바짝 걸터앉았고	赤脚跨定須彌盧
무쇠 소는 황하 언덕을 채찍으로 일으켜	鐵牛鞭起黃河岸
바다 밑으로 타고 들어가 산호를 먹는다	大洋海底食珊瑚

천녕조의 송 天寧照頌

아무개 늙은이와 아무개 젊은이	胡張三黑李四
그렇게 끌고 왔다 다시 끌고 가네	秖麼牽來復牽去
뿌리 없는 나무 양 끝 벌어져	無根樹子兩頭開

---

12 깊은 밤일지라도~관문 빠져나갔네 : 말과 분별로 뚜렷이 갈라지기 이전에 마조의 관문을 백장이 간파했다는 뜻이다.
13 막야검鏌鎁劒 : 막야는 오나라(초나라 혹은 한韓나라라고도 한다)에서 칼을 만드는 대장장이로 이름을 떨쳤던 간장干將의 아내이다. 부부가 협조하여 오나라 왕인 합려闔閭에게 음과 양 두 개의 칼을 만들어 주었다. 각각 자신들의 이름을 따서 양검은 '간장'이라 부르고 음검은 '막야'라 불렀다. 죽이고 살리는 것을 자유자재로 활용하는 수단에 비유한다. 본서 896칙 본칙 설화 참조.
14 대웅산大雄山 : 백장이 주석하던 곳.
15 나타那吒 : ⓢⓟNalakūvara, Nalakūbala. 불법을 지키고 신봉하는 국왕과 국토를 수호하는 선신善神. 나타태자那吒太子·나나천那拏天·나라구발라那羅鳩鉢羅·나타구발라那吒俱鉢羅(那吒鳩跋羅) 등이라고도 한다. 북쪽 비사문천왕毘沙門天王의 다섯 왕자 중 셋째로, 세 개 또는 다섯 개의 머리와 여섯 개 또는 여덟 개의 팔을 가지고 있다. 손에는 항상 금강장金剛杖을 들고 양 눈으로는 사방을 관찰한다. 밤낮으로 국왕과 대신·백관百官·비구·비구니·우바새·우바이 등을 수호하고, 만약 이들에 대하여 악한 마음을 일으키는 자가 있으면 나타태자가 금강장으로 그의 머리를 때리거나 가슴을 찔러 죽인다.

| 등롱과 노주 웃다가 뒤집어진다 | 笑倒燈籠兼露柱 |

숭승공의 송 崇勝珙頌
법좌에 오른 자체로 겉겨 속의 작은 겨와 같았거늘	陞堂早是糠中糠
대자리 만 일로 하여 눈에 서리를 덧붙인 꼴이었다네[16]	卷簟仍加雪上霜
그림자 없는 나무 사이로 직녀 맞이했는데	無影樹間迎織女
자라장[17] 안에서는 우랑을 잃어버렸구나[18]	紫羅帳裏失牛郎
빈곤할 땐 돈으로 구제해 줄 통달한 인사 없더니	貧無達士將金濟[1)]
병들자 한가한 도인이 약 처방 알려 주네[19]	病有閒人說藥方
항상 강남의 3월 풍경을 기억하노라니	長憶江南三月裏
자고새 우는 곳에 온갖 꽃 향기로웠다네[20]	鷓鴣啼處百花香

---

16 법좌에 오른~덧붙인 꼴이었다네 : 겉겨 속의 작은 겨나 눈 위에 서리를 얹는 것이나 모두 쓸모도 없고 가치도 없는 일을 비유한다.
17 자라장紫羅帳 : 본서 14칙 '금산 요원의 상당' 주석 참조.
18 직녀織女와 우랑牛郎 : 우랑은 견우牽牛라고도 한다. 견우성牽牛星 또는 우랑성牛郎星과 직녀성織女星은 은하를 마주 보며 동서로 떨어져 있다. 전설에 따르면, 직녀는 천제天帝의 손녀로 운금雲錦을 짜서 스스로 은하수 서쪽의 우랑과 짝이 된 뒤로는 더 이상 직물을 짜지 않았다. 천제가 두 사람을 갈라놓고 매년 음력 7월 7일 한 차례만 은하수에서 만나도록 허락하였다. 그들이 만날 때에 까치 떼가 다리를 만들어 주었는데 그것을 까치 다리(鵲橋)라 한다.
19 『法昌倚遇語錄』(卍126, 464b17), "'비유하자면 거문고와 공후에서 아름다운 소리가 나지만 뛰어난 솜씨가 없다면 결코 그 소리가 울리지 못하는 예와 같다. 이 경계에서 구멍 없는 피리를 불고 줄 없는 거문고를 퉁길 납승 있는가? 나에게 뛰어난 솜씨를 보임으로써 아름다운 소리를 울려 한 곡조 연주해 다오! 있는가?' 잠깐 침묵하다가 말하였다. '빈곤할 때는 돈으로 구제할 통달한 인사가 없더니, 병들자 한가한 도인이 약 처방을 알려 준다.'("譬如琴瑟箜篌, 雖有妙音, 若無妙指, 終不能發. 到這裏, 莫有吹無孔笛調沒弦琴底衲僧? 試爲法昌, 下妙指發妙音撫一曲看! 有麽?' 良久云, '貧無達士將金施, 病有閒人說藥方.')"
20 항상 강남의~꽃 향기로웠다네 : 풍혈 연소風穴延沼의 말. 여기서는 마조와 백장의 언행이 하나의 봄 풍경으로 어울리는 자고새와 향기로운 꽃의 관계와 같다는 의미이다.

1) ㉠ '濟'가 문헌에 따라 '贈' 또는 '施'로 된 곳도 있다.

불감 혜근佛鑑慧懃의 송 佛鑑懃頌

조수 밀려오자 파도 헤치는 자 물마루에 올라타고   潮來潮子上潮頭
손에는 붉은 깃발 들고 물을 거슬러 헤엄쳐 가네   手把紅旗逆水流
홀연히 맹렬한 바람에 날려 뒤로 물러나니   忽被猛風吹退浪
바로 그때 모든 기량이 한꺼번에 그쳤노라   此時伎俩一時休

불안 청원佛眼淸遠의 송 佛眼遠頌

돛 걸자마자 순풍을 만나더니   掛得帆來遇便風
잠깐 만에 천 리 고향 닿았다네   須臾千里到家鄕
해안 어귀 언덕에서 처자 상봉하고는   臨門上岸逢妻子
맘에 품은 기쁜 정감 감당치 못하네   歡喜情懷不可當

개암붕의 송[21] 介庵朋頌

남산에서 호랑이를 때려죽이고   南山打殺虎
장교에서 교룡을 베었도다   長橋斬却龍

---

21 이 송은 다음 이야기를 소재로 하였다. 장교長橋는 강소성 의흥시宜興市에 있는 다리로 동한 때 건립되었는데, 전하는 말로는 진晉나라 때 주처周處가 여기서 교룡蛟龍을 죽였다고 한다. 이 때문에 교교蛟橋라고도 하고, 형계荊溪에 걸쳐 있기 때문에 형계교荊溪橋라고도 한다. 주처는 소년 시절에 향리를 해롭게 하여 사람들이 남산의 호랑이와 장교의 교룡과 함께 삼해三害라 하였는데, 개과천선하기 위하여 교룡을 칼로 찔러 죽였다. 『晉書』「周處傳」, "주처는 사람들이 자신을 미워한다는 사실을 알고서 개탄하여 자신의 과오를 고치려는 뜻을 가지고 아버지에게 물었다. '요즘 날씨도 온화하고 풍년도 들었는데 무슨 고민 때문에 즐겁지 않으십니까?' '세 가지 해로운 놈들을 아직 없애지 못했거늘 무슨 즐거움이 있겠느냐?' '무슨 말씀이십니까?' '남산의 호랑이(白額)와 장교의 교룡이 너와 함께 장안의 세 가지 해로운 놈들이니라.'(處自知爲人所惡, 乃慨然有改勵之志, 謂父老曰, '今時和歲豐, 何苦而不樂邪?' 父老歎曰, '三害未除, 何樂之有?' 處曰, '何謂也?' 答曰, '南山白額猛獸, 長橋下蛟, 幷子爲三矣.')"

| 세상의 해로운 세 놈 없앴다고 | 世上除三害 |
| 장안에 기쁜 소식 전하는구나[22] | 長安信息通 |

설화

○ 옛날에 성품이 악독한 주처周處라는 사람이 친구에게 "세상에 무슨 특별한 일이라도 있는가?"라고 묻자 "세 가지 악독한 놈이 있다. 남산의 호랑이, 장교 아래 사는 큰 교룡, 그리고 바로 너다."라고 대답하였다. 주처는 남산의 호랑이를 죽이고 장교 아래 큰 교룡을 칼로 베었다. 그런 다음 자신도 악행을 고치고 선행을 따랐다고 한다.

○ 배석을 말아 치운 행위는 호랑이를 죽이고 교룡을 벤 일이다. 이렇게 고의로 살생하는 자는 어떻게 하겠는가! 그 또한 없애야 한다.

个庵 : 昔朱[1])處者性惡, 問友, "人間有何事?" 曰, "有三惡. 南山白額虎, 橋下長蛟, 及汝.[2])" 處殺南山白虎, 斬橋下長蛟.[3]) 然後, 改惡從善云云. 卷拜席, 是殺虎斬蛟也, 爭奈有故殺者在! 亦須除却.

1) ㉘ '朱'는 '周'의 오자이다. 2) ㉮ '汝'가 갑본에는 '汝'으로 되어 있다. 3) ㉮ '蛟'가 갑본에는 '橋'로 되어 있다.

지비자의 송 知非子頌

법좌에 오르자 바로 대자리 거두니	陞堂卽卷簟
손님과 주인이 말할 방도를 모르네	賓主詞不措
주장자 집어 들고 향대를 두드리자	拈杖擊香臺

---

[22] 세상의 해로운~소식 전하는구나 : 호랑이는 설법을 하고자 법좌에 올랐던 마조를, 교룡은 설법을 듣고자 모였던 대중을 나타내고, 배석을 말아 치워 그들의 의중을 모조리 무너뜨린 자는 백장이라 할 수 있다. 주처가 두 놈을 모두 때려잡고 자신도 개과천선하여 세 가지 해로운 놈이 모두 사라졌다는 이야기와 같다.

대중들이 각각 방으로 돌아갔다네 　　　　　　　大衆各歸去

무위자의 송 無爲子頌
들오리 날아갔다고 하여 코 비틀렸는데 　　　野鴨飛鼻頭裂
대자리 말아서 다시 못난 꼴 드러내었구나 　卷簟更來呈醜拙
설령 홀로 대웅봉에 앉아 있다[23]고 해도 　直饒獨坐大雄峯
하늘에 뜬 두 번째 달에 불과하리라[24] 　　也是天邊第二月

설두 중현雪竇重顯의 거
"여러 선문의 선사들이 모두들 기특하다고 생각하지만 이렇게 해도 진실에 합당한 것일까? 합당하다고 해도 마치 해파리가 새우의 눈을 빌려 자기 눈으로 삼는 것[25]과 같고, 만일 합당하지 않다면 허황된 찬탄으로 무엇을 도모하려는 것인가? 대중 가운데 이와 같은 자들이 마구 앞으로 걸어 나와서 '옛사람의 의중은 어떤 것입니까?'라고 물으면, 어떤 노스님은 좋은 것과 나쁜 것도 구별하지 못하면서 '한마디만 해도 그 뜻을 잘 알아

---

23 홀로 대웅봉에 앉아 있다(獨坐大雄峯) : 대웅봉은 홍주의 백장산百丈山을 말한다. 지금의 강서성 봉신현奉新縣 서쪽 120리 지점이며 파양호鄱陽湖 부근이다. 백장이 대웅봉에서 좌선하며 독립 자존自尊의 경계에 안주하며 자신의 본분을 드러낸 말. 본서 182칙 및 『碧巖錄』 26則(大48, 166c26) 참조.
24 설령 홀로~달에 불과하리라 : 병든 눈에는 달 옆에 또 하나의 달이 보이듯이 백장이 대자리를 말아 치운 일도 말의 자취를 남긴 것과 꼭 마찬가지로 '기특한 일'이 아니라는 뜻.
25 해파리가 새우의~삼는 것 : 『楞嚴經』 권7(大19, 138c28)에 나오는 비유. 자신만의 견지가 있어야지 남의 언행에 좌우되어 진실을 알고자 해서는 가치가 없다는 말. 남전 보원이 동일한 비유로 이 뜻을 전한다. 『南泉語要』 古尊宿語錄 12(卍118, 298a14), "경전을 인용하여 도리를 설명하는 방식은 무엇이 되었건 남이 분별하여 밝힌 말을 그대로 찬동하는 것이고, 남의 집안에서 살림살이를 하는 꼴과 같아서 결코 자유로운 구석이 없다. 마치 해파리가 새우의 눈을 빌려 자기의 눈을 삼는 것과 같으니 어떻게 자유로울 수 있겠는가!(引經說義, 皆是與他分疏, 向他屋裏作活計, 終無自由分. 恰如水母得蝦爲眼, 如何得自由!)"

차리는 사람(仙陀客)²⁶이라 생각했는데 아니로군.'이라 대답하고, 다시 '내일 한 번 더 법좌 앞에서 들어 보라.'고 말한다. 안타깝다, 안타깝다! 이와 같이 하고서도 종장宗匠이라 자칭하다니. 그자들이 인천의 안목을 뜨게 하려 해도 영원토록 되지 않을 것이다. 여러 상좌들이여, 내가 당시에 만일 백장이 나와서 배석을 말아 치우는 광경을 보았더라면 발길로 가슴을 한 번 내차서 앉아 있는 마조나 나자빠진 백장이나 모두 일어나지 못하도록 하였을 것이다. 무엇보다도 후인들은 그와는 다른 수단(別有生涯)을 가지고 서로 어리석게 만드는 잘못에서 벗어나야만 한다. 어찌 여러분 낱낱이 모두 빼어나고 영리한 자들이 아니겠는가! 알겠는가? 각자의 방으로 돌아들 가거라."

雪竇顯擧此話云, "諸方皆謂奇特, 恁麽去還當麽? 若當, 比若水母, 以蝦爲目; 若不當, 又空讚嘆, 圖个什麽? 衆中一般漢, 亂踏向前, 問, '古人意旨如何?' 更有老底, 不識好惡, 對云, '將謂仙陁客.' 又云, '來日更到座前.' 苦哉, 苦哉! 如此自稱宗匠, 欲開人天眼目, 驢年去. 諸上座, 雪竇當時, 若見伊出來卷席, 劈胸與一踏, 令坐者倒者, 俱起不得. 且要, 後人別有生涯去, 免見互相鈍置. 豈不个个英靈底漢! 還會也無? 歸堂."

설화

○ 나와서 배식을 말아 치운 경계도 남겨 두어서는 안 된다는 뜻이다.

雪竇意, 出捲拜席處不存也.

---

26 선타객仙陀客 : 본서 6칙 '지문 광조의 송', 411칙 '대각 회련의 송' 주석 참조.

설두 중현의 염

"마조가 법좌에 올라앉고 백장이 배석을 말아서 엄정한 법령을 시행하려 했으나 그 시도도 결국은 굽은 방편이다."

又拈, "馬祖陞堂, 百丈捲席, 正令不從, 拗曲爲直."

【설화】

○ 엄정한 법령을 시행하지 않고 굽은 것을 곧은 것으로 착각한다는 뜻이다.²⁷ 나와서 배석을 말아 치우는 행위가 굽은 것이라면 무엇이 엄정한 법령일까? 나와서 배석을 말아 치우는 그 도리는 어디서 찾을 것인가?
○ 앞의 '설두 중현의 거'는 마조 편에서 한 말이고, 여기에서는 백장 편에서 한 말이다.

又拈云云者, 不行正令, 今以曲爲直也. 出捲拜席是曲, 那箇是正令? 甚處討這出捲拜席地道理? 前立馬祖邊道得, 此立百丈邊¹⁾道得也.

1) ㉘ '邊'이 갑본에는 '便'으로 되어 있다.

고목 법성枯木法成의 상당

이 공안을 제기하고 말하였다. "마조가 법좌에 오르자 백장은 배석을

---

27 엄정한 법령이란 약간의 방편도 허용하지 않는 본분의 진실 그 자체를 말한다. 굽은 것은 자세한 방편, 곧은 것은 곧바로 전하는 엄정한 법령을 나타낸다. 백장의 행위가 언뜻 엄정한 법령처럼 보이지만 그조차도 허용하지 않는다. 비록 말에 의존하는 방편은 아닐지라도 더듬고 들어갈 방편의 단서를 남겼기 때문에 이렇게 말한다. 『了菴淸欲語錄』권7(卍123, 761b18), "소실(달마)이 서쪽에서 찾아와 오직 하나만 전하면서 곧바로 가리켰다. 자신의 마음을 남의 마음에 찍는 방식이었으니 마치 물이 다른 물에 섞여 들어가는 모양과 같았다. 후손들은 굽은 것을 곧은 것으로 착각하여 동서도 가려내지 못하거늘 어찌 남북을 알겠는가!(少室西來, 單傳直指, 以心印心, 如水入水. 後代兒孫, 以曲爲直, 不辯東西, 豈知南北!)"

말았다고 하니, 바로 그 자리에서 알아차렸던 것이며 애써 마음을 쓰지 않았다. 허공조차 때려 부수었거늘[28] 어느 곳에 자취가 남아 있었겠는가? 하지만 설령 그대가 손을 털고 집으로 돌아갔더라도 바람과 천둥을 피하려다 벼락을 맞는 격이리라.[29]" 잠깐 침묵하다가 말하였다. "알겠는가? 새벽바람에 노란 국화꽃 봉오리 벌고, 밝은 달 푸른 가을 강물에 떴네."

枯木成上堂, 擧此話云, "馬祖陞堂, 百丈卷席, 直下承當, 不勞心力. 打破虛空, 那留眹[1)]迹? 饒君擺手便歸家, 避得風雷遭霹靂." 良久云, "還會麼? 曉風吹綻菊花黃, 皓月印開秋水碧."

1) ㉑ '眹'이 갑본에는 '朕'으로 되어 있다.

설화

○ 바로 그 자리에서 알아차렸던 것이며~어느 곳에 자취가 남아 있었겠는가 : 백장이 배석을 말아 치운 일을 가리키며, 손을 털고 집으로 돌아간다는 말과 같다.
○ 바람과 천둥을 피하려다 벼락을 맞는 격이리라~알겠는가 : 이 또한 병을 회피하고 달아나는 화를 모면하지 못했다는 뜻이다.
○ 새벽바람에 노란 국화꽃 봉오리 벌고 : 바로 지금 눈앞의 장면을 알아야 한다.

---

28 타파허공打破虛空 : 본서 695칙 '운개본의 염' 주석 참조.
29 바람과 천둥을~맞는 격이리라 : 『嘉泰普燈錄』 권26 「上方益禪師三則」(卍137, 364b5), "조주가 두 암주를 방문했던 인연을 제기하고 상방 일익上方日益이 말하였다. '바람과 천둥을 피하려다 거듭하여 벼락을 맞은 격이다.'(擧趙州訪二庵主因緣, 師曰, '避得風雷, 重遭霹靂.')"; 『希叟紹曇廣錄』 권5(卍122, 265a6), "이 회중會中에 미륵보살이 있으니 그대가 찾아가서 물어보면 된다.【잡동사니로 남의 집 문을 더럽히는 데 이골이 났다.】 사리불이 찾아가 미륵에게 물었다.【바람과 천둥을 피하려다 비와 우박을 맞는군. 장독에서 벗어나더니 다시 김칫독에 빠진 꼴일세.】(此會有彌勒大士, 汝可往問.【慣作搵搖汚人門.】舍利弗往問彌勒.【避得風雷遭雨雹. 出得醬甕, 又入虀甕.】)"

枯木 : 直下承當云云者, 謂百丈捲席也,¹⁾ 是擺手便歸家也. 避得至會麼者, 又未免避病之禍也. 曉風至花黃者, 須知有今日事.

1) ㉡ '也'가 갑본에는 '他'로 되어 있다.

지해 본일智海本逸의 상당

"대적大寂(마조)이 법좌에 올라앉자 웅봉雄峯(백장)은 배석을 말았다고 하니, 장군이 한 번 노하여 전쟁이 영원히 종식된 격이다." 이어서 "여기에 무리를 이끄는 장군감 있는가?"라고 한 뒤 잠깐 침묵하다가 말하였다. "감옥에 갇혀 지혜를 기르는 잘못을 저지르겠구나."³⁰

智海逸上堂云, "大寂陞堂, 雄峯卷席, 將軍一怒, 煙塵永息." 乃召云, "這裏, 還有上將麼?" 良久云, "幾乎停囚長智."

> [설화]

○ 감옥에 갇혀 지혜를 기르는 잘못을 저지르겠구나 : 대중 가운데 무리를 이끄는 장군감이 있다면 산승은 목숨을 보존할 수 없다는 말이니, 본래 속박에서 벗어날 길이 있다는 뜻이다.

智海 : 幾乎停囚長智者, 衆中若有上將, 則山僧性命難存, 是自有出身之路.

불일 지재佛日智才의 상당

"한 번 만날 때마다 한 번 새로워지고, 목적지에 도달한 자라야 도에

---

30 정수장지停囚長智는 우두커니 생각만 하여 알아맞히려 하는 방식을 비판하는 말이다. 설화의 해설처럼 이렇게 분별하는 길 말고 결정적인 길이 따로 있다는 말이다. 이에 대한 고사는 본서 33칙 '고목 법성의 상당' 주석 및 해당 설화 참조.

들어간 사람을 알 수 있다. 그러므로 마조가 법좌에 오르자마자 백장이 배석을 말아 치웠고, 이에 대해 설두 사옹師翁께서는 '엄정한 법령을 시행하려 했으나 그 시도도 결국은 굽은 방편이다.'라고 하였다." 이어서 말하였다. "이와 같이 평가한다면 백장에 대한 칭찬으로는 지나치고 그의 잘못에 대한 질책으로는 효력이 없다. 나라면 그렇게 하지 않았을 것이다. 마조가 법좌에 오르자마자 백장은 배석을 말아 치웠다." 불현듯 주장자를 집어 들고, "엄정한 법령을 시행하리라."라고 한 뒤 주장자를 들었다가 내리치고서 말하였다. "즐률나무 주장자는 벌써 서쪽 벽에 기대어 놓았건만, 그 뜻을 아는 사람은 돌아보지도 않고 한 번 떠난 뒤로는 소식이 끊어졌도다.[31] 법문 듣느라 오래들 서 있었으니 방으로 돌아가 차나 드시오."

佛日才上堂云, "一迴相見一迴新, 到者方見道中人. 是以, 馬祖陞堂, 百丈卷席, 雪竇師翁道, '正令不行, 拗曲作直.'" 師云, "如此也, 賞他大過, 罰他無力. 佛日卽不然. 馬祖升堂, 百丈卷席." 驀拈拄杖云, "正令當行." 卓一卓云, "楖栗拄杖, 已靠西壁, 知音人不迴, 一去斷消息. 久立, 歸堂喫茶去."

해인 초신海印超信의 상당

"마조가 법좌에 올라앉자 백장은 배석을 말아 치웠다. 그렇다고는 하나 핵심은 여기에 불법의 도리는 없다(無佛法道理)[32]는 점이다. 그렇다면

---

31 주장자는 설법을 할 때 드는 도구이다. 이것을 벽에 기대어 놓았다는 말은 설법에 의존하지 않는다는 뜻이다. 이 의중을 아는 사람도 설법을 들으려 생각하지 않고 떠났다. 피차간에 말로 전하는 실마리를 완전히 끊은 경계로 돌아가 아무 소식이 없다. 백장과 마조가 보인 도리를 긍정하지도 않았지만 부정하지도 않았다.
32 불법의 도리는 없다(無佛法道理) : 본서 396칙 '금란의 염' 설화, 726칙 본칙 설화, 873칙 '황룡 사심의 거' 참조. 저들의 언행에 불법의 도리라곤 전혀 없어서 틀렸다는 말인가? 단지 특정하게 더듬을 수 있는 불법의 도리가 없이 무엇인가를 드러내는 방식이 저들의 뛰어난 기량이라는 취지이다. 교학적 이치나 특정한 인식 범주에 의존하지 않고, 그때마다 우연히 맞닥뜨리는 현장의 상황에서 소재를 포착하여 본분을 전하

아직 법좌에 올라앉지 않은 경계나 배석을 말아 치우기 이전이 옳다는 뜻일까? 이와 같이 헤아리는 사람들이 삼씨나 좁쌀처럼 많지만 그렇게 생각하면 할수록 더욱 본질과 상관이 없게 된다. 이 두 가지 길을 떠나서 제방의 선사들이 확고하게 살펴보기 바란다."

海印信上堂云,"馬祖陞堂, 百丈卷席. 雖然如是, 要且, 無佛法道理. 莫是未陞座, 未卷席已前, 是麼? 如斯解會, 如麻似粟, 轉見勿交涉. 離此二塗, 却請諸方定當看."

[설화]

○ 마조가 법좌에 올라앉자~불법의 도리는 없다(無佛法道理)는 점이다 : 인정하지 않는다.
○ 그렇다면 아직 법좌에 올라앉지 않은 경계나 배석을 말아 치우기 이전이 옳다는 뜻일까 : 법좌에 올라앉거나 배석을 말아 치운 그 상황에서 이해해도 옳지 않고, 법좌에 올라앉지 않은 경계나 배석을 말아 치우기 이전의 경계에서 이해해도 옳지 않다. 이렇게 등지고 돌아서거나(背) 마주 보고 접촉하는(觸) 두 길을 모두 떠나서 이해해야 한다.[33]

海印:馬祖升堂至道理者, 是不肯也. 莫是未陞至什[1)]麼者, 向陞堂捲席處會, 不是 ; 未陞堂未捲席已前會, 又不是. 離此背觸二途會取始得.

는 방법에 따른다. 이런 이유로 불법의 도리라곤 없다고 한다.『超宗慧方語錄』(卍120, 264b13), "위산潙山과 앙산仰山이 주고받았던 문답은 틀림없이 진실에 딱 들어맞았다. 핵심은 불법의 도리라곤 없었다는 점이다. 자세히 점검해 보면 나, 화산禾山 문하에서는 마당 쓰는 노릇이나 할 뿐이리라.(潙山仰山, 一問一答, 不妨親切. 要且, 無佛法道理. 子細檢點將來, 於禾山門下, 只作得箇掃地漢.)"

[33] 배촉관의 관점에서 풀었다. 본서 5칙 '천복 본일의 송 1' 설화 주석, 58칙 '운거 도응과 승수 계조의 응답' 주석, 100칙 '광령조의 상당' 설화 주석 참조.

1) ㉥ '什'은 '是'의 오자이다.

해인 초신의 문답 1
해인이 어떤 학인에게 물었다. "마조가 법좌에 올라앉자 백장이 배석을 말아 치운 것을 그대는 어떻게 이해하는가?" "제방의 선사들이 도를 보는 눈을 열어 주는 인연이라 합니다." "그대 자신의 견해로는 어떻게 이해하는가?" "저 또한 도를 보는 눈을 열어 주는 인연이라 생각합니다." "마조 이전에는 그렇다면 도를 보는 눈은 어디에 있었는가?" 이 질문에 그 학인이 생각하며 머뭇거리자 해인이 할을 내지르고 말하였다. "이 눈먼 놈아! 이 인연으로부터 망상과 전도가 한꺼번에 봄날 얼음이 녹듯이 사라졌느니라. 나가거라!"

又師問僧, "馬祖陞堂, 百丈卷席, 你作麼生會?" 僧曰, "諸方喚作道眼因緣." 師曰, "據你作麼生會?" 僧曰, "亦喚作道眼因緣." 師曰, "未有馬祖已前, 道眼在什麼處?" 僧擬議, 師喝曰, "這瞎漢! 從此妄想顚倒, 一時氷散. 出去!"

〔설화〕
○ 제방의 선사들이 도를 보는 눈을 열어 주는 인연이라 합니다 : 안과 밖에서 동시에 쪼는 눈[34]과 같다.
○ 그 학인이 '저 또한 도를 보는 눈을 열어 주는 인연이라 생각합니다.'라고 한 대답 : 확고한 자신의 견지가 있는 듯이 보인다.
○ 그 학인이 생각하며 머뭇거렸다 : 진실한 안목이 없다.

---

34 병아리는 알 속에서 쪼고 어미 닭은 밖에서 쪼아 주듯이 스승과 제자가 잘 어울려 문답을 주고받는 이상적인 상태를 비유한다. 본서 1122칙 본칙 참조.

○ 해인의 의중은 무엇일까? 마조 이전의 경계를 확고하게 제기해야 한다.

又問僧, 諸方喚作道眼因緣者, 如啐啄同時眼也. 僧曰亦喚作道眼因緣者, 似有立處也. 僧擬議者, 無實頭處也. 此師意如何? 未有馬祖己前提持.

해인 초신의 문답 2

어떤 학인이 "마조가 법좌에 오르자 백장이 배석을 말아 치우고, 마조가 법좌에서 내려와 방장으로 돌아갔던 뜻은 어떤 것입니까?"라고 묻자 해인은 이렇게 대답하였다. "당시에 백장이 나오자마자 곧바로 그를 단단히 붙들고 머뭇거리며 어떤 말도 꺼내지 못할 때 때려서 내쫓았더라면 복잡하게 얽힌 무수한 말도 없었을 것이다. 어떤 부류의 사람들은 콩과 보리도 구분하지 못하듯이 삿된 것과 바른 것을 가려내지 못하면서 오로지 '이는 향상하는 인연이어서 도를 보는 눈이라야 이해할 수 있다.'라고만 말한다. 그렇게 공부하여서는 아득히 먼 미래가 되더라도 꿈에도 알 수 없을 것이다."

又, 因僧問, "馬祖陞堂, 百丈卷席, 祖下座歸方丈, 意旨如何?" 師曰, "當時, 待他纔出, 便好擒住, 擬議不來, 打了趂出, 也無許多葛藤. 有般漢, 菽麥[1] 不分, 邪正不辨, 秪管道, '是向上因緣, 道眼話會.' 學到驢年, 也未夢見."

1) ㉔ '麥'이 갑본에는 '麦'으로 되어 있다. '麦'의 오기인 듯하다. ㉑ '麦', '麥'으로 번역하였다.

설화

○ 당시에 백장이 나오자마자~복잡하게 얽힌 무수한 말도 없었을 것이다 : 이것 또한 복잡하게 얽힌 무수한 말이 나오기 이전의 경계를 곧바로 제기한 것이다. 이 경계에 이르러서야 무슨 '향상하는 인연'이니 '도를

보는 눈이라야 이해할 수 있다'느니 하며 말할 수 있겠는가?[35]

又因僧問, 當時待他才出云至葛藤者, 此亦直擧無許多葛藤已前也. 到這裏, 說甚向上因緣, 道眼話會?

회당 조심晦堂祖心의 상당

마조가 법좌에 오르자 백장이 배석을 말아 치운 공안을 제기하고 말하였다. "후인들은 배우러 온 학인의 면모를 잘 모르면서 모두들 '자취를 남기지 마라.'라고 말한다. 그러나 그들은 복사꽃 물결(桃花浪)[36] 속에서 돛을 적절히 올리고 칠리탄七里灘[37] 입구에서 낚시질을 하는 방법은 전혀 모른다.[38] 이제 물의 부침을 가려내고 깊이를 식별하는 사람이 틀림없이 있을 것이니 한번 나와서 수맥이 어떤지 확정해 보라. 있는가? 만일 없다면 어부의 피리를 들고 한가롭게 해변에서 불어라."

晦堂心上堂, 擧馬祖陞堂, 百丈卷席, "後人不善來風, 盡道, '不留眹迹.' 殊

---

35 앞의 문답 설화에서 "마조 이전의 경계를 확고하게 제기해야 한다."라고 한 뜻과 통한다.
36 복사꽃 물결(桃花浪) : 음력 2월에 봄비가 내리고 산골짜기 얼음이 녹아 강물도 넘치고 복숭아꽃도 물결처럼 무성하게 피는 현상을 말한다. 도화신桃花汛 또는 춘신春汛이라고도 한다. 두보杜甫의 시 〈春水〉에 "3월 되어 복사꽃 물결 이루고, 강물은 옛 모습 그대로 가득하네.(三月桃花浪, 江流復舊痕.)"라는 구절이 있다. 전설에 따르면 강나루에 도화의 물결이 일어날 즈음 물고기들이 용문 아래 운집하여 용문을 뚫으려고 뛰어오른다고 한다. 본서 607칙 '삽계 일익의 송' 참조.
37 칠리탄七里灘 : 칠리뢰七里瀨·자릉탄子陵灘·엄릉뢰嚴陵瀨라고도 한다. 절강성 동려현桐廬縣 남쪽에 있는 부춘강富春江의 한 줄기이다. 두 산을 양쪽으로 끼고 급하게 흐르는 물이 7리까지 이어지기 때문에 이렇게 부른다. 부춘산富春山 혹은 엄릉산嚴陵山은 동한의 엄광嚴光(嚴子陵)이 은거하며 농사짓고 낚시하던 장소라 전한다. 엄광은 광무제 유수劉秀와 어릴 때 함께한 친구로서 유수가 군대를 일으켰을 때는 그를 도왔고 황제에 오른 다음에는 부춘富春에 은거하며 조정에 나아가지 않았다고 한다.
38 다양한 근기와 눈앞의 조건을 알고서 그것에 대응하는 활발한 선기禪機가 없다는 말.

不知, 桃花浪裏, 正好張帆, 七里灘頭, 更堪垂釣. 如今必有辨浮沈, 識深淺底漢, 試出來, 定當水脉看. 有麼? 如無, 且將漁父笛, 閑向海邊吹."

설화

○ 자취를 남기지 마라 : 제도할 중생이 없다는 뜻이다.
○ 복사꽃 물결 속에서 돛을 적절히 올리고 칠리탄七里灘 입구에서 낚시질을 하는 방법 : 제도할 중생이 있기도 하다.
○ 물의 부침을 가려내고 깊이를 식별하는 사람이~수맥이 어떤지 확정해보라 : 돛을 올리고 낚시질을 하는 방법을 알아야 한다.
○ 어부의 피리를 들고 한가롭게 해변에서 불어라 : '낚싯줄을 거두고 집으로 돌아가라.'[39]라고 하는 말과 같다.

晦堂 : 不留眹迹者, 無衆生可度意也. 桃花至垂釣者, 亦有可度地衆生也. 辨浮沈識深淺云云者, 知得張帆垂釣地也. 且將漁父笛云[1])云者, 如云收取絲綸歸去來也.

1) ㉾ '父笛云'이 갑본에는 '久句示'로 되어 있다.

---

39 양기 방회楊岐方會의 법문에 나오는 말. 『楊岐後錄』(大47, 647a23), "법좌에 올라앉아 '천둥 치고 빗줄기 내리치니 만물이 발생한다.'라고 한 뒤 주장자를 집어 들고 말하였다. '대중이여, 말해 보라! 이것은 무엇인가?' 잠깐 침묵하다가 '고기 잡는 늙은이가 하루 종일 부질없이 낚시를 드리우다가 낚싯줄을 거두어 집으로 돌아간다.'라 하고 주장자로 선상을 한 번 치고 말하였다. '참!'(上堂云, '雷驚雨勢, 萬物發生.' 拈起拄杖云, '大衆, 且道! 者箇作麽生?' 良久云, '漁翁盡日空垂釣, 收取絲綸歸去來.' 以拄杖卓禪床一下云, '參!')"

179칙 백장곡소 百丈哭笑[1]

[본칙] 백장이 마조를 시봉하며 산을 돌아다니다가 돌아와 느닷없이 소리 내어 울자 동료 학인이 물었다. "부모님 생각 때문에 우는가?" "아니다." "누구에게 욕이라도 먹었는가?" "아니다." "그렇다면 우는 까닭이 무엇인가?" "화상께 물어보라." 그 학인이 마조를 찾아가 묻자 마조는 "가서 그에게 직접 물어보라."라고 하였다. 그 학인이 다시 요사로 돌아왔을 때 백장이 껄껄대고 큰 소리로 웃고 있는 모습을 보고 물었다. "조금 전에는 무엇 때문에 울었고, 지금은 어째서 웃는가?" "조금 전에는 울었고, 지금은 웃을 뿐이다." 동료 학인이 어리둥절한 표정을 지었다.

百丈, 侍馬祖遊山歸, 忽然哭, 同事問曰, "憶父母耶?" 師云, "無." 事曰, "被人罵耶?" 師云, "無." 事曰, "哭作什麼?" 師云, "問取和尙." 同事往問馬祖, 祖云, "你去問取他." 同事迴至寮中, 見師呵呵大笑, 同事曰, "適來爲甚哭, 如今爲什麼笑?" 師云, "適來哭而今笑." 同事罔然.

[설화]

● 이 공안은 "선사先師를 한 번 친견한 뒤로, 슬프기도 하고 기뻐서 웃기도 한다네. 나에게 왜 그러냐고 묻는다면, 나이 팔십에 다시 젊어졌기 때문이라 하리라."[2]라는 뜻이다. 나이 팔십[3]은 슬퍼힐 일이고, 젊어진 것은 웃을 일이다.

---

1 『百丈語錄』(卍119, 817b8)에 따르면, 백장이 마조를 시봉하다가 코를 비틀린 뒤(본서 177칙) 요사로 돌아와서 나눈 문답이다.
2 용문 불안龍門佛眼의 〈憶先師〉라는 게송을 인용하였다. 『佛眼語錄』古尊宿語錄 30(卍118, 545b11).
3 인생사 허망하고 부질없음을 비유하는 고사인 한단지몽邯鄲之夢에 나오는 노생盧生이 80세까지 살았다고 한다. 주 8 참조.

[哭笑] 此話義, "一見先師後, 堪悲亦堪笑. 爲問何以然, 八十重年少."
八十者堪悲, 少者堪笑.

불안 청원佛眼淸遠의 송 佛眼遠頌

한 번 생각할 때마다 한 번 마음이 상하였는데 　　一迴思想一傷神
모르는 결에 돌연 바뀌니 웃음 더욱 신선하구나 　　不覺翻然笑轉新
구름은 산마루에 한가히 머물며 흩어지지 않고 　　雲在嶺頭閑不徹
물은 계곡 따라 흐르며 대단히 바삐 움직인다네[4]　　水流澗下大忙生

(설화)

○ 제1구는 문득 일어난 울음을 가리키고, 제2구는 문득 터진 웃음을 나타낸다. 이하 제3구와 제4구는 앞의 소식을 다시 읊었다.

佛眼: 上句, 忽然哭也. 二句, 忽然笑也. 下前頭消息也.

운문 종고雲門宗杲의 송 雲門杲頌

어떤 때는 웃었다가 어떤 때는 우니 　　　　　　　有時笑兮有時哭

---

4 구름은 산마루에~바삐 움직인다네 : 구름과 물의 서로 다른 양상이 하나의 그림으로 어울려 있다. 이처럼 백장의 울음과 웃음도 하나의 선기로 인식된다. 이 두 구절은 두 개의 짝에 적용되는 방식으로 널리 활용한다. 본서 131칙 '설두 중현의 거', 335칙 '불타 덕손의 염', 628칙 '백운 지병의 상당', 1024칙 '경산 종고의 상당' 등에 보인다. 야보 도천冶父道川의 송에서도 웃음과 울음을 소재로 그 대체를 보여 준다. 『金剛經註解』 권4(卍38, 944a12), "도천 선사는 '산은 위로 솟고 물은 아래로 흐르며, 해가 뜨면 달은 진다.'라고 말한 뒤 이를 송으로 읊었다. '승은 승이고 속은 속이며, 기쁘면 웃고 슬프면 운다네. 만약 이를 잘 헤아린다면, 6 곱하기 6은 본래 36이리라.'(川禪師曰, '山高水深, 日生月落.' 頌曰, '僧是僧兮俗是俗, 喜則笑兮悲則哭. 若能於此善參詳, 六六從來三十六.')" 희비에 따르는 웃음과 울음이 각기 달라 보이지만 그렇지 않다는 취지가 마지막 구절의 지침이다.

희비가 번갈아 몰려 은근히 급히 돌아가네	悲喜交幷暗催促
이 도리를 어떻게 사람들에게 들려줄까	此理如何擧向人
끊어진 줄은 난교[5]로 이어야 하리라[6]	斷絃須得鸞膠續

죽암 사규竹庵士珪**의 송** 竹庵珪頌

세간의 명예와 이익 그리고 부질없는 영욕이여	世間名利閑榮辱
구름과 비 어지럽다가 손바닥 뒤집듯 맑아지네	雲雨紛紛手翻覆
슬픈 노래 이어지니 어떤 말로도 위로 못 하지만	悲歌相繼不堪論
주장자에 눈 없어도[7] 메조 익는 순간이리라[8]	棒頭無眼黃粱熟

송원 숭악松源崇岳**의 상당**

이 공안과 더불어 운문 종고의 송을 제기하고 말하였다. "종고 화상은

---

5 난교鸞膠 : 난새의 기름으로 만든 아교. 접착력이 탁월하다. 『海內十洲記』「鳳麟洲」에 따르면, 서해西海의 봉린주鳳麟洲에 선가仙家가 많이 살았다. 그들은 봉황의 부리와 기린의 뿔을 하나로 섞은 뒤 삶아서 기름을 만들었는데, 활시위와 끊어진 화살을 잇는 용도로 썼다. 그것을 속현교續弦膠 또는 난교라 불렀다. 후처에게 장가드는 것을 비유하기도 한다. 『漢武外傳』, "서해에서 난교를 바쳤는데 무제의 활시위가 끊어져 난교로 이었더니 끊어진 두 부분이 붙어 종일 활을 쏘아도 끊어지지 않았다. 무제가 크게 기뻐하여 속현교라는 이름을 붙였다.(西海獻鸞膠, 武帝弦斷, 以膠續之弦, 兩頭遂相著, 終日射不斷. 帝大悅, 名續弦膠.)"
6 끊어진 줄은~이어야 하리라 : 울음과 웃음이 본래 하나의 도리임을 말한다.
7 주장자에 눈 없어도 : 지혜가 없다는 말. 휘두르는 방棒에 아무런 안목이 없다는 말로서 맹목적으로 방을 시행하는 어리석음을 나타낸다. 타성적 관습에 따르거나 상황에 적절하지 않게 맹목적으로 휘두르는 방이다.
8 메조 익는 순간이리라 : 짧은 시간에 지나간다는 비유. 세상만사가 부질없는 한순간의 꿈과 같다는 고사. 당나라 심기제沈旣濟의 『枕中記』에 따르면, 노생盧生이 한단邯鄲의 주막집에서 여옹呂翁이라는 도사를 만나 신세 한탄을 하던 중 여옹이 짐 꾸러미를 뒤져 베개를 주면서 잠을 청했는데 그때 주막 주인은 메조를 찌고 있었다. 노생은 꿈에서 인생의 부침을 겪으면서 결국 부귀영화를 누렸지만, 깨고 보니 메조가 채 익지도 않은 짧은 시간에 꾼 꿈이었다. 이 고사를 한단침邯鄲枕·한단지몽邯鄲之夢·황량지몽黃粱之夢 등이라고도 하며, 허망하고 부질없는 일을 비유한다. 『眞覺國師語錄』「示衆」(韓6, 15c16)에도 상세히 수록되어 있다.

어떤 마음으로 여전히 옛사람의 등 뒤에서 손을 모으고 공손한 태도를 취하였을까? 나, 천복薦福에게도 이에 대하여 읊은 게송 한 수가 있다.

울음도 속속들이 밝히지 못하고 웃음도 못 밝히니
배를 뒤집어 내장 쏟아 내듯 그대에게 말해 주리라
부자 사이에도 전하지 못하는 것 아는가, 모르는가
고개를 들면 뒷머리에 세 근의 쇠망치를 맞으리라"

松源上堂, 擧此話, 連擧雲門杲頌, 師云, "杲和尙, 甚生氣槩, 猶向古人背後叉手? 薦福亦有一頌, '哭不徹笑不徹, 倒腹傾腸向君說. 父子非親知不知? 擡頭腦後三斤鐵.'"

설화

○ 운문 종고는 옛사람의 의중을 알아야 한다는 뜻을 읊었지만, 송원은 부자父子 사이라도 직접 전할 수 없으니 곧 등 뒤에서 손을 모으고 공손한 태도를 취하지 않는다는 뜻이다.
○ 고개를 들면 뒷머리에 세 근의 쇠망치를 맞으리라 : 분별로 파고들며 헤아려서는 안 된다[9]는 뜻이다.

松源 : 雲門頌, 須是知得古人意, 此則父子非親, 則不向背後叉手也. 擡頭腦後三斤鐵者, 穿鑿不得也.

---

9 천착穿鑿에 대해서는 본서 865칙 본칙 설화 주석 참조.

180칙 백장봉착 百丈逢著

본칙 백장이 마조 회하에 있을 때 마조가 물었다. "어디서 오는가?" "산 너머에서 옵니다." "오는 길에 만난 사람이 있는가?" "만나지 못했습니다." "어째서 만나지 못했는가?" "만났다면 화상께 말씀드렸을 것입니다." "어디서 이 소식을 얻었는가?" "저의 잘못입니다." "오히려 나의 잘못이다."

百丈在馬祖會下, 祖問師, "什麼處來?" 師云, "山後來." 祖云, "還曾逢着人麼?" 師云, "不逢着." 祖云, "爲什麼不逢?" 師云, "逢着卽擧似和尙." 祖云, "甚處得這个消息?" 師云, "某甲罪過." 祖云, "却是老僧罪過."

설화
- 오는 길에 만난 사람이 있는가 : "맑은 물과 푸른 산 주변에서 얼마나 자주 조사와 마주치고도 알아차리지 못했느냐?"[1]라는 뜻이다.
- 만나지 못했습니다 : "그는 머무는 국토가 따로 없는데, 어디서 그를 만나려 하느냐?"[2]라는 뜻과 같다.
- 만났다면 화상께 말씀드렸을 것입니다 : 만나지 못했으므로 또한 화상께 말씀드리지 않았다는 뜻이다.
- '어째서 만나지 못했는가'와 '어디서 이 소식을 얻었는가'라고 한 말 : 거듭 세차게 몰아붙인 것이다.

---

1 법천法泉의 송에 나오는 구절. 『證道歌頌』(卍114, 886a1), "곧바로 남쪽이나 북쪽에 이르러, 맑은 물과 푸른 산 주변에서 얼마나 자주 조사와 마주치고도 알아차리지 못했느냐?(直到天南及天北, 幾迴淥水靑山邊, 撞著祖師還不識?)"
2 석상 경저石霜慶諸의 말. 『聯燈會要』 권21 「夾山善會章」(卍136, 774b1), "석상이 말하였다. '그는 머무는 국토가 따로 없는데, 어디서 그를 만나려 하는가?'(霜云, '渠無國土, 甚處逢渠?')" 본서 713칙 본칙 참조.

● 저의 잘못입니다 : 모든 한계를 벗어나 있음을 나타낸다. 비록 본분사를 아직 밝히지는 못했더라도 기봉機鋒은 범상한 무리들과 달리 뛰어나므로 이렇게 말할 수 있었다.

[逢着] 還曾逢着人麽者, 幾回綠水靑山畔, 撞著祖師猶未會? 不逢着者, 渠無國土,[1] 何處逢渠? 逢着則云云者, 不逢着故, 亦不擧似和上也. 爲什麽不逢着, 至消息者, 展轉逼拶也. 某甲罪過者, 直得無限. 雖未明大事, 機鋒不同常流, 故伊麽道.

1) 웹 '土'가 갑본에는 '上'으로 되어 있다.

불타 덕손佛陁德遜의 염

"산 아래에서 만나지 못한 것은 그만두고, 산 위에서는 만난 적이 있는가? 만약 만났다면 나, 분양汾陽의 소식[3]이 어느 곳으로나 퍼져 나갔겠지만, 만일 만나지 못한다면 (이곳을 떠나) 어디로 찾아다니며 오락가락하겠는가?[4]"

佛陁遜拈, "山下, 不曾逢着, 卽且置, 山上, 還曾逢着麽? 若逢着, 卽汾陽消息, 流布諸方 ; 若不逢着, 什麽處去來?"

---

3 분양汾陽의 소식 : 여기서 분양은 불타 덕손이 독립하여 처음으로 주석하던 정토사淨土寺가 있던 곳이며, 이로써 자기 자신을 나타낸다.『五燈全書』 권37 「佛陀德遜章」(卍140, 865b15), "처음에 분양의 정토사에서 출세하였다.(初出世汾陽之淨土.)" 따라서 '분양의 소식'이란 지금 설법을 하고 있는 불타 덕손의 '산 위'를 가리킨다. 설화에서는 '분양'을 분양 무업으로 보고 '망상 부리지 마라.'라는 무업의 말을 그 소식이라 하였지만 해석상 무리가 있다. 분양이라면 분양 선소汾陽善昭라 할 수도 있고 그의 소식과 상응할 수 있는 말도 많기 때문이다.
4 세상 그 누구도 분양이 산 위에서 전한 본분의 소식과 만난 적이 없고, 산 아래에서도 그 소식을 만날 수 없다는 말. 배촉관의 형식으로 산 위와 산 아래 양편의 통로를 모두 봉쇄하였다.

> **설화**

○ 산 아래에서 만나지 못할 뿐만 아니라 산 위에서도 만나지 못한다. 그러므로 "그는 머무는 국토가 따로 없는데, 어디서 그를 만나려 하느냐?"라고 말하는 것이다.
○ 분양汾陽의 소식 : "망상 부리지 마라."[5]라고 한 말을 가리킨다. 만약 만났다고 한다면 이것이 바로 망상이라는 뜻이다.

佛陁 : 非但山下不逢, 山上亦然. 故云, "渠無國土, 何處逢渠?" 汾陽消息者, 莫妄想也. 若言逢着, 是妄想也.

선문염송집 권제5

禪門拈頌集 卷第五[1)]

---
1) ㉮ 이하에 갑본에는 '慧伯明眼書'라는 구절이 있다.

선문염송설화 권제5

禪門拈頌說話 卷第五

1권 대시주 현충백

一卷 大施主 玄忠伯[1)]

---
1) ㉮ '一卷……忠伯' 여덟 자가 갑본에는 없다.

---
5 분양 무업汾陽無業의 말이다. 분주 무업汾州無業이라고도 한다. 『景德傳燈錄』 권8 「汾州無業傳」(大51, 257a25).

선문염송 염송설화 회본 권6
禪門拈頌拈頌說話會本 卷六

선문염송 혜심 집
禪門拈頌 慧諶 集

염송설화 각운 찬
拈頌說話 覺雲 撰

선문염송집 권제6
禪門拈頌集 卷第六

달마 제8세 강서 도일 선사 사법
達磨第八世江西道一禪師嗣法
홍주 백장산 회해 선사洪州百丈山懷海禪師
지주 노조산 보운 선사池州魯祖山寶雲禪師
이궐 복우산 자재 선사伊闕伏牛山自在禪師
담주 삼각산 총인 선사潭州三角山總印禪師
만주 마곡산 보철 선사滿州麻谷山寶徹禪師
항주 염관 해창원 제안 선사杭州鹽官海昌院齊安禪師
지주 남전 보원 선사池州南泉普願禪師

선문염송설화 권제6
禪門拈頌說話 卷第六

181칙 백장재참百丈再參[1]

본칙 백장이 마조에게 법을 물으러 다시 찾아갔을 때 마조가 불자를 꼿꼿이 세우자 백장이 말하였다. "이것 그대로(卽)의 작용입니까, 이것을 떠난(離) 작용입니까?" 마조가 불자를 원래 있던 자리에 걸어 놓았다.[2] 백장이 말없이 있자 마조가 말하였다. "너는 훗날 이렇게 두 입술을 놀리면서 무엇으로 남들을 가르치려 하는가?" 이번에는 백장이 불자를 가져다 꼿꼿이 세우자 마조가 말하였다. "이것 그대로의 작용인가, 이것을 떠난 작용인가?" 백장이 다시 불자를 원래 있던 자리에 걸었더니, 마조가 한 소리 크게 내질렀다. 그 소리에 백장은 사흘 동안 귀가 멀었다.【훗날 황벽이 백장 문하에 있다가 어느 날 작별 인사를 하며 "마조께 예배하러 가고자 합니다."라고 하였다. 백장이 말하였다. "마조께서는 이미 입적하셨네." "마조께서는 무슨 말씀을 남기셨습니까?" 백장이 마조를 다시 찾아가 법을 물었던 인연을 들려주며 말하였다. "당시에 나는 마조에게 할을 한 번 당하고 사흘 동안 귀가 먹었다네." 황벽이 이 말을 듣고 자신도 모르게 혀를 내둘렀다. 백장이 말하였다. "그대는 다음에 마조의 법을 잇지 않겠는가?" "그렇게 하지 않겠습니다. 지금 스님의 말씀을 듣고서 마조의 근본적인 기틀에서 나오는 작용을 알기는 하였으나, 마조의 본체는 모르겠습니다. 만약 마조의 법을 잇는다면, 훗날 우리의 후손들을 망칠 것입니다."】

---

1 백장 회해百丈懷海가 스승인 마조 도일馬祖道一과 나눈 문답을 기초로 한 공안. 조사선 초기의 문답 방식과 선사상이 잘 나타나는 공안이다. 이것 그대로의 '즉卽'과 이것을 떠나는 '리離' 가운데 그 어느 것인지를 묻는 형식이 이 공안의 주안점이다. 이것은 후대 간화선에서 화두를 제기하거나 설정하는 전형적인 양식이 되었다. 백장이 사흘 동안 귀가 먹었다는 것은 즉과 리 그 어느 것도 통하지 않는 은산철벽銀山鐵壁의 경계를 나타낸다.
2 마조가 불자를~걸어 놓았다 : 앞에서 불자를 꼿꼿이 세운 것은 학인을 맞이하는 예법으로 설법을 하겠다는 표시이며, 여기서 불자를 원래의 자리에 걸어 놓은 동작은 할 말을 다 했으니 물러가라 또는 더 이상 말할 수 없다는 뜻을 나타낸다. 설화에서 전자를 방행放行, 후자를 파주把住에 각각 대응시킨 해설도 이 맥락에 준한 것이다.

百丈再叅馬祖, 祖堅起拂子, 師云, "卽此用, 離此用?" 祖掛拂子於舊處. 師良久, 祖云, "你已後, 開兩片皮, 將何爲人?" 師遂取拂子堅起, 祖云, "卽此用, 離此用?" 師亦掛拂子於舊處, 祖便喝. 師直得三日耳聾.【後黃蘗到百丈, 一日辭, "欲禮拜馬祖去." 丈云, "馬祖已迁化也." 蘗云, "未審馬祖有何言句?" 丈遂擧再叅因緣云, "我當時被馬祖一喝, 直得三日耳聾." 黃蘗聞擧, 不覺吐舌. 丈云, "子已後, 莫承嗣馬祖否?" 蘗云, "不然. 今日因師擧, 得見馬祖大機之用, 且不識馬祖. 若嗣馬祖, 已後喪我兒孫."】

설화

- 백장이 마조에게 법을 물으러 다시 찾아갔다 : 방장에 주석하다가[3] 다시 찾아간 것이다. 이는 평상시 회중會中에 있으면서 터득한 법이 예전과 같지 않음을 말한다. 그러므로 '다시 찾아갔다(再叅)'라고 한 것이다. 예를 들어, 부처님이 『화엄경』을 설하실 때 보광법당普光法堂에서 두 차례 설법[4]한 것과 같다.

- 총림에서 이 공안에 대하여 헤아리며 이렇게 말한다. "마조가 꼿꼿이 세운 것은 털이 길게 늘어진 불자이다. '이것 그대로의 작용입니까, 이것을 떠난 작용입니까?'라고 한 말은 '이 불자 그대로의 작용입니까, 이 불자를 떠난 작용입니까?'라고 물은 말이니, 배촉관背觸關[5]이다. '마조가 불자를 원래 있던 자리에 걸어 놓았다.'라는 것은 배背와 촉觸을 모두 떠난 깃이다. 백징이 '불자를 가져디 꼿꼿이 세운 것'과 '불자를 원래

---

3 자신도 독립하여 한 총림의 대중을 이끄는 최고 지위에 있었다는 말.
4 부처님이 『화엄경』을~차례 설법 : 『華嚴經』 설법은 모두 일곱 곳에서 아홉 번에 걸쳐서 이루어졌다. 이를 '칠처구회七處九會'라고 한다. 보광법당은 두 번째와 일곱 번째 설법이 이루어진 곳이다.
5 배촉관背觸關 : 즉卽과 리離를 모두 차단하여 관문을 설정하는 방식이다. 즉은 촉觸에, 리는 배背에 각각 상응한다. 본서 108칙 본칙 설화, 165칙 본칙 설화, 1331칙 본칙 및 본칙 설화 참조.

있던 자리에 걸어 놓은 것'은 하나의 그릇에 담긴 물을 고스란히 다른 그릇에 부어서 전하는 것과 같았다.⁶" 강론하는 자들은 이처럼 획일적으로 말하며, 이것은 예나 지금이나 바꿀 수 없는 견해라고 한다.

- 나는 그렇게 생각하지 않는다. 무슨 이유에서인가? 백장은 당시에 대사大事를 밝히지 못한 상태였는데, 마조가 불자를 꼿꼿이 세우는 것을 보자마자 배촉관을 질문으로 삼았다는 것은 있을 수 없다. 또 배촉관은 안목을 제대로 갖춘 종사가 자유자재로 써먹는 경계이지 수행하는 과정에서 활용할 수 있는 일은 아니기 때문이다. 만약 하나의 그릇에 담긴 물을 고스란히 다른 그릇에 부어서 전하는 것과 같이 마조의 경지를 온전히 깨달아 관문을 통과하고 더 이상 뒤에 할 일이 남아 있지 않았다면, 마조에게 한 번의 할을 당한 뒤에야 비로소 대사를 마쳤다는 말 또한 옳지 않다. 상세히 따져 보기 바란다.

- 마조가 꼿꼿이 세운 것은 한 자루 불자이다. 그러므로 털이 길게 늘어진 그것을 떠나서 별도로 찾을 것은 없다. 불자를 꼿꼿이 세운 동작은 찾아온 학인을 응접한 것이니 곧 방행放行이고, 불자를 걸어 놓은 것은 학인을 응접하지 않겠다는 뜻이니 곧 파정把定이다.⁷

---

6 여수전기如水傳器는 사병전기寫瓶傳器와 같은 말. 스승의 법이 남김없이 제자에게 전승되는 관계를 나타내는 비유이다. 『佛祖歷代通載』권3(大49, 496c15), "이 아난 비구는 많이 알고 그대로 간직하여 큰 지혜를 지니고 있으며, 항상 여래를 따르기에 범행이 청정하고, 불법을 들으면 하나의 그릇에 담긴 물을 다른 그릇에 조금도 남김없이 옮겨서 전하듯이 조금도 잃어버리지 않았다.(此阿難比丘, 多聞總持, 有大智慧, 常隨如來, 梵行淸淨, 所聞佛法, 如水傳器, 無有遺餘.)" 『釋氏要覽』 권중(大54, 293b4)에 "병의 물을 쏟아 다른 그릇에 전함 : 경에 '아난이 부처님으로부터 불법을 전수받은 것은 마치 물병에 담긴 물을 쏟아 다른 그릇에 모두 전하고 한 방울도 남기지 않은 것과 같았다.'라고 하였다. 물병과 그릇은 비록 다르지만 주고받은 물은 다르지 않은 것이다.(寫瓶傳器 : 經云, '阿難, 領受佛法, 如寫瓶水, 傳之別器, 更無遺餘.' 瓶器雖殊, 水則無別.)"라고 하였는데, 인용한 경전은 40권본 『大般涅槃經』권40(大12, 601b26) 이하에 나오는 내용이다. 여기서는 백장이 마조가 앞서 한 동작을 그대로 재현한 것을 두고 그것이 마조의 법을 고스란히 이은 징표라고 하는 일부의 주장을 비판하기 위하여 끌어들인 비유이다.
7 방행放行과 파정把定에 대해서는 본서 1칙 '원오 극근의 송' 설화 주석 참조.

[再叅] 仰山再叅潙山[1]者, 住方後再叅也. 此則常在會中, 所得法與昔不同. 故曰再叅也. 例如佛重會普光也. 叢林中商量此話云, "馬祖竪起地, 毛毯毯地拂子也. 卽此至用者, 卽此拂子用, 離此拂子用, 卽背觸關. 祖掛至處者, 背觸俱離也. 師遂取拂子竪起, 又掛拂子於舊處者, 如水傳器." 講若畫一云云, 此古今不易之論. 愚以爲不然. 何者? 百丈, 當時未明大事矣, 才見馬祖竪起拂子, 直以背觸關爲問, 無有是處. 又背觸關, 具眼宗師受用, 非行李邊事也. 若也如水傳器, 已透得關, 更無後事, 被一喝然後事畢, 亦無有是處. 請詳辨之. 馬祖竪起地, 一條拂子也. 然非離毛毯毯地外別討也. 竪起則接待來機, 卽放行也; 掛拂子則不待來機, 卽把定也.

1) ㉠ '仰山再叅潙山'은 '百丈再叅馬祖'이어야 옳다.

- 이것 그대로(卽)의 작용입니까, 이것을 떠난(離) 작용입니까 : 어떤 책에는 "이것뿐입니까, 또 다른 것이 있습니까?"라고 되어 있다. '이것 그대로의 작용'은 불자를 꼿꼿이 세운 것을 가리키고, '이것을 떠난 작용'은 불자를 걸어 놓은 것을 가리킨다.
- 말없이 있자(良久) : 설법하다가 잠깐 침묵하는 사이를 말한다.
- 너는 훗날 이렇게 두 입술을 놀리면서 무엇으로 남들을 가르치려 하는가 : 궁극적인 도리(末後)로 상대를 가르치려고 세세하게 밀어붙이며 따진 것이다.
- 백장이 불자를 세웠다가 다시 원래 있던 사리에 걸어 놓은 것 : 하나의 그릇에 담긴 물을 고스란히 다른 그릇에 부어서 전하듯이 마조의 뜻을 아직 다 터득하지는 못했다고 해도 그날 비로소 배운 것도 아님을 뜻한다. 만약 그날 배워서 마조가 불자를 세우는 모습을 보자마자 '이것 그대로의 작용입니까, 이것을 떠난 작용입니까?'라고 물었다는 것은 이치에 맞지 않는다.

卽此用, 離此用者, 一本云, "只這箇, 別更有在?" 則卽此用, 指竪起拂子
處; 離此用, 指掛拂子處. 良久者, 說法須臾之間也. 你已後, 至爲人者, 末
後爲人, 曲折推徵也. 師竪起拂子, 又掛拂子者, 雖未盡得馬祖意, 如水傳
器, 又非今日方始學得也. 若也今日學得, 才見竪起拂子, 便問卽此用離此
用, 無有此理.

- 백장은 들오리 소리를 듣고 마조에게 코를 비틀리고 나서야 깨달은 것
이 있었는데,[8] 다음 날 마조가 법좌에 오르자 나와서 배석拜席을 걷어
버린 것[9]은 이미 알고 있는 경계를 드러내 보인 것이다. 그것은 '제도
할 중생이 없는데 법좌에 올라서 무엇을 하려는 것인가!'[10]라는 뜻이
다. 마조가 법좌에서 내려와 방장으로 돌아갔고 (뒤따라온) 백장에게
물었다. "방금 전에 내가 설법을 시작하지도 않았는데, 그대는 무엇 때
문에 배석을 말아 버렸는가?" "화상께 코를 비틀렸기 때문입니다." "어

---

8 본서 177칙 본칙 참조.
9 본서 178칙 본칙 및 『景德傳燈錄』 권6 「百丈懷海傳」(大51, 249c3), 『碧巖錄』 53則 「評唱」
 (大48, 188a18) 참조.
10 교법상 기초적 근거는 중생의 자성自性이 없다는 측면과 범성凡聖의 평등에 있다. 『大
 寶積經』 권90(大11, 518c26), "무수한 겁 동안 온갖 행을 닦아 헤아릴 수 없이 많은 중
 생을 도탈시키지만, 중생의 자성을 얻을 수 없으니 참으로 제도할 중생은 없다.(於無
 數劫修衆行, 度脫無量諸衆生, 衆生自性不可得, 實無衆生可度者.)"; 길장吉藏 『金剛般
 若疏』 권2(大33, 101c19), "또한 보살이 제도할 중생이 있다고 여긴다면 이는 상견常
 見이고, 제도할 중생이 없다고 여긴다면 이러한 견해는 단견斷見이다. 비록 중생을 제
 도하지만 참으로 제도되는 중생이 없으므로 상견을 항복시키고, 제도되는 중생이 없
 지만 항상 중생을 제도하므로 단견을 항복시킨다.(又菩薩若言有衆生可度, 卽是常見;
 若言無衆生可度, 則見斷見. 今雖度衆生, 實無所度, 故降伏常見; 雖無所度, 而常度衆
 生, 故降伏斷見也.)"; 『密菴語錄』(大47, 972a1), "위로 우러러볼 어떤 부처도 없고 아래
 로 제도할 중생도 없으니, 사람이거나 사람이 아닌 무리이거나 성性과 상相은 평등하
 다.(上無諸佛可仰, 下無衆生可度, 人與非人, 性相平等.)"; 『卽非禪師全錄』 권2(嘉38,
 636b21), "위로는 성취할 부처가 없고 아래로는 제도할 중생이 없는데 화상께서 지금
 법좌에 오르셨으니 도대체 무슨 일을 하시려는지요?(只如上無佛可成, 下無衆生可度,
 和尙今日上堂, 爲何事?)"

제 그대는 어디에다 마음을 두었는가?" "오늘은 코가 오히려 아프지 않습니다." 마조가 "그대는 오늘의 일(今日事)[11]을 훤히 알았구나."라고 말하자 백장이 예배하고 물러갔다고 한다.[12] '오늘은 코가 오히려 아프지 않다.'라고 한 말은 '비록 본래부터 있기는(本有) 하나 반드시 새로운 경험(新熏)에 의지해야 한다.'라는 뜻이다. 시자의 요사로 돌아가서 문득 소리 내어 울다가 다시 웃었던 것은 어제는 코가 아파서 울고 오늘은 코가 아프지 않아서 웃은 것과 같은 맥락이다. 대체로 금일사今日事와 본분사本分事를 모두 갖추어 깨달은 경계는 한쪽으로 치우쳐 있지 않기 때문이다. 그렇기 때문에 마조가 불자를 꼿꼿이 세우는 것을 보자마자 "이것 그대로의 작용입니까, 이것을 떠난 작용입니까?"라고 말했던 것이다. 만약에 터득한 바가 없었다면 어찌 이렇게 할 수 있었겠는가? 그러나 체體를 갖추기는 하였으나 미미하여 그 극치에 이르지는 못했던 것이다. 그러므로 진정 극문眞淨克文은 "나그네 마음은 걸음마다 상대를 따라 변하니, 근본적인 위광이 있더라도 나타낼 수가 없네."

---

[11] 금일사今日事는 본래사本來事·본분사本分事의 상대어이다. 본래사가 무차별의 본분을 깨닫는 일이라면 금일사는 매일의 일상과 시절에 따라 변화하는 차별된 현상에서 알아차리는 것을 말한다. 이 두 가지는 다르지 않으므로 금일의 차별된 일을 밝히는 것에 의하여 무차별의 본분사에 도달하는 방법을 선가에서는 즐겨 쓴다. 『景德傳燈錄』 권24 「昌福達傳」(大51, 405a15), "학인이 물었다. '본래사는 묻지 않겠습니다만, 금일사는 무엇인지요?' '사형의 이 질문은 그 자체로 아주 훌륭하군.' '저는 모르겠는데 어찌겠는지요?' '그만큼 속였으면 되었네.'(問, '本來則不問, 如何是今日事?' 師曰, '師兄遮問大好.' 曰, '學人不會時如何?' 師曰, '謾得卽得.')"; 『林我語錄』 권3(嘉38, 577c14), "제야 除夜의 소참. '……세속을 떠난 납승에게는 본디 새해와 묵은해의 구분이 없는 법이다. 대중이여, 대답해 보라! 오늘의 시절에 가장 적절한 일은 무엇이어야 할까?' 잠깐 침묵하다가 말하였다. '보내는 해에는 버드나무의 무수한 가지마다 초록빛이었고, 맞이하는 해는 매잠 한 그루에 꽃이 피었다.'(除夕小參 '……林下衲僧, 本無新舊. 大衆, 且道! 今日事合作應生?' 良久云, '辭年柳戴千枝翠, 迎歲梅簪一樹花.')"

[12] 이하에 생략된 이야기는 본서 179칙 및 『碧巖錄』 53則 「本則 評唱」(大48, 188a24) 참조. 『百丈語錄』(卍119, 817b9)에는 마조의 상당법문에서 백장이 배석을 걷은 일화 없이 코가 비틀린 뒤에 바로 요사로 돌아와 우는 상황으로 전개되어 있으며 전후의 이야기 배치가 다르다.

라고 읊었다.¹³

聞野鴨子聲, 被馬祖扭得鼻孔, 遂有省, 値陞座, 出捲拜席, 是呈似已見也. 意謂無有衆生可度, 陞座圖箇什麼也. 祖下座歸方丈, 問曰, "我適來未曾說法, 你爲什麼捲却拜席?" 師曰, "被和尙扭得鼻孔." 祖曰, "你昨日, 向什麼處留心?" 師曰, "今日鼻孔又不痛." 祖曰, "你深明今日事." 師乃作禮云云. 今日鼻頭又不痛者, 意謂雖是本有, 必借新熏也. 却歸侍者寮, 忽然哭, 又忽然笑者, 昨日鼻頭痛故哭 ; 今日鼻頭又不痛故笑. 盖今日本分, 俱備見處, 不偏枯故也. 是以, 才見馬祖竪起拂子, 便道卽此用離此用. 若也無所得, 爭能伊麼? 雖然如是, 具體而微, 未臻其極. 故眞淨文云, "客情步步隨人轉, 有大威光不能現."

● 마조가 한 소리 크게 내질렀다 : 이 한 소리(一喝)는 바로 위음왕불이전(威音那畔)¹⁴의 무늬 없는 도장(無文印子)¹⁵이니, 이 도장으로 한 번 찍어 버렸다는 뜻이다. 어떤 책에 '위세를 떨치며 한 소리 크게 내질렀다.'라고 한 말은 있는 힘을 다해 들어 보였다는 뜻이다.

● 사흘 동안 귀가 멀었다 : 이전에 얻었던 하나하나가 산산이 부서졌으니 여기에 이르러 궁극의 상세한 소식을 체험으로 알아차려 마조의 뜻을 깊이 터득했다는 말이다. 앙산 혜적仰山慧寂이 "백장은 마조의 대기

---

13 이하 '진정 극문의 송'에 나온다.
14 위음나반威音那畔은 위음왕불 시기 저쪽 너머라는 말. 위음왕불이전威音王佛以前과 같은 말이다. 부모미생전父母未生前·공겁이전空劫以前 등과 같은 말이다. 본서 50칙 '죽암 사규의 상당' 설화 주석, 69칙 '대혜 종고의 상당' 주석, 988칙 '원오 극근의 거' 설화 주석 등 참조.
15 무늬 없는 도장(無文印子) : 언어 문자의 형식으로 나타낼 수 없는 심인心印을 가리킨다. 무자인無字印 또는 불조심인佛祖心印이라고도 한다. 본서 101칙 '남명 법천의 송' 참조.

大機를 얻었고 황벽은 마조의 대용大用을 얻었다."[16]라고 한 말이 이 뜻이다. 그러나 불자를 세운 방행放行과 불자를 걸어 놓은 파정把定을 떠나서 대기대용大機大用[17]을 깨달은 것이 아니라 이 파정과 방행 그대로에서 깨달은 것이다. 옛사람이 "말후구末後句[18]를 그대에게 설하니, 밝음과 어둠이 하나의 짝이 되는 결정적인 순간이다."[19]라고 한 말도 대체로 이 의미와 같다. 애초에 백장이 마조가 불자를 세웠다가 걸어 두는 바로 그때 그 의미를 속속들이 터득했다면, 마조가 파정과 방행 외에 무엇을 더 도모하였겠는가? 그런데 백장이 그렇게 하지 못했기 때문에 마조가 바로 위세를 떨치며 한 소리 크게 내질렀던 것이니, '달 속의 계수나무를 베어 없애면, 밝은 달빛이 더욱 많이 쏟아진다.'[20]는 점을 분명히 알아야 할 것이다.

祖便喝者, 這一喝, 直在威音那畔, 無文印子, 一印印破也. 一本云, '振威一喝者', 盡力提持也. 三日耳聾者, 前來所得, 一一撲落, 到此, 體會末後曲折, 深得馬祖意. 仰山所謂, "百丈得大機, 黃蘗得大用." 然非離堅拂放行, 掛拂把定, 會得大機大用, 卽此把定放行而會得. 古人云, "末後句爲君說, 明暗雙雙地時節." 盖此義也. 然則當初百丈, 若於馬祖堅拂掛拂處, 深得其意, 把定放行外, 圖箇什麼? 百丈旣不能故, 馬祖直得振威一喝, 信知

---

16 『仰山語錄』(大47, 587b18).
17 대기대용大機大用: 속박을 벗어난 활발한 작용. 분별하고 사고하여 아는 것이 아니라 모든 언행이 본분과 하나가 되어 상황에 따라 적절하게 발휘되는 작용을 말한다. 대체로 마조로부터 시작되어 임제에서 완성된 선풍禪風이라고 본다. 대기와 대용을 구별하는 경우, 대기는 법체法體 또는 근본을 깨달은 경지를, 대용은 그것을 밖으로 활발하게 발휘하는 작용을 말한다.
18 말후구末後句: 본서 1칙 본칙 설화 주석 참조.
19 설두 중현의 게송에 나오는 구절. 『碧巖錄』 51則 「頌」(大48, 186c17) 참조.
20 두보의 시 〈一百五日夜對月〉에 나오는 구절. 달빛을 가리는 계수나무를 베어 없애면 달빛이 더욱 밝아질 것이라는 말. 선가에서는 틀에 박힌 집착을 제거하면 실상을 보는 밝은 눈이 열린다는 비유로 쓰인다. 본서 14칙 '금산 요원의 상당' 설화 주석 참조.

斫却月中桂, 淸光應更多.

● 그렇다면 백장과 황벽은 모두 마조의 일할―喝을 빈틈없이(親) 이어받은 것이다. 왜 그런가? 황벽이 "만약 마조의 법을 잇는다면, 훗날 우리의 후손들을 망칠 것입니다."라고 한 말은 다른 뜻이 아니라 다만 대용만을 밝혔기 때문에 이렇게 말한 것이다. 만약 마조의 일할을 빈틈없이 이어받지 않았다면, 어떻게 '대기대용'이라고 하겠는가? 그러므로 백장은 대기만 얻었을 뿐이지만 더 이상 대용이 필요하지 않았으며, 황벽은 대용만 얻었을 뿐이지만 더 이상 대기가 필요하지 않았던 것이다. 수단이라곤 전혀 모르는[21] 사람들은 말하기를 "대기 중에 대용이 있고, 대용 중에 대기가 있다."라고 한다. 만약 그렇게 생각한다면 어떻게 꿈엔들 백장과 황벽의 경계를 알겠는가? 이렇게 결정적인 전기가 되는 순간을 맞아서는 옛사람도 그저 "사람을 죽이는 칼(殺人刀)이요, 사람을 살리는 검(活人劒)이다."라고만 말했을 뿐이다.[22]

---

21 무파비無巴鼻는 보통은 '언어로 표현하거나 사유분별로 파악할 수 없어서 모든 수단과 방법이 단절된 경지'를 말한다. 마치 소의 고삐(巴鼻)가 없어서 소를 끌고 갈 방법이 사라진 상태와 같다. 여기서는 이 뜻으로는 통하지 않으며 마조의 할喝을 이해할 본질적인 수단이 없다고 보는 해석이 무난하다. 『大慧語錄』 권4(大47, 824c17), "(부처님께서 침묵한) 마갈제국의 소식은 여전히 도중에 머물러 있을 뿐이고, (달마가 전한) 소실봉 앞의 소식은 붙잡을 수단이라곤 전혀 없다. 깊은 도리를 말하거나 미묘한 의미를 설하거나 좋은 살점에 흠집을 내는 꼴이고, 고금의 이야기를 들먹이며 밝힌다면 모래와 흙을 뿌려 더럽히는 격이리라.(摩竭提國, 猶在半途, 少室峯前, 全無巴鼻. 談玄說妙, 好肉剜瘡, 擧古明今, 拋沙撒土.)"; 같은 책, 권10(大47, 851a26), "문에 들어서자마자 할을 내지르나, 알아차릴 수단이라곤 전혀 없으니, 후손들을 끌어들여, 밥 먹고 남은 기운을 써먹도록 하누나.(入門便喝, 全無巴鼻, 引得兒孫, 弄粥飯氣.)"
22 마조의 할이 사람을 죽이는 칼이 되기도 했다가 사람을 살리는 검이 되기도 하며 자유자재로 긍정·부정을 바꾸어 가며 학인을 이끄는 기용機用이라고 평가하는 정도가 최선이며, 그 의미를 세세하게 풀어낼 수 있는 방편은 없다는 뜻이다. 굉지 정각宏智正覺이 임제의 할에 대하여 이 방식으로 평가했다. 『宏智廣錄』 권3(大48, 29b21), "임제가 양당의 수좌에게 일제히 할을 내지르자 어떤 학인이 물었다. '손님과 주인이 나누어집니까?' 손님과 주인이 뚜렷이 나누어졌다.' 이 일화를 제기하고 굉지 정각이 평가하였

然則百丈黃蘗, 莫不親承馬祖一喝. 何故? 黃蘗云, "若承嗣馬祖, 已後喪我兒孫." 此無他, 但明得大用故云耳. 若不親承馬祖一喝, 何名大機大用? 故百丈只得大機, 更不要大用 ; 黃蘗只得大用, 更不要大機. 有一般無巴鼻地道, "大機中有大用, 大用中有大機." 若伊麼, 何曾夢見百丈黃蘗? 到這時節, 古人, 只道得箇 '殺人刀活人劍.'

분양 선소汾陽善昭의 송 汾陽昭頌

언제나 일없이 스님 곁에서 시봉을 들었는데	每因無事侍師前
스님이 선상 모서리에 걸린 불자를 가리켰다네	師指繩床角上懸
들거니 놓거니 하다 본래의 자리에 걸어 놓으니	擧放却歸本位立
분명하게 내지른 소리 오늘날까지 전해지노라	分明一喝至今傳

【이 게송은 다음과 같은 내용에 따라 지은 것이다. 백장이 마조를 다시 찾아가 시봉을 들던 중 마조가 눈짓으로 선상 모서리에 걸려 있는 불자를 가리켰다. 백장이 마조에게 말하였다. "이것 그대로의 작용입니까, 이것을 떠난 작용입니까?" "너는 훗날 이렇게 두 입술을 놀리면서 무엇으로 남들을 가르치려 하는가?" 백장이 불자를 가져다 꼿꼿이 세우자 마조가 말하였다. "이것 그대로의 작용인가, 이것을 떠난 작용인가?" 백장이 불자를 원래 있던 자리에 걸었더니, 마조가 위세를 떨치며 한 소리 크게 내질렀다.】此本, 百丈再叅侍立次, 祖以目視禪床角拂子. 丈曰, "卽此用, 離此用?" 祖曰, "你向後, 開兩片皮, 將何爲人?" 丈取拂子竪起. 祖曰, "卽此用, 離此用?" 丈掛拂子於舊處, 祖振威一喝.】[23]

다. '사람을 죽이는 칼과 사람을 살리는 검이 임제의 손안에 들어 있다. 비록 그렇다고는 하나 당시에 곧장 하나의 할을 돌려주었어야 했다. 설령 어떤 신통력을 뽐내더라도 같은 소리에는 서로 응할 도리밖에 없다.'(擧, 臨際兩堂首座齊下喝, 僧問際, '還有賓主也無?' 際云, '賓主歷然.' 師云, '殺人刀活人劍, 在臨際手裏. 雖然如是, 當時便與一喝. 直饒他大逞神通, 也祇得同聲相應.")

[23] 이렇게 구성된 내용은 『雪竇語錄』권3(大47, 685b21), 『虛堂語錄』권2(大47, 1000a26) 등에서도 볼 수 있다.

> 설화

○ 들거니 놓거니 하다 본래의 자리에 걸어 놓으니, 분명하게 내지른 소리 오늘날까지 전해지노라 : 불자를 세우거나 불자를 걸어 놓는 행위로 위세를 떨치며 한 소리 크게 내지른 경지를 빈틈없이 이어받지 않음이 없었다는 뜻이다.

汾陽 : 擧放却歸本位立云云者, 竪拂放拂, 無不親承振威一喝也.

대각 회련大覺懷璉의 송 大覺璉頌

우羽 두드리니 상商으로 응하여[24] 닿는 곳마다 통하니	叩羽鳴商觸處通
스승과 제자가 서로 의지하며 종풍을 드러냈다네	師資交互現宗風
위세 떨친 한 번의 할에 서리 내리고 폭풍이 치니	振威一喝霜飈起
설령 문채를 드러내 보였다 해도 듣지 못하리	任是昭文也不聰

천복 본일薦福本逸의 송 薦福逸頌

대적(마조)과 웅봉(백장)이 다시 만났을 때	大寂雄峯再會時
함께 걸어간 길에 풀이 무성히 자라 늘어졌다네[25]	相將行處草離離
돌아보며 지른 한 소리에 하늘과 땅 어두워지고	迴頭一喝乾坤黯
두 귀는 모두 먹어 전혀 들리지 않았노라	兩耳都聾摠不知

---

[24] 우羽 두드리니 상商으로 응하여 : 우와 상은 모두 오음계五音階의 음자리이다. 우조羽調가 맑은 소리라면 상조商調는 처량하고 애원하는 듯한 소리에 해당한다. 여기서는 이 두 소리가 서로 잘 어울려 들었다는 의미이다.

[25] 풀이 무성히 자라 늘어졌다네 : 사람의 발길이 드문 풍경을 나타내는 선종의 상용구이다. 마조의 할과 그것에 대한 백장의 응답이 한 치의 방편도 허용하지 않는 본분의 기틀에서 이루어졌다는 뜻이다. 모든 인지 수단을 틀어막아 학인들의 접근을 쉽사리 허용하지 않는 선풍을 나타낸다. 이하 제3구와 제4구에 그 맥락이 이어진다.

장산 법천蔣山法泉의 송 蔣山泉頌[26]

놓았다 거두어들인 이곳에 누가 효와[27]가 없다 하는가   放收誰道沒謷訛

마조가 누설한 기관[28]을 보았는가   漏洩機關見也麽

천둥 같은 한 할에 듣는 자들의 귀는 모두 상할 것이니   一喝如雷聞者喪

사흘 동안 귀가 멀어 버린 것도 오랜 기간은 아니리라   耳聾三日未爲

해인 초신海印超信의 송 海印信頌

한 할의 뜻도 총림에서 가려내는 자 드문데   一喝叢林辨者稀

예나 지금이나 귀먹은 까닭 알아내려 애쓰네   耳聾今古强針錐

등롱은 손뼉을 치며 깔깔대고 웃고   燈籠撫掌呵呵笑

노주는 머리 숙이고 눈썹 찌푸린다[29]   露柱低頭却皺眉

---

26 이 송에서와 같이 마조의 할은 분별의 틀로 이해해서는 안 되는 효와라는 관점으로 보는 다음과 같은 예가 있다. 『千巖語錄』(嘉32, 203c21), "제망에 달린 구슬에서 번득이는 빛은 하나하나가 서로 얽히고, 밖에서 쪼고 안에서 깨는 기틀은 소리 하나하나가 서로 어울리며, 문을 닫아걸고 수레를 만들지만 문을 나서면 앞선 바퀴 자국과 들어맞는 법인데, 어째서 마조 대사가 내지른 할에 백장은 도리에 3일 동안 귀가 먹었던 것일까? 효와는 어디에 있는가?(帝網之珠, 光光相羅 ; 啐啄之機, 聲聲相和 ; 閉門造車, 出門合轍, 爲甚馬大師一喝, 百丈卻耳聾三日? 謷訛在甚麽處?)" ; 『靈樹遠雲品集』권하(嘉34, 387a12), "양관陽關 곡조를 그대에게 불러 주지만, 부처의 경계에 들어가도록 하지는 못하고 점점 마구니의 세계로 끌어들이는구나. 내지른 할에 3일 동안 귀먹은 뒤로, 지금껏 온 세상에서 교란(효와)을 일으키고 있다네.(陽關曲調爲君歌, 入佛難教轉入魔, 一喝耳聾三日後, 至今天下起謷訛.)"

27 오와謷訛는 효와誵訛와 같다. 화두에 대한 어떤 분별이나 정의에도 뿌리내리지 못하도록 반복하여 '교란'하며 속이는 언행을 보이기 때문에 효와라 한다. 이러한 현혹의 장치가 관문關門이다.

28 기관機關 : 일정한 장치를 가진 관문. 간화선은 이러한 기관을 활용하므로 기관선機關禪이라고도 한다.

29 등롱은 손뼉을~눈썹 찌푸린다 : 등롱燈籠은 등불을 담는 기구로서 마조의 할을 알아

진정 극문眞淨克文**의 송** 眞淨文頌

나그네 마음은 걸음마다 상대를 따라 변하니 客情步步隨人轉
근본적인 위광이 있더라도 나타낼 수가 없네 有大威光不能現
갑작스러운 한 할에 두 귀가 모두 멀어 버리자 突然一喝雙耳聾
나타[30]의 눈이 황벽의 얼굴에 열렸네 那吒眼開黄蘗面

[설화]

○ 갑작스러운 한 할에~황벽의 얼굴에 열렸네 : 황벽이 대용을 얻었다는 뜻이다.

眞淨 : 突然一喝至黃蘗面者, 黃蘗得大用也.

보녕 인용保寧仁勇**의 송** 保寧勇頌

목마는 염부제 사람들을 모두 짓밟아 버리고[31] 木馬蹋殺閻浮人
진흙 용은 바닷물을 남김없이 마셔 버렸도다[32] 泥龍飲竭滄溟水
하늘 가득 천둥 울려 퍼지자 산악 무너지고 霹靂滿空山岳摧
순식간에 무사한 평지에서 파도 일어나누나[33] 看看平地波濤起

챈 자를 비유하고, 노주露柱는 빛이 없는 기둥으로서 할을 알아채지 못한 우둔한 사람을 비유한다. 알아차리고 웃을 뿐 분별에 담아 언어로 전할 길은 없다.
30 나타那吒 : 본서 178칙 주 15 참조.
31 목마는 염부제~짓밟아 버리고 : 목마는 마조를 나타낸다. 주 46 참조.
32 진흙 용은~마셔 버렸도다 : 마조가 방거사龐居士에게 '한입에 서강의 물을 모두 들이켜면 말해 주겠다.'라고 한 취지를 가리킨다. 본서 161칙 본칙 참조. 제1구와 제2구는 모든 차별의 대상이 사라져 분별할 여지가 없는 경계를 나타낸다.
33 하늘 가득~파도 일어나누나 : 아무 일도 없는 평지에서 일부러 파도를 일으키는 방식이 관문이나 효와와 통한다.『禪家龜鑑』『臨濟家風』, "임제의 종지를 알고자 하는가? 마른하늘에 벼락치고 편편한 땅에 물결을 일으킨다.(要識臨濟宗麼? 靑天轟霹靂, 平地起波濤.)"『정선 휴정』p.225 참조.

동림 상총東林常總**의 송** 東林總頌

궁극적인 지혜 밝히지 못해 다시 찾아 법 묻고	未明大智再氽尋
그대로 쫓고 따랐지만 그 작용 떠맡지 못했다네[34]	相逐相隨用不任
파도 끊고 물결 막아 온전한 본체 드러냈지만[35]	斷浪截流全體現
귀먹은 뒤 사흘 지났으니 누가 지음이란 말인가[36]	一聾三日孰知音

상방 일익上方日益**의 송** 上方益頌

비 개었어도 뜬구름 여전히 걷히지 않았는데	雨霽遊雲尙未歸
맑은 하늘에 갑자기 크게 천둥소리 울리네	晴空忽地一聲雷
대유령의 매화[37]는 벌써 봄소식을 전했으니	嶺梅已得春消息
한꺼번에 피는 복숭아꽃과 비교할 수 없노라[38]	不比山桃一例開

불인 지청佛印智淸**의 송** 佛印淸頌

마조는 친히 옛 부처의 마음을 전했으니	馬祖親傳古佛心
대웅산의 회해가 그 뜻을 알아차렸도다	大雄懷海是知音

---

34 그대로 쫓고~떠맡지 못했다네 : 마조가 불자를 꼿꼿이 들었다가 제자리에 놓은 작용을 그대로 따라 했으나 받아들이기에 역량이 부족했다는 말.
35 파도 끊고~본체 드러냈지만 : 마조의 할로 망상의 흐름이 모두 단절되면서 온전한 본체가 드러난 것.
36 귀먹은 뒤~지음이란 말인가 : 동림 상총은 백장이 마조의 뜻을 알아차리지 못했다는 측면을 부각하여 드러내었고, 반면에 이하 '불인 지청의 송'에서는 백장이 그 뜻을 알아차렸다고 보았다. 알아차렸느냐, 그렇지 않느냐에 마치 문제의 핵심이 있는 듯이 꾸미고 마조의 할과 백장이 귀먹은 의미 등을 궁구하도록 유도한다. 염송가들이 마조의 편에 서기도 하고 백장의 편에 서기도 하는 까닭은 전적으로 어느 한편을 지지해서가 아니라 이 문답에 접근하는 다양한 길을 열어 놓고 의단疑團을 형성하는 소재로 제시하려는 의도로 보아야 한다.
37 대유령의 매화(嶺梅) : 본서 5칙 '남명 법천의 송' 주석 참조.
38 대유령의 매화는~수 없노라 : 눈 덮인 계절에 땅 밑의 봄기운을 전하는 매화는 크게 울리는 천둥소리와 같은 마조의 할을, 따뜻해진 뒤에 무리 지어 피는 복숭아꽃이 이 말 저 말로 이해하려는 분별심을 상징한다.

그때 한 할로 사흘 동안 귀가 멀었으나 當時一喝聾三日
보지도 듣지도 못한 소식 지금껏 전해지네 無見無聞直至今

숭숭공의 송 崇勝珙頌
한 할이 도리어 사흘 동안 귀먹게 하니 一喝翻令三日聾
만났을 때 누가 큰 인물인 줄 알았으랴 相逢誰識大家公
봄볕은 본래 편애하며 애쓰지 않음에도 春陽雖有無私力
꽃잎은 어찌하여 점점 더 붉어지는가 花臉寧敎取次紅
점점 더 붉어짐이여 取次紅
사씨 집 셋째 아들 이제 어부가 아니라네[39] 謝三不是釣魚翁

불안 청원佛眼淸遠**의 송** 1 佛眼遠頌
불자 걸고 꾸지람 들어 귀가 멀어 버렸다 하니 掛拂遭呵耳便聾
납승들 어떻게 그 종풍의 진실을 증명하리오 衲僧奚若驗宗風
금강신장의 뒤통수에 박힌 생철을 뽑아내니 金剛腦後抽生鐵
화악산 세 봉우리가 허공에 거꾸로 섰네 華岳三峯倒卓空

불안 청원의 송 2 又頌
집안이 넉넉해야 효자가 나고 家肥生孝子
패권 국가에 모신[40]이 있는 법 國覇有謀臣
주먹으로 정면에서 후려쳤다면 拳頭劈口搥

---

39 사씨 집~어부가 아니라네 : 사씨 집 셋째 아들(謝三郎)은 현사 사비玄沙師備를 말한다. 현사는 속성이 사謝씨이며 집안의 3남이어서 사삼랑이라 불린다. 출가하기 전에 강에서 물고기를 잡는 것이 업이었다. 출가하여 불도를 깨달은 어부 출신 현사의 경우처럼 할에 귀가 먹은 뒤 본분을 깨치게 되었다는 뜻이다.
40 모신謀臣 : 지혜가 뛰어난 신하.

| 후손을 망치는 일은 없었으리라 | 未到無兒孫 |

【이것은 황벽이 혀를 내두른 것에 대하여 읊은 송이다.】　　【此頌黃蘗吐舌.】

자수 회심慈受懷深**의 송** 慈受頌

아비와 자식이 만나 뜻이 통하니	父子相逢臭味同
용천의 보검[41]을 다시 갈았다네	龍泉寶劍再磨礱
당시 마조의 할 밝히고자 한다면	要明馬祖當年喝
대지와 산하가 모두 귀먹으리라	大地山河盡耳聾

장산 극근蔣山克勤**의 송** 蔣山勤頌

불자를 세웠다가 제자리에 걸어 놓으면서	立拂掛拂
남김 없는 기틀 동에 번쩍 서에 번쩍했네	全機出沒
이것 그대로의 작용과 이것 떠난 작용	卽此離此
하나로 그은 듯 일치하여 분명하도다[42]	講若畫一

---

[41] 용천의 보검(龍泉寶劍) : 고대 초나라에서 제작한 보검. 원래 이름은 용연龍淵이었는데, 당나라 고조 이연李淵의 이름자를 휘諱하여 용천이라고 불렀다. 월나라 구야자歐冶子와 오나라의 간장干將이 합작하여 만들었다. 구야자와 간장의 또 다른 합작품인 태아太阿와 한 쌍을 이룬다.『祖庭事苑』권1(卍113, 21b14), "태아 :『월절서』에 이렇게 전한다. 초나라 왕이 풍호자風湖子를 소환하여 오나라와 월나라에 가서 구야자와 간장을 만나 철검 세 자루를 만들도록 시켰다. 첫째는 용천, 둘째는 태아, 셋째는 상시上市였다. 초나라 왕이 물었다. '무엇을 가리켜 용천이라 하는가?' 풍호자가 대답하였다. '용천의 형상은 높은 산에 올라 깊은 못을 바라보는 모습을 닮았습니다.' '무엇을 가리켜 태아라 하는가?' '우뚝 솟은 날개 모양이 흐르는 물의 파도와 같습니다.'(太阿 : 越絶書云, 楚王召風湖子, 令之吳越見歐冶子‧干將, 使之爲鐵劒三枚, 一曰龍泉, 二曰太阿, 三曰上市. 楚王問之曰, '何謂龍泉?' 風湖子曰, '龍泉狀如登高山臨深淵.' '何謂太阿?' 曰, '巍巍翼如流水之波.')";『圓悟語錄』권4(大47, 732a25), "일체를 원만하게 융합하여 더 이상 할 일이 없고, 모든 법을 성취하여 완벽한 몸통이 드러났다. 바로 이러한 순간을 맞이하여 공훈功勳에 얽매이지 않는 소식을 보이는 한 구절은 어떻게 말할까? 석 자의 용천을 밝은 거울(照膽)처럼 번득이며, 만인이 모인 곳에서 높이 솟은 깃발을 빼앗는다.(圓融一切, 無有所爲 ; 成就諸法, 全體顯現. 且正當恁麼時, 不落功勳一句, 作麼生道? 三尺龍泉光照膽, 萬人叢裏奪高標.)"

정수리에 곧바로 천둥 같은 할을 울려	頂門當下轟霹靂
고황⁴³에 든 불치병 침으로 뽑아내네	鍼出膏肓必死疾
한 할을 당하고 사흘 동안 귀먹었으니	承當一喝聾三日
사자의 위엄으로 마음껏 몸을 던진 것⁴⁴이라네	師子神威資¹⁾返擲
수없이 담금질한 순금도 빛을 잃고 말리라	百鍊眞金須失色
다시 말했다. "있는가, 있는가? 돌!"	復云, "有麼? 有麼? 咄!"

1) ㉠ '資'가 『圜悟語錄』 권18(大47, 798b20)의 같은 게송에는 '恣'로 되어 있다.

설화

○ 사자의 위엄으로 마음껏 몸을 던진 것이라네 : 사자가 먹이를 향해 몸을 돌려 덤벼드는 비결을 얻었다는 말이다.

○ 수없이 담금질한 순금도 빛을 잃고 말리라 : 마조의 할에는 수없이 담금질한 순금도 빛을 잃고 말리라는 뜻이다.[45]

○ 있는가, 있는가 : 백장과 같은 자가 있느냐는 말이다.

---

42 하나로 그은~일치하여 분명하도다 : 본칙에 나온 대로 마조와 백장이 불자를 두고 똑같은 언행을 한 사실을 나타낸다. 강약획일講若畫一에서 '강講'은 '강顜'과 통용자로 '명확하다', '시종일관하다'라는 뜻이다. 『史記』 「曹相國世家」, "소하가 법률을 제정하였는데 하나같이 엄정하고 공정하였으며, 조참이 이를 이어받아 지키며 그 뜻을 잃지 않았다.(蕭何爲法, 顜若畫一 ; 曹參代之, 守而勿失.)"

43 고황膏肓 : 심장과 횡격막 사이. 이곳에 병이 생기면 낫기 어렵다고 한다.

44 반척返擲은 사자가 웅크리고 있다가 재빠르게 몸을 일으켜 먹이를 덮쳐 잡는 동작을 말한다. 요소를 포착하는 활발한 작용을 상징한다.

45 어떤 수행의 공덕을 쌓았을지라도 마조의 할 앞에는 모두 무너져 무의미로 전락한다는 취지. 모든 방편과 분별의 기량을 조금도 허용치 않고 엄정한 법도만 남김없이 시행하는 면모를 나타낸다. 『建中靖國續燈錄』 권4 「道隆圓明章」(卍136, 87a6), "명名과 상相으로 분별하면 도道와 달라지고 무엇이거나 세웠다 하면 진실과 어긋나니 조화하는 솜씨와도 무관하다. 만약 법령을 남김없이 시행하여 종지를 제기한다면 순금도 빛을 잃고 말리라.(名相分別, 與道差殊, 建立乖眞, 非干造化. 若乃盡令提綱, 眞金也須失色.)" ; 『景德傳燈錄』 권24 「白馬行靄傳」(大51, 405c27), "학인이 물었다. '부처란 무엇입니까?' '순금도 빛을 잃고 말리라.'(僧問, '如何是佛?' 師曰, '眞金也須失色.')"

○ 돌 : 설령 있다고 하더라도 쓸모가 없다는 부정이다.

蔣山 : 師子神威資返擲者, 得獅子返擲決也. 百鍊眞金云云者, 馬祖喝下, 百鍊眞金, 也須失色. 有麼有麼者, 如百丈子, 有麼也. 咄者, 設有, 也無用處.

운문 종고雲門宗杲의 송 雲門杲頌

망아지[46]의 할에 가풍은 망가졌지만[47]	馬駒喝下喪家風
온 세상이 이로부터 소식이 통했다네	四海從玆信息通
뜨거운 화염 속에서 달을 건져 낸 뒤	烈火燄中撈得月
우뚝한 기상으로 대웅봉에 홀로 앉았노라[48]	巍巍獨坐大雄峯

죽암 사규竹庵士珪의 송 竹庵珪頌

마조의 할에 하늘과 땅이 흔들리니	江西一喝動乾坤

---

[46] 망아지(馬駒) : 마조를 가리키는 말. 『馬祖語錄』(卍119, 810b2), "처음에 6조 혜능이 남악 회양南嶽懷讓 화상에게 '인도의 반야다라삼장이 「그대의 문하에서 망아지 한 마리가 배출되어 세상 사람들을 무참하게 짓밟아 버릴 것이다.」라고 예언했다.'고 하였는데, 그것은 바로 마조를 가리키는 말이었다. 회양의 제자 여섯 명 중에서 오직 마조만이 심인心印을 친밀하게 전수받았다.(初六祖, 謂讓和尙云, '西天般若多羅識, 汝足下出一馬駒, 蹋殺天下人.' 蓋謂師也. 讓弟子六人, 惟師密受心印.)" 본서 161칙 본칙 설화 및 주 4 참조.

[47] 가풍은 망가졌지만(喪家風) : 여기서 가풍家風이란 이전부터 자리 잡고 언행을 지배해 왔던 지식과 안목 전체를 가리킨다. 한 사람을 움직이는 근본이므로 가풍이라 하지만 장애물과 다르지 않다. 이것이 망가지면서 의존해 왔던 일체가 사라지면서 어떻게도 해 볼 도리가 없는 철벽의 지경에 던져진다. 그곳은 진일보進一步의 자리이기도 하다. 본칙을 읊은 월장月掌 내소 종내紹種의 다음 송에도 보인다. 『內紹種語錄』 권2(嘉34, 422a22), "놓았다가 거두었다가 거듭했어도 본래 자취 전혀 없다가, 도리어 할로 하여 가풍 망가졌네. 해골 꿰뚫어 두루 아는 눈 뜬 이후, 여유롭게 후손들에게 귀먹었다 자랑하는구나.(放去收來自絶蹤, 卻從喝下喪家風. 髑髏穿透開雙眼, 閒向兒孫誇耳聾.)"

[48] 대웅봉에 홀로 앉았노라(獨坐大雄峯) : 백장에게 어떤 학인이 "기특한 일이란 어떤 것입니까?"라고 묻자 백장이 "홀로 대웅봉에 앉아 있는 것이다."라고 대답한 구절에 따른다. 『碧巖錄』 26則 「本則」(大48, 166c26) 참조. 본서 182칙 본칙 참조.

온전한 기틀 남김없이 써 가문을 멸망시켰네[49]   大用全機是滅門
사흘 귀먹은 일이 나무 스쳐 간 바람인 듯하여   三日耳聾風過樹
저 황벽까지 연루시켜 후손들을 망쳐 놓았도다[50]   累他黃蘗喪兒孫

백운 지병白雲知昺**의 송** 白雲昺頌

온전한 기틀과 남김 없는 작용 헛되게 전해지지   大機大用不虛傳
않았으니
불자 거는 순간 당한 한 소리 어찌 우연이었을까   掛拂遭呵豈偶然
그림 속의 병을 깨뜨리고 돌아간 뒤로[51]   打破畫瓶歸去後
천고의 세월토록 암흑만 가득 펼쳐져 있도다[52]   從教千古黑漫漫

심문 담분心聞曇賁**의 송** 心聞賁頌

용은 저녁놀을 휘감고 동부[53]로 돌아가고   龍帶晚煙歸洞府

---

49 멸문滅門은 주 47의 상가풍喪家風과 통한다.
50 사흘 귀먹은~망쳐 놓았도다 : 바람은 아무 향기도 없지만 꽃나무를 스쳐 가면 그 향기를 싣고 멀리 퍼뜨릴 수 있듯이 마조의 할(바람)에 별다른 의미가 없었지만 백장의 말을 거쳐 황벽에게까지 하나의 의미로 전해졌다는 뜻이다.
51 그림 속의~돌아간 뒤로 : '그림 속의 병'이라는 하나의 착각과 '깨뜨린다'는 또 하나의 착각이다. 불자를 들고 제자리에 걸어 둔 동작과 그것을 무너뜨린 마조의 할이 모두 착각이다. 착각으로 착각을 대하는 '장착취착將錯就錯'의 방법이다.
52 천고의 세월토록~펼쳐져 있도다 : 할喝에 대한 분별이 통하지 않는 무소식無消息의 경계이지만, 철벽과 같던 암흑의 장애가 무너진 다음 열리는 신세계의 입구이기도 하다.『三宜盂語錄』권8(嘉27, 52b30), "마조가 내지른 할에 백장이 귀먹다 : 벽력과 같은 한 소리에 천지가 개벽하니, 은산철벽은 허물어져 벌써 재가 되었도다. 죽음 부르는 독 바른 북에 소식이 없다고 누가 그러는가? 백장은 혼이 떨어져 나가면서 그 자리에 묻혔다네. 기틀의 활용은 있으나 안배할 방도 전혀 없더니, 번갯불 그림자 안에서 꽃비가 내려온다. 마조는 이를 토대로 종풍 세운 뒤로, 법령을 엄정히 시행하여 세상 전체에 두루 퍼뜨렸다네.(馬祖一喝百丈耳聾 : 霹靂一聲天地開, 銀山銕壁已成灰. 誰言毒鼓無消息? 百丈魂襯當下虀. 有機用絶安排, 電光影裏雨華來. 江西從此宗風立, 法令嚴行遍九陔.)"
53 동부洞府 : 도교의 전설에 나오는 신선이 거주하는 지방. 명산의 깊은 골짜기를 비유

기러기는 가을빛 끌고 형양[54]을 넘어가네	鴈拖秋色過衡陽
고개조차 돌릴 수 없는 험한 산길	不堪迴首關山路
나뭇잎 지고 원숭이 울음에 애끊는 슬픔이여	木落猿啼正斷腸

송나라 황제[55]의 송 大宋皇帝頌
평상 모서리에 걸린 불자 하나	牀頭一拂子
들거나 놓거나 벌써 다 틀렸네	擧放已皆非
백장은 얼마나 느리고 둔했던지	百丈何遲鈍
할 당하고야 미세한 경계 깨쳤네	一喝入精微

무진거사의 송 無盡居士頌
외마디 할이 대웅봉 거꾸러뜨리니	一聲喝倒大雄峯
해골의 두 귀 사흘 동안 멀었다네	三日髑髏雙耳聾
황벽은 듣는 순간 놀라 혀를 내둘렀으니	黃蘗纔聞驚吐舌
이때부터 강서에는 비로소 가풍이 섰다네	江西從此立家風

본연거사의 송 本然居士頌
대단한 한 번의 할이여	好一喝
천 균의 쇠뇌 쏘는 것과 같았으니	似把千鈞弩機撥
바로 알아차리기는 몹시 어렵도다	直下承當也大難
구름 한 점 없이 아득히 펼쳐진 드넓은 하늘처럼	萬里無雲見空闊

할 때 쓰기도 한다.
54 형양衡陽 : 호남성에 있는 지역. 이 형양의 형산衡山에 기러기가 되돌아간다는 회안봉回雁峰이 있다. 전설에 따르면 소식을 전하는 기러기가 높은 회안봉을 넘지 못하여, 회안봉을 경계로 소식이 두절되었다고 한다.
55 남송 2대 황제인 효종(재위 1162~1189). 『歷朝釋氏資鑑』 권11(卍132, 217a3) 참조.

불자 잡고서 죽였다 살렸다 자유자재로 하였다네　　拂子拈來有殺活

열재거사의 송 悅齋居士頌
불자만을 가지고 희롱한 솜씨 빼어나니　　拂子偏他弄得奇
씨줄과 날줄 오가는 이치 아는 이 드물다　　絲來線去少人知
가을이 가면 연꽃이 지는 이치와 같으니　　恰如秋盡芙蓉老
초록빛 귤이 노랗게 익는 10월이로구나[56]　　橘綠根[1)]黃十月時

1) ㉝ '根'은 '橙'의 오기이다.

위산 영우潙山靈祐**와 앙산 혜적**仰山慧寂**의 문답**
　위산이 앙산에게 물었다. "백장이 다시 법을 물으러 찾아갔을 때 마조가 불자를 세운 인연이 있으니, 이 두 존숙의 뜻이 무엇이냐?" "이는 대기大機의 작용을 드러낸 것입니다." "마조에게서 84인의 선지식이 배출되었는데, 그중 몇이 대기大機를 터득하고, 몇이 대용大用을 터득했느냐?" "백장은 마조의 대기를 터득했고 황벽은 마조의 대용을 터득했으며, 나머지는 모두 창도사唱導師[57]에 불과합니다." "그래, 그렇다."

　　潙山問仰山, "百丈再叅, 馬祖竪拂因緣, 此二尊宿意旨如何?" 仰山云, "此
　　是顯大機之用." 潙山云, "馬祖出八十四人善知識, 幾人得大機? 幾人得大
　　用?" 仰山云, "百丈得大機, 黃蘗得大用, 餘者盡是唱道之師." 潙山云, "如
　　是, 如是."

56　가을이 가면~익는 10월이로구나 : 소식蘇軾의 〈贈劉景文〉, "연잎도 다 져서 비 가릴 우산도 없지만, 국화는 시들어도 서릿발 속에 꼿꼿한 가지 그대로이네. 한 해 중 좋은 경치를 그대 기억하게나, 초록빛 귤 노랗게 익어 가는 호시절이라네.(荷盡已無擎雨蓋, 菊殘猶有傲霜枝. 一年好景君須記, 最是橙黃橘綠時.)"
57　창도사唱導師 : 법문을 설법하는 스님. 대기대용의 활발한 작용이 없이 말로 이치를 설명하는 자들을 가리킨다.

> 설화

○ 위산과 앙산의 문답은 본칙 설화 중에 이미 인용하였다.[58] 창도사唱道師의 창도唱道는 창도唱導라고 적어야 맞다. 이는 법의 이치를 펼쳐서 중생을 이끈다는 뜻이다.

溈仰問答, 話中已引入. 唱道者, 當作導, 敷唱法理, 開導羣生也.

설두 중현雪竇重顯의 염

"이상하구나, 여러 선덕들이여! 지금 지엽적인 현상에 대하여 늘어놓는 사람들은 매우 많지만, 그 근원을 궁구하는 사람들은 지극히 드무니. 모두들 '백장이 마조의 할에서 크게 깨달았다.'고 하지만, 그 말이 단적으로 딱 들어맞는 말일까? 조刁 자와 도刀 자가 비슷하기는 하지만 같지 않고, 어魚 자와 노魯 자도 보기와는 달리 다른 글자이니, 눈 밝은 사람이라면 조금도 속이지 못할 것이다. 그렇다면 마조가 '너는 훗날 두 입술을 놀리면서 무엇으로 남들을 가르치려 하는가?'라고 질책하자 백장이 불자를 꼿꼿이 세웠던 것은 벌레가 나무를 갉아 먹고 남긴 자국[59]과 같은 응답이었을까? 아니면 어미 닭이 알 밖에서 쪼고 병아리가 알 속에서 깨뜨려 동시에 일치하듯이 본분에 호응한 응답이었을까? 여러분은 사흘 동안 귀가 먹었다는 뜻을 알고자 하는가? 탁월한 장인匠人이 단련한 순금은 결코 빛이 변하는 일이 없는 법이니라.[60]"

---

58 "백장은 마조의 대기大機를 얻었고 황벽은 마조의 대용大用을 얻었다."라고 한 앙산의 말을 말한다.
59 벌레가 나무를~남긴 자국 : 온전한 문장은 '如蟲禦木, 偶爾成文.'이지만, 두 번째 구절은 생략한 형태이다. 본서 14칙 '대홍 보은의 염' 주석 참조.
60 탁월한 장인匠人이~없는 법이다 : 탁월한 장인은 마조를, 단련된 순금은 백장을 각각 비유한다. 사흘 동안 귀가 먹은 것은 본분의 소식에 통하도록 성숙된 극치의 상태로서 결코 퇴보하지 않는 백척간두의 경계라는 뜻이다.

雪竇顯拈, "奇恠, 諸禪德! 如今列其派者, 甚多; 究其源者, 極少. 惣道百丈於喝下大悟, 還端的也無? 然刁刀相似, 魚魯參差, 若是明眼漢, 謾他一點不得. 只如馬祖道, '你他後, 開兩片皮, 將何爲人?' 百丈竪起拂子, 爲復如蟲禦木? 爲復哞啄同時? 諸人要會三日耳聾麽? 大冶精金, 應無變色."

[설화]

○ 지금 지엽적인 현상에 대하여 늘어놓는 사람들은 매우 많지만, 그 근원을 궁구하는 사람들은 지극히 드물다 : 아래에서 말한 것처럼 '탁월한 장인匠人이 단련한 순금은 결코 빛이 변하는 일이 없는 법'이기 때문에 이와 같이 말한 것이다.

雪竇 : 如今列其派至極少者, 下云大冶精金應無變色故, 如是道得也.

분주 선소汾州善昭의 염

"깨달았으면 그만이지 사흘 동안 귀가 먹었다는 말은 무엇 때문에 하는가?"

汾州昭拈, "悟去便休得, 說什麽三日耳聾?"

[설화]

○ 금일사今日事로 깨달음의 방도를 세우지 않는다는 말이다.

汾州 : 不立今日悟門.

석문 온총石門蘊聰과 분주汾州[61]의 평

"만약 사흘 동안 귀가 먹지 않았더라면, 어떻게 깨달을 수 있었겠는가?" 이 말을 분주가 듣고 말하였다. "내가 그렇게 했던 말은 석문의 말과 비교하면 보름 정도의 차이가 난다.[62]"

石門聰云, "若不三日耳聾, 何得悟去?" 汾州聞云, "我與麼道, 較他石門, 半月程."

[설화]

○ 석문의 뜻은 반드시 금일사로 깨달음의 방도를 구해야 한다는 말이다.
○ 내가 그렇게 했던 말은 석문의 말과 비교하면 보름 정도의 차이가 난다 : 석문의 말에 오히려 장점이 있다는 뜻이다.

石門意, 須借今日悟門也. 我伊麼道云云者, 石門却有長處故也.

동림 상총東林常總의 거

이 공안과 더불어 분주汾州와 석문石門의 염을 제기하고 말하였다. "말을 하면 혀가 잘리는 화를 피하지 못하고, 화로 옆에 있으면 불티를 피하지 못한다. 불법佛法이 어찌 범인들의 평범한 생각을 세세하게 따르겠는가? 내가 오늘 검은 용[63]의 굴로 들어가 여의주를 빼앗으리라. 백장도 사

---

61 석문 온총(965~1032)과의 생몰 연대를 감안할 때 여기서 분주汾州는 무업無業(760~821)이 아니라 산서성 분주汾州(분양汾陽) 태자원太子院에 주석하였던 선소善昭(947~1024)로 보인다. 앞의 '분주 선소의 염' 참조.
62 보름 정도의 차이가 난다(半月程) : 보름치 정도의 여정이 걸리는 거리만큼 차이가 난다는 말이다.
63 여룡驪龍은 흑룡黑龍과 같다. 턱 아래 여의주를 가지고 있는데 그것을 여주驪珠 또는 주옥珠玉이라 한다. 본분의 핵심을 비유한다. 이 구슬은 목숨을 걸지 않으면 얻을 수

흘 동안 귀를 먹은 적이 없지 않았으니, 분주와 석문인들 어찌 둘 다 장님이 되는 화를 면할 수 있겠는가! 바로 이 세 노장이 도대체 깨닫기는 하였는가?" 잠깐 침묵하다가 말하였다. "조상이 당대에 할 일을 다 마치지 못하여 후손들에게 재앙이 미쳤다."[64]

東林惣擧此話, 連擧汾州石門拈, 師云, "當言不避截舌, 當爐不避火迸. 佛法豈可曲順人情? 東林今日, 向驪龍窟內爭珠去也. 百丈, 不無他三日耳聾, 汾州石門, 爭免箇二俱瞎漢! 只這三箇老, 還曾悟也無?" 良久云, "祖禰不了, 殃及兒孫."

> 설화

○ 분주와 석문인들 어찌 둘 다 장님이 되는 화를 면할 수 있겠는가 : 금시사今時事와 본분사本分事에 대하여 모두 장님과 같다는 말이다.
○ 바로 이 세 노장이 도대체 깨닫기는 하였는가 : 분주와 석문 그리고 백장을 아울러 세 명이다.
○ 조상이 당대에 할 일을 다 마치지 못하여 후손들에게 재앙이 미쳤다 : 조상인 백장이 할 일을 마치지 못했기 때문에 후손인 분주와 석문에게 재앙이 미쳤다는 말이다.

없기 때문에 목숨까지 버릴 각오로 본분을 추구하는 것을 이것에 비유한다. 본서 5칙 '고목 법성의 상당' 주석 참조.
64 백장이 사흘 동안 귀먹은 사실에 대하여 완결된 화두를 제시하지 않아 후대에 분주와 석문이 다시 그것을 문제로 내놓게 된 일을 가리킨다. 그들 또한 이 화두에 대한 완결된 해답을 내린 것이 아니기 때문에 '재앙'이라고 역설적으로 말한다. 결론적으로 굳히는 말은 죽은 말(死句)이며 활발하게 생동하는 산 말(活句)이 아니다. 해야 할 일을 다 못 마친 듯이 주어지는 것이 화두이다. 본서 2칙 '보녕 인용의 상당' 주석, 48칙 '곤산 찬원의 상당' 주석 참조.

東林：汾州石門爭免云云者, 今時本分摠是瞎漢也. 只這三箇老還曾悟也
無者, 汾州石門并百丈, 爲三箇. 祖禰不了殃及兒孫者, 祖百丈是不了故,
殃及兒孫汾州石門也.

장로 종색長蘆宗賾의 거

"이 공안은 세상에 전해진 지 오래되었는데, 황벽과 앙산만이 그 취지를 깊이 알고 있었다. 산승이 비난을 무릅쓰고 한번 판단해 보겠다. 백장이 불자를 꼿꼿이 세웠을 당시 그는 마조의 대기大機를 얻었을 뿐이었는데, 다시 불자를 제자리에 걸었으니 결국 마조의 대용大用은 얻지 못한 것이다. 마조가 내지른 할을 알고자 하는가? 사람을 죽이는 칼일 뿐만 아니라 또한 사람을 살리는 검이기도 하다. 사흘 동안 귀먹은 이유를 알고자 하는가? 마조의 방행放行만 알았을 뿐이고, 마조의 파정把定은 알지 못했기 때문이다."

長蘆賾擧此話云, "這个公案, 流布來多時也, 唯黃蘗仰山, 深相委悉. 山僧不避譏嫌, 試爲斷看. 當時百丈, 堅起拂子, 只得馬祖大機, 却掛拂子於舊處, 不得馬祖大用. 要會馬祖一喝麽? 非但殺人刀, 亦乃活人劍. 要會三日耳聾麽? 只知馬祖放行, 不知馬祖把定."

설화

○ 법의 조례條例와 규장規章을 전혀 살피지 않았다는 뜻이다.

長蘆意, 大殺不顧條章.

천동 정각天童正覺의 소참

소참 때 어떤 학인이 물었다. "마조의 한 할에 백장이 사흘 동안 귀먹었다는 것은 무슨 뜻입니까?" "소리는 귀가 있어야 들을 수 있고, 귀는 소리가 있어야 제구실을 하는 법이다." "대상과 인식기관(塵根)이 떨어져 나가고 소식도 침몰되었다고 할 만하군요." "결코 억지로 뚫어 보려 하지 마라."[65] 천동이 다시 말하였다. "그러면 마조의 한 할은 본분 밖에서 착안할 일인가? 본분 밖에서 도리를 지어내어 알 여지가 있는가? 만약 그 당시에 바로 알아채지 못하여 마음만 급하게 되었다면 업식業識이 흘러 들어왔을 것이요, 반대로 짓눌러 앉거나 비틀어 열듯이 제압하여 한 올의 실과 한 톨의 쌀도 들어설 수 없도록 하였다면 무엇을 가리켜 '마조를 다시 찾아가 법을 물었다(再叅)'라고 하였겠는가? 그 사이에는 터럭 하나도 들어갈 틈이 없으니, 만약 본분 밖에서 조금이라도 착안하였다면 사흘 동안 귀먹었다고 하지 못했을 것이다. 설두가 '탁월한 장인이 단련한 순금은 결코 빛이 변하는 일이 없는 법이다.'라고 한 말을 모르는가? 요즘 어떤 사람들은 몸으로 직접 체험하지도 못하고 견해가 철저하지도 못하면서 갈고리로 당기고 송곳으로 찌르듯이 온갖 수단으로 무리하게 도리를 만들어 낸 끝에 자신을 매몰시키고 선대의 종사까지 그 잘못에 연루시킨다. 만약 깨끗이 씻어 내지도 못하고 온전히 벗어나지도 못하고서 다시 이 공안에 대해 한 겹의 견해를 덧붙인다면, 진흙탕 속에서 흙덩이를 씻는 격이라고 하리라."

天童覺小叅, 僧問, "馬祖一喝, 百丈三日耳聾, 作麼生?" 師云, "聲在耳處, 耳在聲中." 僧云, "可謂塵根脫落, 消息平沈去也." 師云, "切莫强針錐." 師又云, "只如馬祖一喝, 還分外着得事麼? 還分外有造道理處麼? 若也个時承當不下, 草草地, 又是業識流注;若是坐得斷幹得開, 一絲一穄立不得, 喚什麼作, 再叅馬祖? 其閒毫髮不容, 若分外着得些子, 不喚作三日耳聾.

---

[65] 대상(聲塵)과 인식기관(耳根)이라는 범주를 가지고 알아맞히려 하지 말라는 뜻.

不見雪竇道, '大冶精金, 應無變色.' 而今有般漢體不到, 見不徹, 使鉤使錐, 作道作理, 埋沒自己, 帶累先宗. 若是洗不淨潔, 脫不了當, 又向這裏, 添一重去也, 喚作泥裏洗土塊."

[설화]
○ 천동 소참의 뜻은 글에 다 드러나 있다.

天童小糸, 文見.

용문신龍門新의 상당
"웅장한 봉우리의 우뚝 솟은 정상에서는 어떤 소식도 통하기 어렵도록 하더니,[66] 가벼운 할을 당하고도 귀가 멀었다. 사흘 동안 어디에 갔다 왔는지 분간도 못 하다가 그날 저녁이 되어서야 이전과 변함없이 진실한 종지를 퍼뜨릴 수 있었다. 예전에 백장이 다시 법을 물으러 갔다가 사흘 동안 귀가 멀어 버렸고, 훗날 설두는 '이상하구나, 여러 선덕이여!~탁월한 장인이 단련한 순금은 결코 빛이 변하는 일이 없는 법이다.'라고 말하였다. 나, 운암雲嵒이 오늘 길에서 공평하지 못한 일을 보았으니[67] 설두에게 묻고자 한다. 탁월한 장인이 단련한 순금이라면 빛이 변하는 일이 없어야 하거늘, 백장은 어째서 사흘 동안 귀가 멀어 버렸는가? 알겠는가? 예로부터 땀 흘리며 진장을 누빈 말의 노고는 아무도 모르고, 한 시대를 풍미한

---
66 웅장한 봉우리의~어렵도록 하더니 : 어떤 방법으로도 접근을 허용하지 않고 엄격하게 본분을 고수하던 대웅봉의 백장을 가리키며, 이런 그의 선풍이 다시 마조를 찾아가 점검을 받고는 무너지고 말았다는 복선이 숨어 있다.
67 길에서 공평하지~일을 보았으니(路見不平) : 설두의 말이 마조의 공적에 치우쳐 있어 백장에게는 공평하지 못한 결과가 되었다고 본 평가이다. '노견불평소이안검路見不平所以按劍'이라 하면, 공평치 못한 사태를 해결하기 위해 칼을 뽑아 조치를 취한다는 뜻이다. 『景德傳燈錄』 권22 「羅山義總傳」(大51, 381a17) 참조.

장군의 공적만 거듭 찬미할 뿐이다.[68]"

龍門新上堂云, "雄峯孤頂信難通, 輕喝當機耳便聾. 三日不知何處去, 今宵依舊播眞宗. 昔日百丈再參, 〈至〉三日耳聾. 後來, 雪竇道, '奇恠諸禪德, 〈至〉應無變色.'" 師云, "雲嵓今日, 路見不平, 要問雪竇. 旣是大冶精金, 應無變色, 百丈爲什麽, 三日耳聾? 還會麽? 從前汗馬無人見, 只要重論蓋大[1]功."

1) ㉮ '大'는 '代' 또는 '世'의 오기이다.

[설화]

○ 웅장한 봉우리의 우뚝 솟은 정상에서는~이전과 변함없이 진실한 종지를 퍼뜨릴 수 있었다 : 백장이 사흘 동안 귀가 멀어 버린 경계를 말한다.
○ 예로부터 땀 흘리며 전장을 누빈 말의 노고는 아무도 모르고, 한 시대를 풍미한 장군의 공적만 거듭 찬미할 뿐이다 : 설두가 그렇게 한 말로 인해 백장이 사흘 동안 귀가 멀어 버린 공적이 더욱 높아졌다.

龍門 : 雄峯孤頂至播眞宗者, 言百丈三日耳聾處也. 從前汗馬云云者, 因雪竇伊麼道, 百丈三日耳聾之功轉高.

불안 청원佛眼淸遠의 상당[69]

이 공안을 제기하고 말하였다. "대중이여! 무슨 사흘 동안 귀가 멀어

---

68 땀 흘리며~찬미할 뿐이다 : 마조가 백장을 이끌어 준 공적뿐만 아니라 그와 대면하며 모든 망상분별이 끊어진 귀머거리의 경계까지 내달린 백장의 노고는 모르고 지나치기 쉽다는 의미이다. 이 공안을 완성함에 순금인 백장은 조연의 역할이 아니라 탁월한 장인이었던 마조와 마찬가지로 주연이라는 평가이다. 설두의 표면적인 말에 오해의 여지가 있어 공평하지 못하다고 보고 이렇게 말한 것이다.
69 평상심平常心을 근본으로 보는 관점에서 마조의 할을 풀이한 법문.

버렸다고 말하는가? 나, 용문龍門이 북을 치고 법좌에 오르고 대중들이 모두 구름처럼 모이자 승당僧堂이 불전佛殿을 제멋대로 삼키고, 노주가 등롱에 거꾸로 매달린다.[70] 하늘은 높고 땅은 두꺼우며 달은 밝고 바람은 맑다. 비는 때맞추어 적당히 내리고 바람은 온화하게 불며, 황하는 맑아지고 바다는 잠잠하다. 배고프면 그대와 함께 쓴 나물을 먹고, 목마르면 그대와 함께 찬 샘물을 마신다.[71] 설령 하늘 저 먼 곳에서 꽃비가 내린다고 한들 방으로 돌아가서 차 마시는 것과 비교할 수 있겠는가!"

佛眼遠上堂, 擧此話云, "大衆! 說甚三日耳聾? 直得龍門打鼓上堂, 大衆盡皆雲集, 僧堂橫呑佛殿, 露柱倒掛燈籠. 天高地厚, 月白風淸. 雨順風調, 河淸海晏. 飢則共君餐苦菜, 渴則與子飮寒泉. 直饒天外雨花飛, 爭似歸堂喫茶去!"

> 설화

○ 나, 용문龍門이 북을 치고 법좌에 오르고 대중들이 모두 구름처럼 모이다 : 당시의 상황이다.
○ 승당僧堂이 불전佛殿을 제멋대로 삼키고, 노주가 등롱에 거꾸로 매달린다 : 생각으로 알 수 없고 말로 표현하지 못하는 경계(不思議)이다.
○ 하늘은 높고 땅은 두꺼우며~목마르면 그대와 함께 찬 샘물을 마신다 :

---

70 승당僧堂이 불전佛殿을~거꾸로 매달린다 : 설화의 해설처럼 부사의不思議한 경계를 표현한 말이다. 대중이 일상생활을 영위하는 '승당'과 불보살 등을 모셔 놓은 '불전'은 일반적 가치로는 불전이 우위에 있지만 이를 뒤집었고, 등롱이 기둥에 걸린 것이 아니라 반대로 기둥이 등롱에 걸려 있다고 하였다. 차별상 그대로 평등함을, 관념을 넘어선 자유로운 경계를 표현함으로써 마조와 백장을 동등하게 평가한 것이다. 하지만 이들의 언행이 기이하고 대단한 의미를 담고 있는 것이 아니라 이하 표현되는 구절들에서 알 수 있듯이 자연 그대로의 면모였다는 것도 함께 퉁겨 주고 있다.
71 하늘은 높고~샘물을 마신다 : 자연이 조화롭고 세상은 태평성대를 누리는 현상을 묘사한다.

평상平常의 경계이다.[72]
○ 설령 하늘 저 먼 곳에서 꽃비가 내린다고 한들 : 드물고 기이한 현상이다.
○ 방으로 돌아가서 차 마시는 것과 비교할 수 있겠는가 : 평상에 구현된 본분사이다.[73]
○ 그러므로 사흘 동안 귀가 멀어 버린 일은 특별히 새롭게 만든 조목일 뿐이라는 뜻이다.

佛眼 : 龍門打鼓至雲集者, 當時事. 僧堂橫吞佛殿云云者, 不思議也. 天高地厚云云者, 平常也. 直饒云云者, 希奇也. 爭似歸堂云云者, 平常本分事也. 然則三日耳聾, 特地新條.

장산 극근蔣山克勤의 거

이 공안과 더불어 분주·석문·설두의 염을 제기하고 말하였다. "그렇다면 작가作家[74]들이 함께 제기하여 내세운 말에는 틀림없이 각자 남들을 이끄는 안목이 있었지만, 문제는 마조와 백장의 대기大機만을 밝혔을 뿐이고 마조와 백장의 대용大用은 밝히지 못했다는 점이다. 눈썹을 아끼지

---

72 특별한 일도 없고 한결같은 일상.
73 『憨山集』권3 「示懷愚修堂主」(卍127, 250b6), "다만 범부의 속된 생각을 모두 없앨 뿐 성인의 깨달음은 따로 없다. 만약 성인의 깨달음을 억지로 지어내면 온갖 사악함에 떨어질 것이다. 신통과 묘용을 최상으로 여기는 까닭은 모두 본분사에 기특한 그 무엇도 없기 때문이다. 이러한 한맛의 평상 그대로이면 되었지 불법을 따로 구할 필요가 무엇이랴?(但盡凡情, 別無聖解. 若作聖解, 卽墮羣邪. 以上神通妙用, 皆本分事無奇特故. 卽此一味平常, 何用別求佛法?)"; 『白雲象林本眞語錄』권1 「行實」(嘉39, 703a26), "백운이 다시 동명 고운東明孤雲 화상에게 참문하러 가자 화상이 물었다. '그대의 본분사는 무엇인가?' '평상입니다.' '어디가 그대의 평상이 드러난 경계인가?' 백운이 절을 올리자 동명이 말하였다. '이 소식은 어디서 얻었는가?' '전혀 얻은 것이 없습니다.' '얻은 경계를 아직 모르는구나.'(又參東明孤雲和尙, 尙問, '汝本分事作麽生?' 師云, '平常.' 明云, '那裡是汝平常處?' 師便禮拜, 明云, '者消息那裡得來?' 師云, '竝無所得.' 明云, '未知得處在.')"
74 작가作家 : 선의 달인인 선장禪匠을 나타내는 말. 본서 165칙 주 8 참조.

않고[75] 하나의 소식을 드러내어 여러 선사들의 점검을 받고자 한다. 이 하나의 할을 아는가? 번개가 치고 천둥이 울리는 것과 똑같아서 그 소리를 듣는 사람은 간이 떨어지고 넋이 나간다. 사흘 동안 귀가 멀어 버린 뜻을 알고자 하는가? 도독고塗毒鼓[76]를 치는 것과 아주 흡사하여 듣는 자는 목숨을 잃게 된다." 불자를 들고 말하였다. "누군가 '이것 그대로의 작용인가, 이것을 떠난 작용인가?'라고 묻는다면, 말이 끝나기도 전에 때리고 곧이어 한 소리 크게 내지르리라." 다시 말하였다. "마조와 백장의 경계를 보았는가?"

蔣山勤擧此話, 連擧汾州石門雪竇拈, 師云, "然則作家共相提唱, 不妨各有爲人眼, 要且, 只明得馬祖百丈大機, 未明馬祖百丈大用. 不惜眉毛, 露個消息, 也要諸方檢責. 還知這一喝麽? 直似奮雷霹靂, 聽者喪膽亡魂. 要會三日耳聾? 正如擊塗毒鼓, 聞者喪身失命." 擧拂子云, "或有個問, '卽此用, 離此用?' 和聲便打, 隨後與喝." 復云, "還見馬祖百丈麽?"

설화

○ 간단명료한 핵심만 밝혔다. 대용大用에서 간단명료하게 다 드러나니 다시 무슨 대기大機에서 찾을 일이 있겠는가? 비록 위세를 떨치며 한 소리 크게 내지르기는 하였지만 또한 이 간단명료한 대용을 넘어서지는 않는다.

○ 말이 끝나기도 전에 때리다 : 이것 그대로의 작용과 이것을 떠난 작용

---

[75] 불석미모不惜眉毛는 불법을 잘못 이해하여 말하면 눈썹과 수염이 모두 떨어진다는 설에 따른다. 잘못 말하거나 보잘것없는 견해를 담은 한마디일지라도 피력한다는 뜻으로 쓰인다. 또는 말을 아끼지 않는다 혹은 부끄러움을 무릅쓴다는 말로 결정적인 말을 할 때 겸손하게 이르는 상용구이다. 본서 5칙 '정혜 초신의 소참' 주석 참조.
[76] 도독고塗毒鼓 : 듣기만 하면 죽게 되는 독이 발린 북. 듣는 자의 번뇌를 모두 소멸시키는 『涅槃經』의 교설을 비유하는 말이다. 본서 44칙 본칙 및 본칙 주석 참조.

바로 그것을 있는 힘을 다해 들어 보인 것이다.
○ 곧이어 한 소리 크게 내지르리라 : 이 어찌 마조의 할과 다르겠느냐는 뜻이다.
○ 마조와 백장의 경계를 보았는가 : 어디에서 찾겠느냐는 말이다.[77]

蔣山 : 但明直截. 大用直截, 則更討什麼大機? 雖是振威一喝, 亦不越此也. 和聲便打者, 當卽此離此, 盡力提持也. 隨後與喝者, 豈非馬祖地. 還見馬祖云云者, 向什麼處尋討.

운문 종고雲門宗杲의 거

불자를 들고[78] 황벽이 '우리의 후손들을 망칠 것입니다.'라고 한 부분까지 제기하고 말하였다. "백장은 마조가 내지른 할에 사흘 동안 귀가 멀어 버렸으며 황벽은 백장이 들려준 말을 듣고서 자신도 모르게 혀를 내둘렀는데, 백장은 황벽이 마조의 법을 그대로 이어받을까 우려하였다. 하지만 훗날 임제가 세 차례 불법佛法의 대의大意를 물었을 때 황벽이 세 차례 모두 60방을 때려[79] 사흘 동안 귀가 멀었던 백장에게 안도의 숨을 쉬게 해 주었고, 임제도 비로소 황벽의 몽둥이가 쑥대로 만든 불자[80]와 같음을 깨

---

77 스스로 마조의 대용을 눈앞에서 보여 주었다는 뜻.
78 병불秉拂은 주지가 불자拂子를 잡고 법좌에 올라앉아 대중에게 설법하거나 주지의 역할을 대신하는 자가 그 설법을 행하는 의식을 말한다. 보통은 후자의 뜻으로 많이 쓴다.
79 임제가 세~60방을 때려 : 본서 607칙 본칙 참조.
80 쑥대로 만든 불자(蒿拂) : 제자를 진심으로 아끼는 매. 또는 아무리 맞아도 아프지 않은 매라는 말로 가볍게 용서해 주었다는 뜻이 내포되어 있다. 임제의 말에 나온다. 본서 614칙「本則」, "내가 선사先師(황벽)의 회하에 있을 때 불법의 분명한 근본 도리(大義)에 대하여 세 번 물었다가 세 차례에 걸쳐 60방을 맞았지만 그 몽둥이는 마치 쑥대로 만든 불자와 같았다.(我於先師處, 三度問佛法的的大義, 三度喫六十棒, 如蒿枝子拂相似.)" 본서 614칙 본칙 주석 참조.

달았던 것이다. 대중들에게 묻겠다. 스승과 제자가 주고받은 법에는 동일한 근거가 있는 법인데, 어떤 이유로 활용한 방법은 같지 않았을까?[81] 알겠는가? 조계曹溪의 물결이 서로 비슷했다면 아무 일 없던 무수한 사람들이 땅속에 묻혔으리라.[82]"

雲門杲, 秉拂擧,〈至〉黃蘗喪我兒孫, 師云, "百丈被喝, 直得三日耳聾, 黃蘗聞擧, 不覺吐舌, 百丈疑其承嗣馬祖. 後因臨濟, 三度問佛法大意, 三度打六十棒, 便與三日耳聾出氣, 臨濟始覺如蒿枝拂相似. 敢問大衆. 既是師承有據, 因什麼, 用處不同? 會麼? 曹溪波浪如相似, 無限平人被陸沈."

[설화]

○ 백장은 마조가 내지른 할에 사흘 동안 귀가 멀어 버렸다 : 대기를 터득하였다.
○ 황벽은 백장이 들려준 말을 듣고서 자신도 모르게 혀를 내둘렀다 : 대용을 터득하였다.

---

[81] 스승과 제자가~같지 않았을까 : 마조는 할을 내질렀고, 황벽은 세 차례 방棒을 휘둘렀던 작용이 달랐던 점. 황벽이 마조의 할을 그대로 받아들일까 우려했던 백장의 생각과 다른 면모를 보여 준 일화이다.
[82] 조계曹溪의 물결이~땅속에 묻혔으리라 : '조계파랑曹溪波浪'은 6조 혜능의 남종선 물결, '평인平人'은 양민良民과 같은 말로서 평탄하게 사는 사람, 별일 없이 잘 사는 사람, 아무 관련이 없는 사람, 죄 없는 사람 등을 뜻한다. '육침陸沈'은 『莊子』 『雜篇 則陽』에 나오는데, 곽상郭象의 주에 따르면 은자隱者를 비유한 말이며 부정적 의미는 없다. 여기에서는 틀에 박혀 같은 방식으로 선禪 수행을 하거나 방편을 쓴다면 무수한 수행자가 물도 없는 데서 물에 빠져 죽게 된다는 뜻으로 쓰였다. 『碧巖錄』 93則 「頌 評唱」(大 48, 217b5), "'조계의 파도가 비슷하였다면'이라 한 것은, 만일 사방팔면의 배우는 자들이 단지 모두 이와 같이 춤을 추기만 하여 한결같이 이렇게만 춤춘다면 별일 없이 평탄하게 살던 무수한 사람들이 땅속으로 침몰하고 말 것이니 어떻게 구제하겠는가라는 뜻에서 한 말이다.('曹溪波浪如相似,' 儻忽四方八面學者, 只管大家如此作舞, 一向恁麼, 無限平人被陸沈, 有什麼救處.)" 본서 281칙 '설두 중현의 송 2', 981칙 '원오 극근의 거'와 설화 참조.

○ 백장은 황벽이 마조의 법을 그대로 이어받을까 우려하였다 : 황벽이 마조의 할을 곧이곧대로 이어받지 않을까 걱정한 것이다. 훗날 황벽이 임제에게 60방을 때렸던 그 작용이 바로 대용이니 백장에게 안도의 숨을 내쉬게 해 주었던 것이다.

○ 임제도 비로소 황벽의 몽둥이가 쑥대로 만든 불자와 같음을 깨달았다 : 임제가 대중에게 "내가 선사先師(황벽)의 회하에 있을 때~"[83]라고 한 말을 뜻하니, 다시 한 방을 때린다고 해도 쑥대로 만든 불자와 같다는 말이다.

○ 그렇다면 마조·백장·황벽·임제가 각자 활용한 방법이 모두 서로 동일하지 않은 것이니, 청원淸源과 석두石頭[84] 그리고 대대로 그 뒤를 이은 후손들이 존귀한 사람들이 보여 준 본분사만 밝힌 입장과는 다른 것이다. 그러므로 이를 잡동사니를 매매하는 점포(雜貨鋪)[85]라고 한다.

---

83 주 80 참조.
84 청원淸源과 석두石頭 : 석두 희천石頭希遷(700~790)은 혜능에게서 득도하였으나 얼마 지나지 않아 혜능이 입적하자, 청원 행사淸源行思(?~740)에게 참학하고 그의 법을 이었다. '호남의 석두, 강서의 마조'라고 불리며, 마조와 더불어 2대 감로문甘露門이라는 찬사를 받았다. 석두 희천의 문하는 조동종·법안종·운문종 등으로 이어졌는데, 앙산 혜적仰山慧寂은 뛰어난 선사들이 즐비한 그 법계가 순금을 진열한 점포와 같다고 하여 진금포眞金鋪라고 평가하였다.
85 잡동사니를 매매하는 점포(雜貨鋪) : 앙산 혜적의 말. 본분사를 중시하는 석두의 문하를 순금만 파는 가게(眞金鋪)에 비유한 것과는 대조적으로 구체적 현실에서 다양한 활용의 방편을 갖추고 있는 마조의 문하 홍주종洪州宗을 비유한 말이다.『仰山語錄』(大47, 585c23), "……또한 어떤 사람이 온갖 물건과 금은보배를 갖추고 점포 하나를 차리고 매매를 할 경우 찾아오는 손님의 빈부귀천을 가려서 상대하는 일과 같다. 그런 까닭에「석두는 순금을 매매하는 점포이고, 나의 이곳은 잡화를 매매하는 점포이다.」라고 한다. 어떤 사람이 와서 쥐똥을 찾으면 나도 그것을 집어서 그에게 주고, 와서 순금을 찾으면 나도 그것을 집어서 그에게 준다.' 그때 어떤 학인이 앙산에게 물었다. '쥐똥은 필요 없고 화상께 순금을 청하옵니다.' '마지막 남은 비책(囓鏃)을 말하려 하였으나 아무리 세월이 흘러도 그대는 이해하지 못하겠구나.' 그 학인이 대꾸가 없자 앙산이 말하였다. '물건을 찾고 값을 부르면 주거니 받거니 하겠지만, 찾지도 않고 값을 부르지도 않는다면 그런 일도 없다.'('……亦如人將百種貨物與金寶, 作一鋪貨賣, 秖擬輕重來機. 所以道,「石頭是眞金鋪, 我這裏是雜貨鋪.」有人來覓鼠糞, 我亦拈與他；來覓眞金, 我亦

○ 조계曹溪의 물결이 서로 비슷했다면 아무 일 없던 무수한 사람들이 땅 속에 묻혔으리라 : 온갖 물결이 모두 같지는 않지만 모두 조계를 근원으로 하는 물이다.

雲門:百丈被喝至三日耳聾者, 得大機也. 黃蘗不覺吐舌者, 得大用也. 百丈疑其承嗣馬祖者, 恐黃蘗一向承嗣馬祖一喝也. 後來黃蘗, 打臨濟六十棒, 是用大用, 則與百丈出氣. 臨濟云云者, 臨濟示衆云, "我於先師處云云" 又打一棒, 是蒿枝拂子也. 然則馬祖百丈黃蘗臨濟, 用處不同, 非如淸源石頭子子孫係, 只明得尊貴人邊事也. 此則所謂雜貨鋪也. 曹溪波浪云云者, 千波萬浪盡皆不同, 然俱是曹溪水也.

백운 지병白雲知昺의 염

"마조의 할은 위음왕불이전[86]의 경계에서 나온 것이다. 백장이 비록 사흘 동안 귀가 멀었다고 해도 사실은 절반밖에는 알아차리지 못했다."

白雲昺拈, "馬祖一喝, 直出威音王已前. 百丈雖則三日耳聾, 要且, 只承當得一半."

설화

○ 마조가 위세를 떨치며 내지른 할에 대헤서만 밝혔다.

白雲:但明得馬祖振威一喝也.

拈與他.' 時有僧問, '鼠糞卽不要, 請和尙眞金.' 師云, '囑鏃擬開口, 驢年亦不會.' 僧無對. 師云, '索喚則有交易, 不索喚則無.'") 설촉囑鏃에 대해서는 본서 33칙 '원오 극근의 송' 주석 참조.

[86] 주 14 참조.

182칙 백장기특 百丈奇特

본칙 백장에게 어떤 학인이 물었다. "기특한 일이란 어떤 것입니까?" "홀로 대웅봉에 앉아 있다."[1] 그 학인이 절을 올리자 백장은 곧바로 때렸다.

百丈, 因僧問, "如何是奇特事?" 師云, "獨坐大雄峯." 僧禮拜, 師便打.

설화

- 기특奇特 : 기奇는 척隻, 특特은 독獨의 뜻이다.[2] 옛사람이 "나는 기특한 것을 근본으로 삼아, 밝은 곳을 마주하고 분명하게 드러내노라. 부처와 중생이 모두 그 힘에 의지한다네."[3]라고 한 말과 같다.
- 홀로 대웅봉에 앉아 있다 : 크게 펼치고 앉아 바람과 맞선다.
- 절을 올렸다 : 안목을 갖추었는가, 갖추지 못했는가?[4]
- 곧바로 때렸다 : 호랑이 머리와 호랑이 꼬리를 동시에 거두어들였다.[5]

---

1 '홀로(獨)'라는 말은 모든 속박을 벗어나 어디에도 의존하지 않는 경계를 나타내고, '앉아 있다(坐)'는 말은 할 일을 모두 마치고 정상을 차지하고 어떤 방편도 허용하지 않는 입장을 가리킨다.
2 '척隻'은 한 짝 중 하나를 나타내고, '독獨'은 홀로 특출나다는 뜻이지만, 모두 어디에도 의존하지 않고 우뚝하고 당당하게 살아가는 모습을 나타낸다.
3 나한 계침羅漢桂琛의 〈明道頌〉에 나오는 구절. 『景德傳燈錄』 권29(大51, 453c3).
4 백장의 의중을 꿰뚫어 보고서 절을 올렸는지 여부를 물었다. 선사들이 상투적으로 던지는 질문 형식 중 하나이다. 『法眼語錄』(大47, 591a21), "그대는 대답해 보라! 조금 전의 그 학인이 안목을 갖추었는가, 갖추지 못했는가?(爾道! 適來這僧, 具眼不具眼?)"; 『碧巖錄』 31則 「本則 評唱」(大48, 170b6), "옛사람이 행각하며 두루 총림을 찾아다니나 다만 이 일을 마음에 담아 두고 저 곡록목상曲錄木牀(法座)을 차지하고 있는 노화상들이 안목을 갖추었는지 그렇지 않은지 가려내고자 하는 것이다.(古人行脚, 遍歷叢林, 直以此事爲念, 要辨他曲錄木牀上老和尙, 具眼不具眼.)"
5 '홀로 대웅봉에 앉아 있다.'는 자신의 말과 절을 올린 상대의 행위를 모두 거두어들였다. 『碧巖錄』 54則 「頌」(大48, 188c9), "호랑이 머리와 호랑이 꼬리를 한꺼번에 거두었다.【사

[奇特] 奇特者, 奇隻, 特獨也. 古人云, "我宗奇特, 當陽現煉.[1] 佛及衆生, 皆承渠[2]力也. 獨坐云云者, 大坐當風也. 禮拜者, 具眼不具眼? 便打者, 虎頭虎尾一時收.

1) ㉠ '現煉'이 대부분의 다른 문헌에는 '顯赫'으로 되어 있다.   2) ㉠ '渠'가 『景德傳燈錄』 권29 〈明道頌〉에는 '恩'으로 되어 있다.

설두 중현雪竇重顯의 송 雪竇顯頌

조사의 권역을 끝도 없이 오고 가는 천리마여[6]	祖域交馳天馬駒
교화의 문에서 펼침과 거둠은 같은 길이 아니로다[7]	化門舒卷不同途
전광석화처럼 재빠르면서 기틀에 알맞게 변했거늘[8]	電光石火存機變
우습다, 아무나 와서 호랑이 수염 뽑으려 하는구나[9]	堪笑人來撩虎鬚

람을 죽이는 칼이요, 사람을 살리는 검이다. 반드시 이 학인이라야 한다. 천 명의 병졸을 얻기는 쉽지만, 한 명의 장군을 구하기란 어렵다.}……옛사람은 '호랑이 머리에 걸터앉아 호랑이 꼬리를 한꺼번에 거두니, 제1구에서 종지를 밝힌다.'라고 말하였다.(虎頭虎尾一時收.【殺人刀, 活人劍. 須是這僧始得. 千兵易得, 一將難求.】……古人云, '據虎頭收虎尾, 第一句下明宗旨.')"

6 조사의 권역을~가는 천리마여 : 『碧巖錄』 26則 「著語」(大48, 167a25), "500년에 한 번 드물게 태어난다. 천 사람 만 사람 중에 탁월한 사람일세. 아들(백장)이 아비(마조)의 업을 이었구나.(五百年一間生. 千人萬人中, 有一箇半箇. 子承父業.)"

7 교화의 문에서~길이 아니로다 : 때로는 펼치고 때로는 거두지만(舒卷) 겉모습은 같아도 그때마다 다르게 펼치는 수단이라는 말. 위의 책, 「著語」, "이미 말로 표현하기 이전의 경계에 있었다. 그는 자유를 얻었다. 작가의 탁월한 수단 덕택이다.(已在言前. 渠儂得自由. 還他作家手段.)"

8 전광석화처럼 재빠르면서~알맞게 변했거늘 : 위의 책, 「著語」, "정면에서 다가왔다. 왼쪽이 되었건 오른쪽이 되었건 원활하게 움직이는구나. 백장이 전한 경계를 알기는 하는가?(劈面來也. 左轉右轉. 還見百丈爲人處也無?)"

9 우습다, 아무나~뽑으려 하는구나 : 위의 책, 「著語」, "30방을 때려 주었어야 한다. 후한 상을 내릴 경우는 반드시 용감한 사내가 나서는 법이다. 몸을 상하고 목숨을 잃지 않을 수 없다. 사리의 결정적인 한 수를 허용하리라.(好與三十棒. 重賞之下, 必有勇夫. 不免喪身失命. 放過闍黎一著.)" '重賞之下, 必有勇夫.'는 『三略』 「上略」에 나오는 구절이며 그 앞 구절은 "미끼를 드리우면 반드시 그것에 걸려드는 물고기가 있기 마련이다.(香餌之下, 必有死魚.)"이다.

> 설화

○ 조사의 권역을 끝도 없이 오고 가는 천리마여 : 백장을 가리키는 말이다.
○ 교화의 문에서 펼침과 거둠은 같은 길이 아니로다 : 호랑이 머리와 호랑이 꼬리를 동시에 거두어들인다.
○ 제3구와 제4구도 이상의 뜻을 밝혔다.

雪竇:祖域云云者,謂此師也. 化門云云者, 虎頭虎尾一時收也. 後句, 明此義.

대각 회련大覺懷璉의 송 大覺璉頌

당당하게 홀로 대웅산에 앉아 있는데	堂堂獨坐大雄山
왕래하는 그 누가 한번 올라오겠는가	來往何人敢一攀
배우는 자들이 가깝다는 생각 일으켜	學者擬生親近想
주장자 메고 떠났지만 한결같이 돌아오지 못하네	杖頭挑起未同還

투자 의청投子義靑의 송 投子靑頌

높디높고 가팔라 하늘도 훌쩍 벗어나니	巍巍峭逈出雲霄
정상 덮은 찬 얼음 그 기세 멀리 뻗었다	頂鎖氷寒勢外遙
앉아서 구름에 싸인 사방의 전방 살피니	坐觀四望煙籠處
한 줄기 푸른 산에 온갖 물줄기 흘러드네	一帶靑山萬水朝

천복 본일薦福本逸의 송 薦福逸頌

| 우뚝한 기상으로 대웅봉에 홀로 앉아서 | 巍巍獨坐大雄峯 |
| 세 척의 용천[10]을 손에 쥐고 있노라 | 三尺龍泉握掌中 |

---

10 용천龍泉 : 보검의 일종인 용연龍淵. 본서 181칙 주 41 참조.

| 우습다, 아무나 그 시퍼런 날에 덤비니 | 堪笑人來挨白刃 |
| 당장에 분쇄당할 일 누구에게 달렸는가[11] | 立爲齏[1]粉在誰躬 |

1) ㉠ '齏'가 『頌古聯珠通集』 권10(卍115, 111a13)에는 '虀'로 되어 있다. '虀粉'은 가루, 분말이라는 뜻으로 분골쇄신을 비유한다.

해인 초신海印超信의 송 海印信頌

대웅봉에 홀로 앉은 기상 언제나 당당하고	雄峯獨坐鎭巍巍
온 세상에 울리는 태평가 길마다 가득하다[12]	四海歌謠滿路岐
온몸 구석구석이 칼날 같은 사람일지라도	任是通身鋒刃者
이곳에 오면 누구나 항복의 깃발 세운다네	到來無不堅降旗

보녕 인용保寧仁勇의 송 保寧勇頌

대웅봉 꼭대기 차지하고 홀로 우뚝하니	大雄峯頂獨巍巍
그 자리에서 눈썹이 팔자 모양으로 솟았네[13]	直下橫分八字眉
때마침 머리 움츠리고 진퇴의 때 알았으니	賴得縮頭知進退
이제껏 감히 쉽게 손상시키지 못하네	未嘗容易敢相虧

---

11 당장에 분쇄당할~누구에게 달렸는가 : 방편은 조금도 시행하지 않고 차디차고 엄정한 법도로써 모든 것을 분쇄하는 입장을 말한다.
12 엄정하게 본분을 고수하는 기상이 무사태평의 경계와 조화를 이루고 있는 광경이다. 높은 대웅봉에 앉아 있는 특별한 듯한 모습과 그 아래 길에서 평화롭게 사는 평범한 듯한 모습 가운데 무엇이 '기특한 일'인가?
13 눈썹이 팔자 모양으로 솟았네 : 요임금의 눈썹이 팔자였다고 한다. 이로써 성인 또는 제왕의 용안을 상징한다. 『孔叢子』 「居衛」, "옛날 요임금은 신장이 10척이요 눈썹은 여덟 가지 색채로 실제 성인의 모습이었고, 순은 신장 8척에 기이한 모습인데 턱에는 털이 없다.(昔堯身修十尺, 眉乃八彩, 實聖 ; 舜身修八尺有奇, 面頜無毛.)" ; 『抱朴子』 內篇 권20, "세상 사람들이 요임금의 눈썹이 여덟 가지 색채를 띤다고 하는데 그렇지 않다. 양미간이 심하게 솟아서 팔자 같았을 뿐이다.(世人堯眉八采, 不然也. 直兩眉頭甚豎似八字耳.)"

운대정의 송 雲臺靜頌

취모검 빼어 들고 대웅봉에 앉았으니	吹毛橫按大雄峯
그 누가 여기서 조사의 종지 따지랴	誰敢於斯論祖宗
만일 가섭 문하에서 자란 선객이라면	若是飮光門下客
그 간담 부수고 발자취 끊어야 하리라	也須膽碎斷行蹤

숭승공의 송 崇勝珙頌

홀로 대웅봉 차지하고 앉았으니	獨坐大雄山
줄 없는 거문고 어찌 쉽게 연주하랴[14]	無絃豈易彈
손에 즐률나무 주장자 빼어 들고	手中橫栵㮚
난간 저 멀리 잇닿은 산봉우리 주위를 도네	檻外遶峯巒
잇닿은 산봉우리 주위를 돎이여	遶峯巒
본래 대도는 장안으로 통한다네[15]	從來大道通長安

불감 혜근佛鑑慧懃의 송 佛鑒懃頌

땅을 깎아 낼 듯한 바람 그 기운 하늘 가로지르고	淸風刮地氣橫天
홀로 대웅봉에 앉아 있으니 방편도 풍부하구나	獨坐雄峯大有權[1)
한 소리 내지르자 산 동굴[16] 갈가리 찢어졌으니	哮吼一聲嵓洞裂
더 이상 문 앞까지 이르는 개 발자국도 없다네	更無狗跡到門前

---

1) ㉠ '大有權'이 『頌古聯珠通集』 권10(卍115, 111b6)에는 '有大權'(근본의 방편을 지

---

14 대웅봉의 소식을 전할 언어의 수단이 없다는 말.
15 대도는 장안으로 통한다네(大道通長安) : 조주 종심趙州從諗의 말이다. '대도투장안 大道透長安'이라고도 한다. 본서 476칙 본칙 및 『趙州語錄』古尊宿語錄 14(卍118, 322b16), 『碧巖錄』 52則 「頌 評唱」(大48, 187b11) 참조. '장안'은 흔히 본분의 고향·안 주지安住地 또는 본디부터 갖추고 있는 보리菩提·깨달음 등을 비유하는데, 여기서는 백장이 대웅봉에 꼿꼿이 앉아 자신의 본분을 고수했던 것을 가리킨다.
16 암동嵓洞은 산이나 땅속에 있는 동굴로 동물들이 은신하는 장소이다. 제각각 틀을 잡고 분별하는 집착의 소굴을 상징한다.

니고 있다.)으로 되어 있다.

장산 극근蔣山克勤의 송 蔣山勤頌

간장에 소금을 더하여 넣고	醬裏着鹽
눈 속 추위에 숯불 보내네[17]	雪中送炭
호랑이 수염을 뽑자마자	纔捋虎鬚
주장자에 눈이 생겼노라[18]	棒頭有眼
홀로 대웅산에 앉은 모습 괴이하다 여기나	怪來獨坐大雄山
저 사람은 이전에 최상의 관문[19] 밟았다네	他家曾踏上頭關

본연거사의 송 本然居士頌

납승이 지닌 본분의 핵심 알고자 하면	要識衲僧鼻孔
뛰어난 장인의 수단[20]을 만나야 하리라	須遇作匠鈐1)鎚
그대들이 만일 종지를 밝히지 못했다면	你若未明宗旨

---

17 간장에 소금을~숯불 보내네 : 간장의 짠맛을 맞추고자 소금을 더하는 방법과 추운 날에 따뜻한 온기를 주고자 숯불을 보내어 온정을 베푸는 행위로써 백장의 기량을 나타냈다. 하나는 '홀로 대웅봉에 앉아 있다.'는 백장의 말을 비유하였고, 다른 하나는 그 학인이 절을 올린 것에 대하여 주장자로 때린 행위를 비유하였다.

18 호랑이 수염을~눈이 생겼노라 : 학인이 '기특한 일'을 질문하여 백장을 시험하려 들자 백장이 역으로 그의 시비를 가려내는 주장자를 휘둘렀다는 말. 『宏智廣錄』 권2(大48, 27a19), "임제가 드러낸 온전한 기틀은 격조가 높아, 휘두른 방의 밝은 안목은 미세한 것까지 가려내는구나.(臨際全機格調高, 棒頭有眼辨秋毫.)"

19 최상의 관문(上頭關) : 상두관려자上頭關棙子라고도 한다. 본서 71칙 '청량화의 염' 설화 주석 참조.

20 뛰어난 장인의 수단 : 작장作匠은 학인을 단련하는 데 능한 장인과 같은 작가종사作家宗師 또는 종장宗匠을 말한다. 검추鈐鎚는 겸추鉗鎚와 같은 말로 대장간에서 금속을 단련하는 데 쓰는 연장으로서 부젓가락과 쇠망치이다. 이것은 보통 종장이 제자를 단련하는 갖가지 수단을 나타낸다. 『臨濟錄』(大47, 496a28), "납자를 단련하다.(鈐鎚衲子.)" 또는 『宏智廣錄』 권9(大48, 103b13), "부젓가락과 쇠망치가 손아귀에 들어 있고, 주장자와 불자가 주먹에 쥐어져 있다.(鈐鎚之在握, 杖拂之當拳.)"라는 등의 용례가 있다.

나 또한 그 누구인들 못 본 채 등지리오   我又辜負阿誰

1) ㉯ '鈴'은 '鈐'의 오자로 보인다. '鈐'에는 겸도鉗刀와 통하는 뜻이 있다.

법진 수일法眞守一의 염

"그 학인에게 잘못이 있는가?"

法眞一拈, "者僧還有過也無?"

> 설화

○ 그 학인에게 무슨 잘못이 있겠는가? 그 학인의 견지에 따른다면 어떤 한계도 없이 자유롭다는 뜻이다.

法眞 : 這僧有什麽過? 若據這僧, 直得無限也.

불감 혜근佛鑑慧懃의 거

이 공안을 제기하고 "송곳 끝이 날카롭다는 점만 알았을 뿐."[21]이라고 평가하고, 어떤 학인이 덕산德山에게 '기특한 일이란 어떤 것입니까?'라고 묻자 덕산이 '나는 어떤 말도 없는 구절(無語句)을 근본으로 삼는다.'라고 한 말에 대해서는 "뭉툭하게 생긴 끝도 예리하다는 점을 모른다."[22]라

---

21 이다음 덕산의 문답에 대하여 '뭉툭하게 생긴 끝도 예리하다는 점을 모른다.'라고 한 평가의 말과 한 쌍을 이루는 구절이다. 이 뒤의 구절을 생략한 형태로 보아야 의미가 성립된다. 백장이 송곳이라면 학인은 끝과 같다고 말한 것이다. 즉 이들 각각이 자신의 견지에서 예리한 면모를 지니고 있어 평등하다는 뜻이다. 본서 391칙 '설두 중현의 염', 657칙 '죽암 사규의 송' 참조.
22 송곳의 뾰족한 끝만 예리하지 않고, 끝의 넓적한 끝도 날이 예리하다는 뜻이다. 말이 있는 구절이거나 없는 구절이거나 모두 본분의 핵심을 찌르거나 도려내는 날카로운 작용이 있다는 뜻을 나타내기 위한 비유이다. 백장과 학인의 서로 다른 견지도 마찬가지이다.

고 평가하였다. 또한 어떤 학인이 나산羅山에게 '기특한 일이란 어떤 것입니까?'라고 묻자 나산이 '무슨 말을 하겠느냐?'라고 반문한 것에 대해서는 "나산은 쥐를 쫓을 줄만 알았을 뿐, 자신도 모르게 부딪혀 기름독을 엎어 버린 격이었다."라고 평가하고, 이어서 말하였다. "오늘 밤 누군가 나, 장산蔣山에게 '기특한 일이란 어떤 것입니까?'라고 묻는다면 그에게 '지금 당장은 내일 먹을 밥걱정은 하지 않으니, 살림살이가 바로 발우 안에 들어 있다.'라고 대답해 주리라. 말해 보라! 옛사람들의 대답과 얼마나 다른가? 알고자 하는가? 맛없는 밥(無味飯)[23]을 지어 놓고 오지 않은 사람을 접대한다."

佛鑒勤擧此話云, "只見錐頭利." 僧問德山, '如何是奇特事?' 山云, '我宗無語句.' 師云, "不見鑿頭方." 僧又問羅山, '如何是奇特事?' 山云, '道什麽?' 師云, "羅山只知趁老鼠, 不覺撞倒油甕." "今夜忽有人問蔣山, '如何是奇特事?' 但向伊道, '今日不愁明日飯, 生涯只在鉢盂中.' 且道! 與古人相去多少? 要會麽? 熟炊無味飯, 接待不來人."

설화

○ 송곳 끝이 날카롭다는 점만 알았을 뿐~뭉툭하게 생긴 끌도 예리하다는 점을 모른다 : 한쪽으로 치우친 것처럼 보이기 때문이다.
○ 어떤 학인이 나산羅山에게 '기득한 일이란 어떤 것입니까?'라고 묻자 나산이 '무슨 말을 하겠느냐?'라고 반문한 것 : 백장과 덕산의 중간 입장이다.
○ 쥐를 쫓을 줄만 알았을 뿐, 자신도 모르게 부딪혀 기름독을 엎어 버린

---

23 맛없는 밥(無味飯) : 옛사람들의 대답이나 불감 혜근 자신의 말이나 모두 어떤 의미로도 헤아리지 못하는 몰자미沒滋味라는 뜻이다.

격이었다 : 오로지 중간 입장에 눈동자를 붙이고 있었다는 말이다.
○ 이상과 같이 세 선사의 말이 모두 옳지 않다는 뜻이다.[24]
○ 지금 당장은 내일 먹을 밥걱정은 하지 않으니, 살림살이가 바로 발우 안에 들어 있다 : 또한 손 가는 대로 써먹어도 무방하다는 말이다.
○ 맛없는 밥(無味飯)을 지어 놓고 오지 않은 사람을 접대한다 : 이럴 때 보여 주는 당사자나 보이는 대상(맛없는 밥)이나 이러한 적은 없었다는 뜻이다.

佛鑑 : 只見至頭方者, 似一邊偏枯故也. 羅山至什麽者, 中間也. 只知趨老云云者, 只向中間著得眼睛也. 然則三員道得, 皆不是也. 今日不愁云云者, 亦不妨信手用得也. 熟炊無味云云者, 伊麽時, 能示所示, 未曾伊麽也.

불안 청원佛眼淸遠의 상당

이 공안을 제기하고 "잘못 때렸다!"라고 평가하고, 어떤 학인이 덕산에게 '기특한 일이란 어떤 것입니까?'라고 묻자 덕산이 '나는 어떤 말도 없는 구절을 근본으로 삼으니 진실로 남에게 전해 줄 법이 하나도 없다.'라고 한 말에 대해서는 "여전히 조금 부족하다."라고 평가하였다. 또한 어떤 학인이 나산에게 '기특한 일이란 어떤 것입니까?'라고 묻자 나산이 '무슨 말을 하겠느냐?'라고 반문한 것에 대해서는 "어떤 도리가 성립되겠는가?"라고 평하였다. 이어서 말하였다. "대중들이여, 옛사람들이 낚싯바늘에 미끼를 달았던 의도는 고기를 잡는 데 있었다.[25] 지금 발을 씻고 즉시

---

24 모두들 한 측면을 드러내고 있어서 차별된 점들이 충돌한다. 여기서 '옳지 않다'라고 한 평가는 타당하지 않다는 말이 아니라, 이 차별을 부각하여 그것을 긍정하기도 하면서 부정하기도 하는 방식이다. 다시 말해서 긍정할 수도 없고 부정할 수도 없다는 설정이다.
25 옛사람들이 낚싯바늘에~데 있었다 : '기특한 일은 어떤 것입니까?'라는 질문에 대한 각각의 대답은 고기를 잡기 위한 미끼와 같기 때문에 그 낱낱의 대답을 진실이라 확정하여 분별하면 그 말에 낚여서 자유를 상실하고 만다는 뜻이다. 『空谷集』 36則 「評唱」

배에 오를 수 있는 사람이 몇 명이나 될까?[26] 누군가 나, 용문龍門에게 '기특한 일이란 어떤 것입니까?'라고 묻는다면, 산승은 그에게 '여기서 태호太湖까지는 멀지 않다.'[27]라고 대답할 것이다. 이러한 말에 얼마나 기특한 점이 있는가? 또한 그에게 '바로 이 앞에 배나무가 있다.'라고 대답할 것이다. 대중들이여, 알겠는가? 평상의 것을 알지 못한다면 평상 그대로라고 보아야 한다."

佛眼遠上堂, 擧此話云, "錯打人!" 僧問德山, '如何是奇特事?' 山云, '我宗無語句, 實無一法與人.' 師云, "猶較些子." 僧問羅山, '如何是奇特事?' 羅

(卍117, 572a7), "(운문雲門이) 문득 명교明敎에게 '오늘은 호떡을 몇 개나 먹었는가?'라고 물었다. 이것이 어찌 낚싯바늘에 미끼를 달아 범상한 물고기와 용을 가려내려는 뜻이 아니겠는가! 명교는 '다섯 개'라고 대답하였다. 비록 상대가 숫자로 던진 질문에 숫자로 대응한 방법이었지만, 처음부터 끝까지 씹어서 맛볼 여지라곤 전혀 없다.(忽問明敎, '今日喫得幾箇餬餅?' 此豈非鉤頭著餌, 要辨魚龍! 敎云, '五箇.' 雖似將計就計, 到底終沒咬嚼.)";『月澗語錄』권상(卍150, 1045b4), "하안거를 시작하는 날 법좌에 올라앉아 말하였다. '모든 선문에서 활용하는 방법은 대부분 낚싯바늘에 미끼를 달거나 칼날에 꿀을 묻히는 것과 같으니, 다만 사지死地에 몰아넣은 이후에야 그칠 뿐이다. 나, 천복薦福은 다만 모든 사람이 시절에 맞추어 스스로 아끼기 바랄 뿐이다. 왜 그런가? 무수한 물줄기를 받아들여 잉어를 용으로 변화시키는 당체는 바다이기 때문이다.'(結夏上堂, '諸方用處, 多是鉤頭著餌, 刃上著蜜, 直欲置之死地而後已. 薦福只要諸人, 順時保愛. 何故? 納百川而變化魚龍者海.')"

26 발을 씻고~명이나 될까 : 말을 듣는 순간 곧바로 알아차릴 수 있는 사람이 드물다는 말. 물가에 살면 발에 묻은 흙을 털고 즉시 배를 타기 아주 편리하다는 손권孫權의 고사에 따른다.『三國志』「吳志」「呂蒙傳」참조.『虛舟普度語錄』(卍123, 161a17), "강 반대편에서 손짓으로 부르자 삼라만상이 웃으며 고개를 끄덕여 응답하고, 발을 씻고 배에 오르자 은산철벽이 모두 기울어 쓰러진다.(隔江招手, 萬象森羅笑點頭 ; 洗脚上船, 鐵壁銀山俱靠倒.)"

27 '불감 혜근의 거'에서 '맛없는 밥'이라 한 말과 같은 맥락이다. '기특한 일'에 대하여 물었지만 특별한 맛이 없는 밥과 같이, 지금 그곳에서 태호太湖까지 멀지 않다는 단순한 사실 이외에 별다른 의미가 없다. 맛이 남아 있지 않기 때문에 그 뜻을 궁구해도 우러날 여지가 없으며 바로 이 점이 기특하다면 기특한 것이다. 태호는 동정호洞庭湖의 별칭이기도 한데 실제 호남성 북부에 위치한 동정호와 불안 청원이 주석하였던 안휘성 소재 절과의 거리는 멀지 않기도 하다.

山云, '道什麼?' 師云, "成何道理?" "大衆, 古人鉤頭著餌, 意在得魚. 如今洗脚上船, 能有幾个? 或有人問龍門, '如何是奇特事?' 山僧向伊道, '此去大¹⁾湖不遠. 恁麼說話, 有甚奇特?' 又向伊道, '咫尺是棠梨.' 大衆, 還會麼? 等閑如不會, 須作等閑看."

1) ㉠ '大'는 '太'로 씀이 맞다.

설화

○ 잘못 때렸다 : 인정하지 않는다는 말이다.
○ 여전히 조금 부족하다 : 그래도 허용한다는 뜻이다.²⁸
○ 어떤 도리가 성립되겠는가 : (그 견해를) 꺾고 쥐어틀어 부정한 것이다.
○ 낚싯바늘에 미끼를 달았던 의도는~배에 오를 수 있는 사람이 몇 명이나 될까 : 세 사람이 대답한 말 그 어디에도 떨어져 묶이지 않는다는 뜻이다.
○ 여기서 태호太湖까지는 멀지 않다~바로 이 앞에 배나무가 있다 : 세 사람의 말과 같은가, 다른가?
○ 평상의 것을 알지 못한다면 평상 그대로라고 보아야 한다 : 가장 좋은 것은 평상 그대로라는 뜻이다.

佛眼 : 錯打人者, 不許也. 猶較些子者, 且許也. 成何道理者, 折拗也. 鉤頭著餌至幾箇者, 不落三人道得地索得也. 此去大湖云云者, 與三人道得, 是同是別? 等閑如不會云云者, 最好是等閑也.

---

28 '여전히 조금 부족하다.'는 말에는 '이전 것과 비교해서 부족하지만 그래도 조금 낫다.'는 뜻이 들어 있다.

송원 숭악松源崇嶽**의 상당**

이 공안을 제기하고 말하였다. "호랑이 머리에 올라타고 호랑이 꼬리를 거두는 솜씨는 백장노인에게 돌리겠지만, 기특한 일로 말하자면 약간의 효와誵訛[29]가 있을 수밖에 없다. 여러분은 점검해 낼 수 있겠는가? 동지라도 춥지 않지만 섣달그믐이 지난 다음에 보라."

松源上堂, 擧此話云, "騎虎頭收虎尾, 還他百丈老人, 若論奇特事, 未免有些誵訛. 諸人還點撿得出麽? 冬不寒, 臘後看."

설화

○ 호랑이 머리에 올라타고~효와誵訛가 있을 수밖에 없다 : '홀로 대웅봉에 앉아 있다.'라는 그 말이 호랑이 꼬리를 거둔 것이고 또한 호랑이 머리에 올라탔다는 뜻이다. 비록 그렇기는 해도 다만 호랑이 꼬리를 차지하였기에 약간의 효와가 있을 수밖에 없다.

○ 동지라도 춥지 않지만 섣달그믐이 지난 다음에 보라 : 미상이다.[30] 아마도 눈에 대하여 읊은 시구로 보인다. 동冬이란 동지를 가리킨다. 춥지 않다면 대단히 온난하기에 '홀로 대웅봉에 앉아 있다.'라고 말한 것이다.

○ 섣달그믐이 지난 다음 : 섣달그믐 이후 혹독하게 추워야 비로소 눈이 온다. 그런 시기에는 떨어지는 물방울마다 그대로 얼어붙어 추위가 맹위를 떨치게 되니 이 어찌 호랑이 머리와 같지 않겠느냐는 뜻이다.

---

29 효와誵訛 : 일종의 전략적인 거짓말이면서 상대를 점검할 목적에서 고의로 '교란'하는 관문이다. 비록 백장이 학인을 다루는 솜씨가 긍정과 부정을 마음대로 오고 갔지만, 학인이 '기특한 일'이라고 애초에 던진 말에 풀어야 할 숙제가 있었다는 뜻이다. 이 경우 기특한 일이 처음부터 없는 상황에서 기특한 일이 있는 듯이 조작하여 백장을 교란하여 점검하는 방식이 된다. 백장도 이를 알아채고 응답했던 것이다.
30 뜻을 잘 모르겠다는 말이 아니라 '전거 미상'을 가리킨다.

松源 : 騎虎頭云云者, 獨坐大雄峯, 是收虎尾, 亦有騎虎頭義. 雖然, 只據虎尾, 未免有些謿訕也. 冬不寒云云者, 未詳. 疑是雪詩. 冬則冬至. 不寒則大殺溫暖, 所謂獨坐大雄峯也. 臘後者, 臘後凝寒始有雪. 伊麼時, 滴水滴凍, 寒威威地, 豈不是虎頭也.

밀암 함걸密庵咸傑의 거

"백장은 호랑이 머리에 잘 걸터앉았을 뿐만 아니라 호랑이 꼬리를 거두는 방법도 알았다. 비록 머리와 꼬리를 모두 장악했지만 결국은 근원을 밝히지는 못하였다. 지금 누군가 나, 영은靈隱에게 '기특한 일이란 어떤 것입니까?'라고 묻는다면 그에게 '나라와 백성을 대상으로 법회를 연다.'[31]라고 대답하리라. 만약 질문한 학인이 절을 올린다면, '무슨 은혜를 베풀었는지 알아야 그 은혜를 갚을 줄 안다.'[32]라고 말할 것이다. 말해 보라! 백장과 내가 같은가, 다른가? 만일 가려낸다면 가벼운 발걸음으로 하늘에 오르는 격이겠지만,[33] 만일 그렇지 못하다면 게송 한 수를 다시 들어 보라.

호랑이가 달리고 용이 날아 이렇게 오니
문득 평지에서 바람과 우레가 일어나도다
주장자에 달린 바른 눈은 해처럼 밝고
싸늘히 부는 맑은 바람 온 대지를 휩쓰네"

---

[31] 나라의 태평과 백성의 안녕 그리고 왕의 만수무강 등을 기원하는 법회. 개당축수開堂祝壽·개당축성開堂祝聖·축국개당祝國開堂 등과 같은 말이다.
[32] 말의 근원을 알아야 그에 대한 올바른 반응을 할 수 있다는 뜻. 법회를 연다고 하였지만 이 또한 '맛없는 밥'과 같다. 학인이 올린 절이 그것에 대한 응답이었는지를 판별하려는 뜻이 들어 있다.
[33] 가벼운 발걸음으로~오르는 격이겠지만 : 장애 없이 한 번에 아주 높은 경지에 도달한다는 말.

密庵傑擧此話云, "百丈善能據虎頭, 亦解收虎尾. 雖然頭尾兩全, 至竟未徹源底. 今日忽有問靈隱, '如何是奇特事?' 只對他道, '爲國開堂.' 僧若禮拜, 但云, '知恩方解報恩.' 且道! 與百丈, 是同是別? 若揀得出, 平步靑霄; 其或未然, 更聽一頌. '虎驟龍驤伊麼來, 驀然平地起風雷. 棒頭正眼明如日, 凜凜淸風廓九垓.'"

> 설화

○ 백장은 호랑이 머리에 잘 걸터앉았을 뿐만 아니라 호랑이 꼬리를 거두는 방법도 알았다 : 앞에서 이미 해석하였다.
○ 비록 머리와 꼬리를 모두 장악했지만 결국은 근원을 밝히지는 못하였다 : 다만 호랑이 머리를 바라볼 뿐이다.
○ 나라와 백성을 대상으로 법회를 연다 : 전혀 생각이라곤 없어 모색하지 못한다.[34]
○ 무슨 은혜를 베풀었는지 알아야 그 은혜를 갚을 줄 안다 : 참으로 꼬리까지 알아야 한다는 뜻이다.
○ 가벼운 발걸음으로 하늘에 오르는 격이다 : 마음 비우면 급제하여 만법과 더불어 짝이 되지 않는다.[35]
○ 호랑이가 달리고 용이 날아 이렇게 오니, 문득 평지에서 바람과 우레가 일어나도다 : 백장의 의중을 밝혔다. 이하 나머지 구절에서는 밀암 자신의 의중을 밝혔다.

密庵 : 百丈至虎尾者, 前已釋也. 雖然云云至源底者, 但望虎頭也. 爲國開

---

[34] 그 말 자체에는 모색하여 찾을 만한 생각을 전혀 담지 않았다. 어떤 맛도 없는 말이라는 뜻이다.
[35] 앞 구절은 방거사龐居士의 게송, 뒤의 구절은 방거사가 마조에게 던진 질문이다. 각각 본서 312칙, 161칙 본칙 참조.

堂者, 都無意思, 摸搀不著也. 知恩至恩者, 亦知有其尾也. 平步靑霄者, 心空及第, 不與萬法爲侶也. 虎驟龍驤至風雷者, 明百丈意. 下句, 明自己意也.

183칙 백장장옹 百丈醬瓮[1]

본칙 백장에게 마조가 편지를 부치면서 아울러 간장 세 항아리를 보냈다. 백장은 그것을 법당 앞에 늘어놓도록 하였다. 마침내 법좌에 올라 앉아 있다가 대중이 모이자마자 주장자로 간장 항아리를 가리키며 말하였다. "제대로 말을 하면 깨뜨리지 않겠지만, 만약 제대로 대답하지 못한다면 깨뜨려 버리겠다."[2] 대중들이 말이 없자 백장이 곧바로 간장 항아리를 깨뜨리고 방장으로 돌아갔다.

百丈, 因馬祖馳書, 幷醬三瓮與師. 師令排向法堂前. 乃上堂, 衆才集, 師以拄杖指醬瓮云, "道得卽不打破, 道不得卽打破." 衆無語, 師便打破, 歸方丈.

설화
● 백장에게 마조가 편지를 부치면서 아울러 간장 세 항아리를 보냈다 : 마조가 "마음 가는 대로 수행한 이래 30년 동안 소금과 간장이 부족한 적은 없었다."[3]라고 한 말에서 비롯한 인연이며, 백장이 그것을 받을지

---

1 독립한 뒤 소식이 없었던 마조에 대해 궁금해하던 그 스승 회양이 마조에게 사람을 보냈는데, 마조가 "마음 가는 대로 수행한 이래 30년 동안 소금과 간장이 부족한 적은 없었다."라는 말로 자신의 소식을 전한 일이 있다. 이를 소재로 한 공안이 본서 156칙에 해당한다. 백장은 그러한 마조가 베푼 간장 항아리를 깨뜨려서 자신도 소금과 간장을 스스로 갖추고 있다는 것을 나타냈다. 소금과 간장은 본분의 식량을 상징하는 일상의 필수품이다. 친정에서 시집간 딸에게 간장을 보내는 풍습이 이 이야기의 배경이 된다. 백장은 마조가 보낸 간장 항아리를 깨뜨림으로써 자신이 마조의 딸이 아니라 아들로서 그의 법을 정통으로 이은 법맥이라는 사실을 나타내고 있기도 하다.
2 선사들의 상용 수법 중 하나. 두 길을 제시하여 한 길을 터놓고 있는 것처럼 보이지만 결국은 모두 막혀 있다. 설화의 해설 참조.
3 본서 156칙 참조.

받지 않을지 살피려는 의도에서 보낸 것이다.
● 제대로 말을 하면 깨뜨리지 않겠지만, 만약 제대로 대답하지 못한다면 깨뜨려 버리겠다 : 마조의 견해를 그대로 쫒아다니지 않아야 말을 제대로 할 줄 아는 것이다.
● 깨뜨렸다 : 호령號令이 내려진 이상 마땅히 그에 따라 시행한 것이다. 그렇다면 제대로 말을 할 줄 알았다면 깨뜨리지 않았을까? 말을 할 줄 알았다고 해도 깨뜨렸을 것이다.[4]

[醬瓮] 馬祖馳書至瓮者, 三十年不曾少鹽醬之來由, 看他百丈受不受也. 道得則不打云云者, 不從馬師處來, 是解道得也. 打破者, 既有號令, 事須施行也. 然則解道得, 則不打破耶? 雖解道得, 亦打破也.

장산 법천蔣山法泉의 송 蔣山泉頌

은혜를 입는 일은 장물을 받는 것과 같으니	受恩還與受贓同
후손들이 외할아버지 원망할 일 없게 하였네	免使兒孫怨外翁
독립된 가정[5] 이룬 뒤에 누가 백장 보았던가	家邑成來誰得見
지금껏 홀로 대웅봉에 앉아 있도다	至今獨坐大雄峯

---

4 양단 어느 편도 허용하지 않는 수법이다. 그렇게 마주한 면전에 화두의 진실이 실현되어 있다. 『拈八方珠玉集』 권하(卍119, 307a9), "불해佛海가 말한다. '말을 하더라도 남에게 점검을 당하지 않을 수 없고, 말을 하지 않더라도 남에게 점검을 당하지 않을 수 없다.'(佛海云, '道得, 未免遭人點撿 ; 道不得, 亦未免遭人點撿.')" ; 『無見先睹語錄』 권상(卍122, 465b2), "말해 보라! 이것은 주장자인데 어느 것이 참학하는 일인가? 만약 제대로 대답하더라도 참학하는 안목을 갖추지 못한 것이며, 제대로 대답하지 못하더라도 참학하는 안목을 갖추지 못한 것이다.(且道! 這個是拄杖子, 那個是參學事? 若也道得, 未具參學眼在 ; 若道不得, 亦未具參學眼在.)"
5 가읍家邑은 고대에 경대부卿大夫가 받은 봉지封地. 여기서는 백장이 마조로부터 독립하여 이룬 문하를 가리킨다.

> 설화

○ 외할아버지를 원망하다 : 만일 간장 세 항아리를 그대로 받았다면 장물을 받는 짓이며,[6] 그것은 마조가 외할아버지라는 뜻이다.[7]
○ 독립된 가정 이룬 뒤에 누가 백장 보았던가 : 간장 항아리를 깨뜨린 그것이 스스로 독립된 가정의 살림을 꾸리고 있음을 나타낸다.
○ 지금껏 홀로 대웅봉에 앉아 있도다 : 스스로 꾸리고 있는 가정의 살림이 이러한 종류의 소식이다.

蔣山云, 怨外翁者, 若也受醬三瓮, 則是受贓也, 是外翁也. 家邑云云者, 打破醬瓮處, 自作家活也. 至今云云者, 自作家活, 是這般消息.

법진 수일 法眞守一**의 송** 法眞一頌

간장 세 항아리 보내 먼 곳의 소식 전했거늘	送醬三瓶通遠信
받는 즉시 깨뜨리니 대중이 놀랐다네	當時打破衆還驚
아버지 자애롭고 아들 효성스러움 누가 알리오[8]	父慈子孝誰相委
선사의 가문은 지나치게 매정하다 말하지 마라	莫道禪家大不情

---

[6] 독립하여 자신의 가문을 이룬 백장으로서 남이 만든 물건을 받는 행위는 어울리지 않는다. 이 때문에 그것은 도둑질한 물건인 장물이 된다. 『禪林寶訓筆說』 권상 (卍113, 664b2), "장물이란 관리가 받는 뇌물이다. 도리에 맞지 않게 얻은 재물은 모두 장물이라 한다.(贓者, 吏受賄也. 凡非理所得財賄, 皆曰贓.)"

[7] 시집간 딸에게나 보내는 간장을 받게 되면 자신은 딸이 되고 그 제자들은 외손자로 만드는 결과가 되기 때문이다.

[8] 아버지 자애롭고~누가 알리오 : '소금과 간장이 부족한 적은 없었다.'(본서 156칙)고 했던 마조는 백장의 경계를 친절히 점검해 주었고, 백장은 항아리를 깨뜨림으로써 그러한 마조의 진심에 딱 들어맞게 보답하였다. 마조가 법좌에 오르자마자 백장이 배석을 말아 치웠던 인연(본서 178칙)에 대해서도 『物初大觀語錄』(卍121, 183a2)에서 동일하게 평가하였다. "아버지는 자애롭고 아들은 효성스러웠으니, 자잘한 영민함은 사실상 어리석음에 불과한 것이다. 그럼에도 법령 그대로 시행한다면 배석 마는 모습을 보자마자 곧바로 쫓아내었어야 했다. 왜 그런가? 용문을 뚫고 나가면 풍파는 더욱 험하기 때문이다.(父慈子孝, 小黠大癡. 若據令而行, 纔見卷席, 便與攛出. 何故? 透過龍門, 風波更險.)"

184칙 백장야호百丈野狐[1]

본칙 백장이 상당법문을 하는 날마다 언제나 법문을 듣고 나서 대중을 따라 물러가는 한 노인이 있었다. 하루는 떠나지 않고 있자 백장이 물었다. "서 있는 사람은 누구요?" "저는 과거 가섭불迦葉佛[2] 당시에 이 산에 살았는데, 어떤 학인이 '수행을 마친 사람도 인과因果[3]에 떨어집니까?'라고 한 질문에 '인과에 떨어지지 않는다.(不落因果)'라고 대답한 잘못으로 여우의 몸에 떨어졌습니다. 이제 화상께서 저를 대신하여 결정적인 전기가 되는 한마디(一轉語)[4]를 해 주시기 바랍니다." "일단 물으십시오." 이에 노인이 "수행을 마친 사람도 인과에 떨어집니까?"라고 물었고, 백장은 "인과에 어둡지 않다.(不昧因果)"라고 답하였다. 노인은 그 말을 듣자마자 크게 깨닫고 작별 인사를 올리며 말하였다. "저는 이미 여우의 몸을 벗어났으니 이제 산 뒤에 머물러 있겠습니다. 입적한 스님을 화장하는 의식에 따라 장례를 치러 주십시오." 백장이 유나維那를 시켜 건추를 울리고 대중에게 '공양을 마친 다음 모두 모여 입적한 스님의 장례를 치르겠습니다.'라고 알리도록 하였다. 대중이 영문을 몰라 하니 만참晩參 때 백장이 이전의 인연을 들려주었다.【황벽이 백장에게 물었다. "옛사람이 결정적인 전기가 되는 한

---

1 '떨어지지 않는다'는 불락不落과 '어둡지 않다'는 불매不昧가 이 공안의 관문을 형성하는 두 가지 요소이다. 불락이라고 대답하여 윤회의 굴레에 떨어졌다가 불매라는 말을 듣고 윤회를 벗어났다는 이야기를 소재로 하고 있지만, 불락은 틀린 대답이고 불매가 적절한 대답이라는 생각에 입각하여 분별하면 착각이다. 이러한 일반적인 잘못을 포착하는 것이 이 공안의 관건이다.
2 가섭불迦葉佛 : ⓢ Kaśyapa ⓟ Kassapa-buddha. 석가모니불 이전의 과거칠불過去七佛 중 제6불이며, 현재현겁現在賢劫의 천불千佛 중 제3불. 석가모니 전생의 스승으로 석가모니에게 반드시 성불하리라고 예언하였다고 한다. 가섭파불迦葉波佛(迦攝波佛)이라고도 음사한다. '가섭'의 한역어가 음광飮光이므로 음광불이라고도 한다.
3 인과因果 : 일정한 원인에 따라 결과를 받는 윤회의 굴레를 말한다.
4 결정적인 전기가 되는 한마디(一轉語) : 미혹에서 깨달음으로 전환轉換하는 한마디 말. 또는 상황을 반전反轉시키는 결정적인 한마디 말을 가리킨다.

마디를 잘못 대답하여 여우의 몸에 떨어졌는데, 이제 어떤 사람이 돌고 돌아서 딱 들어맞을 경우에는 어떻게 하겠습니까?" "가까이 오라! 그대에게 말해 주겠다." 황벽이 가까이 다가서서 백장의 따귀를 한 대 때렸다. 백장이 껄껄대고 크게 웃으며 말하였다. "달마 대사의 수염은 붉을 것이라 생각했었는데, 여기 또 붉은 수염이 달린 달마 대사가 있었구나."[5] 당시 위산潙山이 백장 회하에서 전좌典座[6] 소임을 맡고 있었는데, 사마 두타司馬頭陀가 이 공안을 제기하고 물었다. "전좌는 어떻게 생각하느냐?" 위산이 사립문을 세 번 흔들었다. 사마가 "몹시 거칠군!"이라 하자 위산이 말하였다. "불법은 그러한 도리가 아닙니다."】

百丈, 每日上堂, 常有一老人聽法, 隨衆散去. 一日不去, 師乃問, "立者何人?" 老人云, "某甲於過去迦葉佛時, 曾住此山, 有學人問, '大修行底人, 還落因果也無?' 對云, '不落因果.' 墮在野狐身. 今請和尙代一轉語." 師云, "但問." 老人便問, "大修行底人, 還落因果也無?" 師云, "不昧因果." 老人於言下大悟, 告辭云, "某甲已免野狐身, 住在山後, 乞依亡僧燒送." 師令維那, 白槌告衆, '齋後普請送亡僧.' 大衆不能詳, 至晚衆, 師擧前因緣.【黃蘗問百丈, "古人錯答一轉語, 墮在野狐身, 今人轉轉不錯時, 如何?" 丈曰, "近前來! 向汝道." 蘗近前, 打師一掌. 丈呵呵大笑云, "將謂胡鬚赤, 更有赤鬚胡." 時, 潙山在百丈會下, 作典座. 司馬頭陁擧問, "典座作麽生?" 潙乃撼門扇三下. 司馬云, "大麤生." 潙云, "佛法不是這箇道理."】

[설화]

● 수행을 마친 사람 : 금일인今日人인가? 본래인本來人인가? 만약 본래인

---

5 옛사람이나 지금의 사람이나 마찬가지라는 비유로 불락과 불매의 차별이 없는 경계를 제기한 말이다. 『雲門廣錄』 권상(大47, 552c11), 『大慧語錄』 권4(大47, 827a4) 등에도 보이는 구절이다.
6 전좌典座 : 침소·음식 등을 담당하는 소임. 육지사六知事 중 하나이다. 본서 32칙 '취암 가진과 황룡 혜남의 문답' 주석 참조.

이라면 무엇 때문에 수행이라 하겠는가?[7] 금일인이 이치에 맞게 수행하므로 '완성된(大) 수행'이라 하는 것이다.

● 인과因果 : 선한 원인에는 선한 결과가 따르고, 악한 원인에는 악한 결과가 따른다는 뜻을 모두 들어 보인 말이다. 어떤 사람은 '법계의 원인과 법계의 결과'라고 하지만, 이렇게 지나치게 확대 해석하면 모자란 것이나 마찬가지이다. '수행을 마친 사람도 인과에 떨어집니까?' 학인이 이러한 의심을 일으켜 질문을 던진 이유는 무엇일까? 만약 '인과에 떨어진다'고 한다면 현자蜆子와 포대布袋[8]가 언제 인과에 떨어진 적이 있었던가? 만약 '인과에 떨어지지 않는다'고 한다면 사자존자師子尊者와 2조 혜가 대사는 뚜렷이 빚을 갚았거늘[9] 어찌 인과에 떨어졌는가?

---

[7] 본래인은 수행을 할 필요가 없이 본래 완성된 사람 곧 수행을 마친 것과 다르지 않은 사람이기 때문에 '수행'이라는 명칭이 붙을 여지가 없다.

[8] 현자蜆子와 포대布袋 : 『景德傳燈錄』 권17 「京兆蜆子傳」(大51, 338a27)에 따르면, 경조 현자京兆蜆子는 동산洞山으로부터 인가를 받은 뒤로 행동거지가 일정한 틀에 매이지 않아 계율의 형식도 따르지 않고 수행자로서 갖추어야 할 어떤 도구道具도 없이 강어귀에서 조개를 잡아 배를 채우며 살았다. 어느 날 화엄정華嚴靜이 그의 경계를 점검하기 위하여 '조사서래의祖師西來意'를 묻자 "신상神像 앞의 술받침대.(神前酒臺盤.)"라고 대답하여 화엄정이 사죄하고 물러났다고 한다. 이렇게 살았어도 행적에 집착과 걸림이 없었으므로 그 과보를 받지 않았다는 대표적 예로 거론한 것이다. 이것은 포대 화상의 경우도 마찬가지이다. 같은 책, 권27 「布袋和尙傳」(大51, 434a19)에 따르면, 항상 포대 한 자루를 짊어지고 시장을 돌아다니며 걸식하면서 젓갈이나 물고기도 손에 잡히는 대로 먹었다. 무엇을 물어도 "나에게 한 푼만 주시오.(乞我一文錢.)"라고 응답하거나, 포대를 내려놓았다 다시 짊어지고 가는 행위로 대답을 대신하였다.

[9] 사자존자師子尊者와 2조~빚을 갚았거늘 : 두 사람이 모두 '수행을 마친 사람'으로서 인과의 굴레에 떨어져 대가를 치렀던 일화를 말한다. 『景德傳燈錄』 권2 「師子尊者傳」(大51, 215a14)에 따르면, 사자존자는 인도 카슈미르국(罽賓國)의 군왕과 법 문답을 하던 중 목이 베어 떨어져 나갔다. 또한 같은 책, 권3 「慧可傳」(大51, 221a11)에 따르면, 2조 혜가가 광구사匡救寺에서 무상도無上道에 대하여 설법할 때 당시 그 절에서 변화辯和에게 『涅槃經』 강설을 듣던 학인들이 빠져나가 혜가의 설법에 몰려들자 이에 변화가 분을 이기지 못하고 친분이 있는 읍재邑宰 적중간翟仲侃에게 혜가를 비방하였고, 적중간은 삿된 설법을 퍼뜨렸다는 이유로 혜가를 모멸하였다고 한다. 그러나 혜가는 기꺼이 받아들였는데, 진실을 아는 자들은 이것을 두고 '빚을 갚았다.'고 말했다. 『景德傳燈錄』 권3 「慧可傳」(大51, 221a17), "호월 공봉皓月供奉이 장사 경잠長沙景岑 화상에게 물었다. '고

'인과에 떨어지지 않는다.'라고 대답하여 여우의 몸에 떨어졌다가 훗날 백장이 '인과에 어둡지 않다.'라고 대답해 준 말에서 여우의 몸을 벗어난 이유는 무엇일까? 여우라는 짐승은 본성상 의심이 많아서 언 강물을 건널 경우 한 발 디딜 때마다 한 번 발자국 소리를 확인한다.[10] 곧 백장을 만나기 이전(前百丈)에는 의심을 일으키며 말했기 때문에 여우의 몸에 떨어졌고, 백장을 만난 다음(後百丈)에는 의심이 끊어진 상태에서 말했기 때문에 여우의 몸에서 벗어났다는 뜻이다. 그러므로 고덕들은 "백장을 만나기 이전의 진실을 알고자 하는가? 앉아 있는 자리에서 벽에 걸린 활이 술잔에 비친 모습을 대면하고 뱀이라 착각한 것이었다. 백장을 만난 다음의 진실을 알고자 하는가? 다시 앉은 자리에서 벽에 걸린 활이 술잔에 비친 모습이라고 바르게 알았다."[11]라고 말했던 것이며, 또한 "백장을 만나기 이전에는 기미가 드러나기 이전의 미묘한 뜻을 이해하지 못했기 때문에 여우의 몸에 떨어졌고, 백장을 만난 다음에는 기미가 드러나기 이전의 미묘한 뜻을 이해했기 때문에 여우의 몸에서 벗어난 것이다."[12]라고도 하고, 또 "법을 설함에 소득이 남아 있으면 이는 여우의 울음소리이고, 법을 설함에 소득이 남아 있지 않으면 사자

덕이「깨달았다면 업장業障은 본래 공空이겠지만, 아직 깨닫지 못했다면 마땅히 묵은 빚을 갚아야 한다.」라고 하였습니다. 그렇다면 사자존자와 2조 대사는 어째서 빚을 갚은 것입니까?' '대덕께서는 본래의 공을 모르시는군요.' '본래의 공이란 무슨 뜻입니까?' '업상이 그것입니다.' '업장이란 무엇입니까?' '본래의 공이 그것입니다.' 호월이 아무 말도 없었다.(皓月供奉, 問長沙岑和尙, '古德云, 「了卽業障本來空, 未了應須償宿債.」只如師子尊者, 二祖大師, 爲什麼得償債去?' 長沙云, '大德不識本來空.' 彼云, '如何是本來空?' 長沙云, '業障, 是.' 又問, '如何是業障?' 長沙云, '本來空, 是.' 彼無語.)"

10 『翻譯名義集』 권2(大54, 1089a20), "안사고顏師古의 『한서』 주석에 이렇게 전한다. '여우라는 짐승은 그 본성상 의심이 많아 언 강물을 건널 경우 거듭하여 듣고 나서 건넌다. 이러한 이유로 의심을 여우의 의심이라는 맥락에서 「호의狐疑」라 한다.'(顏師古注漢書曰, '狐之爲獸, 其性多疑, 每渡河氷, 且聽且渡. 故言疑者, 而稱狐疑.')"

11 백장을 만나기~바르게 알았다 : 본서 1299칙 '천동 정각의 상당' 주석 및 해당 설화 참조. 이 두 설화의 해설 방식이 동일하다.

12 전거 미상.

의 포효라 한다."¹³라고도 하였던 것이다. 말에는 비록 차이가 있지만 속뜻은 동일하다. 만송 행수萬松行秀는 "(그 노인이 여우의 몸에 떨어진 이유는) 자기 스스로 담에 기대고 벽에 붙어 부자유하게 살면서 남들까지 구덩이로 밀어 떨어뜨렸기 때문이다. 대지大智(백장)에게 번뇌의 못을 빼고 망상의 쐐기를 뽑아내는 수단이 있다는 것을 알고서 자신을 버리고 남을 따르는 자세로 대지에게 결정적인 전기가 되는 한마디를 대신해 달라고 청했던 것이다. 이에 대지는 두려움 없는 변설(無畏辯)¹⁴을 펼치며 가볍게 방향을 바꾸어 '인과에 어둡지 않다.'고 했던 것이다."¹⁵라고 말하였다. 이것을 가리켜 '변화의 흐름에 따라 묘妙를 터득하는 것(隨流得妙)'¹⁶이라 한다. '어둡다'는 말은 없다(無)는 뜻이다. 백장을 만나기 전에는 '인과에 떨어지지 않는다.'고 말하여 오백생 동안 살가죽과 뼈에 바짝 달라붙은 듯이¹⁷ 자유롭지 못했기 때문에, 반드시 '인

---

13 『景德傳燈錄』 권5 「慧忠傳」(大51, 244b24). 혜충이 누군가의 말을 인용한 형식. 『嘉泰普燈錄』 권3 「紹興府淨衆梵言首座」(卍137, 79a10), "대중들에게 말하였다. '법을 설함에 소득이 남아 있으면 이는 여우의 울음소리이고, 법을 설함에 소득이 남아 있지 않으면 사자의 포효라 한다. 고덕이 이렇게 한 말은 흡사 귀를 가리고 방울을 훔치는 것과 같았다. 어째서인가? 남아 있다고 하거나 남아 있지 않다고 하거나 모두 여우의 울음소리일 뿐이기 때문이다. 여러분은 사자의 포효를 알고 싶은가? 돌!'(示衆曰,'說法有所得, 斯則野干鳴 ; 說法無所得, 是名師子吼. 古德恁麼道, 大似掩耳偸鈴. 何故? 說有說無, 盡是野干鳴. 諸人要識師子吼麼? 咄!')"
14 무외변無畏辯은 무외변無畏辯으로도 쓴다. 백수의 왕인 사자가 누구도 두려워하지 않고 포효하듯이 걸림 없이 진실을 자유자재로 드러내는 말솜씨를 가리킨다.
15 『從容錄』 8則 「評唱」(大48, 232a9).
16 위의 책, 같은 則 「評唱」(大48, 232a13), "인과에 떨어지지 않는다는 말은 모조리 없애 버리는 단견斷見이며, 인과에 어둡지 않다는 말은 변화의 흐름에 따라 묘妙를 터득하는 것이다.(不落因果, 是撥無斷見 ; 不昧因果, 是隨流得妙.)"
17 오백생 동안~달라붙은 듯이 : 여전히 얽매이는 단서가 남아 있는 것이 마치 뼈와 살에 이물질이 바짝 달라붙어 떨어지지 않는 꼴과 같다는 뜻. 원오 극근圜悟克勤이 즐겨 쓰던 비유이다. 『圜悟語錄』 권18(大47, 796c13), "〈본칙〉 어떤 학인이 운문에게 물었다. '나무가 시들고 잎이 떨어진다는 것은 어떤 소식입니까?' '알몸을 그대로 드러내는 가을바람이구나.'〈원오의 염拈〉 운문의 탁월한 방편은 현상(事) 그대로 근본 이치(理)요 숨은 그대로 드러남이라 할 만하다. 삼구三句를 분별하면 화살 한 촉이 저 멀리 날아

과에 어둡지 않다.'라고 말하여 그가 빠진 함정을 부수어야 했다. 그러므로 진정 극문眞淨克文은 이 공안에 대하여 "불락에 칼날을 숨겼다가 불매에서 분명히 드러내니, 그가 이로부터 여우의 몸에서 벗어나기를 바랐다네."[18]라고 읊었던 것이다. 그러나 백장을 만나기 전에 '인과에 어둡지 않다.'고 말했더라도 인간과 다른 존재(異類)에 떨어졌을 것이며, 백장을 만나 깨달은 다음에는 틀림없이 '인과에 떨어지지 않는다.'라고 말했을 것이다. 이처럼 있다(有)고 해도 속박된 몸을 벗어날 길이 있고, 없다(無)고 해도 속박된 몸을 벗어날 길이 있다.[19] 떨어졌다(墮)고 하지만 참으로 떨어진 적이 있었던가? 벗어났다(脫)고 하지만 참으로 벗어난 적이 있었던가? 여우 한 마리가 전신을 드러내기도 하고 숨기기도 하였으며 온몸 그대로 거두기도 하고 펼치기도 하였을 뿐이다.[20]

[野狐] 大修行地人者, 今日人耶? 本來人耶? 若是本來人, 何名修行? 今日人, 稱理修行, 故云大修行也. 因果者, 善因善果, 惡因惡果, 都舉也. 或

가리라. 그러나 여전히 살가죽과 뼈에 무엇인가 착 달라붙어 있는 것과 같다. 만약 누군가 나, 장산蔣山에게 '나무가 시들고 잎이 떨어진다는 것은 어떤 소식입니까?'라고 묻는다면 그에게 '하늘을 지탱하고 땅을 떠받친다.'라고 대답할 것이다. 말해 보라! 이는 삼구인가? 화살 한 촉인가? 옥의 진가를 시험하려면 반드시 불에 집어넣어 보아야 하고, 구슬을 얻고자 한다면 진흙을 벗어나면 안 된다.(擧. 僧問雲門, '樹彫葉落時, 如何?' 門云, '體露金風.' 師拈云, '雲門善巧方便, 可謂即事即理, 即隱即顯. 三句可辨, 一鏃遼空. 雖然, 猶是粘皮著骨. 若有問蔣山, 「樹彫葉落時, 如何?」只對他道, 「撑天拄地.」且道! 是三句, 是一鏃? 試玉須經火, 求珠不離泥.)"『碧巖錄』72則「評唱」(大48, 200b21) 참조.

18 이하 '진정 극문의 송' 참조.『雲庵眞淨語錄』古尊宿語錄 45(卍118, 751b3).
19 있다(有)고 해도~길이 있다 : 불락과 불매 또는 있음과 없음 중 어떤 것도 해탈과 속박으로 서로 옮아갈 수 있으며 규정된 의미는 없다. 이하 '백운 지병의 염' 설화에도 이와 같은 취지가 보인다.『楞嚴經宗通』권10(卍25, 376a13), "사방으로 통하는 작가는 있다고 해도 터득하고 없다고 해도 터득하니, 어느 곳에나 속박된 몸을 벗어날 길이 있다.(通方作家, 道有也得, 道無也得, 在在有出身之路.)"
20 떨어졌다거나 벗어났다는 평가에 현혹되어서는 안 된다는 취지가 보인다.

云, '法界之因, 法界之果'者, 過猶不及. '大修行底人, 還落因果也無?' 學
人伊麼起疑致問者, 何也? 若道落因果, 蜆子布袋, 何曾落因果? 若道不落
因果, 如師子尊者, 二祖大師, 灼然償債, 豈是不[1]落因果? 對之不落因果,
墮野狐身, 後百丈云, '不昧因果.' 於此脫野狐身, 何也? 狐之爲獸, 其性多
疑, 過氷河一步一聽. 則前百丈起疑, 而道得故, 墮野狐身 ; 後百丈絶疑,
而道得故, 脫野狐身也. 故古德云, "要識前百丈麼? 對坐盤中弓落盞. 要識
後百丈麼? 再坐盤中弓落盞." 又, "前百丈, 不會機前妙故, 墮野狐身 ; 後
百丈, 會機前妙故, 脫野狐身." 又, "說法有所得, 斯則野干鳴 ; 說法無所
得, 是名師子吼." 言雖其異, 其實一也. 萬松云, "良由自己倚牆貼壁, 送人
墮坑落壍. 見大智有抽釘拔楔地手段, 舍己從人, 請大智代一轉語. 大智施
無畏辦, 輕輕撥轉道, '不昧因果.'"是隨流得妙也. 昧者無也. 前百丈道, 不
落因果, 五百生粘皮著骨故, 須道不昧因果, 破他窠窟也. 故眞淨文頌云,
"不落藏鋒不昧分, 要伊從此脫狐身." 然前百丈, 倘或言不昧因果, 墮在異
類 ; 後百丈, 必須道不落因果. 然則, 道有也, 有出身之路 ; 道無也, 有出
身之路. 墮也, 何曾墮? 脫也, 何曾脫? 一箇野狐, 全身出沒, 脫體卷舒.

1) ㉠ '不'이 빠져야 할 듯하다.

● 백장의 따귀를 한 대 때렸다 : 이것은 한마디[21]마다 잘못이 없는 행위임을 나타낸다.
● 사립문을 세 번 흔들었다 : 따귀 한 대에 본래 갖추어진 경계에서 백장이 껄껄대고 크게 웃은 웃음이 바로 이것이다. 세 번 흔든 동작을 따귀한 대와 같다고 확정하여 따귀 한 대라고 여긴다면 틀린 생각이다.
● 몹시 거칠군 : 남과 다른 특성이 있는 듯하지만 그렇지 않다는 뜻이다.
● 불법은 그러한 도리가 아닙니다 : 이 경계에서 무엇을 가리켜 거칠다

21 '한마디(轉)'는 일전어一轉語의 줄임말.

느니 세밀하다느니 차별되게 말하느냐[22]는 뜻이다.

打師一掌者, 是轉轉不錯也. 撼門扇三下者, 一掌本具地, 下[1)]呵呵大笑卽此也. 三下成一卽一掌者, 非也. 大麁生者, 似乎差別也. 佛法不是云云者, 這裏, 是什麽說麁說細.

1) ㉥ '下'가 저본에는 '上'으로 되어 있다.

대홍 보은大洪報恩의 송 1 大洪恩頌

불매인과에 떨어지지 않는다 하니	不落不昧
무리를 이루고 떼거리를 짓는구나	成群作隊
사자는 흙덩이 던진 사람을 물지만	師子咬人
한나라 개[23]는 흙덩이를 쫓아가네[24]	韓獹逐塊
【이것은 불락에 대하여 읊은 게송이다.】	【此頌不落.】

대홍 보은의 송 2 又頌

불락인과에 어둡지 않다 하니	不昧不落
부질없이 애쓰며 시비를 주고받네	謾勞斟酌
그 자리에서 알아차린다 하더라도	直下承當

---

22 보화普化가 임제臨濟에게 한 말. 본서 514칙 본칙 참조.
23 한나라 개(韓獹) : 전국시대 한韓나라의 명견名犬. 털이 검은 것이 특징이다.
24 사자는 흙덩이~흙덩이를 쫓아가네 : 『涅槃經』 권25(大12, 516b12)의 "모든 범부가 오로지 결과만 보고 그 조건이 되는 인연을 살필 줄 모르는데, 마치 개가 자기에게 던져진 흙덩이를 물려 쫓아가고 던진 사람을 쫓지 않는 것과 같다.(一切凡夫, 惟觀於果, 不觀因緣, 如犬逐塊, 不逐於人.)"라는 말을 활용한 것이다. 불락과 불매라는 말에 근거하여 이 공안의 핵심을 파악하려는 시도를 흙덩이를 쫓는 개에 비유한 것이다. 명견조차도 흙덩이나 쫓으며 부질없이 헛수고할 뿐임을 강조하였다. 여기서 사자는 불락과 불매를 두고 벌어지는 시비를 모두 버리고 이 두 가지를 대립시켜 설정한 바로 그 관문을 타파하기 위해 돌진하는 자를 나타낸다.

끈도 없는데 스스로 묶인 격이리라 　　　　　無繩自縛
【이것은 불매에 대하여 읊은 게송이다.】 　　　【此頌不昧.】

설화

○ 주어진 말에 얽매여 뜻을 확정하는 것은 한나라 개가 던져진 흙덩어리를 쫓아가는 꼴이며, 또한 묶을 끈도 없는데 스스로 묶이는 것과 같다. 만약 백장의 속뜻을 알아차린다면 이것은 바로 사자가 흙덩이를 던진 사람을 무는 것과 같다.

大洪 : 若隨言定旨, 是韓獹逐塊, 亦無繩自縛也. 若會得百丈意, 是獅子咬人也.

천복 본일薦福本逸의 송 薦福逸頌

불락이라 한 말과 불매라 한 말이여	不落與不昧
백장을 만나기 전후로 갈라진 말일세[25]	先後百丈語
반 근이면 부족하다 헤아리고	半斤秤不足
여덟 냥은 조금 낫다고 여기네[26]	八兩較些子

---

[25] 불락이라 한~갈라진 말일세 : 노인이 백장을 만나서 '불매'라는 대답을 듣기 이전의 상황을 전백장前百丈 또는 선백장先百丈이라 하고, 백장을 만난 다음의 상황을 후백장後百丈이라 한다.

[26] 반 근이면~낫다고 여기네 : 반 근과 여덟 냥은 같은 무게이다. 한 근이 16냥이므로 반 근은 여덟 냥이 된다. '조금 낫다(較些子)'는 말은 아직 조금 모자라지만 비교적 낫다는 말이다. 전백장의 말(불락)과 후백장의 말(불매)이 표현은 다르지만 차별이 없는 것이 이 화두의 관문인데, 불매라는 소리를 듣고 노인이 깨달았다는 바로 그 말에 현혹되어 그것이 조금 더 나은 것이라 헤아리는 잘못을 가리킨다. 『慈壽懷深廣錄』권4(卍126, 608a2), "떨어지지 않음과 어둡지 않음, 앞뒤로 달리 한 백장의 말이여! 조금이라도 차이가 있다면, 철산이 길을 가로막으리라.(不落與不昧, 前後百丈語! 毫髮若參差, 鐵山橫在路.)"

조금 나은 것을 남겨 주고	較些子留與
세상 납승들이 거론토록 했노라[27]	天下衲僧擧

🔷 설화

○ 반 근과 여덟 냥은 같은 무게이다. (그럼에도 불구하고) 백장을 만나기 이전에는 부족했다 헤아리고, 백장을 만난 다음에는 조금 나아졌다고 착각한다는 뜻이다.

薦福:半斤八兩, 是一般. 在前百丈, 是秤不足, 後百丈, 則較些子也.

자수 원첩資壽院捷의 송 資壽捷頌

전대의 인연이 후대에 그대로 드러나니	前代因緣後代彰
신령한 거북 꼬리 끌어 자취 길게 그어졌다네	靈龜曳尾迹橫長
회남에서 불현듯 남전에 대한 그리움 일어나[28]	淮南瞥起泉南思
감람 나뭇잎으로 차 끓이니 특별한 향 퍼지네	橄欖煎茶分外香

---

[27] 조금 나은~거론토록 했노라 : 모자라지만 그래도 조금 나은 듯이 보이는 '불매'를 궁구하도록 설정했다는 뜻.

[28] 회남에서 불현듯~그리움 일어나 : '인과에 떨어지지 않는다.'라고 대답한 결과로 오백 생 동안 여우의 몸에 떨어졌다고 보는 것은 이 공안의 핵심에 대한 오인이라는 점을 밝히고 있다. 자수 원첩은 남전南泉이 "죽은 다음 산 아래서 한 마리 물소가 될 것이다."(본서 217칙)라고 한 이류중행異類中行으로써 이 착각을 타파한 것이다. 남전이 보살행을 실천하기 위해 고의로 물소가 되리라고 선언한 것처럼 여우의 몸에 떨어진 것 또한 일면적으로 잘못의 과보로 보아서는 안 된다는 암시이다. 『景德傳燈錄』 권8 「南泉普願傳」(大51, 259a27) 참조. 『景德傳燈錄』 권10 「長沙景岑傳」(大51, 274b22), "어떤 학인이 경잠景岑에게 물었다. '남전은 입적한 다음 어디로 갔습니까?' '동쪽 집에서는 나귀가 되고, 서쪽 집에서는 말이 된다.' '이 뜻은 어떤 것입니까?' '올라타고자 하면 타고 내리고 싶으면 내린다.'(僧問, '南泉遷化, 向什麽處去?' 師云, '東家作驢, 西家作馬.' 僧云, '此意如何?' 師云, '要騎卽騎, 要下卽下.')"

해인 초신海印超信**의 송** 海印信頌

불매와 불락이라고 한 말	不昧不落
두 가지 모두 착각이로다[29]	二俱是錯
취하고 버리는 마음 잊지 못하고	取捨未忘
망상분별로 이리저리 헤아리며	識情卜度
말의 자취에 집착하여 얽매이니	執滯言詮
끈도 없는데 스스로 묶이는구나	無繩自縛
막힘없이 트인 드넓은 허공	廓爾大虛
그 어디서 더듬으며 찾을 것인가	何處摸搩
봄이 되면 꽃이 피고	春至花開
가을 오면 나뭇잎 떨어질 뿐이라네	秋來木落
착각이다, 착각이야	錯錯
보화가 방울을 흔든 뜻을 누가 알랴[30]	誰知普化搖鈴鐸

〔설화〕

○ '불매와 불락이라고 한 말~끈도 없는데 스스로 묶이는구나.'라는 구절은 백장을 만나기 이전이라면 이와 같다는 것이며, 백장을 만난 다음이

---

[29] 불매와 불락이라고~모두 착각이로다 : 불매라는 말을 듣고 여우의 몸에서 벗어났다는 구절을 그대로 긍정하면 착각이다. 허당 지우虛堂智愚가 "겉으로 보기에 부드러운 비단이지만 그 속에 딱딱한 돌이 들어 있다.(錦包特石.)"라고 한 말이 그 예이다. 불락과 마찬가지로 불매도 하나의 관문을 이루는 두 개의 빗장이기 때문이다. 『虛堂錄』권2(大47, 995b5), "僧云, '不昧因果, 因甚脫野狐?' 師云, '錦包特石.'" 이처럼 불매와 불락은 제9구와 제10구에 제시되었듯이 봄에 피는 꽃이나 가을의 낙엽과 같이 몰가치한 차별일 뿐 미迷·오悟로 갈라지는 소식은 아니다.
[30] 보화가 방울을~누가 알랴 : 보화普化(?~806)가 저잣거리에서 방울을 흔들며 게송을 읊었던 인연을 말한다. 본서 512칙 참조. 여기서는 보화가 무엇이건 상대의 착각을 이용해서 때리고 물리치듯이, 불락과 불매도 그와 같은 방식으로 물리쳐야 한다는 의미를 나타낸다.

라면 '막힘없이 트인 드넓은 허공, 그 어디서 더듬으며 찾을 것인가!'라는 구절에 해당한다. '봄이 되면 꽃이 피고'라는 구절은 불매와 상응하고, '가을 오면 나뭇잎 떨어질 뿐이라네.'라는 구절은 불락과 상응한다. '착각이다, 착각이야!'라는 말은 불락도 착각이요 불매도 착각이니, 이 모든 것이 보화가 방울을 흔들며 읊은 게송의 취지와 같다.

海印 : 不落不昧至自縛者, 如前百丈則如此, 若後百丈, 則廓爾大虛, 何處摸搽也. 春至花開者, 不昧也 ; 秋來木落者, 不落也. 錯錯者, 不落也錯, 不昧也錯, 摠是普化搖鈴鐸也.

동림 상총東林常總의 송 東林摠頌

대웅[31]이 일찍이 여우 된 원인 판결해 주었으니	大雄曾決野狐因
오백생 이전엔 착각하여 여우의 몸에 떨어졌다네	五百生前錯墮身
불락과 불매의 차이 밝히지 못했더라면	不落不昧如未曉
세월이 다시 몇 해를 더 지나야 했겠는가	年華又歷幾秋春

진정 극문眞淨克文의 송 眞淨文頌

불락에 칼날을 숨겼다가 불매에서 분명히 드러내니	不落藏鋒不昧分
그가 이로부터 여우의 몸에서 벗어나기를 바랐다네	要伊從此脫狐身
만나는 사람마다 관직을 그만두었다고들 하지만	相逢盡道休官去
임하에서 언제 누구 한 사람 만난 적 있었던가[32]	林下何曾見一人

---

31 대웅大雄 : 백장을 가리킨다. 대웅봉大雄峰 곧 대웅산大雄山에 주석하였기 때문에 백장을 가리켜 대웅이라 부르게 되었다. 백장산百丈山이라고도 한다. 강서성 남창부南昌府 봉신현奉新縣 서쪽 120리 지점에 있는 파양호鄱陽湖 부근에 있다.
32 만나는 사람마다~적 있었던가 : 임하林下는 벼슬·관직을 버리고 유유히 즐기며 한적하게 쉬는 곳을 나타내며, 무사無事의 도가 구현된 장소를 상징한다. 번잡하고 쓸데없는 일을 그만두었다고 말들은 하지만 진실로 그 경지를 실현한 사람은 만나기 어렵다

진여 모철眞如慕喆의 송 眞如喆頌

대야의 큰 화로[33]에서	大冶洪爐
부처 불리고 조사 담금질하노라	烹佛烹祖
본보기를 남김없이 녹여 버리니	規模鎔盡
분별하던 자들 어찌할 줄 모르네[34]	識者罔措

곤산 찬원崑山贊元의 송 崑山元頌

인과에서 문제를 일으켜 제기하니	因果之中發問端
예부터 지금껏 무수하게 분별하네	古今情計百千般
신령한 자라[35]는 용문을 뚫고 벗어났건만	靈鼇已透龍門去
어부는 낚시질하느라 헛되이 애쓰는구나	漁者徒勞把釣竿

는 뜻이다. 『景德傳燈錄』권23 「藥山圓光傳」(大51, 391a3), "어떤 학인이 물었다. '약교藥嶠의 등불이 연이어 달렸는데, 스님은 몇 번째에 해당합니까?' 만나는 사람마다 관직을 그만두었다고들 하지만, 임하에서 언제 누구 한 사람 만난 적 있었던가!'(僧問, '藥嶠燈連, 師當第幾?' 師曰, '相逢盡道休官去, 林下何曾見一人!')" 당나라 때 율승律僧이자 시승詩僧으로 알려진 영철靈澈(746~816)의 시〈東林寺酬韋丹刺史〉구절이다. "나이 들어 마음 한가하고 별다른 일 없으니, 삼베옷에 꼴풀 방석에 앉았어도 살아갈 만하여라. 만나는 이들마다 벼슬 그만두어 좋다 하지만, 임하에서 언제 한 사람이라도 만난 적 있던가!(年老心閑無外事, 麻衣草座亦容身. 相逢盡道休官好, 林下何曾見一人!)"

33 대야의 큰 화로 : 대야大冶는 금속을 주조하는 뛰어난 기술을 지닌 대장장이로 『莊子』「大宗師」에 나온다. 큰 화로는 불매와 불락으로 설정된 관문을 비유한다.

34 본보기를 남김없이~줄 모르네 : 불매와 불락에 대하여 선·악과 우·열 등의 대칭 구도를 본보기로 삼다가 그것을 무너뜨리면 의지할 근거가 사라진다. 이것은 화두의 관문이 지향하는 은산철벽銀山鐵壁의 궁지窮地와 통한다.

35 신령한 자라(靈鼇) : 바다에서 산을 등에 업고 있다는 전설상의 거대한 자라 또는 거북. 거별巨鼇이라고도 한다. 여기서는 처음부터 불락·불매의 관문(용문)을 뚫고 벗어난 백장 등의 걸출한 선사를 상징하며, 그 말에 속박된 채 백장의 뜻을 낚으려고 이리저리 헤아리는 자들(어부)과 대칭시켜 놓았다.

불타 덕손佛陁德遜의 송 佛陁遜頌

불락과 불매로 가까운 것과 먼 것을 정하니	不落不昧定疎親
구차하여 여우의 혼령을 벗어나지 못했구나[36]	區區未免野狐精
대웅봉 가팔라서 그 누구도 오르기 어렵거늘	雄峯峭絶人難到
오랜 세월 계곡과 산은 달빛 마주하고 있네	千古谿山對月明

법진 수일法眞守一의 송 法眞一頌

인과에 떨어지지 않는다고 하며	不落因果
인과에 어둡지 않다고도 하지만	不昧因果
산관[37]을 때려 부수면 하지 못할 일이 없다네	打破散關無不可
저울 첫 눈금[38]처럼 확고한 기준이라 오인하지 말지니	莫敎錯認定盤星
익사를 피하려다 불에 뛰어드는 꼴과 같으리라[39]	恰似避溺還投火

굉지 정각宏智正覺의 송 天童覺頌

| 한 자 높이 물결에 한 길의 파도여[40] | 一尺水一丈波 |

---

[36] 불락과 불매로~벗어나지 못했구나 : 불락은 도에서 멀고(疎) 불매는 가깝다(親)는 구별은 이 공안을 궁구하는 데 원초적으로 잘못된 분별이다. 하나는 가깝고 하나는 먼 듯이 설정하여 파놓은 함정에 빠지지 않아야 첫걸음을 내디딜 수 있다.

[37] 산관散關 : 보통 대산관大散關이라 한다. 함곡관函谷關·무관武關·소관蕭關과 함께 중국의 4관문 중 하나이며, 고대 전투의 요충지이다. 섬서성 보계현寶雞縣 서남쪽 대산령大散嶺에 위치한다. 이 게송에서는 불락과 불매라는 두 관문을 전투의 요충지인 산관에 비유한다.

[38] 저울의 첫 눈금(定盤星) : 본서 2칙 '석창 법공의 송' 주석 참조. 여기서는 불락과 불매에 상응한다. 이를 확고한 판단의 기준으로 삼지 말라는 뜻이다.

[39] 저울의 첫~꼴과 같으리라 : 저울 눈금처럼 몰자미한 불락과 불매의 관문에서 불락을 버리고 불매에 어떤 고매한 뜻이 있을 것으로 착각하며 덤벼들어 분별하는 잘못을 말한다.

[40] 한 자~길의 파도여 : 번뇌와 시비의 갈등을 나타낸다. 작은 일로 말미암아 큰 파문을 불러일으키는 것을 비유하여 척수장파尺水丈波라고 한다. 불락이니 불매니 하여 평지

오백생 과거⁴¹에는 어쩔 수 없었노라 　　　　五百生前不奈何
불락이니 불매니 시비를 헤아리다가 　　　　不落不昧商量也
예전처럼 말의 함정⁴²에 빠져 버렸네 　　　　依前撞入葛藤窠
하하하! 알겠는가 　　　　　　　　　　　　阿呵呵! 會也麼
그대 깨끗이 씻은 듯 남김없이 떨구었다면 　若是你灑灑落落
나의 옹알이 같은 소리⁴³도 알아들으리라 　不妨我哆哆啝啝
아무렇게나 노래하고 춤추어도⁴⁴ 저절로 아름다운 　神歌社舞自成曲

　　에 파란을 일으켰다는 말이다.『從容錄』8則「著語」(大48, 232b6), "본래 황하는 맑고 바다도 잔잔하듯이 태평성대였다.(幸自河淸海晏.)"

41 오백생 과거(五百生前) : '불락'이라 대답하여 오백생 동안 윤회하며 여우의 몸으로 산 시기. 오백생이란 무수하게 반복되는 윤회의 삶을 가리킨다. 목건련이 부모를 죽인 오역죄를 과거 생에 지은 이래 오백생 동안 타살되는 업보를 받았다는 것도 그 예이다.『增壹阿含經』권18(大2, 636b11),『有部律雜事』권17(大24, 290b5) 참조.

42 말의 함정(葛藤窠) : 시비로 복잡하게 얽힌 말(葛藤)의 보금자리(窠). 불락과 불매라는 언어의 관념을 근거지(보금자리)로 삼다가 속박되므로 그것은 함정과 같다. 오백생 전에는 불락뿐이었으나, 지금은 불매까지 보금자리가 되었다는 말이다.

43 옹알이 같은 소리(哆哆啝啝) : 치치화화哆哆啝啝는 갓난아기의 옹알이. 아무렇게나 무의미하게 내뱉는 말을 가리킨다. 바바화화婆婆啝啝와 같으며, 걸음마와 옹알이를 동시에 나타내는 다다바화多跢啝啝도 같은 맥락에서 쓰이는 말이다.『大般涅槃經』권20「嬰兒行品」(大12, 485b20) 등에 나온다. 담연湛然은『法華玄義釋籤』권2(大33, 822c23)에서 "다다多跢란 걸음마를 배우는 모양이며, 바화啝啝란 말을 익히는 소리이다. 삼장三藏에서 처음으로 기초 교리를 행한다는 취지를 보여 주는 비유이지만, 삼장을 행하는 당사자는 그것을 진실의 교리라 착각하므로 '모른다'라고 한 것이다.(多跢, 是學行之相 ; 啝啝, 是習語之聲. 示爲三藏始行初敎, 而三藏實行者, 謂之爲實, 故云不識.)"라고 하였는데, 어린아이가 걸음마를 익히고 말을 배우는 것에 지나지 않는 초보적인 가르침이라는 뜻을 비유한 말이다. 위 송의 맥락은 이와 다르다. 불매나 불락이라는 화두는 옹알이와 같아서 말로서는 어떤 맛도 없고 무의미함에도 둘 사이를 가르고 분별하며 의미를 부여하는 사람들로 인하여 착각과 망상의 소굴이 된다는 뜻이다.

44 신가사무神歌社舞는 고대 민간에서 천신(神)과 지신(社)을 불러들이기 위하여 베푸는 음악과 춤을 가리켰는데, 일반적으로 민중이 즐기는 기예 활동을 나타내는 말로 쓰이며, 촌가사무村歌社舞라는 말과 통한다. 민중들이 형식에 관계없이 자유롭게 흥얼거리는 노래와 움직이는 대로 맡겨 두고 추는 춤을 말한다. 여기에서는 불락과 불매에 대한 분별이 사라진 무심無心의 경계를 말한다. 이에 대한 만송 행수의 해설에 그 취지가 보인다.『從容錄』8則「頌 評唱」(大48, 232b23), "말해 보라! 이것은 어떤 곡조일까? 온갖 소리도 마음이 있으면 들을 수 없지만, 우뚝한 바위는 귀가 없어도 소리를 알아듣는

곡이 되어

그 사이에 박수 치고 노래하며 흥얼대리라   拍手其間唱哩囉

> [설화]

○ 한 자 높이 물결에 한 길의 파도여! 오백생 과거에는 어쩔 수 없었노라
: 오백생 과거에 여우의 몸에 떨어진 것은 망상이 없는 경계에서 망상을 일으켰다는 뜻이다.
○ 불락이니 불매니 시비를 헤아리다가, 예전처럼 말의 함정에 빠져 버렸네 : 비록 '불매'라 하였더라도 여우의 몸에 떨어지지 않을 수 없었다는 뜻이다.
○ 그대 깨끗이 씻은 듯 남김없이 떨구었다면, 나의 옹알이 같은 소리도 알아들으리라 : 인식 주관(根)과 대상(塵)을 모두 벗어나 소식이 모조리 깊이 가라앉고, 씻어서 정결하게 되고 벗어나서 본보기가 될 만하면 불락이건 불매이건 방해가 되지 않을 것이라는 뜻이다. 곧 "아무렇게나 노래하고 춤추어도 저절로 아름다운 곡이 되어, 그 사이에 박수 치고 노래하며 흥얼대리라."라는 구절과 통한다.

天童 : 一尺水云云至生前云云者, 五百生前墮野狐身, 是無妄想處, 起妄想也. 不落至藤窠者, 雖然不昧, 亦不免墮野狐身也. 若是你灑灑至啝啝者, 根塵脫盡, 消息併沉, 洗得淨潔, 脫得可常, 則不落不昧, 亦不妨. 則神歌社舞自成曲, 拍手其間唱哩囉.

승천회의 송 承天懷頌

오백생 이래 여우로 살더니   五百生來在野狐

다.(且道! 是何曲調? 萬籟有心聞不得, 孤巖無耳却知音.)"

생선 눈을 진주라 부르는가[45]	爲將魚目作珠呼
불락과 불매의 큰 차이 알아야 하리니	須知落昧爭多少
말하면 그대가 세밀한지 거친지 안다네	開口知君精與麁

설두 법녕雪竇法寧의 송 雪竇寧頌

오백생 과거의 옛 주인에게	五百生前舊主人
백장은 여우의 몸에서 벗어나는 길을 지시했다네	大雄指示脫狐身
총림에서는 기미 있기 전의 소식을 깨닫지 못하여	叢林未曉機前妙
불락과 불매 오가며 헤아리다 더욱 진실을 잃었네[46]	昧落商量轉失眞

상방 일익上方日益의 송 1 上方益頌

불락과 불매라고 하며	不落不昧
분명히 말로 설명하네	分明話會
달빛은 고요한 연못 비추고	月照寒潭
바람은 오래된 노송에 이네	風生古檜
날랜 매 하늘 찌를 듯 솟고	快鶻冲天
어리석은 개 흙덩이 쫓누나[47]	狂狗趣塊
말에는 허물이 적고	言寡尤

---

[45] 생선 눈을 진주라 부르는가 : 장어목작명주將魚目作明珠라고 하며, 노란 귤껍질을 맹화라 한다는 장귤피작맹화將橘皮作猛火와 짝을 이루어 쓰이기도 한다. 일부 비슷한 부분을 가지고 전체로 오인하는 어리석음을 뜻하는 말이다.

[46] 총림에서는 기미~진실을 잃었네 : 불락과 불매를 실實로 분별하며 헤아리다 그 말이 전해지기 이전의 진실을 놓친다는 뜻. 이 두 말은 본래 허虛로 설정된 것이기 때문이다.

[47] 날랜 매~흙덩이 쫓누나 : 상방 일익은 매와 개를 대비하여 불락과 불매를 비유하였다. 대홍의 송에서 사자가 여기서의 매와 같다. 주 24 참조.

행실엔 후회가 적어야 하리[48]	行寡悔

상방 일익의 송 2 又頌

여기저기서 여우에 떨어진 이유 묻자	江北江南問野狐
불매와 불락에서 주저한 탓이라 하네[49]	只因昧落兩踟躕
홍문[50] 한 번 차 버려 두 문짝 열리니	鴻門一踏開雙扇
어떤 남아가 대장부답게 이렇게 할까	那个男兒是丈夫

영원 유청靈源惟淸**의 송**[51] 靈源淸頌

분명하게 불락이라 말했거늘	明明道不落
노인은 어디서 착각했단 말일까	老人何處錯
뚜렷하게 불매라고 말했거늘	的的言不昧
백장은 어느 순간 이해했단 말일까	百丈幾時會
이해도 아니요 착각도 아니라	不會將[1)]不錯

---

48 말에는 허물이~적어야 하리 : 『論語』에 나오는 말. '말에 허물이 적다'는 것은 제1구와 제2구의 취지, '행실엔 후회가 적다'는 것은 제5구와 제6구의 취지와 상응한다. 『論語』「爲政」, "공자가 말하였다. '많이 들은 것 중 의심스러운 부분은 빼놓고, 그 나머지에 대해서는 말을 삼가면 허물이 적을 것이며, 많이 본 것 중 위태로운 부분은 제외하고 그 나머지에 대해서는 행실을 삼가면 후회가 적을 것이다. 말에 허물이 적고 행실에 후회가 적으면 복록은 그 속에 있는 법이다.'(子曰, '多聞闕疑, 愼言其餘則寡尤 ; 多見闕殆, 愼行其餘則寡悔. 言寡尤, 行寡悔, 祿在其中矣.')"
49 불매와 불락에서~탓이라 하네 : 불락과 불매를 대립적 짝으로 놓고 머뭇거리며 분별한다는 뜻.
50 홍문鴻門 : 위기에서 탈출해야 하는 관문을 나타낸다. 관문의 두 문짝에 해당하는 불매와 불락을 모두 걷어차고 벗어나야 대장부다운 기개를 지닌 선사라 할 수 있다는 뜻이다. 원래는 섬서성 임동현臨潼縣 동쪽에 있는 지역으로 항우와 유방이 만난 홍문회鴻門會로 유명하다. 항우가 유방을 죽이려고 계획했으나 성공하지 못하였고, 유방은 장량의 계책으로 홍문을 탈출할 수 있었다.
51 노인의 '불락'과 백장의 '불매'에 대하여 한편은 착각(錯)이고 한편은 이해(會)라고 설정하여 그 이유를 추적하면 이 공안의 관문을 열 수 없다는 관점의 송이다.

뒤섞여 묘한 깨달음 드러내네[52]	渾然宣妙覺
불락과 불매여	不落與不昧
우뚝하게 바른 자리 나타내네	卓爾標正位
기틀 전체가 원인이건 결과이건 근거 있고	全機因果有來由
온몸이 번성하든 쇠락하든 거리낌 없도다	脫體升沈無忌諱
잘못은 잘못일 뿐이나 옳은 건 누가 옳은가	非自非是誰是
말에서 종지를 잃고 분별을 일으켰기에	言下迷宗生擬議
다시 물어 거듭 한 번 제기하도록 했네[53]	再問重敎擧一迴
찬찬히 살펴보니 온통 바람과 천둥 일으키다가	潛觀徹底起風雷
역풍이 더욱 거세어 천둥소리 끊어졌도다	逆風轉喝雷聲絶
숨죽이고 남몰래 돌아가 추한 꼴 감추었으니	飮氣深歸藏醜拙
훗날 어떻게 남들에게 들려줄 것인가	他日如何擧似人
대웅봉이 가을 하늘 달을 헤쳐 가르네	雄峯撑破秋天月

1) ㉮ '將'은 '與'와 같은 뜻이다.

숭승공의 송 崇勝珙頌

백장산, 그 백장산에	百丈山百丈山
가섭불 때부터 살았다니 당치 않도다	迦葉佛時大無端
큰 수행과 큰 과보가 어찌 쉬우리오	大行大果豈容易
불락과 불매가 어려운 장애 되었도다	不落不昧成艱難
어렵고 또 어려움이여	艱艱

---

52 이해도 아니요~깨달음 드러내네 : 백장도 이해하지 못했고(不會), 노인도 착각하지 않았다(不錯)는 두 가지가 잘 어울려야 이 공안을 타파하는 단서가 된다는 말. 결국 노인은 착각했고 백장은 이해했다는 생각에 매몰되면 '묘妙'를 잃는다. 불락과 불매가 각각 바른 자리를 잡고 있는 것이라는 다음 구절도 같은 맥락이다.

53 말에서 종지를~제기하도록 했네 : 불락이라는 말 자체의 집착을 풀어 줄 목적에서 백장이 다시 묻도록 시켰다는 뜻.

아무 글자도 없는 경전[54] 어떻게 보리오	無字之經若爲看
곤란하고도 곤란하도다	難難
울창한 숲속 우뚝한 소나무 추위 빼앗았도다[55]	萬木高松奪歲寒

자수 회심慈受懷深의 송[56] 慈受頌

불락과 불매여	不落與不昧
백장과 만나기 전후의 말이로다	前後百丈語
조금이라도 어긋난 점이 있다면	毫髮若參差
철로 덮인 산이 길을 가로막으리	鐵山橫在路
남전에서 호랑이 쏘던 당시의 장군 모르는가[57]	豈不見, 藍田當年人射虎
처음의 한 발은 깃털까지 깊이 박혔지만	初時一箭沒其羽

---

54 무자지경無字之經 : 진실을 담고 있지만 언어를 빌려 전할 수 없는 경계. 불매와 불락의 진실도 그처럼 언어의 격에 따라 분별하거나 전할 수 없다는 말. 그 용례를 보면 다음과 같다. 『憨山集』권31(卍127, 660a5), "부처님께서 출현하시어 교법을 알리기 이전의 세계이며, 달마가 중국에 들어와 선법을 전하기 이전의 경계이다. 하나의 티끌도 쪼개어지지 않아 세상 전체가 고요한 한 덩어리로서 만상이 법신의 본체를 드러내고 허공은 아무 글자도 없는 경전을 펼치고 있지만, 보려 하면 눈이 멀고 들으려 하면 귀가 멀리라.(佛未出世, 祖未西來. 一塵未剖, 大地凝然, 萬象露法身之體, 虛空演無字之經, 見之者盲, 聞之者聾.)"
55 울창한 숲속~추위 빼앗았도다 : 추위에 견디며 겨울을 무색하게 만드는 소나무의 푸름으로 불락과 불매의 난관을 뚫은 경계를 비유한 구절.
56 돌을 호랑이로 착각하여 쏘았을 때는 화살이 깃털 있는 데까지 박혔지만, 돌로 알고 난 다음에는 뚫지 못했다는 이광李廣의 고사를 비유로 들었다. 불락과 불매가 전혀 다른 차원의 말이 아니라고 보면 이 관문을 뚫을 수 있지만, 서로 다른 것이라 분별하는 순간부터는 뚫지 못한다는 뜻을 읊은 송이다.
57 남전에서 호랑이~장군 모르는가 : 이 장군 곧 이광李廣의 다음 일화를 가리킨다. 『史記』「李將軍列傳」, "이광이 사냥을 나갔다가 풀 속의 돌을 호랑이로 보고 활을 쏘아 돌에 맞혀 화살촉이 박혔다. 살펴보니 그것은 돌이었다. 뒤이어 다시 쏘았으나 결코 돌을 뚫을 수는 없었다.(廣出獵, 見草中石, 以爲虎而射之, 中石沒鏃. 視之, 石也. 因復更射之, 終不能復入石矣.)"

자세히 살펴보니 본디 돌이었다네	子細看來元是石
다시 쏘아 뚫고자 했으나 맞히지 못했으니	再欲射時射不入
거의 이 장군을 속일 수 있었다며	幾乎賺殺李將軍
예부터 오늘날 사람까지 공연히 탄식하는구나	千古今人空嘆息

장산 극근蔣山克勤의 송 蔣山勤頌

물고기 헤엄치니 물이 흐려지고	魚行水濁
새가 날아가니 깃털이 떨어진다[58]	鳥飛毛落
맑은 거울에서 달아날 길 없으니[59]	至鑒難逃
허공처럼 텅 비고 넓게 트였다네	大虛寥廓
죽은 뒤 아득한 오백생 보냈으니	一徃迢迢五百生
인과를 화두로 큰 수행한 탓이라	只緣因果大修行
우렁찬 천둥이 산 가르고 폭풍은 바다 흔들어도	疾雷破山風振海
수없이 단련해 얻은 순금의 색은 바뀌지 않노라	百煉精金色不改

불안 청원佛眼淸遠의 송 1 佛眼遠頌

취해서 자고 깨어선 누워 고향 돌아가지 않더니	醉眠醒臥不歸家
홀몸으로 떠돌며 머나먼 타향 하늘 아래 산다네	一身流落在天涯
조사와 부처의 자리에 앉히려 하나 머물지 않고	祖佛位中留不住
밤이 되자 이전 그대로 갈대꽃 숲에서 자노라네	夜來依舊宿蘆花

---

[58] 물고기 헤엄치니~깃털이 떨어진다 : 움직이면 반드시 흔적이 남는다는 말. 말을 하면 그 말의 흔적이 남게 되고, 그 말을 따라 분별을 붙이면 진실과는 멀어진다는 비유이다.

[59] 맑은 거울에서~길 없으니 : 맑고 큰 거울(至鑒)은 모든 것을 담아 비추기 때문에 어떤 형상도 피해 달아나지 못한다는 말. 흐려진 물(물락)과 떨어진 깃털(불매) 등과 같은 자취에서 본래의 모습을 알아채는 지혜를 나타낸다.

불안 청원의 송 2 又頌

기틀에 적중한 질문 하나로 같고 다른 차별 끊고	一問當機絶異同
하늘과 땅을 평정하는 화살로 공훈을 시험하노라	定乾坤箭驗勳功
요란한 따귀 한 대 뺨에 떨어지니	轟轟一掌朕腮下
대웅산의 그 노인 몹시도 우습구나	笑殺雄山這老翁

【이는 황벽이 (백장에게) 따귀 한 대 올려붙인 것을 읊은 송이다.】【此頌黃蘗打一掌.】

불안 청원의 송 3 又頌

봄이 되자 꽃은 피었건만	春至是花開
젊던 그 얼굴 어디 있는가	朱顔安在哉
안타깝다, 동산의 이 봄빛이여	可怜園裏色
거울 안에 들어오지 않는구나	不入鏡中來

【이는 위산이 사립문을 세 번 흔든 것을 읊은 송이다.】【此頌潙山撼門扇三下.】

운문 종고雲門宗杲의 송 雲門杲頌

불락과 불매여	不落不昧
돌덩이와 흙덩어리로다60	石頭土塊
길61에서 서로 마주치고	驀路相逢
얼음산을 분쇄했다네	銀山粉碎
박수 치며 껄껄대고 한바탕 웃으니	拍手呵呵笑一場
명주에는 포대를 맨 어수룩한 자62 있다네	明州有个憨皮1)袋

---

60 불락과 불매여, 돌덩이와 흙덩어리로다 : 불락과 불매라는 두 가지 사이에 특별한 차이가 없다는 말.
61 맥로驀路는 맥로陌路와 같은 말. 맥로인陌路人이라 하면 길에서 만난 낯선 사람을 말한다.
62 명주에는 포대를~어수룩한 자 : 명주明州 봉화현奉化縣 출신의 포대 화상布袋和尙(?~916)을 말한다. 누가 무엇을 물어 오든지 간에 포대를 내려놓거나 다시 짊어지는

1) ㉠ '皮'는 '布'의 오기이다.

죽암 사규竹庵士珪**의 송** 竹庵珪頌

백장의 여우 공안이여 　　　　　　　　百丈野狐
기러기가 문 갈댓잎과 같고[63] 　　　　塞鴈嘀蘆
이광의 귀신 같은 활 솜씨요 　　　　　李廣神箭
장전[64]의 휘갈긴 초서로다 　　　　　　張顚草書

육왕 개심育王介諶**의 송** 育王諶頌

불락이라 하여 여우의 몸에 떨어졌다가 　不落墮野狐
불매라 하여 여우의 몸에서 벗어났다네 　不昧脫野狐
바람도 불지 않는데 저절로 움직이는 풀이로세[65]　無風自動草

　　것으로 답하는 경우가 많았다. 일정한 거처가 없이 항상 거리에서 걸식을 하며 지내는 외형에 가려 그의 날카로운 선기禪機를 알아채는 사람이 드물었다.『景德傳燈錄』권 27「布袋和尙傳」(大51, 434a29) 참조. 백장이 따귀를 맞고 크게 웃었던 것이 어리석어 보이지만 사실은 포대 화상에 비견되는 선기를 감추고 있다는 뜻이다.
63 기러기가 문 갈댓잎과 같고 : 기러기가 주살(새 잡는 짧은 화살)로부터 날개를 보호하기 위한 수단. 이 때문에 기러기를 두고 지혜가 있는 새 곧 지금智禽이라 한다.『屍子』권하,"기러기는 갈댓잎을 물고 그물을 막고, 들소는 무리 지어 대형을 짜서 호랑이를 물리친다.(雁銜蘆而捍網, 牛結陳以却虎.)";『淮南子』「修務訓」,"기러기는 바람의 방향을 탐으로써 힘을 아끼고, 갈댓잎을 물고 날아다님으로써 주살의 공격에 대비한다.(夫鴈順風以愛氣力, 銜蘆而翔, 以備矰弋.)"입에 문 기러기의 갈댓잎은 삼키는 먹이가 아니고 쓰고 버리는 도구이듯이 불락과 불매라는 말도 활용을 다하면 버리는 잠정적 방편이며 그 자체에 진실이 들어 있지는 않다. 설당 도행雪堂道行은 조주 무자無字 공안을 제기하고 이 비유를 썼다.『雪堂道行和尙語』續古尊宿語要 6(卍119, 130b7) 참조.
64 장전張顚 : 당나라 때 초서의 대가 장욱張旭. 그는 술에 취한 상태에서 머리를 풀어 먹물에 적셔서 글을 쓰는 등 미치광이와 같은 여러 행태를 벌이곤 하여 '전顚'이라는 별명이 붙었다고 한다. 이광의 활과 마찬가지로 장전의 솜씨도 분별에 따르지 않는다는 점에서 주어진 화두의 장애를 돌파하는 요소를 암시한다.
65 바람도 불지~움직이는 풀이로세 : 별일이 없는 곳에서 일을 만들어 불매다 불락이다 설정하여 시험한다는 뜻.『龍門佛眼語錄』古尊宿語錄 34(卍118, 600a18),"편지를 받고 봉함을 뜯고 나서 말하였다. '바람이 불지 않아도 저절로 움직인다고 하니 30방을

보배 그릇엔 제호를 담아야 하는 법이거늘[66]	寶器盛醍醐
그야말로 대웅산에 구름 흩어진 후에는	好是大雄雲散後
높이 솟은 천 길 봉우리 허공에 꽂히리라[67]	嶄嶄千仞插空虛

심문 담분心聞曇賁의 송 心聞賁頌

불락이다 불매다 하는 말을	不落不昧
집어내어 교활하게 그대 속이네[68]	拈君狡獪
떨어졌다가 벗어났다 하니	一墮一脫
누가 놓아주고 사로잡은 것인가	是誰縱奪
백장산 봉우리에 옛 거울 밝으니	百丈峯頭古鏡明
수많은 요정들 보금자리 잃었네[69]	無限夭精失窠窟

때려 주어야 한다.'(聞書閣門開, 云, '無風自動, 好與三十棒.')"

66 보배 그릇엔~하는 법이거늘 : 본 공안의 관문을 타파할 근기를 보배 그릇에 비유하였다.『維摩經無我疏』권5(卍30, 177b5), "'더러운 음식을 보배 그릇에 담아서는 안 된다.'라는 경전의 말에서 보배 그릇은 대승의 근기를 비유한다. 이 그릇에는 제호를 담아야 하기에 더러운 음식을 담는다는 말은 법이 근기에 들어맞지 않음을 비유한다.(無以穢食置於寶器. 寶器, 喩大乘根也. 此器宜盛醍醐, 以穢食授之, 喩法不逗機也.)"

67 대웅산에 구름~허공에 꽂히리라 : 불매와 불락이라는 구름으로 가려졌던 진실이 드러난다는 비유.

68 불락이다 불매다~그대 속이네 : '불락'은 잘못된 대답이고 '불매'가 바른 대답이라는 애초의 이야기는 점검을 위하여 임의로 설정된 관문이며, 본질적으로는 속임수와 같다.

69 수많은 요정들 보금자리 잃었네 : 불락과 불매를 대칭시키고, 여우의 몸에 떨어졌다는 것과 그에서 벗어났다는 것을 대립의 짝으로 삼아 만들어 놓은 보금자리에서 분별하는 사람(요정)들은 결국 그 보금자리를 빼앗기고 말 것이라는 말이다.『圜悟心要』권하「示魏學士」(卍120, 750a6), "그 자리에서 속까지 환히 꿰뚫은 그 경계가 불심佛心이니, 이것 이외에 다른 그 어떤 법도 없다. 이 때문에 달마가 서쪽에서 와 다만 인심을 곧바로 가리키고, 교 밖에 별도로 행하며, 오로지 바른 심인心印만 전한다고 말하였으니, 문자와 어구를 세우지 않고 사람마다 그 자리에서 헛된 작용을 그치도록 하였던 것이다. 만약 마음을 일으켜 약간의 생각이라도 움직여 모든 대상과 그에 대한 견해가 진실이라 오인하고 정혼精魂을 희롱하며 보금자리에 집착한다면 이 일과 전혀 관계가 없으리라.(直下透徹, 卽是佛心, 此外更無一法. 是故, 祖師西來, 只言直指人心·敎外別行·單傳正印, 不立文字語句, 要人當下休歇去. 若生心動念, 認物認見, 弄精魂著窠窟, 卽沒

밀암 함걸密庵咸傑의 송[70] 密庵傑頌

오백생 이전에는 잘못 대답했다면　　　　五百生前失却

오백생 이후에는 크게 착각했다네　　　　五百生後大錯

큰 착각이로다　　　　　　　　　　　　　大錯

상서로운 기린이 외뿔이라 누가 말했던가[71]　誰道祥麟只一角

혼성자의 송 1 混成子頌

여우는 여우의 침[72]을 씹어 삼키고자 하니　野狐要嚼野狐涎

交涉也.)"

70 백장을 만나기 전후의 잘못과 깨달음을 모두 부정하는 송.
71 상서로운 기린이~누가 말했던가 : '불매'라고 하여 여우의 몸에서 벗어났다고 한 일면만이 소중한 것이 아니라, '불락'이라 하여 여우의 몸에 떨어졌다는 말의 진실까지 타파해야 진실한 깨달음이라는 뜻이다.
72 여우의 침(野狐涎) : 말을 할 때 침이 튀어 나오는 데서 '침'이라 하면 곧 '말'을 가리키게 되었다. 『獨醒雜志』 권7, "(연금술사였던) 왕첩王捷이 사람들에게 생각하는 것을 떠올리게 하여 낱낱이 보게 만드니 사람들이 진실로 미혹하게 되었다. 회남왕淮南王 유안劉安의 방술方術에서 여우의 침을 가지고서 사람들에게 음식을 주는 방식도 이와 같다. 그 방술이란 이러하다. 고기를 아가리가 작은 항아리에 넣어 야외에 묻어 두면 여우가 보고서 먹고 싶어 주둥이를 들이밀어도 들어가지 않고 군침만 항아리 안으로 질질 흘러 떨어져 고기 속으로 스며 들어가게 된다. 이윽고 그 고기를 꺼내어 햇볕에 말려 고기 가루로 만들어 사람들의 음식 사이에 놓는다.(捷能使人隨所思想, 一一有見, 人故惑之. 大抵皆南法, 以野狐涎與人食而如此. 其法 : 以肉置小口罌中, 埋之野外, 狐見而欲食, 喙不得入, 饞涎流墮罌内, 漬入肉中. 乃取其肉, 曝爲脯末, 而置人飮食間.)" 이로부터 특히 사람을 미혹시키는 말을 여우의 침이라 하게 되었다. 여기서 여우의 침이란 불매와 불락을 분명하게 갈라놓고 발설하는 어리석은 말을 뜻한다. 『從容錄』 8則「示衆」(大48, 231c26), "문자(元字脚)를 기억하여 마음에 담아 두면 쏜살과 같이 지옥에 떨어질 것이니, 한 점의 여우 침이라도 삼키기만 하면 30년 동안 수행하며 토해 내려 해도 나오지 않을 것이다.(記箇元字脚在心, 入地獄如箭射, 一點野狐涎嚥下, 三十年吐不出.)" 같은 책, 같은 則「著語」(大48, 232a6)에서도 '백장의 말을 듣고 노인이 깨달았다.'라는 구절에 대해 "여우의 침이 여전히 남아 있다.(狐涎猶在.)"라고 한다. 『頌古聯珠通集』 권10(卍115, 113a4), "백장이 몸소 여우를 만났는데, 그의 청에 답한 말 대단히 거칠었다네. 이제 여러 선객들에게 묻노니, 여우의 침은 모두 내뱉었는가?【고목 법성枯木法成의 송】(百丈親曾見野狐, 爲渠參請太心麤. 而今敢問諸禪客, 吐得狐涎盡也無?【枯木成】)"

알려 하면 당나귀해에서 말해까지 걸리리라[73]	若會驢年至馬年
뛰어난 솜씨로 얼음 깎아 눈 만들었다지만	妙手將氷削成雪
애초에 얼음과 눈 모두 거짓으로 전했다네[74]	到頭氷雪是虛傳

혼성자의 송 2 又頌

이 마음에 애착하는 여우들이여	愛是心野狐
지금 시장처럼 시끄럽게 떠드네	如今鬧如市
무슨 오백 번 여우로 났다 하는가	說甚五百生
깨달았다 해도 인정하지 않으리	會也不相許

무진거사의 송 無盡居士頌

몸 바꿔 완벽한 수행에 대해 묻자	化形來問大修行
그 자리에서 금비[75]로 각막 도렸네	當下金篦刮眼睛
여우의 몸 바꾸어 백장이 되었지만	轉得野干成百丈

---

73 알려 하면~말해까지 걸리리라 : 불매와 불락을 명백하게 다른 차원으로 갈라놓고 이 공안을 알려고 한다면 영원히 알 수 없다는 뜻. 당나귀해와 말해는 존재하지 않으므로 그런 시기는 오지 않는다는 말이다.

74 뛰어난 솜씨로~거짓으로 전했다네 : 얼음과 눈은 각각 불락과 불매에 상응한다. 두 가지 모두 시험용으로 설정된 허虛이며 실實이 아니다. "한 사람은 허虛로 전했는데 모든 사람이 오인하여 실實이라고 전한다.(一人傳虛, 萬人傳實.)"라는 상용구와 일치하는 의미이다. 본서 37칙 본칙 설화 주석, 98칙 '백운 법연의 상당' 주석, 762칙 본칙 참조.

75 금비金篦 : 금주金籌·금배金拜라고도 한다. 맹인의 눈을 고치기 위해 각막을 도려내어 사물을 볼 수 있게 하는 데 사용하던 수술 도구. 중생의 무지를 도려내어 깨달음의 눈을 뜨게 해 주는 부처님의 교설을 이것에 비유한다. 40권본『大般涅槃經』권8(大12, 411c20), "마치 수많은 맹인들이 눈을 치료하기 위해 솜씨가 뛰어난 의원을 찾아갔고, 이때 의원이 금비로써 눈의 각막을 도려내고 손가락 하나를 들어 보이며 '보이는가?'라고 묻자 맹인은 '아직 보이지 않습니다.'라고 하였고, 다시금 두 손가락 세 손가락을 들어 보이자 '조금 보입니다.'라고 말하는 것과 같다.(如百盲人, 爲治目故, 造詣良醫. 是時, 良醫卽以金錍, 決其眼膜, 以一指示問言, '見不?' 盲人答言, '我猶未見.' 復以二指三指示之, 乃言, '少見.')";『大般涅槃經集解』권20(大37, 462b29), "승량僧亮이 말하였다. '금비는 모든 경전의 교설을 비유한다.'(僧亮曰, '金錍譬諸經敎.')"

밤 깊어지자 여전히 여우 울음 우네[76] 夜深依舊野干鳴

열재거사의 송 悅齋居士頌
양편 모두 여우의 몸이고 兩頭俱是野狐身
중간에 떨어져도 번뇌 벗어나지 못하네 落在中間未離塵
당장에 여우 무리 차 뒤집어 버리고 나니 直下撞飜群隊去
이웃집 닭이 세 번 울어 행인 재촉하네[77] 隣雞三唱促行人

위산 영우潙山靈祐**와 앙산 혜적**仰山慧寂**의 문답**
위산이 황벽과 백장 사이에 오간 야호화野狐話[78] 문답을 제기하고 앙산에게 묻자 앙산이 말하였다. "황벽은 항상 이러한 기틀[79]을 활용하였습니다." "타고나면서 얻은 것일까? 남들로부터 배운 것일까?" "스승으로부터 전수받은 것이기도 하고, 자신의 본성에 있는 종지에 통하는 능력이기도 합니다." "그렇다, 그래."

潙山, 擧黃蘗問百丈野狐話, 問仰山, 仰云, "黃蘗常用此機." 潙云, "天生得, 從人得?" 仰云, "亦是稟受師承, 亦是自性宗通." 潙云, "如是, 如是."

---

76 여우의 몸~울음 우네 : 백장의 몸과 여우의 몸 사이에 차별이 없다는 관점의 송.
77 이웃집 닭이~행인 재촉하네 : 새벽에 닭의 세 번 울음은 미몽의 잠을 깨우는 결정적인 소식을 상징한다. 불락과 불매라는 양변이나 그 중간이나 모두 잠을 깨우는 울음과 같은 지침이며 특별한 의미는 없다. 『無準奏對語錄』(卍121, 963b3), "'음광飮光(迦葉)이 몸소 조사의 지위를 이었고, 달마가 인심을 곧바로 가리킨 뒤로 2천 년가량 전해지며 내려왔는데, 어떤 일을 전하였는지요?' '나라 전체가 모두 안다.' '그렇다면 보통년普通年에 달마가 와서 전했던 그 옛날의 일이 총령에서 지니고 오지 않았음을 알겠군요.' '몽롱하게 자다가 눈을 떴으나 이웃집 닭이 세 번 운 다음이다.'(進云, '飮光親承祖位, 達磨直指人心, 二千餘載流傳, 未審所傳何事?' 答云, '闔國咸知.' 進云, '恁麼則始信普通年遠事, 不從葱嶺帶將來.' 答云, '朦朧睡眼開, 鄰雞已三唱.')"
78 야호화野狐話 : 여우를 소재로 한 공안이라는 뜻으로 본칙의 별명이다.
79 백장에게 따귀 한 대를 때린 것.

천의 의회天衣義懷의 상당

어떤 학인이 물었다. "수행을 마친 사람도 인과를 가지고 있습니까?" "사람이 죽으면 귀신이 된다는 소리만 들었지 학이 신선이 된다는 말은 모르는구나."[80] "옛사람은 어떻게 했습니까?" "본래의 공안에서 알아차려라!" 천의 의회가 이어서 말하였다. "백장의 야호화野狐話가 세상에 널리 알려져 있는데, '여우의 몸에서 벗어났다.'라는 구절에 대하여 여러 선덕들이 요즘 모두 이렇게 말한다. '수행을 마친 사람도 바로 인과 속에 있다. 이전에는「인과에 떨어지지 않는다.」라고 말했다가 인과의 도리를 완전히 부정[81]한 결과가 된 까닭에 여우의 몸에 떨어졌고, 그 뒤에 백장이「인과에 어둡지 않다.」고 한 소리를 듣고 그는 곧바로 여우의 몸에서 벗어났다. 이전에 노인이 한 말이 인과의 도리를 완전히 부정한 것이라면, 뒤에 백장이 한 말은 인과의 도리에 어둡지 않았던 것이다.' 이와 같은 방식으로 헤아린다면 세상 전체의 모든 선지식 중 그 누구도 사람의 몸으로 태어나지 못하며 모조리 여우가 되어야 할 것이다. 가령 어떤 학인이 조주에게 '개에게도

---

80 한산寒山의 시 중에 나오는 구절이다. '학이 신선이 된다'는 것은 죽음을 완곡하게 표현한 말로 가학성선駕鶴成仙이라 한다. 죽음을 뜻한다는 점에서 앞 구절의 '사람이 죽으면 귀신이 된다'는 말과 다르지 않다. 이로써 불각과 불매 사이의 미묘한 동이同異 관계를 은유한다. 『寒山子詩集』(嘉20, 659c24), "그저 쑥대 문 닫고 앉아 있을 뿐인데, 세월은 급히도 지나가누나. 사람이 죽으면 귀신이 된다는 소리만 들었지, 학을 타고서 신선이 된다는 말은 모르는구나. 이를 생각한다면 무슨 말을 하랴! 인연 따르며 살며 스스로 가련타 생각해야 하리라. 고개 돌려 성곽 밖 들판을 비리보노라니, 옛 무덤 쟁기질에 밭으로 변했구나.(徒閉蓬門坐, 頻經歲月遷. 唯聞人作鬼, 不見鶴成儒. 念此那堪說! 隨緣須自憐. 迴看郊郭外, 古墓犁爲田.)"

81 발무인과撥無因果는 인과의 도리를 부정하는 삿된 견해. 모든 것은 단멸斷滅하여 이어지지 않는다는 견해 곧 단견斷見에 속한다. 『俱舍論』권17(大29, 89a2), "어떤 삿된 견해 때문에 선한 뿌리가 끊어지는가? 인과의 도리를 결정적으로 부정하는 삿된 견해가 그것이다. 원인을 부정한다는 것은 미묘한 수행과 악한 수행의 차이를 결정적으로 부정하는 견해를 가리키며, 결과를 부정한다는 것은 수행의 결과인 이숙異熟을 결정적으로 부정하는 견해를 말한다.(緣何邪見, 能斷善根? 謂定撥無因果邪見. 撥無因者, 謂定撥無妙行惡行 ; 撥無果者, 謂定撥無彼果異熟.)"

불성이 있습니까?'라고 묻자 조주가 '없다.'[82]라고 대답한 것이나, '잣나무에도 불성이 있습니까?'라고 물음에 '있다.'[83]라고 한 대답에 대해서도 이렇게 말한다면 조주 또한 여우가 되지 않을 수 없을 것이다.[84] 또한 혜충 국사慧忠國師에게 '천당에 태어나고 지옥에 떨어지는 원인과 결과가 있습니까, 없습니까?'라고 묻자 국사가 '없다.'라고 대답하였는데, 후대에 다시 경산 도흠徑山道欽[85]에게 '천당에 태어나고 지옥에 떨어지는 원인과 결과가 있습니까, 없습니까?'라고 물음에 경산은 '있다.'라고 대답하였다.[86] 그렇다면 이 두 고덕 중 누구를 여우가 되도록 하는 것이 옳겠는가? 또한 어떤 학인이 숭산 준극嵩山峻極 화상에게 '수행을 마친 사람이란 어떤 사람입니까?'라고 묻자 준극이 '목에 형틀을 걸고 발목에는 족쇄를 찼다.'[87]라 대답

---

[82] 본서 417칙 본칙 참조.
[83] 본서 474칙 본칙 참조.『趙州語錄』古尊宿語錄 13(卍118, 321b14), "'잣나무에도 불성이 있습니까?' '있다.' '언제 성불합니까?' '허공이 땅에 떨어질 때까지 기다려라.' '허공은 언제 땅에 떨어집니까?' '잣나무가 성불할 때까지 기다려라.'(問, '栢樹子, 還有佛性也無?' 師云, '有.' 云, '幾時成佛?' 師云, '待虛空落地.' 云, '虛空幾時落地?' 師云, '待栢樹子成佛.')"
[84] 조주가 '있다', '없다'라고 한 말을 위와 같이 갈라서 분별하면, 각각 상견常見과 단견斷見의 잘못에 빠진 대답에 불과하다는 뜻이다. 따라서 불락과 불매도 이러한 관점에서 시비를 따지면 각각이 평등하게 가지고 있는 관문에서 멀어질 수밖에 없다. 바로 아래에서 혜충 국사와 경산 도흠이 동일한 질문에 대하여 '있다'는 말과 '없다'는 말로 다르게 내린 대답도 이와 마찬가지로 실제적인 유有와 무無가 아니라 몰자미의 화두인 것이다.
[85] 경산 도흠徑山道欽(714~792) : 우두종牛頭宗 경산파徑山派의 초조初祖. 법흠法欽이라고도 한다. 학림 현소鶴林玄素의 법을 이었다. 768년에 입궐하여 당나라 제8대 대종에게 법을 설하였으며 대종은 국일선사國一禪師라는 호를 하사하고 경산사徑山寺라는 사액寺額을 내렸다. 후에 덕종이 대각선사大覺禪師라는 시호를 내렸다.
[86] 전거 미상.『紫柏尊者全集』권7(卍126, 756a12)에는 동일한 질문을 던지고 배촉背觸의 논법에 따라 다음과 같이 모든 출구를 봉쇄한다. "말해 보라! 한 생각도 일어나기 이전에 지옥과 천당은 있는가, 없는가? 있다고 여기면 불필요하게 덧붙이는 잘못(增益謗)에 떨어지고, 없다고 여기면 본래의 것을 덜어 내는 잘못(損減謗)에 떨어지며, 있기도 하고 없기도 하다고 여기거나(相違謗), 있지도 않고 없지도 않다고 여기거나(戱論謗) 모두 잘못된 분별에 떨어지게 된다.(且道! 一念未生, 地獄天堂, 是有是無? 有則墮增益謗, 無則墮損減謗, 亦有亦無, 非有非無, 總墮謗數.)"
[87] 담가부쇄擔枷負鎖는 스스로 감옥에 갇힌 것처럼 속박된 상태를 말한다.

하였고, '크게 업을 짓는 사람이란 어떤 사람입니까?'라고 묻자 '선을 수행하여 삼매에 들어간다.'라고 대답하였다.[88] 이는 한 사람이 두 종류의 결정적인 말로 대답한 것인데, 이 두 대답 사이에 어긋나는 점이 있는가? 만약 어긋나는 점이 있다면 반드시 여우가 될 것이고, 만약 어긋나는 점이 없다면 어떤 부분이 하나의 이치로 모두 꿰뚫는 것일까? 무수한 질문과 끝도 없는 대답은 그만두고 도대체 수행을 마친 사람이란 어떤 사람인가? 만약 드러난 말 그대로 뜻을 확정한다면 구절에 막혀 미혹될 것이니, 정情이 한정된 범위에 예속되어 있고 식識은 법의 티끌에 의지해 있기 때문이다. 만약 이와 같은 견해로 남들의 스승(人天師)이 된다면 자신의 말이 귀착되는 곳조차 모를 것이니, 바르게 볼 줄 아는 자신만의 눈이 없을 뿐만 아니라 타인의 눈까지 멀게 할 것이다. 안타깝고, 안타깝다! 여러 선덕이여, 수행하는 사람(行脚人)이라면 반드시 법을 가려내는 바른 눈을 갖추어야 하며, 겉만 그럴듯한 거짓 반야(相似般若)[89]를 배워서는 안 된다."

天衣懷上堂, 僧問, "大修行底人, 還具因果也無?" 師云, "只聞人作鬼, 不見鶴成仙." 進云, "古人, 又作麽生?" 師云, "且識取前話!" 師乃云, "百丈有野狐話, 大行於世, 至便脫野狐身, 諸禪德, 如今盡道, '大修行人, 正在因果. 前來却道, 不落因果, 成撥無因果, 所以墮野狐中 ; 後來道, 不昧因

---

[88] 『五燈會元』 권2(卍138, 54a15), 『五燈全書』 권4(卍140, 219a16), 『宗門拈古彙集』 권5(卍115, 579a4) 등에는 '선행을 닦는 사람(修善行人)'과 '악행을 저지르는 사람(作惡行人)'으로 되어 있다. 『宗鑑法林』 권7(卍116, 108b1), 『圜悟語錄』 권16(大47, 790b4), 『頌古聯珠通集』 권8(卍115, 87a15) 등에는 본서와 같이 '수행을 마친 사람', '업을 짓는 사람'으로 되어 있고, 준극의 말이 아니라 그 스승인 파조타破竈墮의 말로 실려 있다.

[89] 상사반야相似般若 : 상사반야바라밀다相似般若波羅蜜多의 줄임말. 『大般若經』 권136(大5, 738b16)에 따르면, 상사의 육바라밀이란 유소득有所得의 육바라밀을 가리키며, 상사반야도 유소득의 반야를 가리킨다. 유소득이란 집착된 마음을 가리키는데, 『大智度論』 권69(大25, 542a19)에 "집착된 마음으로 육바라밀을 행하는 것을 '사似'라 한다.(以著心, 行六波羅蜜, 是名似.)"라고 한 해석이 그 뜻이다.

果, 他便得脫去. 若也前是撥無因果, 後是不昧因果.' 作如此商量, 盡大地
善知識, 無一个得人身, 惣作野狐始得. 秖如僧問趙州, '狗子, 還有佛性也
無?' 州云, '無.' 又問, '栢樹子, 還有佛性也無?' 州云, '有.' 若恁麽道, 趙州
亦須作野狐始得. 又問忠國師, '天堂地獄因果, 是有是無?' 國師云, '無.'
後來又問徑山欽, '天堂地獄因果, 是有是無?' 徑山云, '有.' 秖如此二古德,
教誰作野狐卽是? 又僧問峻極和尙, '如何是大修行底人?' 極云, '擔枷負
鎖.' '如何是大作業底人?' 極云, '修禪入定.' 此是一人對兩轉語. 還有相違
處麽? 若有相違, 亦須作野狐；若無相違, 那裏是一理相貫處? 千問萬對
且置, 作麽生說个大修行底人? 若以卽言定旨, 滯句迷封, 蓋爲情存分量,
識附法塵. 若如是, 作人天師, 自語尙不知落處, 非唯自家無眼, 亦乃瞎却
他人. 苦哉, 苦哉! 諸禪德, 夫行脚人, 須具正法眼始得, 莫學相似般若."

[설화]

○ 사람이 죽으면 귀신이 된다는 소리만 들었지 학이 신선이 된다는 말은
모르는구나 : 신선이 된 학이 어찌 다시 신선이 되겠는가?
○ 본래의 공안에서 알아차려라 : 본래의 공안에 어찌 '인과에 떨어진다'
거나 '인과에 떨어지지 않는다'라는 차별이 있었던가? 많은 이야기들을
늘어놓으며 끌어들인 여러 공안은 모두 이 뜻을 벗어나지 않는다.

天衣 : 只聞人作鬼云云者, 仙鶴何更成仙? 且識取前話者, 前話何曾有落
因果, 不落因果? 許多葛藤下, 多引公案, 皆不出此義.

대홍 보은 大洪報恩의 염

"한마디가 나온 다음에는 사마駟馬도 쫓아가기 어렵다.[90] 화와 복이 들

---

[90] 내뱉은 언설이 편견으로 굳어지는 것을 비유한다. 불락과 불매를 대립시켜 설정한 화

어오는 문은 따로 없으니 오로지 사람이 스스로 불러들일 뿐이다. 비록 그렇기는 하지만 어디를 가더라도 '대홍이 이러한 말을 한 사실이 있다.'라고 말하지 마라.[91]"

大洪恩拈, "一言已出, 駟馬難追. 禍福無門, 唯人自召. 雖然, 若到諸方, 莫道'大洪有此語.'"

두에서 그 말의 관념에 속박되어 본래의 뜻을 상실한 것을 나타낸다. 사마는 수레 하나를 끄는 네 마리의 말이며, 본래 『論語』 「顏淵」의 "사마도 혀의 빠르기는 따라가지 못한다.(駟不及舌.)"라는 말에 근거한다. 구양수歐陽修의 『筆說』 「駟不及舌說」에 "속담에 '한마디 말이 입에서 나오면 사마도 좇아가지 못한다.'라고 하는데, 『논어』에서 '사마도 혀의 빠르기는 따라가지 못한다.'라고 한 말을 가리킨다.(俗云, '一言出口, 駟馬難追.' 論語, 所謂'駟不及舌'也.)"라고 풀었다. 『雪竇語錄』 권4(大47, 693c18), "어느 때 '불은 태양의 열기를 받으면 더욱 뜨거워지고 바람은 달빛과 어울리면 더욱 서늘해진다. 북두칠성을 향하고서 남극성을 바라본다는 구설에 대하여 그대들이 말하기를 바라지 않고, 후인들이 그 진실을 벗겨 내어 비판하도록 남겨 둔다.'라고 말한 다음 학인들을 대신하여 말하였다. '한마디 말이라도 나왔다 하면, 사마로도 좇아갈 수 없다.'(或云, '火待日熱, 風待月涼. 北斗南星句, 不要備道, 留與後人貶剝.' 代云, '一言已出, 駟馬難追.')

91 이러한 말을 했다고 하면 그 의중을 파악하지 못했다는 뜻. 그러나 이러한 말을 하지 않았다고 해도 사실에 맞지 않다. 이 두 가지가 어울려 하나의 관문이 되는 형식에는 다음의 일화가 좋은 예이다. 혜각慧覺이 스승인 조주趙州가 '뜰 앞의 잣나무'라는 공안을 제시한 적이 없다고 부정한 경우와, 그에 대한 대혜 종고의 평가가 본 공안에 대한 대홍 보은의 염과 통한다. 『法眼語錄』(大47, 591a22), "광효 혜각 선사가 법안法眼의 처소에 이르자 법안이 물었다. '어디서 오는가?' '조주에서 옵니다.' '듣자 하니 조주에게는 뜰 앞의 잣나무라는 화두가 있다고 하는데 사실인가?' '그런 화두는 없습니다.' '왕래하는 사람들이 모두 「달마 대사가 서쪽에서 온 뜻이 무엇입니까?」라는 학인의 물음에 조주가 「뜰 앞의 잣나무.」라고 대답했다고들 하는데 상좌는 어째서 없다고 말하는가?' '선사先師께서는 진실로 이러한 말을 한 적이 없으니 화상은 선사를 비방하지 마십시오.'[경산徑山의 대혜 종고가 평가하였다. '만약 이러한 화두가 있다고 말하면 혜각(覺鐵嘴)의 뜻을 놓쳐 버리며, 이러한 화두가 없다고 말하면 또한 법안의 뜻을 놓쳐 버리고, 있다·없다는 두 가지가 모두 아니라고 말하면 조주의 뜻을 놓쳐 버릴 것이다.']"(光孝慧覺禪師, 至師處, 師問, '近離甚處?' 覺云, '趙州.' 師云, '承聞, 趙州有柏樹子話, 是不?' 覺云, '無.' 師云, '往來皆謂, 僧問, 「如何是祖師西來意?」趙州云, 「庭前柏樹子.」上座何得道無?' 覺云, '先師實無此語, 和尙莫謗先師好.'[徑山杲云, '若道有此語, 蹉過覺鐵嘴; 若道無此語, 又蹉過法眼; 若兩邊俱不涉, 又蹉過趙州.'])

설화

○ 한마디가 나온 다음에는 사마駟馬도 쫓아가기 어렵다 : '인과에 떨어지지 않는다.'라는 한마디를 가리킨다.
○ 화와 복이 들어오는 문은 따로 없으니 오로지 사람이 스스로 불러들일 뿐이다 : 다만 스스로 미혹되었기 때문에 여우의 몸에 떨어진 것일 뿐이라는 뜻이다.
○ 비록 그렇기는 하지만 : 앞에서 한 말에 화와 복, 미혹과 깨달음, 득과 실 등의 구별이 있는 듯하지만 그렇지 않기 때문이다.

大洪:一言至難追者, 不落因果一言也. 禍福至自召者, 只爲自迷, 墮野狐身也. 雖然如是者, 前言似有禍福迷悟得失地故也.

취암 사종翠巖嗣宗의 염[92]

"인과에 떨어지지 않을 때는 어디에 떨어지는가? 인과에 어둡지 않을 때는 무엇으로부터 벗어나는가? 여러분, 딱 들어맞힐 수 있는가? 만약 딱 들어맞히더라도 여우의 견해와 같은 정도일 것이며, 딱 들어맞히지 못한다면 여우의 견해만도 못할 것이다. 말해 보라! 결국에는 어떻게 해야 할까? 다만 길흉이 있을 뿐 점을 칠 단서[93]는 없으니, 거북 껍질을 가지고 손빈孫臏[94]에게 물어보는 일은 그만두어라."

---

[92] 불락과 불매를 모두 부정하여 그것을 분별의 단서로 삼는 방법을 철저하게 차단하는 염이다.
[93] 괘조卦兆는 괘상卦象과 귀조龜兆를 합한 말로 두 가지 모두 길흉을 점치는 상징물이다. 괘상은 육십사괘의 조합을 가지고 미래를 예측하는 방법이고, 귀조는 거북 등껍질이 갈라진 모양을 보고 길흉을 점치는 것이다. 이 공안에 대하여 점을 치는 것처럼 이리저리 분별하는 근거를 말한다. 곧 불락·불매를 중심으로 하는 이 공안의 언어가 이에 해당하지만 그것으로는 이 공안의 난관을 타파하지 못한다는 뜻이다.
[94] 손빈孫臏: 『孫子兵法』의 저자 손무孫武의 후손. 병법가로서 미래를 예측하는 점을 잘 쳤던 그도 점괘를 통해서만 점을 치기 때문에 점괘가 나타나기 이전의 소식은 알지 못

翠嵓宗拈, "不落因果時, 墮在什麼處? 不昧因果時, 脫在什麼處? 諸人, 還定當得麼? 若定當得, 見解共野狐一般; 若定當不得, 見解不如野狐. 且道! 畢竟如何? 但自吉凶無卦兆, 休將龜殼問孫賓."

[설화]

○ 불락과 불매에서 어느 한편이 맞고 다른 한편은 틀렸다고 헤아린다면 여우의 몸에 떨어지는 결과를 벗어나지 못한다는 뜻이다.

翠嚴意, 不落不昧, 得失商量, 則未免墮野狐身.

불안 청원佛眼淸遠의 거

사립문을 세 번 흔들었던 위산의 인연을 제기하고 말하였다. "그대가 말해 보라! 위산에게 야호화에 대해 물었는데, 그는 오히려 사립문을 흔들었다. 말해 보라! 그 핵심은 어디에 있을까? 알고자 하는가? 모두들 금털 사자의 새끼들이니 아무도 도중에 윤회하지는 않을 것이다."

佛眼遠, 擧潙山撼門扇三下因緣, 師云, "你道! 問他野狐話, 他却撼門扇. 且道! 繁要在什麼處? 要會麼? 盡是金毛師子子, 莫於中路却輪迴."

[실화]

○ 사립문을 세 번 흔들었던 경계에서는 모두들 금털 사자 새끼의 그것이라는 말이니, 이것이 핵심이 되는 부분(繁要處)[95]이다.

한다는 말이다. 곧 여기서 손빈은 언어에서 실마리를 찾는 사람을 나타낸다.

[95] 핵심이 되는 부분(繁要處) : 군더더기 없이 간명하게 드러난 요소. 『圜悟語錄』권15(大47, 782a29), "핵심이 되는 부분에 어찌 수많은 불법이 있으랴!(繁要處, 豈有如許多佛法也!)"; 『徹悟語錄』권하(卍109, 777b1), "오직 이들 네 구절로 남김없이 모두 거두어들

佛眼 : 撼門扇三下處, 盡是金毛師子子, 此謂緊要處也.

육왕 불지育王佛智의 상당

어떤 학인이 백장을 만나기 이전의 노인(先百丈)에게 '수행을 마친 사람도 인과에 떨어집니까?'라고 묻자 그가 '인과에 떨어지지 않는다.'라고 한 대답을 제기하고 "착각이다!"라고 착어著語하고, 백장을 만난 다음에 '인과에 어둡지 않다.'라고 한 대답에 대해서도 "착각이다!"라고 착어하였다. 이어서 "오늘 만일 어떤 사람이 나에게 '인과에 떨어지지 않는 것이 옳은가, 인과에 어둡지 않은 것이 옳은가?'라고 묻는다면 '착각이다, 착각이야!'라고 대답할 것이다. 말해 보라! 백장과 비교하여 나은 점이나 못한 점이 있는가?"라고 말한 다음 잠깐 침묵하다가 말하였다. "금촉전金鏃箭[96]에 기름을 떨어뜨려 옥기린을 쏘아 뚫는다."

育王佛智上堂, 擧僧問先百丈, '大修行人, 還落因果也無?' 丈云, '不落因果.' 師云, "錯!" 後百丈云, '不昧因果.' 師云, "錯!" "今日忽更有人, 問育王, '不落因果是, 不昧因果是?' 對云, '錯, 錯!' 且道! 與百丈有優劣也無?" 良久云, "滴油金鏃箭, 射透玉麒麟."

[설화]

○ '인과에 떨어지지 않는다.'는 말과 '인과에 어둡지 않다.'는 말을 각각 좌

인다. 그것을 핵심이 되는 부분이라 하는 까닭은 불법에는 복잡한 요소가 없기 때문이다. 참으로 일념에 상응하면 이를 진실로 경전 전체를 다 읽었다고 한다.(唯此四句, 攝盡無餘. 所謂緊要處, 佛法無多子也. 果能一念相應, 是爲眞轉全經.)" ; 『湛然圓澄語錄』 권6(卍126, 236b2), "'성종性宗(교종) 안의 핵심이 되는 부분을 한두 가지 보여 주시기 바랍니다.' '성종에는 이렇게 핵심이 되는 부분이 없다.'(問, '性宗內緊要處, 乞示一二.' 師曰, '性宗無恁麼緊要處.')"
96 금촉전金鏃箭 : 화살촉을 황금으로 장식한 화살. 신계信契로 쓰인다.

우에 놓은 것이다.
○ 인과에 떨어지지 않는 것이 옳은가, 인과에 어둡지 않은 것이 옳은가 : 불락과 불매의 중간에 대해서도 모두 '착각이다'라고 한 것이니, 모두 긍정하지 않는다는 뜻이다.
○ 금촉전에 기름을 떨어뜨리다 : 금촉전에 다시 기름을 떨어뜨리면 화살촉이 예리하면서 매끄러워진다.
○ 옥기린을 쏘아 뚫는다 : 불락과 불매의 중간도 뚫어 버린다는 말이다.

育王 : 不落因果, 不昧因果, 左右也. 不落因果是云云者, 中間皆云錯者, 皆不立也. 滴油云云者, 金鏃上更油滴, 銳而滑也. 射透云云者, 不落不昧中間, 亦透過也.

운문 종고雲門宗杲의 상당

어떤 학인이 물었다. "'수행을 마친 사람도 인과에 떨어집니까?'라는 물음에 백장을 만나기 이전에는 '인과에 떨어지지 않는다.'라고 대답하였는데, 어째서 여우의 몸에 떨어졌습니까?" "누군가 만나거든 지금 말한 그대로만 제기하여라."[97] "그렇다면 백장을 만난 뒤 '인과에 어둡지 않다.'라고 대답해 준 다음에는 어째서 여우의 몸에서 벗어났습니까?" "누군가 만나거든 지금 말한 그대로만 제기하여라." "만일 어떤 사람이 화상(徑山)에게 '수행을 마친 사람도 인과에 떨어집니까?'라고 묻는다면, 화상께서는 그에게 어떻게 대답하시렵니까?" "그에게 '누군가 만나거든 지금 말한 그대로만 제기하여라.'라고 대답하겠다." 이어서 "수행을 마친 사람이 인과에 떨어진다."라 하고 불자拂子로 선상禪牀을 한 번 치고서 "이래도 이 본분의 소식을 벗어나지 않는다. 수행을 마친 사람은 인과에 떨어지지 않

---

[97] 학인이 품은 의문 그대로 궁구할 화두와 다르지 않다는 뜻.

는다."라 하고, 다시 선상을 한 번 치고서 "이래도 이 본분의 소식을 벗어나지 않는다. 떨어진다는 말과 떨어지지 않는다는 말을 한 번의 붓질로 그어 없앤다면,[98] 무엇을 인과라 부르겠는가?"라고 하였다. 또다시 선상을 한 번 치고 "바로 이 소식을 벗어나지 않는다."라고 한 뒤, 불자를 들어 올리며 대중에게 말하였다. "오백생의 과거부터 있었던 소식이니 분별하며 달리 찾아서는 안 된다."

雲門杲上堂, 僧問, "'大修行底人, 還落因果也無?' 前百丈云, '不落因果.' 爲什麽墮野狐身?" 師云, "逢人但恁麼擧." 進云, "只如後百丈道, '不昧因果.' 爲甚麼脫野狐身?" 師云, "逢人但恁麼擧." 進云, "或有人問徑山, '大修行底人, 還落因果也無?' 未審和尙, 向他道什麼?" 師云, "向他道, '逢人但恁麼擧.'" 乃云, "大修行人, 落因果." 以拂子擊禪床一下云, "也不離這个消息. 大修行人, 不落因果." 又擊禪床一下云, "也不離這个消息. 落與不落, 一筆句下, 却喚什麼作因果?" 又擊禪床一下云, "也不離這个消息." 乃擧起拂子, 召大衆云, "五百生前消息在, 不須意下別搜求."

> [설화]

○ 누군가 만나거든 지금 말한 그대로만 제기하여라 : 그 말이 바로 본분의 소식이라는 뜻이다.
○ 이 본분의 소식을 벗어나지 않는다 : 다만 이렇게 말하는 것 말고 다시 무슨 말을 찾겠느냐는 뜻이다.
○ 불자를 들어 올리며 '오백생의 과거부터 있었던 소식'이라 한 말 : 여우의 몸에 떨어진 것(墮)이나 그것에서 벗어난 것(脫)이나 모두 본래 적막

---

[98] 일필구하一筆勾下는 한 번에 모두 지워 삭제하는 것. 일필구소一筆勾消라고도 한다. 본서 134칙 주 6 참조.

한 소식[99]이라는 뜻이다.

雲門︰逢人但伊麽擧者, 好箇消息也. 不離這箇消息者, 但伊麽道外, 更討什麽? 乃擧起拂子至消息在者, 墮脫本空地消息.

운문 종고의 거

"불락과 불매여! 밝은 듯도 하고 흐릿한 듯도 하도다. 불매와 불락이여! 두 가지 모두 텅 비어 하나도 마음에 걸려 있지 않도다. 오백생 이전의 여우 한 마리를 놓고 이제는 차분하게 대할 일이지 따라다니며 부르지 마라." 한 소리 크게 내지르고 말하였다. "좌중에 벌써 강남에서 온 나그네가 있으니, 술잔 앞에서 〈자고사鷓鴣詞〉[100] 부르지 말지어다."[101]

又擧此話云, "不落與不昧! 半明兼半晦 ; 不昧與不落! 兩頭空索索. 五百生前个野狐, 如今冷地謾追呼." 喝一喝云, "座中旣有江南客, 休向樽前唱鷓鴣."

---

99 아래에 이어지는 운문 종고의 거에서 "불매와 불락이여! 두 가지 모두 텅 비어 하나도 마음에 걸려 있지 않도다.(不昧與不落, 兩頭空索索.)"라고 한 말과 통한다.
100 〈자고사鷓鴣詞〉: 당나라 때 교방敎坊의 곡명曲名. 〈자고사鷓鴣辭〉로도 쓰고 〈산자고山鷓鴣〉라고도 하는데 새의 울음소리를 본떠 지어 이렇게 부른다. 흔히 향수나 이별의 정 등을 담은 슬픈 노래를 대표한다.
101 당나라 때 시인 정곡鄭谷의 〈席上貽歌者〉 가운데 제3구와 제4구이다. 이 시는 연석에서 노래 부르는 사람에게 준 시이며 향수를 불러일으킬 노래를 부르지 말아 달라는 뜻을 표현하였다. "꽃 피고 달 밝은 누대가 변화한 시가 가까이 있는데, 맑은 노래 한 가락에 맞춰 황금 술잔 기울인다. 좌중에 강남에서 온 길손 있으니, 봄바람 타고 〈자고사〉 부르지 마시게나.(花月樓臺近九衢, 淸歌一曲倒金壺. 座中亦有江南客, 莫向春風唱鷓鴣.)" 헛된 생각을 쉽게 불러일으키는 불락과 불매라는 말은 마치 향수를 자극하는 노래와 같으니 입 밖에도 내지 말라는 뜻이다.

> 설화

○ 불락과 불매여~두 가지 모두 텅 비어 하나도 마음에 걸려 있지 않도다 : 백장을 만난 다음 '인과에 어둡지 않다.'라고 한 경계에 이르러서는 '인과에 떨어지지 않는다.'라는 말 또한 텅 비어 마음에 걸려 있지 않다는 뜻이다. 삭索【석昔과 명名을 반절한 음】은 흩어졌다, 사라졌다는 뜻이다.
○ 오백생 이전의 여우 한 마리를 놓고 이제는 차분하게 대할 일이지 따라다니며 부르지 마라 : 여우의 몸에 떨어지거나 그것에서 벗어나거나 모두 본래 공空이라는 뜻이다.
○ 한 소리 크게 내지르고~〈자고사鷓鴣詞〉 부르지 말지어다 : 나아가 이 하나의 할이 가리키는 취지를 알아야 한다.

又擧, 不落與不昧云云者, 至後百丈, 不昧因果處, 不落因果, 亦空索索也. 索【昔名切】, 散也盡也. 五百生至謾追呼者, 墮脫本空也. 喝一喝云云者, 更須知有這一喝.

백운 지병白雲知昺의 염

"만상을 모으고 유와 무를 하나로 만들며, 과거와 미래를 섞고 오늘날과 옛날을 합한다.[102] 눈에 졸음이 없으면 모든 꿈은 저절로 사라지고, 마음에 다르다는 생각을 하지 않으면 모든 법은 하나가 될 것이다.[103] 대중 가운데 조금이라도 수행해 본 사람이라면 모두 '이미 알았다.'라고 말하지만, 이 공안에 대하여 질문을 받게 되면 끝을 알 수 없는 바다로 떨어질 수밖에 없을 것이니,[104] 번뇌가 완전히 끊어진 사람을 찾기란 마치 하늘에

---

102 이통현李通玄의 설이다. 『華嚴經合論』 권6(卍5, 745b17) 참조.
103 눈에 졸음이~될 것이다 : 『信心銘』(大48, 376c21)의 구절을 인용하였다.
104 끝을 알~없을 것이니(落七落八) : 낙칠낙팔落七落八은 일곱 단계 여덟 단계 아래로 떨어진다는 말로 근본에서 멀리 하락한다는 뜻이다.

서 달을 따려는 것처럼 불가능하다. '물에 들어가 보아야 누가 더 뛰어난 지 알 수 있다.'[105]라는 뜻을 알고 싶은가? '강물에 엽전을 떨어뜨렸으면 강물 속에 들어가 건진다.'[106]"

白雲昺拈, "會萬像齊有無, 混去來印今古. 眼若不睡, 諸夢自除; 心若不異, 萬法一如. 衆中稍稍行脚人, 惣道'會了也.' 及問着這个公案, 不免落七落八. 討个絶滲漏底漢, 如天上揀月. 要知入水見長人? 河裏失錢河裏撊."

설화

○ 만상을 모으고~오늘날과 옛날을 합한다 : 본래 이와 같은 여러 종류의 말은 없다.[107]

---

105 입수건장인入水見長人 : 실제적인 상황에 닥쳐 보아야 그 사람의 진면목을 알 수 있다는 말. 앞에서 제기한 이치를 알지라도 불매·불락 등의 화두에 숨은 장벽을 막힘없이 뚫고 나가며 응용할 수 있어야 그 진실이 입증된다는 뜻. 측천무후則天武后가 북종 신수神秀와 더불어 숭산 노안嵩山老安 또는 남양 혜충을 시험한 인연에서 비롯된 이야기. 본서 116칙 본칙 및 주석 참조.『祖庭事苑』 권1(卍113, 15b7), "물에 들어가 보아야 누가 더 뛰어난지 알 수 있다 :『요선사록』에 따르면, 당나라 측천무후가 숭산 노안과 북종 신수를 궁중에 맞아들여 공양을 올린 일이 있었다. 두 선사를 욕탕에 들여보내고 궁녀들에게 시봉하도록 하였는데 노안만이 거리낌 없이 기뻐하며 한결같았다. 무후가 감탄하며 말하였다. '물에 들어가 보아야 비로소 걸출한 사람이 있다는 사실을 알 수 있구나!'(入水見長人 : 桉耀禪師錄, 唐武後, 召嵩山老安, 北宗神秀, 入禁中供養. 因澡浴, 以宮姬給侍, 獨安怡然無它. 后歎曰, '入水始知有長人!')" 본서 116칙 본칙 및 주석, 278칙 '설두 중현의 거', 590칙 '숭숭공의 송' 참조.

106 운문 문언雲門文偃의 말이다.『景德傳燈錄』 권19 「雲門文偃傳」(大51, 358c28), "'달마 대사가 서쪽에서 온 뜻은 무엇입니까?' '강물에 엽전을 떨어뜨렸으면 강물 속에 들어가 건진다.'(問, '如何是西來意?' 師曰, '河裏失錢河裏摝.')";『雲門廣錄』 권상 古尊宿語錄 15(卍118, 336a1), "'꼿꼿이 앉아 실상을 생각한다는 것은 무슨 뜻입니까?' '강물에 엽전을 떨어뜨렸으면 강물 속에 들어가 건진다.'(問, '如何是端坐念實相?' 師云, '河裏失錢河裏摝.')"

107 선가의 본분사에는 복잡하게 얽힌 말을 늘어놓지 않는다는 뜻.『碧巖錄』 98則 「本則評唱」(大48, 221c27), "이 일로 따지자면 어찌 수많은 종류의 말이 있겠는가!(若論此事, 豈有許多般葛藤!)";『眞歇淸了語錄』 권2(卍124, 654a13), "저 조사는 할 일을 모

○ 끝을 알 수 없는 바닥으로 떨어지다 : 미혹도 있고(不落) 깨달음도 있다고(不昧) 여기며 불락과 불매에 대하여 이러니저러니 헤아린다는 말이다.
○ 물에 들어가 보아야 누가 더 뛰어난지 알 수 있다 : 마땅히 유와 무, 과거와 미래, 옛날과 오늘날 등의 대립을 마주하고도 이와 같은 차별에 떨어지지 않는다면, '인과에 떨어지지 않는다.'라고 해도 얽매인 몸을 벗어날 길이 있고, '인과에 어둡지 않다.'라고 해도 얽매인 몸을 벗어날 길이 있다는 뜻이다.

白雲 : 會萬像至印古今云云者, 本無如是多般葛藤也. 落七落八者, 有迷有悟, 乃至不落不昧商量也. 要知入水云云者, 當有無去來古今, 不落如是差別, 則不落因果, 也有出身之路 ; 不昧因果, 也有出身之路.

심문 담분心聞曇賁**의 상당**
이 공안을 제기하고 말하였다. "이 한 칙의 공안을 총림에서 헤아리는 대중이 대단히 많다. 문제는 그러한 떼거리를 늘릴 뿐 대부분 이 공안을 듣자마자 자신의 본래의 몸을 속박에서 벗어나도록 하지 못한다는 점이다. 나, 서암瑞嵒이 오늘 구업口業을 아끼지 않고 여러분에게 분명하게 말해 주겠다. 알고 싶은가? 오백생 동안 굴욕을 당한 까닭은 바로 떨어질 '락落' 한 글자를 몰랐기 때문이요, 무수한 대중들이 비교하며 이리저리 헤아려 왔던 까닭은 바로 어두울 '매昧' 한 글자를 몰랐기 때문이다. 어느 경우나 두 글자의 효와誵訛[108]가 평범하고 정직한 수많은 사람들을 함정에 빠뜨린 것이다. 지금 이 두 글자가 귀착되는 뜻을 알고 싶은가?" 주장

두 마친 사람인데 배 속에 수많은 말을 쌓아 두어서 무엇 하겠는가?(它祖師是大無事底人, 肚裏有許多葛藤, 堪作什麼?)"
108 효와誵訛 : 속이는 말. 하나의 공안이 관문으로서 가지는 요소. 진실을 보여 주는 말이 아니라 사람들을 시험할 목적에서 교란하며 함정처럼 설정되므로 '속이는 말'과 같다.

자를 높이 세웠다가 한 번 내리치고, 다시 한 소리 크게 내지른 다음 말하였다. "벗어났다, 벗어났어! 주관하는 자를 마음 기울여 살펴라."

心聞賁上堂, 擧此話云, "這一則話, 叢林商量甚衆. 要且, 只添得群隊, 多不能於言下, 脫得本體. 瑞嵓今日, 不惜口業, 爲你諸人, 分明說破. 要會麼? 五百生中受屈, 只緣不識个落字; 千百衆中較量, 只緣不識个昧字. 都來兩字譸訛, 陷却多小平直. 而今, 要識這兩字落處麼?" 乃卓拄杖一下, 復喝一喝云, "脫也, 脫也! 照顧主宰."

[설화]

○ 헤아리는 대중이 대단히 많다~자신의 본래의 몸을 속박에서 벗어나도록 하지 못한다는 점이다 : 미혹과 깨달음의 관점에서 이리저리 헤아린다는 뜻이다.
○ 오백생 동안 굴욕을 당한 까닭은~평범하고 정직한 수많은 사람들을 함정에 빠뜨린 것이다 : 다만 말을 따라 마구 내달리기 때문이다.
○ '주장자를 높이 세웠다가 한 번 내리친 것'은 떨어지지도 않고 어둡지도 않다는 뜻이다. 한 번 내리친 것에서 벗어나지 않고 '한 소리 크게 내지른 것'에서 한 번의 할을 반드시 이해해야 하니, 한 번 내리친 것과 한 번의 할이 같은가, 다른가? '벗어났다, 벗어났어!'라고 한 말은 한 번 내리친 것에 속하고, '주관하는 자를 마음 기울여 살펴라.'라는 말은 한 번의 할에 속한다.

心聞 : 商量甚衆云云者, 迷悟商量也. 五百年中至多少平直者, 只爲隨言走殺也. 卓拄杖一下者, 不落不昧也. 不離一下, 喝一喝者, 要須會取一喝, 一下與一喝, 是同是別? 脫也脫也者, 屬一下也. 照顧主宰者, 屬一喝也.

『임간록林間錄』의 일화[109]

"도원道圓 선사는 혜남慧南 선사가 황벽의 적취암積翠庵에 산다는 소문을 듣고 찾아가 그의 가르침을 따랐다. 어느 날 하판下板[110]에서 좌선을 하다가 두 학인이 백장의 여우 인연을 제기하고 문답하는 소리를 들었다. 한 학인이 '인과에 어둡지 않다고 말하더라도 여전히 여우의 몸을 벗어나지 못한다.'라고 말하자 다른 학인이 그 말에 대응하여 '인과에 떨어지지 않는다고 말했다고 해서 또한 어찌 여우의 몸에 떨어진 적이 있었던가?'라고 말하였다. 도원이 오싹한 느낌으로 그 말을 남다르게 여기고 자신도 모르게 몸을 일으켜 발길 가는 대로[111] 암자를 올라가다 계곡을 건너는 순간 홀연히 크게 깨달았다. 혜남 선사를 만나 그 일을 설명하다가 말을 채 마치기도 전에 눈물이 턱 아래로 흘러내리자 혜남 선사가 시자의 평상으로 가서 숙면을 취하도록 하였는데, 갑자기 일어나 게송 한 수를 지었다. '떨어지지 않음과 어둡지 않음이여! 승속 모두에게 본래 꺼릴 것 없도다. 대장부 기상 왕과 같이 막힘없거늘, 어찌 주머니에 숨기고 이불로 감추랴! 한 자루 주장자 가는 그대로 맡기고, 여우는 금털 사자 무리로 뛰어들리라.' 혜남 선사가 크게 웃었다."

林間錄云, "道圓禪師, 聞南禪師, 居黃蘗積翠庵, 往依之. 一日燕坐下板, 聞兩僧, 擧百丈野狐因緣, 一僧曰, '只如不昧因果, 也未脫得野狐身.' 一僧應聲曰, '便是不落因果, 亦何曾墮野狐身耶?' 圓悚然異其語, 不自覺其身之起, 意行上庵頭, 過澗忽大悟. 見南公敍其事, 未終涕交頤, 南公令就侍

---
109 『林間錄』권하(卍148, 634b8).
110 하판下板 : 승당僧堂 하간下間의 판두板頭. 승당을 바라보고 왼쪽 부분(판두)을 가리키며 하위下位를 뜻한다. 반면에 오른쪽 부분은 상간上間이라 하며 상위上位를 뜻한다.『禪林象器箋』권2(佛光藏, 禪藏, 141), "상판·하판 : 승당 상간에 있는 판두와 하간에 있는 판두이다.(上板下板 : 僧堂上間板頭, 下間板頭也.)"
111 원문의 '意行'은 '信步'와 통한다.

者榻熟寐, 忽起作偈曰, '不落不昧! 僧俗本無忌諱. 丈夫氣宇如王, 爭受囊藏被盖? 一條柳槰任縱橫, 野狐跳入金毛隊.' 南公大笑."

설화

○ 어찌 여우의 몸에 떨어진 적이 있었던가~승속 모두에게 본래 꺼릴 것 없도다 : 망승亡僧을 화장하여 떠나보내는 사연에 따른 것이며, 그 나머지는 풀어서 해석할 특별한 내용이 없다.

林間錄 : 何曾墮至忌諱者, 依亡僧燒送來由, 餘無銷釋分.

185칙 백장병각百丈倂却

[본칙] 백장이 대중에게 말하였다. "목구멍도 입술도 닫고 속히 말해 보라!" 이때 위산 영우潙山靈祐가 말하였다. "저는 말하지 못하겠으니 화상께서 말씀해 보시기 바랍니다." "그대에게 말하지 못할 것은 없으나 그 말을 들은 다음에 우리 후손들이 끊어지지 않을까 염려가 된다." 오봉 상관五峰常觀이 "화상께서도 닫으셔야 합니다."[1]라고 하자 백장은 "아무도 없는 곳에서 이마에 손을 긋고 그대가 오기를 기다렸다."라고 말하였다. 운암 담성雲巖曇晟이 "저에게 말할 방도가 있으니 화상께서 제기해 보시기 바랍니다."라고 하여 백장이 다시 제기해 주자 운암이 말하였다. "스님께서는 아직 목구멍과 입술이 남아 있습니까?" "우리의 후손이 끊어지겠구나."

百丈, 示衆云, "倂却咽喉脣吻, 速道將來!" 時潙山云, "某甲不道, 却請和尙道." 師云, "不辭向汝道, 恐已後喪我兒孫." 五峯云, "和尙亦須倂却." 師云, "無人處斫額望汝." 雲嵓云, "某甲有道處, 請和尙擧." 師擧了, 嵓云, "師今有也未?" 師云, "喪我兒孫."

[설화]
- 목구멍도 입술도 닫고 속히 말해 보라 : 이 한 구절은 골수에 사무친다.
- 위산이 '저는 말하지 못하겠습니다.'라고 한 것은 말하지 못한다는 뜻이고, '화상께서 말씀해 보시기 바랍니다.'라고 한 것은 말할 수 있다는 뜻이다. 곧 말할 수 있거나 말하지 못하는 두 가지를 모두 갖추고 있다.

---

1 백장 자신이 말을 한 것 자체가 이미 목구멍과 입술을 닫지 않아서 가능했기 때문이다.

- 그대에게 말하지 못할 것은 없으나 그 말을 들은 다음에 우리 후손들이 끊어지지 않을까 염려가 된다 : (위산이) 이 또한 말할 수 있거나 말하지 못하는 두 가지를 모두 갖추고 있어 이미 말할 줄 알았기 때문에 스스로 자신의 근본을 확고히 한 것이다.
- 오봉이 '화상께서도 닫으셔야 합니다.'라고 한 말 : 말하지 못한다는 뜻이다.
- 아무도 없는 곳에서 이마에 손을 긋고 그대가 오기를 기다렸다 : 깊고 굳건하며 그윽하고 아득한 경계가 스승인 백장의 뜻과 같았기 때문에 상대가 고백한 말에 따라 판결을 내렸다.
- 운암이~스님께서는 아직 목구멍과 입술이 남아 있습니까 : 이러면 (백장이) 말한 것이라는 뜻이다.
- 우리의 후손이 끊어지겠구나 : 백장의 뜻과 다르기 때문이다.
- 이 세 존숙이 백장의 의중을 알았을까? 아니면 백장의 의중을 몰랐을까? 만일 알았다면 어째서 백장은 모두 인정하지 않았던 것일까? 말해 보라! 백장의 의중은 어떤 것이었을까? 만일 몰랐다면 설두가 백장의 말에 대한 송을 짓지 않고 세 존숙의 말에 대한 송만 지은 까닭은 무엇이었을까? 말해 보라! 세 존숙의 의중은 또한 무엇이었을까? 옛사람은 "본분사는 언어에 달려 있지 않다."[2]라고 하였으니, 결코 언어의 구절

---

[2] 초석 범기楚石梵琦 등이 쓴 말로서 이 칙의 '운문 종고 보설'에 보인다. 『楚石梵琦語錄』 권5(卍124, 119b2) 참조. 언어로 표현하거나 그것에 의지하여 이해하는 방법은 조사선의 법도가 아니다. 그 자리에서 장애 없이 곧바로 선기禪機를 드러낼 뿐이다. 그것은 전광석화와 같이 빠르게 보일 수밖에 없다. 언어와 분별의 매개에 묶이지 않고 실현되는 선기의 본질은 그것이기 때문이다. 드러내는 모든 말은 이 선기를 타고 그것을 보여 주기 위한 수단이다. 『圜悟心要』 권하 「示琛上人」(卍120, 758b16), "대부분 남다른 견해와 남다른 이해법을 지어내느라 본분사를 지나쳐 버린다. 본분사가 언어에 달려 있지도 않고 어떤 현상이나 물체에도 달려 있지 않다는 사실을 전혀 모르는 탓이다. 마치 부싯돌이 튀기나 번갯불이 번득이듯이 재빠르게 본분의 법도를 간략하게 드러내야 하니 알아차리려고 머뭇거리는 바로 그 순간 벌써 두 번째 세 번째 단계로 떨어진다.(多作異見異解, 蹉却本分事. 殊不知, 不在言語上, 又不在事物邊. 如擊石火閃電光, 略露風規, 纔擬承

에서 이리저리 찾지 마라.

[倂却] 倂却咽喉至將來者, 這一句子, 徹骨徹髓. 潙山云, '某甲不道.' 則不道, '却請和上道.' 則道, 則道不道俱備也. 不辭向汝至兒孫者, 亦是道不道俱備, 已是知道故, 自固其宗也. 五峯云倂却者, 不道也. 無人處云云者, 深固幽遠也. 與師意同故, 擧歆結案也. 雲巖云至今有也未者, 此則道得也. 喪我兒孫者, 與師意別故也. 此三員耆宿, 會百丈意耶? 不會百丈意耶? 若是會, 爲什麼百丈皆不肯? 且道! 百丈意作麼生? 若是不會, 雪竇不頌百丈語, 只頌得三耆宿意, 作麼生? 且道! 三耆宿意, 又作麼生? 古人道, "此事不在言語上." 切莫向言句裏尋討.

설두 중현雪竇重顯의 송 1³ 雪竇顯頌

도리어 '화상께서 말씀해 보라.'고 하니	却請和尙道
머리에 뿔이 난 호랑이가 거친 숲에서 나왔네	虎頭生角出荒草
온 누리에 봄이 다하자 꽃들이 시들어 떨어지고	十洲春盡花凋殘
산호가 자란 수림에는 해가 밝디밝게 비친다네	珊瑚樹林日杲杲

[설화]

○ 도리어 '화상께서 말씀해 보라'고 하니~거친 숲에서 나왔네 : 물어 죽이기도 하고 뿔로 치받기도 하니, 말할 수도 있고 말하지 못하기도 한다는 뜻이다.
○ 온 누리에 봄이 다하자 꽃들이 시들어 떨어지고 : 텅텅 비어 아무것도 없다.

當, 早落二三也.)"
3 위산 영우의 말을 소재로 읊은 송.

○ 산호가 자란 수림에는 해가 밝디밝게 비친다네 : 분명하게 드러난다.

雪竇云云, 出荒草者, 咬殺又舐觸, 是道不道義也. 十洲云云者, 空空無物也. 珊瑚云云者, 明明現露也.

설두 중현의 송 2[4] 又頌

'화상께서도 답으셔야 한다.'고 하니 　　　　和尙也倂却
용사진[5] 치고 상대 전략 간파했네 　　　　龍蛇陣上看謀略
늘 이 장군[6]을 그립도록 만드니 　　　　令人長憶李將軍
먼 하늘가에 매 한 마리 날아간다[7] 　　　　萬里天邊飛一鶚

[설화]
○ 재빠른 솜씨가 아득한 하늘을 나는 매와 같다는 뜻이다.

又頌意, 急急似遼天鶚也.

---

4 오봉 상관의 말을 소재로 읊은 송.
5 용사진龍蛇陣 : 군대를 포진하는 방법 중 하나. 일자로 길게 늘어서는 방법으로 일자장사진一字長蛇陣이라고도 한다. 여기서는 오봉의 기틀을 견준 말이다.
6 이 장군李將軍 : 이광李廣(?~B.C. 119). 서한 때의 이름난 장수로 활쏘기에 뛰어났다. 흉노를 물리치는 데 혁혁한 공을 세웠으며 흉노들도 그의 용맹에 굴복하여 '비장군飛將軍'이라 부를 정도였다. 한 발 화살로 두 마리 독수리를 쏘아 떨어뜨리다(一箭落雙鵰), 적진에 너무 깊이 들어가다(深入虜庭), 적의 말을 빼앗아 타고 적을 쫓다(騎賊馬趕賊)라는 등의 말이 나오게 된 고사의 주인공이기도 하다. 사마천은 그 인품을 평하여 "복숭아꽃 오얏꽃은 말이 없어도, 그 아래로 자연스레 길이 생긴다.(桃李不言, 下自成蹊.)"라고 하였다. 『史記』 권109 「李將軍列傳贊」 참조.
7 늘 이~마리 날아간다 : 백장의 말에 응수한 오봉의 말이 신속하고 자유로웠다는 비유. 날쌘 매를 보고서 명사수 이 장군과 같은 솜씨가 아니면 잡을 수 없다는 감회를 그것에 비유하였다. 『圜悟語錄』 권8(大47, 751b9) 등에도 보인다. 『碧巖錄』 71칙 「頌 評唱」(大48, 200b10), "설두는 백장의 질문은 마치 한 마리 새와 같았고 오봉의 답은 한 발 화살과 흡사했다고 읊었다.(雪竇頌, 百丈問處如一鶚, 五峯答處如一箭相似.)"

설두 중현의 송 3[8] 又頌

'화상께서는 아직도 목구멍과 입술이 남아 있느냐.' 和尙有也未
하니[9]
금털 사자는 바닥에 웅크리고 있지 않았네[10]　　金毛師子不踞地
둘씩 셋씩 늘 걷던 길을 가니[11]　　　　　　　兩兩三三舊路行
대웅산 꼭대기에서 단지 손가락 퉁기네[12]　　大雄山上空彈指

[설화]

○ 위풍당당하기가 바닥에 웅크리고 먹이를 노리는 사자와 같았어야 했다. 그러지 못했기에 '우리의 후손이 끊어지리라.'라고 하며 단지 손가락 퉁기며 한탄했다는 뜻이다.

---

8 운암 담성의 말을 소재로 읊은 송.
9 화상께서는 아직도~있느냐 하니 : 『碧巖錄』72則「著語」(大48, 200c1), "공안은 눈앞에 실현되어 있다. (운암이 공연히) 파도를 따르고 물결을 쫓다가, 진흙을 묻히고 물을 뒤집어썼구나.(公案現成, 隨波逐浪, 和泥合水.)"
10 금털 사자는~있지 않았네 : 사자가 먹이를 잡으려 할 때는 이빨을 감추고 발톱을 숨긴 채 바닥에 웅크리고 있다가 몸을 돌려 덤벼들며 온 힘을 다하는데 운암은 그렇지 못했다는 것이다. 위의 책,「著語」, "뚜렷하다! 무슨 쓸모가 있겠느냐? 대단히 안타깝구나!(灼然! 有什麽用處? 可惜許!)" 원오의 착어는 이미 백장이 말한 그대로 공안이 현성되어 있고 뚜렷이 드러나 있는데 운암이 쓸데없는 말을 내뱉었다는 풀이이다. 『直註雪竇顯和尙頌古』권하「著語」(卍117, 524a3)에서도 "단지 구절을 쫓을 줄만 알았을 뿐 몸을 돌이켜 덤벼들지 못했다.(只知逐句, 不能返擲.)"라고 하였다.
11 둘씩 셋씩~길을 가니 : 『碧巖錄』72則「著語」, "목구멍과 입술을 닫아라! 무슨 말을 하는가? 묶인 몸을 반전시켜 막힌 숨을 토해 내는구나. 발밑에 있었는데 모르고 지나가 버렸다.(倂却咽喉脣吻! 作麽生道? 轉身吐氣. 脚跟下蹉過了也.)"
12 대웅산 꼭대기에서~손가락 퉁기네 : 위의 책,「著語」, "한 번 죽더니 다시 살아나지 못하는구나. 애처롭고 마음 아프다. 탄식하는 소리에다 원한까지 더해졌다.(一死更不再活. 可悲可痛. 蒼天中更添怨苦.)"; 같은 책,「頌 評唱」, "운암이 '화상께서는 아직도 목구멍과 입술이 남아 있느냐.'라 한 말은 그저 옛길 그대로를 따라 걷는 것과 같았기 때문에 '백장은 대웅산 꼭대기에서 단지 손가락 퉁겼다.'라고 설두는 읊은 것이다.(雲巖云, '和尙有也未.' 只是向舊路上行, 所以雪竇云, '百丈向大雄山下空彈指.')"

次頌, 雄雄如踞地獅子也. 喪我兒孫, 是空彈指也.

천동 정각天童正覺의 송 1 天童覺頌

대웅산 스승과 제자 느긋한 자태 보이더니	大雄父子許雍容
소식 전해지는 찰나에 공겁까지 이르렀다네[13]	消息傳通到劫空
꼼짝없이 누운 두꺼비[14] 불러도 깨지 않고	寒臥老蟾呼不覺
무성한 계수나무에 달빛은 어슴푸레하네	扶疎丹桂月朦朧
【이 게송은 위산의 말에 대해서만 읊은 것이다.】	【此但頌潙山語.】

천동 정각의 송 2 又頌

'화상께서 말씀해 보시기 바란다.'고 하니	却請和尙道
삼세의 모든 부처님도 나자빠질 일이네	三世諸佛也靠倒
석가모니불과 유마거사여	釋迦師淨名老
비야와 마갈에서 마음만 비추셨구려[15]	毗耶摩竭心相炤
지친 학 한밤에 보금자리로 돌아가고	倦鶴夜移巢
영리한 뱀은 추우면 풀로 들어가노라	靈蛇寒入草
정위와 편위가 엎치락뒤치락 바뀌면서	正偏轉側兮

---

13 대웅산 스승과~공겁까지 이르렀다네 : 서로 대답하지 않고 미루며 느긋하게 기다리면서 말이 나오기 이전의 경계에서 본분의 소식을 전한다는 뜻.
14 두꺼비 : 달을 가리킨다. 달에는 두꺼비가 산다는 전설에 따른다. 검게 보이는 달 표면의 일부를 보고 붙인 이름으로 상상의 산물이다.
15 석가모니불과 유마거사여~마음만 비추셨구려 : 마가다국에서 삼칠일 동안 침묵한 부처님과 비야리성에서 불이법不二法에 대하여 침묵한 유마거사를 가리킨다. 『保寧仁勇語錄』續古尊宿語要 3(卍118, 956a4), "부처님께서 마가다국에서 문을 닫아걸고 말씀하지 않으신 것은 이미 천기를 누설한 것이며, 유마거사가 비야리성에서 입을 다물고 침묵한 것도 특별히 말을 많이 한 것이고, 달마 대사가 9년 동안 면벽한 것은 항상 마음을 쉬지 못한 것이며, 영가 현각이 조계 혜능의 거처에서 하룻밤 묵은 것도 한갓 자신의 뛰어남을 자랑한 것에 지나지 않는다.(釋迦, 掩室於摩竭, 已泄天機. 淨名, 杜口於毗耶, 特地饒舌. 少林九年面壁, 老不歇心. 永嘉一宿曹溪, 徒誇英俊.)"

미묘함과 원만함 아울러 이루었네[16]	妙圓兼到

보녕 인용保寧仁勇**의 송** 保寧勇頌

세 아이가 하나같이 장성한 뒤에	三个兒郎總長成
모두 밑천 갖고 제각기 살림하네	大家將本各經營
그 틈에 다 써 버리자 형이 아우 미워했고	其閒消折兄嫌弟
풍족한 돈 때문에 아우도 형 원망했다네[17]	也有贏錢弟怨兄

심문 담분心聞曇賁**의 송**[18] 心聞賁頌

천하 통일되어 시끄러운 말다툼 전혀 없었건만	乾坤一統勿譊訛
세 개의 솥발처럼 갈라지자 일 더욱 복잡해졌네	鼎足三分事愈多
다행히 한후[19]가 세 나라를 단단히 붙들어 매어	賴得韓侯能把定
경솔하게 전쟁을 일으키지 못하도록 만들었다네[20]	不敎容易動干戈

법진 수일法眞守一**의 염**

"세 선사의 말은 집어서 한편에 내려놓기로 하자. 만약 누군가 산승에게 '목구멍도 닫고 입술도 닫고 어떻게 말하겠는가?'라고 묻는다면 '화상이시여, 제가 입을 열 때까지 기다리십시오.'라고 대답하거나, 또는 '몹시도 다

---

16 정위와 편위가~아울러 이루었네 : 정위는 무차별의 원만함, 편위는 차별의 미묘함을 각각 나타낸다. 백장과 위산의 문답을 이 두 가지 지위가 자유자재로 갈마들며 원만하게 어우러진 것에 빗대었다.
17 그 틈에~형 원망했다네 : 말로 모두 표현하는 입장은 밑천을 소모하는 것으로, 말하지 않는 입장은 풍족하게 남아도는 것으로 나타내었다. 서로에게 느끼는 미움과 원망은 각자의 견해를 고수한다는 뜻이다.
18 백장 문하의 세 선사가 각자의 견해를 지닌 형상을 삼국의 분립에 비유하여 읊었다.
19 한후韓侯 : 백장을 비유하였으나 역사적으로 한후가 누구인지는 확실하지 않다.
20 다행히 한후가~못하도록 만들었다네 : 세 선사의 견해 중 어떤 편도 받아들이지 않았다는 말. 백장은 어떤 견해도 용인하지 않는 파정把定의 법도를 시행하였다.

급하게 몰아붙이는군요!'라고 말한 다음 그의 판단을 들어 볼 것이다."

法眞一拈, "者三个且拈放一邊. 忽若問山僧, '倂却咽喉脣吻, 作麽生道?' 對云, '和尙, 秪待某開口.' 又云, '氣急殺人!' 且聽他斷看."

원오 극근圜悟克勤의 상당

어떤 학인이 물었다. "백장이 위산 영우에게 '목구멍도 입술도 닫고 어떻게 말하겠는가?'라고 묻자 위산은 '화상께서 말씀해 보시기 바랍니다.'라고 응답하였습니다. 이 이치는 어떤 것입니까?" 원오가 말하였다. "옆에서 지켜보는 자가 비웃는다."[21] 또 물었다. "백장이 '그대에게 말하지 못할 것은 없으나 그 말을 들은 다음에 우리 후손들이 끊어지지 않을까 염려가 된다.'라고 한 말은 위산이 제기한 질문에 대한 답변입니까, 아니면 그에게 설명해 준 것입니까?" "노파와 같이 친절한 마음에서 나온 말이다." "오봉이 '화상께서도 닫으셔야 합니다.'라고 한 뜻은 무엇입니까?" "화살 한 발이 과녁 중심에 맞았다." "백장이 '아무도 없는 곳에서 이마에 손을 긋고 그대가 오기를 기다렸다.'라고 한 말은 오봉이 옳다고 수긍한 것입니까, 수긍하지 않은 것입니까?" "무수한 사람이 모인 곳에서 높이 올린 기치를 빼앗는다."[22] "운암이 '화상이시여, 아직 목구멍과 입술이

---

21 두 선사 모두에게 비판할 여지가 여전히 남아 있다는 말. 바둑을 두는 당사자들이 올바른 수를 보지 못하는 광경을 두고 옆에서 관전하던 사람이 비웃는다는 뜻이다. 반드시 치고 들어갈 틈을 만드는 선사들의 수법 중 하나이다. 『雲門廣錄』 권중(大47, 561b29), "운문雲門이 용아龍牙는 평상시에 '운거雲居 사형은 제2구를 얻었고, 나는 제1구를 얻었다.'라고 말했다는 문답을 제기하자 서원西院이 운문에게 물었다. '그렇다면 용아가 이렇게 한 말은 운거를 치켜세워 준 것일까요?' '용아는 운거에게 절을 올려야 했다.' '옆에서 지켜보는 사람이 비웃을 일이군요.'(擧, 龍牙尋常道, '雲居師兄, 得第二句 ; 我得第一句.' 西院云, '秪如龍牙與麽道, 還扶得也無?' 師云, '須禮拜雲居始得.' 西院云, '傍觀者哂.')"
22 근본을 지시하는 상징물을 공개적으로 빼앗아 없앤다는 말. 종지나 교설 또는 모든 종

남아 있습니까?'라고 물은 말은 무슨 뜻입니까?" "진흙을 묻히며 물을 건너기를 두 번 세 번 거듭한다."[23] "운암은 온전히 이해하고서 그렇게 말했습니까, 이해하지 못하고 그렇게 말했습니까?" "그대와 마찬가지이니라." "만일 어떤 사람이 화상께 '목구멍도 입술도 닫고 어떻게 말하겠습니까?'라고 묻는다면 어떻게 하시겠습니까?" "입 다물어라!" "그렇다면 운암과 마찬가지 견해로군요." "곧바로 근원을 가리켰건만[24] 아무도 모르니, 아득히 펼쳐진 업식을 언제나 그치려나?"

圜悟勤上堂, 僧問, "百丈問潙山, '倂却咽喉脣吻, 作麽生道?' 潙山云, '却請和尙道.' 此理如何?" 師云, "傍觀者哂." 進云, "百丈云, '不辭向汝道, 恐已後喪我兒孫.' 爲復是答他話, 爲他說?" 師云, "老婆心切." 進云, "五峯道, '和尙也須倂却.' 意旨如何?" 師云, "一箭中紅心." 進云, "百丈道, '無人處斫額望汝.' 是肯他, 不肯他?" 師云, "萬人叢裏奪高標." 進云, "雲嵓道, '和尙, 有也未?' 又作麽生?" 師云, "拖泥涉水兩三重." 進云, "未審雲嵓會了恁麽道, 不會了恁麽道?" 師云, "與闍梨一般." 進云, "忽有人問和尙, '倂却咽喉脣吻, 作麽生道?'" 師云, "合取!" 進云, "恁麽則與雲嵓一般去也."

류의 가르침이 남긴 흔적을 제거한다는 뜻이다. 이에 따르면, 수긍하거나 수긍하지 않거나 어떤 길도 차단한다고 해석된다. 원오는 다른 곳에서도 이 구절을 썼다. 『圜悟語錄』권8(大47, 749a9), "지금 이 자리에서 마치 붉게 타는 화로에 한 점의 눈이 떨어지자마자 곧바로 녹는 것과 같이 한다면 이 어찌 부처를 뽑는 시험장에서 특출나게 두각을 나타내는 인물이 아니겠는가! 비록 이렇다고 하지만 자세하게 점검해 보면 아직도 점차적인 단계를 밟고 있는 것이다. 단계를 거치지 않는 한 구절은 어떻게 말해야 할까? 알겠는가? 어떤 성인도 남겨 두지 않고 자취 없애, 모든 사람이 모인 곳에서 높이 올린 기치를 빼앗는다.(直下如紅爐上一點雪相似, 豈不是選佛場中, 擎頭戴角! 雖然如此, 子細檢點將來, 猶涉階梯. 且不涉階梯一句, 作麽生道? 還委悉麽? 千聖不留無朕跡, 萬人叢裏奪高標.)"

23 굳이 그렇게 물을 필요가 없지만, 자신의 본래 뜻에 흠을 남기며 방편으로 거듭 일렀다.
24 직절근원直截根源 : '직절'이란 물의 흐름을 가로질러 간다는 말로 우회하지 않고 목적지에 곧바로 도달한다는 뜻이다. 가장 간명하면서 단적인 방법을 나타낸다.

師云, "直截根源人不識, 忙忙業識幾時休?"

[설화]

○ 문구에 드러나 있다.

圜悟 : 文見.

불안 청원佛眼淸遠의 상당

이 공안을 제기하고 말하였다. "이것은 총림에 널리 퍼진 사안이다. 설두 중현은 후대에 이 세 사람의 말에 대하여 각각 깊이의 차이가 있다고 품평하였다. '화상께서 말씀해 보라고 대응했으니, 머리에 뿔이 난 호랑이가 거친 숲에서 나온 격이네.'라고 하거나, '화상께서도 닫으셔야 한다고 대응했으니, 용사진 치고 상대 전략 간파했네.'라고 하거나, '화상께서는 아직도 목구멍과 입술이 남아 있느냐고 대응했으니, 금털 사자는 바닥에 웅크리고 있지 않았네.'라고 읊은 말이 그것이다. 지금 대중 가운데 어떤 이는 법을 더 물으러 가기도 하고 어떤 이는 법담을 나누러 가기도 하며, 어떤 사람들은 다음과 같이 말한다. '이 세 구절의 말은 백장의 뜻에 들어맞지 않기에 (백장은 그들을) 내리누르기만 하고 추켜세우지 않았다. 「화상께서 말씀해 보시기 바랍니다.」라고 하자 백장이 「그대에게 말하지 못할 것은 없으나 그 말을 들은 다음에 우리 후손들이 끊어지지 않을까 염려가 된다.」라고 하였으니, 이것이 어찌 내리누르기만 하고 추켜세우지 않은 말이 아니겠는가! 「화상께서도 닫으셔야 합니다.」라고 하자, 백장이 「아무도 없는 곳에서 이마에 손을 긋고 그대가 오기를 기다렸다.」라고 한 말 그 어디에 상대를 수긍하는 점이 있는가? 이것이 바로 내리누르기만 하고 추켜세우지 않은 말이다. 「화상께서는 아직 목구멍과 입술이 남아 있습니까?」라고 한 물음에 백장이 「우리의 후손이 끊어지겠구나.」라고 한 응답도 수긍하지 않는 말이다.' 백장은 '목구멍도 입술도 닫고서 한 구절 말해 보라.'고 말했을 뿐인데 여기서 무슨 순서를 만들어 낼 일이 있는가? 목구멍과 입술을 닫았다면 어떤 일을 밝힐 수 있겠는가? 그래도 붙들어 지지해야 한다."

佛眼遠上堂, 擧此話云, "此是叢林中流布底事. 雪竇後來, 品評此三人語, 各有淺深. '却請和尙道, 虎頭生角出荒草.' '和尙也倂却, 龍蚺陣上看謀略.' '和尙有也未, 金毛師子不踞地.' 如今衆中, 或去請益, 或去過話, 有人道, '此三句語未契得百丈, 喚作抑而不揚.「却請和尙道.」百丈云,「不辭向汝道, 恐已後喪我兒孫.」此豈不是抑而不揚!「和尙也須倂却.」百丈云,「無人處斫額望汝.」何處是有肯他也? 則是抑而不揚.「和尙有也未?」百丈云,「喪我兒孫.」更是不肯也.' 秖如百丈道, '倂却咽喉唇吻, 道將一句來.' 甚生次第事? 旣倂却咽喉唇吻, 明箇什麼邊事? 也好扶持取."

[설화]

○ 백장이 물은 뜻을 밝혔다. 여러 선문에서 다들 세 차례 전한 백장의 말에 대하여 내리누르기만 하고 추켜세우지 않았다고 판단하지만 이는 백장의 뜻을 이해하지 못한 것이다. 그렇다면 백장의 뜻은 무엇일까? 떠받치기도 어렵다.

佛眼 : 明得百丈問意. 諸方皆判, 三轉百丈語, 爲抑而不揚, 是不會百丈意. 然則百丈意如何? 扶持也難.

운문 종고雲門宗杲**의 보설**
이 공안을 제기하고 말하였다. "대중 가운데 이 화두를 헤아려 말하기를 '백장은 훔친 물건을 품에 안고서 자신은 훔치지 않았다고 억울함을 호소하거나,[25] 귀를 막고서 방울을 훔친 것과 같았고,[26] 세 명의 제자들은 그렇게 대답함으로써 모두들 거칠게 우거진 번뇌의 풀숲으로 달려 들어간 격이다.'라고 하는 이들도 있다. 하지만 우습게도 전혀 상관없는 말이다. 나는 그대들에게 말한다. 본분사는 결정코 언어에 달려 있지 않다. 이미 언어에 달려 있지 않다면 그와 같은 질문을 받았을 때 어떻게 해야 할까? 내가 벌써 그대들에게 말로 다 표현해 버렸구나."

雲門杲普說, 擧此話云, "衆中商量道, '百丈, 大似抱贓叫屈, 掩耳偸鈴 ; 三子, 恁麼祗對, 大家走入荒草裏.' 且喜, 沒交涉. 向你道, 此事決定不在言語上. 旣不在言語上, 當恁麼時, 合作麼生? 我早是與你說了也."

[설화]

○ 백장은 훔친 물건을 품에 안고서~번뇌의 풀숲으로 달려 들어간 격이다 : '지혜가 없는 사람 앞에서는 말하지 말라.'[27]는 뜻이다. 대중 가운

---

25 목구멍과 입술을 열고 말을 하고 있으면서 그것을 닫고 말하라고 한 요구가 마치 훔친 증거물(贓)을 가지고 있으면서 훔치지 않았다고 우기는 꼴과 같다(抱贓叫屈)는 비판. 이 공안에서 처음부터 끝까지 드러낸 백장의 모든 말에 훔친 물건 곧 진실이 고스란히 드러나 있다는 의미이다. 『虛堂語錄』 권2(大47, 998a14), "'말하는 것이 어째서 혀에 달려 있지 않습니까?' '훔친 물건을 품에 안고서 훔치지 않았다고 억울함을 호소하는구나.'(僧云, '開口因甚不在舌頭上?' 師云, '抱贓叫屈.')" 여기서도 질문 자체에 찾으려는 진실이 들어 있다는 맥락이다. 『圜悟語錄』 권1(大47, 716a14), "부처라고 부르면 머리에 머리를 또 올려놓는 불필요한 짓이고, 법이라 부르면 끈노 없는데 스스로 묶이는 꼴이다. 조사의 수단은 훔친 물건을 품에 안고서 훔치지 않았다고 억울함을 호소하는 듯한 어리석음이고, 향상의 기관은 소리를 높여 메아리를 그치게 하려는 격이니, 다만 전혀 이와 같이 하지 않아야 비로소 조금 나으리라.(若喚作佛, 頭上安頭 ; 若喚作法, 無繩自縛. 祖師巴鼻, 是抱贓叫屈 ; 向上機關, 是揚聲止響. 直得總不恁麼, 始較些子.)"

26 엄이투령掩耳偸鈴 : 자신이 소리를 못 듣게 되면 남들도 그러리라고 스스로 속는 경우를 말한다. 본서 1칙 '장령 수탁의 상당', 23칙 '운문 종고의 거' 설화, 62칙 '보복 종전의 염', 65칙 '수산 성념의 염', 112칙 '승천 전종의 염' 주석 참조.

27 『雲門廣錄』 권중(大47, 554c5), "운문이 어느 때인가 주장자로 화로를 한 번 치자 대중들이 영문을 몰라 눈을 두리번거렸다. 운문이 곧이어 말하였다. '화로가 삼십삼천으로

데 어떤 이들은 스스로 '언어를 따라 마구 쫓아다니지 않는다.'고 생각하지만 그것이 바로 언어를 따라 마구 쫓아다니는 것이다.[28]

雲門：百丈大似至荒草裏者, 所謂無智人前莫說也. 衆中商量, 自謂不隨言語走殺, 正是隨言語走殺也.

뛰어 올라갔다. 보았는가? 보았는가?' 대중들의 응답이 없자 운문이 말하였다. '지혜가 없는 사람 앞에서는 말하지 마라. 그대의 머리를 쳐부수어 산산조각으로 찢어 버릴 것이다.'(師有時, 以拄杖打火鑪一下, 大衆, 眼目定動. 師乃云, '火鑪勃跳上三十三天, 見麼? 見麼?' 衆無語, 師云, '無智人前莫說. 打爾頭破百裂.)"

[28] 백장이 제기한 문제와 위산·오봉·운암 등이 대응한 답변 그 자체에서 답을 찾으며 말 그대로를 무비판적으로 받아들여 백장의 화두를 이해하는 방식으로 써먹고 있기 때문이다.

186칙 백장초연 百丈悄然

본칙 백장이 조주趙州가 찾아왔을 때 물었다. "어디서 오는가?" "남전 南泉에서 옵니다." "남전은 요즘 어떤 말로 문도들을 가르치는가?" "요즘 사람들에게 다만 고요하게(悄然) 지내라고 하십니다."[1] "고요함은 그만두고, 바쁜 움직임(茫然)을 나타내는 한 구절은 어떻게 말하겠는가?"[2] 조주가 앞으로 세 걸음 다가서자 백장이 "돌!" 하고 소리쳤고 조주는 머리를 움츠리는 시늉을 하였다. 백장이 "그 고요함 아주 좋구나!"라고 비꼬듯이 말하자 조주는 옷소매를 털고 곧바로 나가 버렸다.

百丈, 見趙州來參, 師云, "甚麼處來?" 州云, "南泉來." 師云, "南泉近日, 有何言句示徒?" 州云, "今時人, 直教悄然去." 師云, "悄然且置, 茫[1)]然一句, 作麼生道?" 州近前三步, 師咄之, 州作縮頭勢. 師云, "大好悄然!" 州拂袖便出去.

1) ㉠ 여기서 '茫'은 '忙'의 뜻이다.

설화

● 남전은 요즘 어떤 말로 문도들을 가르치는가 : 남전이 한 말을 알고자 했던 것이 아니라 그(조주)의 본분을 만나고자 던진 물음이다.
● 요즘 사람들에게 다만 고요하게(悄然) 지내라고 하십니다 : 초연悄然은 적연寂然과 같은 말로서 눈과 귀로 보거나 듣는 작용이 전혀 없음을 나

---

1 남전이 실제로 이런 말을 했거나 하지 않았거나 상관없이 조주가 백장의 반응을 유도하기 위하여 설정한 관문으로서의 답변이다.
2 조주의 관문에 떨어지지 않고 반대되는 관문을 세워 역으로 조주를 시험하고 있는 장면이다. 이하도 이런 방식으로 서로를 점검하고 누구도 상대의 함정에 빠지지 않는다. '낭야 혜각의 염'에 대한 설화에 나타난다.

타낸다.
- 고요함은 그만두고, 바쁜 움직임(茫然)을 나타내는 한 구절은 어떻게 말하겠는가 : 여기서 망연茫然(바쁜 움직임)이란 소리와 색이 시끄럽게 널리 퍼진다는 뜻이다.³
- 조주가 앞으로 세 걸음 다가서다 : 바쁜 움직임을 나타내는 한 구절을 눈앞에서 보여 준 동작이다.
- 백장이 "돌!" 하고 소리쳤고~조주는 옷소매를 털고 곧바로 나가 버렸다 : 두 스님이 각각 호랑이를 함정에 빠뜨리는 기틀(陷虎機)을 설정했지만, 각각 호랑이를 함정에 빠뜨리는 관문(陷虎關)에 걸려들지 않았음을 나타낸다.⁴

[悄然] 南泉近日有云云者, 非要會南泉言句, 要與他相見也. 今時人云云者, 悄然, 寂然. 眼耳絕見聞也. 悄然且置至生道者, 茫然則聲色鬧浩浩也. 州近前三步者, 茫然一句, 現前呈似也. 師咄至出去者, 各設陷虎機, 各不落陷虎關.

---

3 불감 혜근佛鑑慧懃은 이 공안의 관문이 초연悄然과 망연忙然 그리고 앞으로 나옴(進前)과 움츠림(縮後) 등으로 설정되어 있다고 보고 그 뜻을 이렇게 밝혔다.『頌古聯珠通集』권18(卍115, 218b12), "작가들이 만나면 피차 상대를 함정에 빠뜨리지 못한다. 망연과 초연, 앞으로 나옴과 움츠림! 모양을 반죽해 내지도 못하고 형체로 빚지도 못한다. 그들은 대로로 걷지 않고 풀 속에서 달리는 격이다.(作家相見, 彼此難搆. 忙然悄然, 進前縮後! 捏不成塑不就. 大路不行草裏走.)"
4 석계 심월石溪心月은 다른 공안에 대한 송에서 망연과 초연 두 가지 모두 함정이라고 읊었다.『頌古聯珠通集』권17(卍115, 212b5), "밤과 낮의 초중후, 금까마귀 날고 옥토끼 달리네. 여기서 바쁘거나(망연茫然) 고요하거나(초연悄然), 둘 모두 새우가 아무리 뛰어도 국자를 벗어나지 못하는 꼴이다.(晝復夜初中後, 金烏飛玉兔走. 於此茫然與悄然, 總是鰕跳不出斗.)"

낭야 혜각琅琊慧覺**의 염**
"조주 노인은 사자 굴에서 이빨과 발톱을 바꾸었다."

琅琊覺拈, "趙州老人, 向師子窟裏, 換得牙爪."

[설화]

○ 낭야의 뜻은 두 종사가 서로 속이지 못했음을 밝힌 것이다.

琅琊意, 明兩箇作家, 相謾不得.

187칙 백장영광 百丈靈光

[본칙] 백장이 법좌에 올라앉아 말하였다. "신령한 빛이 홀로[1] 비추니, 주관과 대상에서 모두 멀리 벗어났도다. 참되고 변함없는 실상이 몸통째 남김없이 드러났으나,[2] 어떤 문자에도 속박되지 않는구나. 심성心性은 어떤 것에도 물들지 않고 본래 원만하게 완성되어 있으니, 단지 망령된 분별 작용만 벗어난다면 그대로 여여如如한 부처이리라."

百丈, 上堂云, "靈光獨耀, 逈脫根塵 ; 體露眞常, 不拘文字. 心性無染, 本自圓成, 但離妄緣, 卽如如佛."

[설화]

- 신령한 빛이 홀로 비추다 : '검은 용의 구슬은 바다에서 홀로 빛나고, 달은 푸른 하늘에서 홀로 밝다.'[3]는 뜻일까? 한 줄기 신령한 빛은 어둡게 된 적이 없다는 뜻이다.
- 주관과 대상에서 모두 멀리 벗어났도다 : 인식 주관인 육근六根과 그 대상인 육진六塵의 상相을 떠났다는 뜻이다.
- 참되고 변함없는 실상이 몸통째 남김없이 드러났다 : 참되고 변함없는 본체가 드러난다는 말이다.
- 어떤 문자에도 속박되지 않는구나 : 문자의 상을 떠났다는 뜻이다.
- 심성心性 : 밝은 달에 비유한 것이다. 물이 얼면 얼음이 되었다가 날씨

---

1 홀로(獨)란 어디에도 의존하지 않고 모든 속박을 벗어나 독립한 속성을 나타낸다.
2 체로진상體露眞常은 신령한 빛을 받아 남김없이 드러난 경계를 말한다.
3 종밀宗密이 일심一心을 상징적으로 묘사한 말에서 비롯한다. 『圓覺經』「序文」(大39, 524a20), "생사의 물결에 던져져 있어도 검은 용의 구슬은 바다에서 홀로 빛나고, 열반의 언덕에 걸터앉아 있으니 달은 푸른 하늘에서 홀로 밝다.(處生死流, 驪珠獨耀於滄海 ; 踞涅槃岸, 桂輪孤朗於碧天.)"『圜悟語錄』권6(大47, 740b13) 등에 인용된다.

가 따뜻해지면 얼음이 녹아서 물이 되듯이 중생이 미혹되어 있을 때는 성性을 심心으로 여기다가 깨닫고 나면 심을 성으로 여긴다. 심에 미혹되거나 성을 깨닫는 것이 마치 (똑같이 눈을 가리키는 말이지만) 안眼과 목目으로 달리 불리는 것과 같다.

- 본래 원만하게 완성되어 있다 : 티끌의 수만큼 무수한 겁 이전의 시기에 수행도 이미 마쳤고 성불도 마쳤다는 뜻이다.[4]
- 단지 망령된 분별 작용만 벗어난다면 그대로 여여如如한 부처이리라 : 비록 본래 가지고(本有) 있더라도 반드시 새롭게 익히는 수행(新熏)에 의지해야 한다.
- 여여如如 : 근본적인 도리(理)도 한결같고(如) 구체적인 현상(事)도 한결같아서(如) 이理와 사事가 두 가지가 아니라는 뜻이다.

[靈光] 靈光獨耀者, 驪珠獨耀於滄海, 桂輪孤朗於碧天耶? 一段靈光, 未嘗昏昧也. 迥脫根塵者, 離根塵相也. 體露眞常者, 眞常之體現露也. 不拘文字者, 離文字相也. 心性者, 比如寒月. 結水成氷, 及至暖時, 釋氷成水. 衆生迷時, 以性爲心, 及至悟時, 以心爲性. 則迷心悟性, 如眼目之殊稱也. 本自圓成者, 塵點劫前, 修行亦竟, 成佛亦竟也. 但離至佛者, 雖是本有, 必借新熏也. 如如者, 理如事如, 理事不二也.

심문 담분心聞曇賁의 송 心聞賁頌

신령한 빛은 홀로 비추며 머물지 않으니	靈光獨耀絶凝留
놓았다가 거두었다가 자유롭게 하는구나	放去收來得自由
언제나 봄철은 만물을 풍요롭게 하지만	一等是春能富貴
맑고 따뜻한 기운이라야 풍류 펼치리라	著些晴暖便風流

---

4 본서 1칙 본칙 설화 주석 참조.

> 설화

○ 제1구 : 본래 거두거나 놓아주는 두 가지 뜻은 전혀 없다.
○ 제2구 : 참되고 변함없는 본체가 신령한 빛을 대하는 바로 그것이 거두기도 하고 놓아주기도 하며 자유롭다는 뜻이다.
○ 제3구 : '심성은 어떤 것에도 물들지 않고'라고 운운한 구절을 읊었다.
○ 제4구 : '단지 망령된 분별 작용만 벗어난다면'이라 운운한 구절을 읊었다.

心聞 : 一句, 本絶收放二義也. 二句, 又眞常眞體對靈光, 是收放自由也. 三句, 心性無染云云. 四句, 但離虛妄云云.

진정 극문眞淨克文의 상당 1

주장자를 들어 올리며 말하였다. "들어 올리면 신령한 빛이 홀로 빛나고 주관과 대상을 멀리 벗어난다." 다시 주장자를 기울이며 말하였다. "내려놓으면 참되고 변함없는 실상이 몸통째 드러나니 어떤 문자에도 속박되지 않지만, 들어 올리지도 않고 놓아 버리지도 않는다면 또한 무엇이라 할 것인가?" 마침내 주장자를 던지면서 "보라!"라고 하고는 잠깐 침묵하다가 할을 한 번 내질렀다.

眞淨文上堂, 擧起拄杖云, "擧起也, 靈光獨耀, 迥脫根塵." 復斜亞云, "放下也, 體露眞常, 不拘文字. 不擧不放, 復名何物?" 遂擲下云, "看!" 良久, 喝一喝.

> 설화

○ 주장자를 들어 올리며 말하였다. "들어 올리면 신령한 빛이 홀로 빛나고 주관과 대상을 멀리 벗어난다." : 그 작용을 밝혔다.

○ 내려놓으면 참되고 변함없는 실상이 몸통째 드러나니 어떤 문자에도 속박되지 않는다 : 그 본체를 밝혔다.
○ 들어 올리지도 않고 놓아 버리지도 않는다면 또한 무엇이라 할 것인가 : 중간을 말한다.
○ 주장자를 던졌다 : 하나하나를 모두 치워 버린다는 표시이다.
○ 할을 한 번 내질렀다 : 이 하나의 할이 남아 있음을 알아야 한다는 뜻이다.

眞淨 : 擧起也云云者, 明其用也. 放下也云云者, 明其體也. 不擧不放云云者, 中間也. 擲下者, 一一掃却也. 喝一喝者, 須知有這一喝.

진정 극문의 상당 2

이 공안에서 '어떤 문자에도 속박되지 않는구나.'라는 구절까지 제기하고 말하였다. "이것은 백장 대지百丈大智 선사가 들어 보인 공안이다. 대중들은 어떻게 생각하는가?" 잠깐 침묵하다가 말하였다. "고향에서는 나그네라 생각했었는데, 다른 나라에서는 도리어 친하다고 여긴다."

又上堂, 擧此話, 〈至〉不拘文字, 師云, "此是百丈大智禪師擧揚. 大衆, 作麽生?" 良久云, "在家疑是客, 別國却爲親."

설화

○ 고향에서는 나그네라 생각했었는데, 다른 나라에서는 도리어 친하다고 여긴다 : 신령한 빛과 본체가 손님에 해당한다. 만약 백장 대지 선사가 들어 보인 공안인 줄 알면 친밀하게 되지만, 만약 그렇지 않다면 비록 고향에 있어도 나그네에 불과하다. 앞의 상당에서는 신령한 빛과 본체를 벗어나 하나의 할을 내질렀지만, 이 상당에서는 신령한 빛과 본체

가 모두 대지 선사가 들어 보인 것인데 '더 이상 무슨 하나의 할을 찾느냐?'는 뜻이다.

又上,[1] 在家云云者, 靈光與體是客. 若知是百丈大智禪師擧揚, 則親 ; 若不如是, 雖在家中是客. 前上堂, 靈光與體外, 下得一喝, 此則靈光與體, 是大智禪師擧揚, 則更討什麼一喝?

---
1) ㉠ '上' 다음에 '堂'이 누락된 듯하다.

188칙 노조면벽魯祖面壁

[본칙] 지주 노조산의 보운寶雲[1] 선사는 평소에 학인들이 찾아오는 모습을 보면 곧바로 돌아서서 벽을 바라보았다.[2] 남전南泉이 이 소식을 듣고 말하였다. "나는 평소에 학인들에게 '부처님이 세상에 나오기 이전의 경계에서 알아차리더라도 전체의 반도 얻지 못할 것이다.'라고 말하곤 하였는데, 그가 이런 식으로 해서는 영원히 이루지 못할 것이다."

池州, 魯祖山, 寶雲禪師, 尋常見僧來, 便面壁. 南泉聞云, "我尋常向僧道, '佛未出世時會取, 尙不得一个半个.' 他恁[1)]地, 驢年去."

1) ㉠ '恁' 다음에 '麼'가 탈락된 것으로 보인다.

[설화]

● 평소에 학인들이 찾아오는 모습을 보면 곧바로 돌아서서 벽을 바라보았다 : 만송 행수萬松行秀는 "달마가 9년 동안 면벽한 이후로 누구도 이 법령을 다시 시행하지 않았다."[3]라고 평가하였는데, 달마의 면벽[4]과 같다는 뜻일까?

● 나는 평소에 학인들에게 '부처님이 세상에 나오기 이전의 경계에서 알아

---

1 보운寶雲 : 생몰 연대 및 행적 미상. 중당中唐 때 마조 도일馬祖道一(709~788)의 제자. 지주池州(지금의 안휘성 귀지貴池) 노조산魯祖山에서 개산하고 법을 펼쳤다.
2 이 자체로 노조는 자신이 전할 모든 소식을 다 드러내었고, 학인은 그것을 피할 수 없는 장면이다. 『從容錄』 23則 「著語」(大48, 242a21), "이미 마주치고 말았다.(相見了也.)"
3 위의 책, 「評唱」(大48, 242a26).
4 본서 100칙 본칙 설화 참조. 『景德傳燈錄』 권3 「菩提達磨傳」(大51, 219c27), "『별기』에 다음과 같이 전한다. 달마 대사가 처음 소림사에서 9년간 면벽할 때 2조에게 설법하면서 단지 '밖으로 모든 대상에 대한 집착을 쉬고 안으로 마음에 헐떡임이 없어져 마음이 마치 장벽과 같은 경지에 이르러야 도에 들어갈 수 있다.'라고 가르쳤다.(別記云, 師初居少林寺九年, 爲二祖說法祇敎曰, '外息諸緣, 內心無喘, 心如牆壁, 可以入道.')"

차리더라도 전체의 반도 얻지 못할 것이다.'라고 말하곤 하였다 : 만송은
"한 가닥의 통로를 열어 주려는 듯한 의도로 보이지만, 사실은 노조의
시자를 위해 법을 전했다는 점을 긍정한 것이다."[5]라고 평가하였다.
- 그가 이런 식으로 해서는 영원히 이루지 못할 것이다 : 만송은 "노조가
설정한 법도가 너무 높고 험하다고 비난하는 듯한 뜻으로 보이지만 사
실은 그가 눈앞에서 진실을 전했다고 칭찬한 것이다."[6]라고 평가하였다.

[面壁] 常見僧來便面壁者, 萬松云, "自達摩九年之後, 無人再行此令也."
則達摩面壁一般耶? 我尋常至半箇者, 萬松云, "意似放開一線, 其實替他
侍者, 傳法肯了也." 他恁地驢年去者, 萬松云, "意似責他大孤峻生, 其實
賞他覿面分付也."

흥교 홍수興敎洪壽의 송 興敎壽頌
노조는 학인을 보면 등 돌리고 면벽하였으니　　　　魯祖見僧面壁
이러한 도리가 지름길을 가로막지 않는다네[7]　　　此理不妨徑直
요즘 사람들아, 결코 짐작하며 헤아리지 말고　　　　時人更莫斟量

---

5 『從容錄』 23則 「評唱」(大48, 242b1). 남전이 노조에게 궁지를 벗어나는 길을 열어 주는
듯이 말했지만, 노조의 뜻을 고스란히 수긍하는 말이라는 뜻. 표면적으로는 비판 조의
말로 보이지만 그대로 수용하면서 다만 그 자취를 없애어 집착의 실마리를 남기지 않으
려는 의도라는 취지이다. 같은 책, 「示衆」(大48, 242a19), "달마는 9년 동안 벽을 보고 있
어 벽관壁觀이라 불렸는데, 신광神光(慧可)이 삼배를 올리는 바람에 천기를 누설하고
말았으니, 어떻게 해야 자취를 쓸어 없애고 흔적을 소멸할 수 있을까?(達磨九年, 呼爲壁
觀, 神光三拜, 漏泄天機, 如何得掃蹤滅跡去?)"
6 위의 책(大48, 242b3). 만송은 이어서 이렇게 말한다. "'설령 충분히 다 말했다고 하더라
도 어찌 한 번 몸소 그 경지에 이르는 것만 같으랴?'라는 말을 들어 보지 못했는가?(不
見道, 直饒說得十分, 爭似一廻親到?)" 법을 물으러 찾아오는 학인을 보고 그렇게 한마디
말도 없이 돌아서 벽을 보고 앉아 있는 방법이 언어 이전의 철벽과 같은 경계를 있는 그
대로 고스란히 전한 것이라는 평가이다.
7 노조는 학인을~가로막지 않는다네 : 상대하지 않고 등을 돌리는 면벽으로 가장 빠른
길을 지시하였다.

생각하는 그 재주만 부리려 애쓰지 말라[8]	秖者不勞心力
그사이에 혹은 어떤 종류의 말을 듣고서	中間或聞一類
이것이 가르쳐 준 것이라 억지로 생각한다면	强言正是相爲
저들 옛사람을 비방하는 것일 뿐만 아니라	非唯謗他古人
또한 최상의 지혜까지 가두고 말게 되노라	亦乃困於上智
알아차리면 조사가 눈앞에 나타날 것이며	會得祖師現前
알아차리지 못해도 달아날 수는 없으리라[9]	不會也難逃避

【설화】

○ 노조는~지름길을 가로막지 않는다네 : 이것 말고는 다른 도리가 없다.

○ 요즘 사람들아~생각하는 그 재주만 부리려 애쓰지 말라 : 많은 시간이 주어져 있지 않다.[10]

○ 이것이 가르쳐 준 것이라 억지로 생각한다 : 마치 '노파의 마음처럼 간절해서 일러 주지 않은 내용이 없다.'라고 하는 말과 같다.

○ 저들 옛사람을 비방하는 것일 뿐만 아니라~달아날 수는 없으리라 : 여

---

8 생각하는 그~애쓰지 말라(不勞心力) : 불로심력不勞心力은 『長阿含經』 권13 「阿摩晝經」(大1, 86b8)에도 나오며, 선 문헌에서는 『信心銘』(大48, 376c29)의 다음 구절이 잘 알려져 있다. "텅 비고 밝아 저절로 비추니 생각하는 재주 애써 부리지 않노라. 사량 분별의 대상이 아니요, 식정識情으로는 헤아리지 못하노라.(虛明自照, 不勞心力. 非思量處, 識情難測.)"

9 알아차리면 조사가~수는 없으리라 : 알아차리거나 그렇지 못하거나 그곳에 실현되어 있다는 말. 『宗寶道獨語錄』 권5(卍126, 160a3), "구하려 해도 얻지 못하고 피하려 해도 할 수 없으니, 그 자리에서 귀착되는 의미를 알면 온전한 몸통이 눈앞에 나타나리라.(求之不得, 避之不能, 直下知歸, 則全體現前.)"

10 이리저리 애써 생각하는 기량으로는 알 수도 없고 그러한 시간을 들인다고 알아차릴 수 있는 문제가 아니다. 전광석화와 같이 재빠르게 모든 분별과 생각을 등지고 노조의 면벽과 곧바로 마주쳐야 한다. 『碧巖錄』 47則 「頌」(大48, 183b17), "하나 둘 셋 넷 다섯 여섯![두루 돌아다니다가 다시 처음부터 시작한다. 물방울이 떨어지자마자 물방울 그대로 얼어붙는다. 많은 시간을 허비해서 무슨 소용이 있으랴?](一二三四五六![周而復始. 滴水滴凍. 費許多工夫作什麼?])"

기 이 경계에 이르면 알아차리거나 알아차리지 못하거나 차이가 없다. 알아차려도 노조는 면벽할 것이고, 알아차리지 못해도 노조는 면벽할 것이다.[11]

興敎: 魯祖至徑直者, 此外無餘道理也. 時人至心力者, 無許多工夫也. 强言是相爲者, 如云, '老婆心切, 不無爲人處也.' 非唯至逃避者, 到這裏, 無會與不會. 會也, 魯祖面壁 ; 不會也, 魯祖面壁也.

해인 초신海印超信**의 송** 海印信頌

면벽을 최상 근기의 솜씨라 모두 말하지만	面壁咸言上上機
납승은 이곳에 이르러 어디로 가려 할까[12]	衲僧到此擬何之
설령 방죽 세워 모든 강물 막는다손 쳐도	直饒堰斷千江水
종문이 내리는 두 번째 철퇴 맞아야 하리[13]	也落宗門第二槌

취암 가진翠嚴可眞**의 송** 翠嚴眞頌

천산과 만산 다 차지하고 눌러앉아도[14]	坐斷千山與萬山
남에게 시비 제거하라 권하긴 어렵네	勸人除却是非難
지양[15]은 지금껏 아무 소식도 없으니	池陽近日無消息

---

11 노조의 면벽만 있을 뿐 그에 대하여 내리는 선이라거나 악이라거나 하는 판단 또는 안다거나 모른다거나 하는 차별 관념 등이 모두 개입할 여지가 없다. 오로지 '노조의 면벽'만 있을 뿐 그에 대하여 생각할 수 있는 어떤 수단도 통하지 않는다.
12 면벽을 최상~가려 할까 : 면벽은 갈 길이 끊어진 궁지를 나타낸다. 어디론가 가려고 시도해도 사방이 막혀 벗어날 길은 없다.
13 설령 방죽~맞아야 하리 : 숨통을 모두 막는 탁월한 솜씨가 있어도 그 무엇도 인정하지 않는다. 두 번째 철퇴가 아니라 세 번째 네 번째 철퇴가 끊임없이 준비되어 있다.
14 천산과 만산~차지하고 눌러앉아도 : 우뚝한 자세로 면벽하는 모습을 모든 산에 눌러앉아 지배하는 위용에 비유한 것.
15 지양池陽 : 노조 보운魯祖寶雲이 주석하던 지주池州. 남전이 795년(정원 11) 이래 30

| 참으로 당시에 안 돌아봄이 맞았노라[16] | 果中當年不自[1])觀 |

1) ㉤ '自'가 '目'으로 되어 있는 문헌도 있다.

천동 정각天童正覺의 송 天童覺頌

담박한 그 속에 맛있으니[17]	淡中有味
분별과 말 묘하게 넘어섰네[18]	妙超情謂
끊어지지 않고 있는 듯 없는 듯 형상 이전의 것이요[19]	綿綿若存兮象先
꼼짝없이 앉아 있는 꼴 바보 같지만 귀하다고 한다네[20]	兀兀如愚兮道貴
옥에 문양 새기면 순박함 잃고 말며[21]	玉雕文以喪淳
구슬은 심연에 있어야 본래 아름답다	珠在淵而自媚
한껏 시원한 바람은 초가을 더위 시원하게 지우고[22]	十分爽氣兮, 淸磨暑秋

년 동안 주석하던 선원禪院이 있던 곳이기도 하다.
16 참으로 당시에~돌아봄이 맞았노라 : 돌아보고 몇 마디 가르치는 것보다 면벽한 것이 적절했다는 말.
17 담박한 그 속에 맛있으니 : 『從容錄』 23則「著語」(大48, 242b28), "누가 그대에게 소금을 더하고 식초를 치라 하던가?(誰敎爾添鹽著醋?)" 소금과 식초는 다음 구절에 나오는 분별과 말(情謂)에 상응한다.
18 분별과 말 묘하게 넘어섰네 : 위의 책, 「著語」, "이다음에 그대가 헤아려 보라.(別日爾商量.)"
19 끊어지지 않고~이전의 것이요 : 위의 책, 「著語」, "이미 근본에서 한 단계 떨어졌다.(已落第二.)" 이 구절에서 '면면약존綿綿若存'은 『老子』 6장에 나온다.
20 꼼짝없이 앉아~귀하다고 한다네 : 위의 책, 「著語」, "아무도 값을 매길 수 없다.(無人著價.)"
21 옥에 문양~잃고 말며 : 노조의 면벽은 값을 따질 수 없을 정도로 귀하며, 문양이 새겨지지 않은 옥과 같아서 어떤 문자나 분별로 측량하기 이전의 순수한 선경禪境이라는 의미이다.
22 한껏 시원한~시원하게 지우고 : 『直註天童頌古』 권상 「著語」(卍117, 789a11), "그윽함과 맑음 모두 갖추었으니 예나 지금이나 변하지 않는다.(其足幽淸, 古今不改.)" 천지가

한 조각 뜬구름은 하늘과 강물 멀리   一片閑雲兮, 遠分天水
갈라놓았네[23]

불타 덕손佛陁德遜의 송 佛陁遜頌
옳다느니 그르다느니 다투며 끝내 그치지 않으니   是是非非竟不休
어찌 푸른 봉우리에 꼿꼿이 앉아 있느니만 하리오   爭如端坐碧峯頭
원숭이 울음과 새의 자취는 찾을 곳 없으니   野猿啼鳥無尋處
꽃잎 떨어져 물 따라 흐르는 그대로 두리라[24]   花落從他逐水流

불안 청원佛眼淸遠의 송 佛眼遠頌
지양[25]을 어디서 더듬어 찾으리오   池陽何處得捫摸
후손들 헤아리니 괴롭지 않은가   後代商量苦也無
고인이 억지로 만든 복잡한 일[26]   古人剛地成多事
묻노니, 이제는 그 사실 아는가   敢問如今會也無

생성되기 이전의 혼돈의 때를 표현하는 구절에 '유청幽淸'이라는 말이 나온다. 한나라 때 장형張衡의『靈憲』에 "천지 이전은 그윽하고 맑으며 텅 비어 공허하며 적막하고 아득히 고요하여 형용할 수 없다.(太素之前, 幽淸玄淨, 寂寞冥默, 不可爲象.)"라고 하였는데, 위 송의 제3구와도 이미지가 어울린다.

23 한 조각~멀리 갈라놓았네 : 위의 책,「著語」, "본래 위아래의 구분 잊었는데 구름으로 나누어졌다.(本忘上下却被雲分.)"

24 면벽하는 그대로 다 드러나니 그것으로 그만일 뿐 언변과 재주로 이러니저러니 간섭할 수 없는 무사無事의 경계이다.『繼燈錄』권4「南叟茨章」(卍147, 775b16), "노조의 면벽에 붙이는 송 : 따스한 햇볕에 고운 님 자수 뜨는 손길 느릿하고, 박태기나무 가지에는 꾀꼬리 지저귀는구나. 이 한없이 차오르는 상춘傷春의 뜻 알고 싶은가? 뜨개질 멈추고 말없이 있는 그 순간에 다 들어 있노라.(頌魯祖面壁曰, '日暖佳人刺繡遲, 紫荊枝上囀黃鸝. 欲知無限傷春意? 盡在停針不語時.')"

25 주 15 참조.

26 고인이 억지로~복잡한 일 : 더듬어 찾을 거리가 본래 없는 경계에서 그렇게 하도록 고의로 일을 조작해 냈다는 말. 노조의 면벽이 그와 같이 바람도 없는 곳에서 물결을 일으키는 격이었다. 하물며 이치를 들고 와서 재단해서야 되겠느냐는 반문이 숨어 있다.

심문 담분心聞曇賁의 송 心聞賁頌

손님맞이 범상치 않아 예의가 없으나	見客非常無禮律
아무도 그 까닭 가려내어 주지 못하네	無人敢與辨來由
부젓가락을 등골 쪼갤 듯이 휘두르니[27]	火杈[1]劈脊揮將去
오로지 현사만이 단단한 기골 가졌구나	獨有玄沙硬骨頭

1) ㉥ '杈'는 '叉' 또는 '抄'와 통한다.

무위자의 송 無爲子頌

노조는 벽만 바라볼 뿐	魯祖面壁
아무 소식 전하지 않네	不通消息
걸음 옮겨 앞으로 가면	移步進前
오직 가시나무 숲 하나[28]	一林荊棘

보복 종전保福從展과 장경 혜릉長慶慧稜의 문답

보복이 장경에게 물었다. "노조가 제기한 문제의 관건(節文)[29]은 어디에

---

[27] 부젓가락을 등골~듯이 휘두르니 : 이하 '나산 도한의 평', '현사 사비의 평' 참조.

[28] 걸음 옮겨~숲 하나 : 노조의 면벽이 더 이상 나아갈 수 없는 궁지라는 말. 은산철벽銀山鐵壁 또는 백척간두百尺竿頭의 소식이며, 모조리 드러나 그 이상 별다른 소식이 없음을 나타내기도 한다. 다음의 송도 유사하다. 『卽非禪師全錄』 권10(嘉38, 672b18), "다만 모른다는 그 이유로, 9년 동안 면벽만 했다네. 소림사 달마의 방 앞, 높이 찌르는 기세로 자란 가시나무.(只因不識, 九年面壁. 少林堂前, 參天荊棘.)"

[29] 문제의 관건(節文) : 절문節文은 군더더기를 모두 제거하고 남은 문제의 핵심 또는 관건. 일반적으로 '예의禮儀를 제정하는 것' 또는 '행사의 절도'나 예절 등을 가리키는 말이지만, 선 문헌에서는 그러한 예로 쓰이는 경우는 드물다. "절문은 어디에 있는가?(節文在甚麽處?)"라는 물음은 그 어떤 사안이나 화두를 푸는 '결정적인 실마리' 또는 '난관을 푸는 비밀', '숨은 관문' 등을 묻는 선사들의 상투어이다. 이때 절문은 효와誵訛로 바꾸어도 마찬가지이다. 『從容錄』 23則「評唱」(大48, 242b8), "만송이 말한다. '보복은 어째서 절문이라는 두 글자를 말했을까? 만약 싹이 트지 않은 가지에서 봄인지 가을인지 가려낼 줄 아는 안목이 아니었다면 이러한 질문을 던지지 못했을 것이다.'(萬松道, '保福如何道節文二字來? 若非不萌枝上解辨春秋, 難置此問.')"; 『虛堂錄』 권9(大47,

있기에 남전에게 이러한 말을 들었습니까?" "자신의 입장을 물리고 남에게 양보하는 경우는 만에 하나도 없다."

保福展, 問長慶稜云, "只如魯祖節文在甚處, 被南泉恁麼道?" 稜云, "退
己¹⁾讓人, 萬中無一."

1) ㉠ 1) '巳'는 '己'의 오식이다.

[설화]

○ 만에 하나도 없다 : 남전은 자신의 입장을 물리고 남에게 양보하지 않았다. 그러나 이 같은 노조의 면벽의 경우에는 자신의 입장을 물리고 남에게 양보함이 합당하였을 것이다.

保福 : 萬中無一者, 南泉, 不退己¹⁾讓人也. 若是魯祖面壁, 也合退己讓人也.

1) ㉠ 1) '巳'는 '己'의 오식이다. 이하 바로잡음.

나산 도한羅山道閑의 평

"나, 진 노사陳老師가 당시에 보았다면 등에 부젓가락 다섯 대를 때려 주었을 것이다. 왜 그런가? 그는 풀어놓을 줄만 알았지 거두어들일 줄은 몰랐기 때문이다.³⁰"

1052c19), "하안거를 시작할 즈음 소참 때 학인이 물었다. '사람들이 모두 타는 듯한 더위를 괴롭다고 하지만 나는 여름이 긴 것을 좋아한다. 따뜻한 바람이 남쪽에서 불어오고, 전각에서는 서늘한 기운이 일어난다. 이상은 옛사람이 읊은 일련의 구절입니다. 대혜 종고는 이것을 듣고 칠통을 타파했다고 합니다. 말씀해 보십시오! 그 구절의 결정적인 실마리는 어디에 있습니까?'(結夏小參, 僧問, '人皆苦炎熱, 我愛夏日長. 薰風自南來, 殿閣生微涼. 此是古人聯句. 大慧聞得, 打破漆桶. 且道! 節文在甚麼處?')"

30 풀어놓는 것(放)과 거두어들이는 것(收) : 모두 허용하여 받아들이는 긍정의 마음 씀은 방放, 어떤 것도 허용하지 않고 모두 차단하는 부정의 마음 씀은 수收이다. 노조 보운의 면벽은 상대의 분별을 허용하지 않는다는 점에서 '수'로 보이지만 나산은 오히려

羅山云, "陳老師, 當時若見, 背上與五火抄. 何故? 爲伊解放不解收."

> 설화

○ 나, 진 노사陳老師가 당시에 보았다면 등에 부젓가락 다섯 대를 때려 주었을 것이다 : 노조의 면벽은 부젓가락 다섯 대를 맞을 잘못이 있다는 뜻이다.
○ 풀어놓을 줄만 알았지 거두어들일 줄은 몰랐다 : 다만 모든 것을 풀어놓을 줄만 알고 모든 것을 거두어 수습할 줄 몰랐다. 꼼짝 못 하게 거두어 수습하는 방법이 부젓가락 다섯 대이다.
○ 진 노사는 나산의 속성인 진陳을 붙인 칭호이다.

羅山云, 陳老至五火抄者, 魯祖面壁, 是欠五火抄也. 解放不解收者, 只解一切放下, 不解一切收拾. 著收拾地, 是五火抄也. 陳老師, 羅山姓陳.

현사 사비 玄沙師備의 평

"내가 당시에 보았더라도 부젓가락 다섯 대를 때려 주었을 것이다."

玄沙云, "我當時若見, 也與五火抄."

'방'으로 판단하였다. 분별을 차단했던 그 면벽이 반대로 학인들이 아무렇게나 분별하도록 만들었다는 뜻이 된다. 일반적으로 이 두 가지 수단을 적재적소에 자유롭게 활용해야 선사의 본분에 부합한다고 본다. 본서 257칙, 261칙, 767칙, 783칙, 927칙 본칙 설화 및 917칙 '설두 중현의 염 1' 설화, 1097칙 '회당 조심의 거' 주석 참조. 『雪竇語錄』 권1(大47, 672b9), "임제臨際와 취미翠微 두 선사는 풀어놓을 줄만 알았지 거두어들일 줄은 몰랐다. 내가 당시에 용아龍牙였다면 그들(임제와 취미)이 포단과 선판을 찾는 순간 먼저 집어 들고 가슴을 향해서 던져 버렸을 것이다.(臨際翠微, 只解放不解收. 我當時若作龍牙, 待伊索蒲團禪板, 拈得劈胸便擲.)"

> 설화

○ 위의 나산 도한의 평과 같은 뜻이다.

玄沙云云, 上同.

운거 청석雲居淸錫의 평
"나산과 현사가 모두 이렇게 말했는데, 같은 종류인가? 아니면 별도로 도리가 있는가? 만일 가려낸다면 그 상좌에게는 불법에서 진전한 경계가 있다고 인정해 주리라."

雲居錫云, "羅山玄沙, 惣與麼道, 爲復一般? 別有道理? 若擇得出, 許上座佛法有去處."

> 설화

○ 같은 종류인가? 아니면 별도로 도리가 있는가 : 나산과 현사의 말이 노조의 면벽과 같은 종류인가? 별도로 도리가 있는가?
○ 만일 가려낸다면 그 상좌에게는 불법에서 진전한 경계가 있다고 인정해 주리라 : 어찌 별도의 도리가 있겠는가! 면벽 자체에서 이 뜻을 아는 바로 그것이 가려내는 것이다.

雲居 : 爲復一般云云者, 羅山玄沙, 與魯祖一般耶? 別有道理耶? 若擇得云云者, 豈別有道理! 面壁處知得此意, 是擇得出也.

현각玄覺의 평
"남전은 노조에게 화답하는 말을 한 것인가, 그를 인정하지 않는 말을 한 것인가?"

玄覺云, "南泉, 爲復是唱和語, 不肯語?"

[설화]

○ 남전의 말은 노조를 인정하지 않는 듯이 들리지만 사실은 그렇지 않은데, 이것을 가리켜 화답하는 말이라 한다.

玄覺 : 南泉語似不肯, 是唱和也.

취암 수지翠巖守芝의 염

"어째서 이처럼 애쓰는가? 만일 어떤 학인이 찾아오면 어떤 측면을 보아야 할까? 바로 그때 무엇이 가장 적절한지 알아야 한다." 다시 말하였다. "나라면 그렇게 하지 않았을 것이다. 어머니의 배 속에서 몸이 형성되기 이전[31]에는 알아차릴 수 없고, 알아차렸다 하더라도 그대의 허리를 때려서 부러뜨리리라."

翠嵓芝拈, "何勞如此? 若有僧來, 見个什麼? 知時好." 又云, "我卽不然. 未具胞胎, 不得會, 會得, 卽打折你腰."

[설화]

○ 어째서 이처럼 애쓰는가~바로 그때 무엇이 가장 적절한지 알아야 한다 : (그렇게 하면) 틀림없이 노승의 속뜻과 마주칠 것이다.
○ 나라면 그렇게 하지 않았을 것이다~알아차렸다 하더라도 그대의 허리를 때려서 부러뜨리리라 : 이는 남전의 말에 대한 부정이다. 남전이 '부

---

31 어머니의 배~형성되기 이전 : 『曹山語錄』(大47, 531a4)에 남전의 말로 "어머니의 배 속에서 몸이 형성되기 이전에도 말이 있는가?(未具胞胎時, 還有語也無?)"라는 구절이 나온다.

처님이 세상에 나오기 이전의 경계에서 알아차려라.'라고 말하였기 때문에 여기서는 알아차리거나 알아차리지 못하거나 모두 내쳤다.

翠巖: 何勞至知時好者, 不妨與老僧相見也. 我卽不然云云者, 此破南泉語也. 南泉云, '佛未出世時會取'故, 此云, '不得會'云云.

낭야 혜각琅琊慧覺**의 상당**

'노조가 학인들이 찾아오는 모습을 볼 때마다 곧바로 등을 돌리고 벽을 바라보며 앉았다'는 공안을 제기하고 말하였다. "대중들이 이 공안을 헤아리는 양상은 매우 여러 종류이다. 양산 선기梁山善冀가 그 선사先師[32] 문하에서 공부할 때 지은 게송 한 수가 있다. '노조의 삼매는 가장 힘이 들지 않으니, 학인이 오는 모습 보자마자 벽을 향하네. 만일 같은 마음으로 도에 통달한 자라면, 눈썹을 치켜올리는 데 의존하지 않고서도 알아차리리라.[33]' 산승이라면 그렇게 짓지 않을 것이다.

조사의 면벽 소식 곳곳에 퍼져 있거늘
수많은 선사들 가만히 헤아릴 뿐이라
날 저물어 일없이 강둑에 서 있자니
몇 그루 잣나무에 석양 쏟아지네"

---

32 양산 선기의 스승인 양산암梁山巖을 말한다.
33 눈썹을 치켜올리는~않고서도 알아차리리라 : 약간의 생각도 매개로 삼지 않고 곧바로 안다는 뜻. 눈썹을 치켜올린다는 말은 무엇인가 생각하며 알아내려는 모습을 묘사한다. 눈앞에 고스란히 실현되어 있는 노조의 면벽하는 그 모습이 다름 아닌 진실이기 때문이다. 『石菴㺷和尙語』續古尊宿語要 5(卍119, 107b18), "눈썹을 치켜올리는 데 의존하지 않고, 문자와 언어에 매달리지도 않고서 바로 눈앞에 실현되어 있는 진실(公案)에 그대로 따르기만 한다면 저절로 만물의 무수한 차별상에 자유롭게 응할 수 있으리라.(不在揚眉瞬目, 亦非文字語言, 祇據現成公案, 自然七方八圓.)"

瑯瑘覺上堂, 擧'魯祖凡見僧來, 便面壁而坐.' "衆中商量, 極有多般. 梁山
受業先師, 曾有一頌. '魯祖三昧最省力, 才見僧來便面壁. 若是同心達道
者, 不在揚眉便相悉.' 山僧卽不然. 祖師面壁播諸方, 無限禪人謾度量. 無
事晚來江上立, 數株寒柏倚斜陽."

설화

○ 노조의 삼매는 가장 힘이 들지 않으니~알아차리리라 : 똑같은 도를 깨
달은 사람이라야 노조의 면벽을 알 수 있다.[34]

瑯瑘 : 魯祖三昧云云者, 同道者, 方知魯祖面壁也.

지도량智度良의 상당[35]

이 공안에서 '영원히 이루지 못할 것이다.'라는 구절까지 제기하고, 현
사가 '내가 당시 그 광경을 보았다면 등이 쪼개지도록 부젓가락으로 다섯
대 때렸을 것이다.'[36]라고 한 말에 대하여 평가하였다. "저 현사가 그렇게
말한 사실이 없지는 않다. 그렇다면 노조는 학인들이 찾아오는 모습을 보
고서 어떤 이유로 꼭 벽을 쳐다보았을까? 앉는 것도 선禪이고 면벽도 도
道라면, 이것이 바로 학인들에게 가르침을 준 것인가, 가르침을 주지 않

---

[34] 이러한 취지의 공안이 본서 529칙에 제시된다. 『景德傳燈錄』 권29 〈香嚴襲燈大師智
閑頌·與學人玄機〉(大51, 452b24), "미묘한 뜻은 신속하게 다가오지만 그것을 표현하
는 말은 느리다네. 말을 따라 이해하려는 순간, 다가온 신묘한 기틀을 잃어버린다네.
눈썹을 치켜올리는 것으로 문답을 하며, 얼굴 마주하고 기뻐할 뿐. 이것은 어떤 경계인
가? 똑같은 도를 깨친 사람이라야 알리라.(妙旨迅速, 言說來遲. 纔隨語會, 迷却神機. 揚
眉當問, 對面熙怡. 是何境界? 同道方知.)"
[35] 등을 돌리건 정면으로 마주 보건 어느 편도 맞지 않고 또한 어느 편도 가능하다는 취지
의 상당.
[36] 앞의 '현사 사비의 평' 참조. 『景德傳燈錄』 권7 「魯祖寶雲傳」(大51, 252a3), 『從容錄』
23則 「評唱」(大48, 242b20) 참조.

은 것인가? 이것이 학인을 맞아들인 것인가, 맞아들이지 않은 것인가? 가령 남쪽을 향해 앉았다면, 선도 아니고 학인을 맞아들인 것도 아니란 말인가? 만일 신도가 시주로서 오거나 관원이 손님으로서 왔다면 벽을 바라보고 앉아서는 안 될 것이다. 그렇거늘 어째서 학인이 찾아와 인사를 올리는 모습을 보고 그에게 '상좌는 편히 지내시는가? 이삼일 동안 보지 못했는데 아무 일 없었는가? 죽이나 밥은 먹었는가?'라고 물은 다음 시자를 불러 차 한 잔을 끓여서 상좌가 마시도록 건네주고, 차를 다 마시고 나면 '상좌여, 이렇게 찾아 주어서 고맙네. 노승은 지금 피곤하니 그만 내려가 보시게. 잘 가시오.'라는 식으로 대하지 못하는가? 이렇게 하는 것에 무슨 잘못이 있겠는가? 그러나 금을 팔려면 반드시 금을 살 사람을 만나야 하는 법이다.[37]"【참!】

智度良上堂, 擧此話,〈至〉臚年. 玄沙云, '我當時若見, 劈脊與五下火抄.' 師云, "不無他玄沙恁麽道. 只如魯祖見僧來, 何必須面覷壁? 坐便是禪, 面壁便是道, 便是爲人, 便是不爲人? 便是接人, 便是不接人? 只如面覷南坐, 便不是禪, 便不是接人? 忽然有檀越施主來, 官員賓客來, 不可也面覷壁坐. 何不纔見僧來問訊, 向他道, '上座, 安樂麽? 三兩日來不見面, 無事麽? 喫得粥飯麽?' 遂喚侍者, 點一盞茶來, 與上座喫, 喫茶纔了, '上座, 謝

---

37 금을 팔려면~하는 법이다 : 금의 가치를 알아보는 안목이 있는 사람을 만나야 제값에 팔 수 있듯이 정면으로 학인을 맞이하건 등을 돌리고 외면하건 그 뜻을 아는 학인을 만나면 어떤 방식으로 대하건 전할 수 있다는 말이다. 바로 앞의 '낭야 혜각의 상당' 설화에서 "똑같은 도를 깨달은 사람이라야 노조의 면벽을 알 수 있다."라고 한 말과 통한다. 『白雲守端廣錄』 권1(卍120, 414b6), "여산에 있을 때는 어째서 그렇게 깊고 은밀히 감추고자 하였으며, 오늘에 와서는 어째서 이렇게 뚜렷이 드러내고자 하는 것일까? 모르는가? 금을 팔려면 반드시 금을 살 사람을 만나야 하는 법이다.(在廬山時, 爲甚要恁麽深密 ; 及乎今日, 爲甚要恁麽顯露? 不見道? 賣金須遇買金人.)" ; 『人天眼目』 권4〈古德綱宗頌〉(大48, 323c20), "금을 팔려면 반드시 금을 살 사람을 만나야 하리니 지불하는 값이 비싸든 싸든 어느 편도 딱 들어맞지 않는다.(賣金須遇買金人, 酬價高低總不親.)"

訪及, 老僧今日勞倦, 且自下去. 珎重.' 恁麼有什麼過? 然賣金須遇買金人."【叅!】

> 설화

○ 찾아온 학인을 반드시 만나야 한다는 뜻이다.
○ 금을 팔려면 반드시 금을 살 사람을 만나야 하는 법이다 : 가치를 알아주는 적절한 사람을 만나야 한다.

智度 : 須是與方來相見也. 賣金須遇買金人者, 須得其人始得.

천동 정각天童正覺의 상당 1

이 공안을 제기하고 말하였다. "노조는 있는 힘을 다하여 대중에게 전해 주었고, 남전은 집안의 추한 꼴을 밖으로 드러내었다.[38] 나, 장로長蘆는 이렇게 점검했는데, 여기에 또 나를 점검해 볼 사람 있는가? 점검할 사람이 있건 점검할 사람이 없건 모두 접어 두고, 노조가 전한 뜻은 무엇일까? 알겠는가? 밑 빠진 대야는 아무리 담아도 담을 수 없어 달리 속 뚫린 그릇에 채우려 하는구나.[39]"

---

[38] 노조는 있는~밖으로 드러내었다 : 노조와 남전에 대한 묘사는 다르게 했지만 본질은 같다. 집안 구석구석의 비밀을 모두 들추어내어 추한 모습까지 다 드러낸 것처럼 남김 없이 전해 주었다는 뜻이다. 『山堂僧洵禪師語』續古尊宿語要 4(卍119, 7b2), "파초芭蕉 선사는 종지만을 들고 그것을 곧바로 가리켰으니 집안의 추한 모습까지 남김없이 드러낸 꼴이었고, 진정眞淨 선사는 배를 갈라서 그 속을 다 도려내어 주었으니 한바탕의 큰 잘못을 면하지 못한 셈이다. 내가 이렇게 들어 보인 말뜻에서 여러분은 간파한 내용이 있는가?(芭蕉單提直指, 大似家醜外揚 ; 眞淨劈腹剜心, 未免一場敗闕. 老僧與麼提撕, 諸人還有勘破處麼?)"

[39] 밑 빠진~채우려 하는구나 : 밑이 빠졌거나 속이 뚫렸거나 말만 다를 뿐 음식을 채워 넣을 수 없다. 그럼에도 한곳에 담을 수 없어 다른 곳에 담겠다고 한다. 노조의 면벽에는 어떤 생각도 머물지 못하기 때문에 그것은 밑 빠진 대야와 같다. 그렇다고 하여 노조로부터 채우지 못한 부분을 남전에게서 얻으려 해도 그의 말 또한 속이 뚫린 그릇과

天童覺上堂, 擧此話云, "魯祖爲衆竭力, 南泉家醜外揚. 長蘆恁麽點撿, 還更有人點撿長蘆麽? 有點撿, 無點檢, 卽且置, 魯祖爲人處, 作麽生? 還會麽? 無底合盤盛不盡, 穿心椀子釘將來."

> [설화]

○ 밑 빠진 대야는 아무리 담아도 담을 수 없어 달리 속 뚫린 그릇에 채우려 하는구나 : 노조가 있는 힘을 다하여 학인에게 전해 주었음을 밝혔다.

天童云云, 無底合盤盛不盡云云者, 明魯祖竭力爲人也.

천동 정각의 상당 2

이 공안을 제기하고 말하였다. "노조의 법이 생기자 간교함도 함께 발생했고, 남전의 법령에서 속임수가 일어났다.[40] 나는 옛사람들을 점검하

같아서 분별할 실마리가 없다.
40 노조의 법이~속임수가 일어났다 : 『漢書』「董仲舒傳」에 나오는 구절로 노조와 남전을 각각 평가하였다. "한나라가 진秦나라를 계승한 후에 썩은 나무와 더러운 흙으로 쌓은 담장과 같이 되었으니, 설령 선정을 펴고자 해도 어찌할 도리가 없다. 법률을 만들어 내자 간특하게 이용해 먹는 자들이 생겨나고 법령을 시행하자 속임수를 쓰는 자들이 일어났으니 마치 끓인 물로 끓는 물을 식히려 하거나 땔나무를 끌어안고서 불을 끄려는 시도와 같아 그럴수록 더욱 아무런 이익이 없다. 비유컨대 거문고 줄이 심하게 고르지 않을 때는 반드시 줄을 풀었다가 다시 알맞게 조여야 비로소 제대로 퉁길 수 있듯이 정사가 몹시 행해지지 않을 때는 반드시 고쳐서 다시 변화시켜야 비로소 다스릴 수 있는 것과 같다.(今漢繼秦之後, 如朽木糞牆矣, 雖欲善治之, 亡可柰何. 法出而姦生, 令下而詐起, 如以湯止沸, 抱薪救火, 愈甚亡益也. 竊譬之琴瑟不調甚者, 必解而更張之, 乃可鼓也, 爲政而不行甚者, 必變而更化之, 乃可理也.)" 노조의 면벽은 그것일 뿐 다른 어떤 것으로도 범해서는 안 되는 엄정한 법과 같다. 그런데 그것에서 벗어나 노조가 면벽하고 학인을 마주하지 않은 의중을 두고 갖가지로 알아맞히려고 분별의 기량을 펼치는 것이 마치 법망을 피해 이득을 취하려고 짜내는 간교한 술수와 같다는 말이다. 또한 남전이 겉으로는 노조를 비판하는 외양을 취했지만 샛길이 없는 노조의 법령과 마찬가지로 엄정하여 다른 길이 없으니, 이 법령에서 벗어나면 결과적으로 모두 속임수가

려는 것이 아니라 여러분이 온몸으로 알기를 바랄 뿐이다. 알겠는가? 낚싯대에 달린 줄이야 그대 손 놀리는 대로 두겠지만, 고요한 물결을 흔들어 놓지만 않는다면 그 뜻이 저절로 드러날 것이다.[41]"

又上堂, 擧此話云, "魯祖法出姦生, 南泉令下詐起. 天童不是撿點古人, 也要諸人體悉. 還會麽? 竿頭絲線從君弄, 不犯淸波意自殊."

[설화]

○ 낚싯대에 달린 줄이야 그대 손 놀리는 대로 두겠지만, 고요한 물결을 흔들어 놓지만 않는다면 그 뜻이 저절로 드러날 것이다 : 노조의 엄정한 법령을 마땅히 시행해야 한다는 뜻을 밝혔다.

又上堂, 竿頭絲線云云者, 明魯祖正令當行也.

된다는 것이다. 본서 1368칙 '개암봉의 거' 주석 참조.

41 노조의 면벽에 대하여 어떤 말과 분별을 붙이더라도 법령으로서의 본질을 범하지만 않는다면 그 뜻이 저절로 드러난다는 뜻. 설화의 해설은 이 뜻을 압축하였다. 『祖庭事苑』권5(卍113, 144a4), "낚싯줄을 드리우다 : 화정 선자華亭船子 화상에게 협산夾山이 처음 참문하러 찾아오자 선자 화상이 물었다. '좌주는 어느 절에 머물고 있는가?' '절(似)은 비슷한 것(似)이 아닙니다.' '비슷하지 않다면 또한 무엇과 비슷한가?' '눈앞에 하나의 법도 비슷한 것이 없습니다.' '어디서 공부했는가?' '이목이 이르지 않는 곳입니다.' 선자 화상이 웃으며 '한 구절에 딱 맞아떨어지는 말이 만겁 동안의 속박이 된다.'라고 하고 덧붙여 말하였다. '천 척의 낚싯줄 드리움은 그 뜻이 깊은 못에 있다네. 세 치의 낚싯바늘을 떠나서 그대는 어찌 말하지 못하는가?' 협산이 입을 열려고 하는 순간에 선자 화상이 상앗대를 쳐서 물속에 빠뜨리자 이에 협산은 크게 깨닫고서 말하였다. '낚싯대에 달린 줄이야 그대 손 놀리는 대로 두겠지만, 고요한 물결 흔들어 놓지 않는다면 그 뜻이 저절로 드러날 것이다.'(垂絲 : 華亭船子和上, 夾山初往參問, 師曰, '座主住甚麼寺?' 山曰, '寺卽不似.' 師曰, '不似, 又似箇甚麼?' 山曰, '目前無一法可似.' 師曰, '何處學得來?' 山曰, '非耳目之所到.' 師笑曰, '一句合頭語, 萬劫繫驢橛.' 師又曰, '垂絲千尺, 意在深潭. 離鉤三寸, 子何不道?' 山擬開口, 師以篙撞在水中, 因而大悟, 乃云, '竿頭絲綾從君弄, 不犯淸波意自殊.')" 본서 157칙 주 10 참조.

동림 상총東林常總**의 상당**

법좌에 올라앉아 "만일 엄정한 법령을 제기한다면 모두들 기세가 꺾이고 혀가 얼어붙을 것인데[42] 어디에 다시 오늘이 있겠는가? 어째서 옛날 노조 화상은 학인들이 찾아오는 모습을 보면 곧바로 면벽하였다는 이야기를 모르는가?"라고 말하고 이어서 말하였다. "노조산 앞의 길은 틀림없이 목적지에 이르는 길(要徑)[43]이거늘 마주친 사람이 드문 것이야 어찌하랴?" 또한 나중에 남전이 이 소식을 듣고서 '영원히 이루지 못할 것이다.'라고 한 말에 대하여 "왕 노사王老師[44]여, 누구에게 살가죽 아래 흐르는 피가 없겠는가?"라고 평가하였다. 현각이 '남전은 노조에게 화답하는 말을 한 것인가, 그를 인정하지 않는 말을 한 것인가?'라고 한 말에 대하여 "현각은 이야기를 스스로 두 편으로 잘라 놓고서 어찌 판단하지 못하는가?"라고 평가하였다. 나산 도한이 '나, 진 노사陳老師가 당시에 보았다면 등에 부젓가락 다섯 대를 때려 주었을 것이다. 왜 그런가? 그는 풀어놓을 줄만 알았지 거두어들일 줄은 몰랐기 때문이다.'라고 한 말에 대하여 "진 노사도 매우 초조하게 서두르는구나. 어떤 점으로 보아 거두어들일 줄 모른단 말인가? 마치 노조가 거두어들이기를 애타게 바라는 듯이 보인다."라고 평가하였다. 또한 현사 사비가 '내가 당시에 보았다면 부젓가락 다섯

---

42 노조의 면벽과 같이 어떤 방편도 베풀지 않고 본분의 법도 자체만 시행하면 아무 말도 할 수 없다는 뜻.『或菴師體禪師語』續古尊宿語要 6(卍119, 186b16), "엄정한 법령을 제기하면 법당 앞의 풀이 한 길 높이로 자랄 것이며(찾아오는 사람의 발길이 뜸해 풀이 한정 없이 자란다는 말), 삿된 스승이 잘못을 저지르면 절임 독에 빠뜨려 얼마나 많은 사람을 죽일 것인가?(正令提綱, 法堂前草深一丈 ; 邪師過謬, 虀甕裡淹殺幾人?)" ; 『圜悟語錄』권4(大47, 731b28), "만일 본분만을 제기하여 다른 점과 같은 점을 모두 장악하고 범부도 성인도 통과하지 못하도록 한다면, 석가와 미륵이 숨을 삼키고 아무 소리 못 할 것이며 문수와 보현도 기세가 꺾이고 혀가 얼어붙을 것이다.(若論本分提持, 坐斷異同, 不通凡聖, 直得釋迦彌勒, 飮氣呑聲, 文殊普賢, 亡鋒結舌.)"

43 목적지에 이르는 길(要徑) : 요경要徑은 중요한 길이라는 뜻. 핵심으로 인도하는 방도라는 말로 노조의 면벽을 상징한다.

44 왕 노사王老師 : 남전 보원南泉普願을 말한다.

대를 때려 주었을 것이다.'라고 한 말에 대하여 "현사는 참으로 종잡을 수 없구나. 대체로 말에는 전하려는 의도가 있고, 일에는 의탁하는 근거가 있는 법인데 어떤 도리를 보았기에 부젓가락 다섯 대를 때려 주겠다고 말했을까?"라고 평가하였다. 운거 청석이 '나산과 현사가 모두 이렇게 말했는데, 같은 종류인가? 아니면 별도로 도리가 있는가? 만일 가려낸다면 그 상좌에게는 불법에서 진전한 경계가 있다고 인정해 주리라.'라고 한 말에 대하여 "만일 같은 종류라고 이해한다면 나산과 현사는 한평생 굴욕을 당할 것이며, 별도로 도리가 있다고 말한다면 조사의 도는 오늘로 당장 침몰할 것이다. 남김없이 끊어 없애고 세상 사람들이 놀리는 혀를 짓눌러 버리는 구절이 있음을 알아야 한다. 한번 말해 보라!"라고 평가하였다. 잠깐 침묵하다가 "목적지에 이르는 길(要道 : 要徑)에 무슨 어려움이 있겠는가?"라 하고는 선상을 쳤다.

東林揔上堂, "若以正令提綱, 盡乃亡鋒結舌, 何處更有今日? 爲什麽不見, 昔魯祖和尙, 見僧來, 便乃面壁?" 師云, "魯祖山前道路, 不妨要徑, 爭奈相逢者稀?" 後南泉聞云, ⟨至⟩驢年得麽, 師云, "王老師, 阿誰皮下無血?" 玄覺云, '爲復南泉, 是唱和語, 是不肯語?' 師云, "玄覺, 話自作兩截, 何不斷却?" 羅山云, '陳老師, 當時若見, 背上與五下火抄. 何故? 爲伊解放不解收.' 師云, "陳老師, 也是草草念念. 什麽處是不解收處? 大似倩伊收相似." 玄沙云, '我當時若見, 也與五下火抄.' 師云, "玄沙, 人殺沒來由. 大凡語有分付, 事有因依, 見什麽道理, 也道與五下火抄?" 雲居錫云, '羅山玄沙, 揔恁麽道, 爲復一般? 爲復別有道理? 若揀得出, 許上座佛法有箇去着.' 師云, "若作一般會, 羅山玄沙, 一生受屈 ; 若道別有道理, 祖道今日直下平沉. 須知有箇剗絶, 坐斷天下舌頭底句. 試道看!" 良久云, "要道有什麽難?" 擊禪牀.

> 설화

O 여러 존숙들의 집어낸 평가(拈)를 제기하여 내리누르기도 하고 추켜세우기도 하였다. 상세히 펼쳐 말할 필요도 없이 문구에 서술된 그대로 알 수 있다.

東林 : 擧諸尊宿拈, 或抑或揚. 不可具陳, 隨文可見.

원오 극근圜悟克勤의 거

『심요』에서 이 공안을 제기하고 말하였다. "두 노승은 발자취를 함께하고 어깨를 나란히 하였으니 서로의 마음을 몰랐던 것도 아니거늘 어째서 이와 같이 말했을까요? 노조의 숨은 관문(節文)에 도달하였습니까? 만일 도달하였다면 남전은 마치 물이 물에 들어간 것과 같았다[45]고 알 것입니다. 하지만 이것을 모른다면 노조는 한편으로 기울어져 집착하고 남전은 원만하게 어디로나 움직였다고 분명하게 갈라놓고서 그 말의 맥락에서 드러난 뜻에 얽매이게 되어 끝내 찾을 수 없을 것입니다."

---

[45] 여수입수如水入水는 온전히 평등한 부류가 섞여서 서로 구분되지 않는다는 비유. 남전은 노조를 비판하기까지 하였지만 이들 두 선사는 이 공안을 완결하는 불가결한 짝이라고 보는 관점이다. 원오가 즐겨 쓰는 비유이다. 하나의 마음을 같은 경지의 다른 마음에 고스란히 전한다는 뜻의 이심전심以心傳心과 다르지 않다. 『圜悟克勤禪師語』 「示良上人」 續古尊宿語要 3(卍118, 989a15), "당장에 어김없이 일치하여 깨달으면 마치 물이 물에 들어간 것과 같고 금으로 금을 바꾼 것과 같아서 평등하고 여일하며 맑은 물같이 참되고 순수해질 것이다.(直下契證, 如水入水, 如金博金, 平等一如, 湛然眞純.)" ; 『憨山集』 권34 「千手大悲菩薩贊」(卍127, 703a6), "범부와 성인이라는 두 길은 본래 피차의 차별이 없으니 마치 등불이 어둠을 깨뜨린다면 양자는 서로에게 이르지 못하는 경우와 같다. 둘의 차별이 없기 때문에 그 미묘한 도리를 안다. 이와 같이 꿰뚫어 본다면 대사(관세음보살)가 자기 자신이니 예배하고 명호를 수지하는 의식도 물이 물에 들어가 섞인 것과 같다.(凡聖二途, 本無彼此, 如燈破暗, 兩不相到. 以無二故, 乃見其妙. 能如是觀, 大士卽己, 禮拜持名, 如水入水.)"

佛鑒勤,[1] 心要, 舉此話云, "二老竝躅齊肩, 不是不知有, 因甚却恁麼說話? 還究到魯祖節文處麼? 若究到, 卽見南泉如水入水, 若不諳此, 乃分疎魯祖僻執, 南泉圓轉, 隨他語脉露布, 卒摸搽不着在."

1) ㉠ '佛鑒勤'은 '圜悟勤'의 오기이다. 내용은 『圜悟心要』 권상 「示普賢文長老」(卍 120, 710a6) 참조.

[설화]

○ 노조의 숨은 관문(節文)에 도달하였습니까~끝내 찾을 수 없을 것입니다 : 모든 사람이 도달할 수 있다는 말이다. 만일 노조의 숨은 관문에 도달한다면 남전의 속뜻도 알 수 있다. 하지만 한 사람이 이겼고 다른 한 사람은 졌다는 관점에서 헤아리면 노조는 한편으로 기울어져 집착하고 남전은 원만하게 어디로나 움직였다고 분명하게 갈라놓고서 그 말의 맥락에서 드러난 뜻에 얽매이게 되어 결국 찾을 수 없다는 뜻이다.

佛鑑 : 還究到云云者, 謂諸人究到也. 若究到魯祖節文處, 卽見南泉也. 若也得失商量, 則分疎魯祖僻執, 南泉圓轉. 隨他語脉露布, 畢竟不著在.

운문 종고雲門宗杲의 상당[46]

'노조는 학인들이 법을 물으러 찾아오는 모습을 보면 곧바로 돌아서서 벽을 마주하고 앉곤 하였다. 어느 날 남전이 왔을 때도 벽을 마주하고 앉자 남전이 마침내 등을 손바닥으로 한 대 쳤다. 노조가 「누구요?」라고 묻

---

46 여기서 노조와 남전의 인연으로 제기한 이 이야기는 본래 『景德傳燈錄』 권7(大51, 252a9)에 남전과 늑담 상흥泐潭常興의 이야기로 전하는데, 운문 종고가 늑담을 노조로 바꾸었다. 『大慧語錄』 권2(大47, 820b7) 참조. 『頌古聯珠通集』 권13, 『宗鑑法林』 권13 등의 공안집에는 본래대로 수록되어 있다.

자 남전이 「보원입니다.」라고 응답하였다. 「내게 무슨 짓을 하였소?」 「평소에 이렇게 합니다.」라는 문답을 제기하고 운문 종고가 평가하였다. "바다에 낚시를 던져 놓은 까닭은 사나운 용을 낚으려는 목적이요, 격을 벗어난 깊은 기틀은 자신을 알아주는 사람을 찾기 위한 것이다. 남전 노인은 비록 시기에 알맞은 기틀을 가려내거나 선악을 식별하는 데 뛰어났지만, 문제는 노조의 궁극적 의도는 몰랐다는 점이다. 지금 궁극적 의도를 아는 사람 있는가? 결코 귀신의 굴속에서 헤아리지 마라.⁴⁷"

雲門杲上堂, 擧魯祖凡見僧來叅, 卽面壁而坐. 一日南泉至, 亦面壁而坐, 南泉遂於背上拊一掌. 祖云, '誰?' 泉云, '普願.' 祖云, '作甚麼?' 泉云, '也是尋常.' 師云, "垂釣四海, 只釣獰龍；格外玄機, 爲尋知己. 南泉老人, 雖善別機宜識休咎, 要且, 未知魯祖落處. 如今莫有知得落處者麼? 切忌向鬼窟裏卜度."

> [설화]

○ 남전 노인은 비록 시기에 알맞은 기틀을 가려내거나 선악을 식별하는 데 뛰어났지만, 문제는 노조의 궁극적 의도는 몰랐다는 점이다 : 노조의 궁극적 의도는 분명하게 가려낼 여지가 없다는 뜻이다.
○ 결코 귀신의 굴속에서 헤아리지 마라 : 비록 분명하게 가려낼 여지가

---

47 귀신의 굴속에서 헤아리다(鬼窟裏卜度) : 눈앞에 드러나 곧바로 가리킬(直指) 수 있는 그것과 하나가 되지 못하고 '생각하여 알고 분별하여 이해하는 그 방식(思而知, 慮而解.)'을 말한다. 본서 201칙 본칙 참조. 『晦臺元鏡語錄』(卍125, 73b14), "또 어떤 선비가 나와서 물었다. '……선대로부터 조사들이 방봉과 할喝을 번갈아 시행하거나 주먹을 들고 손가락을 세우거나 눈을 깜박이고 눈썹을 치켜올리는 동작에 이르기까지 그 모두가 귀신의 굴속에서 살림살이하는 짓입니다. 그렇다면 무엇이 정법正法인지 화상께서 가리켜 주시기 바랍니다.' '병 가득히 끓인 맑은 탕이 모두 독기毒氣라는 사실을 어떻게 알겠는가?'(又一士出問, '……乃至上代祖師棒喝交馳, 擎拳竪指, 瞬目揚眉, 總是鬼窟活計. 如何是正法, 請和尙直指.' 師云, '滿瓶白沸湯, 那知皆毒氣?')"

없다고 하지만 또한 귀신의 굴속에서 살림살이하듯이 할 일도 아니라는 말이다.

雲門 : 南泉老人, 雖善別至落處者, 若是魯祖落處, 直是無辨白也. 切忌向鬼云云者, 雖曰無辨白, 亦非鬼窟裏作活計也.

운문 종고의 염
"노조는 남전을 만나지 못했다면 벽만 쳐다보고 있을 뻔했다."

又拈, "魯祖不得南泉, 幾乎覷破壁?"

[설화]

○ 노조의 면벽은 오로지 가려낼 여지가 없기만 한 것이 아님을 밝혔다. 앞의 상당에서는 가려낼 여지가 없다는 도리를 밝혔고, 여기서는 가려낼 여지가 있다는 도리를 밝혔다.

又拈, 明魯祖面壁, 非一向無辨白也. 前明無辨白, 此明有辨白.

심문 담분心聞曇賁의 상당
이 공안을 제기하고 말하였다. "한 사람은 면전에 있고 한 사람은 등 뒤에 있지만, 점검하려 하면 참으로 어찌할 도리가 없구나. 산승은 이제 또 어떻게 할 것인가? 사람이 빈곤하면 그 지혜도 천박한 듯이 보이고, 말이 수척하면 그 털이 길어 보인다.[48]"

---

[48] 사람이 빈곤하면~길어 보인다 : 빈곤하게 산다는 이유로 그 사람의 지혜도 하찮아 보이고 똑같은 털 길이라도 마른 말의 털이 더 길어 보인다. 이처럼 길다거나 짧다는 식으로 단정하지만 사실과는 다른 착시와 착각일 뿐이다. 남전과 노조가 겉보기에는 달

心聞賁上堂, 擧此話云, "一箇面前, 一箇背後, 點撿將來, 也大叵耐. 山僧今日, 又且如何? 人貧智短, 馬瘦毛長."

설화

○ 한 사람은 면전에 있고 한 사람은 등 뒤에 있다 : 노조는 앞을 쳐다보고 앉아 있을 줄만 알았지 등 뒤에 남전이 있다는 사실은 몰랐고, 남전은 손바닥으로 그의 등을 칠 줄만 알았지 노조의 면전에 무엇이 있는지는 몰랐다.
○ 점검하려 하면 참으로 어찌할 도리가 없구나 : 면전이나 등 뒤나 어느 편도 끊어 없애지 못한다.
○ 사람이 빈곤하면 그 지혜도 천박한 듯이 보이고, 말이 수척하면 그 털이 길어 보인다 : '부유하면 천 명의 식구도 적다고 불만스러워하고, 빈곤하면 자기 한 몸도 많다고 한탄한다.'[49]라는 말과 같다. 각각 노조와 남전을 나타낸다.

心聞 : 一箇至背後者, 魯祖只知面覷面坐, 不知背後有南泉 ; 南泉只知手

라 보이지만 어떤 차별도 없음을 나타낸다. 『五祖法演語錄』권상(大47, 651c5), "법좌에 올라앉자 어떤 학인이 물었다. '조사의 뜻과 경전의 뜻은 같습니까, 다릅니까?' 법연法演이 대답하였다. '사람이 빈곤하면 그 지혜도 천박한 듯이 보이고, 수척한 말은 그 털이 길어 보인다.' 이어서 '조사가 말해도 다 할 수 없고, 부처의 눈으로 보려 해도 볼 수 없다. 노파와 같이 친절한 나, 사면四面의 마음이 그대에게 한 가닥 길을 통하게 해주었다.'라고 한 다음 법좌에서 내려왔다.(上堂, 僧問, '祖意教意, 是同是別?' 師云, '人貧智短, 馬瘦毛長.' 乃云, '祖師說不著, 佛眼看不見. 四面老婆心, 爲君通一線.' 便下座.)"

49 이 또한 적다거나 많다는 수가 정해진 것이 아니라 상대적 입장에 따르는 분별임을 가리킨다. 결국은 빈곤과 부유 그리고 많음과 적음 등의 두 가지에 근거하는 분별을 모두 틀어막기 위하여 대립으로 설정한다. 『密菴語錄』(大47, 970b13), "'임제가「벌거벗은 몸뚱이가 천 길 높이의 절벽처럼 우뚝 솟아 있다.」라고 한 말은 무슨 뜻입니까?' '부유하면 천 명의 식구도 적다고 불만스러워하고, 빈곤하면 자기 한 몸도 많다고 한탄한다.' (進云, '臨濟道,「赤肉團上, 壁立千仞.」又作麼生?' 師云, '富嫌千口少, 貧恨一身多.')"

拊其背, 不知魯祖面前事也. 點檢將來云云者, 摠不得鏁[1]絶也. 人貧智短
云云者, 如云, '富嫌千口少, 貧恨一身多.' 卽魯祖南泉也.

1) ㋐ '鏁'는 '剼' 또는 '剿'의 오기이다.

189칙 노조불언魯祖不言

본칙 노조에게 어떤 학인이 물었다. "말하지 않고 말한다는 것은 무슨 뜻입니까?"【『경덕전등록』에는 "말하면서 말하지 않는다."[1]라고 되어 있다.】 "그대의 입은 어디에 있는가?" "입이 없습니다." "밥은 어디로 먹느냐?" 그 학인이 아무 대꾸도 없었다.【동산 양개洞山良价가 그 학인을 대신하여 말하였다. "그[2]는 배고프지 않은데 무슨 밥을 먹으란 말입니까?" 장산 법천蔣山法泉이 대신하여 말하였다. "발우(속의 밥)입니다."】

魯祖, 因僧問, "如何是不言言?"【傳燈云, "言不言."】師云, "汝口在什麼處?" 僧云, "無口." 師云, "將什麼喫飯?" 僧無對.【洞山代, "他不饑, 喫什麼飯?" 蔣山泉代, "鉢盂."】

설화

- 말하지 않고 말한다 : 어떤 본에는 "말하면서 말하지 않는다."라고 되어 있다. 말을 하지만 말하지 않는 것이기 때문에 말하지 않은 말을 가리킨다.
- 그대의 입은 어디에 있는가 : 말하지 않음에 대한 집착을 없애 주었다.
- 입이 없습니다 : 미혹인지 깨달음인지 확정할 수 없다.[3]
- 밥은 어디로 먹느냐 : 그가 내심 결론을 지었다고 간파한 질문이다.
- 아무 대꾸도 없었다 : 예상대로 허황된 사람(虛頭漢)[4]이다.

---

1 『景德傳燈錄』 권7 「魯祖寶雲傳」(大51, 251c26).
2 여기서 '그(他)'는 그 어디에도 예속되지 않고 물들지 않는 본래인本來人 또는 불佛 또는 그런 개념은 물론 그 어떤 규정도 가지지 않는 '아무개'를 가리킨다. 석상石霜이 "그에게는 머무는 국토가 따로 없는데 어디서 그를 만나려 하는가?(渠無國土, 何處逢渠?)"라고 했던 '그'와 다르지 않다. 본서 713칙 본칙 참조.
3 설화 특유의 해설법. 본서 해제 '미오난정迷悟難定 · 대오大悟' 참조.

- 동산 양개洞山良价가 '그는 배고프지 않은데 무슨 밥을 먹으란 말입니까?'라고 한 말 : 본래 배고프지도 않고 먹을 밥도 없다는 뜻이다. 이는 스스로 자신의 종지를 확고하게 한 말이다.
- 장산 법천蔣山法泉이 '발우 (속의 밥)'라고 한 말 : 모든 것에 통하는 대답이다. 아무 맛도 없는 말(無滋味)[5]로 던진 대답이기도 하다.

[不言] 不言言者, 一本云, "言不言." 則言而不言故, 不言之言也. 汝口在什麼處者, 破他不言之執也. 無口者, 迷悟難定也. 將什麼喫飯者, 看他折合也. 無對者, 果然是虛頭漢也. 洞山, 不飢云云者, 本不飢, 又無喫地飯, 則自固其宗也. 蔣山, 鉢盂者, 通對也. 亦無滋味答得也.

지비자의 송 知非子頌

함정[6]을 한 번 건드려 몸 뒤집혔으니	機穽一觸飜
몸 빼돌려 어느 길로 달아나려 하는가	抽身何路走
안타깝구나, 말만 배우는 무리들이여	堪嗟學語流
입은 달려 있건만 없는 것과 같구나	有口同無口

---

4 허두한虛頭漢에 대해서는 본서 165칙 주 4 참조.
5 맛도 없는 말(無滋味) : 발우라는 말은 '밥을 담는 그릇'이라는 따위의 어떤 개념의 맛도 없이 던진 대답이라는 뜻. 이 맛도 없고 저 맛도 없어서 어떤 말이나 분별도 붙어 있지 않은 화두의 본질을 나타낸다. 무슨 말이건 이렇게 맛이 없는 경계로 나타나면 화두가 된다. 『五燈會元』 권16 「法昌倚遇章」(卍138, 608b15), "차고 담담하여 아무 맛도 없는 것을 싫다 하지 마라. 한 번 배불리 먹으면 만겁의 굶주림을 없앨 수 있다.(莫嫌冷淡無滋味, 一飽能消萬劫飢.)"
6 함정(機穽) : 기정機穽은 본래 장치를 만들어 동물을 잡기 위한 함정. 이로써 위험한 곳이나 사람을 곤경에 빠뜨리는 술책 등을 비유하는 말로도 쓰인다. 『後漢書』 「趙壹」, "곤경에 처한 새 한 마리 들판에 날개 접고 있네. 위에는 그물망 걸려 있고 아래에는 함정 파여 있네.(有一窮鳥, 戢翼原野. 畢網加上, 機穽在下.)" 이현李賢의 주에 "기機는 동물을 포획하는 덫이고, 정穽은 땅을 파서 동물을 빠뜨리는 함정이다.(機, 捕獸機檻也. 穽, 穿地陷獸.)"라고 하였다.

[설화]

○ 그 학인은 입이 없다는 것만 알았지 속박된 몸을 반전시켜 막힌 숨을 통하게 하는 방법은 몰랐다. 이 때문에 "함정을 한 번 건드려 몸 뒤집혔으니, 몸 빼돌려 어느 길로 달아나려 하는가?"라고 읊었다.

知非:這僧只知無口,不知轉身通氣.是機穽一觸翻,抽身何路走.

설두 중현雪竇重顯**의 염**
"등골이 쪼개지도록 맞을 잘못이니, 이런 놈들은 입을 열었다 하면 닫지 못하고, 입을 닫고 나서는 열지 못한다."

雪竇顯拈,"好劈脊便棒, 者般漢, 開口了, 合不得;合口了, 開不得."

[설화]

○ 그 학인은 입을 닫고 나서는 열지 못하기 때문에 매를 맞았던 것이니, 입을 열었다 하면 닫지도 못할 것이기 때문에 이 방을 모면할 수 없다는 뜻인가? 아니다. 만일 연 듯 만 듯하더라도 이 방을 모면할 수 없을 것이며, 입을 완전히 열면서 동시에 완전히 닫더라도 이 방을 모면할 수 없을 것이다.

雪竇:這僧, 合口了, 開不得故, 被打也, 則開口了, 合不得故, 不免得此棒麽? 非也. 若半開半合, 未免此棒;全開全合, 亦未免此棒.

천동 정각天童正覺**의 상당 1**
이 공안을 제기하고 말하였다. "걸음은 평온하고 밟는 동작이 조용한 사람은 험한 길에서 머뭇거리게 되고, 실행이 깊고 이해가 미묘한 사람은 평탄한 길에서 제 발에 걸려 넘어진다. 노조는 평소에 모조리 틀어막는 부정의 방법(把定)을 펼칠 줄만 알다가 이때가 되어서는 도리어 반대로 수단을 부렸다. 병이 깊으면 약을 쓰고 약이 듣지 않으면 의사의 힘을 빌려야 환자를 살리는 수단이 있는 것이다. 알겠는가? 용문龍門에서 쏟아지는 세 굽이의 높은 폭포[7]를 거슬러 뛰어오르라고는 말하지 않겠다. 지금 무수하게 땅속에 침몰[8]한 사람들이 있기 때문이다."

天童覺上堂, 擧此話云, "步平履穩底, 嶮絶處疑着 ; 行玄體妙底, 平地上喫交. 魯祖尋常, 祇解把定, 及乎此時, 却幹[1]得轉. 病深用藥, 藥過用醫, 方有活得人手段. 還會麽? 莫謂龍門三級浪. 而今無限陸沈人."

1) 영 『宏智廣錄』 권1(大48, 7c2)에는 '斡'이 '幹'으로 되어 있다.

설화

○ 걸음은 평온하고 밟는 동작이~제 발에 걸려 넘어진다 : 모두 이러한 병통이 있음을 나타낸다.
○ 걸음은 평온하고 밟는 동작이 조용한 사람은 험한 길에서 머뭇거리게 되고 : 입이 있다는 도리만 알았지 입이 없다는 도리는 모른다는 뜻이다.[9]
○ 실행이 깊고 이해가 미묘한 사람은 평탄한 길에서 제 발에 걸려 넘어

---

7 용문龍門에서 쏟아지는~높은 폭포 : 잉어가 세 굽이의 폭포를 거슬러 올라가면 용으로 변한다는 말에 따른다. 용문은 등용문登龍門과 같은 말이며 스승이 학인을 단련시키고자 설정한 관문關門을 상징한다. 전설에 따르면, 복사꽃이 피는 3월 3일에 잉어들이 용이 되기 위하여 용문에 모인다고 한다. 우임금이 이것을 조성했다고 하여 우문禹門이라고도 한다. 『碧巖錄』 7則 「頌 評唱」(大48, 148a10) 및 본서 457칙 '승승공의 송' 주석, 615칙 '천동 정각의 송' 주석, 986칙 '백운 지병의 송' 참조.
8 육침陸沈 : 본서 100칙 '조계명의 송 2', 181칙 주 82 참조.
9 말로 표현된 내용만 알고 말이 없는 경지의 소식은 모른다는 뜻.

진다 : 입이 없다는 도리만 알았지 입이 있다는 도리는 모른다는 뜻이다.¹⁰

○ 모조리 틀어막는 부정의 방법(把定)을 펼칠 줄만 알다가 : 학인들이 찾아오는 모습을 보면 곧바로 돌아서서 벽을 바라보았던 노조의 방편을 가리킨다.¹¹

○ 이때가 되어서는 도리어 반대로 수단을 부렸다 : "그대의 입은 어디에 있는가?"라고 한 질문을 말한다.

○ '병이 깊으면 약을 쓴다.'는 말은 앞에서 '학인이 찾아오는 모습을 보면 돌아서서 벽을 바라보았다.'는 것에 해당하고, '약이 듣지 않으면 의사의 힘을 빌린다.'는 말은 여기서 '그대의 입은 어디에 있는가?'라고 한 질문에 해당한다. 두 가지 모두 사람을 살리는 수단이다.

○ 용문龍門에서 쏟아지는 세 굽이의 높은 폭포를 거슬러 뛰어오르라고는 말하지 않겠다. 지금 무수하게 땅속에 침몰한 사람들이 있기 때문이다 : 용문의 세 굽이 폭포를 뚫으리라고는 기대도 하지 않았다는 뜻이다. 입이 없다는 생각에 막혀서 속박된 몸을 반전시키고 막힌 숨을 토해 내지 못하는 그것이 '땅속에 침몰한다(陸沈)'는 뜻이다.

天童 : 步平履穩, 至喫交者, 皆有此病也. 又步平云云者, 只知有口, 不知無口也. 行玄體妙云云者, 只知無口, 不知有口也. 祇解把定者, 見僧來, 便面壁也. 及乎此時云云者, 汝口在什麼處也. 病深用藥者, 前見僧面壁也. 藥過用醫者, 今汝口在什麼處也. 皆活得人地手段也. 莫謂龍門云云者, 透得龍門三級浪, 非敢望也. 滯在無口, 不得轉身吐氣, 是陸沈也.

---

10 자신만 체험으로 알고 남에게 전하는 언어의 수단이 없다는 뜻.
11 본서 188칙에 나오는 내용이다.

천동 정각의 상당 2

이 공안을 제기하고 말하였다. "다만 죽은 뱀의 목을 잡을 줄만 알았을 뿐, 사나운 호랑이의 수염을 쓰다듬지는 못했다. 당시에 노조가 '그대의 입은 어디에 있는가?'라고 묻는 순간 할喝을 한 번 내질러 주고 옷소매를 털고 바로 떠났어야 했다. 그랬더라면 설령 노조가 온전한 기틀(全機)을 발휘했더라도 곳곳에서 손발을 움직이지 못하였을 것이다.[12]"

又上堂, 擧此話云, "只解握死蛇頭, 不能捋猛虎鬚. 當時待他問, '你口在什麼處?' 便與一喝, 拂袖便行. 直饒魯祖全機, 往往做手脚不及."

설화

○ 다만 죽은 뱀의 목을 잡을 줄만 알았을 뿐 : 그 학인은 입이 없다는 도리만 알았다는 뜻이다.
○ 호랑이의 수염을 쓰다듬지는 못했다 : 아래에서 밝힌다.
○ 할喝을 한 번 내질러 주고 옷소매를 털고 바로 떠났어야 했다 : 앞에서 말한 호랑이의 수염을 쓰다듬는 기상을 나타낸다.
○ '설령 노조가 온전한 기틀(全機)을 발휘했더라도 곳곳에서 손발을 움직이지 못하였을 것이다.'라고 한 말에서 전기全機는 전기대용全機大用[13]이라고 해야 옳다.
○ 손발을 움직이지 못하였을 것이다 : 만일 하나의 할에 의지했다면 그렇게 온전한 기틀을 남김없이 활용할 방도(大機大用)를 찾지 못하였을

---

12 손발을 움직이지 못하였을 것이다(做手脚不及) : 주수각做手脚은 어떤 수단을 발휘하다, 일상에서의 행위라는 뜻으로도 쓰이고 암암리에 속임수를 쓴다는 뜻도 있다.
13 전기대용全機大用 : 온전한 기틀을 남김없이 활용한다는 말. 『五家宗旨纂要』 권상(卍 114, 508a13), "임제의 가풍은 온전한 기틀을 남김없이 활용하고, 방棒과 할喝을 평등하게 시행하는 것이다.(臨濟家風, 全機大用, 棒喝齊施.)"

것이라는 뜻이다.

又上堂, 只解握云云者, 這僧, 只知無口也. 不能拶云云者, 下明之. 便與一喝云云者, 前所言猛虎鬚也. 直饒魯祖云云者, 當云, '全機大用'也. 做手脚不及者, 若據一喝, 討這大機大用不得也.

190칙 복우삼점伏牛三點[1]

본칙 복우산의 자재自在[2] 선사가 마조의 편지를 급히 보내고자 혜충국사의 처소로 갔더니 국사가 물었다. "마조 대사는 어떤 어구로 문도들을 가르치는가?" "마음이 부처라고 하십니다." 국사가 "그것이 도대체 무슨 말이냐?"라고 한 뒤 잠깐 침묵하다가 다시 물었다. "그것 말고 또 어떤 말로 가르치느냐?" "'마음도 아니고 부처도 아니다.'라고도 하시고, 혹은 '마음인 것도 아니고 부처인 것도 아니고 중생인 것도 아니다.'라고 하십니다."[3] "조금은 낫지만 여전히 모자란다." 이번에는 복우가 물었다. "마조는 그렇게 말씀하셨는데, 화상께서는 이곳에서 어떤 말씀을 하십니까?" "세 개의 점은 마치 흐르는 물처럼 생겼고, 굽은 모양은 벼 베는 낫과 같다."[4]

伏牛山自在禪師, 與馬祖馳書, 去忠國師處, 國師問, "大師有何語句示徒?" 師曰, "卽心卽佛." 國師曰, "是什麽語話?" 良久又問, "此外更有何言敎?" 師曰, "'非心非佛.' 或云, '不是心不是佛不是物.'" 國師云, "猶較些子." 師曰, "馬師卽恁麽, 和尙此閒如何?" 國師云, "三點如流水, 曲似刈禾鐮."

---

1 마조 도일의 제자인 복우 자재伏牛自在가 남양 혜충에게 마조의 편지를 가져갔을 때 혜충과 복우가 마조의 불법에 대하여 문답한 내용이다. 본서 191칙과 연결된다.
2 자재自在(741~821) : 절강성 오흥吳興 출신. 속성은 이李. 절강성 경산徑山에서 출가한 뒤 곳곳의 선지식에게 법을 물으러 다니다가 결국은 마조 도일 문하에서 근본을 깨쳤다. 단하 천연丹霞天然과 교류하였고, 남양 혜충에게 편지를 보내기도 하였다. 용문龍門·옥옥산玉屋山·숭산嵩山 등에 돌아다니다가 하남성 낙양 복우산伏牛山에 주석하였다. 〈三傷歌〉·〈不歸頌〉 등을 남겼다.
3 이상의 내용은 본서 159칙 참조.
4 마음 심心 자에 있는 세 개의 점과 가장 길게 굽은 모양을 묘사하였다.

설화

- 마조 대사는 어떤 어구로 문도들을 가르치는가 : 마조 대사의 언구가 무엇인지 대답하기를 바란 것이 아니라 복우를 점검하려 하였다.
- 그것이 도대체 무슨 말이냐 : 억눌러 부정하였다.
- 조금은 낫지만 여전히 모자란다 : 조금 인정해 준 말이다.
- 세 개의 점은 마치 흐르는 물처럼 생겼다 : 마음 '심心' 자를 가리킨다. 하나하나를 억눌러 부정한 다음이라면 중생의 마음엔들 무슨 허물이 남아 있겠는가? 달 속의 계수나무를 베어 없애면, 밝은 달빛이 더욱 많이 쏟아지리라.[5]

[三點] 大師有何至徒者, 非要馬大師言句, 勘驗此師也. 什麼語話者, 折挫也. 猶較些子者, 借許也. 三點如流水者, 心字也. 一一折挫然後, 衆生心有什麼過? 斫却月中桂, 淸光應更多.

설두 중현雪竇重顯의 거

이 공안에서 '조금은 낫지만 여전히 모자란다.'라고 한 구절까지 제기하고 복우를 대신하여 말하였다. "그 순간에 할을 내질렀어야 했다."[6] 또 복우가 '화상께서는 이곳에서 어떤 말씀을 하십니까?'라고 물은 구절부터 '굽은 모양은 벼 베는 낫과 같다.'라고 한 구절까지 제기하고 말하였다. "이것은 도대체 무슨 말인가? 한 번 쥐어틀어 주기 딱 알맞은 소리로구나. 보고도 손에 넣지 않으면 천 년이 지나도 잊지 못하리라.[7]"

---

5 달 속의~많이 쏟아지리라 : 마음이라는 마지막으로 남은 집착마저 제거하면 깨달음이 열린다는 뜻이다. 본서 14칙 '금산 요원의 상당' 설화 주석, 181칙 주 20 참조.
6 원오 극근圜悟克勤은 이 구절에 다음과 같은 착어를 달았다. 『佛果擊節錄』29則「著語」(卍117, 472b7), "이미 두 번째 거듭된 공안이다.(已是第二重公案.)" 할을 내질러도 군더더기에 불과하다는 뜻이다.
7 보고도 손에~잊지 못하리라 : 설두의 말 이후에 원오와 대혜 종고 등이 썼다. 『碧巖錄』

雪竇顯擧此話,〈至〉猶較些子, 師代, "當時便喝." 又擧, 伏牛却問, '和尙此 閧如何?'〈至〉'曲似刈禾鎌.' 師云, "是什麼語話? 也好與一拶. 見之不取, 千載難忘."

> [설화]

○ 그 순간에 할을 내질렀어야 했다~이것은 도대체 무슨 말인가 : 향상하는 하나의 통로(向上一竅)[8]를 밝혔다. 그 학인은 활용하지 못하였으니 '천 년이 지나도 잊지 못하리라.'라고 할 만하다.

雪竇 : 當時便喝至麼語話者, 明向上一竅也. 這僧用不得, 可謂千載難忘也.

위산 모철潙山慕喆의 염

"바로 그때 다만 껄껄대고 크게 웃고, 다시 국사에게 '이곳에서는 어떤 말씀이 있습니까?'라고 묻고서 '세 개의 점은 마치 흐르는 물처럼 생겼다.'고 답하는 소리를 듣고는 다시 껄껄대고 크게 웃었다면, 저 국사로 하여금 앞으로 나아가려 해도 문이 없고 뒤로 물러서려 해도 디딜 땅이 없게 만들었을 것이다. 어째서 그럴까? 호랑이 굴에 들어가 호랑이를 잡으려

38則「評唱」(大48, 176c22),『大慧語錄』권8(大47, 844a15) 등 참조. 천재난망千載難忘을 천재난봉千載難逢으로 쓰기도 한다.『碧巖錄』85則「頌」(大48, 211a11), "보는 바로 그때 잡지 못하면【알아차리지 못하고 지나쳤으니, 이미 천 리 만 리로 떨어졌군.】천 리나 떨어져서도 생각에 남게 된다.【애초에 신중하지 못했음을 후회하네. 하늘이시여, 하늘이시여!】(見之不取,【蹉過了也, 已是千里萬里.】思之千里.【悔不愼當初. 蒼天, 蒼天!】)"

8 향상하는 하나의 통로(向上一竅) : 지금 상태를 극복하고 더 높은 경계로 올라가는 해결의 통로. 향상일로向上一路라고도 한다.『雪竇語錄』권5「宗門三印」(大47, 702b20), "물에 찍었다가 진흙에 찍었다가 허공에 찍기도 하니, 납자들이 어찌할지 향방을 정하지 못하네. 향상하는 하나의 통로를 제쳐 여니, 모든 성인이 일제히 그 위풍 아래 늘어섰노라.(印水印泥印空, 衲子不辯西東. 撥開向上一竅, 千聖齊立下風.)"

면 반드시 그에 딱 들어맞는 사람이라야만 한다."

潙山喆拈, "當時, 但呵呵大笑, 復問國師, '此間如何?' 待云, '三點如流水.' 又呵呵大笑, 敎他國師, 進且無門, 退亦無地. 何故? 入虎穴撩虎兕,[1] 須是 其人."

1) ㉠ '兕'가 『宗門拈古彙集』 권6, 『宗鑑法林』 권7에는 '尾'로, 『敎外別傳』 권5에는 '兒'로 되어 있다.

설화

○ 바로 그때 다만 껄껄대고 크게 웃고 : '조금은 낫지만 여전히 모자란다.'라고 한 말에 대한 대응이다.
○ 두 차례 껄껄대고 크게 웃음 : 국사의 말을 인정한 웃음인가, 인정하지 않는 웃음인가?
○ 호랑이 굴에 들어가 호랑이를 잡으려면 반드시 그에 딱 들어맞는 사람이라야만 한다 : 국사의 점검을 당하고는 마땅히 이와 같이 해야 한다는 뜻이다. 국사의 입장으로 본다면 복우가 껄껄대고 크게 웃으려고 할 때 삼문 밖으로 때려서 쫓아 버린다면 한 나라의 국사가 될 자격이 있다고 할 것이다.

潙山:當時但呵呵大笑者, 猶較些子處也. 兩度呵呵大笑者, 肯他不肯他? 入虎穴云云者, 到國師處, 須是伊麼始得. 若約國師邊, 待伏牛呵呵大笑, 打了趁出三門外, 可謂一國之師.

황룡 오신黃龍悟新의 염

"좀스러운 국사시여! 말과 침묵 사이에서 오락가락하는구려. 바로 그 때 '마음인 것도 아니고 부처인 것도 아니고 중생인 것도 아니다.'라고 하는 말을 듣자마자 다시 할을 내질러 쫓아냈다면 어찌 전무후무한 솜씨가 아니었겠는가!"

黃龍新拈, "大小國師! 向語默裏轉却. 當時若見道, '不是心, 不是佛, 不是物.' 更與喝出, 豈不光前絕後!"

설화

○ 좀스러운 국사시여! 말과 침묵 사이에서 오락가락하는구려 : 복우의 말에 얽매여 몹시 내몰렸다는 뜻이다. 묵默은 맥脈이라 해야 옳다.[9]
○ 다시 할을 내질러 쫓아냈다면 어찌 전무후무한 솜씨가 아니었겠는가 : 복우가 던진 말의 맥락은 상관하지 말고 곧바로 향상하는 하나의 통로를 제기했어야 한다는 뜻이다.

黃龍 : 大小國師云云者, 隨他語走殺也. 默當作脉. 更與喝出云云者, 不干他語脉, 直擧向上一竅也.

송원 숭악松源崇岳의 상당

이 공안에서 '조금은 낫지만 여전히 모자란다.'라고 한 구절까지 제기하고, 이어서 황룡의 염을 제기하고 말하였다. "여러 위대한 종사들이여, 대단히 기괴하시구려. 족쇄를 내려 부수고 목길 형틀을 쳐부수며 높은 곳을 평평하게 깎아 낮은 곳과 같게 만들었다면, 말을 해도 말이 근본을 잘 드러냈을 것이며 행동을 해도 행동이 목적지에 이르렀을 것이다. 하지만 여기에도 아직 얽매인 몸이 벗어날 길은 없다." 한 번의 할을 내질렀다.

---

[9] 『宗鑑法林』 권66(卍116, 830b6), 『雪巖祖欽語錄』 권3(卍122, 539a10), 『東山梅溪度語錄』 권3(嘉39, 387a19) 등에 '語默裏轉'이라는 용례가 보이며, 이것대로 독립적인 의미를 지닌다.

松源上堂, 擧此話, 〈至〉猶較些子, 連擧黃龍拈, 師云, "諸大老, 也甚奇怪. 打鏁敲枷, 平高就下, 說也說得到, 行也行得到. 只是未有出身之路." 喝一喝.

[설화]

○ 족쇄를 때려 부수고 목칼 형틀을 쳐부수다 : 마조와 복우와 국사를 가리킨다.
○ 높은 곳을 평평하게 깎아 낮은 곳과 같게 만들었다면 : 황룡이 보여 준 작용의 문을 가리킨다.
○ 말을 해도 말이 근본을 잘 드러냈을 것이며 행동을 해도 행동이 목적지에 이르렀을 것이다 : 한 사람이 펼치는 모든 언행이 결국에는 지극한 곳에 이르는 경지를 말한다.
○ 하지만 여기에도 아직 얽매인 몸이 벗어날 길은 없다 : 더 나아가 위엄을 떨치는 하나의 할이 있음을 알아야 한다. 그러므로 한 번의 할을 내질렀다.

松源 : 打鏁敲枷者, 謂馬祖伏牛國師也. 平高就下者, 謂黃龍出似用門也. 說也說得到云云者, 一人行李, 究竟極到處也. 只是未有出身之路者, 更須知有振威一喝也. 故喝一喝.

191칙 복우탈쇄 伏牛脫灑

본칙 복우가 대중에게 "마음이 곧 부처라는 말은 병이 없는데 병을 구하는 구절이고, 마음도 아니고 부처도 아니라는 말은 약과 병이 딱 들어맞아 치료하여 없애는 구절이다."라고 말하자 어떤 학인이 물었다. "모든 것을 깨끗하게 벗어난 구절은 어떤 것입니까?" "복우산 아래서 옛날부터 지금까지 줄곧 전해 왔다."

伏牛, 示衆云, "卽心卽佛, 是無病求病句 ; 非心非佛, 是藥病相治句." 有僧出問, "如何是脫洒句?" 師云, "伏牛山下古今傳."

설화

● 마음이 곧 부처라는 말은~약과 병이 딱 들어맞아 치료하여 없애는 구절이다 : "마음이 곧 부처라고 생각한다면 종을 주인으로 오인하는 격이며, 마음도 아니고 부처도 아니라고 생각한다면 목을 자르고 살기를 바라는 격이다."[1]라는 말과 같다.

---

[1] 남화 지병南華知炳의 말.『聯燈會要』권17(卍136, 708a1) 참조. 이와 동일한 맥락에서 '즉심즉불卽心卽佛'과 '비심비불非心非佛'을 모두 부정하여 이 구절을 놓고 어떤 분별도 하지 못하도록 활용한 예가 보인다.『天聖廣燈錄』권20「鐵幢覺章」(卍135, 794b3), "바른 법에는 어떤 말도 소용에 닿지 않으니 어찌 부질없이 이름을 붙이고 모양을 본뜰 필요 있겠는가! 만일 '마음이 곧 부처'라 하더라도 마치 아무것도 모르는 꼴과 같고, 다시 '마음도 아니고 부처도 아니다.'라고 하면 목을 자르고 살기를 바라는 것과 같다.(正法無言, 何勞名貌! 若論卽心卽佛, 大似不知時 ; 更道非心非佛, 恰是斬頭覓活.)" ;『破山語錄』권5(嘉26, 22b20), "대중에게 말하였다. '마음이 곧 부처라 하니 머리에 또 머리를 얹은 꼴이고, 마음도 아니고 부처도 아니라 하니 머리를 자르고 살기를 바라는 격이다. 그래서「이렇다 해도 안 되고 이렇지 않다고 해도 안 되며, 이렇다거나 이렇지 않다거나 모두 안 된다.」고 한 것이다. 이미 모두 안 된다면 생사 그대로 열반이요 번뇌 그 자체가 해탈이다. 흰 구름 몇 조각만이라도 계곡 입구에 걸쳐 있으면, 돌아가던 수많은 새들이 모두 둥지를 잃게 된다.'(示衆云, '卽心卽佛, 頭上安頭 ; 非心非佛, 斬頭覓活. 所以道, 「恁麽也不得, 不恁麽也不得, 恁麽不恁麽總不得.」旣總不得, 則生死卽涅槃, 煩惱卽解脫. 雖

● 모든 것을 깨끗하게 벗어난 구절 : '마음이 곧 부처'라는 구절이나 '마음도 아니고 부처도 아니다.'라는 구절 그 하나하나가 모든 것을 깨끗하게 벗어난 구절이다.

[脫灑] 卽心卽佛至句者, 如云, '卽心卽佛, 認奴作郎 ; 非心非佛, 斬頭覓活'也. 脫灑句者, 卽心卽佛, 非心非佛, 一一是脫灑句.

육왕 개심育王介諶의 송 育王諶頌
복우산 아래서 옛날부터 지금까지 전해 왔다 하니	伏牛山下古今傳
강과 호수에 흘러 떨어진 물줄기 수만 수천이로다	流落江湖萬萬千
다만 돌아가지 못했을 뿐 돌아가면 알 수 있으니	自是不歸歸便得
떨어지는 꽃 흐르는 물 모두 옛날 그대로인 것을	落花流水兩依然

[설화]

○ 복우산 아래서~수만 수천이로다 : 사해와 오호에서 온통 '마음이 곧 부처'라는 말과 '마음도 아니고 부처도 아니다.'라는 말에 마구 달려든 사람들이 수만 수천이라는 뜻이다.
○ 다만 돌아가지 못했을 뿐 돌아가면 알 수 있으니 : 만약 마조의 뜻을 안다면 자신의 집으로 돌아갈 것이라는 뜻이다.[2]
○ 떨어지는 꽃 흐르는 물 모두 옛날 그대로인 것을 : 마조의 뜻을 알지 못하기 때문에 떨어지는 꽃과 흐르는 물이 모두 옛날 그대로라는 것만 알 뿐이라는 뜻이다.[3]

然如是, 幾片白雲橫谷口, 許多歸鳥盡迷巢.')"
2 '마음이 곧 부처'라는 말과 '마음도 아니고 부처도 아니다.'라는 말이 모두 마조의 말이기 때문이다.
3 육왕의 송 제3구와 제4구는 '즉심즉불'과 '비심비불'의 본래 취지를 알면 옛날 그대로 변

育王云云, 萬萬千者, 四海五湖, 向卽心卽佛, 非心非佛, 走殺地萬萬千也. 自是不歸云云者, 若也知得馬祖意, 便歸自家也. 落花云云者, 不知馬祖意故, 只知落花流水兩依然也.

영원 유청靈源惟淸의 거

"복우 노한은 빼앗거나 주거나 모두 능했으니 작가라 할 만하다. 비록 이렇기는 하지만 나, 황룡黃龍의 불자에 코를 꿰이는 수모를 당하지 않을 수 없다." 이윽고 불자를 꼿꼿이 세우고 말하였다. "바로 이러할 때 만약 누군가 나에게 '깨끗하게 벗어난 한 구절은 어떤 것일까?'라고 묻는다면 다만 그에게 '마음이 곧 부처이다.'라고 대답할 것이다."

靈源淸擧此話云, "伏牛老漢, 能奪能與, 可謂作家. 然雖如是, 不免被黃龍拂子穿却." 乃堅起拂子云, "正當伊麼時, 忽有人問, '如何是脫洒句?' 但向道, '卽心卽佛.'"

설화

○ 복우 노한은 빼앗거나 주거나 모두 능했으니 작가라 할 만하다 : '병이 없는데 병을 구하고 약과 병이 딱 들어맞아 치료하여 없앤다.'고 한 말 하나하나에 잘못이라고 내린 평가는 빼앗는 작용(奪)이다. '복우산 아래서 옛날부터 지금까지 줄곧 전해 왔다.'고 하여 상대의 인사에 대한 회답처럼 보이는 이것은 주는 작용(與)이다.
○ 불자에 코를 꿰이다 : 복우가 빼앗거니 주거니 한 이 두 가지를 모두 불자로 꿰어 버리겠다는 말이다.

함이 없다는 도리를 알게 된다는 맥락이다. 두 구절이 모두 떨어지는 꽃과 흐르는 물처럼 온전하다는 뜻이다. 설화에서는 그 뜻을 알지 못하기 때문에 옛날 그대로라는 것만 제한적으로 안다고 부정적으로 해설하였다.

○ 다만 그에게 '마음이 곧 부처이다.'라고 대답할 것이다 : 오로지 '마음이 곧 부처이다.'라는 구절만 문제로 삼는다[4]는 뜻이다.

靈源:伏牛老漢云云者, 無病求病, 藥病相治, 一一與過, 是能奪也. 伏牛山下古今傳, 似還安, 是能與也. 拂子穿却者, 奪與皆穿却也. 但向道卽心云云者, 只管卽心卽佛.

---

4 대매 법상大梅法常이 '마음이 곧 부처'라는 마조의 말에서 깨달은 뒤 독립하여 수행하다가 어느 날 '마음도 아니고 부처도 아니다.'라고 마조가 자신의 말을 바꾸었다는 소리를 전해 듣고 마조와 상관없이 '나에게는 마음 그대로 부처라는 구절만 있을 뿐이다.(我只管卽心卽佛.)'라고 하였다는 이야기를 해설의 근거로 삼았다. 본서 265칙 참조.

192칙 삼각차사三角此事

본칙 삼각 총인三角總印[1] 선사가 법좌에 올라앉아 "본분사(此事)에 대하여 말하자면 눈을 깜박이기만 해도 벌써 모르고 지나치게 된다."[2]라고 하자 마곡 보철麻谷寶徹이 물었다. "눈을 깜박이는 것에 대해서는 묻지 않겠습니다. 본분사란 도대체 무엇입니까?" "지나쳐 버렸다." 마곡이 선상을 뒤집어엎자 삼각은 그를 때렸고 마곡은 대꾸가 없었다.【장경 혜릉長慶慧稜이 마곡을 대신해서 "조용하군요."라고 하였고, 보복 종전保福從展은 "삼각은 도적이 지나간 다음에 활시위를 당긴 꼴이었다."[3]라고 말하였다.】

三角總印禪師, 上堂曰, "若論此事, 眨上眉毛, 早已蹉過也." 麻谷便問, "眨上眉毛, 卽不問, 如何是此事?" 師曰, "蹉過也." 麻谷乃掀倒禪床, 師打之, 麻谷無語.【長慶稜代云, "悄然." 保福展云, "三角賊過後張弓."】

설화

● 본분사(此事)에 대하여 말하자면 눈을 깜박이기만 해도 벌써 모르고 지

---

1 삼각 총인三角總印 : 생몰 연대 미상. 남악 회양의 제2세 법제자. 본칙 공안(192칙)과 본서 193칙의 문답 이외에 행적은 전하지 않는다.
2 조금이라도 생각이 끼어들면 핵심을 벗어난다는 말. 본분사는 눈을 깜박이며 분별할 약간의 여지도 없기 때문이다.
3 결정적인 기회를 놓치고 부질없이 모색한다는 뜻이다. 삼각이 '본분사는 눈 깜박거리며 생각할 틈도 없다'고 하였고 '지나쳐 버렸다'라고도 하였지만, 그 자신이 그 함정에 떨어져 있다는 뜻이다. 원오는 삼각이 아니라 마곡이 이와 같았다고 평가하였다. 이하 '원오 극근의 거' 참조. 『景德傳燈錄』 권10 「趙州從諗傳」(大51, 276c25), "조주가 황벽에 이르자 황벽이 그가 오는 모습을 보고 방장의 문을 닫았다. 조주가 횃불을 들고 법당 안에서 '불이야, 불이야!' 하고 소리쳤다. 황벽이 문을 열고 조주를 꽉 붙들고 '말해라, 말해!'라고 다그치자 조주가 말하였다. '도적이 지나간 다음에 활시위를 당기는군요.'(又到黃蘗, 黃蘗見來, 便閉方丈門. 師乃把火於法堂內, 叫云, '救火, 救火!' 黃蘗開門捉住云, '道, 道!' 師云, '賊過後張弓.')"

나치게 된다 : 찰나마다 모르고 지나친다는 뜻이다.[4]
- 마곡 보철麻谷寶徹이 "눈을 깜박이는 것에 대해서는 묻지 않겠습니다. 본분사란 도대체 무엇입니까?"라고 물은 말 : 한 걸음 한 걸음마다 본분사를 밟는다[5]는 뜻이다.
- 이하는 각자 자신의 근본을 확고히 잡고, 각자 얽매인 몸에서 벗어날 길을 가지고 있음을 나타낸다.
- 장경 혜릉長慶慧稜의 말은 눈을 깜박이기만 해도 벌써 모르고 지나쳐 버리는 경계에 고꾸라지고 말았다는 취지이다.
- 보복 종전保福從展이 "삼각은 도적이 지나간 다음에 활시위를 당긴 꼴이었다."라고 한 말 : 삼각이 마곡을 때린 그것이 바로 도적이 지나간 다음에 활시위를 당긴 꼴이라는 뜻이다.
- 장경과 보복의 대어代語는 모두 마곡을 지지하는 입장이다.

---

4 언제나 바로 주변의 그 자리에서 알아챌 수 있는 본분사라는 말이다. 『空谷集』 46則 「評唱」(卍117, 582b11), "그 학인이 비록 서쪽에서 온 달마의 속뜻을 물었지만 주변 하나하나에서 모르고 지나치고 찰나마다 어긋나는 꼴과 매우 흡사하였으니, 콧구멍 안에서 어금니를 뒤지고 뒤통수에서 입을 찾는 격이었다. 문득 부딪혀서 마주쳐야 비로소 '일체지지一切智智는 청정하고 둘이 없어 둘의 갈등도 없고 둘로 분열됨도 없으니 차별도 없고 끊어짐도 없기 때문'이라는 진실을 알게 되리라. 어찌 반드시 밝은 햇빛 속에서 산을 보고 바위 앞에서 물을 즐기며 울타리 안에서 꽃을 감상하고 나무에서 싹을 돋아내려 힘쓸 필요가 있으랴? 바로 이 순간에 근원을 궁구하지 않으면서 미래 언젠가 미륵에게 물어볼 생각은 하지 마라.(這僧雖問西來祖意, 大似頭頭蹉過, 念念差殊, 鼻孔裏尋牙, 腦門後覓口. 忽然磕著撞著, 方信道, 一切智智, 淸淨無二, 無二無二分, 無別無斷故. 何必日裏看山, 巖前翫水, 檻內觀花, 樹邊努觜? 此時, 若不究根源, 漫向當來問彌勒.)"
5 달리 설정하는 절차나 형식을 거치지 않고도 평상의 행동거지가 모두 본분사에 부합한다는 의미. 『景德傳燈錄』 권24 「法眼文益傳」(大51, 399a23), "'무엇을 옛 부처라 하는지요?' '바로 지금도 장애라곤 전혀 없다.' '하루 모든 시각의 행동거지는 어떻게 해야 하는지요?' '한 걸음 한 걸음마다 본분사를 밟는다.'(問, '如何是古佛?' 師曰, '卽今也無嫌處.' 問, '十二時中, 如何行履?' 師曰, '步步踏著.')" ; 『天如惟則語錄』 권2(卍122, 850a8), "한마디 한마디마다 본분사를 말하고, 한 걸음 한 걸음마다 본분사를 밟고 있음에도 무슨 이유로 백성은 날마다 쓰면서도 그것을 모를까?(口口道著, 步步踏著, 因甚麼百姓日用而不知?)"

[此事] 若論此事云云者, 念念蹉過也. 麻谷云云者, 步步踏着也. 下各固其宗, 各有出身之路. 長慶, 貶上尾毛, 早已蹉過處, 靠倒也. 保福, 三角云云者, 師打之處, 是賊過後張弓. 二代皆扶麻谷也.

설두 중현雪竇重顯의 염

"머리만 있고 꼬리가 없는[6] 두 사람이여! 눈을 깜박인 적도 없었는데, 무슨 본분사를 모르고 지나쳤다고 말하는가?" 어떤 학인이 '눈은 어째서 깜박이지 않습니까?'라고 묻자 설두가 곧바로 때렸다.

雪竇顯拈, "兩个有頭無尾漢! 眉毛未曾眨上, 說什麼此事蹉過?" 有僧問, "眉毛爲什麼不眨上?" 師便打.

설화

○ 머리만 있고 꼬리가 없는 두 사람 : 분명하게 내린 결론이 없는[7] 듯이 보였기 때문이다.
○ 눈을 깜박인 적도 없었다 : 최초구最初句[8]를 곧바로 들어서 한 말이다.

---

6 머리만 있고 꼬리가 없는(有頭無尾) : 용두사미龍頭蛇尾라는 말과 같다. 시작만 있고 마무리가 없다는 뜻이다. 비판한 말로 보이지만 사실은 선사들이 주고받는 문답의 특징을 나타낸다. 분명하게 결론을 짓는 말은 스스로 그것에 속박된다. 꼬리가 없는 말이기 때문에 설두를 비롯하여 그 누구도 이들 선사의 문답을 이어서 한마디 할 수 있는 여지가 생긴다.
7 무결절無決折 : 설화에 특징적으로 보이는 해설법 중 하나. 본서 해제(p.35) 참조.
8 최초구最初句 : 분별과 말이 개입되기 이전의 경계이기 때문에 '최초'이며, 그러한 최초의 경계를 나타내는 구절 또한 말과 분별로 모색할 수 없도록 설정된다. 말후구末後句와 상대되지만 근본적으로 다르지 않다. 『無門關』13則「頌」(大48, 294c10), "최초구를 안다면, 말후구도 알리라. 그러나 말후구와 최초구여! (그 어느 것도) 이 하나의 구절은 아니로다.(識得最初句, 便會末後句. 末後與最初! 不是者一句)"; 『續燈正統』권23「了堂惟一章」(卍144, 766a1), "법좌에 올라앉아 말하였다. '최초의 한 구절과 마지막 하나의 기미를 그 자리에서 만난다면 등롱과 노주가 대지를 흔들며 빛을 발산할 것이다. 만일 그렇지 못하다면 나, 죽산竹山이 오늘 손해를 본 것이다.'(上堂, '最初一句, 末後一機, 直

○ 무슨 본분사를 모르고 지나쳤다고 말하는가 : 본분사가 있기 때문에 '모르고 지나쳤다'는 말이 있는 것이다. 따라서 '무엇을 가리켜 본분사라 하느냐?'라는 반문은 '무엇에 대하여 모르고 지나쳤는가?'라는 질문과 같다.
○ 설두가 곧바로 때린 것 : 최초구에 근거하면 오로지 이와 같이 할 수 있을 뿐이기 때문이다.

雪竇：兩箇有頭云云者, 似乎無決折也. 尾毛未曾貶上者, 直擧最初句說也. 說什麼云云者, 有此事故, 有蹉過地言. 喚什麼作此事, 則向什麼處蹉過? 師便打者, 若據最初句, 但如是而已.

장산 법천蔣山法泉의 염

"안타깝구나, 마곡이여! 감옥에 갇혀 지혜를 키우듯이[9] 머뭇거리지 말았어야 했다. 삼각이 '본분사에 대하여 말하자면'이라는 말을 꺼내자마자 곧바로 선상을 뒤집어엎어 주었어야 했다."

蔣山泉拈, "可惜, 麻谷! 不合停囚長智. 待伊纔道, '若論此事.' 便與掀倒禪床."

설화

○ 선상을 뒤집어엎다 : 이전에 설두가 때렸던 뜻과 같이 최초구를 곧바로 들어 보인 것이다.

下搆得, 燈籠露柱, 動地放光. 其或未然, 竹山今日失利.)" 본서 1칙 본칙 설화 주석 참조.
9 정수장지停囚長智는 분별이라는 감옥에 갇혀 실상과 교감 없이 잘못된 지식만 늘린다는 뜻이다. 오랜 시간 머물며 좋지 않은 생각을 익히는 결과를 초래한다는 데서 우물쭈물 머뭇대서는 안 된다는 의미로도 쓰인다. 본서 130칙 주 52, 178칙 주 30 참조.

蔣山：掀倒禪床者, 前雪竇便打處一般, 是直擧最初句也.

승천회承天懷의 상당

이 공안에서 '벌써 모르고 지나치게 된다.'라는 구절까지 제기하고 말하였다. "대중이여, 옛사람이 이와 같이 던진 이야기에는 기특한 점이 없지 않았다. 하지만 지나치게 신속했던 것을 어찌하랴? 본분사(底事)는 본래부터 동요하지 않음이 마치 밝은 거울이 받침대에 올려져 있어 호인이 서면 호인이 나타나고 한인이 서면 한인이 나타나는 현상과 매우 흡사하다는 사실을 전혀 몰랐던 것이다. 말해 보라! 호인도 한인도 그 앞에 서지 않는다면[10] 어떻게 하겠는가?" 이어서 말하였다. "지금의 이 자리를 떠나지 않으며 항상 고요하지만 찾아보아도 그대 볼 수 없으리라."[11]

承天懷上堂, 擧此話, 〈至〉早是蹉過, 師云, "大衆, 古人恁麼說話, 不無奇特. 然, 奈迅速大殺? 殊不知, 底事, 從來不動, 大似明鏡當臺, 胡來胡現, 漢來漢現. 且道! 胡漢不來, 又作麼生?" 乃云, "不離本處常湛然, 覓則知君不可見."

[설화]

○ 지나치게 신속했던 것을 어찌하랴 : 미묘한 뜻이 신속하게 지나쳤다[12]

---

10 설두 중현의 송에 이 구절이 나오는데 『碧巖錄』에서는 이 구절에 다음과 같이 착어하였다. 『碧巖錄』97則「頌 著語」(大48, 220c19), "안팎으로 소식이 전혀 없다. 여전히 조금 모자라다.(內外絶消息. 猶較些子.)"
11 아무리 뛰어난 기량으로도 성취하지 못하는 대상이라는 말이다. 『證道歌』(大48, 396b12)에 나오는 구절. 본서 124칙 참조.
12 묘지신속妙旨迅速은 「香嚴襲燈大師智閑頌一十九首」중 〈與學人玄機〉의 첫 구절이다. 『景德傳燈錄』권29(大51, 452b24), "미묘한 뜻은 신속하게 지나가고, 언설은 느릿느릿 오니, 말에 얽매여 이해하자마자, 신묘한 기틀 잃어버리리라.(妙旨迅速, 言說來遲, 才隨語會, 迷却神機.)"

는 것만 알았다는 뜻이다.
○ 본분사(底事)는~한인이 서면 한인이 나타나는 현상과 매우 흡사하다는 사실을 전혀 몰랐던 것이다 : 분명하게 드러난다는 뜻이다.
○ 말해 보라! 호인도 한인도 그 앞에 서지 않는다면~찾아보아도 그대 볼 수 없으리라 : 이렇게 되자마자 곧바로 이렇지 않게 된다는 뜻이다. 마치 신통력에 의한 변화와 같아서 어느 한편으로 확정하지 못한다.[13]

承天 : 奈迅速大殺者, 只知妙旨迅速也. 殊不知, 至漢現者, 分明現露也. 且道! 胡漢不來云云者, 才伊麽, 便不伊麽. 如同神變, 莫定方隅也.

원오 극근圜悟克勤**의 거**

"칼날 위에서 죽이고 살리는 이치를 드러내고 번개가 번득이는 찰나에 검은색과 흰색을 분간하니,[14] 틀림없이 밝은 눈을 갖추고 손놀림도 능란하여 반대편에서 쏘아 올린 화살촉에 대응해 쏜 화살촉이 허공에서 맞부딪치게 하는 경지[15]에 이른 것이다." '두 노장님이시여! 눈을 깜박인 적도

---

13 마치 신통력에~확정하지 못한다 : 『宗鏡錄』 권8(大48, 457c22)의 인용이다.
14 눈을 깜박이는 찰나의 머뭇거림도 없이 활용하는 선기禪機이다.
15 전봉상주箭鋒相拄는 전봉주鋒拄·전봉상치箭鋒相值라고도 한다. 실력이 대등하여 우열을 가리기 힘든 적수들이 탁월한 기량을 드러내는 것 또는 서로의 의중이 부합하는 것을 뜻한다. 여기서는 삼각과 마곡의 선기가 조금의 빈틈도 없었다는 것을 이렇게 표현하였다. 『列子』 「湯問」의 고사에서 나온 말이다. 기창紀昌이 궁극의 명인 비위飛衛에게 사사하여 비술祕術을 전수받고 나서 스승 비위만 아니면 천하에 자신을 대적할 자는 없으리라 생각하고 스승을 죽이고자 하였다. 그러던 중에 우연히 들판에서 스승을 마주쳐 화살을 쏘았는데 비위도 그 낌새를 알아차리고 화살을 쏘아 두 화살의 화살촉이 허공에서 맞부딪쳐 떨어졌다. 비위는 더 이상의 화살을 갖고 있지 않았고 한 대의 화살을 더 가지고 있던 기창이 마지막 화살을 다시 날렸는데 비위는 대추 가시 끝으로 그것을 막았다. 이에 두 사람은 울며 활을 내던지고 부자父子의 연을 맺었다고 한다. 이처럼 스승과 제자의 도가 서로 계합하거나 수준이 막상막하인 고수들이 벌이는 승부 또는 뛰어난 기예를 이에 비유한다. 본서 419칙 '설두 중현의 염' 주석, 488칙 '설두 중현의 상당' 주석, 1041칙 '원오 극근의 송' 등 참조.

없었는데, 무슨 본분사를 모르고 지나쳤다고 말하는가?'라고 한 설두 중현의 말에 대하여 평가하였다. "황금의 화살촉을 늘 가다듬고 오랫동안 전쟁을 겪다 보니 한 발의 화살로 두 마리의 독수리를 떨어뜨리며[16] 사람들 앞에서 민첩한 솜씨를 자랑하였다. 비록 서로 손을 맞잡고 높은 산으로 올라간 것[17]처럼 보이지만 옆에서 지켜보는 사람의 비웃음을 피해 가지는 못한다.[18] 나, 숭녕崇寧의 견해에 따르면 본분사라는 말을 꺼낸 그 자체가 벌써 멀쩡한 살에 흠집을 낸 지경이었는데, 어찌 다시 '눈을 깜박이기만 해도 벌써 모르고 지나치게 된다.'라는 말까지 거론할 일인가! 마곡과 설두는 도적(삼각)이 지나간 다음에 활시위를 당긴 꼴이었다. 그러므로 핵심이 되는 문제 하나는 (해결되지 않고) 그대로 남아 있다." 문득 주장자를 잡고 곧바로 법좌에서 내려왔다.

> 圜悟勤擧此話云, "劒刃上顯殺活, 電光裏分緇素, 不妨眼辦手親, 是致箭鋒相拄." 雪竇云, '兩个老漢! 眉毛也未曾眨上, 說什麼此事蹉過?' 師云, "慣調金鏃, 久歷沙場, 一箭落雙鵰, 人前誇敏手. 雖然大似把手上高山, 未免傍觀者哂. 若據崇寧見處, 喚作此事, 早是好肉上剜瘡了也, 何況更論眨上眉毛, 早已蹉過! 麻谷雪竇, 賊過後張弓, 則故是更有一个." 驀拈拄杖, 下座.

설화

○ 칼날 위에서 죽이고 살리는 이치를 드러내고~허공에서 맞부딪치게 하는 경지에 이른 것이다 : 마곡이 삼각을 상견한 경지에 대하여 밝혔다.

---

16 한 발의~독수리를 떨어뜨리며 : 본서 185칙 주 6 참조.
17 서로 손을~올라간 것(把手上高山) : 파수공행把手共行이라고도 한다. 손을 잡고 나란히 걷듯이 서로의 마음이 통하고 동일한 경지에 이른 것을 말한다.
18 옆에서 지켜보는~가지는 못한다 : 원오가 설두의 핵심을 간파했다는 말.

○ 황금의 화살촉을 늘 가다듬고~옆에서 지켜보는 사람의 비웃음을 피해 가지는 못한다 : 설두가 겉보기에는 양극단에 떨어지지 않은 듯이 보이지만 그렇지 않았다는 뜻이다.
○ 핵심이 되는 문제 하나는 (해결되지 않고) 그대로 남아 있다 : 삼각·마곡·설두가 모두 어찌할 수 없는 경지를 나타낸다.

圜悟 : 劒刃上, 至相柱者, 明麻谷相見處也. 慣調金鏃云云者, 雪竇似不落兩頭云云也. 更有一箇者, 三角麻谷雪竇, 不干地也.

운문 종고雲門宗杲의 염
"마곡의 뜻을 모르고 지나쳤다는 사실을 알지 못하는구나."

雲門杲拈, "蹉過麻谷也不知."

설화
○ 마곡의 입장에 서서 말하였다.

雲門 : 立在麻谷邊道得.

193칙 삼각삼보 三角三寶

[본칙] 삼각에게 어떤 학인이 물었다. "삼보三寶란 무엇입니까?" "벼와 보리와 콩이다." "저는 모르겠습니다." "대중들이 기쁜 마음으로 받든다."

三角, 因僧問, "如何是三寶?" 曰, "禾麥豆." 云, "學人不會." 曰, "大衆忻然奉持."

[설화]
- 삼보장三寶章에 이렇게 전한다.[1] "삼보에는 세 가지가 있다. 첫째 동체同體, 둘째 별상別相, 셋째 주지住持 등이다. 동체삼보는 진여의 뜻에 대하여 세 가지로 설명한다. 진여가 지니는 각성覺性의 뜻을 불보佛寶라 하고, 진여가 지니는 궤지軌持의 뜻을 법보法寶라 하며, 진여가 지니는 화합의 뜻을 승보僧寶라 한다. 별상삼보에는 두 가지가 있다. 첫째 소승의 설에 따르면, 장육금신을 불보라 하고, 사제四諦와 십이인연을 법보라 하며, 사과四果를 성취한 연각을 승보라 한다. 둘째 대승의 설에 따르면, 삼신의 부처님을 불보라 하고, 진실한 교법을 법보라 하며, 삼현과 십성을 승보라 한다. 주지삼보란 무엇인가? 금으로 본뜨거나 나무로 조각하고 또는 그리거나 진흙으로 빚은 부처님의 형상을 불보라 하고, 삼장三藏의 문구를 법보라 하며, 삭발하고 승복을 입은 이들을 승보라 한다."
- 벼와 보리와 콩이다 : 어떤 맛도 없는 대답이다.[2]

---

1 이하는 『華嚴三寶章』 권상(大45, 613c8), 『釋迦如來行蹟頌』 권하(卍130, 292a9)에 나오는 설이다.
2 위와 같은 교설의 범주에 들어가지 않을 뿐만 아니라 다른 어떤 관념으로도 설명되지 않는 화두라는 말. 벼 등의 세 가지를 제시한 방식도 삼보를 의식한 설정이기는 하지만

[三寶] 三寶章云, "三寶有三種, 一, 同體, 二, 別相, 三, 住持. 同體者, 謂
於眞如上意, 說爲三也. 眞如覺性意, 名佛寶 ; 眞如軌持意, 名法寶 ; 眞如
和合意, 名僧寶也. 別相有二種, 一, 小乘, 丈六金身爲佛寶, 四諦十二因緣
爲法寶, 四果緣覺爲僧寶也. 二, 大乘說, 三身如來爲佛寶, 眞敎爲法寶, 三
賢十聖爲僧寶也. 住持三寶者, 範金雕木, 繪塑形像, 爲佛寶, 三藏文句爲
法寶, 剃髮染衣爲僧寶也. 禾麥豆者, 無滋味答話也.

정엄 수수淨嚴守遂**의 송** 淨嚴遂頌

벼와 콩과 조라 한 삼각의 대답	三角對酬禾豆粟
용궁의 해장엔 수록할 수 없도다³	龍宮海藏難收錄
운문이 소산의 학인에게 물은 적 있었는데	雲門曾問疎山僧
지금은 죽도 밥도 충분하다고 대답했다네⁴	便道如今粥飯足

세 가지라는 분류 자체가 본래 어떤 의미도 지니지 않기 때문에 불·법·승 삼보와 연관
시켜 분별하면 함정에 빠지는 결과가 된다.
3 용궁의 해장엔~수 없도다 : 용궁해장龍宮海藏은 바다와 같이 넓고 깊은 부처님의 무수
한 말씀을 수록한 대장경을 비유한다. 이러한 교법의 범주 안에서 설명할 수 없는 격외
格外 또는 교외敎外의 도리라는 뜻이다. 본서 97칙 '불인 지청의 상당' 주석 참조.
4 운문이 소산의~충분하다고 대답했다네 : 송의 내용과 그 일화가 일치하지는 않는다.
소산 광인疎山匡仁과 그 제자의 문답이 앞서 있었고, 그에 대한 운문 문언雲門文偃의
대어代語로 구성된 이야기이다. '벼와 콩과 조'와 마찬가지로 '죽과 밥'도 충분하거나
부족하거나 실제와 관계없이 의미에 한정되지 않은 화두이다. 『雲門廣錄』권중(大47,
554a24)에 나오고, 『黃龍慧南語錄』(卍120, 231a17)에는 다음과 같이 제시된다. "소산이
어떤 학인에게 물었다. '설봉雪峰에 가 본 적이 있는가?' '가 보았습니다.' '내가 이전에
그곳에 가 보았으나 이 일(본분사)은 부족하였다. 지금은 어떤가?' '지금은 충분합니다.'
'죽도 충분하고 밥도 충분하다는 말이군.' 그 학인이 대답이 없었다. 후에 운문이 그를
대신하여(代語) '죽도 충분하고 밥도 충분합니다.'라고 말하였다. 황룡 혜남이 이 문답
과 운문의 말을 제기하고 '옳기는 옳다. 문제는 불법의 도리는 없다는 점이다.'라고 평가
하자 어떤 학인이 물었다. '어째서 불법의 도리가 없습니까?' 이에 황룡이 그에게 되물
었다. '그대는 평상시에 무엇으로 죽을 먹고 밥을 먹느냐?' '입으로 먹습니다.' 황룡이 한
소리 내지르며 말하였다. '그런데 어째서 노주의 배가 부른가! 그대가 만일 한 톨의 쌀을
씹기라도 한다면 산하대지가 그대를 속일 것이다.'(擧, 疎山問僧, '曾到雪峰否?' 僧曰, '曾
到.' 山曰, '我已前到彼, 是事不足. 如今作麼生?' 僧曰, '如今足也.' 山曰, '粥足飯足.' 僧無

무진거사의 송 無盡居士頌

삼각산 꼭대기에 조사 법령 우뚝 높으니　　　三角山頭祖令孤
미세하고 거친 것 비교하며 마음 쏟을 만하네[5]　可曾留意較精麁
벼와 보리에 귀의했다 콩에 귀의하기도 하니　歸依禾麥歸依豆
그 한 톨이라도 인간에게 없어서는 안 되리라[6]　一粒人閒不可無

[설화]

○ 정엄 수수와 무진거사의 두 게송에 보이는 벼와 보리와 콩 등 세 가지에도 뜻이 없는 것은 아니지만, 그 뜻이 무엇인지 상세하지 않다.

淨嚴無盡二頌, 禾麥豆三意, 亦不無也. 然未詳其意.

對. 雲門代曰, '粥足飯足.' 師曰, '是則是, 要且無佛法道理.' 僧問, '如何無佛法道理?' 師却問僧, '是爾尋常, 將什麼喫粥喫飯?' 僧曰, '將口喫.' 師喝曰, '露柱爲什麼却飽! 你若嚼破一粒米, 山河大地欺你去.')」

5 삼각산 꼭대기에~쏟을 만하네 : 조사의 법령으로 제시되었기 때문에 세 가지 곡식을 비교하며 거친 것과 미세한 것을 가려내며 헤아릴 만하다는 말.

6 벼와 보리에~안 되리라 : 그때마다 먹는 곡식은 다르지만 어느 한편에 의지하여 살아야 하기에 삼보에 귀의하듯이 '귀의'라 하였다. 불·법·승이 실實이고 벼·보리·콩은 허虛로 단정하면 안 되며, 이들은 허와 실을 얼마든지 주고받으며 그 자리를 바꿀 수 있다. 『增集續傳燈錄』 권6 「平石如砥章」(卍142, 902a6), "삼각이 이렇게 한 말은 상주물을 자신의 식량으로 마음껏 써먹는 방식과 매우 흡사했지만 옆에서 지켜보는 사람이 비웃는 것을 어쩌랴! 만약 누군가 나, 보복保福에게 '삼보란 무엇인가?'라고 묻는다면, 바로 그에게 '불·법·승'이라고 대답하겠다. 왜 그런가? 허虛가 아무리 많아도 하나의 실實만 못하기 때문이다.(三角與麼道, 大似將常住物, 作自己受用, 其奈傍觀者哂! 忽有人問保福, '如何是三寶?' 只向他道, '佛法僧.' 何故? 千虛不如一實.)" 표면적 형식에 따르면, 벼·보리·콩은 허이고, 불·법·승은 실이라는 취지로 보이지만, 허와 실의 구분 자체가 결정된 틀이 아니며 일종의 효와誩訛로 제시된 관문關門일 뿐이다.

194칙 마곡지석麻谷持錫[1]

【본칙】 마곡 보철麻谷寶徹[2] 선사가 석장錫杖[3]을 지니고 장경 회휘章敬懷暉에게 가서 그가 앉아 있는 선상禪床을 세 바퀴 돈 뒤 석장을 한 번 흔들고 꼿꼿하게 서 있자 장경이 말하였다. "옳다, 옳아!"【설두는 "착각이다!"라고 착어하였다.】 마곡이 다시 남전 보원南泉普願에게 가서 그가 앉아 있는 선상을 세 바퀴 돈 뒤 석장을 한 번 흔들고 꼿꼿하게 서 있자 남전이 말하였다. "틀렸다, 틀렸어!"【설두는 "착각이다!"라고 착어하였다.】 마곡이 물었다. "장경은 옳다고 하였는데, 화상께서는 어째서 틀렸다고 하십니까?" "장경은 옳았지만 그대는 틀렸다. 이것은 바람의 힘에 좌우되므로 결국은 무너지고 만다.[4]"

麻谷寶徹禪師, 持錫到章敬, 遶繩床三匝, 振錫一下, 卓然而立, 章敬云, "是, 是."【雪竇, 着語云, "錯!"】 師又到南泉, 遶繩床三匝, 振錫一下, 卓然而立, 泉云, "不是, 不是!"【雪竇, 着語云, "錯!"】 師云, "章敬道是, 和尙爲什麼

---

1 마곡의 동일한 행위에 대하여 장경은 '옳다(是)'고 긍정하였고, 남전은 '틀리다(不是)'라고 부정하여 양자를 대칭시킴으로써 관문을 설정한 공안이다.
2 마곡 보철麻谷寶徹 : 생몰 연대 미상. 마조 도일(709~788)의 법을 이었다. 산서성 포주蒲州 마곡산에 주석하였다. 자세한 행적은 알 수 없다.
3 석장錫杖 : 수행자의 필수품 중 하나인 지팡이. 돌아다닐 때 석장을 지니는 것은 지석持錫이라 하고, 일정한 장소에 머물 때는 석장을 걸어 두기 때문에 괘석掛錫 또는 주석住錫이라 한다. 『祖庭事苑』 권8(卍113, 240a10) · 『釋氏要覽』 권하(大54, 298c12), "괘석 : 서역의 비구는 돌아다닐 때 반드시 석장을 지니고 25가지 위의를 갖추어야 한다. 실내에 이르면 바닥에 놓아서는 안 되고 반드시 벽 옷걸이에 걸어야 한다. 요즘은 스님들이 머무는 장소를 괘석이라 한다.(挂錫 : 西域比丘, 行必持錫, 有二十五威儀. 凡至室中, 不得著地, 必挂於壁牙上. 今僧所止住處, 故云挂錫.)"
4 『維摩經』 「方便品」(大14, 539b24), "이 몸은 어떤 작용도 없어 바람의 힘에 좌우되며, 이 몸은 청정하지 않아 더러운 것으로 충만하고, 이 몸은 허위이니, 비록 깨끗이 몸을 씻고 옷을 입고 음식을 먹으며 살아간다고 해도 마침내 소멸되고 만다.(是身無作, 風力所轉 ; 是身不淨, 穢惡充滿 ; 是身爲虛僞, 雖假以澡浴衣食, 必歸磨滅.)"

道不是?" 泉云, "章敬卽是, 是汝不是. 此是風力所轉, 終成敗壞."

[설화]

- 석장錫杖을 지니고 장경 회휘章敬懷暉에게 가서~꼿꼿하게 서 있었다 : 높고 뛰어난 견해를 나타낸다.
- 장경이 '옳다, 옳아!'라고 한 말 : 돌조각에서 광명이 나는 격이니 이는 사람을 살리는 검(活人劒)이다.
- 남전이 '틀렸다, 틀렸어!'라고 한 말 : 해와 달(乾坤)이 빛을 잃은 격이니 이는 사람을 죽이는 칼(殺人刀)이다.[5]
- 이것은 바람의 힘에 좌우되므로 결국은 무너지고 만다 : 『원각경』에 "나의 지금 이 몸은 사대四大가 화합하여 이루어진 것이다. 머리털과 손발톱과 치아, 피부와 살과 근육과 뼈, 골수와 뇌와 때와 형색 등은 모두 흙(地)으로 돌아가고, 눈물과 침과 짙은 피는 모두 물(水)로 돌아가며, 따뜻한 기운은 불(火)로 돌아가고, 움직이는 성질은 바람(風)으로 돌아간다. 사대가 각각 흩어져 지금 몸을 잃는다면 장차 그것은 어디에 있겠는가?"[6]라고 하였다. 남전은 이 말을 응용하여 "틀렸다, 틀렸어!"라는 뜻을 나타낸 것이다. 드러난 말은 비록 거칠고 경박하지만 실제로 이와 같을 뿐이라는 뜻이다.
- 설두가 두 번에 걸쳐 '착각이다(錯)'라고 붙인 착어 : 이 두 번의 착어는 같은 것인가, 다른 것인가? 만일 같은 것이라 하더라도 앞뒤의 백

---

5 『五家宗旨纂要』권중(卍114, 547b15)에서는 활인검과 살인도를 각각 이 비유로 나타내고, 동시에 각각 방행放行과 파정把定에 짝을 맞추었다. 『碧巖錄』31則 「垂示」(大48, 170a22), "방행하면 돌조각에서도 광명이 발하고, 파정하면 순금도 빛을 잃는다.(放行也, 瓦礫生光 ; 把定也, 眞金失色.)" 보통 와력생광瓦礫生光과 진금실색眞金失色을 대비하는데, 여기서는 건곤실색乾坤失色이라 표현하였다.

6 『圓覺經』(大17, 914b22). 마곡이 몸으로 움직인 동작은 바람으로 돌아간다는 뜻을 증빙하고 있다.

락이 서로 같지 않아 타당하지 않고, 다른 것이라고 하더라도 모두 똑같이 '착각이다'라고 하였기에 이 또한 타당하지 않다. 옛사람은 "삼요三要의 도장을 찍고 떼었다."[7]라고 하였으니, 결코 그 말을 잘못 이해하지 마라.

[持錫] 持錫云云者, 高勝見解也. 章敬云, 是是者, 瓦礫生光, 是活人劒也. 南泉云, 不是不是者, 乾坤失色, 是殺人刀也. 此是風力至壞者, 圓覺經云, "我今此身, 四大和合, 所謂髮毛爪齒, 皮肉筋骨, 髓腦垢色, 皆歸於地 ; 涕唾濃血, 皆歸於水 ; 暖氣歸火 ; 動轉歸風. 四大各離, 今者妄身, 當在何處?" 南泉用此, 以現不是不是之意. 言雖矗賤, 其實如是而已. 雪竇兩錯, 是同是別? 若言是同, 前後不同 ; 若言是別, 一般是錯. 古人云, "三要印開." 切莫錯會.

설두 중현雪竇重顯의 송 雪竇顯頌

이것도 착각이고 저것도 착각이지만	此錯彼錯
결코 어느 하나도 없애서는 안 된다	切忌拈却
온 바다 물결 평온하게 잠이 들고	四海浪平
무수한 강물은 잔잔히 밀려 나간다	百川潮落
옛 주장자 열두 문에도 위풍당당하고[8]	古策風高十二門

---

[7] 임제 의현臨濟義玄의 말이다. 『臨濟語錄』(大47, 497a15), "'제1구는 어떤 것입니까?' '삼요의 도장을 찍고 떼니 붉은 무늬점이 분명히 나타난다. 이에 대하여 분별하기도 전에 주·객이 갈라지리라.'(僧問, '如何是第一句?' 師云, '三要印開朱點側, 未容擬議主賓分.')"

[8] 옛 주장자~문에도 위풍당당하고 : 옛날 도성에는 사방에 각각 세 개의 성문城門이 있었으므로 합하여 열두 개의 문이 된다. 『碧巖錄』 31則 「頌 評唱」(大48, 171b10), "그다음 구절에서는 마곡이 석장을 지니고 있던 것을 '옛 주장자 열두 문에도 위풍당당하네.'라고 읊었다. 옛사람은 편鞭을 책策이라고 하였지만 납승가에서는 주장자를 책策이라고 한다.【『조정사원』에서는 고책古策 항에서 석장경석杖經을 거론하고 있다.】서왕모西王母의 요지瑤池에 열두 개의 붉은 문이 있다고 한다. 고책은 주장자이다. 그 끝에서 부는 맑은

문 하나마다 길 있건만 텅 비어 쓸쓸하구나	門門有路空蕭索
쓸쓸하지 않도다	非蕭索
작자는 병이 없을 때 약을 잘 쓰노라	作者好求無病藥

[설화]

○ 온 바다 물결 평온하게 잠이 들고, 무수한 강물은 잔잔히 밀려 나간다 : '하나의 석장이 허공과 같으니 어찌 본분을 포착하는 수단을 세우도록 허용하겠는가?'[9]라는 뜻이다.

○ 옛 주장자 열두 문에도 위풍당당하고 : 석장의 머리에 고리 모양을 한 열두 개의 문(十二環)[10]을 가리킨다.

○ 문 하나마다 길 있건만 텅 비어 쓸쓸하구나 : 한마디 한마디의 구절마다 모두 공空이라는 뜻이다.

○ 지팡이(古策)란 석장을 말한다.

바람은 열두 개의 붉은 문보다도 높다. 천자와 제석이 거처하는 곳에는 각각 열두 개의 붉은 문이 있다고 한다. 만약 저 두 번의 '착각이다'라고 한 말뜻을 알아차린다면 주장자 끝에서 빛을 발하여 저 고책古策도 쓸모없을 것이다.(後面頌痲谷持錫云, '古策風高十二 門.' 古人以鞭爲策, 衲僧家以拄杖爲策.【祖庭事苑中, 古策擧錫杖經.】西王母瑤池上, 有十二 朱門. 古策卽是拄杖. 頭上淸風, 高於十二朱門. 天子及帝釋所居之處, 亦各有十二朱門. 若 是會得這兩錯, 拄杖頭上生光, 古策也用不著.)

9 물을 흔드는 물결과 조수가 본분을 포착하는 수단이라고 본 해설. 그것이 잠잠해졌다는 말은 어떤 의식의 작용도 본분을 인식하기에는 부족하다는 뜻이다.

10 십이환十二環은 십이인연十二因緣을 상징한다. 사제四諦와 십이연기를 요체로 삼는 부처님의 교설을 상징하는 물건이라는 의미에서 부처님의 석장錫杖을 사고십이환장 四鈷十二環杖이라 한다.『從容錄』16則「頌 評唱」(大48, 237b21), "『석장경』에 '십이환 이란 십이인연을 염해서 십이문의 선을 닦기 위함이다.'라고 하였다. 십이인연은 쉽게 알 수 있고, 십이문이란 사선·사무량·사무색정을 말한다. '옛 주장자 위풍당당하다.' 라는 것은 대단히 출중하다는 말이다.(錫杖經云, '十二環者, 用念十二因緣, 修行十二 門禪.' 十二緣易知, 十二門, 四禪四無量四無色定. 古策風高, 卽太孤標也.)"『祖庭事苑』 권2「十二門」(卍113, 49a1) 참조. 전거는『釋杖經』(大17, 725a2)이다.

雪竇：四海浪平云云者, 一槩等虛空, 豈容立巴鼻也. 古策風高云云者, 錫杖頭上十二環門也. 門門有路云云者, 句句皆空也. 古策者, 錫也.

천동 정각天童正覺**의 송** 天童覺頌

옳다고도 하고 틀리다고도 하니	是與不是
여기 놓인 함정 잘 살펴야 하리[11]	好看棬䪖
짓누르는 듯, 추켜세워 주는 듯	似抑似揚
진실한 한편 가려내기 어렵도다	難兄難弟
풀어놓아도 그때마다 늘 눈앞에 있고	縱也彼旣臨時
잡아들인들 내가 특별히 어찌하겠는가	奪也我何特地
석장 한 번 휘두르고서 빼어난 모습으로	金錫一振大孤標
선상 세 바퀴 돌며 공연히 장난을 치네	繩床三遶閑游戲
총림에서는 시끄럽게 시비 일으키지만	叢林擾擾是非生
생각 짜낸 해골 앞에 나타난 귀신일 뿐	想像髑髏前見鬼

[설화]

○ 풀어놓아도 그때마다 늘 눈앞에 있다 : '옳다, 옳아!'라고 한 말에 상응한다.

○ 잡아들인들 내가 특별히 어찌하겠는가 : '틀렸다, 틀렸어!'라고 한 말에 상응한다.

○ 석장 한 번 휘두르고서 빼어난 모습으로 : '틀렸다, 틀렸어!'라고 한 말에 상응한다.

---

11 옳다고도 하고~살펴야 하리 : 함정(棬䪖·圈繢)인 동시에 관문의 핵심적 요소이다. '옳다'고 한 말에도 '틀리다'라고 한 말에도 실實은 없지만, 두 가지가 완전히 갈라진 것처럼 보이기에 '착각' 또는 '함정'이 된다. 두 가지 모두 등가치라고 생각해서 정해 버리면 이 또한 함정에 빠진 것이다. 이다음 구절의 기조도 이와 같다.

○ 선상 세 바퀴 돌며 공연히 장난을 치네 : '옳다, 옳아!'라고 한 말에 상응한다.
○ 총림에서는 시끄럽게 시비 일으키지만 : 득실을 조작하여 헤아리는 방식이니,[12] 이것이 바로 해골 앞에 나타난 귀신이다.

天童 : 縱也彼旣臨時者, 是是也. 奪也云云者, 不是不是也. 金錫至孤標者, 不是不是也. 繩床三遶云云者, 是是也. 叢林擾擾云云者, 作得失商量, 是髑髏前見鬼.

보녕 인용保寧仁勇의 송 保寧勇頌

드러난 빛깔과 겉모습이 진짜와 흡사하기에	顏色規模恰似眞
남들 앞에서 만지작거리니 뛰어난 빛 새롭다	人前拈弄越光新
화로에 넣어 거듭 불려 보고 나서야	及乎入火重烹試
마침내 가짜 은으로 드러나고 말았다[13]	到了須歸是假銀

원오 극근圜悟克勤의 송 圜悟勤頌

가령 옳다거나 틀리다거나	如是不是
금기 식품을 모두 제거하라[14]	去却藥忌

---

12 옳다는 것을 '득得'이라 하고 틀렸다는 판단을 '실失'이라 정해 놓고 헤아리는 분별을 가리킨다. 이런 분별은 관문 자체를 무색하게 만든다. 득과 실, 옳다와 틀리다 등의 짝이 '평등하게' 유지되며 긴장하고 있는 상태가 관문의 요소이기 때문이다.
13 화로에 넣어~드러나고 말았다 : 마곡이 두 차례 그럴듯한 외양을 드러냈지만, 두 선사에게 점검을 받고 다시 남전의 화로에 들어가 단련을 받고서야 아직 미숙하다는 사실이 노출되었다는 말.
14 가령 옳다거나~모두 제거하라 : 금기 식품이란 약 먹을 때 함께 복용하면 안 되는 식품. 약기藥忌를 가리킨다. 여기서는 옳다는 견해나 틀리다는 견해나 받아들여도 되지만 함께 수용하면 안 되는 사항이 있다는 뜻이다. 옳은 것을 틀린 것과 대립으로 설정하여 옳은 것 자체로 받아들이는 방식 등이 금기 식품이 된다. 원오 극근은 다른 곳에

정해진 경계 침범하려 하면	擬犯封疆
군대 전체가 이익 잃으리라	全軍失利
석장 끝에서 오랜 거울[15]이 불쑥 나오니	杖頭突出古菱花
온 세상의 풍류가 그 가문의 것이었다네	擧世風流屬當家

심문 담분心聞曇賁**의 송** 心聞賁頌

한마디 총명한 주문을 분명히 소리 내어 말하고	明宣一道聰明呪
두 줄의 신령하고 보배로운 부적 남몰래 쓰노라	暗寫兩行靈寶符
고래를 타고 육합에서 노닌다고 말하지는 말지니	謾道騎鯨游六合
어찌 일찍이 화서[16]에 간 꿈인들 꾼 적 있으리오[17]	何嘗有夢到華胥

서도 이 말을 쓴다. 『圓悟語錄』 권16(大47, 786b10), "또한 대종사의 지독한 수단에 걸려들어 물로 씻어 내거나 불로 단련하듯이 지도를 받지만, 사자가 흙을 던진 사람만 물고 금기 식품(던져진 흙덩어리)은 따라가지 않아서 곧바로 활짝 열리는 경지에 이르러야 비로소 한마디의 법어를 들자마자 그 귀착점을 알게 될 것이다.(又復遇大宗師惡手段, 淘汰煅煉, 到師子咬人, 不隨藥忌, 直截斬[軒]豁處, 方可一擧, 便知落處.)"

15 능화菱花는 마름꽃이 새겨진 옛날의 구리 거울(銅鏡)을 나타내는 이름. 조사의 귀감이 되는 법도를 말한다. 그것을 석장에 의지하여 드러내었다는 뜻이다. 『祖庭事苑』 권4(卍113, 111a11), "능화 : 위나라 무제의 거울 이름.(菱花 : 魏武帝鏡名.)"

16 화서華胥 : 복희씨伏羲氏의 모친 또는 그가 사는 나라인 화서씨국華胥氏國을 가리킨다. 고대 중국의 황제黃帝가 낮잠을 자다가 화서에 가서 그 나라의 어진 정치를 꿈에서 보고 깨어나서 깊이 깨달았다. 이로부터 낮잠 또는 좋은 꿈을 화서지몽華胥之夢이라고도 한다. 『列子』「黃帝篇」, "황제가 낮잠을 자다가 꿈속에서 화서씨의 나라에서 노닐었다. 화서씨의 나라는 엄주의 서쪽, 대주의 북쪽에 있는데 이 나라 전체는 몇천만 리인지 알 수 없을 정도로 드넓다. 배나 수레로도 미치지 못하고, 심신心神으로나 노닐 수 있을 따름이다. 그 나라에서는 통솔하는 자가 없이도 자연 그대로 살 뿐이고, 그 백성들도 특별한 욕망 없이도 자연 그대로 할 뿐이었다. 삶을 즐거워하지도 죽음을 싫어하지도 않으므로 요절하는 일도 없었다.……아름답거나 추한 것으로 인하여 그 마음이 어지럽혀지지도 않고, 산이나 계곡이 그 걸음을 막지도 않았으니, 심신心神으로 다닐 뿐이기 때문이었다. 황제가 잠에서 깨어나 흡족해하며 스스로 느낀 생각이 있었다.(晝寢, 而夢遊於華胥氏之國. 華胥氏之國, 在弇州之西, 台州之北, 不知斯齊國幾千萬里. 蓋非舟車足力之所及, 神遊而已. 其國無師長, 自然而已, 其民無嗜慾, 自然而已. 不知樂生, 不知惡死, 故無夭殤.……美惡不滑其心, 山谷不躓其步, 神行而已. 黃帝旣寤, 怡然自得.)"

17 고래를 타고~적 있으리오 : 화서의 꿈이나 고래를 타고 육합을 돌아다닌다는 말이나

장경 혜릉長慶慧稜의 대어

앞의 말을 대신하여 "화상이시여, 불법을 체득한 몸과 마음은 어디에 있습니까?"[18]라고 하였고, 또 뒤의 말을 대신하여 "화상이시여, 그 말의 속뜻은 무엇입니까?"라고 하였다.

長慶稜, 代前云, "和尚, 佛法身心何在?" 又代後云, "和尚, 是什麼心行?"

설화

○ 화상이시여, 불법을 체득한 몸과 마음은 어디에 있습니까 : '옳다, 옳아!'라고 한 말은 지나치게 감싸 주는 방식이라 불법을 체득한 몸과 마음이 없는 듯이 보인다.
○ 화상이시여, 그 말의 속뜻은 무엇입니까 : ('틀렸다, 틀렸어!'라고 한 말은) 너무 높고 험하니 그 말의 속뜻은 무엇인가?
○ 모두 함정을 꿰뚫는 방식이 그와 같다는 말이다. 앞의 화상은 장경 회휘, 뒤의 화상은 남전 보원을 가리킨다.

長慶:和上佛法云云者, 是是, 大周遮生, 似無佛法身心也. 和尚是什麼心行者, 大高峻生, 是何心行? 皆透得圈圚伊麼也. 前和上章敬, 後和尚南泉也.

모두 꾸며 낸 이야기에 불과하다는 말. 틀렸다거나 옳다거나 한 화두가 본질적으로 모두 허虛임을 비유한다.
18 불법을 체득한 자취가 몸에도 마음에도 전혀 남아 있지 않다는 뜻. 『雲門廣錄』 권중(大47, 563c2), "어떤 학인에게 묻기를 '보통 사람들의 허물은 어디에 있느냐? 그대가 나에게 집어내어 보라.'고 한 다음, 스스로 학인을 대신하여 말하였다. '평지에다 쓸데없이 언덕을 쌓아 가로막아서는 안 됩니다.' 또 다르게 말하였다. '화상이시여, 불법을 체득한 몸과 마음은 어디에 있습니까?'(問僧, '常徒底人, 過在什麼處? 爾與我拈出來.' 代云, '不可平地生堆阜.' 又云, '和尚, 佛法身心何在?')"; 『密菴語錄』(大47, 972b27), "두 존숙이 우연히 만나 나눈 대화는 마치 어린아이의 놀이와 아주 비슷했을 뿐이니, 불법을 성취한 몸과 마음이야 어디에 있었겠는가?(二尊宿, 驀箚相逢, 大似小兒則劇相似, 佛法身心何在?)"

보복 종전保福從展의 별어

보복은 마곡과는 다르게(別) "다만 석장을 한 번 떨쳐 흔들고 나갔어야 했다."라고 하였으며, 또한 장경과 남전의 말에 대해서는 "한편은 옳고 한편은 틀리다고 할 만하다."라고 평가하였으며(拈), 또 이렇게 말하였다. "마곡이여! 그럴듯한 곡조라 하여 막 들으려고 하였는데, 다시 바람결에 날려 다른 곡조로 변하였구나."¹⁹

保福展別, "但振錫一下出." 又拈章敬南泉, "可謂一是一非." 又云, "麻谷! 依俙似曲纔堪聽, 又被風吹別調中."

설화

○ 다만 석장을 한 번 떨쳐 흔들다 : 석장을 한 번 흔드는 동작에는 쓸데없이 많은 일이 필요하지 않을 뿐이니 아주 좋은 소식이다.
○ 한편은 옳고 한편은 틀리다고 할 만하다 : 옳거나 틀리거나 하는 분별 속에 들어가 있는 듯이 보인다는 말이다.
○ 그럴듯한 곡조라 하여 막 들으려고 하였는데, 다시 바람결에 날려 다른 곡조로 변하였구나 : 처음에 석장을 한 번 흔든 동작은 좋은 소식이었지만, 다시 석장을 한 번 흔든 동작은 좋은 소식일 수 없었기 때문이다.

保福: 但振錫一下者, 振錫一下, 直是無許多事也, 好箇消息也. 可謂一是一非者, 似乎是非裏著到也. 依俙似曲云云者, 當初振錫一下, 好箇消息, 又振錫一下, 不得好箇消息故也.

---

19 본서 16칙 '낭야 혜각의 평', 159칙 주 31 참조.

법진 수일法眞守一의 거

이 공안을 제기하고 장경이 '옳다, 옳아!'라고 한 말에 대하여 법진은 "그 말의 속뜻은 무엇인가?"라고 착어하였고, 남전이 '틀렸다, 틀렸어!'라고 한 말에 대하여는 마곡을 대신하여 곧바로 할을 내질렀다. 마곡이 '어째서 틀렸다고 하십니까?'라고 한 말에 대하여 "잘못이다, 잘못이야."라고 착어하였고, '바람의 힘에 좌우되므로 결국은 무너지고 만다.'라는 말에 대하여는 "남전이시여, 어째서 본분의 식량[20]을 주지 않으십니까?"라고 착어하였다.

法眞一擧此話,〈至〉章敬云'是是', 師着語云, "是什麼心行?"〈至〉'不是不是', 師代僧便喝.〈至〉'爲什麼道不是', 師云, "敗也, 敗也."〈至〉'風力所轉, 終成敗壞.' 師云, "南泉, 何不與本分草料?"

> 설화

○ 그 말의 속뜻은 무엇인가 : 그 말을 긍정하지 않는다.
○ 마곡을 대신하여 곧바로 할을 내질렀다 : 이 또한 긍정하지 않는다는 표시이다.
○ 잘못이다, 잘못이야 : 잘못이 적지 않다는 말이다.
○ 어째서 본분의 식량을 주지 않으십니까 : '무슨 이유로 때려서 내쫓지

---

[20] 본분초료本分草料는 말과 분별의 방편이 전혀 통하지 않는 관문을 나타낸다. 간접적으로 돌아가는 수단이 아니라 본분을 직접 가리키는 말이나 행동을 뜻한다. 또 납자가 추구하는 궁극적 경지인 본분으로 인도하는 근본적 수단을 나타낸다.『書狀』「答曾侍郎狀」第二書(大47, 917b21), "선지식이 총명한 의식으로 행하는 사량 분별을 벗어난 경지에서 본분의 식량으로 지시하는 소리를 문득 듣고는 대부분 그것이 눈앞에 던져져 있음에도 알아차리지 못하고 '옛날부터 덕이 있는 성인들은 실체가 있는 법을 사람들에게 주었다.'고 착각한다. 가령 조주의 방하착放下著이나 운문의 수미산須彌山과 같은 유의 화두가 그것이다.(乍聞知識, 向聰明意識, 思量計較外, 示以本分草料, 多是當面蹉過, 將謂從上古德, 有實法與人. 如趙州放下著, 雲門須彌山之類, 是也.)"

않았습니까?'라는 뜻이다. 이는 하나하나에 대해 꺾어서 몰아붙이겠다는 뜻이다.

法眞︰是什麽心行者, 不肯也. 代僧便喝者, 亦不肯也. 敗也敗也者, 敗闕也不少也. 何不與本分草料者, 何不打了趂出? 此下一一折拶之義.

대위 모철大潙慕喆의 염

"장경은 '옳다'고 하여 마곡의 덫[21]에 떨어져 버렸고, 남전은 '틀렸다'고 하였으나 그 또한 마곡의 덫에 걸려들었다. 나라면 그렇게 하지 않았을 것이다. 만일 누군가 석장을 지니고 선상을 세 바퀴 돌고 난 다음 꼿꼿이 제자리에 서 있다면 다만 그에게 '이곳에 오기 이전에 30방을 때려 주었어야 했다.'라고 말하리라."

大潙喆拈, "章敬道是, 落在麻谷觳[1])中 ; 南泉道不是, 亦落在麻谷觳中. 大潙卽不然. 忽有人持錫, 遶禪床三匝, 卓然而立, 但向伊道, '未到這裏, 好與三十棒.'"

1) ㉠ '觳'은 '彀'의 오기이다. 이하 동일.

설화

○ 마곡의 덫에 걸려들었다 : 석장을 한 번 흔들자 그들이 어떻게 할 수 없는 지경에 처하게 되었다는 뜻이다.

---

21 구중彀中은 화살이 미치는 범위라는 뜻에서 '어떤 세력 범위에 들어가다', '올가미에 걸리다', '농락당하다'라는 뜻으로도 쓰인다. 『莊子』 「德充符」, "예羿가 활이 미치는 사정권 내에서 노닐면 중앙은 명중하는 곳(中地)이다. 그럼에도 적중하지 못한다면 그것은 운명이다.(遊於羿之彀中, 中央者, 中地也. 然而不中者, 命也.)" 이로부터 의미가 확장되어 위와 같이 덫·올가미·함정 혹은 음모·책략·술책·꾀 등으로 쓰인다.

○ 30방을 때려 주었어야 했다 : 최초의 구절을 곧바로 제기한 것이다. 그러나 또한 30방에 담긴 뜻도 있다.

大潙：落在痲谷云云者, 振錫一下, 直是奈何他不得也. 好與三十棒者, 直擧最初句也. 然亦有三十棒意.

천장 보월天章寶月의 거

마곡이 석장을 지니고 장경의 처소로 가서~'옳다, 옳아!'라는 말을 들은 부분까지 제기하고 말하였다. "내가 그때 이렇게 말하는 소리를 들었다면 다시 선상을 한 바퀴 돈 다음 곧바로 떠났을 것이다." 또 마곡이 다시 남전의 처소로 갔을 때~남전이 '틀렸다, 틀렸어!'라 하고 '이것은 바람의 힘에 좌우되므로 결국은 무너지고 만다.'라고 한 부분을 제기하고 말하였다. "내가 그때 이렇게 말하는 소리를 들었다면 이번에도 다시 선상을 한 바퀴 돈 다음 곧바로 떠났을 것이다. 여러분, 알겠는가? 내가 이렇게 한 바퀴 다시 돈 그 테두리에서 저 코흘리개 두 늙은이[22]는 말할 것도 없고 삼세의 어떤 부처님일지라도 뛰쳐나가지 못한다. 말해 보라! 다시 한 바퀴 도는 것에 어떤 뛰어난 점이 있을까? 다시 산승의 게송 한 수를 들어 보라.

---

[22] 코흘리개 늙은이라는 뜻의 노동농老凍膿이라는 말에서 동농이란 추울 때 흘리는 콧물을 뜻하며 농膿은 농䃶과 같다. 수행을 하지 않고 나이만 든 노인을 '코흘리개 늙은이'라는 뜻으로 상대를 낮추어 부르는 말이다. 또는 친근감을 주는 어감으로 상대를 칭송할 때 쓰기도 한다. 자기 스스로를 낮추어 지칭하는 말이기도 하다. 『虛堂語錄』권4「示如足首座」(大47, 1012b6), "당장에 선대부터 코흘리개 늙은이가 엮어 놓은 보금자리를 짓밟아 뒤집어 버리고, 온몸으로 빈손으로 왔다가 빈손으로 떠나는 한 수를 짊어진다면 그 어찌 상쾌하지 않으랴!(直下踏翻, 從上老凍膿窠窟, 全身擔荷, 空手來空手去底一著子, 豈不快哉!)"

한편은 옳다 하고 다른 한편은 틀렸다 했지만
인정했다거나 인정하지 않았다고 말하지 마라
천장이 다시 한 바퀴 돈 것에 대해
여러분은 어떻게 이야기할 것인가

어떻게 이야기할 것인가? 분명하게 여러분에게 답해 주겠다. '나라리!' 하고 노래 불러라." 다시 대중에게 "이것은 무엇인가?"라 묻고는 할을 한 번 내질렀다.

天章月, 擧麻谷持錫到章敬,〈至〉'是是', 師云, "我當時若見恁麽道, 再遶禪床一匝便出." 谷又到南泉,〈至〉'不是不是, 此是風力所轉, 終成敗壞.' 師云, "我當時若見恁麽道, 亦再遶禪床一匝便出. 諸仁者, 還會麽? 天章再遶此一匝, 莫道這兩老凍濃, 直是三世諸佛, 亦跳不出. 且道! 再遶一匝, 有什麽長處? 更聽取山僧一頌. '一是一不是, 休論許不許. 天章再遶匝, 諸人作麽擧?' 作麽擧? 分明對衆, 唱个囉囉哩." 復召大衆云, "是什麽?" 喝一喝.

설화

○ 두 곳에서 '다시 선상을 한 바퀴 돈 다음 곧바로 떠났을 것이다.'라고 한 말 : 다만 할 일이 번잡하게 많지 않다는 뜻이다.
○ 삼세의 어떤 부처님일지라도 뛰쳐나가지 못한다 : 모색할 곳이 없다.
○ 대중에게 "'나라리!' 하고 노래 불러라."라고 한 말 : 태평가를 부르며 백성들과 함께 즐겨도 무방하다는 뜻이다.
○ 할을 한 번 내질렀다 : 앞의 두 공안이 모두 이 하나의 할을 벗어나지 못한다는 뜻이다. '두 공안'이란 '옳다'고 한 말과 '틀렸다'고 한 말을 가리킨다.

天章 : 兩處再繞禪床一匝便出者, 直是無許多事也. 三世諸佛云云者, 無處摸揉也. 對衆云云至囉哩者, 亦不妨唱太平歌, 與民同樂也. 喝一喝者, 前二公案, 盡不出這一喝也. 二公案者, 一是一不是.

운문 종고雲門宗杲의 시중[23]

이 공안에서 '마곡이 석장을 지니고 장경에게 가서~꼿꼿하게 서 있었다.'라는 부분에 대하여 "강철로 만들어졌거나 무쇠로 주조된 사람이로다."라고 착어하고, 장경이 '옳다, 옳아!'라고 한 말에 대해서는 "비단에 서너너덧 겹의 꽃을 수놓았다."라고 착어하였다. '마곡이 다시 석장을 들고 남전에 이르러~꼿꼿하게 서 있었다.'라는 부분에 대하여 "이미 잘못을 실토하고 말았다."라고 착어하고, 남전이 '틀렸다, 틀렸어!'라고 한 말에 대해서는 "목칼 형틀을 차고 있는데 족쇄를 덧붙였다."라고 착어하였다. 마곡이 '장경은 옳다고 하였는데, 화상께서는 어째서 틀렸다고 하십니까?'라고 한 말에 대해서는 "수심에 찬 사람은 수심에 찬 사람에게 말하지 마라.", 남전이 '장경은 옳았지만 그대는 틀렸다. 이것은 바람의 힘에 좌우되므로 결국은 무너지고 만다.'라고 한 말에 대해서는 "횃불을 잡고 한번 비추어 보라. 남전의 낯가죽은 얼마나 두꺼운가?"라고 착어하였다. 다시 대중에게 말하였다. "내가 이렇게 내린 비판에 대하여 말해 보라. 그들을 인정한 것인가, 인정하지 않은 것인가?"

雲門杲示衆, 擧麻谷持錫到章敬, 〈至〉卓然而立. 師云, "純鋼打就, 生鐵鑄成." 敬云, '是, 是!' 師云, "錦上鋪花三五重." 谷又持錫到南泉, 〈至〉卓然而立. 師云, "已納敗闕了也." 泉云, '不是, 不是!' 師云, "枷上更着杻." 谷云, '章敬道是, 和尙爲什麽道不是?' 師云, "愁人莫向愁人說." 泉云, '章敬卽是

---
[23] 이 시중은 본칙의 각 구절에 착어를 다는 형식이다.

是, 汝不是. 此是風力所轉, 終成敗壞.' 師云, "試把火照看. 南泉面皮厚多少?" 復召大衆云, "雲門恁麽批判, 且道. 肯他, 不肯他?"

설화

○ '강철로 만들어졌거나 무쇠로 주조된 사람이로다.'라고 착어한 것 : 꼿꼿하게 서 있었던 그 자세가 좋은 소식이라는 뜻이다.
○ '비단에 서너너덧 겹의 꽃을 수놓았다.'라고 착어한 것 : 입 가득 찬탄의 말을 담았다.
○ 그 뒤에 남전의 처소로 갔을 때의 언행에 대해서는 구절마다 모두 그대로 허용하지 않았다.
○ 그러므로 그의 뜻을 인정하는 부분도 있고 그의 뜻을 인정하지 않는 부분도 있으니 자세하게 살펴야 한다.

雲門示¹⁾云云, 生鐵鑄成者, 卓然而立也, 好箇消息也. 錦上云云者, 滿口讚嘆也. 後到南泉, 節節皆不放過也. 然則有肯他意, 有不肯他意, 直須子細看.

1) ㉠ '示' 다음에 '衆'이 누락된 듯하다.

195칙 마곡청천 麻谷靑天

[본칙] 마곡이 앉아 있을 때 어떤 학인이 법을 물으러 와서 절을 올리려고 좌구를 펼치려는데, 마곡이 한쪽 다리를 (선상에서) 내려뜨리자 그 학인이 바로 나갔다. 마곡이 선상에서 내려와 "밝은 대낮에 어찌 이런 경우가 있는가!"라고 말하였다. 그 학인이 "저에게는 잘못이 없습니다."라고 하자 마곡이 따귀를 한 대 때렸다.[1]

麻谷坐次, 有僧參, 纔展坐具, 師乃垂下一足, 僧便出. 師下禪牀云, "靑天白日, 豈有者人事!" 僧云, "某甲未有過在." 師與一掌.

[설화]

- 한쪽 다리를 내려뜨리다 : 그와 만나서 그 학인을 점검하겠다는 표시이다.
- 그 학인이 바로 나갔다 : 만나지 않겠다는 표시이다.
- 선상에서 내려와 "밝은 대낮에 어찌 이런 경우가 있는가!"라고 말하였다 : (그 행위나 말에) 진실한 뜻이 담긴 것이 아니라, 그 학인이 만나겠다는 입장인지 만나지 않겠다는 입장인지 살펴보기 위한 것이다.
- 저에게는 잘못이 없습니다 : 예상했던 대로 만나지 않겠다는 입장만 고수하고 있다.

---

[1] 마곡이 따귀를~대 때렸다 : 이 구절에 대하여 『拈八方珠玉集』 권중(卍119, 277a9)에는 세 선사의 평이 제시되어 있다. "불과佛果(圜悟克勤)가 이 공안을 평가한다. '마곡이 만일 따귀를 때린 마지막 일을 벌이지 않았다면 거의 목숨을 잃게 되었을 것이다.'; 굉지정각宏智正覺이 말한다. '마곡은 비록 바른 법령을 다 시행해 버렸지만 거의 그 학인에게 속마음을 간파당했던 것이다.'; 불해佛海(石溪心月)가 말한다. '허물이 없다면 어째서 따귀 한 대를 맞았을까?'(佛果拈云, '麻谷若無後段, 洎被打破蔡州.' 正覺云, '麻谷雖正令已行, 洎乎被這僧勘破.' 佛海云, '過既無, 因甚喫一掌?')"

● 마곡이 따귀를 한 대 때렸다 : 호랑이의 머리와 꼬리를 한꺼번에 거두어들이는 방법이니 '궁하면 변하고 변하면 통한다.'[2]라는 말과 같다.

[靑天] 垂下一足者, 與他相見, 勘驗這僧也. 僧便出者, 不相見也. 下禪床至人事者, 非其實意, 看他這僧立相見, 不立相見也. 某甲未有過在者, 果然一向不相見也. 師與一掌者, 虎頭虎尾一時收, 所謂窮則變, 變乃通也.

송원 숭악松源崇嶽의 상당

이 공안을 제기하고 말하였다. "부싯돌이 번득이고 번개가 치는 듯한 찰나에 손님과 주인이 분명하게 나누어졌다. 궁하면 변하고 변하면 통하니, 뺨에 따귀를 때린 것이다. 말해 보라! 그 학인에게 상을 준 것인가, 벌을 내린 것인가? 고요한 물결을 흔들어 놓지만 않는다면 그 뜻이 저절로 드러날 것이다.[3]"

松源上堂, 擧此話云, "擊石火, 閃電光, 賓主歷然. 窮則變, 變則通, 攔腮便掌. 且道! 賞伊罰伊? 不犯淸波意自殊."

---

2 『周易』 「繫辭傳」 권하에 나오는 구절. 기틀과 상황에 따라 자유자재로 변화하여 드러내는 선기를 나타내는 말로 쓰인다. 『碧巖錄』 10則 「頌 評唱」(大48, 150c14), "황룡 사심黃龍死心 화상은 '궁하면 변하고 변하면 통한다.'라고 하였다. 이 간단한 말은 조사가 세상 사람들의 혀를 꺾어 버린 경지이다. 그대가 만약 기틀에 따른 임기응변을 알아차린다면 조사들이 들어 보이는 순간 바로 그것이 귀착되는 뜻을 알 것이다.(黃龍心和尙道, '窮則變, 變則通.' 這箇些子, 是祖師坐斷天下人舌頭處. 爾若識機變, 擧著便知落處.)"; 『痴絶道沖語錄』 권상(卍121, 494b6), "궁하면 변하고 변하면 통한다. 등롱을 집어서 불전 안에 들이거나 삼문을 등롱 위에 놓는 일은 누구나 알지만, 칠불의 스승인 문수가 어떤 이유로 여자를 선정에서 빠져나오게 하지 못했을까?(窮則變, 變則通. 拈燈籠向佛殿裏, 將三門向燈籠上, 則是人知有, 只如文殊, 是七佛之師, 因什麽出女子定不得?)"
3 본서 157칙 주 10 참조.

설화

○ 부싯돌이 번득이고 번개가 치는 듯한 찰나에 손님과 주인이 분명하게 나누어졌다 : 마곡이 한 언행을 두고 내린 평가이다.
○ 궁하면 변하고 변하면 통하니, 뺨에 따귀를 때린 것이다 : 손님과 주인이 분명하게 나누어졌으므로 궁하지만 통하고 통하여 상황을 변화시켰다는 뜻이다.
○ 그 학인에게 상을 준 것인가, 벌을 내린 것인가 : 겉보기에는 벌을 내린 것처럼 보이지만 그렇지 않았으니, 그 학인은 바로 진리를 보는 하나의 눈을 갖추고 있었기 때문이다. 사실은 그에게 상을 주는 뜻도 있으므로 궁극적으로는 고요한 물결을 흔들어 놓지만 않는다면 그 뜻이 저절로 드러남을 가리킨다.

松源 : 擊石至歷然者, 此約麻谷邊言也. 窮則變至便掌者, 賓主歷然故, 窮而通, 通而變也. 賞伊罰伊者, 其迹似罰他, 這僧只具一隻眼故也. 然其實亦賞他意, 畢竟不犯淸波意自殊也.

196칙 마곡어어 麻谷魚魚

본칙 마곡이 단하 천연丹霞天然과 함께 강변을 걷다가 강물 속의 물고기를 보고서 손가락으로 가리키며 말하였다. "물고기다. 물고기!" 단하는 "천연스럽군."[1]이라 하였다. 마곡이 다음 날 단하에게 "어제 '천연스럽다'고 한 뜻은 어떤 것인가?"라고 묻자 단하가 몸을 쓰러뜨리며 뒤로 넘어져 마곡을 올려다보는 자세를 취하였다. 이에 마곡이 "하늘이시여, 하늘이시여!" 하며 곡을 하였다.

麻谷, 與丹霞, 江邊行次, 見水中魚, 師指云, "魚, 魚!" 丹霞云, "天然." 師明日, 却問丹霞云, "昨日天然意, 作麼生?" 丹霞放身, 作仰倒勢. 師哭云, "蒼天, 蒼天!"

설화

● 마곡이 손가락으로 가리키며 '물고기'라고 한 말과 단하가 '천연스럽다'고 한 말 : "물과 땅의 세계가 진실한 경계에 모두 통하니, 나는 새와 기는 짐승이 본질은 하나로 같다."[2]라는 뜻인가? 아니다.

---

1 단하의 법명이 천연天然이다. 이 법명을 얻게 된 사연에 대해서는 본서 320칙 참조. 천연이란 꾸밈없이 어디에도 물들지 않은 어린아이와 같다는 말이다. 여기서는 이러한 말뜻 자체를 하나의 함정으로 설정하고 있다.
2 부대사傳大士의 게송에 나오는 구절. 燉煌本『梁朝傳大士頌金剛經』(大85, 7b20).『寶峰雲庵眞淨禪師偈頌』권하중 古尊宿語錄 45(卍118, 753b12), "『금강경』을 읽다 보니 '이 법은 평등하여 고하의 차별이 없다.'라고 하였다. 부처님의 속뜻은 부대사가 지은 송의 지침은 아니었으니 다르게 설하는 경우가 많다. 그 때문에 '물과 땅의 세계가 진실한 경계에 모두 통하니, 나는 새와 기는 짐승이 본질은 하나로 같다.'라고 읊은 것이며, 부처님마다 도는 동일하여 이 말도 믿을 만하다. 이에 따라 송 한 수를 지어 여러 선수행자들에게 보이리라. '평등한 온갖 중생의 무리, 어리석어 칠취七趣로 갈라지는 원인 되노라. 아득한 세월 흘러도 끝내 깨치지 못하여, 어지럽게 번뇌의 경계에 얽혀 사누나. 다행히 나는 범부의 바탕 따르면서, 어떤 연유로 법신 받았을까? 신통력을 갖추지는 못했

- 천연스럽다 : 사람과 다른 부류의 존재로 살아간다(異類中行)[3]는 뜻이므로 천연이라 한다. 곧 그다음 날 몸을 쓰러뜨리며 올려다보는 자세를 취함으로써 사람과 다른 존재의 무리 속으로 온몸을 쓰러뜨려 누운 것이다.
- 하늘이시여, 하늘이시여 : 단하의 뜻을 인정하지 않으려고 오히려 '물고기다. 물고기!'라는 말을 꾸민 것일까? (아니다.) 궁극적으로는 모름지기 이와 같아야 사람과 다른 부류의 존재로 살아가는 뜻을 밝힐 수 있다.

[魚魚] 師指云魚魚, 丹霞云天然者, 水陸通[1]眞際, 飛行體一如耶? 非也. 天然者, 異類中行故, 明日放身, 作仰勢, 乃異類羣隊中, 全身放倒也. 蒼天蒼天者, 不肯丹霞, 却作魚魚耶? 畢竟須是伊麼, 乃明異類中行也.

1) ㉠ '通'은 '同'과 같다.

대각 회련大覺懷璉**의 송** 大覺璉頌

물고기라고 소리친 말이 본래 천연스러움 그 자체였는데	魚魚元本是天然
쓰러져서 어찌 지난 인연 다시 펼칠 필요가 있었겠는가	老倒何須敍舊緣
다행스럽게 옆에서 지켜보며 엿들으려는 쥐의 귀가 없어	賴得傍邊無鼠耳

지만, 부처 되는 일은 참으로 천진하기 때문이라네.'(讀金剛經, '是法平等, 無有高下.' 佛意非傳大士頌指南, 則異說者多矣. 故水陸同眞際, 飛行體一如. 則佛佛道同, 信斯也. 因成一頌, 用示諸禪者 : 平等群生類, 迷爲七趣因. 悠悠終莫覺, 擾擾但隨塵. 賴我從凡質, 何緣獲法身? 神通雖未具, 作佛亦天眞.)"

3 이류중행異類中行에 대해서는 본서 16칙 '불인 지청의 상당' 주석, 219칙 본칙 설화 등 참조.

단지 도반으로 하여금 '하늘이시여'라 곡하게 　　只令同伴哭蒼天
만들었을 뿐

> 설화

○ 눈앞에서 특별히 사람과 다른 부류의 존재로 살아가는 모양새를 지었다면 옆에서 지켜보는 사람이 추하다고 생각하지 않을 수 없었을 것이라는 뜻이다.

　大覺 : 而今特地, 作異類中行, 未免傍觀者醜也.

197칙 마곡삼승麻谷三乘

본칙 마곡에게 어떤 학인이 "삼승십이분교三乘十二分敎[1]에 대해서는 저도 조금 알고 있습니다만 교설을 벗어나 별도의 방법으로 전한다는 교외별전敎外別傳이란 어떤 것입니까?"라고 묻자 마곡이 선상에서 내려와 주장자를 잡고 그의 몸 주위를 한 바퀴 돌고는 한쪽 발뒤꿈치를 세우고 서서[2] 말하였다. "알겠는가?" 그 학인이 아무 대꾸도 없자 마곡은 곧바로 때렸다.

麻谷, 因僧問, "三乘十二分敎, 某甲粗知, 如何是敎外別傳事?" 師下禪床, 拈拄杖, 遶身一匝, 翹一足云, "會麼?" 僧無對, 師便打.

설화

● 삼승三乘에는 세 종류가 있다. 첫째는 성문승·연각승·보살승이고, 둘째는 대승·중승·소승이며, 셋째는 일승·삼승·소승이다. 앞의 두 가지는 모두 권교權敎로서 화엄일승華嚴一乘과 상관이 없고, 뒤의 한 가지는 화엄의 원돈일승圓頓一乘이다. 십이분교에 대한 송은 다음과 같다. "계경契經·응송應頌과 수기授記(記別)요, 풍송諷誦·인연因緣과 자설自說이며, 본사本事·본생本生과 방광方廣이고, 미유未有(未曾有法·希法)·비유比喩와 논의論議로다."[3]

---

1 삼승십이분교三乘十二分敎 : 교학을 총괄적으로 아우르는 말.
2 한쪽 발뒤꿈치를 세우고 서서 : 석가모니불께서 과거세에 불사불弗沙佛([S] Puṣya)이 화정삼매火定三昧에 들어 있는 광경을 보고 환희심을 일으켜 합장한 채 한쪽 발뒤꿈치를 들고 7일 밤낮을 지냈다는 고사에 따른다. 『大智度論』 권4(大25, 87c4). 이처럼 발뒤꿈치를 세워 보이는 행위를 소재로 한 공안으로는 본서 221칙, 258칙, 923칙 등이 있다.
3 이와 같은 십이분교의 명칭은 『大般若經』 권402(大7, 9c26), 『大寶積經』 권34(大11, 189c20), 『大乘莊嚴寶王經』 권4(大20, 62c3) 등에 나열된다.

● 마곡이 선상에서 내려와 주장자를 잡고 그의 몸 주위를 한 바퀴 돌고는 한쪽 발뒤꿈치를 세우고 섰다 : 오로지 하나이며 짝할 수 있는 상대가 없음을 나타낸다. 대장경의 교설 전체로도 해석할 수 없고, 삼세의 모든 부처님이 매달려 우러러보아도 미치지 못한다는 뜻이다.
● 선상에서 내려온 것 : 선상 위에도 이러한 일은 없지만, 또한 선상 위에서 할 일도 남아 있음을 알아야 한다는 뜻이다.
● 때렸다 : 선상 위의 일을 가리킨 것인가? 아니면 몸 주위를 한 바퀴 돈 뜻을 거듭 밝힌 것인가? 선상 위의 일과 발뒤꿈치를 들고 선 동작은 같은 것인가, 다른 것인가?

[三乘] 三乘有三種. 一, 聲聞乘·緣覺乘·菩薩乘也. 二, 大乘·中乘·小乘也. 三, 一乘·三乘·小乘也. 前二皆權教, 不涉華嚴一乘, 後一是華嚴圓頓一乘也. 十二分教頌云, "契經應頌幷授記, 諷誦因緣及自說, 本事本生及方廣. 未有比喩及論議也." 師下禪床至一足者, 獨一無伴也. 一大藏教, 詮注不得; 三世諸佛, 攀仰不及也. 下禪床者, 禪床上, 亦無伊麼事, 更須知有禪床上事. 便打者, 指出禪床上事耶? 重明遶身一匝處耶? 禪床上與翹一足, 是同是別?

심문 담분心聞曇賁의 상당

이 공안을 제기하고 말하였다. "마곡은 마치 인도의 삼장법사들이 중국말을 모르는 것과 매우 흡사하였다. 일도진언一道眞言[4]을 읊거나 다른 진언을 읊거나 관계없이 반드시 어떤 종류건 주문(진언)을 외워 샘물이 솟는 신통을 보여야 한다. 지금 혀를 거꾸로 돌릴 수 있는 사람이 있는가?" 홀연히 불자를 들고 한 번 털며 말하였다. "결첩訣諜은 내 손안에 있다."

---

4 일도진언一道眞言 : 본서 16칙 '밀암 함걸의 거' 설화 주석 참조.

心聞賁上堂, 擧此話云, "麻谷, 大似西天三藏, 不會唐言. 莫敎誦一道眞言, 便須呪得水涌. 而今, 莫有倒轉舌頭底麼?" 驀拈起拂子, 撼一下云, "訣諜在我手裏."

[설화]

○ 중국말을 모른다면, 마땅히 범어로써 일도진언을 읊도록 해야 한다. 이렇게 하지 않으면 주문을 외워 샘물이 치솟도록 해야 한다. 샘물을 치솟게 하는 것은 신통한 이적異蹟을 보이는 기술이다.[5] 이것으로써 주장자를 잡고 몸 주위를 한 바퀴 돌고 발뒤꿈치를 들고 한 발로 선 것을 비유한 것이다. 그러므로 일도진언이 선상禪牀 위에서 할 일이라는 뜻이다.
○ 불자를 한 번 턴 동작 : 혀를 거꾸로 돌려 중국말을 범어로 번역하는 것과 같다. 만일 이것을 믿고 받아들여 받들어 행하면 영험한 결과가 남다를 것인데, 어찌 반드시 신통한 이적을 보이는 기술이나 일도진언이 필요하겠는가?
○ 결첩訣諜 : 경전을 번역하라는 임금의 명령을 말한다.

心聞 : 不會唐言, 則宜以梵語, 敎誦一道眞言. 不伊麼, 呪得水涌. 水涌是神異之術. 以喩拈柱杖, 繞身一匝, 翹一足也. 然則一道眞言, 乃是禪床上事也. 拂子撼一下者, 倒轉舌頭, 以唐言飜譯梵語也. 若於此, 信受奉行, 靈驗可異, 何必神異之術乎, 一道眞言乎? 訣諜, 譯經之勅旨也.

---

5 『陀羅尼經修行法儀軌』권중(大21, 194a1), "주문을 외우는 바로 그때 모든 바닷물이 끓어오르고 대철위산은 무너졌다.(當說呪時, 四大海水涌沸, 大鐵圍山崩倒.)"; 『方廣大莊嚴經』권12(大3, 612a25), "부처님께서는 신통력으로 물이 치솟아 사람들 위로 지나도록 하였다. 부처님은 그 아래로 거닐며 걸음마다 먼지를 일으켰다. 가섭이 먼발치에서 이 광경을 바라보다가 부처님께서 물에 빠지지 않을까 염려하여 제자들과 함께 배에 올라타고 부처님을 구하려 하였다.(佛以神力, 令水涌起, 過於人上. 佛行其下, 步步生塵. 迦葉遙望, 恐佛漂溺, 卽與弟子, 乘船救佛.)"

198칙 마곡풍성 麻谷風性[1]

본칙 마곡이 하루는 부채를 부치고 있는데 어떤 학인이 물었다. "바람의 본성은 변함없이 머물러 두루 미치지 않는 곳이 없거늘, 화상께서는 어째서 굳이 부채를 흔들고 계십니까?" "그대는 변함없이 머무는 바람의 본성(風性常住)만 알았지 그것이 두루 미치지 않는 곳이 없는 작용(無處不周)은 모르는구나." "두루 미치지 않는 곳이 없는 작용은 어떤 것입니까?" 마곡이 부채를 흔들며 부치자 그 학인이 절을 올렸다. 마곡이 말하였다. "아무짝에도 쓸 수 없는 스님들 천 명을 붙여 둔들 무슨 이익이 있겠는가?"

麻谷, 一日使扇次, 有僧問, "風性常住, 無處不周, 和尙爲甚却搖扇?" 師云, "你只知風性常住, 且不知無處不周." 云, "作麽生是無處不周底道理?" 師却搖扇, 僧作禮. 師云, "無用處師僧, 着得一千个, 有什麽益?"

설화

- 바람의 본성은 변함없이 머물러 두루 미치지 않는 곳이 없거늘, 화상께서는 어째서 굳이 부채를 흔들고 계십니까 : 그가 본성에 집착하는 학인임을 나타낸다.

- 그대는 변함없이 머무는 바람의 본성(風性常住)만 알았지~마곡이 부채를 흔들며 부쳤다 : '본성인 바람은 참된 공(眞空)이며, 본성인 공空은 참된 바람(眞風)이다. 중생의 마음에 그대로 따르며 그들이 아는 크기에 순응하고 그들의 업에 알맞게 드러낸다.'[2]

---

1 물질을 구성하는 지地·수水·화火·풍風 사대四大 중 풍대風大를 소재로 나눈 문답.
2 『楞嚴經』권3(大19, 118b5)의 구절. 풍風이라는 현상과 공空이라는 이치가 다르지 않다는 뜻에 기초한다. 『楞嚴經文句』권3(卍20, 539a17), "이 대목은 본성에 십법계의 바람을

● 그 학인이 절을 올렸다 : 이 또한 상相에 집착하고 있음을 나타낸다. 그러므로 '아무짝에도 쓸 수 없는 스님들'이라 운운한 것이다.

> [風性] 風性常住, 至搖扇者, 執性僧也. 你只知至扇者, 性風眞空, 性空眞風. 隨衆生心, 應所知量, 循業發現也. 僧作禮者, 又著相也. 故云, '無用處云云.'

자항 요박慈般了朴의 상당

이 공안을 제기하고 말하였다. "그 학인은 자신이 말에 떨어져 얽매인 사실을 몰랐고, 마곡은 지나치게 자세히 말해 주었다. 점검해 보면 두 사람 모두 하나의 집행 영장으로 처리(一狀領過)[3]해야 마땅하였다. 만일 나, 천동天童이었다면 그가 '바람의 본성은 변함없이 머물러 두루 미치지 않는 곳이 없거늘, 화상께서는 어째서 굳이 부채를 흔들고 계십니까?'라고 말하려고 하는 순간에 즉각 부채로 정면에서 한 번 찔렀을 것이다. 그 학인이 만일 얽매인 몸을 반전시켜 막힌 숨을 토해 낼 줄 안다면 비로소 산승이 화살을 헛되게 쏘지 않았음을 알 것이다. 여러분은 잘 돌이켜 보아야 한다. 훌쩍 삼십삼천에 뛰어오른다면 한바탕의 화를 부를 일이다, 화를 부를 일이야.[4]"

갖추고 있음을 밝혔다. 바람과 공은 둘 모두 본성이며 둘 모두 진실이다. 이 때문에 인연에 따라 바뀌는 수연隨緣 그대로 변치 않는 불변不變이고, 불변 그대로 수연이지만, 십법계마다 그 바람에는 차별이 있다.(此明性具十法界風. 風之與空, 皆性皆眞. 是故, 隨緣卽不變, 不變卽隨緣, 而有十法界風差別也.)"

3 일장영과一狀領過에 대해서는 본서 16칙 '오조 사계의 평' 주석, 33칙 '장로 종색의 거' 주석 참조.
4 화사화사禍事禍事는 '큰일이다', '걱정스럽다'라는 등의 뜻에서 자신도 모르게 발하는 감탄사적인 말로도 쓰이고, 실제로 재앙, 흉한 일이라는 뜻으로도 쓰며, 중차대한 일이라는 의미로도 쓴다. 임제에게 어떤 학인이 '칼날에서 벌어지는 일(劍刃上事)은 어떤 것이냐?'라고 묻자 임제가 이와 같이 답한 문답이 있다. 본서 621칙 본칙 및 본칙 설화 참조.

慈般朴上堂, 擧此話云, "者僧, 話墮不知 ; 麻谷, 分踈大殺. 檢點將來, 一
狀領過. 若是天童, 待伊道, '風性常住, 無處不周, 和尙爲什麽使扇?' 遂以
扇子, 當面一撾. 者僧若解轉身吐氣, 始知山僧箭不虛發. 是汝諸人, 也須
照顧. 踏跳上三十三天, 一場禍事禍事."

설화

○ 그 학인은 자신이 말에 떨어져 얽매인 사실을 몰랐다 : '바람의 본성은
두루 미치지 않는 곳이 없다.'라고 한 것이 바로 말에 떨어져 얽매여 있
다는 증거이다.
○ 마곡은 지나치게 자세히 말해 주었다 : 부채를 흔들어 부친 동작을 가
리킨다. 또한 '아무짝에도 쓸 수 없는 스님들'이라 운운한 말은 그 학인
으로 하여금 한구석에 막혀 있지 않도록 한 지시이니, 이것도 자세하게
말해 준 것일 뿐만 아니라 또한 말에 떨어져 얽매인 것이다.
○ 부채로 정면에서 한 번 찔렀을 것이다 : 부채의 작용을 가리킨다. 이것
은 두루 미치지 않는 곳이 없다는 뜻에서 한 말이다. 그러므로 "그 학
인이 만일 얽매인 몸을 반전시켜 막힌 숨을 토해 낼 줄 안다면 비로소
산승이 화살을 헛되게 쏘지 않았음을 알 것이다."라고 하였다.
○ 훌쩍 삼십삼천에 뛰어오른다면 한바탕의 화를 부를 일이다, 화를 부를
일이야 : 제석帝釋의 콧구멍도 (부채로) 틀어막히지 않을 수 없다는 뜻
이다.[5]

---

[5] 제석은 삼십삼천의 주인이다. 부채가 뛰어올라 제석의 콧구멍을 틀어막는다는 말은 운
문 문언雲門文偃에서 비롯한다.『雲門廣錄』권중 古尊宿語錄 16(卍118, 354b9), "운문
이 부채를 집어 들고 말하였다. '부채가 훌쩍 삼십삼천에 뛰어올라 제석천의 콧구멍을
틀어막고, 동해의 잉어는 이것을 한 방 맞더니 물동이를 기울인 듯이 비가 쏟아지는구
나. 알겠는가?'(師拈起扇子云, '扇子𨁝跳上三十三天, 築著帝釋鼻孔, 東海鯉魚打一棒, 雨
似盆傾相似. 會麽?')"

慈航：這僧話墮不知者, 風性無處不周地言, 是話墮也. 麻谷分踈大殺者, 却搖扇. 又道, 無用處師僧云云, 令這僧不滯一隅, 是分踈, 亦是話墮也. 以扇子當面一攔者, 扇者之用也. 是無處不周地道, 故云, 轉身云云至虛發也. 踣跳上云云者, 帝釋鼻孔, 也未免築著也.

개암붕介庵朋**의 거**

"진영을 펼치기는 쉽지만, 일단 펼쳐진 진영을 바꾸기는 어렵다. 가령 '아무짝에도 쓸 수 없는 스님들 천 명을 붙여 둔들 무슨 이익이 있겠는가?'라고 말한 속뜻은 무엇인가? 알고 싶은가? 사람을 죽이는 칼이면서 사람을 살리는 검이다. 이 말에서 알아차렸다면 실제 일에 직면해 그 사람을 알아보는 경지이겠지만, 만일 그렇지 못하다면 다시 게송 한 수를 들어 보라.

시퍼런 칼날은 머리 가까이 와도 쉽게 피할 수 있지만
상황에 닥쳐 학인이 마구 물어 오면 대답하기 어렵구나
보배 도장 허공에 찍히고 남긴 묘한 자취 알아야 하니
손 가는 대로 집어 부치면 바람 일지 않는 곳 없다네[6]"

介庵朋擧此話云, "鋪陣則易, 變陣則難. 只如道, '無用處師僧, 着得一千箇, 有什麽益?' 此意又作麽生? 要知麽? 殺人刀, 活人劒. 於斯會得, 臨事見人, 脫或未然, 更聽一頌. '白刃臨頭容易郼, 當機編逼問難酬. 須知寶印

6 손 가는~곳 없다네 : 손 가는 대로 무심하게 부치는 부채질로 바람의 본성을 나타내었다. 『環溪惟一語錄』 권하(卍122, 143b16), "바람의 본성은 두루 미칠 의도 없으나 두루 미치지 못함도 없으니, 손에 쥔 부채를 무심하게 부치노라. 그 바람 앞에 뿌리 없는 나무 불려 일어나더니, 뽕나무 가지 되지 않고 버드나무 가지 되는구나.(風性無周無不周, 手中扇子等閑搖. 風前吹起無根樹, 不作桑條作柳條.)"

當空妙, 信手拈來無不周.'"

> 설화

○ 진영을 펼치기는 쉽다 : "그대는 변함없이 머무는 바람의 본성(風性常住)만 알았지 그것이 두루 미치지 않는 곳이 없는 작용(無處不周)은 모르는구나."라고 한 말에 상응한다. 부채를 흔든 동작이 진영을 펼친다(鋪陣)는 뜻이며, '아무짝에도 쓸 수 없는 스님들'이라 운운한 말은 진영을 바꾼다(變陣)는 뜻이다.
○ 이 말에서 알아차렸다면 실제 일에 직면해 그 사람을 알아보는 경지이겠지만 : 앞에서 "아무짝에도 쓸 수 없는 스님들 천 명을 붙여 둔들 무슨 이익이 있겠는가?"라고 한 말에 상응한다. 이것이 '실제 일에 직면해 그 사람을 알아본다.'는 뜻이며, 말을 두 토막으로 나눈 것은 아니다.
○ 시퍼런 칼날은 머리 가까이 와도 쉽게 피할 수 있다 : 사람을 죽이는 칼로 대답하는 것은 쉽다는 뜻이다.
○ 상황에 닥쳐 학인이 마구 물어 오면 대답하기 어렵구나 : 마치 "두루 미치지 않는 곳이 없는 작용은 어떤 것입니까?"라고 물은 말과 같다. 이는 사람을 살리는 검이다.
○ 보배 도장 허공에 찍히고~바람 일지 않는 곳 없다네 : 부채를 흔든 동작을 가리킨다. 이것이 이 공안의 핵심적인 뜻이다.

个庵 : 鋪陣則易者, '你只知風性常住云云.' 却搖扇, 是鋪陣也, '無用處師僧云云,' 是變陣也. 於斯會得云云者, 前云, '無用處師僧, 著得一千箇云云', 是臨事見人也, 非話作兩橛也. 白刃臨頭云云者, 謂殺人刀支對卽易也. 當機編逼云云者, 如問, '作麽生是無處不周地道理?' 是活人劒也. 須知寶印云云者, 却搖扇也. 此爲此話大義.

199칙 염관서우鹽官犀牛

본칙 염관 제안鹽官齊安[1] 선사가 어느 날 시자를 불러 "나에게 무소 부채를 가져오거라."[2]라고 하였다. 시자가 "부채가 부서졌습니다."[3]라고 하자 염관은 "부채가 부서졌으면 무소를 내게 돌려주거라."[4]라고 하였고, 시자는 아무 대꾸도 하지 못했다.[5]

鹽官齊安禪師, 一日喚侍者, "與我將犀牛扇子來." 侍者云, "扇子破也." 師云, "扇子旣破, 還我犀牛兒來." 侍者無對.

설화

● 무소 부채 : 만송 행수萬松行秀는 이렇게 말하였다. "여러 선문에서 '부

---

1 염관 제안鹽官齊安(?~842) : 당나라 때 선승. 강소성 해문海門 출신. 속성은 이李. 고향의 운종雲琮 문하로 출가하고 남악 지엄南岳智嚴에게 구족계를 받았으며, 마조 도일의 선법을 이었다. 820년경에 절강성 월주越州 소산법락사蕭山法樂寺에 주석하며 선풍禪風을 떨쳤다. 법을 물으러 찾아오는 이들이 많았는데 당시 황제이던 선종도 승려의 모습으로 그의 법회에 참석하였다고 한다. 후에 항주杭州 염관의 진국해창원鎭國海昌院에 머물다가 회창 2년 12월 22일에 입적하였다. 선종이 오공대사悟空大師라는 시호를 내리면서 추도하는 시를 지었다.
2 『碧巖錄』 91則 「本則 著語」(大48, 215c2), "적지 않게 복잡한 말을 늘어놓았군. 이렇게 딱 들어맞는 소식과 비교하면 어떤가?(打葛藤不少. 何似這箇好箇消息?)"
3 위의 책, "안타깝다! 딱 들어맞는 소식이다. 무슨 말을 하는가?(可惜許! 好箇消息. 道什麼?)"
4 위의 책, "잘못이 적지 않다. 유주幽州는 그래도 괜찮지만 가장 괴로운 지역은 신라이다. 화상은 무소로 무엇을 하려는 것일까?(漏逗不少. 幽州猶自可, 最苦是新羅. 和尙用犀牛兒作什麼?)" '무소 부채를 가져오라'고 했던 처음 말보다 더 혹독하게 물아붙였다는 의미의 착어이다. '幽州猶自可, 最苦是江南.'이라는 구절로도 쓰이는데, 풍토가 안 좋은 유주가 기후는 좋아도 전쟁에 시달리는 강남보다는 낫다는 말이다. 마찬가지로 신라라는 말에도 후미지고 낙후된 변방의 땅이라고 천시하는 견해가 깔려 있다.
5 위의 책, "예상대로 구멍 없는 쇠망치로다. 참으로 안타깝다!(果然是箇無孔鐵鎚. 可惜許!)"

채에 무소가 달을 보고 노니는 그림이 그려져 있다.'라고 말하며, 어떤 사람은 '무소뿔을 자루로 삼은 부채'라 하고, 어떤 사람은 '무소뿔로 부채를 만들었다.'라고 말하는데, 어디에나 모두 '무소 부채'라는 이름을 붙일 수 있다."[6]

● 나에게 무소 부채를 가져오거라 : 법신은 육신의 껍데기 안에 숨어 있고 진실한 지혜는 대상에 대한 분별심(緣慮心) 속에 감추어져 있으니,[7] 이것이 부채의 무소이다.

● 부채가 부서졌으면 무소를 내게 돌려주거라 : 대상에 대한 분별심과 육신의 껍데기는 이미 부서지고, 법신과 진실한 지혜가 눈앞에 나타났다는 뜻인가? 텅 비고 고요한 본체에 본래의 지혜와 신령한 앎이 있는데, 이것이 부채의 무소라는 말이다. '망상이 그치면 고요함이 저절로 일어나고, 고요함이 일어나면 지혜가 저절로 나타나며, 지혜가 일어나면 고요함이 저절로 사라지고, 뚜렷하게 오로지 진실한 앎만 남는다.'[8]

● 만송은 이렇게 말한다. "(내가 만일 시자였다면 '무소 부채를 가져오라.'는 말을 듣고서) 무슨 깃털·창포·종이·대나무·비단·명주·종려나무{'櫻'의 음은 총聰이고 포蒲와 같다.}·야크 등의 재질을 따지겠는가? 손 가는 대로 집어다가 기꺼이 한 자루 주리라. 왜 그런가? 설령 수많은 종류의 아름다운 부채가 있다고 한들, 결코 두 가지 바람은 없기 때문이다."[9] 이는 평상에서 매일같이 하는 일에서 조금도 벗어나지 않고[10] 남

---

6 『從容錄』 25則 「評唱」(大48, 243c23).
7 종밀宗密의 『圓覺經略疏註』 권상1(大39, 533b18)에 승조僧肇의 말로 인용되어 있는데, 이는 승조의 이름을 가탁하였다고 간주되는 『寶藏論』(大45, 147b26)의 인용이다.
8 『宏智廣錄』 권1(大48, 6a25), 권6(大48, 78b4)에 고인古人의 말로 인용되어 있으며, 마지막의 '진실한 앎(眞知)'은 '진실한 견해(眞見)'로 되어 있다.
9 『從容錄』 25則 「評唱」(大48, 244a7).
10 평상의 만사가 기특한 소식이라는 관점. 『隱元語錄』 권5(嘉27, 247a21), "이 일로 말하자면, 기특은 참으로 기특 그대로이고, 평상은 대단히 평상 그대로이다. 만약 평상의 경계에서 살피면 도리어 기특하고, 기특의 경계에서 살피면 도리어 평상의 매일 하는

에게 소식을 전한다는 뜻이다. 사실은 앞의 두 뜻[11]과 다르지 않다.

[犀牛] 犀牛扇子者, 萬松云, "諸方云, '扇畫犀牛翫月.' 或云, '以犀角爲柄.' 或云, '犀角爲扇.' 皆得名爲犀牛扇子也." 與我至來者, 法身隱於形殼之內, 眞智匿於緣慮之中, 是扇子之犀牛也. 扇子旣跛至兒來者, 緣慮形殼旣破, 法身眞智現前耶? 空寂體上, 本智靈知, 是扇子之犀牛也. 妄息寂自生, 寂生智自現, 智生寂自滅, 了了唯眞知也. 又萬松云, "說甚犴蒲紙竹綾絹楥【音聰如蒲.】䇓? 信手拈來, 快與一柄. 何也? 縱有千般巧, 終無兩樣風." 則不動平常日用事接人也. 其實與前二意無別.

설두 중현雪竇重顯의 송 雪竇顯頌

무소 부채 쓴 지 오래되었건만[12]	犀牛扇子用多時
물어보니 본래 전혀 몰랐었구나[13]	問着元來摠不知
한없이 맑은 바람과 무소뿔이여[14]	無限淸風與頭角
구름 비와 함께 사라져 쫓질 못하네[15]	盡同雲雨去難追

일과 다른 점이 없다.(若論箇事, 奇特眞箇奇特, 平常太煞平常. 若向平常處看, 卻又奇特; 若向奇特處看, 反更平常日用事無別.)

11 법신과 육신의 껍데기, 지혜와 대상에 대한 분별심 등으로 대치하여 제시한 의미.

12 무소 부채~지 오래되었건만 : 『碧巖錄』 91則 「著語」(大48, 216a12), "여름이면 서늘한 바람, 겨울이면 따뜻한 바람. 사람마다 누구니 지니고 있는데 어째서 알아채지 못함까? 쓰지 않는 사람이 누구이던가?(遇夏則涼, 遇冬則暖. 人人具足, 爲甚不知? 阿誰不曾用?)" 일상에서 항상 활용하고 있는 자신의 본분을 무소 부채에 비유한 착어이다.

13 물어보니 본래 전혀 몰랐었구나 : 위의 책, "알고자 하면 알겠지만 이해하려 들면 이해하지 못한다. 남을 속이지 않는 것이 좋다. 다른 사람이 못 알아들을까 의심해서도 안 되리라.(知則知, 會則不會. 莫瞞人好. 也怪別人不得.)"

14 한없이 맑은 바람과 무소뿔이여 : 위의 책, "어디에 있는가? 자기 자신에게서 이해하지 못하는데 다른 어디서 이해하랴? 하늘 위에도 하늘 아래에도 있다. 뿔이 다시 난다. 이것은 무엇일까? 바람도 없는데 물결이 일어난다.(在什麼處? 不向自己上會, 向什麼處會? 天上天下. 頭角重生. 是什麼? 無風起浪.)"

15 구름 비와~쫓질 못하네 : 위의 책, "하늘이시여, 하늘이시여! 돈도 잃고 죄까지 뒤집

또 "만일 맑은 바람을 다시 불게 하고 뿔을 거듭나게 하려거든 선객들이여, 결정적인 한마디를 해 보시게."라고 한 다음 "부채가 부서졌으니 무소를 내게 돌려주거라."라고 하였다. 그때 어떤 학인이 나와서 "대중들이여, 승당에 돌아들 가세."라고 하자 설두가 할을 내지르며 말하였다. "낚시를 던져 고래를 낚으려 하였건만, 고작 두꺼비 한 마리 낚았구나."

復云, "若要淸風再覆, 頭角重生, 請禪客下一轉語." 問云, "扇子旣破, 還我犀牛兒來." 時有僧出云, "大衆, 叅堂去!" 師喝云, "抛鉤釣鯤鯨, 釣得介蝦蟆."

설화

○ 무소 부채 쓴 지 오래되었건만~구름 비와 함께 사라져 쫓질 못하네 : 다만 모르기 때문에 따르려 해도 쫓지 못한다.
○ 대중들이여, 승당에 돌아들 가세 : 오로지 본분만을 지키는 듯이 보인다는 말이다.
○ 할을 내지르며 말하였다. "낚시를 던져 고래를 낚으려 하였건만, 고작 두꺼비 한 마리 낚았구나." : 비록 본래 있다(本有)고 해도 반드시 새롭게 개발하는 힘(新熏)에 의지해야 한다는 뜻일까? 이미 하나의 할이라면 무슨 금시今時다 본분本分이다 따지며 찾겠는가?

雪竇 : 犀牛扇子至難追者, 只爲不知故, 去難追也. 大衆叅堂去者, 似乎只守本分也. 喝云抛鉤云云者, 雖本有必借新熏耶? 旣是一喝, 則討甚今時本分?

어쨌다.(蒼天, 蒼天! 也是失錢遭罪.)"

대각 회련大覺懷璉의 송 大覺璉頌

염관은 구태여 무소를 찾고자 하였지만	鹽官剛要覓犀牛
시자가 언제 손에서 놓고 있던 적 있던가	侍者何曾解掌收
물 가로질러 이미 못 바닥에 돌아가서는	截水已歸潭底去
두 뿔 깊이 감추고 머리 돌려 외면했다네	深藏雙角肯回頭

대홍 보은大洪報恩의 송 大洪恩頌

언구에 따라 무리하게 이름 붙이지 말고[16]	莫將言句強名摸
손 가는 그대로 집어 올 일이니, 알겠는가	信手拈來會也無
이로부터 화산을 묘사한 그림에는	從此華山圖藉上
반랑이 나귀 거꾸로 탄 그림을 덧붙였네[17]	更添潘浪[1]倒騎驢

1) ㉠ '浪'는 '閬'의 오기.

천동 정각天童正覺의 송 天童覺頌

부채가 부서져 무소를 찾았더니[18]	扇子破索犀牛
권련[19] 안 글자에 유래가 있었네[20]	棬攣中字有來由

---

16 언구에 따라~붙이지 말고 : '무소 부채'라는 이름에 현혹되지 말고 손 가는 대로 아무 부채나 집어 오라는 말.
17 화산을 묘사한~그림을 덧붙였네 : 『逍遙集』의 저자로 북송 초기 문인인 반랑潘閬(?~1009)이 화산華山을 좋아하여 그곳을 떠나면서도 치마 둥지지 못하여 나귀를 거꾸로 타고 감상했다는 일화. 그는 "허공에 꽂힌 듯한 화산의 세 봉우리 무척 좋아하여, 머리 들고 읊으며 바라보느라 나귀를 거꾸로 탔다네.(高愛三峰挿太虛, 昂頭吟望倒騎驢.)"라고 읊었다고 한다. 선 문헌에서는 나귀를 거꾸로 타듯이 격格에서 벗어나 자유롭게 자신의 선기를 발휘하는 경계를 나타내기 위하여 활용한다. 무소 부채라는 말에서 '무소'가 하나의 격으로서 속박이 되는 관계를 가리킨다. 본서 421칙 '안애천의 송 4', 635칙 '해인 초신의 송', 784칙 '정엄 수수의 송', 1023칙 '삽계 일익의 송' 등 참조.
18 부채가 부서져 무소를 찾았더니 : 『從容錄』 25則 「著語」(大48, 243c20), "일단 시작한 일인 이상 그만두지 마라.(一不做二不休.)" 직역하면 "첫째는 하지 말고, 둘째는 그만두지 마라."가 된다. 본서 661칙 '송원 숭악의 송' 제1구 및 주석 참조.
19 권련棬攣 : 둥근 테두리. 본래 '권'은 맹수를 가두어 기르는 나무 우리, '련'은 물건을 묶

누가 달²¹의 천년 묵은 넋 알까²²　　　　　　誰知桂轂千年魄
묘하게 밝은 빛 되니 한 점 가을일세　　　　　妙作通明一點秋
【이 송은 자복의 대어代語²³를 함께 제기하였다.】　【此錄并擧資福代.】

숭승공의 송 崇勝珙頌
염관은 조주처럼 요구한 것이 아니거늘　　　　鹽官不向趙州求
시자는 문원만 하지 못했음을 어쩌랴²⁴　　　　侍者爭如文遠優
설령 고삐를 항상 손에 쥐고 있은들　　　　　　縱有繩頭常在手
바로 지금 어디서 무소를 찾겠는가　　　　　　此時何處覓犀牛

　는 끈이나 낚시 도구를 가리킨다. 권련捲攣이라고도 쓴다. 마치 낚시꾼이 좋은 미끼를 써서 큰 물고기를 낚는 것이나 수렵꾼이 견실한 우리에서 맹수를 길들이는 것과 같이 모두 학인의 악습을 교정하여 좋은 습성으로 길들이는 방편을 나타낸다.『宏智廣錄』권1(大48, 2a25), "어떤 학인이 물었다. '위앙종의 종지는 어떤 것입니까?' '하나의 우리에 가두고 아무리 뛰어도 나가지 못하도록 한다.'(僧問, '如何是爲仰宗?' 師云, '一棬攣跳不出.')"

20　권련 안~유래가 있었네 : 원상圓相 안에 써넣은 소 '우牛' 자(⊕)를 말한다.
21　계곡桂轂은 달에 계수나무가 있다는 전설에 따라 불리게 된 말. 계륜桂輪과 같은 말로 보통은 월륜月輪이라 한다.『從容錄』25則「評唱」(大48, 244a2), "계곡은 달이다.『열반경』에 따르면, 세존께서 월애삼매月愛三昧에서 빛을 발하여 아사세왕의 뜨거운 번뇌(惡瘡)를 식혀 주었다고 한다. 그런 까닭에 '누가 달의 천년 묵은 넋을 알까? 묘하게 밝은 빛 되니 한 점 가을일세.'라고 읊은 것이니, 큰 부채 자루를 손에 쥔 듯하여 맑은 바람이 항상 몸에 미친다고 할 만하다.(桂轂乃月也. 涅盤經, 世尊放月愛光, 阿闍世王, 熱惱淸涼. 所以道, '誰知桂轂千年魄? 妙作通明一點秋.' 可謂大柄若在手, 淸風常及身.)"
22　누가 달의~넋 알까 : 달 안에 계수나무가 달의 넋인 것과 같이 원상 안의 소 '우牛' 자(⊕)가 그렇다.
23　자복의 대어代語 :『碧巖錄』91則「本則」(大48, 215c8), "자복이 일원상을 그리고 그 안에 소 우 자 한 글자를 그려 넣었다. 설두가 염하였다. '조금 전에는 어째서 내놓지 않았는가?'(資福畫一圓相, 於中書一牛字. 雪竇拈云, '適來爲什麼不將出?')"이 책「本則」에는 대답하지 않은 학인을 대신하여 투자 대동投子大同, 석상 경저石霜慶諸, 자복 여보資福如寶, 보복 종전保福從展이 붙인 대어와 그 각각에 대한 설두의 염이 제시되어 있다. 이하 '설두 중현의 거' 참조.
24　조주와 그 제자 문원文遠이 더 못난 사람이 호떡을 먹기로 한 내기에서 소재를 빌려 왔다. 본서 439칙 본칙 참조. 숭승공은 다른 곳에서도 이 인연을 활용하였다. 본서 177칙 주 15 참조.

설두 중현雪竇重顯**의 거**

투자 대동投子大同이 시자를 대신하여 '굳이 끌어내지 않으려는 생각이 아니라 뿔이 온전치 못할까 걱정될 뿐입니다.'라고 한 말을 제기하고 말하였다. "나는 온전하지 못한 뿔이 필요하다." 또 석상 경저石霜慶諸가 '화상에게 돌려드릴 부채는 없습니다.'라고 한 말을 제기하고는 "무소는 여전히 있다."라고 하였다. 자복 여보資福如寶가 일원상一圓相을 그리고 그 안에 소 우牛 자를 쓴 것에 대하여 "조금 전에는 어째서 끌어내지 못했는가?"라고 하였다. 보복 종전保福從展이 '화상께서는 연세가 많으시니 별도로 다른 사람에게 청하겠습니다.'라고 한 말에 대하여 "안타깝다! 애는 썼으나 남은 공이 없구나."라고 하였다.

雪竇顯, 擧投子同代云, '不辭將出, 恐頭角不全.' 師云, "我要不全底頭角." 石霜云, '若還和尙, 卽無也.' 師云, "犀牛兒猶在." 資福畫一圓相, 於中書一牛字, 師云, "適來爲什麼不將出?" 保福云, '和尙年尊, 別請人好.' 師云, "可惜! 勞而無功."

설화

○ 굳이 끌어내지 않으려는 생각이 아니라 뿔이 온전치 못할까 걱정될 뿐입니다 : 끌어낸다면 뿔이 온전하지 못할 것이라는 뜻이다.
○ 나는 온전하지 못한 뿔이 필요하다 : 온전하지 못한 뿔이라고 하여 무슨 허물이 있겠느냐는 말이다.
○ 화상에게 돌려드릴 부채는 없습니다 : '무엇을 무소 부채라 부르고, 무엇을 무소라 부르는가?'라는 뜻이다.
○ 무소는 여전히 있다 : 무소가 없는 곳도 여전히 있다.
○ 일원상一圓相을 그리고 그 안에 소 우牛 자를 썼다 : 부채가 부서진 경계를 더욱 분명히 하였다.

○ 조금 전에는 어째서 끌어내지 못했는가 : '어찌 부서진 다음에야 이와 같겠는가?'라는 뜻이다.
○ 화상께서는 연세가 많으시니 별도로 다른 사람에게 청하겠습니다 : '존귀한 화상의 지위에서는 이러한 일이 없으니 무소를 찾아서 무엇 하겠습니까?'라는 뜻이다.
○ 안타깝다! 애는 썼으나 남은 공이 없구나 : 노인이 친절하게 손주에게 일러 주듯이 한 말을 모른다는 뜻이다.[25]
○ 투자의 대어代語는 시자가 아무 대꾸도 하지 못한 것을 대신한 말이고, 이에 대한 설두의 말(나는 온전하지 못한 뿔이 필요하다.)은 염관을 대신한 응답이다.

雪竇 : 不辭將出云云者, 若將出則頭角不全也. 我要不全云云者, 不全地頭角, 有什麼過? 若還和上云云者, 喚什麼犀牛扇子, 喚什麼作犀牛兒? 犀牛兒猶在者, 無犀牛兒處猶在也. 畫一圓至牛字者, 扇子破處更分明也. 適來云云者, 何待破後如是也. 和上年尊云云者, 尊貴和上邊, 無伊麼事, 覓犀牛兒什麼? 可惜云云者, 不知老人親切爲人處也. 投子代, 代侍者也. 雪竇語, 代鹽官也.

개선 선섬開先善暹의 거
이 공안을 제기하고 '무소를 내게 돌려주거라.'라고 한 부분에 이르러 그 학인을 대신하여 말하였다. "그때 화상께 부채가 없는 줄 몰랐습니다."

開先暹擧此話, 〈至〉還我犀牛兒來, 師代云, "當時不知和尙無."

---

25 염관은 친절하게 모두 일러 주었지만 그것을 알아차리지 못하였기에 결과적으로 아무 공도 남아 있지 않다는 말이다.

> [설화]

○ 그때 화상께 부채가 없는 줄 몰랐습니다 : '찾고 있던 바로 그때야 어찌 없었겠느냐마는, 하필 부서진 다음에 가져오라 따지느냐?'라는 말이다.

開先 : 當時不知和上無者, 當初索時豈是無, 何必破後推徵?

불일 지재佛日智才의 상당

이 공안을 제기하고 '시자는 아무 대꾸도 하지 못했다.'라는 부분에 이르러 말하였다. "여러 선덕이여, 본색本色[26]을 갖춘 시자였다면 마땅히 어떻게 응대했을까? 그러므로 낚싯줄을 늘어뜨려 물을 탐색함은 그 깊이를 가려내려는 뜻이고, 금을 불리거나 걸러 냄은 진위를 분간하려는 뜻이다. 시자의 막힌 숨통을 트이게 해 줄 사람 있는가? 만일 제대로 말한다면 무소 부채는 아직도 남아 있을 것이다." 잠깐 침묵하다가 말하였다. "더운 날 법당에서 부채를 부치니, 법좌 가득히 시원한 바람이 일어나는구나."

佛日才上堂, 擧此話, 〈至〉侍者無語. 師云, "諸禪德, 若是本色侍者, 合作麼生酬對? 然垂絲探水, 貴辨淺深 ; 爐冶淘金, 且分眞僞. 還有人爲侍者出氣也無? 若也道得, 犀牛扇子猶在." 師良久云, "暑天堂上用, 滿座淸風生."

---

26 본색本色 : 다른 어떤 것에도 물들지 않고 타고난 바탕 그대로의 색. 본분本分과 같은 말이다. 오로지 본분만 고수하는 철저한 방식 또는 그러한 선수행자를 묘사하는 말이다. 본색납승本色衲僧·본색납자本色衲子·본색종사本色宗師 등의 말에 그 뜻이 들어 있다. 『圜悟克勤禪師語』「示杲書記」續古尊宿語要 3(卍118, 991b10), "저 본색의 종풍宗風을 살펴보면 모든 얽매임을 벗어나 번뇌를 다 끊어 버렸으며 뛰어난 방편을 소중히 여기지 않고 단지 안목이 바른 것을 귀중하게 여길 뿐이다.(看他本色宗風, 迥然殊絶, 不貴作略, 只貴他眼正.)" ; 『宏智廣錄』 권3(大48, 32a20), "만약 본색을 터득한 사람이라면 조사의 심인心印을 들고 무쇠 소의 기틀을 움직이겠지만, 주장자를 잡아 한꺼번에 꿰어 버려야 비로소 납승의 수단을 드러낼 수 있다.(若是本色漢, 提祖師印, 轉鐵牛機, 把拄杖一時穿却, 方見衲僧手段.)"

설화

○ 본색本色을 갖춘 시자였다면 마땅히 어떻게 응대했을까 : 이하에서 밝힌다.
○ 그러므로 낚싯줄을 늘어뜨려 물을 탐색함은~진위를 분간하려는 뜻이다 : 그 시자가 본색을 갖춘 학인인지 그렇지 않은지 살핀다는 말이다.
○ 만일 제대로 말한다면 무소 부채는 아직도 남아 있을 것이다 : 진실로 무소 부채를 안다는 뜻이다.
○ 더운 날 법당에서 부채를 부치니, 법좌 가득히 시원한 바람이 일어나는 구나 : 부치는 방법을 알기 때문에 시원한 바람이 법좌 가득히 일어난다는 말이다.

佛日 : 若是本色至酬對者, 下明之. 然垂絲至眞僞者, 窮他侍者, 是本色, 非本色也. 若也道得云云者, 眞實知得犀牛扇子也. 暑天堂云云者, 解用故, 淸風滿坐而生也.

찾아보기

가부소아교家富小兒嬌 / 36
가섭迦葉 / 200
가지예可知禮 / 40
각범 혜홍覺範慧洪 / 436
각조선사覺照禪師 / 438
간목竿木 / 91, 92
간화선看話禪 / 252, 476, 487
감산 덕청憨山德淸 / 305
강태공姜太公 41
개구견심開口見心, 開口見膽 / 28
개사開士 / 174
개선 선섬開先善暹 / 16, 375, 684
개암붕介庵朋 / 43, 259, 398, 452, 675
개한箇漢 / 269
거관결안據款結案 / 264
거문고 / 153, 322, 323, 325, 326, 451, 516, 610
건추犍槌 / 200, 223, 224, 225
검은 용(驪龍) / 173, 181, 182, 215, 350, 391, 499, 590
격格 / 269
격신구隔身句 / 410, 411
격외格外 / 90, 646
결정적인 전기가 되는 한마디(一轉語) / 530, 534, 536
결정적인 한 수(一著) / 315, 513
경도선競渡船 / 19, 20, 21
경산徑山 / 10, 412, 561

경산 도흠徑山道欽 / 558
경잠景岑 / 539
경조 현자京兆蜆子 / 532
경청鏡淸 / 359
경효감전방經效敢傳方 / 36
계급階級 / 169, 170, 172, 176, 177, 179, 181
계수나무(桂) / 483, 628, 682
계환戒環 / 235
고림古林 / 434
고목 법성枯木法成 / 206, 456, 554
고묘불당古廟佛堂 / 163
고변高騈 / 292
고불古佛 / 58, 61, 62, 67, 68
고일착高一著 / 416
고착안高著眼 / 267
곤산 찬원崑山贊元 / 39, 188, 214, 449, 542
공空 / 16, 76, 78, 97, 98, 100, 112, 277, 279, 533, 568, 651, 672
공수 종인空叟宗印 / 86, 416
공안公案 / 367, 578
공안현성公案現成 / 359
공자 / 40, 62, 113, 185, 199, 252, 305, 546
관계 지한灌谿志閑 / 228
관문關門 / 24, 83, 85, 111, 183, 220, 248, 292, 309, 318, 319, 332, 367, 368, 372, 379, 397, 421, 441, 449, 450, 477, 478, 487, 488, 517, 523,

찾아보기 • 687

530, 537, 540, 542, 543, 547, 553,
558, 587, 614, 615, 623, 647, 648,
652, 653, 657
광령조廣靈祖 / 210
광명변조光明遍照 / 59
광혜 원련廣慧元璉 / 99
굉지 정각宏智正覺 / 484, 543, 663
교룡蛟龍 / 452, 453
교외敎外 / 646
교외별전敎外別傳 / 211, 669
교화의 문 / 89, 135
구멍 없는 쇠망치(無孔鐵鎚) / 34, 37, 263,
352, 361, 363, 365, 677
구멍 없는 피리(無孔笛) / 132
구시인舊時人 / 171
구양수歐陽修 / 309, 561
구처기丘處機 / 229
국일선사國一禪師 / 558
국청재자귀國淸才子貴 / 36
굴원屈原 / 20, 21, 192
권과 실權實 / 104
규봉圭峯 / 124
그림자 없는 나무(無影樹) / 135, 136,
140, 144, 146, 156, 157, 160, 451
극칙사極則事 / 88, 89, 91
근본에서 한 단계 떨어진 수준(第二義門) /
244
금비金篦 / 555
금산 요원金山了元 / 46, 176
금시今時 / 366, 680
금시법金屎法 / 219
금시사今時事 / 500
금시인今時人 / 171
금일사今日事 / 156, 481, 498, 499

금일인今日人 / 531, 532
금털 사자金毛師子 / 254, 563, 572, 578,
583
긍정肯定 / 212, 289, 342, 520, 523,
602, 648
기관선機關禪 / 487
길장吉藏 / 480
깨달음의 전기가 되는 네 마디 말(四轉語)
/ 146, 155, 156, 157

나귀(驢) / 282
나산羅山 / 519, 520, 602~604, 613
나산 도한羅山道閑 / 602, 604, 612
나암 정수懶菴鼎需 / 185
나은羅隱 / 67, 328
나찬화상懶瓚和尙 / 55
나한 계침羅漢桂琛 / 512
낙포洛浦 / 90
난탑卵塔 / 130
남당南堂 / 297
남당 원정南堂元靜 / 296
남돈북점南頓北漸 / 216
남선南禪 / 260, 263
남선 천南禪泉 / 399
남악 / 196, 197
남악 회양南嶽懷讓 / 169, 173, 194, 195,
198, 251, 306, 406, 407, 417, 637
남양南陽 / 36, 40, 44, 62, 74, 141, 142
남양 혜충南陽慧忠 / 19, 32, 38, 40, 66,
149, 569, 627
남원 혜옹南院慧顒 / 172

남전南泉 / 94, 136, 234, 271, 274, 275, 288, 298, 347, 348, 539, 587, 595, 596, 598, 602, 604, 609, 610, 614, 615~618, 649, 653, 656, 657~659, 661, 662
남전 보원南泉普願 / 174, 251, 262, 264, 276, 288, 438, 442, 454, 612, 648, 655
남종선南宗禪 / 216
남화 지병南華知病 / 633
납승衲僧 / 369
낭야 혜각瑯琊慧覺 / 300, 325, 448, 589, 606, 608, 656
낭주朗州 / 98, 99, 100
노고추老枯錐 / 348, 374
노란 잎 / 282
노련한 장수(老將) / 184, 185, 358
노로盧老 / 177
노사나盧舍那 / 58, 59, 61, 62, 68
노조魯祖 / 596, 597, 598, 599, 600, 601~612, 614~618, 620, 623~625
노조 보운魯祖寶雲 / 598
노주露柱 / 51, 191, 280, 426, 451, 487, 488, 505, 639, 646
노파老婆 / 248, 268, 269, 581, 597
노파선老婆禪 / 49
노파심老婆心 / 36, 45, 71, 89, 148, 439
농동儱侗 / 10
눈썹 / 147, 158, 197, 247, 294, 295, 353, 507, 515, 606, 607, 616
늑담 법회泐潭法會 / 378
늑담 상흥泐潭常興 / 26, 615

다자탑多子塔 / 174
단견斷見 / 480, 534, 557, 558
단하 자순丹霞子淳 / 136, 177, 419
단하 천연丹霞天然 / 81, 627, 666
단하丹霞 / 84, 85, 86, 149
달마達磨 / 133, 190, 200, 217, 258, 260, 297, 298, 311, 381, 425, 426, 548, 553, 556, 595, 596, 601, 638
달마 대사達磨大師 / 120, 127, 150, 173, 342, 379, 380, 406, 429, 531, 561, 579
담당 문준湛堂文準 / 379
담판한擔板漢 / 202
당나귀해驢年 / 554
당자곡黨子谷 / 19, 106
대각선사大覺禪師 / 558
대각 회련大覺懷璉 / 21, 44, 61, 83, 224, 229, 324, 388, 446, 455, 486, 514, 667, 681
대고추大古錐 / 38
대기大機 / 482, 483, 484, 496, 497, 501, 506, 507, 509
대기대용大機大用 / 251, 483, 484
대동大同 / 415
대동 광징大同廣澄 / 414
대룡大龍 / 266
대매大梅 / 290, 298
대매 법상大梅法常 / 179, 251, 290, 636
대사大士 / 174
대용大用 / 483, 484, 496, 488, 496, 497, 501, 506~508, 510
대웅봉大雄峰 / 448, 454, 493, 503, 512,

514~516, 523, 528, 529, 541, 543, 548
대웅산大雄山 / 450, 489, 514, 517, 541, 551, 553, 578, 579
대위 모철大潙慕喆 / 66, 84, 95, 658
대유령의 매화(嶺梅) / 489
대이삼장大耳三藏 / 19, 26
대인의 경계大人境界 / 128
대장부大丈夫 / 91, 92, 113, 114, 196, 247, 311, 572
대적大寂 / 458, 486
대적선사大寂禪師 / 251, 407
대종代宗 / 130, 132, 155
대주大珠 / 375
대증선사大證禪師 / 132
대지大智 / 534
대지선사大智禪師 / 438
대혜大慧 13, 173, 201
대혜 종고大慧宗杲 12, 42, 49, 55, 56, 171, 181, 218, 228, 254, 259, 447, 482, 561, 628
대홍 보은大洪報恩 / 103, 105, 424, 537, 560, 561, 681
덕산 선감德山宣鑑 / 16
덕산德山 / 227, 256, 412, 518
도광 회적韜光晦迹 351
도독고塗毒鼓 / 507
도둑(賊) / 54, 264, 346
도림道林 / 380
도연명陶淵明 / 197
도오 원지道吾圓智 / 394
도원桃源 / 43
도원道圓 / 572
도일道一 / 406

도잠陶潛 / 185
도장(印) / 258
도적賊 / 381, 382, 637, 638, 643
도화원桃花源 / 43
돈頓 / 171
돈수점오頓修漸悟 / 171
돈오頓悟 / 216, 263
돌咄 / 266, 321, 492, 588
돌부자鏪斧子 / 194, 195
동림 상총東林常總 / 38, 156, 266, 314, 349, 391, 405, 407, 489, 499, 541, 612
동명 고운東明孤雲 506
동산洞山 / 532
동산 양개洞山良价 / 69, 426, 620, 621
동선 지관東禪智觀 / 116
동안同安 / 207
동안 도기同安道丕 / 156
두 번째 달(第二月) / 454
두 번째 문(第二門) / 214
두견 / 38
두보杜甫 94, 463, 483
두순학杜荀鶴 / 70, 94
득得 / 242, 653
득실得失 / 95, 191, 202, 244, 653
득효감전방得效敢傳方 / 36
등롱燈籠 / 191, 280, 451, 487, 505, 639, 664
등용문登龍門 / 41, 85
등은봉鄧隱峯 / 92

리離 / 116, 192, 294, 367, 476, 477

마 대사馬大師 / 31
마곡麻谷 / 638, 640, 642~644, 649, 650, 653, 656~659, 661, 663~666, 669, 670, 672~674
마곡 보철麻谷寶徹 / 251, 637, 638, 648
마른 똥막대기(乾屎橛) / 264, 346
마삼근麻三斤 / 189
마음의 원숭이(心猿) / 68, 69, 70
마조馬祖 19, 83, 92, 101, 149, 201, 202, 255, 258, 262, 269, 275, 281, 283, 290, 295, 299, 302, 304~309, 311~313, 324, 325, 329, 330, 342, 345, 350, 359, 362, 364, 366~369, 371, 372, 376, 378, 380, 381, 383, 387, 393, 394, 398, 400, 407~410, 432, 438~441, 443, 446, 448~451, 453, 455, 456, 459, 460~463, 465, 469, 476~489, 491~493, 496, 497, 501~505, 507~511, 513, 525, 527~529, 627, 632, 634
마조 대사馬祖大師 / 102, 252, 254, 257, 259~261, 264, 266, 270, 272, 274, 276~288, 294, 296, 297, 315, 316, 320, 324, 326, 327, 330~333, 336, 348, 354~356, 360, 365, 375, 383, 384, 397, 402, 406, 411, 445, 628
마조 도일馬祖道一 / 251, 417, 438, 476,
595, 627, 648
마하반야바라밀摩訶般若波羅蜜 / 223, 224
막야검鎮鋣劒 / 154, 450
만법萬法 77, 112, 304, 306, 307, 308, 311, 314, 315, 320, 321, 383, 384
만송萬松 / 185, 596, 601, 678
만송 행수萬松行秀 / 135, 136, 184, 534, 544, 595, 677
만안顢頇 / 10
만정滿淨 / 59, 60
말후구末後句 / 65, 174, 259, 287, 483, 639
망아지(馬駒) / 264, 267, 306, 346, 354, 368, 401, 493
매미 / 30
매화 / 147
멱라汨羅 / 20
면벽面壁 / 120, 579, 595~604, 606~608, 610~612, 617
명교明敎 / 521
명초 덕겸明招德謙 / 226
목암 법충牧庵法忠 / 292, 293
목주睦州 / 256
몰자미沒滋味 / 310, 314, 346, 353, 519, 558
몸 보호하는 부적(護身符子) / 88, 89, 90, 91
묘봉 지선妙峯之善 / 189
묘향산妙香山 / 163
묘희妙喜 / 29, 51, 250
무견정상상無見頂上相 / 175
무구세계無垢世界 / 9, 11
무념無念 / 299
무늬 없는 도장(無文印子) / 482
무딘 도끼(鈯斧子) / 194, 195, 198, 199, 200, 206~208, 210

무명無明 / 223, 224
무명장無明藏 / 239
무명주지無明住持 / 239
무명주지번뇌無明住地煩惱 / 281, 294
무문 혜개無門慧開 / 249
무봉탑無縫塔 / 130~132, 137, 138, 139,
　　142, 145, 148, 152~155, 158, 160
무분별無分別 / 13, 135
무사無事 / 351, 352, 355, 403, 541, 600
무생無生 / 226, 227, 230, 246
무생법인無生法忍 / 11
무소식無消息 / 494
무쇠 소(鐵牛) / 289, 296, 427, 450
무심無心 / 42, 44, 319, 351, 427, 544,
　　675
무위無爲 / 208, 403
무위자無爲子 / 191, 401, 601
무위진인無位眞人 / 264, 346
무의자無衣子 / 34, 137, 228
무일물無一物 / 15
무정無情 / 122, 123, 124, 125
무제대사無際大師 / 417
무진거사無盡居士 / 191, 401, 495, 555,
　　646
무차별無差別 / 141, 158, 235, 236, 247,
　　278, 292, 294, 349, 373, 391, 421,
　　422, 481, 580
무착無著 / 314
무파비無巴鼻 / 484
문수文殊 / 183, 239, 256
문수보살文殊菩薩 / 184, 314
문원文遠 / 442, 682
문정門庭 / 244
문정시설門庭施設 / 383

문종 황제文宗皇帝 / 435
물소(水牯牛) / 174
미륵彌勒 / 256, 257
밀암密庵 / 412, 525
밀암 함걸密庵咸傑 / 293, 296, 311, 524,
　　554, 670
밑 뚫린 그릇(穿心椀) / 132

반랑潘閬 / 681
반산盤山 / 24
반수般輸 / 142
반야다라般若多羅 / 264, 368, 406
반야다라삼장 / 306, 493
발무인과撥無因果 / 557
방개放開 / 188, 267
방거사龐居士 / 108, 140, 251, 297,
　　304~307, 311~313, 321~330,
　　332~334, 488, 525
방공龐公 / 325, 327
방棒 / 196, 205, 412, 467, 509, 616,
　　625
방온龐蘊 / 305
방편方便, 門庭 / 244, 274, 282, 383
방행放行 / 348, 440, 476, 478, 483,
　　501, 649
배촉背觸 / 558
배촉관背觸關 / 332, 372, 460, 470, 477,
　　478
백거이白居易 / 351
백련사白蓮社 / 197
백법 좌주百法座主 / 103

백비百非 / 342~344, 346, 347, 349~351, 353~356
백수 본인白水本仁 / 110
백암부白巖符 / 102
백암 성총栢庵性聰 / 89
백애산白崖山 19, 106
백애산 당자곡白崖山倘子谷 / 132
백운 법연白雲法演 / 309, 316, 352, 355, 360, 394
백운 지병白雲知昺 / 285, 350, 363, 396, 494, 511, 535, 568
백장百丈 / 63, 64, 200, 323, 348, 352, 356, 439, 441, 445, 446, 448~451, 454~456, 458, 459, 461~463, 465, 469, 476, 476~490, 492~497, 503~514, 517~519, 523~525, 527~531, 532~536, 537~540, 542, 546~547, 549, 551~557, 564~565, 568, 572, 574~575, 577~578, 580~581, 583~584, 586~588, 590, 593
백장 대지百丈大智 / 593
백장산百丈山 / 548
백장 유정百丈惟政 / 288
백장 회해百丈懷海 / 251, 262, 274, 342, 438, 476
백척간두百尺竿頭 / 98, 99, 172, 223, 361, 497, 601
백추白槌 / 223
범려範攄 / 402
범부凡夫 / 98
범순인范純仁 / 149
범중엄范仲淹 / 149, 150
범천 언기梵天彦琪 / 10, 15
법랑法朗 / 77

법령法令 / 204, 205, 412, 447, 456, 459, 492, 595, 610~612, 647
법상法祥 / 12
법안法眼 / 52, 311, 561
법안 문익法眼文益 / 93, 132
법연法演 / 618
법운 법수法雲法秀 / 111
법인法印 / 174
법장法藏 / 123, 124
법진 수일法眞守一 / 39, 62, 66, 135, 142, 188, 352, 369, 393, 448, 518, 529, 543, 580, 657
법천法泉 / 469
벽관壁觀 / 120, 596
변계소집遍計所執 / 78
변성남자變成男子 / 9
변일체처遍一切處 / 59, 68
변화卞和 / 291
별전別傳 / 211
병다암약성病多諳藥性 / 36
병불秉拂 / 508
보공 대사寶公大士 / 340
보녕수保寧秀 / 37, 313
보녕 인용保寧仁勇 / 149, 203, 240, 309, 325, 393, 415, 488, 500, 515, 580, 653
보복保福 / 647
보복 종전保福從展 / 84, 102, 108, 601, 637, 638, 656, 682, 683
보봉寶峯 / 314, 408
보봉 유조寶峯惟照 / 311
보수保壽 / 269
보운寶雲 / 595
보원普願 / 264, 266

찾아보기 • 693

보주普州 / 54
보주인송적普州人送賊 / 54
보지화상寶誌和尙 / 73
보현普賢 / 240, 256
보화普化 / 537, 540, 541
복우伏牛 / 628~633, 635
복우 자재伏牛自在 / 283, 627
복화충福化充 / 266
본각本覺 / 239
본래면목本來面目 / 144, 170, 223, 433
본래무일물本來無一物 / 15
본래신本來身 / 322
본래인本來人 / 156, 414, 531, 532, 620
본분本分 / 80, 88, 366, 240, 248, 587, 679, 680, 685
본분사本分事 / 27, 131, 336, 386, 441, 447, 470, 481, 500, 506, 510, 569, 575, 585, 637~643
본분을 고수하는 입장(把住) / 189, 440
본분초료本分草料 / 657
본색납승本色衲僧 / 685
본연거사本然居士 / 313
본유本有 / 33, 481, 591, 680
봄바람 / 67, 153, 160, 328, 329, 422, 567
부대사傅大士 / 196, 414, 666
부모미생전父母未生前 / 223, 482
부산 법원浮山法遠 / 134
부산浮山 / 50
부정否定 / 212, 289, 342, 520, 523, 602, 648
북종선北宗禪 / 216
분양汾陽 / 470, 471
분양 무업汾陽無業 / 472
분양 선소汾陽善昭 / 470, 485

분정分淨 / 59, 60
분주汾州 / 499, 500, 506
분주 무업汾州無業 / 472
분주 선소汾州善昭 / 498
불감佛鑑 / 149
불감 극근佛鑑克勤 / 128
불감 혜근佛鑑慧懃 / 76, 444, 452, 516, 518, 519, 521, 588
불과佛果 / 663
불과 극근佛果克勤 / 104, 317, 318, 319, 320
불국 유백佛國惟白 / 178
불변不變 / 673
불석미모不惜眉毛 / 507
불안 청원佛眼淸遠 / 41, 68, 230, 231, 272, 320, 322, 330, 355, 373, 444, 452, 466, 490, 504, 521, 550, 551, 563, 583, 600
불이법문不二法門 / 358
불이법不二法 / 679
불이不二 / 348
불인 지청佛印智淸 / 40, 441, 489, 646, 667
불일 지재佛日智才 / 458, 685
불자拂子 / 30~31, 200, 223, 255, 256, 366, 367, 428, 429, 476~479, 481, 483, 485, 486, 490, 491, 494~496, 497, 501, 507~508, 510, 565~566, 635, 670, 671
불적기佛跡琪 / 449
불전佛殿 / 505
불타 덕손佛陀德遜 / 470, 542, 599
불해佛海 / 663
불혜 법천佛慧法泉 / 399

불혜선사佛慧禪師 / 399
비량比量 / 79
비로자나毘盧遮那 / 59, 73
비로자나불毘盧遮那佛 / 72~76, 122, 373, 401, 402
비심비불非心非佛 / 283, 291~293, 633, 634
비판批判 / 289, 329, 581, 661

사구死句 / 104, 219, 376, 500
사구四句 / 342~344, 346, 347, 349, 350, 353, 354, 356, 361
사대思大 / 340
사대 선사思大禪師 / 174
사람을 살리는 검(活人劒) / 484, 485, 649, 675, 676
사람을 죽이는 칼(殺人刀) / 484, 485, 649, 675, 676
사마 두타司馬頭陀 / 531
사마귀螳螂 / 30
사면四面 / 618
사명 지례四明知禮 / 125
사문과沙門果 / 240, 284, 285, 295
사문이류沙門異類 / 240, 284, 286
사씨 집 셋째 아들(謝三郎) / 490
사자師子 / 196, 349, 447, 492, 534, 537~589, 654
사자존자師子尊者 / 532, 533
사직師直 / 328
산형주장자山形拄杖子 / 131

살바야薩婆若 / 436
살바하薩婆訶 / 296
살인도殺人刀 / 649
살활殺活 / 54, 128, 373
삼각 총인三角總印 / 637
삼각三角 / 638, 640, 642, 644, 645
삼계三界 / 77
삼구三句 / 159, 372, 534, 535
삼대의 곡조 / 339, 340
삼상參商 / 231
삼성 혜연三聖慧然 / / 394
삼아승기겁 / 98
삼응三應 / 32
삼평 의충三平義忠 / 394
삽계 일익霅溪日益 / 158
상견常見 / 480, 558
상과 벌賞罰 / 82
상두관려자上頭關梛子 / 517
상방 일익上方日益 40, 63, 209, 352, 354, 393, 442, 449, 457, 489, 546, 547
상방 제악上方齊岳 / 147, 219
상사반야相似般若 / 559
상相 / 112
상제보살常啼菩薩 / 338
새롭게 개발하는 힘(新熏) / 680
새롭게 익히는 수행(新熏) / 33, 591, 680
새우(蝦) / 454
생멸生滅 / 246
서강의 물西江水 / 297, 304, 306, 309, 311, 316, 317, 488
서당西堂 / 102
서당 지장西堂地藏 / 101, 251, 262, 274, 341, 344, 361, 438
서래의西來意 / 342

서시西施 / 292
서암료혜西巖了慧 / 25
서암瑞巖 / 106, 365
서암瑞嵓 / 570
서원西院 / 581
석가노자釋迦老子 / 213, 241, 260
석계石溪 / 412
석계 심월石溪心月 / 120, 588
석공 혜장石鞏慧藏 / 394
석교石橋 / 316, 317
석두石頭 / 92, 183, 194~199, 201,
　202, 204~209, 211, 213, 214, 304,
　305, 330, 417, 418, 421, 423, 424,
　426~428, 510
석두로활石頭路滑 / 92
석두 희천石頭希遷 / 90, 92, 194, 195,
　198, 417, 510
석문石門 / 499, 500, 506
석문 온총石門蘊聰 / 499
석문 원이石門元易 / 217, 307
석상石霜 / 23, 620
석상 경저石霜慶諸 / 156, 469, 682, 683
석실 선도石室善道 / 108
선善 / 246, 247, 249, 250, 277
선성善星 / 9, 11
선악善惡 542
선월 관휴禪月貫休 / 94, 181, 387
선자 덕성船子德誠 / 38
선재동자善財童子 / 338
선정암禪定菴 / 163
선종의 종지西來意 / 342, 345, 347, 357
선타객仙陀客 / 456
선타바仙陁婆 / 44
선혜 대사善慧大士 / 196

설당 도행雪堂道行 / 552
설두雪竇 / 24, 50~53, 66, 130, 131,
　134, 135, 150, 151, 153, 158, 210,
　300, 369, 503, 575, 628, 640, 643,
　644, 648, 649, 680, 684
설두 법녕雪竇法寧 / 203, 393, 546
설두 중현雪竇重顯 / 65, 74, 75, 110,
　144, 138, 204, 207, 311, 345, 368,
　387, 423, 433, 440, 454, 456, 497,
　513, 576~578, 583, 622, 628, 639,
　641, 643, 650, 679, 683
설봉雪峰 / 51, 359, 646
설봉 의존雪峰義存 / 264
설봉료雪峯了 / 148
설찬雪竄 / 434
설촉囓鏃 / 511
설회의薛懷義 / 77
성性 / 112
성유식成唯識 / 78
성인成人 / 98
성제聖諦 / 169, 171, 172, 176, 179,
　181, 182, 185
소동파蘇東坡 / 21
소로蘇嚕 / 249
소림小林 / 191
소산疎山 / 646
소산 광인疏山匡仁 / 646
소식蘇軾 / 496
소양韶陽 / 65, 205
속임수訑 / 553, 610, 625
손님賓 / 81
손님과 주인(賓主) / 81, 317, 323, 329,
　432, 446, 453, 484, 664, 665
송원松源 / 127, 173, 468

송원 숭악松源崇嶽 / 181, 274, 296, 381, 467, 523, 631, 664
수공水空 / 189
수로水老 / 367
수산首山 / 302
수收 / 602
수연隨緣 / 673
수염 없는 자물쇠(無鬚鎖子) / 290
수유茱萸 / 376
수행修行 / 27
숙종肅宗 / 73, 154, 155, 158, 159, 144, 145, 150
숙종 황제肅宗皇帝 / 19, 72, 110, 130, 135
순금純金 196, 200, 216~221, 425, 492, 497, 498, 502~504, 510, 550, 649
숭녕崇寧 / 249, 643
숭산 노안嵩山老安 / 569
숭산 준극崇山峻極 / 246, 558
숭승공崇勝珙 / 41, 292, 397, 442, 451, 490, 516, 548, 569, 682
숭악 혜안嵩嶽慧安 / 226
습득拾得 / 397
승당升堂 / 198
승량僧亮 / 555
승부勝負 / 95
승조僧肇 / 678
승천 전종承天傳宗 / 447
승천회承天懷 / 40, 545, 640
시비是非 / 346, 427, 537, 558
시비분별是非分別 / 13
신광神光 / 596
신수神秀 / 16, 216, 384, 569
신의信衣 / 191
신정神鼎 / 147, 193

신정 홍인神鼎洪諲 / 118, 145, 268, 301
신회神會 / 19, 219, 220, 221, 224
신훈新熏 / 33
실失 / 242, 653
실實 / 258, 397, 546, 555, 647, 652
실전조죄失錢遭罪 / 355
실중문답室中問答 / 55, 56
심문 담분心聞曇賁 / 30, 64, 98, 160, 241, 311, 315, 325, 357, 365, 398, 494, 553, 570, 580, 591, 601, 617, 654, 670
심원의마心猿意馬 / 68
심인心印 / 106, 191, 132, 258, 482, 553, 685
십신조어十身調御 / 72, 76
쑥대로 만든 불자(蒿枝拂) / 508, 510

아왕택유鵝王擇乳 / 54
악惡 / 246, 247, 249, 250, 277
악업惡業 / 246~249
안국 명진安國明眞 / 69
안심법문安心法門 / 173
안진경顔眞卿 / 253
알맹이 없는 사람(虛頭漢) / 367
앙산仰山 / 30, 240, 410, 460, 497, 501
앙산 행위仰山行偉 / 121, 330
앙산 혜적仰山慧寂 / 22, 482, 496, 510, 556
애주崖州 / 148
야보 도천冶父道川 / 465
야호화野狐話 / 556, 557, 563

약산藥山 / 201, 340, 422, 423, 424
약산 유엄藥山惟儼 / 334, 421
양구良久 / 104, 157, 479
양기 방회楊岐方會 / 464
양변兩邊 / 264, 266, 277, 556
양산 선기梁山善冀 / 606
양산암梁山巖 / 606
양산 연관梁山緣觀 / 212
양억楊億 / 99
양족존兩足尊 / 169, 417
양춘백설陽春白雪 / 350
어행수탁魚行水濁 / 55
엄이투령掩耳偸鈴 / 434, 585
여래선如來禪 / 240
여래장如來藏 / 239, 379
여룡驪龍 / 75, 83, 499
여릉廬陵 / 178, 183, 185, 186~188, 190, 191, 385
여수입수如水入水 / 614
여수전기如水傳器 / 468
여우野狐 349
여우굴野狐窟 / 213, 214
여우귀신野狐精 / 20
여우의 침野狐涎 / 554
여의주如意珠 181, 182, 215, 387, 499
여주驪珠 / 75, 391, 499
연아불각추憐兒不覺醜 / 45
열재거사悅齋居士 / 44, 192, 247, 254, 350, 496, 556
염관鹽官 / 10, 681, 682, 684
염관 제안鹽官齊安 / 58, 677
영가永嘉 / 12, 13, 15
영가 현각永嘉玄覺 / 9, 150, 339, 579
영명 연수永明延壽 / 79

영산회상靈山會上 / 174
영아행嬰兒行 / 107
영암靈巖 / 249
영우靈祐 / 64
영원靈源 / 156, 157
영원 유청靈源惟淸 / 155, 156, 192, 409, 427, 547, 635
영은靈隱 / 181, 524
옆에서 지켜보는 사람이 비웃는다(傍觀者 哂) / 30
예주澧州 / 98, 99, 100
오공대사悟空大師 / 677
오봉五峰 / 575
오봉五峯 / 353, 581, 586
오봉 상관五峰常觀 / 574, 577
오위五位 / 182, 235
오조 법연五祖法演 / 138, 212, 360, 405
오조 사계五祖師戒 / 88, 89
온백설자溫伯雪子 / 185
왕 노사王老師 / 270, 442, 612
왕로王老 / 442
용녀龍女 / 9, 11
용두사미龍頭蛇尾 / 402, 639
용문龍門 / 85, 282, 463, 505, 521, 529, 542, 623, 624
용문 불안龍門佛眼 / 465
용문신龍門新 / 503
용아龍牙 / 581, 603
용의 머리에 뱀 꼬리(龍頭蛇尾) / 111, 118
우두牛頭 / 234, 235, 236, 243
우두 법융牛頭法融 / 25
우바국다優波毱多 / 178
우열優劣 / 65, 421, 542, 642
운개 수지雲蓋守智 / 328

운거雲居 / 194, 581
운거 청석雲居淸錫 / 218, 604, 613
운거 효순雲居曉舜 / 399
운대정雲臺靜 / 190, 392
운문雲門 / 12, 51, 58, 65, 66, 142, 184, 534, 581, 585, 646, 657
운문 문언雲門文偃 / 111, 118, 174, 569, 646, 674
운문 종고雲門宗杲 / 12, 17, 189, 253, 254, 255, 258, 259, 273, 310, 332, 333, 466, 467, 468, 493, 508, 551, 565, 567, 584, 615, 616, 617, 644, 661
운암雲巖 / 395, 503, 575, 581, 585, 586
운암 담성雲巖曇晟 / 574, 578
웅봉雄峯 / 458, 486
웅이산熊耳山 / 200
원록공遠錄公 / 134
원상圓相 / 367, 369, 682
원앙鴛鴦 / 395
원앙 문양 / 190
원오圜悟 / 55, 405, 438, 578, 581, 614, 637, 643
원오 극근圜悟克勤 / 131, 212, 231, 249, 317, 339, 344, 361, 380, 408, 422, 423, 478, 482, 509, 511, 534, 581, 614, 628, 642, 653
원통圓通 / 212
원통 거눌圓通居訥 / 212
월강 정인月江正印 / 42
월면불月面佛 / 383, 384, 386, 387, 388, 389, 390, 391, 392, 393, 395, 396, 397, 398, 399, 401, 403, 408, 411, 413
위산潙山 / 10, 200, 410, 460, 497, 531, 551, 563, 579, 580, 581, 586
위산 모철潙山慕喆 / 354, 629
위산 영우潙山靈祐 / 63, 110, 438, 496, 556, 574, 576, 581
위앙종潙仰宗 / 682
위음왕불이전威音王佛以前 / 482, 511
유기由基 / 448
유마거사維摩居士 / 348
유방劉邦 / 84, 85, 326, 547
유식唯識 / 78
유식론唯識論 / 77
유심有心 / 44
유有 / 78, 112
유정有情 / 122, 123, 124, 125
유정惟政 / 435, 437
육근六根 / 80, 126
육긍 대부陸亙大夫 / 136
육왕 개심育王介諶 / 128, 552, 634
육왕 불지育王佛智 564
육침陸沈 / 217, 509, 623, 624
은산 철벽銀山鐵壁 / 223, 319, 356, 476, 494, 521, 542, 601
은신삼매隱身三昧 / 241
은혜(恩) / 41, 46, 62, 226, 232, 524, 525, 528
음광飲光 / 530, 556
응진應眞 / 155
의단疑團 / 489
의보依報 / 15, 125
의보依報 / 16
이광李廣 / 549, 552, 577
이류異類 / 284
이류중행異類中行 / 174, 240, 539, 667
이미離微 / 27

찾아보기 • 699

이성移成 / 195
이심전심以心傳心 614
이익과 손해利害 / 95
이통현李通玄 / 98, 123, 235, 236, 568
이화립李華立 / 162
인과因果 / 530, 532~535, 542, 543,
　　550, 557, 560, 562, 564, 565
일구一句 / 159
일념상응一念相應 / 97
일대사一大事
일도진언一道眞言 / 274, 275, 670, 671
일면불日面佛 / 383, 384, 386, 387, 388,
　　389, 390, 391, 392, 393, 395, 396,
　　397, 398, 399, 401, 403, 408, 411,
　　413
일물一物 / 283, 286, 288, 295
일숙각一宿覺 / 9
일심一心 / 590
일원상一圓相 / 366, 367, 432, 683
일장영과一狀領過 / 673
일체지一切智 / 238, 239
일필구소一筆勾消 / 82
일필구하一筆勾下 / 566
일할一喝 / 484
임제臨濟 / 175, 256, 264, 346, 412,
　　484, 484, 488, 508, 510, 517, 537,
　　603, 618, 625, 650, 673
임제 의현臨濟義玄 / 371, 650
임제종臨濟宗 / 251
입수견장인入水見長人 / 569
입실入室 / 198

ㅈ

자고새鷓鴣 / 254, 441, 451
자라장紫羅帳 / 451
자린 공봉紫璘供奉 / 93
자복資福 / 346, 682
자복 여보資福如寶 / 682, 683
자선子璿 / 343
자수 원첩資壽院捷 / 539
자수 회심慈受懷深 / 153, 160, 491, 549
자수용삼매自受用三昧 / 20, 22, 68
자의紫衣 / 77, 93
자재自在 / 627
자항 요박慈航了朴 / 275, 411, 673
작가作家 / 208, 369, 506, 513, 535,
　　588, 635
잡동사니를 매매하는 점포(雜貨鋪) / 510
장경章敬 / 656, 657, 658, 659
장량張良 / 84, 85
장경 혜릉長慶慧稜 / 601, 637, 638, 655
장경 회휘章敬懷暉 / 648, 649, 655
장령 수탁長靈守卓 / 41, 291, 396
장로 종색長蘆宗賾 / 221, 448, 501
장로長蘆 / 160, 609
장사 경잠長沙景岑 / 98, 532
장산蔣山 / 519, 535
장산 극근蔣山克勤 / 137, 143, 267, 290,
　　359, 361, 443, 491, 506, 517, 550
장산 법천蔣山法泉 / 21, 36, 77, 351,
　　389, 399, 487, 528, 620, 621, 640
장신노영藏身露影 / 434
장이삼장長耳三藏 / 19
장전張顚 / 552
장착취착將錯就錯 / 494

저울의 첫 눈금(定盤星) / 103, 104, 105, 416
적취 영암주積翠永庵主 / 128
전기대용全機大用 / 625
전봉상주箭鋒相柱 / 642
전삼삼후삼삼前三三後三三 / 314
점수漸修 / 216, 287
점액點額 / 85
점漸 / 171
정견正見 / 16
정경定慶 / 371, 375
정곡鄭谷 / 567
정법안장正法眼藏 / 177
정병淨瓶 / 58, 60, 61, 62, 63, 64, 70
정보正報 / 15, 16, 125
정수장지停囚長智 / 51, 458, 640
정엄 수수淨嚴守遂 / 646, 647
정위正位 / 136, 140, 141, 182, 349, 409, 421, 579, 580
정주鄭州 / 296
제2의 것(第二) / 424, 431
제3의 눈 / 255, 398
제이월(第二月) / 320
제이의문第二義門 / 214
제일의第一義 / 85
제일의문第一義門 / 244
제일주第一籌 / 178, 188
조계曹溪 / 170, 178, 211, 216, 217, 221, 417, 418, 419, 428, 429, 509, 511
조계 문하의 선객(曹溪門下客) / 26
조계 혜능曹溪慧能 / 579
조동종曹洞宗 / 185
조사祖師 / 173
조사선祖師禪 / 223, 240, 251, 274, 292, 360, 366, 369, 379, 440, 476, 575

조산曹山 / 136
조산 본적曹山本寂 / 240, 284
조어장부調御丈夫 / 72
조주趙州 / 23, 26, 29, 30, 53, 185, 187, 208, 256, 316, 317, 321, 442, 457, 516, 552, 557, 558, 561, 587, 588, 589, 637, 657, 682
조주 무자趙州無字 / 552
조주 종심趙州從諗 / 32, 516
종공방하從空放下 / 84
종남산終南山 / 435
종밀宗密 / 78, 79, 299, 590, 678
좌선坐禪 / 251, 252
좌주座主 / 77, 93, 103, 104, 105
주박周朴 / 158
주실籌室 / 178
주아부周亞夫 / 357
주인主人 / 81
주장자拄杖子 / 131, 135, 158, 159, 196, 210, 219, 260, 280, 293, 294, 295, 323, 346, 363, 366, 368, 369, 411, 412, 413, 459, 464, 467, 524, 527, 570, 571, 585, 592, 593, 643, 650, 651, 669, 670, 671, 685
주처周處 / 452, 453
죽산竹山 / 639
죽암 사규竹庵士珪 / 29, 43, 70, 190, 254, 310, 411, 467, 493, 552
죽은 뱀死蛇 / 104, 376, 377, 624
준극峻極 / 559
줄 없는 거문고(沒絃琴) / 132, 322, 323, 451, 516
중도中道 / 78
즉심즉불卽心卽佛 / 283, 291, 292, 293,

417, 633, 634
즉卽 / 116, 192, 294, 367, 476, 477
지도량智度良 / 607
지문 광조智門光祚 / 45
지비자知非子 / 44, 91, 399, 400, 421,
  423, 436, 453, 621
지상智常 / 16
지양池陽 / 598, 600
지위智威 / 170
지장地藏 / 270, 272, 344, 345, 348,
  351, 354, 356, 359, 361, 362, 385
지철志徹 / 418
지해智海 / 402
지해 본일智海本逸 / 374, 402, 458
지해 지청智海智淸 / 154, 279
지해종도知解宗徒 / 224
진 노사陳老師 / 602, 603, 612
진 산주進山主 / 15, 16
진각 혜심眞覺慧諶 / 371
진각대사眞覺大師 / 9
진금포眞金鋪 / 510
진여眞如 / 17
진여 모철眞如慕喆 / 542
진응眞應 / 432
진일보進一步 / 493
진정眞淨 / 609
진정 극문眞淨克文 / 291, 315, 391, 481,
  488, 535, 541, 592, 593
진종대사眞宗大師 / 216
진주陳州 / 242, 244
징관澄觀 / 240
징원澄源 / 15

차별差別 / 131, 141, 158, 160, 161,
  294, 305, 216, 235, 236, 239, 244,
  278, 292, 295, 300, 312, 349, 391,
  421, 422, 538, 556, 580
착각錯覺 220, 360, 361, 379, 416, 494,
  540, 541, 547, 554, 563, 565, 648,
  649~652
착어著語 / 212, 564, 649, 661
참새雀 30
창룡굴蒼龍窟 / 75, 387
천녕조天寧照 / 450
천동天童 / 673
천동 정각天童正覺 / 24, 48, 61, 80,
  126, 140, 177, 188, 270, 309, 347,
  368, 387, 390, 501, 579, 599, 609,
  610, 622, 625, 652, 681
천만권泉萬卷 / 399
천복薦福 / 381, 402, 468, 521
천복 본일薦福本逸 / 47, 48, 187, 327,
  373, 388, 460, 486, 514, 538
천석泉石 / 171, 196
천성 호태天聖皓泰 / 221
천유天遊 / 395
천의 의회天衣義懷 / 248, 557
천장 보월天章寶月 / 270, 659
천장 원초天章元楚 / 186
천장天章 / 29, 660
천진교天津橋 / 20, 21, 22, 25
천착穿鑿 / 468
천태지관天台止觀 / 9
철벽鐵壁 260
청량 징관淸凉澄觀 / 123

청량清凉 / 122

청매 인오青梅印悟 374

청원清源 / 170, 171, 172, 173, 176, 178, 179, 182, 185, 188, 189, 194, 195, 200, 202, 211, 214, 216, 217, 219, 220, 358, 418, 510

청원 행사清源行思 / 169, 173, 183, 191, 417, 428, 510

초석 범기楚石梵琦 / 181, 418, 575

최초구最初句 / 259, 639

취모검吹毛刀 / 350, 516

취미 무학翠微無學 / 359

취미翠微 / 603

취암 가진翠嚴可眞 / 598

취암기翠嵓璣 / 208

취암 문열翠嚴文悅 / 70, 320, 328

취암 사종翠嚴嗣宗 / 289, 395, 450, 562

취암 수지翠嚴守芝 / 52, 205, 220, 605

측천무후則天武后 / 309, 569

칙지則之 / 391

침묵良久 / 104, 132, 133, 150, 152, 153, 155, 157, 158, 271, 272, 330

코끼리(象王) / 196

콧구멍(鼻孔) / 30, 31, 188, 259, 274, 275, 338, 352

타수용삼매他受用三昧 / 22

타심통他心通 / 19, 21, 22, 25, 30

탄생왕자誕生王子 / 203, 287

탐애貪愛 / 223, 224

탐원耽源 / 88, 130, 133, 137, 144, 145, 147, 150, 153, 154, 155, 157, 160, 433, 4334

탐원 응진耽源應眞 / 130

투자投子 / 52, 684

투자 대동投子大同 / 682, 683

투자 의청投子義靑 / 35, 139, 175, 307, 430, 514

파수공행把手共行 / 643

파정把定 / 267, 478, 483, 501, 580, 623, 624, 649

파조타破竈墮 / 226, 231, 232, 234, 235, 236, 240, 241, 242, 243, 244, 559

파주把住 / 188, 212, 348, 440, 476

파초주장芭蕉拄杖 / 39

파초芭蕉 / 609

팔각형 돌절구(八角磨盤) / 99, 100

패결敗缺 / 24, 35, 36

패궐불소敗闕不少 / 24

편위偏位 / 136, 140, 141, 182, 349, 409, 421, 579, 580

편정오위偏正五位 / 141, 182

평등平等 / 15, 60, 66, 95, 189, 190, 220, 239, 243, 272, 280, 328, 363, 364, 480, 505, 518, 558, 614, 653

평상심시도平常心是道 / 19, 251

평상심平常心 / 252, 261, 438, 504

찾아보기 • 703

포대布袋 / 532
풍간豊干 / 397
풍류風流 / 292, 430, 591
풍혈風穴 / 315
풍혈 연소風穴延昭 / 172, 314, 451

하택荷澤 / 223, 225
하택 신회荷澤神會 / 216
하택종荷澤宗 / 78, 216
학림 현소鶴林玄素 / 558
한단지몽邯鄲之夢 / 465, 467
한마디의 진언(一道眞言) / 152
한산寒山 / 397, 557
한암 혜승寒巖慧升 / 302
한유韓愈 / 363
할喝 13, 114, 206, 412, 484, 486, 487,
 488, 489, 490, 491, 492, 493~495,
 503, 507, 571, 593, 594, 616, 625,
 631, 632, 660, 680
함정陷穽 / 84, 158, 191, 242, 333, 387,
 400, 542, 545, 570, 588, 597, 621,
 622, 637, 646, 652, 655, 658, 666
항우項羽 / 84, 85, 326, 547
해골髑髏 / 193, 250, 294, 295, 495
해인 초신海印超信 / 38, 48, 90, 202,
 206, 266, 347, 447, 459, 461, 462,
 487, 515, 540, 598, 681
해파리水母 / 454
해회 법연海會法演 / 149, 151
해회 수단海會守端 / 25
행각行脚 336, 338, 412

행사行思 / 19, 186, 193, 205, 206, 221
향림香林 / 412
향산 온량香山蘊良 / 293, 352, 353, 403
향상일로向上一路 / 629
향상하는 하나의 통로(向上一窺) / 629,
 631
향상向上 / 286, 350, 401, 419, 585
향엄香嚴 / 240
허당 지우虛堂智愚 / 106, 421, 540
허두한虛頭漢 / 621
허언虛言 / 399
허주許州 / 242, 244, 296
허虛 / 258, 373, 546, 555, 647, 655
현각玄覺 / 19, 52, 174, 604, 612
현고대추懸鼓待槌 / 149
현량現量 / 79
현사玄沙 / 26, 30, 51, 375, 429, 601,
 604, 607, 612, 613
현사 사비玄沙師備 / 23, 24, 113, 201,
 204, 217, 490, 601, 603, 607, 612
현산 정경峴山定慶 / 371
현자蜆子 / 532
현충백玄忠伯 / 472
협산夾山 / 611
형산의 옥荊山璧 / 291
혜각慧覺 / 561
혜남慧南 / 572
혜능慧能 / 174
혜림慧林 / 153
혜소 국사慧炤國師 / 112
혜안慧安 / 246
혜원慧遠 / 197
혜충慧忠 / 21, 43, 44, 84, 104, 121,
 170

혜충 국사慧忠國師 32, 36, 58, 65, 69, 72, 73, 77, 80, 81, 85, 88, 93, 97, 101, 103, 106, 110, 115, 120, 122, 127, 130, 152, 155, 158, 284, 534, 558, 627
호계虎谿 / 36
호랑이猛虎 / 408, 433, 434, 452, 453, 588, 664
호로胡盧 / 152
호리毫釐 / 11
호월 공봉皓月供奉 / 532
호육완창好肉剜瘡 / 56
호의好意 / 323, 433
호의狐疑 / 533
혼성자混成子 / 398, 555
홍문鴻門 / 84, 547
홍문연鴻門宴 / 85
홍제선사洪濟禪師, 弘濟禪師 / 169
홍종묘행선사弘宗妙行禪師 / 438
홍주종洪州宗 / 251, 510
화두話頭 / 66, 82, 95, 152, 154, 155, 183, 219, 252, 274, 285, 290, 292, 316, 320, 321, 334, 342, 347, 349, 353, 361, 385, 387, 396, 398~400, 403, 410, 411, 421, 487, 500, 528, 538, 544, 552, 558, 565, 586, 601, 621, 645, 646, 655
화림 선각華林善覺 / 63
화사화사禍事禍事 / 673
화산 무은禾山無殷 / 285
화산 혜방禾山慧方 / 266
화산禾山 / 185, 460
화살箭 / 394, 432
화선여래花鮮如來 / 11

화엄정華嚴靜 / 532
화정 선자華亭船子 / 611
환계 유일環溪惟一 / 27, 81
활구活句 / 104, 219, 376, 500
활인검活人劍 / 649
황룡黃龍 / 27, 631, 632, 635
황룡 사심黃龍死心 / 26, 664
황룡 오신黃龍悟新 / 180, 630
황룡 혜남黃龍慧南 / 37, 38, 187, 208, 344, 380, 646
황벽黃檗 / 127, 476, 483, 484, 501, 508, 509, 510, 530, 531, 551, 556, 572, 637
황벽 유승黃檗惟勝 / 344
황벽 희운黃檗希運 / 438
황성隍城 / 63
황정견黃庭堅 / 183
회당 조심晦堂祖心 / 155, 156, 463
회당晦堂 / 157
회양懷讓 / 19, 90, 91, 174, 197, 199, 201, 204, 207~209, 252, 258, 259, 527
회해懷海 / 264, 266, 270, 272, 345, 348, 350, 354, 356, 359, 361, 362, 385, 385
효와譊訛 / 24, 84, 213, 394, 487, 523, 570, 601, 647
흠산欽山 / 300
흥교 홍수興敎洪壽 / 596
흥화興化 / 50, 52

2조二祖 / 258, 595
2조 혜가二祖 慧可 / 120, 200, 429, 532
30년 / 81, 150, 251~254, 255, 256,

258, 394, 527, 554
30년 후 / 150
30방 / 16, 328, 329, 432, 440, 513,
552, 658, 659
3조三祖 258
4조四祖 239
4조 도신四祖道信 / 234
5조五祖 288

5조 홍인五祖弘忍 / 191
60방 / 508, 510
6조六祖 / 12, 13, 116, 169, 172, 173,
176, 177, 179, 180, 182, 195, 213,
288, 428
6조 혜능六祖慧能 / 9, 15, 19, 26 154,
169, 173, 191, 211, 216, 224, 286,
306, 406, 417, 418, 493, 509

한글본 **한국불교전서**

고·려·출·간·본

고려1 일승법계도원통기
균여 | 최연식 옮김 | 신국판 | 216쪽 | 12,000원

고려2 원감국사집
충지 | 이상현 옮김 | 신국판 | 480쪽 | 25,000원

고려3 자비도량참법집해
조구 | 성재헌 옮김 | 신국판 | 696쪽 | 30,000원

고려4 천태사교의
제관 | 최기표 옮김 | 4X6판 | 168쪽 | 10,000원

고려5 대각국사집
의천 | 이상현 옮김 | 신국판 | 752쪽 | 32,000원

고려6 법계도기총수록
저자 미상 | 해주 옮김 | 신국판 | 628쪽 | 30,000원

고려7 보제존자삼종가
고봉 법장 | 하혜정 옮김 | 4X6판 | 216쪽 | 12,000원

고려8 석가여래행적송·천태말학운묵화상경책
운묵 무기 | 김성옥·박인석 옮김 | 신국판 | 424쪽 | 24,000원

고려9 법화영험전
요원 | 오지연 옮김 | 신국판 | 264쪽 | 17,000원

고려10 남명천화상송증도가사실
□련 | 성재헌 옮김 | 신국판 | 418쪽 | 23,000원

고려11 백운화상어록
백운 경한 | 조영미 옮김 | 신국판 | 348쪽 | 21,000원

고려12 선문염송 염송설화 회본 1
혜심·각운 | 김영욱 옮김 | 신국판 | 724쪽 | 33,000원

고려13 선문염송 염송설화 회본 2
혜심·각운 | 김영욱 옮김 | 신국판 | 670쪽 | 32,000원

고려25 백화도량발원문약해 외
체원 | 곽철환·박인석 옮김 | 신국판 | 348쪽 | 21,000원

신·라·출·간·본

신라1 인왕경소
원측 | 백진순 옮김 | 신국판 | 800쪽 | 35,000원

신라2 범망경술기
승장 | 한명숙 옮김 | 신국판 | 620쪽 | 28,000원

신라3 대승기신론내의약탐기
태현 | 박인석 옮김 | 신국판 | 248쪽 | 15,000원

신라4 해심밀경소 제1 서품
원측 | 백진순 옮김 | 신국판 | 448쪽 | 24,000원

신라5 해심밀경소 제2 승의제상품
원측 | 백진순 옮김 | 신국판 | 508쪽 | 26,000원

신라6 해심밀경소 제3 심의식상품 제4 일체법상품
원측 | 백진순 옮김 | 신국판 | 332쪽 | 20,000원

신라7 해심밀경소 제5 무자성상품
원측 | 백진순 옮김 | 신국판 | 536쪽 | 27,000원

신라8 해심밀경소 제6 분별유가품 상
원측 | 백진순 옮김 | 신국판 | 480쪽 | 25,000원

신라9 해심밀경소 제6 분별유가품 하
원측 | 백진순 옮김 | 신국판 | 340쪽 | 20,000원

신라10 해심밀경소 제7 지비리밀다품
원측 | 백진순 옮김 | 신국판 | 568쪽 | 28,000원

신라11 해심밀경소 제8 여래성소작사품
원측 | 백진순 옮김 | 신국판 | 434쪽 | 24,000원

신라12 무량수경연의술문찬
경흥 | 한명숙 옮김 | 신국판 | 800쪽 | 35,000원

신라13 범망경보살계본사기 상권
원효 | 한명숙 옮김 | 신국판 | 272쪽 | 17,000원

신라14 화엄일승성불묘의
견등 | 김천학 옮김 | 신국판 | 264쪽 | 15,000원

신라15 **범망경고적기**
태현 | 한명숙 옮김 | 신국판 | 612쪽 | 28,000원

신라16 **금강삼매경론**
원효 | 김호귀 옮김 | 신국판 | 666쪽 | 32,000원

신라17 **대승기신론소기회본**
원효 | 은정희 옮김 | 신국판 | 536쪽 | 27,000원

신라18 **미륵상생경종요 외**
원효 | 성재헌 외 옮김 | 신국판 | 420쪽 | 22,000원

신라19 **대혜도경종요 외**
원효 | 성재헌 외 옮김 | 신국판 | 256쪽 | 15,000원

신라20 **열반종요**
원효 | 이평래 옮김 | 신국판 | 272쪽 | 16,000원

신라21 **이장의**
원효 | 안성두 옮김 | 신국판 | 256쪽 | 15,000원

신라22 **본업경소 하권 외**
원효 | 최원섭·이정희 옮김 | 신국판 | 368쪽 | 22,000원

신라23 **중변분별론소 제3권 외**
원효 | 박인성 외 옮김 | 신국판 | 288쪽 | 17,000원

신라24 **지범요기조람집**
원효·진원 | 한명숙 옮김 | 신국판 | 310쪽 | 19,000원

신라25 **집일 금광명경소**
원효 | 한명숙 옮김 | 신국판 | 636쪽 | 31,000원

신라26 **복원본 무량수경술의기**
의적 | 한명숙 옮김 | 신국판 | 500쪽 | 25,000원

신라27 **보살계본소**
의적 | 한명숙 옮김 | 신국판 | 534쪽 | 27,000원

신라28 **집일 경론소기**
원효 | 원과 외 옮김 | 신국판 | 374쪽 | 22,000원

신라29 **무량수경의소 외**
법위·태현·의상·신방·혜초 | 한명숙 옮김 | 신국판 | 424쪽 | 24,000원

조·선·출·간·본

조선1 **작법귀감**
백파 긍선 | 김두재 옮김 | 신국판 | 336쪽 | 18,000원

조선2 **정토보서**
백암 성총 | 김종진 옮김 | 4X6판 | 224쪽 | 12,000원

조선3 **백암정토찬**
백암 성총 | 김종진 옮김 | 4X6판 | 156쪽 | 9,000원

조선4 **일본표해록**
풍계 현정 | 김상현 옮김 | 4X6판 | 180쪽 | 10,000원

조선5 **기암집**
기암 법견 | 이상현 옮김 | 신국판 | 320쪽 | 18,000원

조선6 **운봉선사심성론**
운봉 대지 | 이종수 옮김 | 4X6판 | 200쪽 | 12,000원

조선7 **추파집·추파수간**
추파 홍유 | 하혜정 옮김 | 신국판 | 340쪽 | 20,000원

조선8 **침굉집**
침굉 현변 | 이상현 옮김 | 신국판 | 300쪽 | 17,000원

조선9 **염불보권문**
명연 | 장우영·김종진 옮김 | 신국판 | 224쪽 | 13,000원

조선10 **천지명양수륙재의범음산보집**
해동사문 지환 | 김두재 옮김 | 신국판 | 636쪽 | 28,000원

조선11 **삼봉집**
화악 지탁 | 김재희 옮김 | 신국판 | 260쪽 | 15,000원

조선12 **선문수경**
백파 긍선 | 신규탁 옮김 | 신국판 | 180쪽 | 12,000원

조선13 **선문사변만어**
초의 의순 | 김영욱 옮김 | 4X6판 | 192쪽 | 11,000원

조선14 **부휴당대사집**
부휴 선수 | 이상현 옮김 | 신국판 | 376쪽 | 22,000원

조선15 **무경집**
무경 자수 | 김재희 옮김 | 신국판 | 516쪽 | 26,000원

| 조선16 | 무경실중어록
무경 자수 | 성재헌 옮김 | 신국판 | 340쪽 | 20,000원

| 조선17 | 불조진심선격초
무경 자수 | 성재헌 옮김 | 신국판 | 168쪽 | 11,000원

| 조선18 | 선학입문
김대현 | 성재헌 옮김 | 신국판 | 240쪽 | 14,000원

| 조선19 | 사명당대사집
사명 유정 | 이상현 옮김 | 신국판 | 508쪽 | 26,000원

| 조선20 | 송운대사분충서난록
신유한 엮음 | 이상현 옮김 | 신국판 | 324쪽 | 20,000원

| 조선21 | 의룡집
의룡 체훈 | 김석군 옮김 | 신국판 | 296쪽 | 17,000원

| 조선22 | 응운공여대사유망록
응운 공여 | 이대형 옮김 | 신국판 | 350쪽 | 20,000원

| 조선23 | 사경지험기
백암 성총 | 성재헌 옮김 | 신국판 | 248쪽 | 15,000원

| 조선24 | 무용당유고
무용 수연 | 이상현 옮김 | 신국판 | 292쪽 | 17,000원

| 조선25 | 설담집
설담 자우 | 윤찬호 옮김 | 신국판 | 200쪽 | 13,000원

| 조선26 | 동사열전
범해 각안 | 김두재 옮김 | 신국판 | 652쪽 | 30,000원

| 조선27 | 청허당집
청허 휴정 | 이상현 옮김 | 신국판 | 964쪽 | 47,000원

| 조선28 | 대각등계집
백곡 처능 | 임재완 옮김 | 신국판 | 408쪽 | 23,000원

| 조선29 | 반야바라밀다심경략소연주기회편
석실 명안 엮음 | 강찬국 옮김 | 신국판 | 296쪽 | 17,000원

| 조선30 | 허정집
허정 법종 | 성재헌 옮김 | 신국판 | 488쪽 | 25,000원

| 조선31 | 호은집
호은 유기 | 김종진 옮김 | 신국판 | 264쪽 | 16,000원

| 조선32 | 월성집
월성 비은 | 이대형 옮김 | 4X6판 | 172쪽 | 11,000원

| 조선33 | 아암유집
아암 혜장 | 김두재 옮김 | 신국판 | 208쪽 | 13,000원

| 조선34 | 경허집
경허 성우 | 이상하 옮김 | 신국판 | 572쪽 | 28,000원

| 조선35 | 송계대선사문집·상월대사시집
송계 나식·상월 새봉 | 김종진·박재금 옮김 | 신국판 | 440쪽 | 24,000원

| 조선36 | 선문오종강요·환성시집
환성 지안 | 성재헌 옮김 | 신국판 | 296쪽 | 17,000원

| 조선37 | 역산집
영허 선영 | 공근식 옮김 | 신국판 | 368쪽 | 22,000원

| 조선38 | 함허당득통화상어록
득통 기화 | 박해당 옮김 | 신국판 | 300쪽 | 18,000원

| 조선39 | 가산고
월하 계오 | 성재헌 옮김 | 신국판 | 446쪽 | 24,000원

| 조선40 | 선원제전집도서과평
설암 추붕 | 이정희 옮김 | 신국판 | 338쪽 | 20,000원

| 조선41 | 함홍당집
함홍 치능 | 성재헌 옮김 | 신국판 | 348쪽 | 21,000원

| 조선42 | 백암집
백암 성총 | 유호선 옮김 | 신국판 | 544쪽 | 27,000원

| 조선43 | 동계집
동계 경일 | 김승호 옮김 | 신국판 | 380쪽 | 22,000원

| 조선44 | 용암당유고·괄허집
용암 체조·괄허 취여 | 김종진 옮김 | 신국판 | 404쪽 | 23,000원

| 조선45 | 운곡집·허백집
운곡 충휘·허백 명조 | 김재희·김두재 옮김 | 신국판 | 514쪽 | 26,000원

| 조선46 | 용담집·극암집
용담 조관·극암 사성 | 성재헌·이대형 옮김 | 신국판 | 520쪽 | 26,000원

| 조선47 | 경암집
경암 응윤 | 김재희 옮김 | 신국판 | 300쪽 | 18,000원

| 조선 48 | 석문상의초 외
벽암 각성 외 | 김두재 옮김 | 신국판 | 338쪽 | 20,000원

| 조선 49 | 월파집 · 해붕집
월파 태율·해붕 전령 | 이상현·김두재 옮김 | 신국판 | 562쪽 | 28,000원

| 조선 50 | 몽암대사문집
몽암 기영 | 이상현 옮김 | 신국판 | 348쪽 | 21,000원

| 조선 51 | 징월대사시집
징월 정훈 | 김재희 옮김 | 신국판 | 272쪽 | 16,000원

| 조선 52 | 통록촬요
엮은이 미상 | 성재헌 옮김 | 신국판 | 508쪽 | 26,000원

| 조선 53 | 충허대사유집
충허 지책 | 성재헌 옮김 | 신국판 | 296쪽 | 18,000원

| 조선 54 | 백열록
금명 보정 | 김종진 옮김 | 신국판 | 364쪽 | 22,000원

| 조선 55 | 조계고승전
금명 보정 | 김용태·김호귀 옮김 | 신국판 | 384쪽 | 22,000원

| 조선 56 | 범해선사시집
범해 각안 | 김재희 옮김 | 신국판 | 402쪽 | 23,000원

| 조선 57 | 범해선사문집
범해 각안 | 김재희 옮김 | 신국판 | 208쪽 | 13,000원

| 조선 58 | 연담대사임하록
연담 유일 | 하혜정 옮김 | 신국판 | 772쪽 | 34,000원

| 조선 59 | 풍계집
풍계 명찰 | 김두재 옮김 | 신국판 | 438쪽 | 24,000원

| 조선 60 | 혼원집 · 초엄유고
혼원 세환·초엄 복초 | 윤찬호 옮김 | 신국판 | 332쪽 | 20,000원

| 조선 61 | 청주집
환공 치조 | 성재헌 옮김 | 신국판 | 416쪽 | 23,000원

| 조선 62 | 대동영선
금명 보정 | 이상하 옮김 | 신국판 | 556쪽 | 28,000원

| 조선 63 | 현정론 · 유석질의론
득통 기화·지은이 미상 | 박해당 옮김 | 신국판 | 288쪽 | 17,000원

| 조선 64 | 월봉집
월봉 책헌 | 이종수 옮김 | 신국판 | 232쪽 | 14,000원

| 조선 65 | 정토감주
허주 덕진 | 김석군 옮김 | 신국판 | 382쪽 | 22,000원

| 조선 66 | 다송문고
금명 보정 | 이대형 옮김 | 신국판 | 874쪽 | 41,000원

| 조선 67 | 소요당집 · 취미대사시집
소요 태능·취미 수초 | 이상현 옮김 | 신국판 | 500쪽 | 25,000원

| 조선 68 | 선원소류 · 선문재정록
설두 유형·진하 축원 | 조영미 옮김 | 신국판 | 284쪽 | 17,000원

| 조선 69 | 치문경훈주 상권
백암 성총 | 선암 옮김 | 신국판 | 348쪽 | 21,000원

| 조선 70 | 치문경훈주 중권
백암 성총 | 선암 옮김 | 신국판 | 304쪽 | 19,000원

| 조선 71 | 치문경훈주 하권
백암 성총 | 선암 옮김 | 신국판 | 322쪽 | 20,000원

| 조선 72 | 월저당대사집
월저 도안 | 김두재 옮김 | 신국판 | 504쪽 | 26,000원

| 조선 73 | 오종범음집
지선 | 김두재 옮김 | 신국판 | 326쪽 | 22,000원

| 조선 74 | 석전유해
연담 유일 | 조영미 옮김 | 신국판 | 362쪽 | 21,000원

※ 한글본 한국불교전서는 계속 출간됩니다.

진각 혜심眞覺慧諶
(1178~1234)

속성은 최崔, 이름은 식寔, 자는 영을永乙, 자호는 무의자無衣子. 25세 무렵 보조 지눌普照知訥을 찾아가 출가한 것으로 알려져 있다. 지눌 입적 후에 수선사修禪社 2세 자리에 올랐다. 고종高宗의 명으로 단속사斷俗寺 주지를 지냈으나, 수선사를 본사本社로 하며 단속사를 비롯한 여러 사찰에서 법문을 행하였다. 본사에 있던 1233년에 병이 났고 이듬해 봄에 월등사月燈寺로 옮겨 가 있다가 세수 57세, 법랍 32세로 입적하였다. 고종이 진각국사眞覺國師라는 시호를 내렸다. 1235년 여름에 광원사廣原寺 북쪽에서 장사 지내고 부도浮圖를 세웠는데 원소지탑圓炤之塔이라 사액賜額하였다. 최우崔瑀의 청을 받고 왕명에 의해 이규보李奎報가 비명碑銘을 지었다. 본서 이외에 『종경촬요宗鏡撮要』 중간重刊에 붙인 발문跋文, 『원돈성불론圓頓成佛論』과 『간화결의론看話決疑論』을 합간한 책에 쓴 발문, 『조계진각국사어록曹溪眞覺國師語錄』, 『무의자시집無衣子詩集』, 『금강반야바라밀경찬 병서 주金剛般若波羅蜜經贊幷序注』, 「구자무불성화간병론狗子無佛性話揀病論」 등의 저술이 현존한다.

각운覺雲

생몰연대 미상. 진각 혜심의 제자로서 『염송설화』의 주저자라는 이외에 알려진 행적이 없다.

옮긴이 김영욱金榮郁

고려대학교 철학과를 졸업하고 동 대학원 석·박사과정을 졸업하였다. 논저論著로는 「壇經 선사상의 연구」(박사학위 논문), 「壇經의 북종비판」, 「直指人心의 禪法」, 「조사선의 언어형식」, 「간화선의 화두 공부와 그 특징」, 「간화선 참구의 실제」, 「太古와 懶翁―한국 간화선의 개화」, 「태고선의 특성과 현대적 의의」, 『비판불교의 파라독스』(공저), 『화두를 만나다』, 『왕초보 육조단경 박사되다』, 역주서譯註書로는 『진각국사어록 역해』 1, 『정선 선어록』, 『정선 휴정』, 『정선 공안집』 1, 2, 『선문사변만어』 등이 있다.

증의
조영미(동국대학교 불교학술원 일반연구원)